Norbert Bischof
Das Rätsel Ödipus

SERIE PIPER
Band 989

Zu diesem Buch

Hat das Inzesttabu einen natürlichen oder einen gesellschaftlichen Ursprung? Dieser Frage mit ihren weitreichenden psychologischen und sozialen Konsequenzen hat Norbert Bischof, Psychologe und Verhaltensforscher, ein gutes Jahrzehnt an Forschungen gewidmet, deren Ergebnisse er in diesem vieldiskutierten paradigmatischen Werk vorlegt.

Mit dem Instrumentarium der Verhaltensbiologie und der Psychologie untersucht der Autor die beiden zentralen Kategorien des menschlichen Verhaltens: Intimität und Autonomie. Die mannigfachen Muster zwischenmenschlicher Beziehung entfalten sich aus einem scheinbar paradoxen Kräftespiel. Wir sind für die erste Erfahrung von *Intimität* auf die Einbettung in eine vertraute Familie angewiesen; in solcher Nestwärme reift jedoch ein Verlangen nach *Autonomie*, das uns aus dieser Geborgenheit herausdrängen läßt; schließlich versuchen wir in der Geschlechtspartnerschaft den Gegensatz von Intimität und Autonomie wieder durch eine Synthese aufzuheben. »Darum verläßt der Mann Vater und Mutter und hängt seinem Weibe an, und sie werden ein Leib«, heißt das in der Symbolsprache der Bibel. Dieser Prozeß der Ablösung und Neubindung, in sich schon faszinierend, gewinnt noch zusätzliches Interesse dadurch, daß sich gerade in ihm Natur und Kultur auf dramatische Weise überschneiden: Einerseits reichen seine Wurzeln unvermutet tief in die tierische Instinktausstattung hinab; andererseits hat die menschliche Gesellschaft – in Gestalt der Heiratsregeln und des universalen Inzesttabus – gerade hier ihre eigenwilligsten Überbauten errichtet. Das Buch geht sowohl dem psychobiologischen als auch dem anthropologischen Aspekt dieses Problembereichs nach. Es analysiert das Kraftfeld der Motive, denen die Regulation der sozialen Distanz obliegt, und es betrachtet diesen Phänomenkomplex zugleich als Paradigma für eine Neubesinnung auf das Verhältnis von Natur und Kultur.

Norbert Bischof, geboren 1930 in Breslau. Studium der Psychologie, Philosophie und Zoologie in München. Seit 1958 wissenschaftlicher Mitarbeiter am Max-Planck-Institut für Verhaltensphysiologie in Seewiesen. Von 1973 bis 1975 Gastprofessor am California Institute of Technology, Pasadena. Seit 1975 o. Professor für allgemeine Psychologie und Direktor der biomathematischen Abteilung am psychologischen Institut der Universität Zürich. Mitglied der Deutschen Akademie der Naturforscher Leopoldina.

Norbert Bischof

Das Rätsel Ödipus

Die biologischen Wurzeln des Urkonfliktes von Intimität und Autonomie

Piper
München Zürich

ISBN 3-492-10989-6
Neuausgabe 1989
2. Auflage, 9.–14. Tausend März 1989
(1. Auflage, 1.–6. Tausend dieser Ausgabe)

Umschlag: Federico Luci,
unter Verwendung eines ägyptischen Motivs,
fotografiert vom Autor
im Britischen Museum in London
Gesamtherstellung: Clausen & Bosse, Leck
Printed in Germany

Inhalt

Vorwort

Dieses Buch handelt, vordergründig betrachtet, vom Inzesttabu und seinen Wurzeln. Weil diese aber, wie schon Sigmund Freud erkannte, tief in die Dynamik der sozialen Motivation hinabreichen, ist das, was am Paradigma der verbotenen Intimität mit den Vertrauten der ersten Lebensphase entwickelt wird, letztlich eine systematische Lehre von den Antriebsgrundlagen des zwischenmenschlichen Beziehungsgefüges überhaupt. Und da schließlich die Motivkräfte, die eine solche Analyse freilegt, zu einem guten Teil viel älter sind als der Mensch, stößt das Buch auf einer letzten Ebene zur Frage nach dem Spannungsbezug von Biologie und Gesellschaft, von Natur und Kultur vor.

Eine solche Themenstellung fordert zu einem interdisziplinären Ansatz heraus. Kann man heute überhaupt noch interdisziplinär forschen? Die Zeit der Universalgelehrsamkeit ist vorbei, und das Spezialistentum ist unser unentrinnbares Schicksal. Kein Einzelner kann das fächerübergreifende Wissen in sich vereinigen, das für eine vergleichende Anthropologie erforderlich wäre. Und bloß Fachlektüre aus zweiter Hand zu verarbeiten führt nicht über gutgemeinten Wissenschaftsjournalismus hinaus. Ein »Materialgefühl« für das Anliegen, die Induktionsbasis und den Denkstil der anderen relevanten Disziplinen läßt sich höchstens noch aus dem Dialog mit kompetenten Vertretern dieser Richtungen gewinnen.

Insofern komme ich nicht nur einer selbstverständlichen Höflichkeitspflicht nach, wenn ich an dieser Stelle Freunden und Kollegen aus anderen Fachgebieten meinen teilweise leider nur noch posthumen Dank abstatte, mit denen ich im Laufe der letzten zwei Jahrzehnte Gelegenheit hatte, Fragestellungen dieses Buches zu diskutieren, und die mir durch die Vermittlung ihrer eigenen Perspektive halfen, meinen Weg durch dieses faszinierende Gebiet zu finden.

Aus dem Bereich der Kulturanthropologie habe ich hier vor allem George Peter Murdock zu danken, ferner Margaret Mead und Gregory Bateson, Walter Goldschmidt und Joseph Shepher sowie meinem Zürcher Kollegen Lorenz Löffler. Von soziologischer Seite hat Jürgen Habermas, ungeachtet seiner Feststellung, daß uns eigentlich »Welten trennen«, seit langem verständnisvollen Anteil an meiner Arbeit genommen. Meine psychologischen Gesprächspartner aufzuzählen würde naturgemäß viel zu weit führen; es mag genügen, hier John Bowlby und David McClelland zu nennen. Unter Psychoanalytikern mehr oder minder orthodoxer Provenienz bin ich vor allem Albert Görres, Ulrich Moser, Helm Stierlin und Alexander Mitscherlich verpflichtet.

Eine besondere Bedeutung für das vorliegende Thema kommt der Primatologie zu; hier habe ich unschätzbaren Gewinn aus dem Gedankenaustausch mit Jane Goodall, Hans Kummer, Christian Vogel, Donald Sade, Emil Menzel, William Mason und, auf einer anderen Ebene, David Premack ziehen können. In das an Fallstricken reiche Gebiet der soziobiologischen Evolutionstheorie hat mich John Maynard Smith eingeführt, in die Theorie der Selbstorganisation Hermann Haken und Klaus Hepp. Für den Problemkreis »Ethologie und Psychosomatik« war Dietrich von Holst ein wertvoller Gesprächspartner.

Zwei unvergeßliche Jahre durfte ich in unmittelbarem Kontakt mit Max Delbrück verbringen; vieles von dem, was *nicht* mehr in diesem Buche steht, wurde getilgt, weil es vor der Unerbittlichkeit seiner kritischen Denkdisziplin keinen Bestand hatte. Nicht eindeutig zu lokalisieren, aber stets voll unerwarteter Anregungen, waren die Diskussionen mit meinem Freund Jerry Lettvin, dem ich dieses Buch wahrscheinlich gewidmet hätte, wenn ich nicht ziemlich sicher wäre, daß er keine Bücher liest. Jedenfalls nicht so dicke.

Ein besonderes Wort dankbarer Erinnerung gebührt Erich von Holst und Konrad Lorenz, bei denen ich biologisch denken lernte, sowie allen Freunden aus der Gründerzeit des Seewiesener Max-Planck-Instituts, besonders Eckart Butenandt, der unter ihnen wohl mein unermüdlichster Dialogpartner war. Zwei meiner damaligen Studenten, Traudl Schottenloher und Hans-Helge Böttger, haben wesentlich zur Sammlung und Aufbereitung des in diesem Buche verarbeiteten Materials beigetragen. Dasselbe gilt von meinen jetzigen Mitarbeitern Gustl Anzenberger, Harry Gubler, Urs Bucher, Margrit Zollinger und den übrigen Mitgliedern unseres Zürcher Teams, wozu nicht zuletzt auch unsere Studenten zählen.

Mehr als allen anderen habe ich Anlaß, meiner Kollegin und Mitarbeiterin Doris Bischof-Köhler zu danken, die es nun schon 25 Jahre lang auch privat mit mir aushält. Dieses Buch ist in der Diskussion mit ihr entstanden, und es wäre bei den meisten darin entwickelten Ideen unmöglich, jetzt noch die Urheberschaft zu lokalisieren. Auch unsere drei Töchter waren an dieser Diskussion beteiligt, und dem Lauf der Natur folgend haben sie zu dem, wovon in dem Buch die Rede ist, auch praktisches Anschauungsmaterial beigetragen und gemeinsam mit uns reflektiert. Die beiden anderen werden verstehen, wenn ich eine von ihnen, Annette, besonders erwähne, die die Illustrationen zu diesem Buche geliefert hat und dabei, sei es aus genetischen Gründen, sei es aus solchen entsprechender Frühsozialisation, auf optimale Weise verstanden hat, meine Gedanken in Bilder umzusetzen.

Dieses Buch ist ein Sachbuch, ein gründliches, wie ich hoffe. Wohlmeinende Kollegen haben mich darauf aufmerksam gemacht, daß man ihm das nicht auf den ersten Blick ansieht. Diese Wirkung ist nicht unbeabsichtigt, jedenfalls nehme ich sie billigend in kauf. Ich halte in der Psychologie vorerst einen gestelzten Fachjargon noch für entbehrlich, auch schien es mir nicht erforderlich, dem Leser durch theoretische Verfremdungseffekte zu imponieren. Daß man sein Thema ernst nimmt, kann man, wie ich meine, auch in der Umgangssprache deutlich werden lassen. Falls der Leser zuweilen den Eindruck gewinnt, ich hätte versucht, ihm die Lektüre zu erleichtern, möge er daraus also nicht unbedingt den Schluß ziehen, ich hätte mir auch das Schreiben leicht gemacht. Ich verschweige schamhaft die Zeitspanne, die seit Vertragsabschluß bis zum Erscheinen dieses Buches verstrichen ist, halte es aber für mehr als angebracht, an dieser Stelle ein Wort des Dankes an Klaus Piper und seine Mitarbeiter für ihre verständnisvolle Geduld einzuflechten.

Nicht alles, was in diesem Buche steht, ist wahr. Damit meine ich nicht, daß zuweilen schwierige Passagen in fiktive Dialoge und offensichtlich erfundene Geschichten eingekleidet wurden; dem Leser wird es keine Mühe bereiten, diese von den authentischen Berichten zu unterscheiden. Sondern, ärgerlicher, ich spreche von sachlichen Unrichtigkeiten und Denkfehlern, die sich trotz aller Sorgfalt eingeschlichen haben werden, einfach weil sie das immer tun. Ich kann nicht garantieren, daß die in diesem Buche entwickelten Theorien »stimmen«, was immer das bei Theorien heißen mag.

Auch und gerade die »reine« Empirie ist Glückssache. Man lebt hier, im Geschäftsviertel der Forschung, ständig in viel größerer Gefahr, unter die Räder des nachweisbaren Irrtums zu geraten, als in den Villenvororten der Philosophen. Falls mir also beim Fliegenbeinzählen Fehler unterlaufen sein sollten, möge der einschlägige Fachmann, dem das auffällt, bitte prüfen, ob die Unstimmigkeit im Argumentationszusammenhang wesentlich ist. Nur dann könnte ich es ihm nicht verdenken, wenn er auch dem Rest des Buches mißtraut. Auf jeden Fall bitte ich darum, mir die Beanstandung freundlicherweise zur Korrektur in etwaigen folgenden Auflagen mitzuteilen.

Zürich, im Juni 1985 Norbert Bischof

ren Lehre [illegible] Psychologie [illegible] für [illegible]

[illegible]

[illegible] Nicht [illegible]

[illegible]

Zürich, im Juni [illegible]

[illegible]

ERSTER TEIL

DAS PROBLEM

1. Kapitel

Fridolin und Adelheid

Das Kapitel schildert eine Zufallsbeobachtung, die den Anstoß zur Beschäftigung mit dem Thema dieses Buches gegeben hat. Die berichtete Begebenheit hat sich an der Arbeitsstätte von Konrad Lorenz am Seewiesener Max-Planck-Institut für Verhaltensphysiologie zugetragen, weshalb es nicht verwunderlich ist, daß sie von Wildgänsen handelt.

Die Vorgeschichte

Man sagt den Ethologen nach, daß sie Anekdoten erzählen, wenn ihnen die wissenschaftlichen Argumente ausgehen.

So ganz aus der Luft gegriffen ist dieser Vorwurf nicht. Wenn dieses Buch gleichwohl mit einer Anekdote beginnt, noch dazu über Wildgänse, ist also vielleicht vorab eine Klarstellung am Platze.

Einzelbeobachtungen auffälliger, unerwarteter Ereignisse haben im Wissenschaftsbetrieb eine unschätzbare Funktion: sie machen auf Untersuchenswertes aufmerksam. Sie lenken den Blick auf lohnende *Fragestellungen.* Gute Fragen aber sind das Ferment der Kreativität: ohne sie verkommt die Forschung rasch zu steriler, uninspirierter Geschäftigkeit.

Meist suggerieren Anekdoten zu den aufgeworfenen Fragen allerdings schon Antworten. Auch dies mag angehen, solange man solche »Antworten« für das nimmt, was sie sind: vorläufige *Hypothesen.*

Bedenklich wird es erst, wenn man Einzelbeobachtungen bereits für *Beweise* hält. Subjektiv ist das noch verständlich. Das, was der Forscher einmal mit eigenen Augen gesehen hat, kann ihm keiner nehmen, es gibt ihm Zuversicht und stärkt sein Durchhaltevermögen, wenn sich in der wissenschaftlichen Arbeit Rückschläge einstellen. Geht diese Zuversicht aber so weit, daß er darüber die wissenschaftliche Arbeit vergißt, dann braucht er sich nicht zu wundern, wenn man ihm seine Geschichten nicht abnimmt.

Einzelbeobachtungen taugen nicht als Beweismittel. Sie stehen am Anfang, nicht am Abschluß des wissenschaftlichen Prozesses. Und daher steht auch am Anfang dieses Buches eine Anekdote. Ich möchte erzählen, wie ich auf sein Thema gestoßen bin.

Die Geschichte, von der zu berichten ist, begann im Frühjahr 1966, und zwar mit einem Gang zum Brutschrank im Keller eines unserer Seewiesener Institutsgebäude. Ich war zu dieser Zeit aus der Abteilung meines verstorbenen Lehrers Erich von HOLST als Assistent zu Konrad LORENZ übergewechselt, mit dem zunächst nur vage formulierten Auftrag, experimentell-ethologisch an Wildgänsen zu arbeiten. Das lief nun aber damals in Seewiesen nicht etwa so, daß man unverzüglich ein Labor eingerichtet und einen Versuchsplan aufgestellt hätte. Als erstes, so lautete die Regel, mußte man die Tierart, mit der man zu arbeiten gedachte, unter möglichst natürlichen Bedingungen gründlich kennenlernen. Am besten durchbrach man zu diesem Zweck die Artbarriere und ordnete sich so in das Sozialgefüge der Tiere ein, daß man von ihnen, soweit es ging, als ihresgleichen betrachtet wurde.

Daraufhin konnte man sich zunächst einmal monatelang von den Ereignissen tragen lassen, in absichtsloser Präsenz. Die Weisheit des Zen empfiehlt dem angehenden Tuschemaler, er möge hingehen und zehn Jahre lang Bambus beobachten. Selbst zu Bambus werden. Dann – alles vergessen, sich hinsetzen und malen. Daß diese Art Vorbereitung auch in der Wissenschaft tauglich sein kann, habe ich in Seewiesen gelernt.

Von Gänsen und Menschen

Es begann also mit einem Gang in den Keller. Aus dem Brutschrank übernahm ich zwei eben geschlüpfte Bleßgans-Kinder in meine Obhut, konkreter gesagt, in einen weich ausgepolsterten Tragkorb. Sie hatten bereits ein wenig »geweint«, und ich beeilte mich, sie meine Stimme hören zu lassen, die ihnen übrigens nicht mehr ganz unbekannt war. Wir hatten uns nämlich schon in den letzten Tagen vor dem Schlüpfen gelegentlich miteinander »unterhalten«, so wie es auch eine brütende Gänsemutter mit ihren Eiern gegen Ende der Brutperiode zu tun pflegt.

Die Bleßgans *(Anser albifrons)* hat ihren Namen von einem leuchtend weißen Stirnfleck im olivenfarbigen Erwachsenenkleid. Sie ähnelt der nahe verwandten Graugans, ist aber graziler als diese, und darf wohl als die anmutigste unter allen Wildgansarten gelten.

Die Kinder oder, wie man bei Gänsen sagt, die »Gössel« dieser Art sind putzige Daunenbällchen mit grau-violettem, feingeformtem Schnabel und etwas zu groß wirkenden Füßen, die sie schon wenige Stunden nach dem Schlüpfen gut zu gebrauchen wissen; denn alle Gänseartigen sind »Nestflüchter«.

Dieser Ausdruck darf nicht mißverstanden werden. Er besagt, daß die Gössel, sobald das Gefieder ganz trocken ist, das Nest verlassen. Sie tun dies aber keineswegs auf eigene Faust, sondern natürlich im geschlossenen Familienverband, und sie unternehmen nichts, was sie in Gefahr bringen könnte, den dichten Kontakt mit ihren Eltern zu verlieren.

Ist eine solche Trennung tatsächlich einmal eingetreten, so gibt es für das Gänsekind nichts Wichtigeres, als seine Eltern wiederzufinden: Es läuft mit allen Anzeichen äußerster Erregtheit umher, wobei es lauthals »weint«, das heißt in stereotypem Rhythmus hohe, erstaunlich durchdringende Pieplaute ausstößt, deren Funktion es offensichtlich ist, die Eltern zu alarmieren und diesen bei der Suche nach dem Kind als Orientierungshilfe zu dienen. Die Eltern antworten übrigens ihrerseits mit einer korrespondierenden Lautäußerung, und so findet die Familie schließlich wieder zusammen.

Mißlingt dies, so ist das Gössel dem Untergang geweiht: Auch wenn es nicht irgendeinem Räuber zum Opfer fällt, muß es zugrunde gehen, da es sämtliche lebensnotwendigen Verrichtungen, wie Fressen und Körperpflege, vernachlässigt; der Drang, bei den Eltern zu sein, ist so übermächtig, daß er keine andere Motivation neben sich aufkommen läßt.

Wer seine Eltern sind, erfährt das Gössel in einem sehr raschen und nachhaltigen Lernprozeß, den LORENZ als »Prägung« bezeichnet hat. Dasjenige Lebewesen, das in den ersten Stunden nach dem Schlüpfen dauernd bei dem Gössel ist und auf dessen kontaktsuchende »Stimmfühlungslaute« antwortet, prägt sich dem Wahrnehmungsapparat des Jungtieres so ein, daß dieses alsbald nur noch ihm nachfolgt und nur ihm ein Verhalten entgegenbringt, das man ohne fälschliche Anthropomorphisierung als Ausdruck *affektiver Bindung* bezeichnen darf.

Die ebengenannten »Stimmfühlungslaute«, die sich in der Umschrift am besten mit »wiwiwi« wiedergeben lassen, erreichen normalerweise nur geringe Lautstärke. Versäumen es die Eltern, von Zeit zu Zeit Antwort zu geben, so geht die Vokalisation allmählich in Weinen über. Bei richtigen Gänseeltern kommt dergleichen kaum vor; Szenen dieser Art sind aber unvermeidlich, wenn die Elternrolle von einem Menschen gespielt wird, der unvorsichtig genug war, sich als Prägungsobjekt zur Verfügung zu stellen.

Denn von Gänseeltern wird im vollen Wortsinn das erwartet, was man im Angelsächsischen einen »full time job« nennt. Sie haben eben wirklich nichts anderes zu tun, als sich um die Kinder zu kümmern: es gibt weder berufliche noch gesellschaftliche Verpflichtungen, die dabei ablenken könnten, und die Gössel bringen nicht das leiseste Verständnis dafür auf, daß menschliche Pfleger hier notgedrungen Kompromisse schließen müssen.

Immerhin tat ich in den kommenden Monaten mein Bestes, anderweitige Verpflichtungen zu vernachlässigen. Schließlich wollte ich mich auch nicht vor meinem neuen Chef blamieren, und noch weniger vor seiner Frau, deren Maßstäbe als besonders anspruchsvoll galten. Als jemand dazustehen, dem geprägte Tiere nicht anständig nachfolgen – lieber nicht.

Die Idylle

Eines Tages war es dann soweit: Gretl LORENZ begegnete mir, als ich mit den beiden Gösseln durch die Wiese zog, blieb stehen, blickte wohlgefällig nieder und sagte, daß sie selten so ein gutes »Attachement« gesehen hätte. Sie sprach das Wort französisch aus, es klingt mir noch im Ohr. Von da an gehörte ich dazu.

Tatsächlich erwiesen sich die beiden Tiere als außergewöhnlich fest sowohl aneinander als auch an mich gebunden. So folgten sie mir zum Beispiel noch im Spätsommer, als sie längst flügge waren, wenn ich in den Wald Pilze sammeln ging. Wald und dichtes Gebüsch bedeuten für eine Gans ungefähr dasselbe wie für ein Menschenkind ein pechschwarzer Kohlenkeller: eine Gegend, in der unerkannte Gefahren lauern und in der man seine natürlichen Fluchtmittel nicht einsetzen kann.

Hatte ich die beiden irgendwo allein lassen müssen, so war es leicht, sie wiederzufinden, selbst wenn sie inzwischen außer Sichtweite geflogen waren: Es genügte, sie zu rufen. Wildgänse verfügen über einen sogenannten »Distanzruf«, einen weithin hörbaren, heiseren Schrei, der in Rhythmus und Klangfarbe von Individuum zu Individuum so variiert, daß sich zusammengehörige Tiere daran erkennen können. Handaufgezogene Tiere unterscheiden bald die Stimme des Pflegers von anderen, und so kann man tatsächlich auch als Mensch durch einen »Distanzruf« die eigenen Pflegekinder auf sich aufmerksam machen.

Es war immer wieder eindrucksvoll (und verfehlte auch selten seine Wirkung auf den staunenden Besucher), wenn man ans Ufer des Institutssees trat, an dessen anderer Seite, gute 200 Meter entfernt, eine hundertköpfige Gänseschar weidete; wenn man sodann seine Stimme zum Distanzruf erhob und lediglich von zwei Solostimmen Antwort bekam; wenn unmittelbar darauf zwei Tiere aus der Schar aufflogen und, fortgesetzt weiter rufend, in gezieltem Flug den See überquerten, um elegant in unmittelbarer Nähe des Pflegers zu landen.

Übrigens kennt man auch als Mensch den Distanzlaut seiner Schützlinge recht bald aus dem allgemeinen Stimmengewirr heraus und kann sie mühelos voneinander unterscheiden. In meinem Fall wurde letzteres noch dadurch erleichtert, daß die beiden, wie sich inzwischen herausgestellt hatte, unterschiedlichen Geschlechts waren; bei den Bleßgänsen gehen die Weibchen im Jugendalter durch einen Stimmbruch und klingen dann tiefer als die Männchen. Die Distanzrufe meiner beiden Pflegekinder tönten aufgrund dieses Unterschiedes der Stimmlage so ähnlich wie »Fridolin« beim Männchen und »Adelheid« bei seiner Schwester; und so kamen sie zu ihren Namen.

Gänse unterscheiden einander auch optisch, vornehmlich an der Physiognomie des Gesichts. Erstaunlicherweise ist diese Fähigkeit nicht auf die Erkennung von Artgenossen beschränkt. Fridolin und Adelheid waren z.B. keineswegs nur allgemein »auf Menschen« sondern exklusiv auf meine Person geprägt. War ich nicht zugegen, so schlossen sie sich zwar locker auch anderen Institutsmitarbeitern an, insbesondere den Biologisch-Technischen Assistentinnen, die sie vom Füttern kannten. Sobald ich mich aber auf Sichtweite näherte, gingen die Hälse hoch, Distanzrufe ertönten, und die »Familie« war alsbald wieder vereint.

Ich erwähne diese Tatbestände nicht so sehr aus dem verzeihlichen Stolz des Tierhalters, sondern vornehmlich, weil sie von unmittelbarem Belang für die nachfolgend zu berichtenden Ereignisse sind.

Unterstützend für die Bindung der Tiere mag noch gewirkt haben, daß wir den ganzen Früh- und Hochsommer lang jeden Tag, an dem das Wetter es zuließ, gemeinsam in das ausgedehnte Moorgebiet hinter dem Institutsgelände wanderten, um dort an einer tiersoziologischen Versuchsreihe teilzunehmen, die LORENZ damals gerade durchführte.

Einzelheiten der Versuchsanordnung spielen keine Rolle; entscheidend ist jedenfalls, daß meine beiden Gänse dort draußen im Moor vielfach in aggressive Auseinandersetzungen mit anderen Gänsen und deren menschlichen Pflegeeltern gerieten, wobei es reichlich Gelegenheit für uns drei gab, miteinander die den Zusammenhalt fördernde Zeremonie des »Triumphgeschreis« zu zelebrieren.

Das Triumphgeschrei ist ein Verhaltensritual, mit dem ein Mitglied einer Gänsegruppe von einer Attacke auf außenstehende Tiere zu den Seinen zurückkehrt: den Schnabel noch halbwegs so vorgestreckt, wie er zum Angriff getragen wurde, den Hals aber schräg erhoben und nicht direkt auf die Gruppenpartner zu, sondern etwas an ihnen vorbei gerichtet, dazu ein sich überstürzendes Schnattern, das bei hoher Intensität geradezu die Redewendung rechtfertigen würde, die »Tiere schütten sich vor Schnattern aus«, so wie man es bei Menschen vom Lachen sagt.

Diese Parallele kommt nicht von ungefähr; Triumphgeschrei und Lachen sind einander in mancher Hinsicht analog. Beide Erscheinungen treten zum Beispiel nach einer beim gemeinsamen Gruppenfeind siegreich gelandeten Unverschämtheit auf, und in abgeschwächter Form beobachtet man beide auch dann, wenn ein kurzfristiger, nicht zu starker Schreck einer raschen Erleichterung Platz macht.

Gut aneinander gebundene Tiere zeigen dieses Verhalten häufig und intensiv; man sagt dann, sie bilden eine Triumphgeschreigemeinschaft. Das markanteste Beispiel hierfür ist die Ehe, die bei Wildgänsen bauplanmäßig offenbar auf Lebensdauer angelegt ist. Aber ebenso intensiv sind Kinder mit ihren Eltern und Geschwister untereinander verbunden; und so kam es auch bei meinen beiden Gänsen häufig zum Vollzug dieses Rituals.

Da ich sie im Laufe der Monate immer mehr sich selbst überlassen mußte und da das Triumphgeschrei bei verpaarten Tieren nicht anders aussieht als bei sonstigen Familienmitgliedern, ähnelten Adelheid und Fridolin, abgesehen davon, daß ihnen noch die Blesse über dem Schnabel fehlte, weitgehend einem treuliebenden Ehepaar. Dieser Umstand muß erwähnt werden, damit verständlich wird, wie überrascht ich war, als in diese Idylle im Frühjahr 1967 eine jähe Veränderung einbrach.

Der Bruch

Die beiden waren inzwischen gewohnt, mich nicht mehr so häufig zu sehen, was ihre Unzertrennlichkeit eher noch verstärkt hatte und übrigens auch ihrer Beziehung zu mir keinen Abbruch tat: Die früher beschriebene Prozedur des »Herbeirufens« funktionierte nach wie vor prompt – bis eben zum März 1967. Da aber änderte sich die Szene, und zwar in einem Zeitraum von lediglich vier Tagen.

Solange nämlich war es gerade her, seit ich zum letzten Male einer staunenden Gruppe von Gästen erfolgreich die Wirksamkeit meines Distanzrufes demonstriert hatte. Und jetzt war also wieder Besuch da. Wie üblich gingen wir zum Seeufer, an dem einige Gänse weideten; ich schaute flüchtig nach meinen Pflegekindern, ohne sie zu entdecken, und ließ dann den

Distanzlaut über den See erschallen. Das Ergebnis war Grabesstille, durchbrochen nur von einigen Rufen anderer Gänse, die offenbar mit meinem Signal in keiner Beziehung standen.

Als auch auf zweimalige Wiederholung des Rufs keine Antwort kam, und erst recht keine Gänse, wurde mir unbehaglich. Unser Institutsgelände war zwar durch einen hohen Elektrozaun recht gut gesichert; aber Gänse fliegen schließlich auch über den Zaun, um außerhalb des Geländes zu grasen, und die unnatürliche Menschenprägung reduziert ihre Scheu vor Säugetieren. Ich begann zu befürchten, daß die beiden am Ende dem Fuchs zum Opfer gefallen sein könnten.

Diese Sorge erwies sich jedoch bald als unbegründet, jedenfalls was Adelheid anbetraf, denn zu meiner Überraschung entdeckte ich sie just in diesem Augenblick, keine fünf Meter von mir entfernt, ruhig weidend am diesseitigen Seeufer. Sie hatte die ganze Zeit sozusagen vor meiner Nase gestanden, ohne Notiz von mir zu nehmen!

Das war nun aber vollends verwirrend. Vielleicht, so ging es mir durch den Kopf, war Fridolin allein etwas zugestoßen, und das hatte Adelheid jetzt völlig durcheinandergebracht. In ihrem gesamten bisherigen Leben hätte außer äußerer Gewalt nichts die beiden Geschwister veranlassen können, sich über Sichtweite voneinander zu entfernen. Adelheid allein vorzufinden war also noch alarmierender als der Umstand, daß sie mich nicht beachtete.

Was das letztere anbelangte, so wurde sogleich noch eine weitere Überraschung fällig. Nachdem ich Adelheid nun einmal geortet hatte, versuchte ich natürlich, Kontakt mit ihr aufzunehmen, und zwar in der üblichen Form, nämlich durch »Grüßen«. Grüßen ist eine abgeschwächte Form des Triumphgeschreis: ein kurzes Vorstrecken des Halses, begleitet von ein paar etwas nachdrücklicheren Stimmfühlungslauten. Als Mensch verwendet man in Ermangelung eines hinreichend langen und biegsamen Halses für diese Zeremonie, wie auch für das Triumphgeschrei, den vorgestreckten Arm.

Als ich mich der Gans nun also in der angedeuteten Haltung und mit sonorem »Wiwiwi« zu nähern suchte, verhielt sie sich äußerst seltsam: sie wich mir aus. Nicht hastig, aber unverkennbar, eben gerade im Tempo meiner Annäherung, so daß also dauernd eine Distanz von etwa zwei Metern zwischen uns erhalten blieb. Um das Maß voll zu machen, bekam sie dabei sogar noch einen »Zitterhals« – ein feinschlägiges Vibrieren bei gesträubtem Halsgefieder. Dieses Ausdrucksverhalten tritt bei Gänsen dann auf, wenn sie eigentlich aggressiv gestimmt sind, dabei aber durch eine entgegenwirkende Motivation gehemmt werden. War Adelheid denn böse auf mich, wie sie mir da so – beinahe könnte man sagen: mit scheelem Blick – auswich?

Ich habe sicher kein sehr geistreiches Gesicht gemacht, und daß auch noch Besucher herumstanden, die nach meinen unvorsichtigen Ankündigungen etwas ganz anderes erwartet hatten, war mir gar nicht recht. Um zu retten, was zu retten war, tischte ich ihnen die Vermutung mit dem Fuchs auf.

Später am Nachmittag traf ich dann, glücklicherweise ohne Gäste, auf den gänzlich unversehrten Fridolin, der mich behandelte, als wäre ich Luft. Und Bißwunden hatte er natürlich nicht.

Was war also geschehen? Die beiden Tiere hatten sich offensichtlich innerhalb weniger Tage nicht nur – was bei meiner seltenen Anwesenheit allenfalls verständlich gewesen wäre – von mir, sondern auch voneinander getrennt! Und zwar lag dies, jedenfalls in bezug auf meine Person, nicht etwa an ihrer Vergeßlichkeit: Die beiden kannten mich noch genau, aber *sie hatten etwas gegen mich.* Und ihre Trennung voneinander war wohl ähnlich motiviert.

Daß menschengeprägte Gänse in dieser Phase auch unverblümt aggressiver Akte gegen ihre Pflegeperson fähig sind, erfuhr übrigens ein Jahr später einer meiner Studenten, der einen Streifenganter aufgezogen hatte und von seinem »Sohn« buchstäblich mit Flügelbugschlägen – der schärfsten Form offener Feindseligkeit, deren eine Gans fähig ist – traktiert wurde, nachdem er eben noch mit ihm gegrüßt hatte. Gegen andere Menschen blieb der Ganter in dieser Phase friedlich.

Eine seltsame Parallele

Noch ein weiterer Umstand muß erwähnt werden. In die Jahreszeit, in der das beschriebene Verhalten auftrat, fällt der Beginn sexueller Verhaltensweisen bei erwachsenen Tieren. Bleßgänse werden, wie alle Wildgänse, erst in ihrem zweiten Lebensfrühling voll geschlechtsreif.

Bereits im Alter von einem Jahr machen sie aber so etwas wie eine »kleine Pubertät« durch; es treten Partialhandlungen aus dem sexuellen Funktionskreis auf, wie zum Beispiel das sogenannte »Halseintauchen«, der »Winkelhals« und auch schon ungeschickte und vorerst erfolglos bleibende Kopulationsversuche. All das macht noch nicht den Eindruck einer koordinierten und ausgereiften Handlungsgestalt, zeigt aber immerhin, daß sich die jahresperiodische Sexualstimmung der erwachsenen Tiere schon bei den Jährlingen andeutet.

Tatsächlich zeigten auch meine beiden Gänse in dieser Zeit erste Anzeichen von Balzaktivität, jedoch nicht gegeneinander oder gar gegen mich, sondern gegen fremde Gänse. Adelheid schloß sich diskret, aber unmißverständlich einer der Gruppen an, mit der sie im Sommer zuvor im Moor gekämpft hatte. Fridolin versuchte, einer Graugans den Hof zu machen, die mir früher nie besonders aufgefallen war.

Es ließ sich somit folgendes feststellen: In der Zeit angestiegener, wenn auch noch nicht voll ausgereifter Sexualstimmung hatten sich die Junggänse voneinander und von ihrer Elternfigur gelöst; sexuelles Interesse bekundeten sie an *fremden* Tieren.

War das Zufall? Menschen verhalten sich ähnlich; aber von ihnen verlangt es die Gesellschaft so. Zeichnete sich im Verhalten meiner beiden Bleßgänse möglicherweise eine tierische Parallele zu einem der eigentümlichsten Produkte der Menschenkultur ab – dem Inzesttabu?

Ich begann der Sache nachzugehen. Meine Kollegin Helga FISCHER hatte während der letzten 15 Jahre den Verlauf von zirka 60 Gänseehen von der Verpaarung ab für jeweils mindestens 4 Jahre protokolliert. In diesem Material fanden sich nicht mehr als 12 Geschwisterpaare, also gerade ein Fünftel. Bei der Festigkeit der Geschwisterbindung während des ersten Lebensjahres ist das schon auffällig genug. Die Kartei lieferte aber noch mehr Information: Bei etwa der Hälfte der insgesamt beobachteten Paare war wenigstens einer der Partner »handaufgezogen«, das heißt menschengeprägt, so wie meine beiden Gössel. Und mit einer einzigen Ausnahme stammten nun wiederum alle beobachteten Geschwisterehen aus dieser Gruppe, wobei hier natürlich jeweils *beide* Partner menschengeprägt waren.

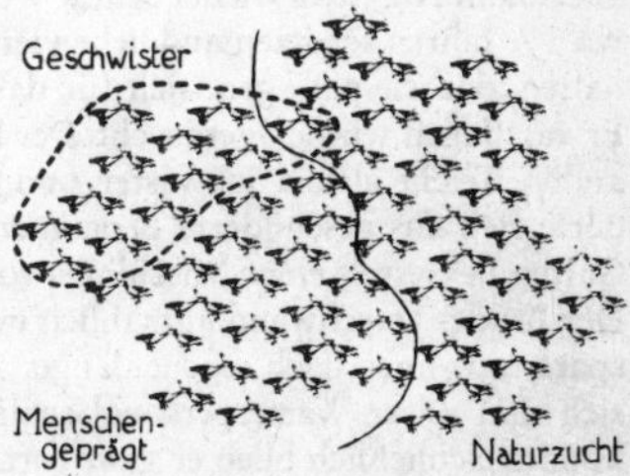

Wenn man bedachte, daß Wildgänse, die von Menschen aufgezogen werden, auch bei äußerster Mühewaltung sehr unnatürlichen Kindheitserfahrungen ausgesetzt sind, so durfte man davon ausgehen, daß in unserer Gänsepopulation Geschwisterehen oder Eltern-Kind-Verpaarungen unter normalen Umständen *nicht vorkamen.*

Der Beginn eines Projektes

Mit dieser Überlegung ging ich zu LORENZ. Ich wüßte nun ein Forschungsprojekt: Die Gänse hätten vermutlich so etwas wie eine Inzestbarriere, und ob er einverstanden sei, daß ich diese untersuche.

Er kannte diese Barriere längst; bereits 1943 hatte er, wenn auch nur beiläufig, in einer Veröffentlichung darauf hingewiesen. Aber auch er war nicht der erste gewesen. Schon der Großvater der vergleichenden Verhaltensforschung, Oskar HEINROTH, hatte das Phänomen in einer Arbeit aus dem Jahre 1910 beschrieben. Sein Bericht hat wissenschaftshistorisches Interesse und sei daher auszugsweise wörtlich wiedergegeben:

»Eine Beobachtung möchte ich nicht unerwähnt lassen, die ich bei (handaufgezogenen) Kasarka-Geschwistern wiederholt zu machen Gelegenheit hatte. ... Schon nach wenigen Monaten pflegen sich nämlich die Schwestern und Brüder zu befehden, und zwar gehen die weiblichen Tiere miteinander, und andererseits halten die jungen Männchen zusammen: Vielleicht wird hierdurch der Inzucht vorgebeugt.

Bei Nilgänsen machte ich noch zwei andere hierauf bezügliche Erfahrungen, die mir der Mitteilung wert erscheinen. Ein gemeinsam aufgezogenes, vollkommen flugfähiges Geschwisterpaar trennte sich im Alter von etwa drei bis vier Monaten in der Weise, daß jeder von beiden ganz für sich allein ging. Die Tiere waren durchaus nicht feindlich aufeinander zu sprechen: trafen sie sich irgendwo zufällig, so begrüßten sie sich mit den bei Nilgänsen üblichen Tönen und Gebärden, verweilten auch einige Minuten zusammen, aber dann zog jeder wieder seines Weges. Ich glaubte, sie würden sich im Alter von etwa 1½ Jahren schätzen und lieben lernen, denn beide zeigten nun in ihrem ganzen Verhalten, daß sie anfingen, sich für das andere Geschlecht zu interessieren. Aber meine Erwartungen wurden getäuscht. Der Bruder bevorzugte zum gewöhnlichen Aufenthalt andere Teiche als die Schwester, und trotzdem sie sich täglich zufällig begegneten, änderte sich das geschilderte Benehmen nicht. ... Das Weibchen fand schließlich einen Gatten in Gestalt eines Mischlings von *Casarca tadornoides* und *Tadorna tadorna*. ... Der Bruder verschwand allmählich immer öfter. Er erschien zunächst nach tagelanger, später nur noch nach wochenlanger Abwesenheit wieder und war dann so scheu, daß sich ihm unser Wärterpersonal schließlich kaum noch auf Schrotschußweite nahen konnte. Schließlich blieb er ganz fort.

Der zweite Fall ist folgender. Der Berliner Zoologische Garten erhielt vom Tsadsee ein junges Nilgans-Geschwisterpaar, das, über den Winter eng eingesperrt, aufeinander angewiesen war und sich auch gut vertrug; das Weibchen zeigte bereits die Hetz- und Rauflust ihrer Gattungsgenossen. Im Frühjahr wurden sie auf einen Teich gesetzt, mauserten ihre gestutzten Schwingen und wurden flugfähig. Die Schwester zeigte sich zum Sommer hin sehr liebebedürftig gegen – den Wärter und andere Personen: ging man auf sie zu, so legte sie sich flach auf die Erde und wollte sich treten lassen. Der Bruder andererseits schloß sich an einen flugunfähigen, alten Nilganserт (!) an; diesem war diese Liebe zunächst unangenehm, schließlich gewöhnte er sich aber an den Genossen, der jetzt fast stets in dem Einzelgehege seines Freundes zu treffen ist. ... Die Schwester darf sich in diesem Gehege nicht blicken lassen: wütend vertreibt sie dann der erboste Bruder.«

»Vielleicht wird hierdurch der Inzucht vorgebeugt« – bei dieser lakonischen Bemerkung hat es HEINROTH belassen. Er fügt später im selben Text nur noch die ähnlich beiläufige Vermutung hinzu: »Ich glaube, daß wenn ein zusammen gekauftes Männchen und Weibchen durchaus nicht miteinander gehen wollen, so sind es gewöhnlich Geschwister.«

Wahrscheinlich war die Zeit für ein gründlicheres, artenvergleichendes

Studium dieser Zusammenhänge damals noch nicht gekommen, und als die Ethologie sich dann explosiv zu entwickeln begann, waren ihr andere Problemgebiete wichtiger. Man mußte wohl von der Humanpsychologie herkommen, um zu bemerken, daß hier ein paradigmatischer Ansatzpunkt für das Studium der sozialen Motivdynamik überhaupt liegt. Inzwischen mehren sich Feldbeobachtungen von den verschiedensten Tierarten, die erkennen lassen, daß Inzestbarrieren keineswegs eine besondere Verhaltenseigentümlichkeit der Gänsevögel darstellen, sondern als eine universale Naturerscheinung anzusprechen sind.

Um zu verstehen, warum dies so bemerkenswert ist, müssen wir allerdings zunächst einige Exkursionen in die Forschungsgebiete gänzlich anderer Wissenschaftsdisziplinen unternehmen.

2. Kapitel

Die universale Norm

Wir verlassen nun für eine Weile die Ethologie. Was auch immer Wildgänse oder andere Tiere daran hindern mag, sich mit engsten Blutsverwandten zu paaren, sicher ist es kein Tabu; denn das gibt es nur beim Kulturwesen Mensch. Hier aber scheint das Inzesttabu ein universales Phänomen zu sein. Wenn das zutrifft – wurzelt es dann doch tiefer in unserer Natur?

Das Vorrecht der Götterkinder

Als der ehrenwerte Lord Carnarvon am 25. November 1922 einen ersten Blick in die Grabkammer des Pharao Tut-Ench-Amun warf, ahnte er nicht, welche unermeßlichen Schätze hier der Bergung harrten. Volle sieben Jahre dauerte es, bis man die Kostbarkeiten allesamt zutage gefördert hatte, und das meiste davon bekam der Lord nicht mehr zu sehen: Er starb kurz nach seiner Entdeckung unter dramatischen Umständen und begründete damit die Legende von der Rache des Pharao, die noch nach viertausend Jahren den trifft, der sich unterfängt, ihm sein Geheimnis zu entreißen.

Übrigens ist dieses Geheimnis bis heute kaum gelüftet. Soviel die Schätze uns auch über Kultur und Lebensweise der alten Ägypter enthüllen, die Gestalt Tut-Ench-Amuns lassen sie gleichwohl im Dunkeln. Unter welchen Umständen war der gerade Neunzehnjährige verstorben? Warum erhielt er ein so prachtvolles Grab? In welchem Verhältnis stand er zu seinem Vorgänger, dem »Ketzerkönig« Echnaton? Nach einer Version war er dessen Bruder, nach einer anderen sein Sohn. Sicher wissen wir, daß er sein Schwiegersohn war, denn er wurde in seinem elften Lebensjahr mit

Achet-Aton, einer Tochter Echnatons, verheiratet. Das bedeutet, daß seine Frau auch seine Nichte, vielleicht sogar seine Schwester gewesen sein konnte.

Achet-Aton ihrerseits war zunächst ihrem Vater als Nebenfrau angetraut worden. Dadurch kam ihr in doppeltem Sinn königlicher Rang zu, und für Tut-Ench-Amun hatte es hohen Prestigewert, sich mit ihr zu verbinden.

Echnaton hatte noch weitere Töchter. Auch mit diesen war er verheitatet. Ein Relief in der königlichen Nekropole von Tell-el-Amarna zeigt ihn und seine Hauptfrau Nofretete trauernd am Totenbett ihrer zweitgeborenen Tochter. Im Vordergrund erkennt man eine Frau, die den Raum mit einem Kind im Arm verläßt. Vermutlich war der Tod also bei einer Entbindung eingetreten. Echnaton hätte in diesem Fall doppelten Anlaß zur Trauer gehabt; denn die Tochter ist wohl an den Folgen der Vereinigung mit ihm selbst verstorben.

Die jüngere Schwester der Toten hatte als Gemahlin Tut-Ench-Amuns zunächst ein besseres Schicksal. Aber sie wurde allzu früh Witwe und mußte sich lange um einen passenden neuen Partner bemühen. Angeblich vermählte sie sich schließlich mit ihrem Großvater Eje, der ohnehin bereits die Regierungsgeschäfte übernommen hatte.

Diese Verwandtschaftsverhältnisse sind ein wenig verworren, aber so waren in der Tat die Bräuche am Hofe der ägyptischen Herrscher. Meist wurde der Pharao schon als Kind mit einer Schwester oder Halbschwester vermählt; nicht selten heiratete er später seine eigenen Töchter. Auf diese Weise suchte man die übernatürliche Herkunft des königlichen Geblüts vor Verunreinigung zu bewahren – ein uraltes Motiv, das in abgeschwächter Form bis heute beim Hochadel in aller Welt wirksam geblieben ist.

Nicht selten wirkt diese Exklusivität recht beengend, und der Wunsch kann mächtig werden, ihr zu entkommen. Auch dafür gibt es Beispiele beim Hochadel; die Regenbogenpresse wäre ärmer ohne sie. Die Pharaonen konnten, sobald einmal standesgemäße Nachkommenschaft gesichert war, noch beliebig viele Nebenfrauen außerfamiliärer Herkunft in ihren Harem aufnehmen. Wie sich die ehelichen Beziehungen zu diesen Nebenfrauen gestalteten und ob sie sich von der Inzestbindung in emotionaler Hinsicht unterschieden, weiß die Geschichtsschreibung nicht zu berichten.

Mit den geschilderten Heiratsregeln, die als *dynastischer Inzest* bezeichnet werden, stehen die Ägypter durchaus nicht allein da; fast ebenso bekannt für diesen Brauch ist das Königshaus in Alt-Peru.

»Ich, der Inka, befehle, daß niemand seine Schwester, Mutter, Base, Tante, Nichte, Verwandte oder Patin seines Kindes heiraten darf ... anderenfalls man ihm zur Strafe beide Augen ausreißen soll ... Nur dem Inka ist es gestattet, die leibliche Schwester zur Frau zu nehmen.« So lautet ein offizieller Erlaß des Königs des Andenreiches, dem ebenfalls göttliche Herkunft zugeschrieben wurde, mit der Sonne als Stammvater. Wiederum begegnen wir dem esoterischen Inzestmotiv, das göttliche Charisma rein zu erhalten.

Bezeichnenderweise bestand auch hier neben der Coya, der Schwester-Gattin, ein Harem von Nebenfrauen, aus deren Söhnen sich die führenden Verwaltungsbeamten rekrutierten. Künftiger Herrscher allerdings konnte nur ein Sohn der Coya sein.

Neuzeitliche Varianten

Man muß bei der Suche nach Belegen für dynastischen Inzest aber keineswegs auf versunkene Hochkulturen zurückgreifen. Es gibt ein gutes Dutzend Naturvölker, bei denen dieselbe Praxis noch bis weit in die Neuzeit hinein geübt wurde und daher auch besser dokumentiert ist.

Wenn etwa bei den polynesischen Tonga dem Häuptlingssohn eine Schwester als Erstgeburt voranging, so nahm er sie zur Frau: Ihre privilegierte Stellung in der Geschwisterfolge sicherte ihr einen besonders hohen Anteil an »Mana«, an magischer, göttlicher Kraft, und dieser Kraft mußte er sich versichern, um das Häuptlingsamt erfolgreich ausüben und weitergeben zu können. Bei den Königen von Hawaii erstreckte sich dieser Brauch auf Häuptlingsgeschwister überhaupt, ohne Rücksicht auf die Geburtenfolge.

Einige interessante Varianten des dynastischen Inzestes fand man in den sogenannten Hima-Staaten, Königreichen aus dem Gebiet der großen afrikanischen Seen. Diese Staatsgebilde und ihre kulturellen Praktiken haben sich, allen politischen Umbildungen der modernen Zeit zum Trotz, bis an die Schwelle der Gegenwart erhalten. Mitte der sechziger Jahre noch ging bei uns ein Bericht über eine dynastische Inzestheirat in diesem Gebiet durch die Presse.

Bei einer dieser Kulturen, den Banyoro, nimmt der König anläßlich seiner Inthronisation seine Mutter und eine Halbschwester als Mitregentin. Seine Mutter darf er nach dieser Zeremonie nicht einmal mehr sehen. Anders verhält es sich mit der Halbschwester: Mit ihr darf er ehelich verkehren; hat dies aber Folgen, muß sie die Schwangerschaft unterbrechen. Nachkommen werden nur von Konkubinen geboren.

Etwas anders gestaltet sich das Ritual bei den Nyanga. Hier ist der Vollzug des Inzests mit einer Frau, die unter die Kategorie der Schwester oder Halbschwester fällt, der Hauptbestandteil der Inthronisation. Nach diesem Akt sind dem Paar weitere Intimitäten untersagt.

Von anderen Hima-Staaten sind ähnliche Bräuche dokumentiert. Einzuräumen bleibt, daß es sich bei den Partnern nicht um allerengste Blutsverwandte handelt; eine Halbschwester ist immerhin biologisch »nur« so eng verwandt wie eine Nichte. Für die Untertanen wäre eine solche Liaison aber jedenfalls ganz undenkbar, und auch der dynastische Inzest wurde im Volk als eher anstößig empfunden. »Könige und Hexer kennen keine Scham, sie leben über der Gesellschaft«, lautet ein einschlägiges Sprichwort. Ganz ähnlich hieß es übrigens bei den sibirischen Kalmücken »Fürsten und Hunde scheren sich nicht um die Verwandtschaft.«

Auch den Königen selbst scheint die rituelle Schwesternheirat nicht recht geheuer gewesen zu sein. Die Bushongo, bei denen der König die mütterliche Halbschwester heiraten mußte, hielten die Verbindung mehr oder weniger geheim. Die Inzestpartnerin lebte wie die anderen Frauen im Harem und durfte Kinder haben; diese blieben jedoch von der Nachfolge ausgeschlossen. Im übrigen enthalten die Inthronisationsriten der meisten Hima-Staaten Reinigungszeremonien, die dazu dienen sollen, die Anstößigkeit der Verbindung zu neutralisieren.

Soviel zum dynastischen Inzest. Ich bin darauf sogleich genauer eingegangen, um einem Mißverständnis vorzubeugen. Kulturanthropologen akzeptieren heute allgemein, daß es sich bei der Inzestvermeidung um ein *transkulturell universales* Phänomen handelt. Der dynastische Inzest steht zu dieser These nicht in Widerspruch. Insbesondere läßt er keineswegs auf eine Toleranz entsprechender Praktiken beim breiten Volk schließen; er steht vielmehr regelmäßig in äußerstem Kontrast zur Volkssitte. Es mutet wie eine Groteske an, daß ausgerechnet bei den Hawaiianern, deren Könige für Geschwisterheiraten notorisch waren, die christlichen Missionare in den Geruch kamen, eine lasterhafte Lehre zu verbreiten, weil sie nämlich Kusinenheiraten zuließen, die nach Hawaiischem Empfinden eindeutig unter das Inzestverbot fielen.

Inzest und Magie

Ähnlich wie mit dem dynastischen Inzest verhält es sich mit einer zweiten Gruppe von Ritualen, bei denen das in der Sozietät an sich geltende Tabu ebenfalls durchbrochen wird. Sie werden als *magischer Inzest* bezeichnet. Die Übertretung ist hier nicht auf einen ausgezeichneten Personenkreis beschränkt, sondern an bestimmte *Anlässe* gebunden.

Ein solcher Brauch herrschte etwa bei den Thonga, einem Bauernvolk im südlichen Mozambique. Die Männer pflegten von Zeit zu Zeit auf eine mehrwöchige, gefahrvolle Flußpferdjagd zu gehen. In der Nacht vor dem Auszug zur Jagd wohnte der Vater seiner Tochter bei; unmittelbar danach brach er mit seinen Söhnen auf und mußte dann während der gesamten Jagddauer sexuell enthaltsam leben. Bemerkenswert ist die Begründung dieser Sitte: Der Inzest, so heißt es, mache den Mann zum »Mörder«, und dies verleihe ihm die Macht, »große Dinge auf dem Fluß« zu tun.

Bei den Dierri in Australien dürfen Männer am Abend vor einem Kampf Inzest begehen, weil er den Mut erhöht und Kraft verleiht. Ähnlich herrscht in der Gegend des Nyassasees die Meinung, wer den Inzest mit Mutter oder Schwester wage, werde gegen Kugeln unverwundbar. Bei einem Stamm in Nord-Rhodesien hält man Bruder-Schwester-Inzest, sofern er mittags auf dem Dorfplatz ausgeübt wird, für ein Heilmittel gegen Schlangengift. Die Palette ist reichhaltig: Inzest als Unterstützung eines Heiratszaubers, zur Verlängerung des Lebens, zur Erlangung magischer Kräfte – Vorstellungen dieser Art finden sich vielerorts, am ehesten aber dort, wo Blutschande normalerweise besonders streng verpönt ist.

Es verhält sich hier wie beim dynastischen Inzest: Keineswegs sagen solche Praktiken etwas gegen die Universalität des Tabus aus. Sie bekräftigen es im Gegenteil, denn sie setzen es voraus und gewinnen ihren Sinn gerade aus seiner Stärke.

Freilich bleibt damit vorerst offen, wie sich dynastischer und magischer Inzest als solche erklären lassen, wie sie motiviert sind und wie sie sich in das Bild fügen, das wir uns von der Natur des Inzesttabus machen. Wir können auf diese Fragen hier noch keine Antwort geben, müssen sie uns aber für später vormerken.

Zwei kritische Fälle

Die transkulturelle Universalität des Inzesttabus wäre offensichtlich nur dann ernsthaft in Frage gestellt, wenn breitere Bevölkerungsschichten über längere Zeit hinweg ohne besonderen magischen Anlaß inzestuöse Bindungen bevorzugen oder zumindest auffällig tolerieren würden.

Und auch hier wäre immer noch zu prüfen, wo der Inzest beginnt. Vielerorts gelten Heiratsregeln, die als »inzestuös« anzusprechen sind, wenn man sie vom Standpunkt einer anderen Kultur aus betrachtet, in der noch strengere Sitten herrschen. Man denke an die Missionare auf Hawaii.

Immerhin kann man verwandtschaftliche Distanz nicht unbegrenzt unterbieten. Irgendwann ist einmal der Grenzwert äußerster Intimität erreicht: bei den eigenen Kindern, Geschwistern und Eltern, also bei der sogenannten *Kernfamilie*. Unsere Aufmerksamkeit muß sich somit auf die Frage konzentrieren, ob es ganze Volksgruppen gibt, bei denen der Kernfamilieninzest gebilligt und einigermaßen regelmäßig vollzogen wurde.

Die Antwort ist nun eindrucksvoll genug: Unter den vielen Tausenden von Kulturen finden sich nicht mehr als zwei Beispiele. Beide liegen zeitlich weit zurück und sind daher nur historisch erschließbar.

Im einen Falle handelt es sich um das Ägyptische Reich der Römischen Periode, also im ersten und zweiten Jahrhundert nach Christus. Es ist nachgewiesen, daß zu dieser Zeit Geschwisterheiraten im Volk verbreitet waren. In einer Zensusdeklaration aus dem Jahre 189 führt ein Weber in seinem Haushalt unter 26 Personen vier Geschwisterehen an; einer neueren Aufstellung zufolge waren von 162 genealogisch spezifizierten Eheschließungen aus dieser Zeit 38 Halb- oder Vollgeschwisterheiraten, mit den letzteren in der Mehrzahl. Falls sich diese Zahlen verallgemeinern lassen, käme immerhin auf jede vierte bis fünfte Heirat eine Geschwisterehe – ein beachtlicher Prozentsatz.

Leider sind solche Berechnungen mit einem hohen Unsicherheitsfaktor belastet. Noch ärgerlicher ist, daß wir bezüglich der Motivation und der öffentlichen Wertschätzung dieser Sitten völlig auf Spekulationen angewiesen sind.

Aus den vorhergehenden Epochen – der Pharaonenzeit und der Ptolemäerperiode – finden sich keine sicheren Belege für Geschwisterehen außerhalb des Königshauses. Doch sind die Quellen hier insgesamt spärlich, zumindest für die Pharaonenzeit, so daß dies nicht viel zu besagen hat. Die Geschwisterehe des ptolemäischen Herrscherpaares Arsinoe II. und Ptolemaios II. stieß jedenfalls in der ethnischen Gruppe, der die beiden entstammten, auf heftige Kritik, auf die das Herrscherpaar mit repressiven Maßnahmen reagierte; auch wurden die beiden nach dem Tod sogleich als »Geschwistergötter« geheiligt. Das spricht eher für als gegen die Wirksamkeit des Tabus in Ägypten noch zu Beginn unserer Zeitrechnung.

Der Niedergang der Ptolemäerherrschaft bei Machtübernahme der Römer scheint dann generell zu einer Profanierung der königlichen Privilegien geführt zu haben. Es gibt hierfür einen interessanten Beleg aus dem Bereich des Totenglaubens. Nach ursprünglicher Überzeugung kam es nur hingeschiedenen Königen zu, von mächtigen Göttern, dem falkenköpfigen Horus und dem ibisköpfigen Toth, persönlich gewaschen zu werden, während diese Zeremonie bei Toten niede-

rer Herkunft durch Priester vollzogen wurde. Zu Beginn der Römerzeit wandelte sich dieser Glaube: Die göttliche Reinigung wurde nunmehr auch Privatleuten zuteil. Mag sein, daß sich diese »Demokratisierung« zugleich auf das vormalige Privileg des dynastischen Inzests erstreckte. Geschwisterheirat wäre damit zu einer Prestigeangelegenheit geworden, so wie bei uns das Familienwappen für den Parvenu. Aber das alles bleibt Mutmaßung.

Etwas besser belegt ist der zweite Fall. Er betrifft Alt-Iran, vor allem gegen Ende der Sassanidenzeit, also – in bemerkenswerter Parallele zum ägyptischen Beispiel – wiederum vornehmlich in den ersten Jahrhunderten unserer Zeitrechnung.

Charakteristisch für die persische Inzestpraxis ist ihre emphatische, fast beschwörend anmutende Anpreisung in den religiösen Schriften des späteren Zoroastrismus, vor allem in den sogenannten Pahlavi-Texten. Seine Schwester, Tochter oder Mutter zu heiraten wird als die »vollkommenste« Form der Eheschließung verherrlicht. Wer eine Geschwisterehe durch Raub der Braut verhindere, ziehe sich die Höllenstrafe zu. Der Inzest wird als religiös wertvolles Werk gepriesen, das Dämonen vernichtet und himmlischen Lohn einbringt. Er wirkt gewissermaßen potenzierend auf anderweitiges Wohlverhalten: Ein gutes Werk, von einem Geschwistergatten vollbracht, wiegt hundertmal schwerer als die Tat eines Gewöhnlichen.

Auch von diesseitigen Vorteilen ist die Rede, so etwa von einer positiven Wirkung auf die innerfamiliäre Harmonie. Frauen von weit her, so heißt es, stellten übertriebene Ansprüche: sie verlangten Schmuck, Sklaven, Schminke, Parfüme und andere Erlesenheiten, die das Vermögen ihres Mannes überschreiten. Wenn er sich solchen ruinösen Forderungen widersetze, bräche eine Hölle von Zank über ihn herein, und zum Schluß würden sie ihm auch noch untreu.

Sogar »biologische« Argumente werden bemüht: einige Texte verweisen auf die unfruchtbare Bastardierung von Pferd und Esel, um darzutun, wie nötig es sei, das Blut rein zu halten.

Das alles klingt nun sehr nach Rationalisierung und legt den Verdacht nahe, die Inzestpraxis habe den Gläubigen seitens der Priesterschaft immer wieder erneut aufgedrängt werden müssen. Tatsächlich nahmen diese Empfehlungen an Heftigkeit zu, als der Mazdaismus durch Christentum und Islam in die Defensive gedrängt wurde und die Priester allen Grund hatten, Mischehen zu fürchten.

Vor allem aber gibt es Zeugnisse, die erkennen lassen, daß die Inzestpraxis vom Volke als anstößig empfunden wurde. Da ist von der Familie eines Fürsten die Rede, die sich weigerte, Inzest zu begehen, da sie sich »schämte«. Sogar Zarathustra selbst sagt einmal zu Ahura Mazda: »In meinen Augen ist es ein Übel, das getan wird, und es ist verwirrend, daß ich khvêtûdâd (= Inzest) tun sollte, als ob das völlig üblich wäre unter den Menschen.« Ahura Mazda zerstreut zwar seine Bedenken, aber nur mit sehr vagen Argumenten. Man wird zeitgenössischen Kritikern des Zoroastrismus glauben dürfen, wenn sie immer wieder behaupten, die Befolger jener Lehre hätten »Widerwillen« gegen diese »schmutzige Sitte« empfunden und daher einen »harten Kampf mit der ihrer Natur innewohnenden Vernunft« führen müssen.

Eine Theorie der Kulturentstehung

Mit dem ägyptischen und dem persischen Beispiel ist nach derzeitigem Kenntnisstand das beweiskräftige Material über Gesellschaften mit verbreiteter Inzestpraxis erschöpft. In der Literatur, vor allem in der nicht ganz seriösen, die bei unserem Thema naturgemäß gut gedeiht, werden freilich noch weitere Fälle angeführt. In einer verdienstvollen soziologischen Dissertation hat sich Nikolaus SIDLER die Mühe gemacht, praktisch allen erreichbaren Behauptungen dieser Art bis zu ihren Quellen nachzugehen. Dabei ergab sich regelmäßig, daß die Autoren ihre Angaben entweder nicht belegen konnten oder nachweisbar falschen Berichten aufgesessen waren.

Es sieht demnach so aus, daß wir tatsächlich berechtigt sind, die Inzestvermeidung als *universal* zu bezeichnen. Damit stellt sich für die Kulturwissenschaft aber sogleich ein ernstes Problem. Denn diese universalmenschliche Erscheinung ist zugleich eine *Norm*. Warum hier ein Problem liegt, hat vor allem Claude LÉVI-STRAUSS, der Exponent des kulturanthropologischen Strukturalismus, herausgearbeitet.

Der Mensch hat im Gesamtreich des Lebendigen eine Sonderstellung inne; nur äußerste Phänomenblindheit wäre in der Lage, dies zu bezweifeln. Worin diese Sonderstellung aber besteht, an welchen Kriterien sie sich fassen läßt, wie man diese Kriterien zu einer geschlossenen Sinngestalt verbinden kann – das sind weit schwierigere Fragen.

Immerhin haben wir bereits ein *Wort* zur Verfügung, um den Inbegriff all dessen zu bezeichnen, was uns von den Tieren trennt – das Wort »Kultur«. Und die Suche nach dem Spezifisch-Menschlichen kleidet sich daher oft in die Frage nach dem Gegensatz von Kultur und Natur.

An dieser Unterscheidung setzt auch LÉVI-STRAUSS an. In einem seiner Hauptwerke, den »Elementaren Verwandtschaftsstrukturen«, formuliert er hierfür zwei verschiedene, logisch unabhängige Kriterien. Auf der einen

Seite nennt er als ein zuverlässiges Merkmal naturhafter Prozesse das Fehlen ordnender *Normen;* denn um Normen einzuführen und durchzusetzen, bedürfe es der menschlichen Sprache.

Tatsächlich gibt es in Tiersozietäten durchaus Ordnungsstrukturen; wir werden einige davon in späteren Kapiteln kennenlernen. Aber was man dort wirklich nicht findet, ist die streng durchkomponierte Zwangsordnung etwa eines Massenaufmarsches im Gleichschritt, des Reisezugverkehrs oder einer Orchestersymphonie. Kein Tier hat Schablonen erfunden, die das Verhalten auf eine Weise reglementieren würden, die auch nur im entferntesten an die starre, unerbittliche, rechtwinkelige, in Stein gemeißelte Konsequenz des Hammurabischen Gesetzeswerks, der mosaischen Gebote oder eben der Heiratsregeln heranreicht.

Der zweite Unterschied zwischen einer naturwüchsigen und einer kulturgeschaffenen Erscheinung ist nach LÉVI-STRAUSS, daß wir jene *universell,* also über alle Kulturgrenzen hinweg, antreffen, während die eigenständigen Schöpfungen menschlicher Gesellschaften immer auch von historischen Zufälligkeiten abhängen und daher zwischen den Kulturen erheblich variieren sollten. Auch dieser These wird man zustimmen können.

Nach diesem Exposé fährt der Autor nun aber wörtlich folgendermaßen fort:

»Unterstellen wir also, daß alles Universelle beim Menschen von der Natur abhängt und sich durch Spontaneität auszeichnet und daß alles Normgebundene zur Kultur gehört und sowohl relativ als auch partikulär ist. Wir stehen dann vor ... einer Reihe von Tatsachen, die im Sinne der vorhergehenden Definitionen fast wie ein Skandal aussehen: Wir meinen das komplexe Gebäude von Glaubensüberzeugungen, Sitten, Bestimmungen und Institutionen, die man zusammenfassend mit dem Namen ›Inzestverbot‹ bezeichnet. Denn dieses Verbot besitzt zweifellos und unauflösbar verbunden die beiden Charaktere, in denen wir die gegensätzlichen Attribute von zwei einander ausschließenden Seinsbereichen erkannt haben: Es bildet eine Norm, aber eine Norm, die als einzige unter allen gesellschaftlichen Regeln gleichzeitig das Merkmal der Universalität besitzt ... Es handelt sich hier also um ein Phänomen, das sowohl die Charakteristika der Natur als auch – theoretisch im Widerspruch dazu – der Kultur aufweist. Das Inzestverbot besitzt gleichzeitig die Universalität der Instinkte und den Zwangscharakter der Normen und Institutionen« und erscheint daher »der soziologischen Betrachtung als ein Rätsel.«

Hier also liegt das Problem der universalen Norm: Wie kann ein Phänomen, das wie kaum ein anderes die starre Regelhaftigkeit eines Glasperlenspiels erkennen läßt und sich dadurch unzweifelhaft als Kulturschöpfung ausweist, gleichwohl vom Schicksal regionaler Vielfalt und historischen

Wandels bewahrt bleiben und uns mit einer sonst nur in den Naturwissenschaften erreichbaren Voraussagbarkeit in jeder neu untersuchten Kultur wiederbegegnen? Lévi-Strauss weiß hierauf nur eine Antwort, in der ihm inzwischen viele Sozialwissenschaftler folgen:

»Das Inzestverbot ist weder rein kulturellen, noch rein natürlichen Ursprungs, und es ist auch kein Konglomerat von zusammengesetzten Elementen, die zum Teil dem Bereich der Natur und zum Teil dem der Kultur entnommen sind. *Es stellt den fundamentalen Schritt dar, dank dessen, durch den, aber vor allem in dem der Übergang von der Natur zur Kultur vollzogen wird ... Das Inzestverbot ist der Prozeß, mit dem die Natur sich selbst überwindet.*«

Die wesentliche Aussage des Zitates habe ich durch Kursivdruck hervorgehoben. Die menschliche Kultur ist dieser Theorie zufolge in dem Moment entstanden, als aus dem Reservoir verfügbarer Geschlechtspartner die Mitglieder der eigenen Familie ausgeschlossen und die Sexualität so in ihrer naturgegebenen Regellosigkeit beschnitten und in eine Ordnung gezwungen wurde. Das Inzestverbot erscheint damit als Prototyp und Kristallisationskern aller moralischen Errungenschaften der Menschheit überhaupt.

Der Leser wird bemerken, daß schon die Ereignisse, die im ersten Kapitel geschildert worden sind, Zweifel an dieser sozialwissenschaftlichen Konstruktion aufkommen lassen. Wie grundsätzlich die Bedenken sind, die die Ethologie hier anmelden muß, wird bald noch deutlicher werden.

Lévi-Strauss hat recht: Das Inzesttabu ist ein ausgezeichnetes Paradigma, wenn es darum geht, die Beziehung zwischen Natur und Kultur zu klären. Aber es wird sich zeigen, daß diese Beziehung ganz anders gesehen werden muß, als er sie darstellt. Das hier zugrundeliegende Menschenbild bedarf der Korrektur. Und dieses Menschenbild vertreten nicht nur Kulturanthropologen: Wir werden uns auf eine Konfrontation auf breiter Front gefaßt machen müssen.

Bevor wir in diese Auseinandersetzung eintreten, haben wir jedoch das Tatsachenmaterial zu sichten. Und dazu gehört zunächst auch, daß wir uns noch genauer mit den Erscheinungsformen jener universalen Norm vertraut machen.

3. Kapitel

Schranken der Partnerwahl

Keine Gesellschaft überläßt die Wahl des Ehepartners völlig dem privaten Ermessen. Aber die Heiratsvorschriften der einzelnen Kulturen unterscheiden sich erheblich voneinander. Wenn hier eine universale Norm vorliegen soll, müßten sich kulturübergreifende Ordnungsmuster in den spezifischen Heiratsregeln aufweisen lassen. Das folgende Gespräch versucht diese herauszuarbeiten.

Eine Reisebekanntschaft

Der Amtrak-Expreß jagte, rhythmisch schlagend, über den Schienenweg von Los Angeles nach Kansas City. Am Morgen hatten wir Flagstaff passiert, und der Panoramawagen des Zuges gab den Blick frei auf eine grandiose Wüstenlandschaft.

Ich saß einem Pärchen gegenüber: Sie eine Weiße, upper middle class, mit Stupsnase, vermutlich regulierten Zähnen und jenem strähnig-glatten Blondhaar, dem in einer bürgerlichen Ehe der alltägliche Kampf mit den Lockenwicklern nicht erspart bleiben würde; er ein Neger mit gemäßigtem Afro-look, großen Mandelaugen und einem Ausdruck von Unmittelbarkeit und Ausgeliefertsein, der mit ihrer etwas graumäusigen Reserve eigentümlich kontrastierte.

Daß er ihre Hand streichelte, tat ihr ersichtlich wohl, und die eisigen Blicke einer älteren Dame auf dem Nachbarsitz kümmerten sie wenig; sie waren dergleichen beide wohl gewöhnt. Es gab Schlimmeres: Erst wenige Tage zuvor hatte die Los Angeles Times ohne sonderliche Aufmachung berichtet, daß in irgendeinem Nest in Alabama ein Weißer verurteilt worden war, der zwei Neger über den Haufen geschossen hatte, lediglich deshalb, weil er sie mit weißen Mädchen zusammen beim Jogging angetroffen hatte.

Wir kamen ins Gespräch. Sie studierten beide Anthropologie. Und sie wollten nach der Promotion heiraten.

Die Lady auf dem Nachbarsitz wurde steif und blickte demonstrativ zum Fenster hinaus. Ob sie nicht Angst vor den Schwierigkeiten hätten, fragte ich die beiden. In Kalifornien sei es nicht so schlimm, erwiderte das Mädchen.

Und dann sagte sie etwas Seltsames: Ihr Studium hätte sie auch toleranter gegen Engstirnigkeit gemacht. In allen Kulturen, so ärgerlich das sei, träfe man auf Vorurteile. Und besonders massiv gerade in bezug auf die Ehe: Wer einen Partner suche, finde sich regelmäßig mit einer Gesellschaft konfrontiert, die ihm bei diesem höchst privaten Unterfangen auf oft sehr nachdrückliche Weise dreinrede. Man könne schon froh sein, in einem Staate zu leben, der wenigstens den Versuch mache, solche Einmischungsversuche einigermaßen unter Kontrolle zu halten.

Wie es denn in dieser Hinsicht bei Naturvölkern zugehe, wollte ich wissen. Ich hatte selbst einiges darüber gelesen, blickte aber nicht recht durch. Wie die vielfältigen Heiratsvorschriften jeweils begründet werden, welchen Personenkreis sie betreffen und mit welcher Strenge man ihre Übertretung ahndet – dies alles wechselt bunt von Kultur zu Kultur, und man erkennt darin auf den ersten Blick keine rechte Ordnung.

Gradienten

Draußen am Horizont dehnte sich eine herrlich ebenmäßige Terrassenformation. Vor einer Stunde waren wir mitten durch sie hindurchgefahren; aber da hatte sie nur wie ein bizarres Labyrinth gewirkt. Vielleicht, der Gedanke drängte sich auf, verhielt es sich ähnlich mit der Mannigfaltigkeit kultureller Verhaltensmuster: Man muß ein paar Schritte zurücktreten, damit anstelle des mutwilligen Geflechts abstruser Einzelheiten die Silhouette eines sinnvollen Ganzen deutlich werden kann.

Mein Gegenüber zog einen Schreibblock hervor und warf darauf mit seinem Kugelschreiber das, was seit dem großen René DESCARTES mathematischen Ordnungswillen mit der urtümlichen Lust an Sinnfälligkeit versöhnt: ein Koordinatensystem. Damit, so sagte er, könne er die Quintessenz der Heiratsregeln jeder beliebigen Kultur erläutern. Der Grundgedanke stamme von George Peter MURDOCK, dem Nestor der vergleichenden Kulturanthropologie.

»Die horizontale Grundlinie«, erläuterte er sein Schaubild, »gibt die soziale Distanz zwischen zwei Geschlechtspartnern an. Wir bezeichnen einen der beiden als ›Ego‹, nehmen also gewissermaßen seinen Standort ein. Diesen legen wir in den Nullpunkt am linken Ende der Skala. Seinen Partner können wir dann durch eine Marke irgendwo auf der Distanzachse kennzeichnen« – er machte ein kleines Kreuz –, »die um so weiter rechts zu liegen kommt, je ferner der Partner dem Ego steht.«

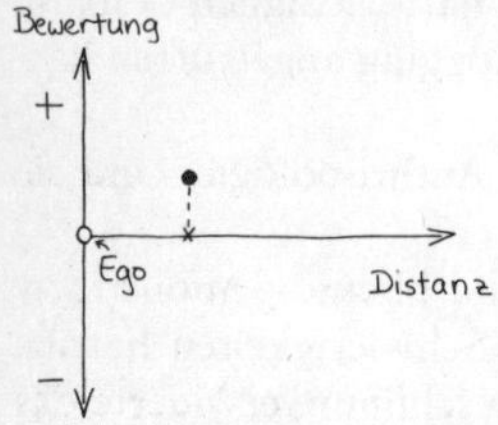

Mir war nicht recht klar, was der Ausdruck »soziale Distanz« besagen sollte. Aber bevor ich ihn unterbrechen konnte, war er in seiner Erläuterung schon fortgefahren.

»Von dieser Marke ausgehend, tragen wir nun auf der senkrechten Dimension ab, wie die Gesellschaft eine Ehe zwischen dem Ego und dem angekreuzten Partner einschätzt. Die Wertskala reicht von einer ausdrücklichen Empfehlung (+) über indifferente Toleranz bis hinab zum strengen Verbot (–). Nehmen wir an, die Gesellschaft halte die Heirat für einigermaßen passabel. Wir gehen also von unserer Marke aus ein kleines Stück nach oben.« Er setzte einen dicken Punkt an die angegebene Stelle. »Wenn wir das nun für die gesamte horizontale Skala durchspielen, also für Partner aller Distanzklassen, so erhalten wir statt des einen Punktes eine Kurve: die *Bewertungskurve,* wie wir sie nennen wollen.«

»Und wovon hängt der Verlauf dieser Kurve ab?«

»Da gibt es vor allem zwei Faktoren, MURDOCK nennt sie ›Gradienten‹. Der erste Faktor heißt ›Ethnozentrismus‹-Gradient.« Er malte eine punktierte Linie, nach rechts hin kontinuierlich abfallend.

Unter »Ethnozentrismus« versteht man die allzu menschliche Tendenz zur Höherschätzung des Heimatlich-Vertrauten, des Bodenständigen und Immer-so-Gewesenen – verbunden mit entsprechendem Mißtrauen gegen alles Fremde, Andersartige, aus der gewohnten Ordnung Fallende. Harmlos-grantiger Spott über »zugereiste« Redeweise und Lebensart, aber auch Bösartigkeiten gegen Fremdarbeiter und die Ausgeburten des Rassenhasses gehören hierher.

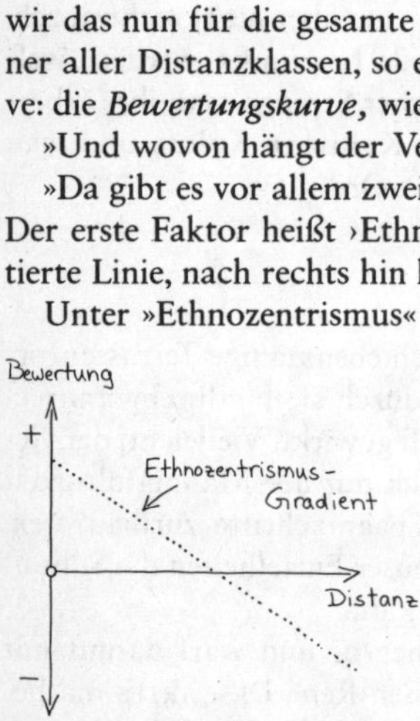

»In praktisch allen Kulturen scheut man eine eheliche Bindung, wenn die Partner allzu verschieden sind. Überall gibt es einen Drang zur *Endogamie*, zur Paarung innerhalb eines Kernbereichs von Vertrautheit. Gleich und Gleich gesellt sich gern.«

»Aber das müßte dann eigentlich zu Inzestheiraten führen«, wandte ich ein. »Man sagt doch auch, daß Gegensätze einander anziehen!«

»Das ist nun eben der zweite MURDOCKsche Faktor, der ›Exogamie‹-Gradient.« Er zeichnete eine strichpunktierte Linie, gegenläufig zur Ethnozentrismus-Kurve.

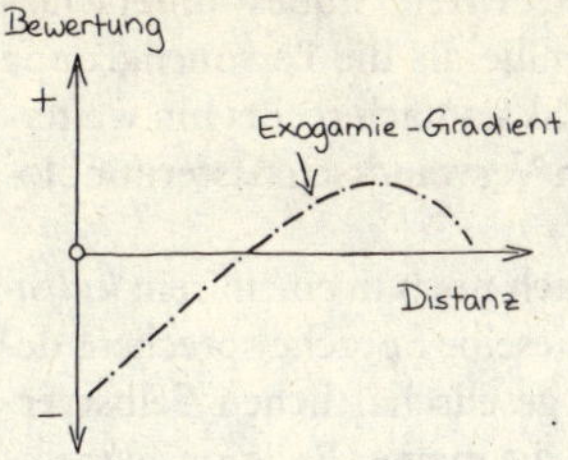

»Diesem Faktor zufolge kommt ein Partner gerade umgekehrt um so weniger in Frage, je näher er dem Ego steht. Der Gradient steigt demgemäß nach rechts hin an. Allerdings nicht beliebig weit; die ›Fernstenliebe‹ kann offensichtlich ein Optimum an Ferne nicht überschreiten, weil irgendwann die Grenzen der Kommunikationsmöglichkeit erreicht sind.«

»Dann stecken die armen Leute aber ganz schön in der Klemme. Der linke Teil der Distanzskala wird ihnen vom Exogamie-Gradienten verbaut, und den rechten verschließt ihnen ihr Ethnozentrismus. Zum Heiraten bleibt dann mit Mühe und Not noch ein schmales Mittelstück.«

»So schmal muß das gar nicht sein. Aber im Prinzip haben Sie recht: Die Heiratsregeln jeder Sozietät lassen sich als ein Kompromiß zwischen diesen beiden Gradienten verstehen. Eheschließungen im Mittelbereich werden am höchsten bewertet, während die Gesellschaft auf starke Diskrepanz zwischen den beiden Gradienten, wie sie in den Randzonen der Skala herrscht, empfindlich reagiert.«

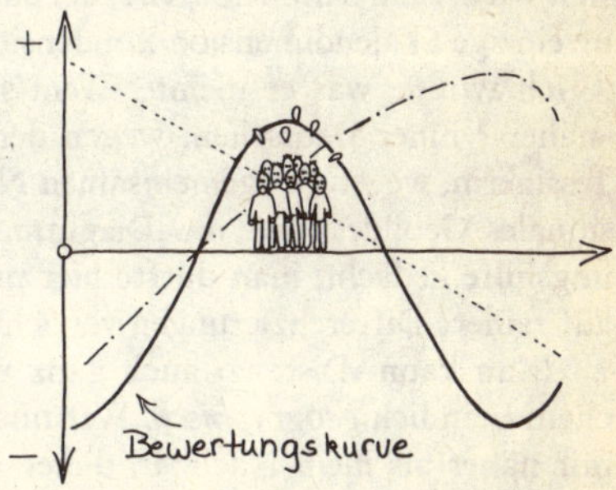

Er zog eine dicke Linie, die um so tiefer im negativen Bereich verlief, je weiter die beiden Gradienten auseinanderklafften. Das war die »Bewertungskurve«, von der er vorhin gesprochen hatte.

»Das ist bestechend simpel. Aber Sie haben mir noch nicht verraten, was ›fern‹ und ›nah‹ in diesem Kontext eigentlich konkret bedeutet. Wie mißt man denn die ›soziale Distanz‹, von der ja offenbar so vieles abhängt?«

»Ja nun – da gibt es ein ganzes Bündel von Interpretationen.« Er legte den Schreibblock beiseite. »Zunächst denkt man natürlich an die *verwandtschaftliche* Distanz. Wir sprechen ja von ›näheren‹ und ›entfernteren‹ Verwandten. Und wir kennzeichnen die Entfernung sogar mit einer Zahl, wenn wir Verwandte ›ersten‹, ›zweiten‹ oder ›dritten Grades‹ unterscheiden. In allen Kulturen gilt dabei die Kernfamilie als die Personengruppe höchster verwandtschaftlicher Nähe. Wie die Skala nach rechts hin weitergeht, hängt dann allerdings von der jeweiligen Verwandtschaftsterminologie ab.«

»Könnte man«, fragte ich, »Distanz nicht auch noch in einem rein *kulturellen* Sinn verstehen? Personen, die mit mir dieselbe Sprache sprechen, denen dieselben Wertvorstellungen, dieselben gesellschaftlichen Selbstverständlichkeiten anerzogen wurden, Personen, die meiner Religionsgemeinschaft angehören, die ähnliche Ausbildung genossen haben wie ich und in denselben ökonomischen Verhältnissen leben – sie alle empfinde ich doch als mir ›näher‹ stehend als andere, mit denen ich solche Gemeinsamkeiten nicht teile. Spielt diese Art von ›Distanz‹ für Ihr Schaubild nicht auch eine Rolle?«

»Sicher, sogar eine sehr wesentliche. Allerdings ist ›kulturelle Distanz‹ in sich wieder ein Sammelbegriff, der sich strenggenommen gar nicht auf eine einzige Skalendimension kondensieren läßt.«

Ich wußte, was er meinte. Wem steht ein Deutschschweizer kulturell »näher«? Einer Deutschen, wegen der gemeinsamen Sprache? Oder einer Tessinerin, wegen der gemeinsamen Nationalität? Kultur ist ein vieldimensionales Gebilde. Aber das Diagramm war schließlich nur als Anschauungshilfe gedacht; man durfte hier um der Übersichtlichkeit willen wohl auf feinere Differenzierungen verzichten.

»Man kann ›Distanz‹ auch ganz wörtlich verstehen«, sagte das Mädchen, »nämlich *geographisch*. Wer mit mir unter einem Dach lebt, kommt mir näher als mein Nachbar, dieser wiederum näher als andere Dorfbewohner. Und das ganze Dorf ist nahe, verglichen mit anderen Siedlungsgemeinschaften, die Tagesmärsche weit entfernt liegen.«

»Deckt sich die geographische Nähe nicht häufig mit der kulturellen?« wandte ich ein.

»Doch, natürlich. Aber logisch sind sie gleichwohl unabhängig. Und gelegentlich spielen sie bei den Heiratsregeln auch eine klar trennbare Rolle.«

Ich blickte meine beiden Gesprächspartner an, und auf einmal erschloß sich mir noch eine vierte Art von »Distanz«. Erst wollte ich sie nicht darauf ansprechen, aber dann gab ein Wort das andere, und wir redeten schließlich doch davon: von der *physiognomischen* Dimension. Diese Skala beginnt bei auffallender Familienähnlichkeit und reicht über gleiche Rassemerkmale zu Fremdrassischem und endlich bis an jene Grenze und über sie hinaus, die menschliche Art von nichtmenschlichem Leben trennt –

eine schwebende Grenze, deren exakte Bestimmung dem Verstand gelingt, ohne daß doch die irrationale Auffassungskraft unseres Gefühls hier stets zu ähnlich klarem Urteil in der Lage wäre.

Thema mit Variationen

Mein Gegenüber griff wieder nach seinem Schreibblock. Die horizontale Distanzachse in seinen Schemazeichnungen, soviel hatte ich nun verstanden, konnte also verwandtschaftlich, kulturell, geographisch oder physiognomisch interpretiert werden. Diese vier Dimensionen liefern gewissermaßen die wichtigsten Tonarten, in denen das transkulturelle Leitmotiv jener »Bewertungskurve« erklingen kann.

»Die einzelnen Kulturen haben dieses Motiv jeweils im Kolorit ihrer eigenen Folklore variiert. Daraus ergibt sich eine verwirrende Mannigfaltigkeit von Heiratsregeln, die einander auf den ersten Blick zu widersprechen scheinen. Am harmlosesten sind dabei noch die Variationen, die die senkrechte Achse unseres Schaubildes betreffen.“

Er zeichnete ein Diagramm mit einer betont flachen Bewertungskurve.

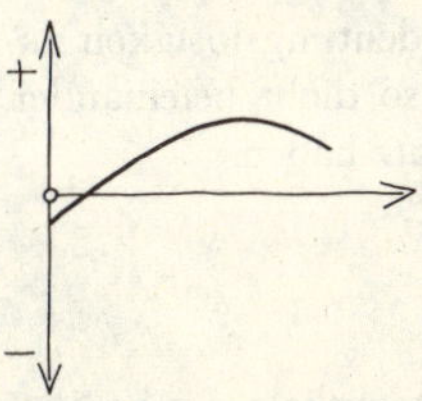

»Es soll Gesellschaften geben, wo ein Inzesttäter nicht viel Schlimmeres zu gewärtigen hat als milden Tadel. Hier würde der linke Ast der Bewertungskurve also nur geringfügig abfallen. Bei den Tallensi an der Goldküste wurde der Inzest angeblich bloß als Zeichen von Unreife angesehen. Bei einem benachbarten Stamm mußte der männliche Inzesttäter immerhin durch die Blutlache eines geschlachteten Schafes schreiten. Schon strenger ging es bei den Bena von Tanganjika zu, wo die Schuldigen eine Geldbuße entrichten und zur zeremoniellen Reinigung die rohen Eingeweide eines Hundes verzehren mußten. Bei den ostafrikanischen Nandi riskierte ein Mann, der sich des Inzests schuldig machte, daß er öffentlich ausgepeitscht, sein Haus und sein Vorrat zerstört und seine Herde konfisziert wurde. Häufig genug stand auf Inzest der Tod; die Palette reichte vom Verbrennen über das Ertränken bis zum lebendig Begraben.«

»Das ist dann übrigens immer noch nicht der äußerste Ausdruck gesellschaftlicher Inzestscheu«, fügte seine Begleiterin hinzu. »Im schlimmsten Fall ist nämlich überhaupt keine Strafe mehr vorgesehen: Die Tat gilt als derartig frevelhaft, daß ihre Ahndung nur den Göttern möglich ist und demgemäß erst im Jenseits erwartet wird. Hier reicht der linke Ast der Bewertungskurve wahrhaft ins Bodenlose hinab.«

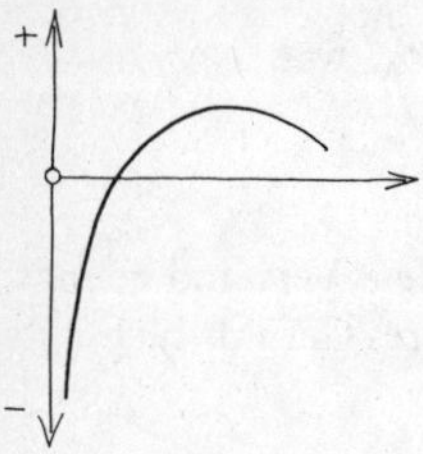

»Eigentlich sind das alles aber doch nur graduelle Unterschiede. Wenn es nicht schlimmer kommt, kann ich Ihnen folgen.«

»Die Schwierigkeiten liegen auch eher bei der horizontalen als bei der senkrechten Achse unseres Koordinatensystems. Wir haben die vier ›Distanz‹-Skalen ja nur global umschrieben. Im Detail werden sie aber in den einzelnen Kulturen erstens recht verschieden interpretiert, vor allem die Dimension ›Verwandtschaft‹. Zweitens entsteht bei vier unabhängigen Skalen natürlich ein Anordnungsproblem. Nehmen wir an, es lassen sich auf jeder Dimension grob drei Grade unterscheiden – nahe, mittel und fern.«

Er malte eine Art Meßlatte hin.

»Man kann dann beliebig viele Kombinationen erzeugen, indem man einfach die Skalen seitlich gegeneinander verschiebt. – Und drittens ist auch noch nichts über die Ausdehnung jeder Skala gesagt. Je wichtiger eine Dimension für die Eheregeln einer Sozietät wird, desto breiter ausladend muß sie rechts und links in die Flanken der Bewertungskurve hineinragen. Umgekehrt kann eine Dimension auch zur Bedeutungslosigkeit zusammenschrumpfen; ›nah‹ und ›fern‹ liegen dann so dicht beieinander, daß beide unter dem Gipfel der Bewertungskurve Platz haben.«

Das war mir zu abstrakt, und ich bat um Beispiele.

Mésalliancen

»Nun, nehmen Sie etwa die verwandtschaftliche Distanzskala. Sie beginnt regelmäßig ziemlich weit links, also dort, wo die Bewertungskurve noch im Negativen verläuft. Die Kernfamilie fällt immer unter ein Inzestverbot. Demgegenüber gilt für die Skala der kulturellen Distanz, daß sie häufig erst am Gipfel der Bewertungskurve beginnt. Kulturelle Nähe wird in der Regel als gute Basis für eine eheliche Verbindung angesehen. Dagegen erstreckt sich diese Skala meist weit nach rechts hin, und das heißt, daß kulturelle *Unähnlichkeit* häufig ein erhebliches Ehehindernis bildet.«

»Ergibt sich dieser Effekt nicht schon rein praktisch, zum Beispiel durch Schwierigkeiten der sprachlichen Verständigung?«

»Sicher gibt es hier auch einfach technische Barrieren. Aber die Regulationen gehen häufig noch viel weiter. Nehmen Sie zum Beispiel Ehevorschriften, die die berufliche Sphäre betreffen. Im alten China durften Schauspieler, Polizisten und Bootsleute nur in Familien einheiraten, deren Vorstand jeweils demselben Erwerb nachging. Ähnliches wird von den Seguela der Elfenbeinküste für den Berufsstand der Handwerker und von den Massai für den der Schmiede berichtet.«

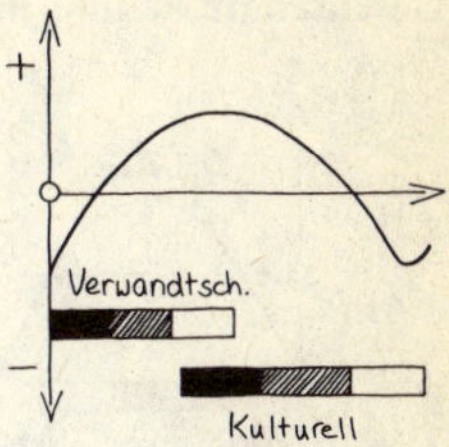

Statusunterschiede, fiel mir ein, waren natürlich auch ein Beispiel für kulturelle Distanz, die als Ehehindernis angesehen wird.

»Wo man sich Sklaven hielt«, bestätigte mein Gesprächspartner, »dort wachte man auch peinlich darüber, daß diese nur untereinander heirateten. Bei den Teutonen wurde ein Freier, der sich mit einer Sklavin einließ, selbst in den Sklavenstand versetzt; eine freie Frau kostete ein entsprechendes Abenteuer sogar das Leben.«

»Für den Adel beginnt die Mésalliance wohl nicht erst bei den Sklaven.«

»Natürlich nicht. Auch das ›gemeine Volk‹ ist hier schon viel zu weit weg. Die Edlen Polynesiens betrachteten das Volk fast als eine andere Art von Lebewesen – die kulturelle Skala vermengt sich hier mit der physiognomischen. Verbindungen zwischen Adel und Gemeinen konnten mit dem Tode bestraft werden; häufig wurden auch die Kinder aus solchen Ehen bei der Geburt getötet. Warum übrigens in der Vergangenheit forschen, wenn die Tagespresse Vergleichbares noch heute von arabischen Herrscherhäusern berichtet!«

»Auch die Weltanschauung bietet wahrscheinlich viele Beispiele für kulturelle Endogamie.«

»Hier ist der Druck sogar am stärksten. Religiöse Mischehen gelten meist als Frevel. Der Druck auf religiöse wie auch auf Standesendogamie ist offenbar kräftig genug, unter besonderen Umständen sogar die Inzestschranke zu durchbrechen.«

Er meinte die Perser und die Ägypter.

»Liegt die kulturelle Skala eigentlich immer so weit rechts, daß sie nur endogame Neigungen unterstützt?«

»Meistens schon, aber nicht immer. Zuweilen trifft man auch auf Sozietäten, bei denen sie deutlich links vom Gipfel der Bewertungskurve beginnt. Gleicher sozialer Status kann zum Beispiel als Ehehindernis angesehen werden. Am bekanntesten hierfür sind die Natchez geworden, eine ehemals hochstehende Indianerkultur vom unteren Mississippi. In dieser Gesellschaft kannte man drei Adelsgruppen – die ›Sonnen‹, die ›Edlen‹ und die ›Geehrten‹ – sowie eine niedere Klasse, deren Angehörige von den französischen Eroberern wenig respektvoll als ›Stinker‹ bezeichnet wurden. Für die Adligen bestand nun die Vorschrift, den Ehepartner aus der Klasse der ›Stinker‹ zu wählen. Aber das ist wirklich ein seltenes Phänomen.«

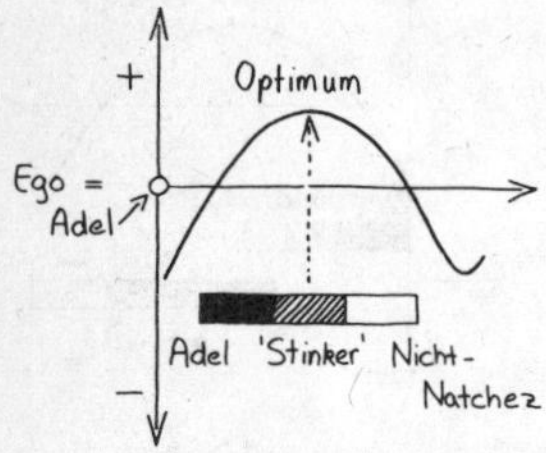

»Mit der verwandtschaftlichen Distanzskala verhält es sich wohl gerade umgekehrt wie mit der kulturellen. Wir selbst jedenfalls empfinden doch die Heirat mit einem völlig Unverwandten als Idealnorm. Die Verwandtschaftsskala liegt hier links vom Gipfel der Bewertungskurve, so wie Sie es vorhin gezeichnet haben.«

Ich deutete auf die Skizze von der vorigen Seite.

»So ist es bei vielen Gesellschaften«, bestätigte er. »Und dabei kann der Personenkreis, der als verwandt gilt, oft noch sehr viel größer sein als bei uns. Im alten China wurde man mit sechzig Schlägen dafür bestraft, wenn man eine Frau des gleichen Familiennamens ehelichte – und es gab in diesem auch früher schon riesigen Volk insgesamt kaum mehr als 530 Familiennamen! Bei einer derart grotesken Ausdehnung des Verwandtschaftsumfanges kann Exogamie recht mühsam werden.«

Totem und Tabu

Der Zug war in Albuquerque eingelaufen. Wir nutzten den Aufenthalt, um uns draußen die Beine zu vertreten. Am Bahnsteig saßen Indianerfrauen und boten selbstgefertigten Touristenramsch an – Lederbeutel, primitiv vernäht und mit seltsamen Figuren bemalt, deren Sinn den Herstellern wohl selbst nicht mehr verständlich war: verwehte Spuren einer einstmals blühenden Kultur, die vernichtet wurde, weil ihre Träger den Eroberern so »distant« wie Kobolde oder gefährliche Raubtiere erschienen waren.

Eine der Frauen hatte fingerlange Holzschnitzereien zu verkaufen, die Anhängsel aus Federn und Leder trugen. Es waren stilisierte Gestalten, halb Mensch, halb Vogel – vielleicht Nachbildungen von Totempfählen.

»Was ist eigentlich ein Totem?« fragte ich meine Gewährsleute, nachdem wir wieder im Wagen Platz genommen hatten.

»Wenn eine Gruppe zu groß geworden ist, als daß man ihre Genealogie noch überblicken könnte, gleichwohl aber das Bewußtsein von ›Nähe‹

aufrechterhalten bleiben soll, so beschwört man eine mythologische Verwandtschaft, indem man sich gemeinsam von einem sagenhaften Urahnen herleitet. Dieser kann menschliche Züge tragen, sich aber ebenso in einem anderen Lebewesen oder sogar in einer Naturkraft wie etwa dem Regen verkörpern. Bei den Indianern wird diese Ahnengestalt ›Totem‹ genannt; entsprechende Phänomene sind auch in Australien, Ozeanien und Afrika zu finden. Die zu einem Totem gehörige Gruppe heißt ›Clan‹ oder ›Sippe‹. Die Sippe trägt den Namen ihres Ahnen, und sie ist auf mystische Weise mit ihm identisch: Das Totem ist die Seele, auch der Schutzgeist der Sippe.«

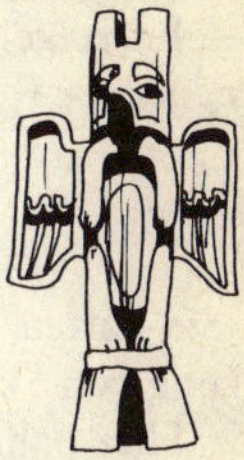

»Und was verlangt der Schutzgeist als Gegenleistung?«

»In zwei Dingen ist er heikel: Man darf ihn um keinen Preis verletzen, wenn man ihm leibhaftig – etwa in Gestalt des Totemtieres – begegnet. Und man darf kein Weib nehmen, das demselben Totem angehört. Das ist eine einschneidende Forderung, denn der Stamm zerfällt meist nur in wenige Totemgruppen. Die Beschränkungen sind oft sogar noch strenger: Mehrere Totemsippen werden wiederum zu sogenannten Heiratsklassen oder ›Phratries‹ zusammengefaßt, häufig nur zwei oder vier an der Zahl, wobei für jede Heiratsklasse eine einzige weitere den Ehepartner zu stellen hat. Wenn sich diese Regelung womöglich noch mit Exogamievorschriften in anderen Distanzdimensionen überschneidet, so versteht man, daß etwa von den australischen Kurnai berichtet wurde, junge Leute hätten dort überhaupt keine Chance gehabt, eine legitime Ehe zu schließen. Letztlich wäre ihnen nichts anderes übriggeblieben, als mit dem Partner ihrer Wahl davonzulaufen. Erwischte man sie bei der Flucht, so wurden sie getötet; anderenfalls durften sie nach der Geburt des ersten Kindes zurückkehren und kamen mit Prügeln davon. Schließlich wurden sie wieder vollwertige Mitglieder der Sippe und machten eifrig mit, wenn das nächste Mal eine Verfolgungsjagd auf Tabubrecher fällig war.«

»Das sind allerdings ziemlich extreme Beispiele für eine Linkslage der Verwandtschaftsskala. Kommt es denn umgekehrt auch vor, daß die Heiratsregeln eine gewisse verwandtschaftliche Nähe der Partner verlangen oder wenigstens empfehlen?«

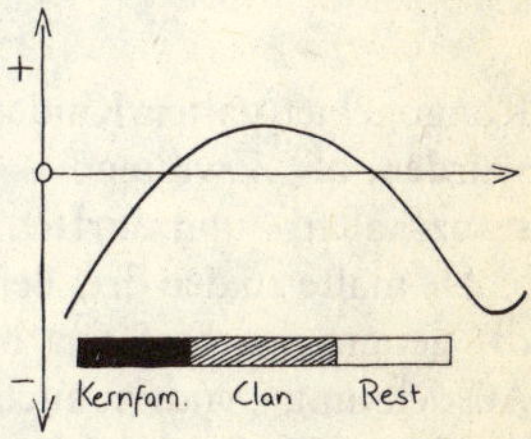

»Sogar recht häufig. Mitglieder des eigenen Clans sind durchaus nicht überall tabu; zuweilen bilden sie gerade umgekehrt die allein zulässigen Ehepartner. Die verwandtschaftliche Skala würde hier also symmetrisch zur Bewertungskurve liegen. Mancherorts schiebt sich die Skala so weit nach rechts, daß der Gipfel der Bewertungskurve mitten über die eigene Familie gerät, bevorzugt über eine bestimmte Teilgruppe der Kusinen. In der strukturalistischen Anthropologie spielt diese Erscheinung eine wichtige Rolle.«

Im folgenden Kapitel wird von diesem eigentümlichen Phänomen genauer die Rede sein.

Geographische Nachbarschaft

»Sie hatten vorhin auch von unterschiedlicher Dehnung oder Schrumpfung von Skalen gesprochen. Ich weiß nicht, ob ich das verstanden habe.«

Hier nahm seine Begleiterin das Wort. Sie kam wieder auf die geographische Distanzskala zu sprechen.

»Nehmen Sie unseren eigenen Kulturbereich. Es spielt hier praktisch keine Rolle, ob jemand im Nachbarhaus oder in Baltimore geboren ist oder von Übersee kommt, jedenfalls nicht, wenn er genügend gut englisch spricht und den American Way of Life bejaht, wenn also die kulturelle Nähe stimmt. Aus rein geographischen Gründen wird kaum jemand einen Ehepartner für unpassend halten. Wir müssen daher die gesamte geographische Skala, vom Nachbarn bis zum Antipoden, am Gipfel der Bewertungskurve unterbringen. Das geht nur, wenn wir sie eng zusammenpressen.

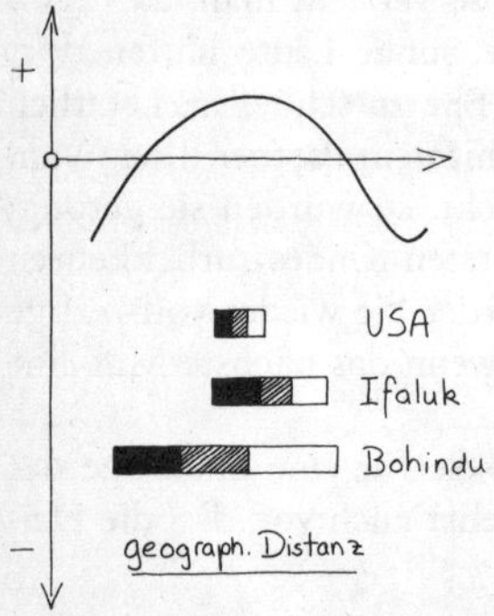

Anderswo herrschen aber andere Bräuche. Bei den Ifaluk auf den Karolinen sollen Kinder, die zur gleichen Zeit im selben Geburtshaus zur Welt kamen, einander als Ehepartner versprochen worden sein. Wenn das stimmt, müssen wir die geographische Skala schon etwas auseinanderziehen, denn für solche Kinder wäre ja dann jemand, der ihnen bei der Geburt weniger ›nah‹ war, eine nicht ganz so exzellente Partie.

Noch eindeutiger wird es, wenn geographische Nähe auf die linke Seite des Bewertungsoptimums rückt: Bei den Bohindu im Kongogebiet galten Kinder, die am selben Tag im gleichen Dorf geboren wurden, als ›Zwillinge‹ – wieder eine Verschmelzung verschiedener Distanzskalen – und durften daher gerade *nicht* heiraten.«

Sie malte zu den drei Beispielen die Skalen auf. Es kam mir so vor, als sei die geographische Skala besonders flexibel, nicht nur in bezug auf ihre Ausdehnung, sondern auch auf Verschiebung nach beiden Seiten.

»Dieser Eindruck könnte zutreffen. Einerseits begegnet man nicht selten einem Verbot, Einwohner des eigenen Dorfes zu heiraten; andererseits wurde etwa von den Palaung, einem mongolischen Bergvolk im oberen Burma, die Sitte berichtet, die Braut ausschließlich im eigenen Dorf zu wählen. Bei den Grönländern gilt es als unschicklich, Personen, die im selben Haushalt aufgewachsen sind, zu heiraten, und zwar unabhängig vom Verwandtschaftsgrad. Umgekehrt läßt man in Taiwan Kinder, die einander als Ehepartner versprochen sind, von klein auf im gleichen Haus groß werden. Das klingt völlig chaotisch. Und doch folgt alles aus demselben Schema, wenn man nur zuläßt, daß die Skala sich je nach Kultur ein wenig nach rechts oder links verschieben kann.«

Kritische Distanz

Wir blickten eine Weile schweigend aus dem Fenster. Meine Gedanken wanderten zurück zur physiognomischen Distanz. An dieser Skala war wohl vor allem das rechte Ende kritisch.

»Wie ist es damit?« fragte ich. »Trifft man bei hinreichender physiognomischer Unähnlichkeit regelmäßig auf ein sexuelles Tabu? Es muß ja wohl so sein – spätestens wenn es um die Sodomie geht, den Verkehr mit Tieren.«

»Gewiß ist man nirgendwo darüber erbaut, wenn ein Mitglied der Gruppe es mit Tieren treibt. Es gibt in Melanesien Gesellschaften, bei denen diese Perversion für schlimmer als Inzest erachtet wird. Dies ist aber eher die Ausnahme. Typischer ist der umgekehrte Fall, bei dem Inzest streng geahndet, Sodomie dagegen eher als Erweis harmloser Blödheit aufgefaßt wird.«

»Dann verläuft die rechte Flanke der Bewertungskurve also flacher als die linke.«

»Nicht unbedingt. Rückt man nämlich noch etwas näher an das Ego heran, in den Bereich des schon zur menschlichen Art Gehörigen, aber Fremdrassigen, so gerät man in ein Feld von Heiratsverboten, die es an Heftigkeit und Unerbittlichkeit oft genug mit der Inzestschranke aufnehmen können. In Amerika war zum Beispiel Rassendiskriminierung keineswegs immer auf den weißen Teil der Bevölkerung beschränkt. Auch bei einer Reihe von Indianerstämmen war es verpönt, sich mit Negern einzulassen, zuweilen sogar mit Weißen. Afrikanische Negerstämme verschmähen ihrerseits den Umgang mit Pygmäen. Heiraten zwischen Schweden und Lappen sind selten, angeblich wird die Verbindung von beiden Seiten als unschicklich angesehen.«

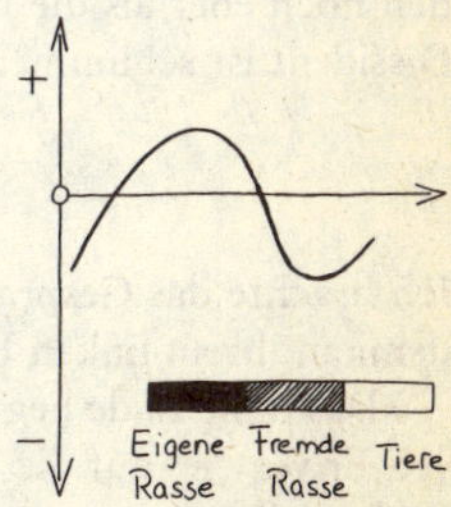

»Ist die physiognomische Skala nicht oft so eng mit der kulturellen korreliert, daß die Unterscheidung schwierig wird?«

»Das liegt auf der Hand. Im Sanskrit bedeutet der Ausdruck für ›Kaste‹ wörtlich soviel wie ›Farbe‹, und es gibt eine Reihe guter Gründe für die Hypothese, daß die Kastentrennung in Indien und anderswo ursprünglich eine Trennung von Urbevölkerung und fremdblütigen Eroberern war. Im gesamten pazifischen Raum unterscheiden sich Angehörige verschiedener Kasten häufig physiognomisch in der Hautfarbe. Natürlich könnte das auch erst eine *Folge* der Kastenendogamie sein; es liefert für diese dann jedoch ein zusätzliches Motiv.«

Ich betrachtete noch einmal seine letzte Zeichnung. »Ihre Bewertungskurve hat da an der rechten Flanke einen Haken, der offensichtlich erklären soll, warum sexuelle Kontakte mit anderen Rassen oft auf stärkere Ablehnung stoßen als sodomitische Verirrungen. Ich erinnere mich nicht mehr genau, wie diese kritische Distanz zustandekommt.«

Er kramte in seinem Block nach der Abbildung von Seite 41 unten.

»Das liegt am gekrümmten Verlauf des Exogamiegradienten. Lebewesen, die dem Ego überhaupt nicht mehr ähnlich sehen, wecken in ihm nicht nur keinerlei ethnozentrische Sympathien, sondern sie werden auch für sein Exogamiestreben uninteressant. Es kommt daher ganz rechts außen nicht mehr zu einer so hohen Diskrepanz beider Gradienten wie etwas weniger weit rechts, wo der Exogamiegradient seinen Höhepunkt hat. Wer sich mit Tieren einläßt, mag als krank empfunden werden, nicht aber als bedrohlich, denn seine Handlung ist nicht in jenem Spannungsfeld von starkem Antrieb und starker Hemmung angesiedelt, in dem die Balance des Verhaltens in Gefahr ist.«

»Läßt sich diese kritische Distanz eigentlich auch bei den übrigen Skalen nachweisen?«

»Bei der kulturellen und der geographischen ganz sicher. Man hat hier häufig den Eindruck, als gebe es einen mittleren Grad von Fremdheit, bei dem Animositäten besonders virulent werden. Nachbarvölker sind einander oft spinnefeind, und die frühe Kirche tolerierte die Ehe mit einem Heiden noch eher als die mit einem Juden. Bei Ideologien ist es genauso: Der Dissident ist schlimmer als der Klassenfeind.«

Schönheitsideale

Ich brachte das Gespräch noch einmal auf die Physiognomieskala. Wie es denn an ihrem linken Ende aussehe, wollte ich wissen.

»Das linke Ende liegt wohl direkt unter dem Gipfel der Bewertungskurve.« Er verwies auf die letzte Abbildung. »Das Schönheitsideal eines Volkes deckt sich, wie man aus Liedtexten und aus bildlichen Darstellungen entnehmen kann, häufig mit den hervortretenden Rassemerkmalen, ja es übertreibt sie zuweilen noch. Junge Männer in Sibirien besingen das kugelrunde Gesicht ihres Liebchens, und auf den Götterreliefs der Maya ist die Stirn noch fliehender als im anthropometrischen Mittel des Volkes.«

Aber das war es nicht, was ich wissen wollte. »Rassische Ähnlichkeit ist doch nicht das Äußerste an physiognomischer ›Nähe‹! Es gibt schließlich viel weitergehende Übereinstimmungen des Aussehens, zum Beispiel zwischen Geschwistern.«

Mir war bekannt, daß hier ein außerordentlich fesselndes, allerdings noch wenig untersuchtes Gebiet der physischen Anthropologie lag, das in der Fachliteratur unter dem Stichwort »Assortative Paarung« abgehandelt wird. Daß die Partnerwahl bis in Nuancen hinein durch physiognomische Faktoren mitbestimmt wird, ist eine Alltagserfahrung, die sich auch wissenschaftlich belegen läßt: Es gibt eine statistisch signifikante Ähnlichkeitstendenz zwischen Männern, die Beziehungen mit derselben Partnerin unterhalten haben. Offenbar haben Frauen wirklich »ihren Typ«.

Männer scheinen etwas weniger selektiv zu sein, doch zeigen auch sie physiognomische Präferenzen. In gewissen Merkmalen ist der »Typ« beider Partner deckungsgleich, so interessanterweise bezüglich der Mundpartie. Ob es umgekehrt Merkmale gibt, bei denen eher ein Kontrast angestrebt wird, ist noch nicht sicher. Daß sich Gegensätze anziehen, scheint am ehesten für die KRETSCHMERsche Polarität von »pyknomorph« und »leptomorph« zu gelten, populär gesagt, für rundlich und mager; doch ist der Effekt quantitativ nicht sehr eindrucksvoll.

Möglicherweise überlagern sich hierbei jedoch verschiedene Tendenzen. Ich hatte von Untersuchungen gelesen, denen zufolge Männer anscheinend Partnerinnen bevorzugen, die im Rahmen der KRETSCHMERschen Typologie der eigenen Mutter *ähneln*, während Frauen umgekehrt eher zu Partnern tendieren, die mit dem Vater *kontrastieren*.

Bei all dem handelt es sich aber um ganz private Schönheitsideale, und wenn hier von Regeln die Rede sein kann, dann betreffen diese die Weise, in der Amor seine Pfeile verschießt, und nicht die Vorschriften, die ihm die Gesellschaft dabei machen möchte. Gibt es überhaupt solche Vorschriften?

Die Trobriander

»Kennen Sie irgendeine Sozietät«, fragte ich meine beiden Gewährsleute, »in der auffallende Ähnlichkeit zwischen zwei prospektiven Partnern als Ehehindernis ausgelegt wird, auch wenn sie nicht verwandt sind?«

Mit dieser Frage brachte ich sie nun doch in Verlegenheit.

»Die Trobriander?« sagte sie zweifelnd, zu ihm gewandt. Aber er zog ein

Gesicht und zuckte die Schultern. Was es denn mit dieser Bemerkung für eine Bewandtnis habe, fragte ich, auf einen weiterführenden Fingerzeig hoffend.

»Man kennt da einen Fall, bei dem die Familienähnlichkeit immerhin in die Verwandtschaftsdefinition einbezogen wird; aber die Verhältnisse sind hier recht bizarr. Es handelt sich um den Bericht Bronislaw MALINOWSKIS über die Bewohner der Trobriand-Inseln vor der Ostküste Neuguineas. Die trobriandische Gesellschaft ist ›matrilinear‹, das heißt, nur Frauen sind in der Lage, Verwandtschaftsbeziehungen weiterzuknüpfen. Ein Vater gilt daher nicht als Verwandter seiner Kinder; an seiner Stelle nimmt der Bruder der Mutter die Rolle des Vormundes ein.«

»Das verstehe ich nicht. Es kann den Leuten doch nicht verborgen bleiben, daß der Vater die Kinder zeugt. Wieso begründet dieser Akt denn keine Verwandtschaftsbeziehung?«

»Das ist es eben. MALINOWSKI behauptet allen Ernstes, die männliche Zeugungsfunktion sei seinen Gewährsleuten unbekannt gewesen oder sie hätten sie zumindest genial durch einen theoretischen Kahlschlag aus dem Felde geräumt. Geschlechtsverkehr, so erzählte man dem Forscher, sei nur dazu da, die Vagina zu weiten, damit das Kind, nachts von einem Geist gebracht, in den Uterus einwandern kann.«

»Aber oft sieht das Kind seinem Vater doch unverkennbar ähnlich! Wird diese Tatsache denn einfach geleugnet?«

»Das sollte man in der Tat erwarten. Eigentümlicherweise ist aber gerade das Gegenteil der Fall: Jede Ähnlichkeit mit dem Vater wird scharf beobachtet, liebevoll übertrieben und, wo sie beim besten Willen nicht auszumachen ist, schlicht behauptet.«

»Und wie begründet man sie?«

»Einigermaßen abenteuerlich – etwa dadurch, daß der Vater die ganze Zeit um das Kind sei, ihm Nahrung und Süßigkeiten zu essen gebe und mit der Mutter eine Intimgemeinschaft bilde. Die Erklärung wird aber nicht ernst genommen. Worauf es ankommt, ist die Ähnlichkeit als solche.«

»Und wie steht es in dieser Hinsicht mit der Mutter?«

»Für diese gilt, um die Verwirrung voll zu machen, das genaue Gegenteil. Kein Trobriander darf seiner Mutter oder irgendeinem Verwandten – und das heißt immer: Verwandten mütterlicherseits! – auch nur entfernt ähnlich sehen. Jede Anspielung in dieser Hinsicht gilt als unschicklich, und einem Manne etwa Ähnlichkeit mit seiner Schwester auf den

Kopf zuzusagen, wäre fast dasselbe, wie ihn des Inzests mit ihr zu beschuldigen.«

»Wie steht es bei diesem Volk denn eigentlich mit dem Vater-Tochter-Inzest? Ist er verboten?«

»Eine gute Frage, da die beiden ja nicht als verwandt gelten. Gleichwohl unterliegt der Vater auch hier einem Inzesttabu. Begründet wird es geradeso wie die Familienähnlichkeit zwischen Vater und Tochter – mit dem langdauernden, engen Kontakt.«

»Aber dann wird die Ähnlichkeit doch wenigstens indirekt mit dem Inzestverbot in Verbindung gebracht!«

»Indirekt ja. Ob aber auch direkt, darüber sagt der Bericht nichts. Sorry, aber das ist alles, womit ich Ihnen dienen kann. MALINOWSKI ist tot, und inzwischen hat sich die väterliche Zeugung auch auf Trobriand herumgesprochen. Ich fürchte, der linke Ast der physiognomischen Skala bleibt in Nebel gehüllt.«

Damit verabschiedeten sich die beiden. Ich wünschte ihnen für ihren Kampf mit dem Ethnozentrismus-Gradienten viel Glück. Sie würden es brauchen.

Den Block mit den Skizzen hatten sie mir zum Andenken überlassen. Ich blätterte ihn noch einmal durch und versuchte, ein Resumé zu ziehen. Alle Kulturen, so verschieden ihre Heiratsregeln auch im Detail sein mögen, sind offenbar intolerant gegen allzuenge »Nähe« oder allzuweite »Ferne« von Partnern einer sexuellen Beziehung. Darin könnte ein biologischer Sinn liegen: Inzucht und Artenkreuzung schmälern beide den Fortpflanzungserfolg.

Aber so einfach geht es nicht. Man kann gesellschaftliche Strukturen nicht geradlinig aus biologischen Selektionsvorteilen ableiten. Die Ausdrücke »Nähe« und »Ferne« beziehen sich keineswegs allein und unmittelbar auf den genetischen Verwandtheitsgrad. Einige Distanzdimensionen, besonders die der geographischen Nachbarschaft und der physiognomischen Ähnlichkeit, mögen immerhin locker mit Blutsverwandtschaft korreliert sein. Für die kulturelle Distanz gilt das jedoch sicherlich nicht.

Freilich spielt unter den Distanzskalen auch die »Verwandtschaft« selbst eine prominente Rolle. Aber gerade hier handelt es sich primär um eine soziologische Konstruktion, die, vergleicht man sie mit dem biologischen Stammbaum, nicht nur wesentlich reicher gegliedert erscheint, sondern zuweilen auch völlig quer zum Erbgang verläuft. An diesem Phänomen wird der Gegensatz von Kultur und Natur besonders deutlich; wir werden uns damit etwas genauer befassen müssen.

4. Kapitel

Elementare Verwandtschaftsstrukturen

Unter den Skalen sozialer Distanz ist die verwandtschaftliche am merkwürdigsten gegliedert. Sie darzustellen ist nicht leicht, wenn man den Laien mit Details verschonen will, ohne den Fachmann durch allzu kühne Glättung zu verärgern. Es geht darum, den Leser für das Phänomen kultureller Strukturschöpfung zu sensibilisieren, deren Eigencharakter gerade dort hervortritt, wo sie sich natürlicher Kategorien als Material bemächtigt.

Definitionsfragen

Etwa vier Jahrhunderte nach Christi Geburt stellte ein gewisser Bonosus, Bischof in Dakien, die Behauptung auf, Maria habe nach der Geburt Jesu ihre Jungfräulichkeit nicht bewahrt. In den Evangelien und an anderen Bibelstellen sei nämlich mehrfach von »Brüdern« Jesu die Rede, und das heiße doch, daß Maria und Josef nach ihrer Erstgeburt wie Mann und Frau zusammengelebt und weitere Kinder gehabt haben müßten.

Bonosus wurde seinerzeit von dem Kirchenlehrer Ambrosius gemaßregelt. Er hat sich dessen Argumenten allerdings nicht gebeugt, und seine Lehre gab Anlaß zur Entstehung einer Sekte. Gleichwohl war er, was die Bibelzitate betrifft, im Irrtum. Denn in der aramäischen Kultur, in der Jesus aufwuchs, hatten die Ausdrücke »Bruder« und »Schwester« offenbar eine weitere Bedeutung als bei uns. Exegeten konnten zeigen, daß zumindest einige der »Brüder« Jesu in Wirklichkeit dessen Vettern gewesen sein müssen.

Aus der Anfangszeit der modernen Völkerkunde stammt eine noch krassere Geschichte. Sie handelt von einem Feldforscher, dem ein alter Mann erzählte, das kleine Kind auf seinem Schoß sei sein »Vater«. Der

Gelehrte glaubte zunächst an einen Hörfehler. Erst als er sich vergewissert hatte, daß diese Rede ernstgemeint war, und als andere Stammesangehörige sie bestätigten, akzeptierte er die Auskunft – freilich nur in dem Sinne, daß dieses Volk offenbar zu primitiv sei, um das Wesen der Vaterschaft zu begreifen.

Erst später stellte sich heraus, daß die Naivität hier tatsächlich beim Befrager gelegen hatte. Diesem war nämlich gar nicht in den Sinn gekommen, daß man Verwandtschaftsbeziehungen auch noch anders klassifizieren könnte als bei uns. Es hat einigen Forschungsaufwandes bedurft, um die Fülle der hier begegnenden Erscheinungen zu ordnen.

Nach den Regeln der Logik läßt sich jeder Begriff auf doppelte Weise bestimmen: Man gibt entweder seinen *Umfang* oder seinen *Inhalt* an. Unter dem »Umfang« eines Begriffes versteht man die Gesamtheit der *Gegenstände,* auf die er angewandt werden kann, unter seinem »Inhalt« hingegen die *Merkmale,* die diesen Gegenständen gemeinsam sind. Der Begriff »Säugetier« zum Beispiel hat zum Inhalt die Wirbeltierkennzeichen sowie die Merkmale »behaarte Haut« und »Milchdrüsen«. Der Umfang desselben Begriffes hingegen wird festgelegt durch einen Katalog aller Tierarten, die unter ihn fallen.

Es ist leicht, Begriffe vom Umfang her zu definieren; das strapaziert den Intellekt nicht weiter, beantwortet allerdings auch noch keine Fragen. Die Methode empfiehlt sich daher für eine erste Bestandsaufnahme. Wenn man hingegen den Inhalt bestimmt, interpretiert man immer schon: Man sucht zu erklären, warum der Sprachgebrauch gerade diese Objekte zu einem Begriff zusammenfaßt und andere ausschließt.

Einfache Verwandtschaftsterminologien

Bei Verwandtschaftsbezeichnungen läßt sich der Umfang dadurch anschaulich bestimmen, daß man in einem Stammbaum diejenigen Personen mit einer Hüllkurve einkreist, die unter dieselbe Kategorie fallen. Die graphische Symbolik der Stammbaumzeichnung ist leicht einzuprägen: Weibliche Familienmitglieder werden durch Kreise, männliche durch Dreiecke dargestellt. Horizontale Doppellinien bezeichnen Ehen. Geschwister werden durch spitzwinkelig verlaufende einfache Linien mit dem Elternpaar verbunden.

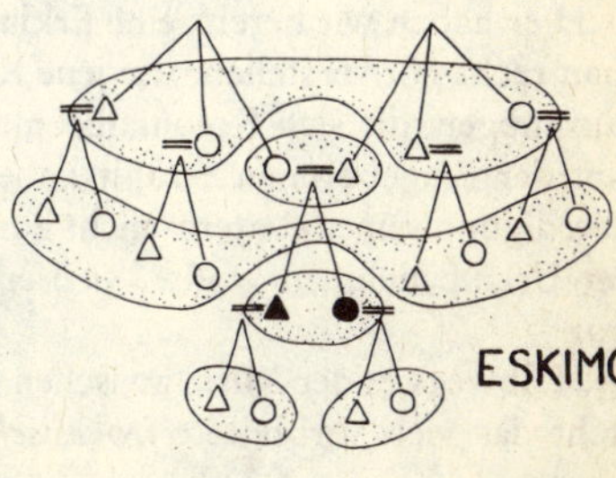

ESKIMO

Natürlich setzen Verwandtschaftsbezeichnungen ein Ego voraus, das sie benützt. Dieses erscheint in der Abbildung als ein schwarz ausgefülltes Symbol. Um die Verhältnisse für beide Geschlechter zu beleuchten, gehen wir immer von zwei miteinander verschwisterten Egos aus.

Die erste Abbildung zeigt unsere eigene Verwandtschaftsterminologie. Sie ist nicht etwa ein Zeichen hoher Zivilisation, sondern gilt auch bei den primitiven Ureinwohnern der Andamanen sowie bei den Copper-Eskimos; und nach den letzteren wird sie üblicherweise als das *Eskimo*-System bezeichnet.

In diesem System fallen Vater und Mutter unseres Ego-Geschwisterpaares gemeinsam und ausschließlich unter die Rubrik »Eltern«. Die beiden Egos sind füreinander »Geschwister«. In der englischen Umgangssprache gibt es dafür übrigens kein Wort, man muß »brother and sister« sagen. Erst in neuerer Zeit haben Biologen und Anthropologen, der umständlichen Ausdrucksweise müde, das seit tausend Jahren obsolete Wort »sibling« wieder ausgegraben. Dafür kennt das Englische wiederum die Sammelbezeichnung »cousins«, die ich nachfolgend gelegentlich verwenden werde, um nicht immer von »Vetter und Base« reden zu müssen. Überhaupt können wir im Folgenden so tun, als gäbe es bei jeder Verwandtschaftsklasse auch einen Oberbegriff für beide Geschlechter.

Das Eskimo-System ist nun keineswegs die einzige Form der Verwandtschaftsklassifikation. Dies zeigt bereits die nächste Abbildung, die die sogenannte *Hawaii*-Terminologie darstellt. Sie findet sich verbreitet im malaiisch-polynesischen Raum, aber auch bei vielen Indianerstämmen von Nordamerika bis zu den Inkas. Was an diesem System auffällt, ist der erweiterte Umfang der Kategorien, die die Mitgliedschaft zur Kernfamilie bezeichnen. Onkel und Tanten heißen »Eltern«, und Cousins zählen zu den »Geschwistern«. Neffen und Nichten werden mit den eigenen Kindern zusammengefaßt.

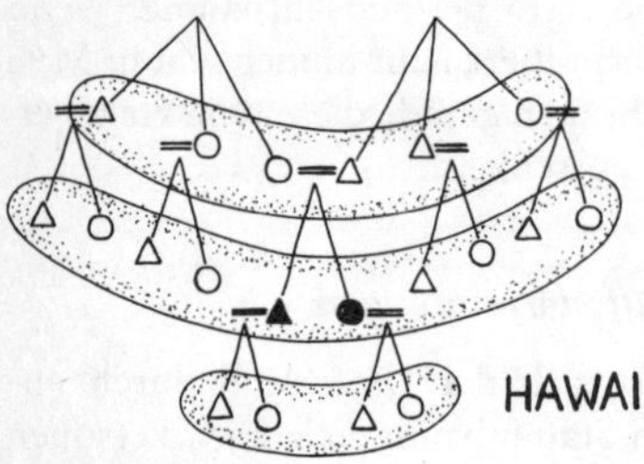

HAWAII

Hier haben wir bereits eine Erklärung für die »Brüder Jesu«. Auch kann man recht gut verstehen, wie jene Kasinogeschichten zustande gekommen sein mögen, die sich Kolonialbeamte über die vermeintliche Lügenhaftigkeit der Eingeborenen erzählt haben: von dem Boy etwa, der wegen der Beerdigung seines »Vaters« nicht zur Arbeit kam und der kurz darauf wieder Urlaub nehmen wollte, weil er zur Hochzeit seines »Vaters« geladen war.

Halbwegs in der Mitte zwischen dem Eskimo- und dem Hawaii-System steht das weit verbreitete *irokesische*. Die Nomenklatur der Kernfamilie wird hier ebenfalls auf Geschwister der Eltern und deren Kinder ausgedehnt, jedoch nicht auf alle. Unsere eigene Sprache kennt noch den veralteten Ausdruck »Muhme« und meint damit eine Tante. Im Mittelhochdeutschen betraf er aber ausschließlich die Schwester der Mutter. Die irokesische Terminologie bezeichnet nun die Muhme als »Mutter« und entsprechend den Vaterbruder als »Vater«. Wer also vom gleichen Geschlecht ist wie das verschwisterte Elternteil, wird mit diesem unter der gleichen Anrede zusammengefaßt. Anthropologen kennzeichnen diesen Verwandtschaftsgrad als »Parallelonkel« beziehungsweise »Paralleltante« und deren Kinder entsprechend als »Parallelcousins«. Letztere fallen in der irokesischen Terminologie mit unter die Geschwister. Die nicht geschlechtsgleichen Geschwister beider Elternteile und deren Kinder werden zur Unterscheidung »Kreuzonkel«, »Kreuzkusine« usw. genannt. Sie tragen im irokesischen System eigene Bezeichnungen und stehen der Kernfamilie somit ferner als die Parallelverwandten.

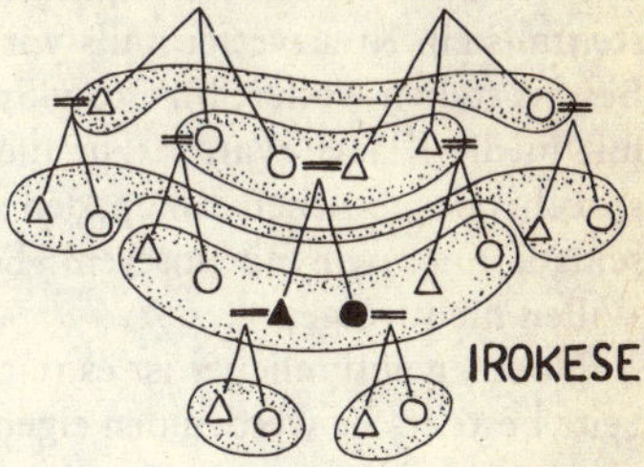
IROKESE

Das Crow-Omaha-System

Die bis jetzt geschilderten Systeme waren noch einigermaßen überschaubar, wenn auch der Sinn der zuletzt getroffenen Unterscheidung nicht ohne weiteres einsichtig ist. Wirklich kompliziert wird es nun aber beim vierten Verwandtschaftssystem, welches leider weltweit fast so verbreitet ist wie das irokesische und viel weiter als unser Eskimo-System. Es wird aus bald erkennbaren Gründen doppelt benannt: nach den beiden nordamerikanischen Indianerstämmen *Crow* und *Omaha*.

Der Leser möge zunächst gar nicht den Versuch machen, diese Verwandtschaftsterminologie zu »verstehen«. Es genügt, wenn er sie vorerst nur zur Kenntnis nimmt und rein ästhetisch auf sich wirken läßt wie eine unentzifferte Hieroglyphe.

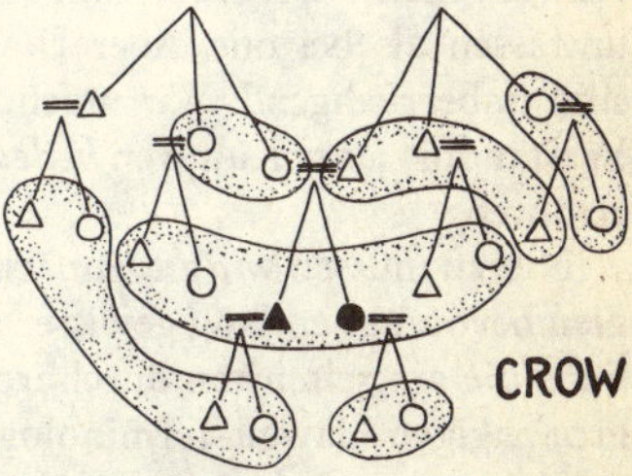
CROW

Was am Crow-System sofort ins Auge springt, ist seine Asymmetrie. Die mütterliche Verwandtschaft wird anders bezeichnet als die väterliche. Dies gilt nur nicht für die Parallelcousins, die man genauso behandelt wie im irokesischen System, also den

Geschwistern zurechnet. Auch daß die Schwester der Mutter einfach »Mutter« genannt wird und der Bruder des Vaters »Vater«, kennen wir schon vom irokesischen System her.

Aber es geht eben noch viel weiter. Wenn der Vater eine Schwester hat und diese einen Sohn bekommt, so wäre dieser für uns ein Vetter, äußerstenfalls ein Kreuzvetter, falls wir unsere anthropologische Bildung unter Beweis stellen wollen. Im Crow-System fällt er dagegen, rätselhafterweise, mit in die Klasse »Vater«. Für die Bezeichnung »Mutter« gilt nichts Entsprechendes. Solchen Eskapaden eines bizarren Verwandtschaftsbewußtseins können wir mit unserem »Eskimo«-Verstande zunächst beim besten Willen nicht folgen.

Noch eigentümlicher ist es mit den Kreuzcousins auf der mütterlichen Seite bestellt. Sie werden den eigenen Kindern zugerechnet, aber nur dann, wenn das Ego männlich ist. Das weibliche Ego hat für seine eigenen Kinder besondere Bezeichnungen reserviert und zählt die mutterseitigen Kreuzcousins zu den Neffen und Nichten.

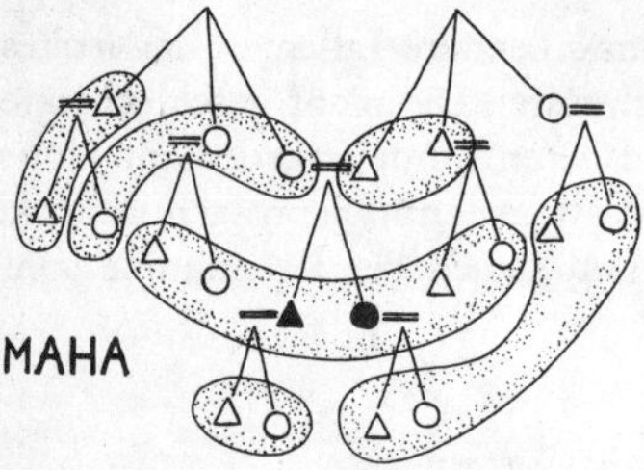

OMAHA

Die Asymmetrie des Crow-Systems läßt vermuten, daß es dazu auch noch eine seitenverkehrte Version geben könnte. Das trifft zu, und das Spiegelbild ist dann eben das Omaha-System.

Inhaltliche Gesichtspunkte

So weit also das Tatsachenmaterial. Die Umrißlinien in unseren Abbildungen sind Beispiele dafür, wie man Klassenbegriffe durch Angabe ihres *Umfangs* definieren kann. Sie lassen erkennen, daß Begriffe wie »Bruder« im Hawaiischen oder »Vater« im Crow-System einen anderen Personenkreis umfassen als bei uns. Aber Umfangsdefinitionen, so sagten wir vorhin, sind unbefriedigend. Wir möchten auch wissen, was diese Ausdrücke im Verständnis jener Kulturen *bedeuten,* wir möchten mehr über ihren *Inhalt* erfahren.

Hierzu müssen wir uns zunächst klarmachen, daß die besagten Umrißlinien bevorzugt entlang gewisser natürlicher Grenzen verlaufen. Die Grenzlinie, die am seltensten durchbrochen wird, ist die der *Generation.* In der großzügigen Hawaii-Terminologie ist die Generationenschranke die einzige, die noch respektiert wird. Unser Eskimo-System drückt höchstens einmal bei entfernteren Verwandten ein Auge zu und nennt den Großonkel einfach »Onkel«. Nur die Crow-Omaha-Klassifikation setzt sich über

Generationenunterschiede teilweise drastisch hinweg, und das ist eine der Schwierigkeiten, die wir mit diesem System haben.

Die andere Schwierigkeit ist seine Asymmetrie. Sie beruht auf einem zweiten Abgrenzungsprinzip, das im Englischen »bifurcation« genannt wird, zu Deutsch etwa mit *Gabelung* übersetzbar. Dieses Prinzip besagt, daß die Kennzeichnung eines Familienmitgliedes sich nach dem Geschlecht des Elternteiles und der weiteren Personen richtet, über die es mit dem Ego verwandt ist. Würden wir unsere Großeltern »väterlicherseits« und »mütterlicherseits« verschieden benennen, so wäre das ein Fall von Gabelung. Auch die irokesische Unterscheidung von Parallel- und Kreuzverwandten richtet sich nach dem Geschlecht der Personen, über die die Verwandtschaftslinie läuft, und gehört daher in diese Rubrik.

Ein dritter Gesichtspunkt der Klassifikation ist die *Kollateralität.* Man bezeichnet zwei Personen, die zueinander in der Eltern-Kind-Relation stehen, die in unseren Abbildungen also eine schräg ansteigende Linie miteinander verbindet, als *linear* verwandt. Diese Bezeichnung gilt auch über Zwischenglieder hinweg, doch darf die lineare Kette keine Umkehr in der Zeit enthalten. In diesem Sinne also sind Groß- und Urgroßeltern lineare Verwandte des Ego, nicht aber der eigene Bruder. Denn wenn man über lineare Schritte vom Ego zu ihm gelangen will, muß man einmal die Richtung umkehren. Der Bruder ist nicht »linear«, sondern »kollateral« verwandt.

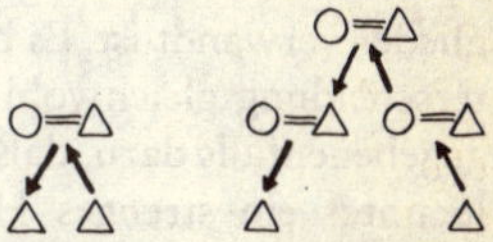

BRUDER COUSIN

Er ist ein sehr enger kollateraler Verwandter; denn zwei lineare Schritte genügen, um zu ihm zu gelangen. Mit einem Vetter bin ich nur über die Großeltern verwandt, hier sind also vier Verbindungsschritte nötig; Vettern sind somit entferntere Kollateralen.

Die kollaterale Distanz gibt nun häufig Anlaß zu unterschiedlichen Verwandtschaftsbezeichnungen. Unser Eskimo-System beachtet dieses Kriterium, wenn es zum Beispiel »Onkel« und »Vater« trennt. Weiter entfernte Kollateralitätsgrade übersehen wir allerdings großzügig: Was es in der Generation der Eltern sonst noch an Verwandten gibt, nennen wir einfach auch »Onkel« und »Tante«. Die Fachleute reden hier von »Verschmelzung«, auf Englisch »merging«. In der Eskimo-Terminologie »verschmelzen« alle Kollateralen außerhalb der Kernfamilie, im Hawaii-System alle Kollateralen überhaupt. Im irokesischen und im Crow-Omaha-System verbindet sich die Kollateralität auf eigentümliche Weise mit dem Kriterium der Gabelung: Kollaterale Verwandte eines Elternteils werden dann verschmolzen, wenn sie mit ihm vom gleichen Geschlecht sind. Man bezeichnet dieses Phänomen als »bifurcate merging«, gegabelte Verschmelzung.

Generation, Gabelung und Kollateralität stellen nicht die einzigen Kriterien dar, die in die Verwandtschaftsterminologien eingehen. Sie sind aber für deren gravierendste Unterschiede verantwortlich, weshalb wir uns hier auf sie beschränken können.

Wenn wir ihren Sinngehalt biologisch interpretieren wollten, kämen wir unterschiedlich weit damit. Klare Verhältnisse liegen jedenfalls beim Kriterium der *Generation* vor. Es scheidet die Klasse derer, die vom Alter her die Heiratspartner stellen könnten, nach oben von den hochrangigen Gruppenmitgliedern, unter deren Schutz man aufgewachsen ist, nach unten von denen, die man selbst zu erziehen und zu schützen hat.

Das Kriterium der *Kollateralität* reflektiert den Grad der biologischen Verwandtschaft zwischen potentiellen Heiratspartnern. Soweit sich die im letzten Kapitel eingeführte Skala der »verwandtschaftlichen Distanz« nach der Kollateralität richtet, wirken sich die diesbezüglichen Heiratsregeln also auch auf die Inzucht aus. Gerade deshalb läßt sich aber biologisch nicht mehr interpretieren, daß einzelne Terminologien die Mitglieder der Kernfamilie unterschiedlich weit mit Kollateralen verschmelzen lassen.

Fast genauso aussichtslos erscheint eine biologische Deutung schließlich beim Kriterium der *Gabelung*. Da Vater und Mutter nahezu gleiche Anteile zum Erbgut beisteuern, läuft es genetisch ziemlich auf dasselbe hinaus, ob man mit einer Bezugsperson über männliche oder weibliche Zwischenglieder verwandt ist. Es bleibt rätselhaft, warum viele Kulturen dieser Unterscheidung gleichwohl ein so hohes Gewicht beimessen. Denn sie führt gegebenenfalls dazu, daß an einem Ast der Gabel sehr entfernte Kollaterale unter ein strenges Heiratsverbot fallen, während am anderen enge Blutsverwandte als Partner geduldet oder gar empfohlen werden.

Um solche vermeintlichen Inkonsequenzen verstehen zu können, müssen wir auf die Frage eingehen, was die Gesellschaft überhaupt meint, wenn sie von »Verwandtschaft« redet.

Beistand und Tradition

Der Mensch ist kein Einzelgänger. Jeder hat eine oder mehrere Gruppen, denen er sich in einer Art »Wir-Gefühl« zugehörig weiß. Die urtümlichste Solidaritätsgemeinschaft dieser Art ist die Familie.

Familienbildung kommt schon bei den Tieren vor. Sie ist dort freilich spontaner, flexibler, keiner gesellschaftlichen Kontrolle unterworfen. Aber sie hat auch hier schon die Funktion, an der sich bis zum Menschen hin nichts ändert: *Geborgenheit* zu spenden. Auch bei uns erfüllen Verwandtschaftsgruppen noch primär die Aufgabe, dem Einzelnen einen Personenkreis zuzuordnen, der ihm aushilft, wenn er Not leidet, der ihn verteidigt, wenn er bedroht ist, der ihn rächt, wenn ihm Schaden zugefügt wurde. *Beistandsgemeinschaft* zu sein – das ist die erste und ursprünglichste Funktion der Verwandtschaftsgruppe.

Es gibt aber noch eine zweite Funktion, und zu dieser läßt sich im tierischen Bereich keine Parallele aufweisen. Sie beruht darauf, daß wir Menschen materielle und immaterielle Werte als dauerhaften Besitz auffassen, den man *tradieren* kann.

Schon auf tierischem Niveau gibt es Traditionsbildung; von Rattenkolonien ist etwa bekannt, daß die Jungen von erfahrenen Tieren der Gruppe lernen, welche Nahrungsmittel genießbar oder unbekömmlich sind. Auch Rangpositionen können in diesem Sinn »vererbbar« sein. Aber erst beim Menschen erlangt das, was da tradiert wird, zusätzlich den spezifischen Charakter eines überdauernden Objektes, das sich für die Zukunft aufbewahren läßt.

Wir wollen hier noch nicht die anthropologische Bedeutung dieses Phänomens erörtern, sondern zunächst nur feststellen, daß dadurch die Verwandtschaftsgruppe neben ihrer Beistandsfunktion noch die ganz andere Aufgabe erhält, ein zeitlich überdauerndes soziales Gefäß zu bilden, in welchem Güter, Information und Status bewahrt und tradiert werden können – Familie als *Besitzgemeinschaft.*

Das Problem ist nun, daß die beiden Funktionen der Familie einander im Wege stehen. Bei einer Besitzgemeinschaft kommt es vor allem auf zeitüberdauernde Kontinuität an. Es muß gewährleistet sein, daß die jetzt lebende Gruppe eine klar definierte, etwa gleichgroße Fortsetzung in der folgenden Generation findet. Hingegen spielt die Zeitdimension für eine Beistandsgemeinschaft keine Rolle; bei ihr ist vielmehr allein entscheidend, daß die Mitglieder einander hier und jetzt psychologisch möglichst nahestehen.

Kindred

Die natürlichste Beistandsgemeinschaft ist die Kernfamilie. Dabei ist aber zu beachten, daß jedes Individuum nicht etwa eine, sondern *zwei* Kernfamilien hat: die, in der es selbst Kind, und die, in der es Elternteil ist. Die erstere wird als *»Orientierungsfamilie«*, die letztere als *»Fortpflanzungsfamilie«* bezeichnet. Zerlegt man eine größere genealogische Gruppe in lauter Kernfamilien, so decken sich diese also nicht. Lediglich die Orientierungsfamilie von Geschwistern und die Fortpflanzungsfamilie von Ehepartnern ist jeweils dieselbe, im übrigen hat jedoch jedes Ego seinen eigenen familiären

Kreis. »Familie« muß in jeder Generation für jedes Individuum neu definiert werden.

Nun kennen wir aber aus unserer eigenen Kultur noch ein zweites Gruppierungssystem mit ganz anderen Eigenschaften. Es ist das System der *Familiennamen.* Auf die Frage, welche seiner Verwandten ebenfalls Müller heißen, zählt Herr Müller offensichtlich dieselben Individuen auf wie etwa sein Vater, sein Großvater oder der Bruder seines Vaters. Wenn sich in unserer Gesellschaft die Familienzugehörigkeit nach dem Zunamen – und nur nach diesem – richten würde, so wäre dieser Familientypus optimal für die zweite der genannten Funktionen, Familie als Besitzgemeinschaft, geeignet.

Eine solche Familiendefinition hätte dafür allerdings einen anderen Nachteil: Sie würde die natürlichen Bande der Vertrautheit immer wieder ziemlich rigoros durchschneiden. Herrn Müllers Schwester wäre, nachdem sie Herrn Maier geheiratet und dessen Namen angenommen hat, mit ihrem Bruder nicht mehr verwandt. Offenbar funktioniert das Verfahren nämlich nur deshalb, weil sich der Zuname allein *in einem Geschlecht* vererbt. Bei uns ist es das männliche; ebensogut könnte es auch das weibliche sein, aber das Dilemma bleibt dasselbe: Der Vorzug einer überdauernden, eindeutig definierten und einigermaßen umfangskonstanten Verwandtschaftsgruppe muß durch den Nachteil einer genealogisch nicht gerechtfertigten Asymmetrie erkauft werden.

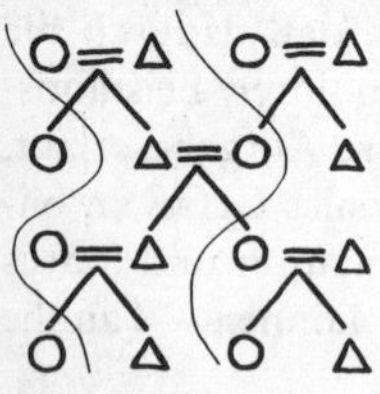

Lineage

Man muß also Kompromisse schließen: ideale Beistands- und Besitzgemeinschaft zugleich kann man nicht haben. Die meisten Gesellschaften bevorzugen eine der beiden Lösungen, ohne die andere ganz zu unterdrücken. In der englischsprachigen Kulturanthropologie bezeichnet man den zuerst besprochenen, an der Beistandsfunktion orientierten Familientyp als »kindred«; eine offizielle deutsche Übersetzung ist dafür nicht gebräuchlich, aber der Ausdruck »Klüngel« oder das jiddische »Mischpoke« geben genau das Gemeinte wieder. Den zweiten Typus nennt man auf Englisch »lineage«, mit kurzem i ausgesprochen. Auf Deutsch heißt er »unilineare Verwandtschaftsgruppe«; zuweilen liest man auch einfach »Linie«. Die trobriandische Familiengruppe zum Beispiel ist, wie wir auf Seite 52 gehört haben, eine »Matrilinie«.

Tauschgeschäfte

Es wird dem aufmerksamen Leser nicht entgangen sein, daß die Schwierigkeit, Beistands- und Besitzgemeinschaft optimal zu vereinen, letzten Endes durch das Inzestverbot erzeugt wird. Wenn nämlich die Mitglieder einer

Lineage einander heiraten könnten, wenn speziell etwa gar Geschwisterehe die Regel wäre, so würde sich sowohl die Orientierungs- als auch die Fortpflanzungsfamilie jedes Individuums zugleich in seiner Lineage befinden. Die Gesellschaft wäre aufgebaut aus vielen Einzelgruppen, jede vielleicht zehn bis zwanzig Individuen zählend, jede eine blutsmäßig hochgradig homogene Familie mit eigener Tradition, eigenen Vorräten, eigenen Schutzgeistern, einem eigenen Wissensschatz vom technischen Know-how bis zur speziellen Zauberformel; und dies alles würde sich von den Eltern auf die Kinder weitervererben: Besitzgemeinschaft und Beistandsgemeinschaft wären auf ideale Weise zur Deckung gebracht.

Freilich – eine solche Gesellschaft wäre völlig in Atome zersplittert. Auf ihrem Boden wären wohl niemals höhere kulturelle Schöpfungen erwachsen, Schöpfungen, die das organisierte Zusammenspiel vieler erfordern: Es wären keine Pyramiden und Tempel gebaut worden, die heilige Stadt wäre ein unbekannter Begriff, der ganze komplexe Organismus einer arbeitsteiligen Gesellschaft hätte nicht entstehen können, und außer erbarmungswürdigen Rudimenten wäre nichts erwachsen, was die Bezeichnung »Kultur« rechtfertigen könnte.

Um alle diese Kleingruppen zu einer höheren Einheit zu verknüpfen, bedarf es offenbar eines Bindemittels. Dieses hat in der Soziologie einen Namen; man nennt es »Kommunikation«. Kommunikation aber ist letzten Endes *Austausch*, etwas, was sich im Geben und Nehmen verwirklicht.

Gegenstand des Austauschs kann alles sein, was sich zu besitzen lohnt. Aber Besitz ist andererseits auch etwas, was man für sich und die Seinen zu bewahren trachtet. Erhaltung und Kommunikation von Besitz lassen sich offenbar nur dann zur Deckung bringen, wenn durch Regeln abgesichert ist, daß Geben und Nehmen einander die Balance halten, wenn also das unkontrollierte Hin und Her des spontanen Austausches zum geordneten *Tausch* ritualisiert wird.

Unter den tauschbaren Gütern gibt es nun wiederum Klassen unterschiedlicher Verbindlichkeit, und das heißt auch ganz wörtlich, unterschiedlichen Vermögens, die Partner aneinander zu binden. Am unverbindlichsten sind materielle Güter und ihr Surrogat, das Geld. Verbindlicher schon sind Informationen, noch verbindlicher Hilfeleistungen. Das verbindlichste Gut aber sind potentielle Ehepartner.

Die eigenen Töchter herzugeben und auswärtige Frauen im Tausch zu erwerben heißt ja, die künftige Leibesfrucht dieser Töchter im Fremden aufgehen zu lassen und zugleich zuzugeben, daß fremdes Leben dem Organismus der eigenen Familie eingepflanzt wird. Das ist die radikalste Form von »Kommunikation«: wechselseitige Teilhabe an der lebendigen Substanz. Und darum ist Exogamie wie keine andere Form von Tausch geeignet, zu jener mächtigen Klammer zu werden, deren Spannkraft den Aufbau komplexer gesellschaftlicher Organisationen möglich macht. Exogamie zerstört die Kongruenz der beiden Grundfunktionen der Familie; aber das ist die Steuer, die im Kleinen erbracht werden muß, damit das Große entstehen kann.

Das ist, aufs Wesentliche reduziert, die heute in der Kulturanthropologie vorherrschende Deutung von Exogamie und Inzestverbot. Wir wollen sie nicht durch vorschnelle Kritik relativieren, sondern zunächst prüfen, was sie leistet. Tatsächlich leistet sie eine ganze Menge. Um dies zu durchschauen, müssen wir allerdings ein konkretes Beispiel analysieren. Leser, die nicht so weit ins Detail gehen wollen, können den Rest dieses Kapitels ohne weiteres überschlagen oder überfliegen.

Ein Modellbeispiel

Es war einmal ein Dorf, das gehörte zu einem Lande, wo man die Verwandtschaft, anders als bei uns, vornehmlich als Besitzgemeinschaft empfand. Man rechnete die Familienzugehörigkeit nach unilinearen Abstammungsregeln. Um uns den Überblick zu erleichtern, wollen wir annehmen, daß es sich um eine patrilineare Organisation handelte. Jede dieser Patrilinien hatte einen Familiennamen, der sich, wie auch bei uns, nach dem des Vaters richtete.

Das Dorf war klein; nur eine Handvoll Familien wohnte darin, jede in einem eigenen Haus, das passend zum Namen der Familie angemalt war. Drei Namen waren besonders leicht zu merken: *Schwarz*, *Weiß* und *Grau*. Mit den übrigen brauchen wir uns nicht zu belasten.

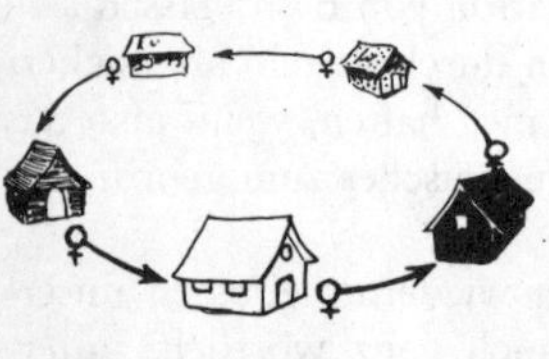

Es herrschte nun die Sitte, daß alle Männer der Familie *Schwarz* ihre Frauen bei der Familie *Weiß* freiten, während die *Weiß*-Jünglinge sich ihrerseits bei Familie *Grau* mit Bräuten versorgten. Auf diese Weise ging es weiter von Tür zu Tür, bis sich der Kreis wieder bei der Familie *Schwarz* schloß.

Dieses Beispiel klingt konstruiert; aber oft kommt ihm die Wirklichkeit recht nahe. Dafür gibt es handfeste Gründe. Das Verhältnis zwischen den beteiligten Familien ist nicht immer das beste. Eine Frau, die in eine fremde Sippe heiratet, begibt sich also gewissermaßen ins Feindeslager, und dasselbe gilt für den brautwerbenden Jüngling. Heiratsverhandlungen sind schwierig, Brautpreise hoch. Es ist immer damit zu rechnen, daß man übers Ohr gehauen wird oder eine Abfuhr erhält. Also bleibt man am besten bei der Sippe, aus der sich der Vater schon die Mutter geholt hat.

Wie auf diese Weise die Bewohner unseres Dorfes miteinander verwandtschaftlich verbunden wären, zeigt die folgende Abbildung. Der Übersicht halber ist sie ein wenig stilisiert. In ihrer vordersten Ebene wird jedem Ehepaar nur ein Sohn und eine Tochter zugeordnet. Um diese Beschränkung aufzulockern, ist das Schema in die dritte Dimension ausgedehnt: Hinter jeder Person stehen weitere desselben Geschlechts. Im Falle einer Frau wären dies zunächst einmal deren Schwestern, sodann aber – da dasselbe ja auch für die vorhergehenden Generationen gilt – auch ihre Kusinen beliebigen Grades. Das Bild deutet dies wenigstens an, ohne die Beziehungen im einzelnen durchzukonstruieren.

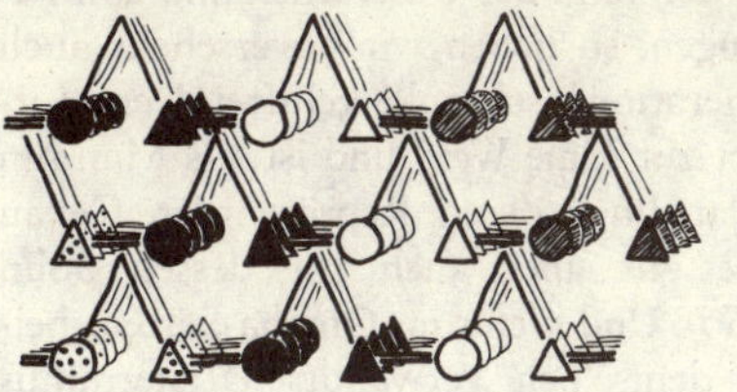

Die Farben der Symbole sollen an die Familiennamen erinnern, also an die Zugehörigkeit zu einer Patrilinie. Wir gehen davon aus, daß eine Frau lebenslang Mitglied der Linie bleibt, in der sie geboren wurde. Sie behält einfach bei der Heirat ihren »Mädchennamen« bei, wie es zum Beispiel in Spanien üblich ist. Ihre Kinder tragen aber den Namen des Mannes.

Die Abbildung gibt uns nun aber auf überraschende Weise Aufschluß darüber, wie die wohl rätselhafteste Verwandtschaftsterminologie, das Crow-Omaha-System, entstanden sein könnte.

Nehmen wir etwa das eigentümliche Phänomen der »gegabelten Verschmelzung«, also die unterschiedliche Behandlung von Parallel- und Kreuzcousins. Betrachten wir hierzu speziell *Egon Schwarz,* der in dem nebenan abgebildeten Ausschnitt mit *»Ego«* bezeichnet ist. Er hat sich seine Frau, der Sitte gemäß, aus der Familie *Weiß* geholt. Auch seine Mutter *(Mu)* ist eine geborene *Weiß;* seine Gattin könnte also die Tochter eines Mutterbruders *(MuBr),* eine Kreuzkusine *(KKu)* sein; freilich stehen in dieser Reihe auch noch weiter entfernte Kollaterale zur Verfügung.

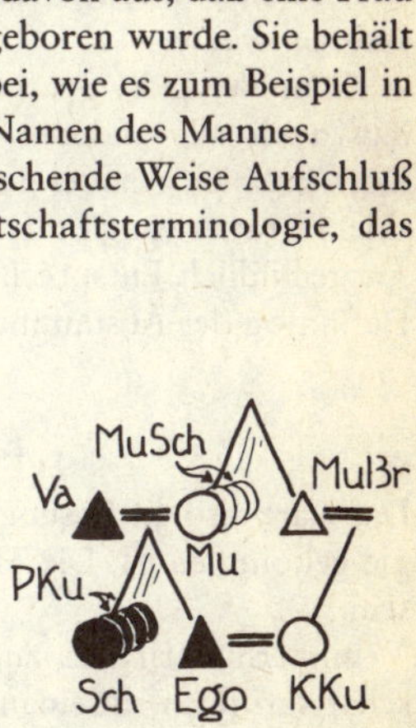

Egons Mutter hat vielleicht noch Schwestern; im Diagramm sind sie hinter ihr angedeutet *(MuSch)*. Diese Schwestern haben ihrerseits Töchter: *Egons* Parallelkusinen *(PKu)*. Und die gehören alle zur Sippe *Schwarz*, wie auch *Egon* selbst. Denn alle Schwestern der Mutter sind ja, wie es der Brauch verlangt, mit Männern namens *Schwarz* vermählt, und nach diesen Männern richtet sich die Familienzugehörigkeit der Kinder. *Egons* Parallelkusinen kommen also im Schaubild zwangsläufig hinter seiner eigenen Schwester *(Sch)* zur Darstellung. Deshalb also heißen die Parallelkusinen »Schwestern« und sind für die Eheschließung tabu!

Sind wir nun aber erst einmal in den Sinn der Unterscheidung von Parallel- und Kreuzkusinen eingedrungen, so haben wir unversehens auch das Rätsel der durchbrochenen Generationenschranke gelüftet: Der Mutterbruder von *Egon Schwarz* gehört zur Linie *Weiß* und ist, als Mann in einer Patrilinie, deren Repräsentant. Genau dasselbe gilt aber auch für dessen Sohn *(MuBrSo)*. Und wenn im Omaha-System beide mit demselben Verwandtschaftsterminus belegt werden, so deshalb, weil dieser eben gar nicht in erster Linie »Onkel« oder »Cousin« bedeutet, sondern vielmehr »männlicher Repräsentant der Linie meiner Mutter«! Derselbe Terminus setzt sich logischerweise nach oben und unten auch noch in weitere Generationen fort, ein Umstand, den ich vorhin gar nicht zu erwähnen wagte.

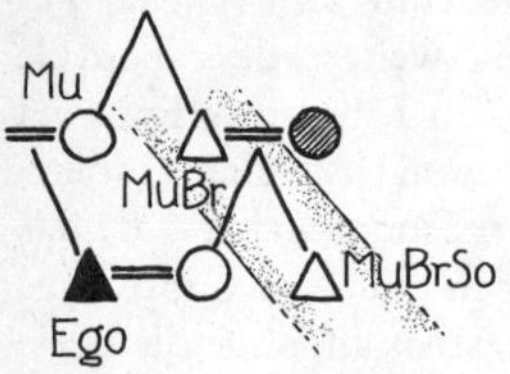

Wenn der Leser Spaß daran findet, kann er sich nun selbst ausrechnen, daß auch alle anderen Kuriositäten des Omaha-Systems aus unserem Dorf-Beispiel, genauer gesagt, aus Patrilinearität bei bevorzugter Kreuzkusinenheirat, zwanglos folgen. Und für das Crow-System gilt genau das spiegelbildlich Entsprechende; natürlich muß man hier eine matrilineare Definition der Abstammungsgruppen voraussetzen.

Empirische Bestätigungen

Das wäre also die Lösung des Rätsels, wie es zur Crow-Omaha-Terminologie gekommen ist. Die Theorie ist allerdings zu schön, um ganz wahr zu sein.

Immerhin trifft es zu, daß das Grundmodell – unilineare Verwandtschaftsgruppen, die einander in traditionell feststehender Ordnung reihum die Frauen liefern – keineswegs aus der Luft gegriffen ist. Auch die hieraus folgende bevorzugte Kreuzkusinenheirat ist eine äußerst verbreitete Erscheinung.

Ferner weist das Modell eine eigentümliche Asymmetrie auf, die ebenfalls empirisch gut abgesichert ist. Es geht nämlich keineswegs darum, Kreuzkusinen überhaupt zu heiraten. Das Modell fordert vielmehr, daß ein Mann seine Kreuzkusine *mütterlicherseits* wählt, und zwar ganz unabhängig davon, ob die Gesellschaft patrilinear oder matrilinear organisiert ist.

Würden sich die Männer entschließen, die andere Kreuzkusine zu heiraten, also die Tochter der Vaterschwester, so käme eine eigentümliche Unruhe in das System, wie die nächste Abbildung zeigt. Während beispielsweise Herr *Weiß* seine Frau aus der Familie *Schwarz* nehmen würde, müßte sein Sohn sich bei der Familie *Grau* bedienen: der Austausch würde oszillieren! Wenn in einer Kultur überhaupt eine der beiden Arten von Kreuzkusinen als Partnerin vor der anderen bevorzugt wird, so sollte man also erwarten, daß es die mütterliche Kreuzkusine ist, und das trifft in eindrucksvollen 80 Prozent dieser Fälle auch zu. Das ist übrigens ein recht instruktives Beispiel für den praktischen Nutzen der strukturalistischen Betrachtungsweise – tatsächlich ist Claude Lévi-Strauss der erste gewesen, der diese Asymmetrie beachtet und erklärt hat.

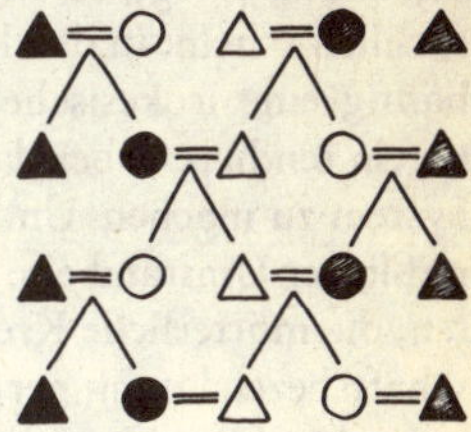

Und noch in einer weiteren Hinsicht stimmt die Theorie recht gut mit der Empirie überein: Wo immer die Verwandtschaftsterminologie dem Crow-Omaha-System folgt, trifft man mit 90prozentiger Wahrscheinlichkeit auch unilineare Abstammungsgruppen, und zwar, wie es sich gehört, Patrilinien bei Omaha- und Matrilinien bei Crow-Terminologie. Diese Korrespondenz ist freilich nicht umkehrbar – es gibt viele unilinear organisierte Gesellschaften, die ihre Verwandtschaft nicht nach dem Crow-Omaha-System bestimmen. Aber da wir ja die Terminologie von der Struktur herleiten und nicht umgekehrt, spielt das keine Rolle.

Schiefe Türme

Der eigentliche Pferdefuß liegt woanders. Kreuzkusinenheiraten sind zwar insgesamt eine weitverbreitete Erscheinung. Aber ausgerechnet dort, wo sie sich nach der Theorie besonders häufen sollten, nämlich in Sozietäten mit unilinearen Verwandtschaftsgruppen und entsprechender Crow-Omaha-Terminologie, werden sie nur in einem mageren Fünftel der Fälle auch wirklich bevorzugt. Das ist schwach genug; es wird aber noch schlimmer, wenn man hinzunimmt, daß etwa ein Drittel dieser Sozietäten Heiraten mit Kreuzkusinen sogar ausdrücklich verbietet!

Das Material, aus dem diese Zahlen gewonnen wurden, ist nicht sehr umfangreich; aber die Tendenz wird wohl stimmen. Um sie zu erklären, braucht man Zusatzannahmen. Das ist ärgerlich, im Moment sind jedoch keine eleganteren Lösungen in Sicht.

Zunächst einmal ist zu bedenken, daß jede Art von Kusinenheirat auch dort, wo man sie erlaubt oder gar empfiehlt, jedenfalls noch bedenklich nach Inzest riecht. Nicht selten will es der Brauch daher, daß beim Abschluß einer solchen Ehe ein Ochse geopfert oder sonst irgendeine Zeremonie vollzogen wird, um »das Band der Verwandtschaft zu zerschneiden«, wie es etwa bei den ostafrikanischen Wahehe heißt.

Das Bewußtsein verwandtschaftlicher Nähe läßt sich zusätzlich dämpfen, wenn man die Kreuzkusine mit einer neutral-unverfänglichen Bezeichnung belegt, so wie es etwa im irokesischen System der Fall ist. Tatsächlich scheint in den hier zur Debatte stehenden Sozietäten ursprünglich häufig eine irokesische Terminologie existiert zu haben. Die Exogamieregeln tendieren aber dazu, aus dieser im Laufe der Zeit ein Crow-Omaha-System zu machen. Und ist ihnen dies erst einmal gelungen, dann tritt ein mißlicher Umstand ein: Jetzt wird, wenn wir die Omaha-Variante betrachten, die mütterliche Kreuzkusine, also die Braut, mit derselben Verwandtschaftsbezeichnung gerufen wie die eigene Mutter, und dieser gegenüber herrscht – Patrilinearität hin oder her – jedenfalls ein striktes Inzestverbot. Im Crow-System gilt, von der Frau aus betrachtet, Entsprechendes für den väterlichen Kreuzcousin und den Vater. Der Leser wird sich erinnern, daß bei den im letzten Kapitel erwähnten Trobriandern, die eine extrem matrilineare Organisation und übrigens auch in schöner Entsprechung eine Crow-Terminologie aufweisen, das Inzestverbot mit dem Vater trotz seiner geleugneten Verwandtschaft sehr wohl besteht und recht eigentümlich begründet werden muß.

Wenn Kreuzkusinenheirat also erst einmal eine Terminologie hervorgebracht hat, die den Ehepartner mit Vater oder Mutter in eine Klasse wirft, so gräbt sie sich damit gewissermaßen ihr eigenes Grab, und das Ganze läuft darauf hinaus, daß sie ausdrücklich verboten wird. Unter den Frauen, die in der Abbildung von Seite 65 räumlich hinter der Kreuzkusine angeordnet zu denken sind, gibt es schließlich noch genug andere, weiter entfernte Verwandte, die man heiraten kann.

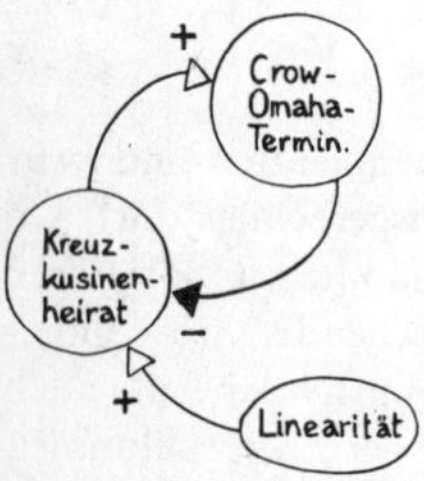

In der Systemtheorie nennt man ein solches Prozeßgefüge ein negatives Feedback. Es liefert ein Denkmodell für den anderweitig paradox erscheinenden Sachverhalt, daß zwei kulturelle Phänomene nur in einem Übergangsstadium gemeinsam vorkommen, *obwohl* das eine das andere verursacht.

Allerdings können solche Übergangsprozesse recht lange Zeit beanspruchen; denn die beteiligten Faktoren sind konservativ, und auf der Zeitskala, mit der hier gemessen wird, gilt ein Menschenleben wie eine Sekunde. Dynamische Ungleichgewichte können sich daher verhältnismäßig lange halten und haben insofern eine reelle Chance, auch tatsächlich angetroffen zu werden. Es ist mit Kulturen wie mit dem schiefen Turm von Pisa: Jeder Mensch kann sehen, daß sein Zustand im Übergang begriffen ist, und gleichwohl wird es noch geraume Zeit dauern, bis er umfällt.

Die soeben umrissene Feedback-Theorie stammt von den Anthropologen David Eyde und Paul Postal. Sie ist ihrerseits keineswegs unumstritten; aber es kann hier nicht der Ort sein, das Für und Wider solcher Erklärungsansätze abzuwägen. Worauf es letztlich ankam, war nur, uns ein »Materialgefühl« für das kulturspezifische Kräftespiel zu verschaffen. Es ging in diesem Kapitel überhaupt darum, den Blick für die Eigenart der Strukturen zu schärfen, die die menschliche Kultur den sozialen Beziehungen aufzuprägen vermag und die im tierischen Bereich nicht ihresgleichen haben.

Damit ist aber auch die Herausforderung deutlich geworden, die in jedem Programm einer biologischen Anthropologie liegt. Erinnern wir uns: Am Anfang dieses Buches stand ein Geschwisterpaar von Bleßgänsen. Von den nunmehr recht bescheiden anmutenden Stimmungsumschlägen bei diesen Tieren bis hin zu den Glasperlenspielen, von denen im vorliegenden Kapitel die Rede war, dehnt sich ein gewaltiger Spannungsbogen. Es wird nicht leicht sein, für diese Erscheinungsfülle eine in der Basis einheitliche Erklärung zu finden, ohne Wesentliches zu verzeichnen und ohne der Schwäche zu erliegen, von der humanethologische Forschung immer bedroht ist: der Ahnungslosigkeit angesichts der Dimensionen menschlicher Eigenart, in die uns kein Tier zu folgen vermag.

ZWEITER TEIL

ERKLÄRUNGSVERSUCHE

5. Kapitel

Maxwells Dämon

Heirat enger Blutsverwandter führt, biologisch betrachtet, zu Inzucht. Diese gilt als schädlich und könnte daher das Exogamiegebot veranlaßt haben. Hierzu gibt es jedoch widersprüchliche Ansichten. Um diese beurteilen zu können, müssen wir uns zunächst mit einigen erbbiologischen Fakten vertraut machen.

Der Gaukler

Vor vielen hundert Jahren lebte einmal ein Gaukler, der seine Zuschauer mit einem seltsamen Kunststück zu verblüffen verstand. Er besaß eine gläserne Urne, randvoll mit Tausenden von kleinen Kügelchen gefüllt. Die Kugeln waren alle aus demselben Material und von genau gleicher Größe. Sie unterschieden sich allein in der Farbe: Es gab schwarze und weiße, je etwa gleich viele.

Wenn genügend Volk auf dem Jahrmarkt zusammengelaufen war, begann die Vorstellung. Der Gaukler hielt die Urne hoch empor, so daß man sie von allen Seiten gut betrachten konnte. Alle die Kügelchen darin waren wohl gemischt, von weitem sah der Inhalt der Urne einfach grau aus.

Darauf fing er an, sie zu schütteln. Und je länger er damit fortfuhr, desto mehr trennten sich die beiden Farben voneinander. Die schwarzen Kügelchen sammelten sich auf der linken, die weißen auf der rechten Seite der Urne. Man konnte verfolgen, wie sich schließlich eine saubere Trennlinie ausbildete, mit einer einheitlich schwarzen und einer ebenso homogen weißen Hemisphäre auf jeder Seite. Erst dann hielt er inne, denn weiteres Schütteln änderte an diesem Zustand nichts mehr.

Der Applaus war enorm, und auch die Inquisition begann sich für ihn zu interessieren; denn es verbreitete sich das Gerücht, daß es bei dem Kunststück nicht mit rechten Dingen zugehe. Dem Vernehmen nach war das Gaukelspiel das Werk eines kleinen, äußerst behenden Dämonen. Dieser, so sagte man, habe seinen Wohnsitz mitten in der Urne und wache ständig darüber, daß von den durcheinandergeschüttelten Kügelchen immer diejenigen aufgehalten werden, die die Grenze zwischen rechts und links in der falschen Richtung passieren wollen. Der Dämon warf sich ihnen dann einfach in den Weg, sie prallten auf seinen wohlgenährten Bauch und federten zurück. Kugeln mit der richtigen Marschrichtung ließ er passieren, und so konnten sie sich schließlich nicht anders als in der geschilderten Weise versammeln.

Diese Geschichte geht auf den schottischen Physiker James Clerk MAXWELL zurück, und ihre Pointe ist, daß ein solcher Dämon in der Physik nicht vorkommen kann. Er würde den Zweiten Hauptsatz der Thermodynamik außer Kraft setzen, demzufolge in einem isolierten System die »Entropie«, also die Unordnung, die zufällige Mischung von Elementen, immer nur anwachsen kann.

In der Biologie gibt es derlei Zauberei aber in der Tat: Wir treffen hier auf veritable MAXWELLsche Dämonen, die allerdings höflich genug sind, den Zweiten Hauptsatz unangetastet zu lassen. Einer der mächtigsten von ihnen ist die *Inzucht*. Um dies zu verstehen, müssen wir von einigen vererbungsbiologischen Grundbegriffen ausgehen. Da man diese in der Schule zu lernen, aber nicht lebenslänglich parat zu halten pflegt, wird es zweckmäßig sein, sie zunächst in Erinnerung zu rufen.

Erbanlagen unter dem Mikroskop

Jeder Organismus baut sich aus seiner Umwelt auf. Würde diese nicht zur rechten Zeit das rechte Material liefern, könnte er nicht entstehen. Ebenso unentbehrlich ist andererseits ein korrekter *Bauplan.* Dieser befindet sich in Form einer ungeheuer komplexen Struktur chemischer Katalysatoren im Kern der befruchteten Eizelle, gleichsam als das Eigenkapital, mit dem das Lebewesen seine Existenz beginnt. Man nennt ihn das *Genom.*

Das Genom ist in allen Körperzellen gleich; eine Gewebeprobe vom kleinen Finger enthält die gesamte Erbinformation, die erforderlich ist, um ein Auge, das Blutgefäßsystem oder das Gehirn aufzubauen. Das kommt daher, daß alle Körperzellen durch identische Teilung aus dem Ei hervorgegangen sind. Während des Entwicklungsprozesses steuert das Genom aller Zellen in komplizierter Zusammenarbeit und in Interaktion mit Umweltbedingungen den Aufbau des Organismus.

Die kleinsten funktionellen Elemente des Genoms sind die *Gene.* Unter dem Mikroskop kann man sie nicht mehr einzeln sichtbar machen, wohl aber das Genom als Ganzes.

Seit langem ist bekannt, daß der Kern der Tier- und Pflanzenzellen eine Substanz enthält, die sich mit bestimmten basischen Pigmenten anfärben läßt. Der Zellkern erscheint dann bei entsprechender Vergrößerung intensiv rot. Befindet sich die Zelle im Zustand der Teilung, so beobachtet man ein weiteres. Die färbbare Substanz des Zellkerns gerinnt zu kleinen Würstchen, die sich deutlich von dem blasseren Hintergrund abheben. Diese Gebilde werden *Chromosomen* genannt, zu Deutsch etwa »Farbkörper« – ein Name, der ersichtlichermaßen nur labortechnischen Sinn hat. Die wirkliche Bedeutung der Chromosomen besteht darin, daß sie Träger der Erbsubstanz, also eben des Genoms, sind.

Ein Chromosom ist wahrscheinlich ein einziger, zusammengeknäuelter Molekülstrang. Die Gene sind Teilstrukturen desselben, wobei jedem sein fester Ort, der *Genlocus,* zugewiesen ist. Ein kunstvoller Mechanismus sorgt dafür, daß sich das Chromosom bei der Zellteilung exakt verdoppelt; jede der beiden Tochterzellen bekommt also wieder denselben Chromosomensatz, mit paarweise einander genau entsprechenden Genloci. Das Genom wird dabei derart exakt kopiert, daß man, etwas überschwenglich, von »identischer« Reduplikation spricht. In Wirklichkeit darf man diese Redeweise nicht ganz wörtlich nehmen; denn gelegentlich können *Mutationen* vorkommen. Über ihre Häufigkeit gibt es nur sehr grobe Schätzungen, die außerdem alle paar Jahre wieder umgestoßen werden. Jedenfalls sind sie, bezogen auf die Gesamtmenge der Gene eines Organismus, von verschwindender Größenordnung.

Die zwei Rezepte

Die Zahl der Chromosomen pro Zelle ist artkonstant. Beim Menschen zum Beispiel beträgt sie 46; andere Lebewesen bringen es nur auf eine Handvoll oder auf etliche hundert, wobei sich übrigens keine Beziehung zur Entwicklungshöhe der Art erkennen läßt.

Die Chromosomen einer Zelle unterscheiden sich voneinander in Größe, Gestalt und Musterung. Fast jeder Typus ist allerdings in doppelter Ausfertigung vorhanden: man kann die Chromosomen nach Paaren ordnen. Der Chromosomensatz ist, wie man sagt, *diploid.*

Bei weiblichen Individuen gelingt die paarweise Aufteilung ohne Rest. Entstammt die untersuchte Zelle aber einem männlichen Organismus, so bleiben zum Schluß zwei Chromosomen übrig, die einander nicht ähnlich sehen. Diese beiden heißen *Geschlechtschromosomen;* das größere von beiden kennzeichnet man mit dem Buchstaben *X,* das kleinere mit Y. Die restlichen paarigen Chromosomen werden *Autosomen* genannt. Das Weibchen hat anstelle des *Y*-Chromosoms ein zweites *X*. So ist es jedenfalls bei Säugetieren, und das genügt in unserem Zusammenhang.

Die Diploidie hat einen einfachen Grund: Von je zwei gestaltgleichen Chromosomen stammt eines vom Vater, das andere von der Mutter. Wenn sich bei den Eltern die Samen- und Eizellen entwickeln, so geschieht dies durch eine Teilungsprozedur besonderer Art, die man *Meiose* nennt. Diese zeichnet sich dadurch aus, daß bei ihr die Verdoppelung der Chromosomen unterdrückt wird. Jedes Ei und jedes Spermatozoon erhält infolgedessen nicht den diploiden, sondern nur einen einfachen *(haploiden)* Chromosomensatz. Verschmelzen dann Ei- und Samenzelle bei der Befruchtung, so ist der doppelte Satz wiederhergestellt und zugleich dafür gesorgt, daß sich väterliches und mütterliches Erbgut zu gleichen Teilen auf das Kind überträgt.

Auch der Satz der Geschlechtschromosomen wird bei der Meiose halbiert. Für die Eizelle ist das kein Problem: Sie bildet sich im mütterlichen Organismus, der ohnehin bereits zwei *X*-Chromosomen besitzt; die Eizelle übernimmt einfach eines der beiden. Im männlichen Geschlecht ist es etwas komplizierter: Hier ergeben sich zwei verschiedene Typen von Samenzellen, solche mit einem *X*- und solche mit einem *Y*-Chromosom. Je nachdem, welches von beiden später bei der Befruchtung die Eizelle erreicht, entsteht ein weiblicher oder ein männlicher Nachkomme.

Die Diploidie der Chromosomen hat zur Folge, daß jedes genetisch bedingte Merkmal am Organismus in Wirklichkeit überdeterminiert ist: Wenn, sagen wir, 40 Gene zu seiner Ausgestaltung erforderlich sind, so enthält der Zellkern tatsächlich 80 Gene dieser Art, und diese sitzen immer paarweise einander zugeordnet an den gleichen Genloci gestaltgleicher Chromosomen. Solche funktionsgleichen, aber von verschiedenen Elternteilen stammenden Gene heißen *Allele*.

Da nun jeweils die beiden Allele, außer im Falle extremer Inzucht, ihre voneinander unabhängige Geschichte haben, sind sie in der Regel auch durch andere Mutationen gegangen, und das bedeutet, daß sie den Aufbau des Organismus, die *Ontogenese*, in verschiedene Richtungen zu steuern tendieren. Der entstehende Körper ist also einem Koch vergleichbar, dem man zwei Rezepte unter die Nase hält: »Zwei Pfund Mehl und drei Eier« steht auf dem einen, »drei Pfund Mehl und auf keinen Fall Eier« auf dem anderen. Kein anständiger Koch würde sich das auf die Dauer bieten lassen.

Der Organismus aber muß sich ständig mit solcher Inkongruenz auseinandersetzen. Man bezeichnet sie als *Heterozygotie*, zu Deutsch etwa »Mischerbigkeit«. Das viel seltenere Gegenteil, bei dem ein väterliches und ein mütterliches Allel genau übereinstimmen, heißt *Homozygotie* oder »Reinerbigkeit«.

Genetisches Konfliktmanagement

Bei Heterozygotie kann es vorkommen, daß die beiden widersprechenden Anlagen einen Kompromiß schließen; das Kind befindet sich dann auf der Merkmalsskala halbwegs zwischen den beiden Eltern – *intermediär*, wie die Genetiker sagen. Die beiden allelen Anlagen brauchen dabei nicht völlig zu verschmelzen; zuweilen ergänzen sie einander auch, so etwa, wenn Hitzetoleranz von seiten des Vaters und Kältebeständigkeit von seiten der Mutter beim Nachkommen Temperaturresistenz nach oben *und* nach unten hervorbringen. Dieser züchtungstechnisch wichtige Effekt wird *Heterose* genannt.

In vielen Fällen benehmen sich heterozygote Allele aber nicht so kooperativ. Kommt etwa bei der menschlichen Augenfarbe eine braune mit einer blauen Anlage zusammen, so schlägt in der Regel die braune durch: Es sieht so aus, als hätte der blauäugige Elternteil in dieser Hinsicht überhaupt kein Erbgut beigesteuert. Das stimmt aber nicht: In späteren Generationen kann die verschwundene Farbe wieder zum Vorschein kommen; die entsprechende Anlage ist also nicht verlorengegangen, sie konnte sich in Anwesenheit der braunen nur nicht manifestieren. Man sagt, die Anlage zur braunen Augenfarbe sei *dominant*, die zur blauen *rezessiv*. Ein rezessives Allel kann sich nur dann im Erscheinungsbild des Organismus manifestieren, wenn es homozygot ist, d.h. wenn es sowohl vom Vater als auch von der Mutter beigesteuert wurde. Rezessive *Merkmale* trifft man demgemäß viel seltener an als dominante, selbst wenn die entsprechenden *Gene* sich gar nicht so sehr in der Häufigkeit unterscheiden.

Welches von zwei Allelen im Einzelfall dominant ist, hängt von vielerlei Faktoren ab. Gleichwohl gibt es hierzu eine wichtige Faustregel. Sie läßt sich überall dort anwenden, wo zwei allele Gene zu Merkmalsausprägungen führen, die ihrem Träger unterschiedliche *Vorteile* bringen. In solchen Fällen gilt, daß *die weniger vorteilhafte Mutante in der Regel rezessiv* ist.

Dies liegt vor allem daran, daß dominante Merkmale fortgesetzt der Selektion ausgesetzt sind. Sie können es sich einfach nicht leisten, ihren Träger allzusehr zu behindern oder gar zu gefährden. Bei rezessiven Genen ist dies anders; sie werden die längste Zeit im Windschatten des dominanten Allels mitgeschleppt, ohne sich bewähren zu müssen, und auf diese Weise sammeln sich hier allmählich Mutationen an, die, wären sie dominant, keine fünf Generationen überstehen würden. Es ist im Grunde so wie mit den Spinnweben und dem sonstigen Dreck, der sich im Laufe der Zeit mit schöner Regelmäßigkeit immer nur an der *Rückseite* der Schränke und Bücherregale anhäuft – dort wo niemand so genau hinschaut und wo eben auch seltener geputzt wird.

Noch ein zweiter Faktor verdient Erwähnung. Ob ein Gen dominant ist oder rezessiv, hängt nicht nur von ihm selbst und von seinem allelen Konkurrenten ab, sondern darüber hinaus auch vom übrigen genetischen Kontext. Unter Umständen ist es überhaupt die Sache anderer Gene, zu entscheiden, welches von zwei Allelen das Rennen machen soll. Jede neu auftretende Mutante, die sich als schädlich für den Organismus erweist, begünstigt daher sogleich Erbänderungen an anderen Genloci, die ebendiese Mutante rezessiv machen.

Einen Sonderfall stellen in diesem Zusammenhang die Erbanlagen dar, die auf den *Geschlechtschromosomen* sitzen. Viele sind es nicht; vor allem vom *Y*-Chromosom kann man bis heute kaum mehr sagen, als daß es eben die Weichen zur Ausbildung des männlichen Geschlechtes stellt. Das *X*-Chromosom ist immerhin etwas reichhaltiger ausgestattet. Es enthält mehrere Anlagen, deren Degeneration zu Erbkrankheiten führt. Entsprechende Ausfallmutanten sind, wie zu erwarten, rezessiv. Das nützt dem Organismus aber bloß dann etwas, wenn er weiblichen Geschlechtes ist; denn Männer besitzen nur ein einziges *X*-Chromosom, und dessen Gene haben daher keine dominanten Allele, hinter denen sie sich notfalls verstecken können.

Außerdem weisen die Geschlechtschromosomen wegen der komplizierten *XY*-Arithmetik auch einen anderen Erbgang auf als die Autosomen, und das führt im Endeffekt dazu, daß der Verwandtschaftsgrad zweier Personen etwas verschieden ist, je nachdem, ob sie über weibliche oder männliche Zwischenglieder zusammenhängen. Parallel- oder Kreuzkusinenheirat ist also auch genetisch nicht ganz dasselbe. Aber da diese Unterschiede nur das *X*-Chromosom betreffen, fallen sie kaum ins Gewicht.

Ein Hermaphrodit

Die bislang zusammengestellten Tatsachen genügen, um die erbbiologische Seite des Inzuchtproblems verständlich zu machen. Wir müssen dazu ein paar einfache Modellüberlegungen anstellen.

Im Mittelmeer und in den Tropen ist die artenreiche Familie der Sägebarsche *(Serranidae)* verbreitet. Einige dieser Fische zeigen eine Eigentümlichkeit, die man bei Wirbeltieren kaum noch erwartet: Sie sind echte

Zwitter, ein und dasselbe Individuum produziert sowohl Ei- als auch Samenzellen. Bei manchen Arten findet ein regelrechter Geschlechtswechsel statt; die Individuen sind in einem ersten Lebensabschnitt weiblich und wandeln sich dann in höherem Alter in Männchen um. Vereinzelt – so etwa beim Schriftbarsch *(Serranellus Scriba)* – tritt aber auch simultaner Hermaphroditismus auf.

Diese Fische laichen in Schwärmen, und somit ist die Wahrscheinlichkeit relativ gering, daß ein Tier seine eigenen Eier besamt; aber im Aquarium kommt das durchaus vor. Selbstbefruchtung ist nun gewissermaßen die extremste Form von Inzucht. An ihr läßt sich besonders prägnant demonstrieren, welche genetischen Konsequenzen sich daraus ergeben.

Angenommen, unser selbstbefruchtender Fisch sei völlig *heterozygot*. Er trägt also in jeder Körperzelle einen Gensatz von der Art, wie ihn die folgende Abbildung in der obersten Reihe darstellt. Wir wollen einfachheitshalber annehmen, daß sein Genom nur drei Paar alleler Gene umfaßt. Jedes Gen wird durch eine einfache geometrische Figur – Kreis, Dreieck oder Quadrat – symbolisiert; verschiedene Mutanten erscheinen verschieden gemustert. Die Heterozygotie, von der wir ausgehen wollen, bekundet sich darin, daß in keinem Allelpaar gleiche Musterungen auftreten.

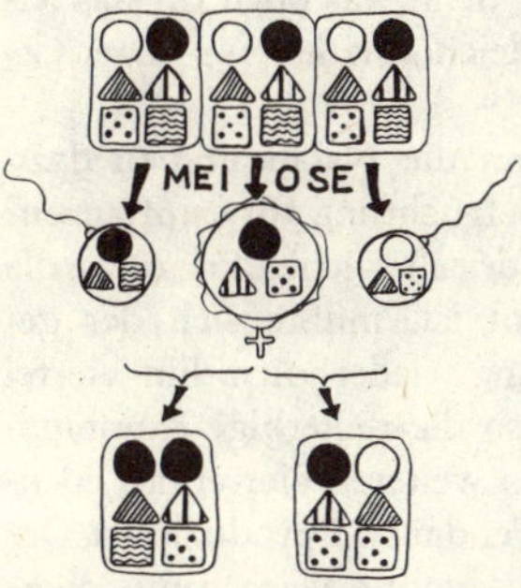

Bei der Meiose gerät nun von jedem Genlocus gerade ein Allel in die Samen- oder Eizelle. Wenn wir einfachheitshalber unterstellen, daß jedes Gen auf seinem eigenen kleinen Chromosom sitzt, daß also keine engeren oder weiteren Nachbarschaftskoppelungen zwischen Genen das Bild komplizieren, dürfen wir annehmen, daß sich die Musterungen in den Geschlechtszellen ganz zufällig verteilen, also beispielsweise so, wie es die mittlere Bildreihe rechts und links für zwei Samenzellen und in der Mitte für eine Eizelle darstellt.

Wie man sieht, kann das Genom der Geschlechtszellen sehr verschieden aussehen. Und wenn sich dann zwei solche Geschlechtszellen im Zuge der Selbstbefruchtung zusammentun, so können ganz neue Genkombinationen entstehen – zunächst jedenfalls. Je nachdem, ob sich zum Beispiel die Eizelle mit dem linken oder mit dem rechten Spermatozoon paart, ergeben sich die beiden auf der untersten Bildreihe dargestellten Zelltypen als Nachkommen.

Beide sind ersichtlicherweise verschieden voneinander sowie vom Elterntier. Man erkennt auch warum: Es tritt nun nämlich an einzelnen Stellen *Homozygotie* auf. Die linke Tochterzelle ist homozygot für das Merkmal »schwarz« am Genlocus »Kreis«, die rechte für »Punktmuster« bei »Quadrat«.

Man kann leicht errechnen, welcher Prozentsatz der elterlichen Gene bei einem solchen Nachkommen aus Selbstbefruchtung im Durchschnitt homozygot sein wird. Betrachten wir hierzu einen einzigen elterlichen Genlocus, zum Beispiel »Kreis«. Die Elternzellen weisen hier die heterozygote Kombination *WS* (weiß-schwarz) auf. Bei der Meiose werden offenbar etwa gleichviele Geschlechtszellen mit den Anlagen *W* und *S* entstehen. Die Hälfte der Samenzellen überträgt also das Merkmal »schwarz«. Gelangen diese *S*-Spermatozoen zur Befruchtung, so werden sie wiederum in der Hälfte der Fälle auf *S*-Eizellen treffen; die Wahrscheinlichkeit der Kombination *SS* ist somit ein Viertel. Genau dasselbe gilt für die Kombination *WW*. In den restlichen 50 Prozent der Fälle entsteht die Kombination *WS*.

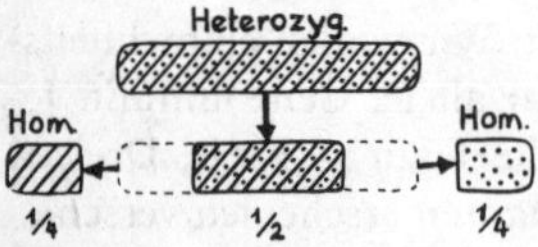

Das heißt also: Während das Elterntier noch völlig heterozygot war, ist es der Nachkomme aus Selbstbefruchtung nur noch zur Hälfte; denn was oben für das Allelpaar »Kreis« gesagt wurde, gilt natürlich gleichermaßen für »Dreieck« und »Quadrat«.

Wie würde es aber nun weitergehen, wenn die Nachkommen dazu übergingen, sich auch ihrerseits durch Selbstbefruchtung fortzupflanzen? Die Antwort ist einfach: An derjenigen Hälfte des elterlichen Erbgutes, die noch heterozygot ist, müßte sich der geschilderte Vorgang wiederholen. Ein Viertel *davon* würde also die reinerbige Kombination *WW* und ein weiteres Viertel das ebenfalls reinerbige Pendant *SS* produzieren. Der Vorrat an Heterozygotie wäre somit abermals um die Hälfte reduziert. Diejenigen Gene aber, die beim Elterntier bereits homozygot waren, würden es auch bleiben: Aus Homozygotie kann sich bei Selbstbefruchtung keine Heterozygotie mehr zurückentwickeln.

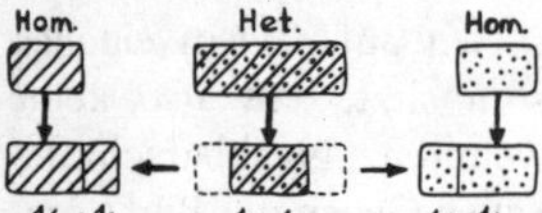

In der Folgezeit ginge dieser Prozeß entsprechend weiter: Mit jeder neuen Generation würde sich der heterozygote Restbestand gerade um die Hälfte verringern. Man kann leicht ausrechnen, daß schon nach 10 Generationen weniger als ein Promille des Genbestandes noch mischerbig wäre: Selbstbefruchtung führt, wenn sie konsequent beibehalten wird, in absehbarer Zeit zu totaler Homozygotie.

Das ist, bei Licht betrachtet, ein erstaunliches Phänomen, so erstaunlich wie das Kugelspiel unseres Jahrmarktsgauklers. Selbstbefruchtung ist ein MAXWELLscher Dämon!

Inzuchtkoeffizienten

Was für Selbstbefruchtung gilt, läßt sich ohne weiteres auf »normale« Inzucht überhaupt ausdehnen. Ein Fall normaler Inzucht wäre zum Beispiel die Paarung zweier *Geschwister.*

Geschwister haben miteinander durchschnittlich die Hälfte des Erbgutes gemeinsam, wie sich leicht zeigen läßt. Beschränken wir uns wieder auf einen einzigen Genlocus. Nehmen wir an, der Vater hätte an dieser Stelle die vom vorhergehenden Beispiel bereits bekannte Kombination weiß-schwarz, also *WS,* während das Genom der Mutter, die mit dem Vater ja nicht verwandt sein soll, die weiteren Mutanten *R* (rot) und *G* (grün) aufweise. Die Tochter der beiden hat nun irgendeine Kombination der elterlichen Gene mitbekommen – nehmen wir an, *W* vom Vater und *R* von der Mutter. Außerdem seien die Eltern noch mit vier Söhnen gesegnet, die sämtliche möglichen Genkombinationen verkörpern, also *WR, WG, SR* und *SG.*

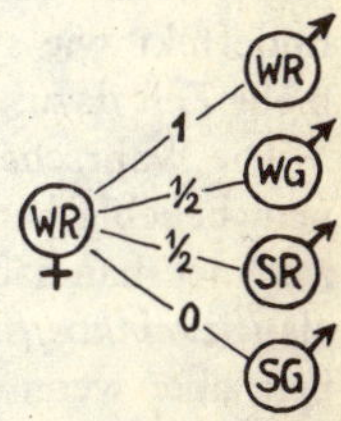

Wenn die Tochter nun ihren ältesten Bruder heiratet, der an diesem Genlocus zufällig dasselbe Erbgut hat wie sie, so ist die Situation genetisch nicht von Selbstbefruchtung zu unterscheiden. Heiratet sie den Jüngsten, so läge überhaupt keine Inzucht vor; denn die beiden sind – wiederum an diesem Genlocus – überhaupt nicht miteinander verwandt. Die beiden mittleren Brüder haben mit ihr eines der beiden Allele, also 50 Prozent des Erbgutes, gemein.

Alle vier Fälle sind gleich wahrscheinlich. Faßt man sie zusammen, so ergibt sich die Erwartung, daß zwei Geschwister miteinander gerade zur Hälfte verwandt sind. Natürlich ist das nur ein statistischer Wert, aber nach dem Gesetz der großen Zahl wird er bei der immensen Menge der Gene jedes Individuums praktisch stets erreicht.

Derselbe Verwandtschaftsgrad gilt übrigens auch zwischen Eltern und Kindern, und zwar diesmal nicht nur statistisch, sondern streng. Kernfamilieninzest hat also immer dieselben genetischen Folgen, gleichgültig, ob eine Frau ihren Vater, ihren Bruder oder ihren Sohn heiratet.

Wenn nun ein Bruder mit seiner Schwester die Hälfte des Erbgutes gemeinsam hat, so kommt die Paarung der beiden *für diese Hälfte* einer Selbstbefruchtung gleich. In diesem Teil des Genoms halbiert die Inzucht also die Heterozygotie; das gezeugte Kind wird zu einem Viertel homozygot. Die andere Hälfte des elterlichen Erbgutes ist nicht verwandt und da-

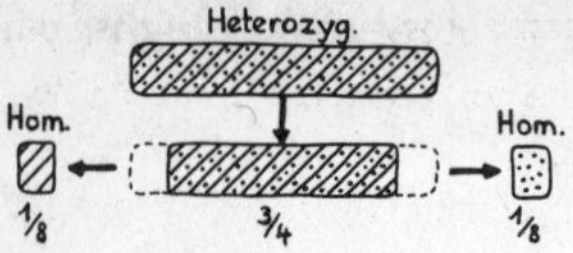

her immun gegen die Machenschaften von MAXWELLS Dämon.

Aus dem Gesagten folgt, daß Kernfamilieninzest pro Generation nur halbsoviel Homozygotie produziert wie Selbstbefruchtung. Wenn diese Praxis allerdings systematisch beibehalten wird, dann wächst der homozygote Anteil auch hier unaufhaltsam an. Geht man von Stammeltern aus, die überhaupt nicht miteinander verwandt sind, einem ägyptischen Pharao und einer hethitischen Prinzessin etwa, deren Nachkommen dann allerdings ausschließlich untereinander heiraten, so werden die Enkel noch zu ¾ heterozygot sein. Bei den Urenkeln bleiben aber nur mehr ¾ von ¾ übrig; das sind, da man die beiden Brüche multiplizieren muß, 9/16. Wenn es so weitergeht, beträgt der Restbestand an Heterozygotie nach n Generationen gerade noch $(3/4)^n$. In Dezimalzahlen ausgedrückt entspricht dem die Folge 0.75, 0.56, 0.42, 0.32, 0.24, . . .; nach 10 Generationen ist der heterozygote Anteil bereits auf 0.06 geschrumpft; die Folge konvergiert offensichtlich gegen Null. Obligatorische Geschwisterpaarung führt also zum selben Endeffekt wie systematische Selbstbefruchtung; sie läßt sich nur etwas mehr Zeit dazu.

Die Wahrscheinlichkeit dafür, daß im Genom eines Individuums an einem beliebig herausgegriffenen Genlocus beide Allele identisch sind, bezeichnet man nach einem Vorschlag des Biomathematikers Sewall WRIGHT als *Inzuchtkoeffizient.* Eigentlich müßte er »Homozygotiekoeffizient« heißen; aber wenn die Zahl alleler Varianten groß genug ist, darf man vernachlässigen, daß der Zufall auch einmal bei nicht ingezüchteten Individuen zwei identische Allele zusammenwürfeln kann.

Die Berechnung des Inzuchtkoeffizienten ist nicht immer leicht, und wir brauchen uns hier nicht damit zu belasten. Aus den Abbildungen auf Seite 80 kann man unmittelbar ablesen, daß er bei einmaliger Selbstbefruchtung ½ und bei zweimaliger ¾ beträgt. Einmalige Geschwisterpaarung weist, wie die letzte Abbildung zeigt, einen Inzuchtkoeffizienten von ¼ auf. Bei Halbgeschwistern, also Sprößlingen aus demselben Harem, führen entsprechende Überlegungen auf den Wert 1/8; bei Cousins sinkt der Inzuchtkoeffizient auf 1/16.

Die zuletzt genannten Zahlen gelten für einmalige Inzestpaarung. Wenn diese Praxis obligatorisch wird, entstehen »geometrische« Zahlenfolgen, wie wir sie gerade eben für den Geschwisterinzest ausgerechnet haben. Nun gibt es aber einen Lehrsatz, demzufolge jeder echte Bruch gegen null strebt, wenn man ihn hinreichend oft mit sich selbst multipliziert. Inzuchtkoeffizienten sind Wahrscheinlichkeiten und als solche immer echte Brüche. Man möchte also meinen, daß jede konsequente Inzestpraxis, wie entfernt auch die Verwandtschaftsgrade sein mögen, nach hinreichend vielen Generationen schließlich alle Heterozygotie ausmerzen müßte, von Mutationen einmal abgesehen.

Eigentümlicherweise ist das aber nicht wahr. Der Inzuchtkoeffizient hat erstaunlichere Eigenschaften, als man ihm auf den ersten Blick ansieht. Ohne mathematisch zu werden, möchte ich doch wenigstens einen anschaulichen Hinweis darauf geben, worauf es hier ankommt.

Die Natur macht Sprünge

Die folgende Abbildung zeigt die Stammbäume zweier Egos, deren Eltern Geschwister sind. Das Ego ist jeweils als Quadrat gezeichnet, da sein Geschlecht keine Rolle spielt. Wir betrachten zunächst den linken Stammbaum.

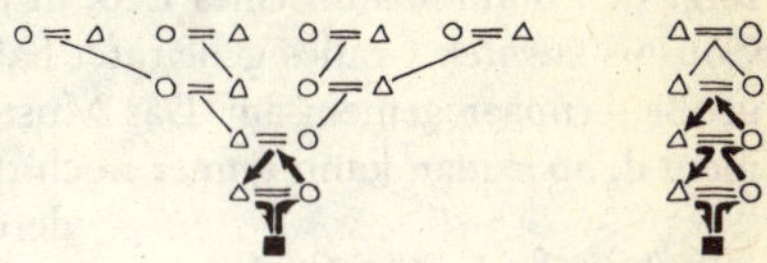

Erinnern wir uns an das Verfahren zur Bestimmung »linearer« und »kollateraler« Verwandtschaft, wie wir es auf Seite 59 kennengelernt haben. Vom Ego läuft ein linearer Schritt zu, sagen wir, seiner Mutter; ein weiterer linearer Schritt führt in die Großelterngeneration. Dann muß man umkehren und gelangt so zum Vater und von diesem schließlich zum Ego zurück. Durch den Geschwisterstatus der Eltern ist das Ego also gewissermaßen *mit sich selbst kollateral verwandt;* und das ist nur eine andere Redeweise, um den Tatbestand der Inzucht auszudrücken.

Jenseits der Großeltern läßt sich das Verfahren nicht fortsetzen, da in früheren Generationen keine Verwandtenheiraten vorgekommen sind. Anders ist es indessen im rechten Stammbaum. Dieser zeigt einen Fall von *wiederholter* Geschwisterheirat. Und dort nun läßt sich eine kollaterale Schlaufe zum Beispiel auch noch über die Generation der Urgroßeltern knüpfen, zusätzlich zu dem im linken Stammbaum schon eingezeichneten Verbindungsweg. Dasselbe gilt für alle noch früheren Generationen: Das Ego ist hier über *sämtliche* Vorfahren mit sich selbst kollateral verwandt. WRIGHT konnte zeigen, daß genau in diesem Fall der Inzuchtkoeffizient schließlich gegen 1 strebt und somit hundertprozentige Homozygotie resultiert.

Diese Bedingung ist nun auch bei Heirat von *ersten Cousins* erfüllt, also von Personen, die ein – wohlgemerkt, nur ein! – Großelternpaar gemeinsam haben. Wie die nächste Abbildung zeigt, hat das Ego hier ebenfalls in keiner Generation irgendwelche Vorfahren, die miteinander *nicht* kollateral verwandt wären.

Am Beispiel zweier Urgroßeltern sei dies genauer dargestellt. Sie sind in der Zeichnung mit je einem Punkt markiert. Obwohl beide voneinander in

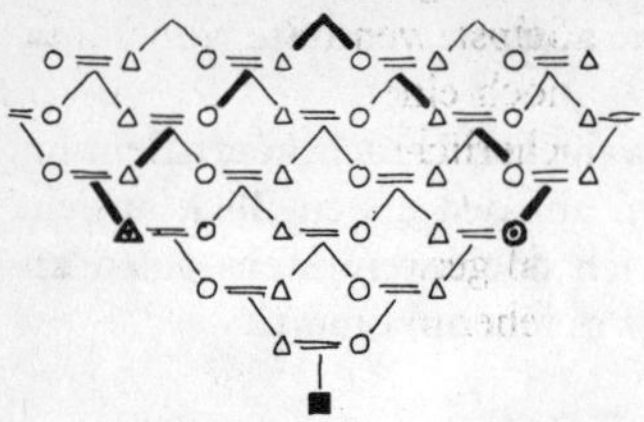

dem Verwandtschaftsgeflecht so weit wie möglich entfernt sind, läßt sich, wie die fett gezeichneten Linien beweisen, zwischen ihnen gleichwohl eine kollaterale Schlaufe knüpfen. Man sieht unmittelbar, daß diese Möglichkeit in allen Generationen besteht. Obligatorische Heirat erster Cousins muß also, wenn sie konsequent gehandhabt wird und genügend lange besteht, zu voller Homozygotie führen.

Das geht nun aber nicht dauernd so weiter, wenn man zur Heirat zwischen noch entfernteren Kollateralen übergeht. Die nächste Abbildung zeigt den Stammbaum eines Ego, in dessen Familiengeschichte sich stets Cousins *zweiten* Grades geheiratet haben. Jedes Ehepaar hat also ein Urgroßelternpaar gemeinsam. Das Muster wird nun schon ein wenig ornamental, aber man kann immer noch das Wesentliche erkennen. Insbesondere sieht man, daß Egos Eltern miteinander, eben über die Urgroßeltern, kollateral verwandt sind, und in der Großelterngeneration gilt dasselbe für den Vater des Vaters und die Mutter der Mutter.

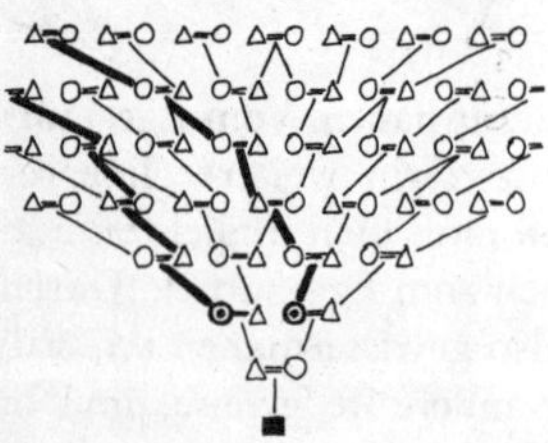

Aber schon wenn man versucht, kollaterale Verwandtschaft zwischen den beiden mit einem Punkt markierten Großmüttern zu knüpfen, wird man enttäuscht: Die beiden fett gezeichneten Linienzüge treffen sich nicht mehr, solange man sie auch fortsetzt. Noch aussichtsloser wäre offensichtlich ein kollateraler Verknüpfungsversuch mit den »äußersten« Großeltern, also der Vatersmutter und dem Muttervater.

Das hat, wie wiederum Sewall Wright zeigen konnte, für den Inzuchtkoeffizienten einschneidende Folgen. Von der Selbstbefruchtung bis zur Heirat erster Cousins führt die konsequente Durchführung der entsprechenden Praxis schließlich zu hundertprozentiger Inzucht; es dauert mit wachsender Kollateralität nur immer länger, bis dieser Grenzwert erreicht wird. Beim Übergang zu zweiten Cousins stößt

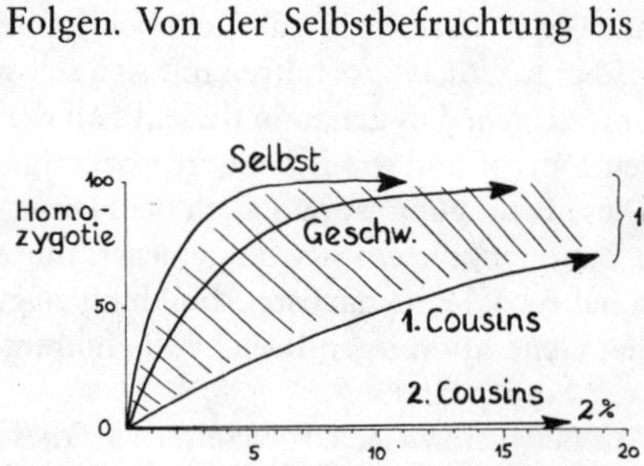

man dann aber auf einen abrupten Bruch. Jetzt liegt der Grenzwert auf einmal nicht mehr bei voller Homozygotie: Selbst wenn man unendlich lange warten würde, könnte man höchstens noch einen Inzuchtgrad von $1/53$ erreichen, das sind noch nicht einmal lächerliche 2 Prozent Homozygotie.

»Natura non facit saltus«, hat LEIBNIZ einmal gesagt. Er irrte: Die Natur *macht* Sprünge. HEGEL hat das richtiger gesehen – quantitative Veränderung kann in qualitativen Wechsel umschlagen. Wir müssen uns von dem Gedanken verabschieden, daß in der Natur alles stetig zugeht und daß es dem menschlichen Geist allein vorbehalten bleibt, Gräben und Mauern durch eine sanft gewellte Hügellandschaft zu ziehen.

Das Inzesttabu stellt nun ohne Zweifel eine solche Mauer dar. Häufig ist diesseits einer bestimmten verwandtschaftlichen Schranke alles verboten, jenseits alles erlaubt. Wir müssen hier unsere Darstellung vom 3. Kapitel etwas korrigieren: MURDOCKS »Gradienten« und die »Bewertungskurve« von Seite 41 verlaufen, aus der Nähe betrachtet, nicht glatt, sondern in Treppenform! Das sieht nach einer typisch kulturbedingten Schwarzweißmalerei aus, ohne jede Basis im natürlichen Substrat. Aber jetzt entdecken wir dieselbe Schranke in der Biologie wieder, und zwar ausgerechnet an der Stelle, an der sie auch von der Gesellschaft wohl am häufigsten gesetzt wird, nämlich bei Cousins ersten Grades.

Gewiß ist die Kongruenz hier keineswegs vollständig. Manche Kulturen verlangen eine viel radikalere Inzuchtabstinenz; sie ziehen ihre Grenzen weit außerhalb der biologischen »Sollbruchstelle«. Und andererseits haben wir im letzten Kapitel gesehen, daß Kusinenheiraten nicht selten noch am Gipfel der Bewertungskurve liegen. Allerdings werden diese nirgends wirklich *exklusiv* praktiziert. Ausnahmen sind immer noch so häufig, daß in den betreffenden Gesellschaften keine ernsthafte Inzuchtbelastung auftritt.

Risiken der Homozygotie

Es kann kein Zweifel bestehen, daß die kulturellen Exogamievorschriften den Effekt haben, Heterozygotie aufrechtzuerhalten. Ist dieser Effekt nun aber eine bloße Begleiterscheinung, oder ist er intendiertes Ziel?

Immerhin gilt, daß Homozygotie einen Bodensatz rezessiver Erbanlagen hochspült, die ihrem Träger wenig Freude machen. Ferner sind die auf Seite 77 erwähnten Vorteile der Heterose zu bedenken, die bei Homozygotie natürlich verlorengehen. Inzucht, so läßt sich zusammenfassend sagen, führt zu einem allgemeinen Vitalitätsverlust der von ihr Betroffenen.

Es gibt empirische Befunde in Fülle, die das belegen. Wenn man ingezüchtete Mäusestämme miteinander kreuzt, wobei die Homozygotie mit einem Schlag erlischt, so fällt an den mischerbigen Nachkommen auf, daß sie stattlichere Würfe produzieren, gegen Krankheiten widerstandsfähiger sind und länger leben. Heterozygote Hühner legen, verglichen mit ihren ingezüchteten Elternstämmen, mehr und größere Eier, der Bruterfolg steigt, und die geschlüpften Küken sind größer und gesünder. Ähnliche Untersuchungen wurden an Ratten, Honigbienen, Seidenraupen, an der Fruchtfliege *Drosophila* und an vielen Haustierarten durchgeführt, immer mit demselben Ergebnis: Inzucht drückt auf Wachstumsrate, Resistenz, Körpergröße, Lebensdauer und Fruchtbarkeit. Man nennt das *Inzuchtdepression.*

Sogar verhaltensgenetische Folgen lassen sich nachweisen. Mischerbige Ratten lernen besser als ingezüchtete, sie sind aktiver und können störende Einflüsse besser verarbeiten.

Befunde am Menschen sind schwieriger zu erheben; aber sie fehlen durchaus nicht. Bestimmte Krankheiten und Mißbildungen treten nachweislich bei Inzucht gehäuft auf, darunter Albinismus, Phenylketonurie, Taubstummheit, Zwergwuchs, auch eine bestimmte Art von Schwachsinn, der mit Erblindung einhergeht, die sogenannte amaurotische Idiotie.

Die umfangreichste Untersuchung über Inzuchtfolgen beim Menschen wurde von W. J. SCHULL und J. V. NEEL Anfang der sechziger Jahre durchgeführt. Die Forscher untersuchten in Japan ein Material von 2300 Ehen mit Inzuchtrisiko, meist zwischen Kusinen und Vettern; 2000 nicht blutsverwandte Paare dienten als Vergleichsgruppe. Es ergab sich ein signifikanter, allerdings nicht dramatischer Einfluß der Inzucht auf die Zahl von Abgängen, die Kindersterblichkeit im ersten Lebensjahr, das Alter des ersten Laufens und des ersten Sprechens, Seh- und Hörschärfe, Körperwuchs, Muskelfunktion, Intelligenzquotient und physische Defekte – alles zugunsten der nicht ingezüchteten Kinder.

Zwei Jahre später veröffentlichten M. S. ADAMS und J. V. NEEL eine Nachuntersuchung von 18 Fällen, diesmal eindeutiger Kernfamilieninzest vom Typus Bruder-Schwester und Vater-Tochter. Als Kontrollgruppe wurden 18 nichtverwandte Paare ausgewählt, die in Alter, Gewicht, Statur, Intelligenz und sozio-ökonomischem Status den Inzestpaaren glichen. Man kann geteilter Meinung sein, ob das genügt. Schließlich haben sich die Inzestpaare über eine massive moralische Barriere hinweggesetzt, und die anderen nicht. Wenn man nicht weiß, was sie dazu bewogen hat, kann man kaum sagen, daß die beiden Gruppen völlig vergleichbar waren. Aber irgendwo stößt man einmal an die Grenzen des Machbaren.

Immerhin waren die Befunde recht massiv: In jeder der Gruppen war pro Paar ein Kind geboren worden. Von diesen zwei mal 18 Kindern waren nach 6 Monaten bei den Inzuchtpaaren 5 verstorben, 2 zeigten schwere mentale Entwicklungsrückstände mit Anfällen, ein Kind hatte einen bilateralen Wolfsrachen, und 3 waren an der Grenze zum Schwachsinn. Zur Adoption freigegeben waren nur 7 der überlebenden Kinder. Bei den Kindern der nicht inzestuösen Paare trat ein einziger Fall von schwerem physischem Defekt auf, alle anderen waren ohne auffällige physische oder mentale Schäden. 15 waren zur Adoption freigegeben. Diese Zahlen geben doch zu denken.

Eine Untersuchung verdient noch, erwähnt zu werden. Sie stammt von Eva SEEMANOVA, von der Tschechoslowakischen Akademie der Wissenschaften, aus dem Anfang der siebziger Jahre. Die Forscherin verglich 161 Inzestkinder mit 95 anderen Kindern *derselben Mütter!* Bei dieser Methodik verlieren die gerade geäußerten Bedenken an Gewicht. Das Ergebnis: 40 Prozent der Inzestkinder wiesen Mißbildungen oder psychische Anomalien auf, darunter teilweise schwere mentale Behinderung. Bei den Vergleichskindern gab es im ganzen nur 4 Fälle von Mißbildungen. Das nebenstehende Diagramm übersetzt diese Zahlen in Flächeninhalte.

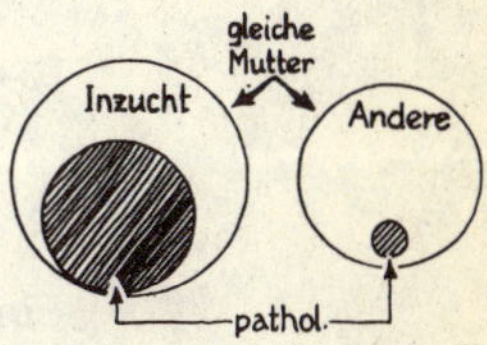

Was läßt sich aus solchen Befunden schließen? Inzuchtdepression gibt es wirklich; wer sie leugnet, weiß nicht, wovon er spricht. Aber war sie als Phänomen jemals auffällig genug, um die Menschheit zur Einführung des Inzestverbotes zu motivieren? Tatsache ist, daß der Glaube, Inzest rufe Mißbildungen, Krankheit und Tod der Nachkommenschaft hervor, unter Naturvölkern weit verbreitet ist. Genauso oft finden sich aber auch Überzeugungen von der Art, daß Inzest Flutkatastrophen heraufbeschwöre, zu Mißernten führe und das Vieh des Dorfes unfruchtbar mache. Man wird solchen Volksglauben also nicht unbedingt als Hinweis auf besonders feinen Spürsinn beim Aufdecken naturwissenschaftlicher Wahrheiten werten dürfen. Eher sieht es so aus, als habe man nachträglich nach einem Grund für eine Ablehnung gesucht, deren wahren Sinn man nicht durchschaute.

Liegt dieser Sinn aber wirklich in der Biologie? Und wenn ja – ist Inzuchtdepression dann das richtige Stichwort zu seinem Verständnis? Bevor wir auf diese Fragen eingehen können, werden wir uns einen Überblick über alternative Erklärungsversuche verschaffen müssen.

6. Kapitel

Ein Gespräch über Theorien

Die theoretische Literatur zum Inzesttabu ist immens. Im wesentlichen kehren aber immer dieselben Erklärungsversuche wieder, darunter auch biologische Argumente. Wir wollen sie in Form einer Diskussion herausarbeiten. Die nachfolgenden Zitate sind oft nicht wörtlich, aber immer authentisch: Wo es nötig war, sie zu straffen, wurde doch darauf geachtet, daß Intention, Klangfarbe und Gewicht erhalten blieben.

Ein eigentümliches Symposium

Die Szene, das sei vorausgeschickt, ist ziemlich unglaubwürdig. Es war eine ansehnliche Gruppe distinguierter Köpfe, die man da zu einem Kolloquium zusammengebeten hatte: Gelehrte aus wenigstens vier Forschergenerationen saßen an dem großen, hufeisenförmigen Konferenztisch beisammen, um endlich Einigkeit zu erzielen über die Erklärung jenes Phänomens, an dem brennender als irgendwo sonst der Spannungsbezug zwischen Natur und Kultur zum intellektuellen Ärgernis wird: des Inzesttabus.

Vorn links am Tisch erkannte man das feingeschnittene Profil von Claude Lévi-Strauss, der, leicht im Sessel zurückgelehnt, der Diskussion aufmerksam folgte. Nicht weit von ihm saß der Soziologe Talcott Parsons. Auch George Peter Murdock hatte eigens seine wöchentliche Pokerparty abgesagt und war von Pittsburgh angereist, und sogar Margaret Mead fehlte nicht, zum heimlichen Schrecken derer, die befürchten mußten, in ihre Schußlinie zu geraten.

Auch die älteren Jahrgänge waren vertreten, erkennbar weniger am Stil denn an der Sorgfalt ihrer Tenue. Da sah man etwa den Mythenforscher Sir J. G. FRAZER, Verfasser des unvergeßlichen »Goldenen Zweiges«, daneben Lord RAGLAN, dessen Buch »Jokastes Verbrechen« seinerzeit ebenfalls viel gelesen worden war. Unter einem weiteren Dutzend Teilnehmern schließlich noch ein Gast aus Finnland, Edward WESTERMARCK mit Namen.

Wie schon gesagt, die Szene ist ziemlich unglaubwürdig. Lord RAGLAN und WESTERMARCK etwa hätten noch nicht einmal zu Lebzeiten freiwillig am selben Tisch Platz genommen, und auch die eingangs unterstellte Bereitschaft aller Teilnehmer, in einem wissenschaftlichen Dialog nicht etwa Recht zu behalten sondern vielmehr gemeinsam der Wahrheit näherzukommen, hat den Leser hoffentlich bereits nach wenigen Zeilen erkennen lassen, daß er die Geschichte von dieser Einladung nicht so wörtlich zu nehmen braucht.

Immerhin wollen wir der Wirklichkeit so nahe wie möglich bleiben. Dazu gehört, daß wir die Sitzordnung nicht dem Zufall überlassen dürfen. Unverkennbar vielmehr, daß sich die Teilnehmer in zwei Fraktionen aufteilten, die einander gegenüber an den Längsseiten der Tafel Platz genommen hatten. Einige saßen allerdings auch, verbindlich oder unentschieden, an der Stirnseite im Zwischenfeld der Parteien, aber zahlenmäßig fielen sie nicht ins Gewicht.

Irgendwer hatte zur Kennzeichnung der streitenden Lager zwei Etiketten aufgebracht; die Art, wie die einen argumentierten, nannte man »soziologisch«, die der anderen »biologisch«, unbeschadet der Tatsache, daß es sich bei den Vertretern beider Richtungen zumeist um Völkerkundler handelte.

Zu dem Zeitpunkt, an dem wir uns in das Gespräch einblenden, haben die »Biologen«, so wollen wir annehmen, ihre Argumente bereits vorgetragen. Wir können uns nach dem letzten Kapitel ohnehin denken, welche Gesichtspunkte sie geltend gemacht haben: Sie beriefen sich im wesentlichen auf die Gefahren der Inzuchtdepression. Lewis H. MORGAN und Sir Henry MAINE hatten sich, in der Terminologie des vorigen Jahrhunderts freilich, zu Sprechern dieser Überzeugung gemacht, und viele auf ihrer Tischseite, darunter vornehmlich WESTERMARCK, hatten beifällig genickt.

Die Gegenseite indessen zeigte sich weniger beeindruckt.

Das Argument der Ignoranz

Ein jüngerer deutscher Soziologe namens Karlheinz MESSELKEN meldete sich als erster zu Wort.

»Ich halte es für unwahrscheinlich, daß noch schriftlose Kulturen bereits die Kapazität besaßen, Einzelereignisse zu so etwas wie Historie zu ordnen. Da nun aber etwaige degenerative Inzuchtfolgen sich allenfalls erst nach einer oder gar mehreren Generationen einstellen können, war der Urmensch wohl kaum schon in der Lage, solche Schäden auf den Inzest als Ursache zurückzuführen.«

»Für so ignorant erachte ich ihn aber nicht«, verteidigte sich Sir MAINE. »Er hat immerhin den Gebrauch des Feuers entdeckt und wilde Tiere und Pflanzen domestiziert. Er konnte durchaus auch ausfindig machen, daß von nahverwandten Eltern Kinder mit ungesunder Körperbeschaffenheit erzeugt wurden.«

»Meinen Sie wirklich?« ließ sich BACHOFEN vernehmen. »Ich möchte sogar zweifeln, ob sich die Menschheit in ihrem Urzustand auch nur schon des Zusammenhanges zwischen Zeugung und Geburt bewußt war!« Dem stimmte FRAZER zu, und MALINOWSKI ließ es sich natürlich nicht nehmen, an dieser Stelle die Geschichte von den Trobriand-Vätern zu erzählen, die überhaupt nicht glaubten, daß sie zeugten. Die Diskussion hätte sich an dieser Stelle wahrscheinlich schon festgefahren, wenn WESTERMARCK nicht einen ganz anderen Gesichtspunkt in die Debatte geworfen hätte.

»Wieso«, sagte er, »müssen wir denn überhaupt fordern, daß der Frühmensch den schädlichen Einfluß enger Inzucht bereits erkannt haben soll? Es muß doch auf jeden Fall das Gesetz der natürlichen Selektion gewirkt haben! Unter den Vorfahren des Menschen hat es ohne Zweifel eine Zeit gegeben, zu der Blutsverwandtschaft kein Hindernis für Sexualverkehr gewesen ist. Aber wir wissen, wie extrem der Sexualinstinkt Variationen unterworfen ist! Manche unter unseren Vorfahren mögen der Inzucht aus beliebigen Gründen abgeneigt gewesen sein, und diese konnten überleben, während die anderen allmählich verfielen. So blieben schließlich nur mehr Gesellschaften übrig, die den Inzest vermieden – ohne daß irgendwer wirklich verstanden haben mußte, warum.«

Eine Forschergruppe, die sich in den fünfziger Jahren am Center for Advanced Studies in Stanford zu einem Symposium getroffen hatte, darunter Urie BRONFENBRENNER, Eckart HESS und David M. SCHNEIDER, stimmte ihm in diesem Punkte zu, obwohl sie, wie sich noch zeigen sollte, im übrigen keineswegs einer Meinung mit ihm war.

Das Argument der Unschädlichkeit

»Aber einen Moment bitte«, ließ sich da MALINOWSKI vernehmen. »Sie reden die ganze Zeit von Erbschäden. Nach meiner Information sind sich die Fachleute darüber einig, daß inzestuöse Verbindungen überhaupt keine nachteiligen Folgen haben!«

»Das kann ich bestätigen«, sagte Otto von VERSCHUER, der in den dreißiger Jahren humangenetische Standardwerke verfaßt hatte. »Aus der Ptolemäerdynastie der alten Ägypter ist nach mehreren Generationen von Geschwisterehen schließlich immerhin Kleopatra hervorgegangen, von der geistige oder schon gar körperliche Defekte nicht bekannt geworden sind. Auch das fürstliche Hausgebot der präkolumbianischen Inkas, durch Geschwisterehen das Blut ›rein‹ zu halten, wurde 14 Generationen lang befolgt, ohne daß der letzte Inka Merkmale der Degeneration aufwies.«

Der Münchner Anthropologe M. SALLER nickte und schob noch eine Erläuterung nach: »Inzucht führt als solche nur dazu, daß rezessive Erbanlagen manifest werden. Das ist schlecht, wenn diese schädlich sind, aber natürlich gut, wenn sie Vorteile bringen. An sich ist Inzest erbbiologisch wertneutral.«

»Aber Herr Kollege«, bekam er freilich sogleich von den amerikanischen Genetikern M. LERNER und N. E. MORTON zu hören, »es kann Ihnen doch nicht unbekannt sein, daß schädliche Rezessivanlagen im Verhältnis zu solchen, die einen Selektionsvorteil bringen, erhebliches Übergewicht haben!«

Jemand aus der Stanford-Gruppe griff diesen Gedanken auf, gab ihm dann aber eine überraschende Wendung. »Die meisten Nachkommen eines inzüchtenden Elternpaares werden irgendwelche Schäden aufweisen. Aber einige wenige sollten darunter sein, bei denen eben doch auch hochwertige Rezessivanlagen manifest geworden sind. Falls es sich nun die betreffende Art leisten kann, einen Großteil der Nachkommen zu verlieren, dann könnte Inzucht sogar einen besonders hochwertigen Stamm hervorbringen.«

»Dazu habe ich Material«, ließ sich der Genetiker E. M. EAST vernehmen. »Ich habe über die Züchtung von Mais gearbeitet. Hier erzeugt man durch planmäßige Inzucht zunächst eine Periode extremer Schwankungen, zweifellos deshalb, weil rezessive Eigenschaften wieder auftauchen, die gewöhnlich verborgen bleiben. Dann aber nehmen die Variationen ab, und es entsteht ein konstanter Typ.«

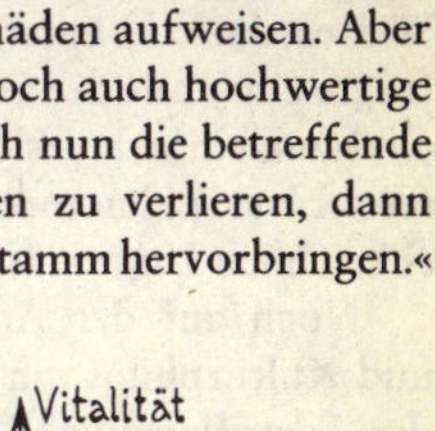

»Nur konstant – oder auch hochwertig?«

»Auch hochwertig«, mischte sich Frank B. LIVINGSTONE ins Gespräch, Anthropologieprofessor aus Michigan. »Denn sobald die Rezessivanlagen durch Inzucht homozygot und damit manifest geworden sind, wird die natürliche Selektion sie erreichen und allmählich immer mehr säubern. Der Stamm wird also immer erbgesünder. Allerdings braucht dieser Genwechsel manchmal ziemlich viel Zeit. Immerhin weiß man, daß viele hochgradig endogame Gruppen primitiver Völker relativ niedrige Frequenzen schädlicher Gene aufweisen – ein erst kürzlich untersuchtes Beispiel hierfür sind die Caingang-Indianer in Brasilien.«

»Es gibt doch aber auch Gegenbeispiele mit hoher erblicher Belastung!«

»Mag sein, daß da das Ausgangsmaterial besonders ungünstig war. Oder der Prozeß der Reinzucht dauert einfach noch nicht lange genug an.«

An dieser Stelle meldete sich LÉVI-STRAUSS zu Wort. »Habe ich richtig verstanden, daß die angebliche Gefahr von Erbschäden überhaupt nie hätte auftauchen können, wenn die Menschheit von Anfang an endogam gewesen wäre?«

Und als die Biologen ihm das bestätigten, fuhr er fort:

»Wir hätten es in diesem Falle also mit Rassen zu tun, die ebenso erbgesund wären wie die endogame Mais-Linie von Herrn EAST nach Ausschaltung der Variabilitätsfaktoren. Die zeitweilige Gefahr der endogamen Verbindungen erwächst – wenn sie überhaupt existiert – offensichtlich überhaupt erst aus einer schon bestehenden Tradition der Exogamie, *sie kann also gar nicht deren Ursache sein!* Unsere Frage ist doch aber, wie aus einer ursprünglich endogamen Praxis das Inzestverbot hervorgehen konnte.«

Das Argument der natürlichen Endogamie

Wie er dazu komme, eine ursprünglich endogame Praxis anzunehmen, fragte einer aus der Gruppe der Biologen.

»Nun, einfach deshalb, weil Inzest ein bei den Tieren allgemein verbreitetes Naturphänomen ist«, gab LÉVI-STRAUSS zur Antwort. Dabei bekam er reichlich Unterstützung von älteren und jüngeren Kollegen.

»Noch auf der Anthropoidenstufe«, bestätigte der Tiefenpsychologe und Kulturphilosoph Dieter WYSS, »ist Endogamie die natürliche Form der Fortpflanzung. Der Verzicht auf endogame sexuelle Betätigungen stellt nach übereinstimmender Ansicht der meisten Forscher die entscheidende Kulturschwelle der Menschheit überhaupt dar. Sogar die archaische Kernfamilie des Frühmenschen hat sich höchstwahrscheinlich noch endogam vermehrt. Die Mythen sehen nämlich die Menschheit in der überwiegenden Zahl aus einem Geschwisterpaar entstanden. Das beweist zumindest indirekt, daß die ursprüngliche Familie endogam war und sich durch Geschwister fortpflanzte.«

Und A.H. HUTH, ein Zeitgenosse WESTERMARCKS, führte des längeren aus, daß Inzest von den Tieren beständig betrieben würde. »Vor allem die

Polygamie«, fügte er hinzu, »bedeutet bei den Tieren die größte Blutschande.«

WESTERMARCK wurde etwas ärgerlich. »Für diese Behauptung haben Sie nicht den geringsten Beweis! Bei den in Familien lebenden Gattungen wandern doch die Jungen ohne Ausnahme ab, sobald sie imstande sind, für sich selbst zu sorgen.«

Der Gerichtspsychiater Max MARCUSE kam HUTH zu Hilfe. »Bei den herdenweise lebenden Tieren findet nahezu ausschließlich Inzucht statt, weil das Bewußtsein der Blutsverwandtschaft mit der Geschlechtsreife verloren geht. Und auch bei den Haustieren ist von einem Widerwillen gegen Blutschande keine Spur zu finden. Eine Schafmutter und ihr Junges kennen einander zwar zunächst ganz genau; aber diese psychologische Beziehung währt nur etwa ein halbes Jahr. Wenn das junge Tier sich selbst ernähren kann, verläßt es die Mutter und vergißt sie. Wenn es erwachsen ist, paart es sich dann ohne Scheu mit ihr, und erst recht mit seinen Geschwistern.«

»Aber HEINROTH und LORENZ haben doch immerhin berichtet, daß es bei Gänsevögeln echte Inzestbarrieren zu geben scheint«, versuchte an dieser Stelle der Zoologe KORTMULDER einzuwenden.

Mit diesem Argument kam er jedoch nicht weit. Es wäre besser, statt auf Gänse auf die näheren »Verwandten« des Menschen zu schauen, mußte er sich von dem Zürcher Ethnologen L. LÖFFLER belehren lassen. Und der Psychologe Eckart HESS aus Chicago schlug in dieselbe Kerbe: »Ich habe selbst einige Erfahrungen mit Kanadagänsen gesammelt und kann die Beobachtungen meines Freundes LORENZ durchaus bestätigen. Hier liegt jedoch ein Sonderfall vor. Die bei Gänsen auftretenden Mechanismen haben für Menschen, Affen und überhaupt für Säugetiere keine Relevanz. Sie waren einfach in der genetischen Ausstattung der Prähominiden nicht verfügbar.«

»Schon DARWIN berichtet doch aber«, versuchte WESTERMARCK einzuwenden, »daß männliche Hunde sich eher zu fremden Weibchen hingezogen fühlen; und mir selbst wurde glaubwürdig von einem Hengst erzählt, der sich nicht den Stuten desselben Stalles nähern wollte.«

Solche Anekdoten beeindruckten indessen niemanden. LIVINGSTONE wandte sich an den Primatologen SCHALLER: »Aus Ihren Feldstudien geht doch hervor, daß der Berg-Gorilla in kleinen Gruppen von 5 bis 27 Mitgliedern umherzieht. Gibt es denn Austausch zwischen diesen Rudeln?«

SCHALLER wußte nur von sporadischem Gruppenwechsel einzelner Männchen zu berichten, so daß LIVINGSTONE fortfuhr: »Pongiden praktizieren also ein erhebliches Ausmaß an Inzucht und können dies offenbar auch vertragen. Es sieht wirklich ganz so aus, als sei Endogamie unter den frühen Hominiden nicht nur hochwahrscheinlich, sondern auch keineswegs dysfunktional gewesen.«

Völlig unerwartet explodierte an dieser Stelle der Anthropologe C. F. Hockett von der Cornell University.

»Ich bin nicht bereit«, ließ er sich vernehmen, »auf dieser Basis weiter zu diskutieren. Ich habe nachgerechnet: Bis Ende 1966 sind insgesamt rund 1500 Mann-Monate dem Studium der Lebensgewohnheiten von Tierprimaten in ihren natürlichen Lebensräumen gewidmet worden. Dieser Einsatz verteilt sich über etwa 40 Gattungen. Das ist weniger als die Feldarbeit, die Völkerkundler bisher im Durchschnitt auf eine einzige menschliche Zielgruppe angesetzt haben. Wir haben immer schon die Neigung gehabt, unsere nächsten tierischen Verwandten zu unterschätzen. Sogar die Fähigkeit zum Werkzeuggebrauch hat man noch vor kurzem als Spezifikum des Menschen reklamiert. Seien wir vorsichtig, daß es uns bei den Inzestbarrieren nicht genauso geht. Haben wir denn wirklich schon verläßliche Informationen über Paarungen innerhalb der Kernfamilie bei irgendwelchen Tierprimaten?«

Er blickte herausfordernd in die Runde und nahm das Schweigen als Bestätigung. »Um so etwas bestimmen zu können, wären jahrelange Dauerbeobachtungen individueller Tiergruppen nötig. Sowohl Herr Hess als auch Herr Livingstone geben sich hier dem Spiel freier Mutmaßungen hin. Die Mitglieder einer Affengruppe erkennen und behandeln einander individuell. Jedes Männchen weiß, wer seine Mutter ist, und jede Mutter kennt ihre Kinder, unabhängig vom Alter. Es mag schon sein, daß damit keinerlei Hemmung gegen sexuelle Aktivitäten verbunden ist, aber solange wir das nicht wissen, wäre es ehrlicher, wenn wir dies auch offen zugäben!«

Westermarcks Theorie

»Ich wage vorauszusagen«, ließ sich da Westermarck vernehmen, »daß gründlichere Feldstudien solche Hemmungen bei wildlebenden Tieren durchaus zutage fördern werden, da ja selbst beim Menschen noch Instinkte dieser Art zu erkennen sind.«

Schlagartig hielten alle im Raum den Atem an.

»Beim Menschen?« fragte jemand, fast flüsternd.

»Aber gewiß doch! Wer könnte denn glauben, daß die Menschen den Inzest nur deshalb vermeiden, weil man sie so belehrt hat oder weil ein Gesetz es so verlangt? Ein Gesetz kann einem Bruder verbieten, seine Schwester zu heiraten, aber es könnte ihn nicht daran hindern, eine solche Vereinigung zu *begehren.* Wo gibt es aber ein solches Verlangen? Nicht Gesetze, Sitte oder Erziehung sind es, die das Heim von inzestuöser Befleckung reinhalten, es ist vielmehr ein Instinkt, der unter normalen Umständen die Geschlechtsliebe zwischen nächsten Verwandten zu einer psychologischen Unmöglichkeit macht!«

Hier brach nun ein veritabler Sturm der Entrüstung los, und der Vorsitzende hatte alle Mühe, die aufgebracht durcheinander Redenden zur Mäßigung zu bewegen. Es waren ihrer so viele, daß man schon rein akustisch nur einen kleinen Teil verstehen konnte.

»Die Theorie von einer angeborenen ›Inzestscheu‹ ist doch durch die Verhaltenswissenschaften längst widerlegt«, rief ein Gerichtspsychologe namens Herbert MAISCH, außer allenfalls, wie er anzüglich hinzufügte, für Leute, die aufgrund gewisser politischer Überzeugungen unbelehrbar von »Blutsgefährdung« und dergleichen reden möchten.

LÉVI-STRAUSS äußerte sich zurückhaltender; aber auch er bekundete sein Erstaunen darüber, daß hier jemand allen Ernstes das mythische Vorurteil einer »Stimme des Blutes« wieder aufgreife.

»Es ist doch wirklich ausreichend bewiesen«, sagte er, »daß die angebliche Inzestscheu nicht instinktgebunden ist. Das sieht man schon daran, daß sie sich überhaupt nur einstellt, wenn die Beteiligten auch *wissen,* daß sie miteinander verwandt sind!«

Ein eigentümliches Argument, das schlaglichthaft die Sprachschwierigkeiten zwischen »Soziologen« und »Biologen« erhellte. WESTERMARCK bemühte sich, das Mißverständnis auszuräumen:

»Vielleicht habe ich mich nicht klar ausgedrückt. Ich stimme natürlich zu, daß der Mensch keinen sechsten Sinn besitzt, der unfehlbar anschlägt, wenn er *nahen Verwandten* begegnet. Vielmehr unterstelle ich einen angeborenen Widerwillen gegen den geschlechtlichen Verkehr zwischen Personen, die *von früher Jugend auf beisammen leben.* Das werden dann in der Regel ganz automatisch auch die nächsten Verwandten sein; aber die Scheu wird freilich auch Adoptivgeschwister einschließen, obwohl dies biologisch sinnlos ist. Und wenn umgekehrt zwei Geschwister getrennt voneinander aufwachsen, so kann in späterer Begegnung durchaus echte Liebe zwischen ihnen entbrennen, ohne daß eine innere Stimme sie davor warnt. Es mag sein, daß sich diese Liebe irritieren läßt, wenn man den beiden mitteilt, wie nahe sie verwandt sind. Denn die gesellschaftlichen Normen sind ja *auch* eine psychologische Realität. Mein Argument ist nur, daß diese nicht *allein* und *primär* die Inzestscheu begründen, sondern daß sie bereits ein abgeleitetes Phänomen darstellen, eine gesellschaftliche Konstruktion, an deren Basis die irrational empfundene Scheu vor dem geschlechtlichen Umgang mit Personen steht, deren Vertrautheit bis in die Kindheit zurückreicht.«

Vertrautheit zeugt Liebe

»Vertrautheit zeugt Verachtung«, spottete jemand aus dem Hintergrund, »familiarity breeds contempt!« Und Lord RAGLAN sagte mit süffisantem Lächeln, der Gesprächsrunde zugewandt: »Herr WESTERMARCK postuliert eine instinktive Aversion gegen den Verkehr zwischen Personen, die lange zusammengelebt haben. Er lädt seine Zuhörer also dazu ein, die Kohabitation von Eheleuten als unnatürlich zu betrachten.«

Diese Bemerkung rief anhaltendes Gelächter hervor, an dem WESTERMARCK auch durch den ärgerlichen Hinweis nichts mehr ändern konnte, daß er ja schließlich ausdrücklich von einer »seit früher Kindheit« bestehenden Vertrautheit geredet hatte.

An dieser Stelle griff Sigmund FREUD ein, dem das Gruppenklima offenbar zu gespannt wurde.

»Es erscheint mir doch aber sehr merkwürdig, Herr WESTERMARCK, daß Sie diese ›angeborene Abneigung‹ gegen den Geschlechtsverkehr mit Personen, mit denen man die Kindheit geteilt hat, biologisch begründen wollen. Das wäre ein eigentümlicher Instinkt, der in seiner psychischen Wirkung soweit irreginge, daß er anstatt der für die Fortpflanzung schädlichen Blutsverwandten die in dieser Hinsicht ganz harmlosen Haus- und Herdgenossen träfe!«

»Man muß nicht gerade eine direkt triebhafte Abneigung annehmen«, kam der britische Sexualwissenschaftler Havelock ELLIS dem Angeredeten zu Hilfe. »Wo Mädchen und Knaben von Kindheit an zusammenlebten, fehlen einfach wichtige Vorbedingungen für eine Weckung des Paarungstriebes. Zwischen solchen Personen hat die Gewöhnung alle sinnlichen Reize des Sehens, des Hörens und der Berührung abgestumpft, in die Bahn einer ruhigen Zuneigung gelenkt und ihrer Macht beraubt, jene Erregung hervorzurufen, die zur Erzeugung geschlechtlicher Tumeszenz erforderlich ist.«

»LORENZ hat hier eine noch etwas differenziertere Interpretation angeboten, jedenfalls für den Fall seiner Gänse«, fügte KORTMULDER hinzu. »Im Bewegungsmuster des Balzverhaltens sind Komponenten aus dem Repertoire von Aggression und Angst mitenthalten. Da sich Geschwister desselben Geleges nun aber zu gut kennen, um solche Affekte gegeneinander entwickeln zu können, fehlt ihnen gewissermaßen das motivationale Rohmaterial einer Balzstimmung. Auf diese Weise verhindert ihre Vertrautheit, daß sie sich paaren können.«

»Aber beim Menschen ist es eben anders«, beharrte LÉVI-STRAUSS. »Keineswegs wird Gewöhnung überall als fatal für die Ehe betrachtet. So sagt zum Beispiel ein Sprichwort der Azande: ›Das Streben nach dem Weibe beginnt bei der Schwester‹. Nach Ansicht der Wahehe, bei denen Kreuzcousins zu heiraten pflegen, ist gerade die lange Intimität zwischen den zukünftigen Ehegatten der wahre Grund für deren gefühlsmäßige und sexuelle Anziehung. Ähnliches wird von den Tschuktschen berichtet.«

»Psychologisch betrachtet scheint mir das recht plausibel«, stimmte MESSELKEN dem zu. »Was Sie, meine Herren« – er blickte zu WESTERMARCK und ELLIS –, »überhaupt nicht in Rechnung stellen, sind die sentimentalen Qualitäten der menschlichen Psyche. Es gibt eine Reizsteigerung des Sexuellen, die gerade durch Intimität bewirkt wird. Sexuelle Intimität ist ja nicht nur eine rein körperliche Angelegenheit; sie umfaßt vielmehr eine gesamtpersonale Entblößung voreinander. Daher rührt sie auch immer an die Fundamente der jeweiligen Identitätskonstruktion und erlaubt gerade deshalb ein nicht nur viel variantenreicheres, sondern auch weitaus riskanteres und also spannenderes Spiel miteinander, als es der bloß körperliche Begattungsvollzug je könnte. Diese Art der Intimität aber hat Nähe und damit Kontakthäufigkeit zur Voraussetzung, wie sie kaum irgendwo uneingeschränkter gegeben sind als in der Familie. Man kann die familiale Intimität also nicht einfach eindimensional als ein gegen sexuelle Reize abstumpfendes Situationsmerkmal in Anspruch nehmen; sie schafft vielmehr umgekehrt ein Klima, das der Erotisierung von Beziehungen im Grunde förderlich ist.«

Eine entmutigende Bilanz

Die Zeit der Kaffeepause war herangerückt, und es wurde nur noch eine weitere Wortmeldung zugelassen. Der Anthropologe David M. SCHNEIDER aus Chicago nutzte sie zu einer vernichtenden Abrechnung mit denen, die sich auf einen Flirt mit der Biologie eingelassen hatten.

»Wir haben hier von Gänsen gehört und unsere Zeit damit vertan, darüber zu streiten, wie häufig bei Tieren oder auch Menschen Paarungen innerhalb der engsten Familiengruppe vorkommen, und an welchen ethologischen oder psychologischen Motiven das liegen könnte. Scheinbar ist in Vergessenheit geraten, daß ein ganz klarer Unterschied besteht zwischen einem Verhaltensmuster, das einem gesellschaftlichen *Verbot* unterliegt, und einem, das *selten beobachtet* wird. Warum solche subtilen Unterscheidungen? Aus dem einfachen und guten Grund, daß genau dies das Thema der Kulturanthropologie ist! Es gibt keinen Grund, warum Biologen nicht menschliche Verhaltensmuster studieren sollten, so wie sie die Verhaltensmuster von Tierprimaten oder von Vögeln untersuchen. Aber es gibt wirklich allen guten Grund für den Biologen, zur Kenntnis zu nehmen, daß es da noch eine geringfügige Kleinigkeit gibt, die den Menschen von den Tieren unterscheidet, und das sind seine komplexen Symbolsysteme und überhaupt seine Kultur!«

Unter rauschendem Beifall leerte sich der Raum.

Draußen am Kaffeestand herrschte Gedränge. Man diskutierte weiter, in kleinen Gruppen von Sympathisanten, mit dem Rücken zu Andersdenkenden. Ich suchte WESTERMARCK. Er stand am Fenster, abseits vom Getümmel.

Ich war von der Richtigkeit seiner Theorie überzeugt. Mit einer kleinen Einschränkung: Wenn man nach der biologischen Funktion der Inzestscheu suchte, so war man, wie mir schien, bei der Inzuchtdepression auf der falschen Fährte. Es gab da noch einen viel tiefer greifenden Erklärungsansatz; aber diesen zu entwickeln war jetzt keine Gelegenheit. Auch den Leser muß ich zunächst vertrösten; wir werden im 24. Kapitel auf dieses Thema zurückkommen.

»LÉVI-STRAUSS und FREUD haben einen eigentümlichen Instinktbegriff«, bemerkte WESTERMARCK. »Ein Instinkt – dazu gehört in ihrer Vorstellung so etwas wie das zweite Gesicht oder ein sechster Sinn, der geheimnisvoll und unfehlbar das Richtige trifft. So macht man es sich natürlich leicht: Wenn man zeigen kann, daß an einer Leistung höhere kognitive Systeme mitbeteiligt sind oder daß bei ihr zuweilen Fehler unterlaufen, dann hat man gleich widerlegt, daß überhaupt ein Instinkt am Werk ist.«

»Man scheint noch nicht bemerkt zu haben«, stimmte ich zu, »daß es in der Natur auch nur mit natürlichen Dingen zugeht. Wenn Vögel keine Wespen fressen, so hat das seinen guten Sinn: der Giftstachel wäre zu gefährlich. Aber den kann man nicht sehen, und da hilft natürlich auch kein ›Instinkt‹ weiter. Statt dessen gibt es andere Merkmale, an denen man Wespen identifizieren kann, nicht ganz unfehlbar, aber immer noch mit hinreichender Treffsicherheit: zum Beispiel die auffallende schwarzgelbe Bänderung. Vielleicht müssen die Vögel dieses Signal lernen. Denkbar wäre aber auch, daß sie es angeborenermaßen vermeiden. Und dann müßte dieser biologische Instinkt so weit irregehen, wie FREUD sich ausdrücken würde, daß er anstatt der Wespen auch die ganz harmlosen Schwebfliegen und die sonstigen Insekten mit Wespen-Mimikry verschont. Als ob das ein Argument gegen eine genetische Verhaltensanpassung wäre!«

Dann fiel mir noch etwas ein. »Haben Sie die Argumentation von MESSELKEN mitbekommen? Das ist in der Tat ein faszinierender Gedankengang: Bindung als Grenzauflösung, frühkindliche Symbiose als Vorspiel zur psychischen Verschmelzung im Liebesakt! Es ist eindrucksvoll zu sehen, wie hier ein mit subtilem Feingefühl aufgebautes Argument die Wahrheit *beinahe* trifft und dann so haarscharf an ihr vorbeigeht, daß es gerade bei ihrem Gegenpol landet!«

»Was ist Wahrheit?« seufzte WESTERMARCK. »Ich weiß es bald selbst nicht mehr, wenn ich diese Leute reden höre.«

»Kopf hoch«, versuchte ich ihn aufzumuntern. »Ihre Rehabilitierung kommt bestimmt!«

»Vielleicht. Aber erleben werde ich das nicht mehr. Kommen Sie, man strömt zurück. Hören wir zur Abwechslung, was uns die Soziologen für Erklärungen anzubieten haben.«

7. Kapitel

Ursachen, Funktionen, Strukturen

»Biologische« Erklärungen des Inzesttabus gelten heute in der Kulturanthropologie als obsolet. Das Feld wird von »soziologischen« Theorien beherrscht. Deren Palette ist reichhaltig. Um Ordnung in die Fülle zu bringen, greift man hier auf die alte aristotelische Unterscheidung zwischen Stoff-, Form-, Zweck- und Wirkursache zurück. Sie läßt erkennen, daß wir es mit vier Problemdimensionen zu tun haben.

Der Pakt mit dem Teufel

Wir hatten wieder am Konferenztisch Platz genommen. Die Fenster wurden geschlossen. Programmgemäß sollten jetzt jene Theorien besprochen werden, die das Inzesttabu auf soziologische Ursachen zurückführten.

Ehe man indessen damit begann, erbat ich das Wort für eine Vorfrage: Was man denn eigentlich unter dem Gegensatzpaar »biologisch-soziologisch« genau zu verstehen habe. Mir war aufgefallen, daß diese Etiketten immer nur von Rednern verwendet wurden, die sich selbst dem »soziologischen« Lager zurechneten, während die »Biologen« offenbar weniger damit anzufangen wußten – vielleicht deshalb, weil sie bei der Beobachtung von Tieren immer ganz selbstverständlich auch deren Sozialverhalten mit einbezogen hatten.

Die Antwort auf diese Frage übernahm Talcott PARSONS.

»Natürlich läßt sich die Beziehung zwischen biologischen und soziologischen Faktoren nicht im Sinne eines simplen Entweder-Oder interpretieren. Nehmen Sie als Beispiel die Erotik. Ich werde etwas später noch genauer auf die Rolle zu sprechen kommen, die sie bei der Sozialisation des Kindes spielt, indem sie aus einem ungeformten Organismus eine ›Person‹ macht.«

Bei dem Stichwort »ungeformter Organismus« horchte ich auf. Lag hier vielleicht schon ein wichtiger Schlüssel zum Biologieverständnis des Sozialwissenschaftlers? »Biologie« – das klingt offenbar nach Fleisch und Blut, Schweiß und Kot und Samen, Hormonen und Stoffwechsel – nach blödem, amorphem Material, dem Lehm, aus dem Gott den Menschen formte, aber eben: auch erst *formen* mußte. Im säkularisierten Verständnis tritt dann an die Stelle Gottes die Gesellschaft. Ihre sinngebende Schöpfertätigkeit heißt »Sozialisation«, das Ergebnis »Person«. War so etwas gemeint?

Andererseits sollte bei diesem Prozeß gerade die »Erotik« eine wichtige Rolle spielen. Gehörte diese nicht noch zur »biologischen« Ausstattung des Menschen?

PARSONS bestätigte dies indirekt. »Die beim Kinde erwachenden erotischen Interessen erfüllen in der Tat nicht nur Funktionen, sondern schaffen gleichzeitig auch Probleme, da sie besonders schwer zu kontrollieren sind. Die Benutzung eines solchen Instrumentes zur Sozialisation stellt daher eine Art ›Pakt mit dem Teufel‹ dar.«

Schon wieder eine mythologische Chiffre: Die Naturkraft diesmal nicht als formloser Urstoff, sondern als satanischer Widersacher, dessen man sich bedient, weil man seine Energien nicht entbehren kann, den man aber in Schach halten muß, weil er »das Böse will« und nur, solange man ihn dazu zwingt, »das Gute schafft«. Die gesellschaftlichen Institutionen als Kraftwerk, das rohe Naturgewalten zähmt und nutzbar macht.

Wie ein natürlicher Instinkt denn dazu komme, so gefährlich zu sein, wollte einer der Biologen wissen. Aber hier fühlte sich PARSONS mißverstanden.

»Die Erotik deckt sich nicht mit dem, was man im allgemeinen als Geschlechts- oder Fortpflanzungsinstinkt bezeichnet. Dafür enthält sie zu viele erlernte Komponenten.«

»Das ist für einen Instinkt schon auf niedriger Entwicklungsstufe gar nicht ungewöhnlich; LORENZ hat deshalb vom Regelfall einer ›Instinkt-Dressur-Verschränkung‹ gesprochen.«

»Gleichwohl liegt hier noch eine besondere Situation vor. Beim Menschen umfaßt die Erotik nicht nur die nach-adoleszente, genitale Aktivität; ihr kommen vielmehr auch schon wichtige vorgenitale, infantile Aspekte zu, und diese haben doch wohl sicher mit der Fortpflanzungsfunktion nichts zu tun.«

FREUD nickte zustimmend. »Das Kleinkind ist polymorph pervers.«

»Jedes normale Kind«, griff PARSONS diese Feststellung auf, »kann potentiell *jeden* beliebigen Typ der bekannten erotischen Orientierungen entwickeln: Homosexualität, Autoerotik und Perversionen genausogut wie die von uns als normal betrachtete Heterosexualität. Dies kann aber nur bedeuten, daß die letztere weitgehend ein Ergebnis des Sozialisierungsprozesses ist, und nicht einfach der Ausdruck eines Instinktes.«

So war das also. Biologie – oder »Natur«, wie manche zu sagen vorzogen –, das war ein Prinzip, das auf tierischer Stufe durchaus Form und Ordnung hervorzubringen in der Lage ist. Diese Art von Organisation heißt »Instinkt«. Beim Menschen ist dieses Prinzip jedoch zur Formlosigkeit zerschmolzen: Was beim Tier noch ein funktionierender Fortpflanzungsinstinkt war, ist beim Menschen von der Anlage her lediglich polymorphe – und damit amorphe – Perversion, aus der man beliebige erotische Orientierungen formen kann. Übrig geblieben ist allein das energetische Potential, kraftvoll ohne Zweifel, aber gefährlich, weil ohne Maß, ohne Antlitz. Dieses Antlitz muß ihm die Gesellschaft aufprägen, und sie muß sich dazu, geschickt kanalisiert, seiner eigenen Kraft bedienen.

Ob die Kontroverse nun geklärt sei, fragte der Vorsitzende.

Geklärt schon; aber bereinigt noch lange nicht. Doch ich wollte den Ablauf des Programms nicht länger aufhalten.

Vier Arten von Kausalität

Der Vorsitzende nahm wieder das Wort. »Nach den Erfahrungen von heute früh erscheint es mir wünschenswert, wenn wir etwas mehr Struktur in unser Gespräch bringen. Wir argumentieren dann vielleicht weniger häufig aneinander vorbei. Könnte vielleicht einer der geladenen Herren Philosophen« – er ließ seinen Blick in der Runde schweifen – »einen Vorschlag zur Gliederung unseres Gesprächs machen?«

An der Stirnseite der Tafel hob ein ehrwürdiger Alter in wallender Toga seine feingeformte Hand. »Aristoteles«, flüsterte mir mein Nachbar erläuternd zu. Der Genannte hatte inzwischen zu sprechen begonnen.

»Sie sind hier versammelt, um gemeinsam die Erklärung für eine eigentümliche Sitte der Menschheit zu suchen. Erklären nun, das heißt soviel wie Ursachen aufzeigen. Der Begriff ›Ursache‹ aber ist vieldeutig. Wenn jemand sagt, Voraussetzung für den Bau dieses Hauses hier sei gewesen, daß Steine, Marmor, Holz und Glas verfügbar waren, so hat er ohne Zweifel recht. Es ziemt also, diesem Material den Rang einer Ur-Sache zuzuerkennen. Ich nenne es die *Stoffursache,* ›causa materialis‹ hat man dies ins Lateinische übersetzt. Freilich mag sogleich einer einwenden, daß die Steine sich nicht selbst zum Hause fügen; erst die Anstrengung der Arbeiter und Baumeister kann den Aufbau verwirklichen. Diese Kräfte habe ich die *Wirkursache* genannt, ›causa efficiens‹. Weiter: Der beste Bauherr wüßte nicht, wie er vorgehen sollte, hätte er nicht Grund- und Aufriß, auf denen alle Maße sorgfältig eingezeichnet sind. Diesen Bauplan nenne ich *Formursache,* ›causa formalis‹. Und die letzte Ursache dafür, daß überhaupt ein Haus geplant wurde, liegt schließlich darin, daß es zu gewissen Zwecken taugt: zum Wohnen oder zu Versammlungen wie der unsrigen hier. Hätte das Haus keinerlei ausdenkbaren Sinn oder Nutzen, so wäre niemand darauf verfallen, sich die Mühe seiner Errichtung zu machen. Wir müssen an vierter Stelle also auch noch die *Zweckursache* oder ›causa finalis‹ berücksichtigen. Mir scheint nun, daß es vielleicht nützlich wäre, wenn Sie Ihre Erklärungsversuche danach ordnen würden, auf welche dieser Arten von Ursache Sie überhaupt abzielen.«

Dieser Vorschlag wurde dankbar aufgegriffen. Man begann mit der Frage nach der Stoffursache: nach dem Ausgangsmaterial, dem Urzustand, wie er vor dem Aufdämmern menschlicher Kultur und also auch vor der Einführung eines gesellschaftlichen Inzestverbots bestanden haben könnte.

Das Ausgangsmaterial

»Hier kann doch kaum ein Zweifel bestehen«, ließ sich dazu Lewis H. MORGAN vernehmen, »daß wir von einem Urzustand ausgehen müssen, wo unbeschränkter Geschlechtsverkehr innerhalb der Horde herrschte.«

»Sehr richtig«, sekundierte ihm Friedrich ENGELS, »ursprünglich waren Bruder und Schwester Mann und Frau.« Wobei Karl MARX noch emphatisch hinzufügte: ». . . und das *war* sittlich!«

»Auch ich zweifle nicht«, sagte Leslie WHITE, »daß die Leute in Abwesenheit von Inzestverboten eher innerhalb als außerhalb der Kernfamilie heiraten würden.« George P. MURDOCK äußerte sich in demselben Sinn.

MESSELKEN lieferte für diese Ansicht noch eine soziologische Begründung. »Als man sich im Zuge der Hominisation seiner verwandtschaftlichen Beziehungen bewußt wurde, entwickelte sich zwischen den Familienmitgliedern auch der Anspruch, man habe einander zur Verfügung zu stehen. Diese Erwartungshaltung, die sich zu einer Komponente der gesellschaftlichen Struktur verobjektivierte, verband insbesondere die Geschwister miteinander; sie waren ja die nächsten Kooperationsgenossen. Da nun die Sexualsphäre hier noch tabufrei war, ergab sich eine soziale Konstellation, die bei den Geschwistern eine starke Neigung wecken mußte, einander auch für sexuelle Dienste in Anspruch zu nehmen. Denn ohne Tabu mußte die Sexualität, so unsensationell wie jede andere Bedürfnisspannung, den direktesten Weg einschlagen. Die Wahl des Sexualpartners und Ehegatten richtete sich somit geradezu entschlußlos auf den Bruder oder die Schwester, die sie ebenso unüberrascht hinnehmen wie selbstverständlich erwidern mochten. Ohne harte Übergänge konnte die geschwisterliche Vertrautheit in eine feste Sexualbeziehung hineinwachsen. Wenn Sie mir die Wendung erlauben: Geschwisterheirat lag nahe, weil die Geschwister nahe beieinander lagen.«

Die Runde schmunzelte.

»Eine ganz andere Frage ist allerdings«, fügte MESSELKEN noch hinzu, »ob diese Rechnung auch rein zahlenmäßig immer aufging.«

»Es war höchste Zeit, daß Sie das bemerkt haben«, rief da die Anthropologin Mariam K. SLATER. »Sie müssen doch die ökologische Situation des Frühmenschen in Rechnung stellen! Lebewesen, die einzeln geboren und dann ungefähr drei Jahre lang gesäugt werden und so lange auch keine Geschwister bekommen, Lebewesen, die ihre Reife nicht vor anderthalb Dekaden erreichen, aber mit allenfalls 35 Jahren schon sterben – solche Lebewesen sind einfach zur Exogamie gezwungen, weil innerhalb der Familie überhaupt kein Partner verfügbar ist.«

Einige Experten rechneten diese Angaben nach und bemerkten, daß die Diskutantin hier ein wenig übertrieben hatte. Man stimmte schließlich Allan D. COULT zu, der eine Kompromißformel anbot:

»Die Ausgangslage dürfte eine Situation gewesen sein, bei der Paarung *sowohl* innerhalb *als auch* zwischen Familien auftrat, woraus wiederum folgt, daß der Urmensch Gelegenheit hatte, die Auswirkungen der Endogamie und der Exogamie miteinander zu vergleichen.«

Psychologische Spekulationen

Damit schien die Frage nach der Stoffursache abgehandelt. Auf WESTERMARCKS Erwägung, daß im Urzustand instinktive Inzestbarrieren bestanden haben könnten, kam man nicht einmal mehr der Vollständigkeit halber zurück. Hingegen wurde noch eine Zeitlang darüber diskutiert, ob der Vormensch vielleicht *psychologische* Gründe gehabt haben könnte, fremde Frauen zu bevorzugen, noch ehe die Endogamie ausdrücklich verboten wurde.

Wilde Vermutungen wurden da geäußert; ich muß sie wohl wenigstens der Kuriosität halber erwähnen. Herbert SPENCER etwa vertrat die Meinung, daß die Familiengruppen des Urmenschen einander ständig wechselseitig überfallen und ausgeplündert hätten. Bevorzugtes Beuteobjekt seien dabei die Frauen der Besiegten gewesen.

»Eine geraubte Frau hat neben ihrem inneren auch noch einen äußeren Wert; gleich einem eingeborenen Weibe dient sie als Sklavin, aber ungleich einem solchen dient sie als Trophäe. Es erwächst daher ein stets zunehmender Ehrgeiz, fremde Gattinnen zu erwerben; und in dem Verhältnis, in welchem die Zahl jener abnimmt, die keine besitzen, wird das ihnen angeheftete Brandmal von Schande immer entschiedener, bis es schließlich eine gebieterische Forderung wird, daß die Gattin aus einem anderen Stamm erworben wird.«

MCLENNAN, der seinerzeit den Begriff »Exogamie« überhaupt geprägt hatte, nickte bei diesen Worten beifällig, während WESTERMARCK sich die halblaute Bemerkung nicht verkneifen konnte: »Welch bedauernswertes Los muß es für eine Frau gewesen sein, einem im Kriege immer erfolgreichen Stamm anzugehören!« – womit auch er zu seinem Heiterkeitserfolg kam.

Ein anderer psychologischer Gesichtspunkt, an dem immer wieder Mutmaßungen festgemacht wurden, war die unter Primitiven verbreitete Angst vor Menstruationsblut. Lord RAGLAN hatte dazu eine ungemein phantasievolle Theorie entwickelt, die kein Mensch so recht verstand; es ging um die Angst vor bösen Ahnengeistern, die durch vaginales Blut auf den Plan gerufen wurden, sei es bei Menstruation oder bei Defloration. Da diese Geister nicht sehr beweglich waren, galt eine sexuelle Beziehung nur dann als sicher, wenn die Frau »auf der anderen Seite des Flusses« lebte, zumal man sich da beim Zurückschwimmen auch gleich reinwaschen konnte. Wie er daraus die Exogamie herleitete, habe ich mir nicht gemerkt.

Mehr beachtet wurde die Theorie von Emile DURKHEIM. Auch sie handelte vom Menstruationsblut, und zwar in seiner Rolle als Symbol der Einheit des Clans, als Verkörperung des Totems. Würde sich ein Mann innerhalb seiner Gruppe paaren, so liefe er Gefahr, mit dem Clan-Blut in Berührung zu kommen, und davor hat er magische Angst. So zieht er es vor, außerhalb seiner Sippe zu heiraten, denn das fremde Totem besitzt für ihn keine Zauberkraft.

Es wäre wahrscheinlich noch eine Zeitlang so weitergegangen, wenn sich nicht LÉVI-STRAUSS zu Wort gemeldet hätte.

»Alle die Interpretationen der Herren SPENCER, RAGLAN und DURKHEIM haben einen grundsätzlichen Fehler gemein: Sie versuchen, ein universelles Phänomen auf eine historische Zufälligkeit zu begründen. Würden die angenommenen Verursachungszusammenhänge den Charakter der Notwendigkeit haben, so müßte sich auch ein *Gesetz* dafür formulieren lassen. DURKHEIM schlägt aber kein Gesetz vor, welches imstande wäre, den Übergang vom Totemglauben zur Furcht vor dem Blut, von dieser zur Angst vor den Frauen und von da zur Entstehung der Exogamieregeln zu erklären, und dasselbe gilt für die phantasievollen Rekonstruktionen von Lord RAGLAN. Sie alle gleichen einem Linguisten, der die Geschichte des Vokabulars einer Sprache aufnimmt und meint, damit ihre phonetischen und morphologischen Gesetze bestimmen zu können.«

»Wenn ich richtig verstehe«, sagte Mariam K. SLATER, »wollen Sie unseren Blick also von den ›Stoffursachen‹ der Exogamie hinlenken auf das, was ARISTOTELES die ›Formursache‹ genannt hat. Sie fragen nach einem Bauplan, nach dem alle Sozietäten konstruiert sind und aus dem auch die Universalität des Inzesttabus notwendig folgt. Was aber ist das Wesen dieses Bauplans?«

Die Grammatik der Gesellschaft

Die Frage stand im Raum. Natürlich kam hier nicht das geschriebene Gesetz in Betracht, das sich zivilisierte Gesellschaften gegeben haben. Dieses fixiert nur nachträglich eine Ordnung, die längst zuvor wirksam war, ohne der Schriftform zu bedürfen. Man konnte diese Ordnung vielleicht rekonstruieren, wenn man sorgfältig notierte, was die Menschen in einer Gesellschaft taten; aber sie mußte doch mehr sein als eine bloße Abstraktion von Verhaltensgewohnheiten: eine *innere* Struktur eben, die den Strom der Sentimente und Überzeugungen kanalisiert, erst deshalb dann auch im äußeren Tun und Lassen aufscheint und später schließlich dessen schriftliche Kodifizierung veranlaßt.

Hierzu hatte das meiste LÉVI-STRAUSS zu sagen. Seine Ausführungen waren subtil und kompliziert, und die dem gallischen Denken eigentümlichen Stilmittel des Wortrealismus und der planvoll zugelassenen Ambiguität machten es nicht immer leicht, seiner Rede zu folgen. Ich kann diese also nur sinngemäß zitieren.

»Ich glaube, wir kommen am weitesten«, so etwa war sein Grundgedanke, »wenn wir das Gleichnis der *Sprache* bemühen. Schon das Kind wendet die Grammatik an, ohne sie noch zu kennen – tatsächlich bereitet es ihm im Schulunterricht die größte Mühe, ihre Regeln reflektieren zu lernen. Ist das nicht ein bemerkenswertes Phänomen? Da gibt es ein kunstvolles System von aufeinander abgestimmten Regeln, das der menschlichen Kommunikation seine Ordnung aufprägt, ohne doch irgendwo leibhaftig in Erscheinung zu treten. Konkrete Wirklichkeit ist immer nur die gesprochene Rede – flüchtig, zufällig, unbeholfen und fehlerhaft zumeist. Die Wirklichkeit der Grammatik liegt auf einer anderen Ebene; und es ist diese Ebene, in der sich Kultur verwirklicht und die den Unterschied des Menschen vom Tiere ausmacht.«

»Aufgabe der Anthropologie wäre es demnach, die Grammatik der Gesellschaft zu analysieren?«

»So könnte man es ausdrücken, und das wäre sogar mehr als eine Analogie. Denn die Kultur besitzt eine der Sprache ähnliche Architektonik. Das liegt daran, daß die wichtigsten Strukturen der Gesellschaft Kommunikationsstrukturen sind. Auch die Ökonomie zum Beispiel ist eine Form von Kommunikation. Hier werden, statt Informationen, Güter ausgetauscht. Darf ich Ihnen eine Frage stellen: Was ist ein Geschenk?«

»Eine Beschwichtigungshandlung«, murmelte einer der anwesenden Humanethologen.

»Vielleicht auch das, aber es ist weit mehr! Entscheidend ist nicht der *Prozeß* des Schenkens, sondern das Geschenk als *Objekt:* Nicht ein flüchtiges Wellenspiel im Strom des Geschehens, sondern ein auskristallisiertes Stück Wirklichkeit, ein Ding, dem Identität, Gewicht, Maß und Wert zukommen und das kraft dieser Eigenschaften mit anderen Dingen vergleichbar und vertauschbar wird. Ein Geschenk überreichen heißt, eine Symmetrie brechen: ein Gewicht auf eine Waagschale legen, so daß die Waage sich neigt und so lange geneigt bleibt, bis ein Gegengewicht sie wieder ausgerichtet hat. Völlig heterogene Gegebenheiten – Muscheln, Werkzeuge, Schmuck, Nahrung, Kleidung, Informationen, Beistand – kommen als Gegengeschenke in Betracht, denn all das ist auf der Ebene der Kultur verdinglicht und gegeneinander aufwiegbar. Dadurch erhält die menschliche Kommunikation ihren unverwechselbaren Charakter: sie ist wesentlich *Tausch,* und Tausch ist Wiederherstellung von Gleichgewicht.«

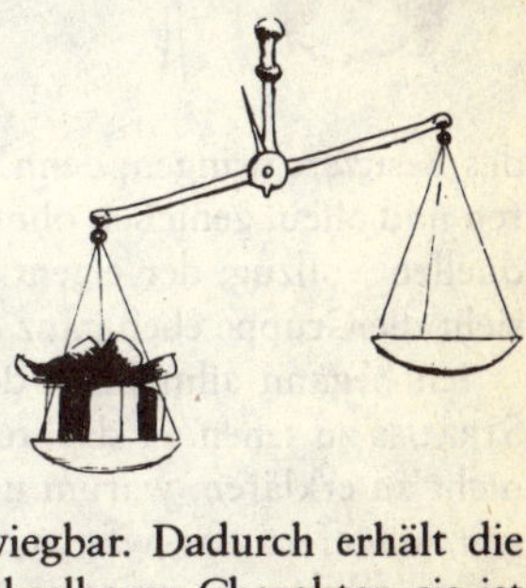

Was hieraus nun für das Inzesttabu folge, wurde gefragt. Als Antwort kam er auf Überlegungen zu sprechen, die wir oben auf Seite 63 bereits kennengelernt haben.

»Auch die Heiratsregeln und die Verwandtschaftssysteme kann man als eine Art Sprache ansehen, das heißt als ein Operationsgefüge, das dazu dient, zwischen den Individuen und den Gruppen einen bestimmten Kommunikationstyp zu sichern. Was in diesem Falle kommuniziert wird, sind die Frauen.«

Man hörte empörtes Gemurmel in höherer Stimmlage, aber Lévi-Strauss fuhr unbeirrt fort:

»Es gehört nun einmal zur ethnologischen Realität, daß Frauen im System der Heiratsregeln als Gegenstände gesehen werden, mit einem Zeichencharakter und einem Wert, der sie austauschbar und aufwiegbar macht. Vor diesem Hintergrund aber verliert das Inzesttabu sein Rätsel. In ihm bekundet sich nichts anderes als der Zwang zum Austausch von Frauen als gesellschaftliche Kommunikationsstruktur.«

»Und warum sollte die Erkenntnis eines Wertes auch gleich den Zwang zu dessen Austausch hervorrufen?«

»Weil jeder Wert ein Wert für mich und zugleich für den anderen ist. Indem ich ihn als Wert verstehe, verstehe ich auch seine widersprüchliche Natur, die darin liegt, daß ich ihn besitze und der andere nicht; und dieses Ungleichgewicht kann nur durch Austausch komplementärer Werte neutralisiert werden.«

Er bemerkte, daß man ihm nicht ganz folgen konnte, und fügte eine Erläuterung an.

»Eine Flasche alten Weins, ein seltener Likör, eine Leberpastete, sie lassen seitens des Anderen eine stumme Forderung ins Bewußtsein des Besitzers dringen; denn solche Delikatessen kann man sich nicht kaufen und allein genießen ohne ein vages Gefühl der Schuld. In einem individuellen Vollzug, der eigentlich kollektive Partizipation erfordern würde, sieht die Gruppe eben ganz allgemein eine Art sozialen Inzests.«

Ich begann allmählich den Grund für meine Schwierigkeit mit Lévi-Strauss zu sehen. Er dachte offensichtlich nicht genetisch. Es drängte ihn nicht zu erklären, warum und wie etwas *entstanden* ist; er wollte aufzeigen, inwiefern das, was ist, in seinen Teilen sinnvoll zueinander *paßt.* Das Inzestverbot existiert, weil der Tausch von Frauen zum Tausch von Gütern und Mitteilungen paßt; die Verwandtschaftssysteme wiederum passen zum Frauentausch, und das Tauschprinzip als solches paßt dazu, daß der Mensch seine Welt im Modus vergegenständlichter Werte begreift.

»Und an welchen Sinnkriterien bestimmen Sie diese Passung?«

»An Kriterien wie Gleichgewicht, Symmetrie, Äquivalenz, Isomorphie, auch Inversion, Opposition und Kontrapunkt.«

»Dann ist Ihr Sinnprinzip letztlich ein ästhetisches?«

»Ich habe immer die Synthese von ästhetischer Wahrnehmung und logischem Denken gesucht. Die Inspiration dazu liegt in der Musik.«

»Aber der Sinn der Exogamie kann doch nicht nur in ihren ästhetischen Qualitäten liegen. Der Grundriß eines Hauses ist ja auch nicht in erster Linie Kunstwerk, sondern Plan. Er ist so und nicht anders, weil so und nicht anders am effizientesten einem Zweck gedient ist. Jede Struktur hat eine *Funktion!* «

. LÉVI-STRAUSS zuckte dazu nur die Achseln.

»Man kann den Funktionsbegriff eben verschieden verstehen. Sie wollen ihn auf Zweckmäßigkeit festlegen, so als seien gesellschaftliche Strukturen das Ergebnis fortgesetzter Versuche, irgendein Problem immer besser in den Griff zu bekommen. Das müßte dann auf eine Evolution der gesellschaftlichen Systeme hinauslaufen, vergleichbar der Entwicklung biologischer Arten. Aber so ist es nicht! Eine ›primitive‹ Gesellschaft ist so vollkommen wie eine moderne, so wie auch die Grammatik einer ›primitiven‹ Sprache denselben Reichtum entfaltet wie die, deren wir uns hier bedienen. Die ›Funktion‹ eines Elements in einer Struktur ist nicht dessen Nutzwert, sondern der Anteil, den es leistet, um das System zu einem Ganzen zu machen.«

»So gibt es also gar keine Veränderung, keine Geschichte?«

»Veränderung schon. Aber nur im Sinne eines ständigen Spiels, nicht einer Evolution. Soziale Strukturen, Verwandtschaftsterminologien zum Beispiel, verändern sich nicht progressiv, sondern sie kippen in immer neue Antithesen um – so wie sich ein Kaleidoskop immer nur dreht, aber nicht ›entwickelt‹. Es produziert dabei eine bunte Fülle wechselnder Gestalten; und doch sind das alles nur Manifestationen der überzeitlichen Symmetriestrukturen des inneren Spiegelsystems.«

Er erhob seine Stimme: »Das Universum, die Natur, der Mensch, sie werden im Laufe von Tausenden, von Millionen, von Milliarden Jahren summa summarum nichts anderes getan haben, als nach der Art eines umfassenden mythologischen Systems die Ressourcen ihrer Kombinatorik zu entfalten, bevor sie in sich zusammenstürzen und in der Gewißheit ihres Verfallenseins untergehen.«

Es war klar, daß diese Worte Widerspruch hervorrufen mußten. Manche störten sich an dem resignativen, »anti-emanzipatorischen« Tenor seines Schlußbekenntnisses. Und die meisten waren einfach nicht bereit, sich die empirische Frage nach den Entstehungsbedingungen des Inzesttabus zugunsten irgendwelcher strukturästhetischen Kontemplationen abhandeln zu lassen. Die Überzeugung herrschte vor, daß die »Funktion« des Tabus eben doch in seiner Zweckdienlichkeit liegen müsse. Man fragte nach der »causa finalis« des ARISTOTELES.

Der häusliche Friede

Die »Biologen« hatten am Morgen bereits eine solche Zweckursache diskutiert – die Vermeidung von Inzuchtschäden. Wenn man dies nicht akzeptieren wollte, war man genötigt, dem Tabu einen gesellschaftlichen Nutzen zuzuschreiben.

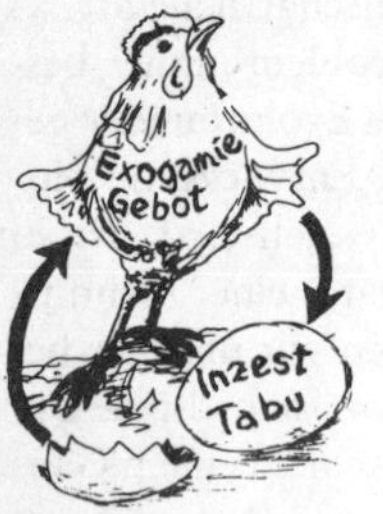

In diesem Zusammenhang entbrannte im soziologischen Lager der alte Streit um das Ei und die Henne. Was war früher? Das *Verbot,* Inzest zu begehen – oder die *Vorschrift,* seine Frau aus einer Fremdgruppe zu holen? LÉVI-STRAUSS hatte sich vorhin eindeutig zu der letzteren Ansicht bekannt. Ihm widersprach nun die britische Sozialanthropologin Brenda SELIGMAN.

»Ich sehe den Bedingungszusammenhang umgekehrt: Zunächst entstand das Inzestverbot; alle Formen von Exogamie sind nachträgliche Generalisierungen desselben. Eine sexuelle Beziehung zwischen Eltern und Kind wäre für die Kernfamilie außerordentlich gefährlich, da sie das Kind auf das soziale Niveau der Eltern anheben würde. Damit würde die Rangstruktur, der Garant der familiären Stabilität, zusammenbrechen. Nur wenn ein gesellschaftliches Gesetz Eltern und Kinder voreinander schützt, können die Eltern ihre Autorität aufrechterhalten, bis die Kinder sich außerhalb der Familie Partner suchen und selbst den sozialen Status von Senioren erreichen, ohne diesen Status ihren Eltern streitig zu machen.«

»Und warum haben dann nicht wenigstens Bruder und Schwester heiraten dürfen?«

»Wenn ein Vater«, gab Frau SELIGMAN zur Antwort, »schon eine Barriere zwischen sich selbst und seiner Tochter akzeptiert, dann ist es doch recht unwahrscheinlich, daß er seinen Söhnen erlauben würde, diese Barriere zu ignorieren. Der Triumph der Söhne über den Vater wäre unerträglich und würde seiner Autorität wiederum Abbruch tun.«

»Sehr schön entwickelt«, sagte WESTERMARCK. »Aber Sie gehen von einer falschen Voraussetzung aus. Sie postulieren, daß sexuelle Beziehungen von sich aus der Autorität abträglich sein müßten. Bei vielen primitiven Völkern konstatieren wir jedoch eine ständige Abhängigkeit der Frau vom Manne. Wenn sie aus der Macht ihres Familienoberhauptes ausscheidet, geht sie in die des Ehemannes über. Warum sollten beide dann nicht eine Person sein können?«

Malinowski kam der Gefragten zu Hilfe:

»Meine Vorrednerin hat hier eine alte Idee abgewandelt, die ursprünglich von mir stammt. Ich sehe das Problem allerdings primär in der Beziehung zwischen Mutter und Sohn. Als Säugling fühlt sich der Knabe bei der Mutter geborgen, sie versorgt ihn mit Nahrung, Wärme, Schutz und Anleitung . . .«

». . . und sie erfüllt seine frühkindlichen Sexualwünsche«, fügte Freud hinzu.

»Diese Formulierung geht mir etwas zu weit. Aber es ist einzuräumen, daß zwischen den Vollzugsformen des kindlichen Bindungsbedürfnisses, also Umklammerung, engem Haut- und Lippenkontakt, und den Vorbereitungshandlungen der Sexualität im Erwachsenenalter eine bemerkenswerte Ähnlichkeit besteht. Beginnt nun der Adoleszent den neuen Trieb zu spüren, so muß dies unweigerlich Erinnerungen an ähnliche Erlebnisse mit der Mutter wachrufen. Diese Erinnerungen widersprechen dann aber der Ehrerbietung und Unterwürfigkeit, die inzwischen an die Stelle der infantilen Bindung getreten sind. Der neue Typus erotischer Sinnlichkeit vermischt sich so mit den Erinnerungen an frühkindliche Erlebnisweisen und droht das organisierte System der Emotionen aufzubrechen, das sich rund um die Mutter aufgebaut hat. Um dies zu vermeiden, mußte der Inzest verboten werden.«

Das war eine recht subtile Theorie. Für die Mehrzahl der Kollegen aus dem soziologischen Lager klang sie aber zu »psychologisierend«. Man war geneigt, die Funktion des Inzesttabus nicht so sehr im Schutz der Kernfamilie vor den zerstörerischen Gewalten der Sexualität zu sehen, sondern vielmehr in dem Nutzen, den die Gesellschaft als ganze aus dem Frauentausch zieht.

Überfamiliäre Solidarität

Die Frage nach dem Primat von Ei oder Henne entschied sich also letztlich doch zugunsten der letzteren, womit die »Funktionalisten« zumindest in dieser Hinsicht wieder in die Nachbarschaft von Lévi-Strauss rückten. Margaret Mead erläuterte den Grundgedanken an einer Anekdote. Sie berichtete, wie sie anläßlich ihrer Feldarbeit bei den Berg-Arapesh in Neuguinea ihre Informanten gefragt habe, warum sie denn nicht ihre Schwestern heirateten. Man hätte zunächst überhaupt nicht verstanden, worauf sie hinauswolle; die Ältesten der Sippe mußten hinzugezogen werden. Diese reagierten so:

»Was, du möchtest deine Schwester heiraten? Bist du denn nicht ganz richtig im Kopf? Möchtest du denn keinen Schwager? Siehst du denn nicht ein, daß du wenigstens zwei Schwager bekommst, wenn du die Schwester eines anderen Mannes heiratest und ein anderer Mann deine eigene Schwester bekommt? Mit wem willst du denn auf die Jagd oder in den Garten ziehen, und wen willst du besuchen?«

Talcott PARSONS arbeitete dieses Erklärungsmodell noch etwas systematischer aus.

»Es ist ein universales Merkmal der menschlichen Sozialstruktur, daß die Kernfamilien niemals als autonome, geschlossene ›Gesellschaften‹ auftreten können. Sie wären einfach zu klein, um Kultur zu entwickeln, ja auch nur eine eigene Sprache mit einem Mindestmaß an Allgemeinaussagen und kommunikativer Reichweite zu unterhalten. Die Gesellschaft umfaßt also immer eine Vielzahl von Familien. Was diese miteinander verbindet, ist eine Beziehung der *Solidarität.*«

Es zeigte sich, daß er diesen Begriff dem der Erotik gegenüberstellte, von dem schon eingangs, auf Seite 101, die Rede gewesen ist. Erotik – das war in seinem Verständnis die spontane, warme, emotionale Bindung, die den Zusammenhalt *innerhalb* der Familie gewährleistet. *Zwischen* den Familien, so erläuterte er, werde affektive Spontaneität jedoch ziemlich streng kontrolliert. Die Solidarität sei daher affektiv neutral; sie bekunde sich in einvernehmlicher Rollenübernahme im Dienste der Hauptfunktionen der Gesellschaft – Wirtschaft, Politik, Religion und so fort.

»Aufgabe der Familie ist es nun, ihre Mitglieder auf die Übernahme solcher Rollen vorzubereiten. Sie bedient sich dazu jener ihr eigentümlichen emotional-erotischen Atmosphäre, in der allein die Bereitschaft des Kindes gedeihen kann, sozialisierende Einflüsse zu übernehmen. Zugleich muß sie das Kind aber auch davor bewahren, in dieser primären Abhängigkeit sein Genügen zu finden; es wäre sonst nämlich nicht fähig, jene reifen, affektiv neutralen Rollenverpflichtungen auch wirklich zu erfüllen. Die erotische Bindung des Kindes an die Mutter stellt also gewissermaßen das Seil dar, an dem sie es auf der harten Bergtour des Erwachsenwerdens emporzieht, zugleich aber auch eine Nabelschnur, die es weiterhin mit infantilen Motivierungssystemen verbindet. Ernste Gleichgewichtsstörungen der Persönlichkeit können diesen Kanal immer wieder öffnen: Das ist es, was man unter ›Regression‹ versteht. Inzestwünsche stellen den Prototyp solcher Regression dar; sie reaktivieren primitive Schichten der Persönlichkeitsstruktur und entziehen das Individuum jenen Funktionen und Verantwortlichkeiten, auf deren Erfüllung die überfamiliären Strukturen der Gesellschaft angewiesen sind.«

Diese konzentrierten Überlegungen verfehlten nicht ihren Eindruck auf die Gesprächsrunde, und es dauerte eine Weile, ehe ihre Schwachstelle deutlich wurde. Es war die Schwachstelle des Funktionalismus überhaupt: eine Verständnisgrundlage zwar dafür zu bieten, inwiefern eine Einrichtung ein Problem löst, wenn sie erst einmal existiert, aber nicht zu erklären, wie sie zustande gekommen ist. Aristotelisch gesagt: Zweckursachen anzubieten, wo Wirkursachen gefragt sind.

PARSONS akzeptierte diesen Einwand: »Ich gebe zu, daß meine weitgehend funktionale Argumentation nicht die Frage beantwortet, auf welche Weise das Inzesttabu entstanden ist. Allerdings scheint mir diese Frage auch nicht von so primärer Bedeutung zu sein.«

Darüber konnte man nun allerdings geteilter Meinung sein.

Die Frage nach der Wirkursache

Unter denen, die widersprachen, war wieder MESSELKEN.

»Wenn man die Wirkursache des Tabus von seiner Funktion ableiten wollte, so müßte man doch erst einmal fragen, welche konkreten Subjekte unter welchen Umständen denn welche Gefahren sahen, wieso sie im Inzestverbot eine Abhilfe dagegen erkannten und mit welchen Mitteln es ihnen gelang, ihre Erkenntnis allgemein mitzuteilen und die vorgeschlagene Abhilfe durchzusetzen. Solche Fragen werden in funktionalistischen Argumenten gern vertagt. Am Ende aller Vertagungen steht dann wie selbstverständlich eine inzwischen ganz abstrakt gewordene ›Gesellschaft‹, der so etwas wie eine generelle Problemsensibilität zugeschrieben wird. Die partikulären Subjekte sind zu einer Art Gesamtsubjekt verschmolzen, in dem die konkreten Einzelinteressen aufgehoben sind und daher als solche nicht mehr bestehen. Der Analytiker ist somit der Frage enthoben, wer denn eigentlich die Individuen waren, die mit dem ursprünglichen Problem einmal unter Entscheidungsdruck konfrontiert wurden.«

HOMANS und SCHNEIDER stimmten ihm mit der Feststellung zu, daß langfristige Interessen immer nur erfüllt würden, wenn sie mit kurzfristigen konform gehen. Und Mariam K. SLATER fügte noch hinzu: »Keine Gesellschaft sieht einfach, was gut für sie ist, und tut es dann auch. Weder Soziologie noch Psychologie haben uns bislang aber irgendwelche kurzfristigen individuellen Vorteile aufgezeigt, die genügend allgemein wären, um den Ursprung von Exogamie und Inzestvermeidung erklären zu können.«

Es half auch nicht weiter, daß George P. MURDOCK an dieser Stelle den Versuch unternahm, WESTERMARCKS darwinistische Argumentation auf die Soziologie zu übertragen. »Kulturen«, sagte er, »denen es nicht durch irgendwelche irrationalen oder rationalen Praktiken gelungen ist, innerfamiliäre Konflikte so weit zu reduzieren, daß sie die gesellschaftlichen Dienstleistungen der Familie nicht mehr behinderten, sind im Laufe der Zeit dem Niedergang anheimgefallen und im Wettstreit mit anderen verschwunden. Sie haben nicht lange genug überlebt, um von modernen Ethnographen studiert werden zu können.«

»Und Exogamie wäre dann einfach eine Art soziologischer Zufallsmutation?« rief Mariam SLATER: »Wollen Sie wirklich die Frage unbeantwortet lassen, mit welchen Mitteln der Mensch denn die Verbote entwickelt hat, die ihm das soziale Überleben ermöglichten? Warum *ist* die Kultur nicht einfach ausgestorben? Sicher ist doch, daß niemals auch nur eine einzige Gesellschaft eine Art Verfahrensausschuß hätte einsetzen können, begabt mit dem Vermögen zu soziologischer Hellseherei und zugleich ausgestattet mit der Macht, ihre Entscheidungen auch durchzusetzen.«

Betretenes Schweigen breitete sich aus. Man hatte sich in eine Sackgasse hineindiskutiert, aus der auch MALINOWSKI nicht herausführen konnte, indem er versuchte, die Entbehrlichkeit solcher mysteriöser Entscheidungsgremien dadurch plausibel zu machen, daß er auf gesellschaftliche Strukturen hinwies, die einfach deshalb universal waren, weil sie eben auf »universalen Bedürfnissen des Menschen« beruhten. Denn damit war der Ball am Ende wieder bei den Biologen.

Frazers Argumente

»Warum«, fragte sogleich WESTERMARCK, »soll dann aber nicht die von mir postulierte Scheu vor dem Verkehr mit frühkindlich vertrauten Hausgenossen die Rolle eines solch allgemeinmenschlichen Bedürfnisses oder vielmehr Ressentiments spielen, über das sich dann schließlich in allen Gesellschaften ein Tabu der Endogamie herauskristallisiert hat?«

Auch das noch. Nicht genug, daß man selbst kurz vor der Lösung des Problems steckengeblieben war – jetzt brachte er etwas wieder auf, von dem jeder gehofft hatte, es sei endgültig bereinigt.

Sir James FRAZER übernahm es, in seinem Schlußwort solcher wissenschaftlicher Regression ein für allemal den Weg zu verbauen.

»Warum, Herr Dr. WESTERMARCK, sollte das ursprüngliche Sentiment denn so schwach geworden sein, während sein Bastard so erstarkte? Warum sollte die Heirat mit Schwester oder Mutter die tiefste Abscheu hervorrufen, das Thema für die bewegendste Tragödie abgeben, und aufs strengste vom Gesetz verboten sein, während der Ursprung von alldem, die Heirat zwischen Hausgenossen, höchstens milde Überraschung hervorrufen mag, zu schwach wahrscheinlich, um auch nur einer Posse die Idee zu liefern? Solange Sie uns dies nicht erklärt haben, müssen wir feststellen, daß die Kette Ihrer Überlegungen völlig auseinanderbricht!«

Und bevor WESTERMARCK noch erwidern konnte, fuhr Sir James fort: »Vor allem aber ist nicht einzusehen, warum irgendein tiefer menschlicher Instinkt der Verstärkung durch ein Gesetz bedürfen sollte. Es gibt kein Gesetz, das den Menschen zu essen und zu trinken befiehlt oder das ihnen verbietet, ihre Hand ins Feuer zu tun. Die Menschen verhalten sich hier ganz allein richtig, aus Furcht vor natürlichen und nicht vor gesetzlichen Strafen. Das Gesetz verbietet den Menschen nur, was ihre Instinkte sie zu tun geneigt machen; was die Natur selbst verbietet und bestraft, das braucht nicht erst das Gesetz zu verbieten und zu bestrafen. Anstatt also aus dem gesetzlichen Verbot des Inzests zu schließen, daß es eine natürliche Abneigung gegen Inzest gibt, sollten wir lieber annehmen, daß ein natürlicher Instinkt *zum Inzest treibt*. Und wenn das Gesetz diesen Trieb wie andere natürliche Triebe unterdrückt, so hat dies seinen Grund in der Einsicht zivilisierter Menschen, daß die Befriedigung dieser natürlichen Triebe der Gesellschaft Schaden bringt!«

Sigmund FREUD, der an diesem Teil des Symposiums den Vorsitz innehatte, blickte unter dem langsam abebbenden Applaus auf seine altmodische Taschenuhr und erklärte das Symposium für beendet, nicht ohne eine abschließende Bemerkung:

»Ich kann dieser kostbaren Argumentation FRAZERS noch hinzufügen, daß die Erfahrungen der Psychoanalyse die Annahme einer angeborenen Abneigung gegen den Inzestverkehr vollends unmöglich machen. Sie haben im Gegenteil gelehrt, daß die ersten sexuellen Regungen des jugendlichen Menschen regelmäßig inzestuöser Natur sind und daß solche verdrängte Regungen als Triebkräfte der späteren Neurosen eine kaum zu überschätzende Rolle spielen.«

Mit diesen Worten entließ FREUD die Versammlung, auf den Lippen ein Lächeln, das sein Geheimnis wahrte.

8. Kapitel

Kindliche Begierden

Zweifel an einer instinktiven Inzestscheu des Menschen werden vor allem durch die Erfahrungen der Psychoanalyse genährt. Diese scheinen eher auf ein tiefwurzelndes Inzestverlangen hinzudeuten. Der Ödipus-Komplex gilt dabei als das prägende Ereignis in der kindlichen Triebentwicklung. Allerdings stellt sich hier die grundsätzliche Frage nach der Beweiskraft psychoanalytischer Evidenz.

Ein prähistorisches Verbrechen

Es ist schon ziemlich lange her, etliche Millionen Jahre, grob gerechnet. Wo sich in Afrika heute Wüsten dehnen, herrschte damals eine üppig-wilde Vegetation. Aus brodelnden Sümpfen stiegen Schwaden blutgieriger Insekten auf. Grauenhafte Unwetter überschwemmten die Lande, Blitze zündeten Feuersbrünste, Vulkane spien Lava und erschütterten die Erde. Die nächtliche Savanne hallte wider vom Gebrüll der Raubkatzen und von den Todesschreien ihrer Opfer. Es war eine gefährliche Welt.

Kurz und von ständiger Bedrohung heimgesucht war das Leben auch für jenes Wesen, das sich eben anschickte, die Herrschaft über diese Welt anzutreten – ein Wesen, das den übrigen Tieren zwar auf keinem Spezialgebiete der Daseinsbewältigung überlegen war, wohl aber über eine teuflische Waffe verfügte, die es gerade zu gebrauchen lernte: ein Gehirn, mit dessen Hilfe Leistungsdimensionen erschließbar waren, die für die gesamte übrige Natur nicht einmal mehr begreiflich, geschweige denn erreichbar sein würden.

In kleinen Rudeln zogen sie umher, jene ersten Vertreter der Gattung *Homo*, schon aufrecht gehend, in Gestalt und Gehabe aber dem Gorilla noch ähnlicher als einem Pygmäen. In der Hand trugen sie freilich schon den grob behauenen Stein, der – und darin gründet im Kern aller späterer Erfolg – nach dem letzten Gebrauch nicht mehr achtlos weggeworfen, sondern vorsorglich für künftige Verwendung aufgehoben worden war, unter dem Druck der allein in diesem Gehirn aufdämmernden Ahnung einer ungewissen Zukunft.

Im Zentrum des Rudels, bei Gefahr auch an seiner Spitze, stampfte mit brutal-großspuriger Gebärde der Tyrann. Er war der Vater aller anderen Gruppenmitglieder und zugleich der uneingeschränkte Besitzer sämtlicher Weibchen der Familie. Ursprünglich seine Töchter, waren sie später zu Objekten seiner sexuellen Begierde herangereift, die ihm noch mehr Nachkommen zu gebären hatten – Weiber für seinen Harem und Söhne, die ihm bei der Jagd und im Kampf mit Nachbarrudeln helfen mußten, ohne daraus freilich etwa das Recht auf irgendwelche Selbstherrlichkeit ableiten zu dürfen: Sie blieben seine bedingungslos gefügigen Untertanen. Ihre Blicke richteten sich ständig ängstlich und erwartungsvoll auf ihn, um nicht etwa den Wink zu verpassen, mit dem er ihnen, als launige Gunst oder zur Belohnung für besonderen Diensteifer, ausnahmsweise und jederzeit widerruflich eine ihrer Schwestern oder Mütter überlassen würde, zu einem hastig vollzogenen Geschlechtsakt, der den Druck der permanenten Frustration kaum lindern konnte.

So lebten sie also in einem ständigen Spannungsfeld; und diese Spannung mußte unerträglich werden und sich irgendwann katastrophal entladen. Im Blitze dieser Entladung aber, ähnlich der Elementenumwandlung in der Retorte der Alchimisten, vollzog sich die Menschwerdung.

Es mochten nur einige Dutzend Worte gewesen sein, aus denen die Sprache jener Urwesen bereits bestand. Aber diese und viele Gebärden reichten aus, um Kooperation möglich zu machen. Hunderte von Malen war solche Zusammenarbeit im Kampf mit der Umwelt schon erprobt worden; nun jedoch sollte sie pervertiert werden zum Urfrevel: Die Brüder der Gruppe rotteten sich zusammen, ergriffen Knüppel und Feuersteine und erschlugen, mit hysterischem Kreischen sich Mut machend, den Vatertyrannen. Dann rissen sie ihre Schwestern, Mütter, alle Weiber der Gruppe an sich und vergewaltigten sie in einem orgiastischen Rausch.

Die Wälder hallten wider von ihrem Gebrüll, als sie, trunken von vergorenem Honig, mit grotesken Imponiergebärden um die Leiche des toten Vaters tanzten, in immer engerem Kreis, bis sie sich schließlich auf ihn stürzten, um ihn zu verschlingen. Aus seinem zersplitterten Schädel leckten sie sein Gehirn, seinen Phallus, seine Eingeweide rissen sie heraus und fraßen sie noch dampfend, besessen von dem magischen Verlangen, sich alle seine gefürchtete Kraft und sein überlegenes Wissen einzuverleiben.

Dann stürzten sie wie ausgebrannt zu Boden und fielen in einen tiefen Erschöpfungsschlaf, aus dem sie erst am nächsten Tage erwachten.

Es war das heisere Knurren des Höhlenbären, das sie weckte, ein Signal höchster Gefahr. Panischer Schreck ließ sie hochfahren; aber was sogleich danach kam, war kaltes Grauen: Sie erkannten, daß sie wehrlos waren! Zwar verhielt sich jeder Einzelne wie sonst auch schon viele Male in ähnlicher Situation, aber die Gruppe handelte nicht mehr als ganze. Es gab nur ein planloses Durcheinander von Einzelaktionen, denen ein plötzlicher Fluch die Fähigkeit entzogen hatte, im Verhalten der Übrigen sinnvolle Resonanz zu finden: Die Gruppe war aus der Ordnung gefallen, ihr fehlte die einigende, zentrale Inspiration.

Und noch als sie aufgelöst in wilder Flucht vor dem Unhold davonstoben, dämmerte ihnen eine furchtbare Erkenntnis: Mit der Demütigung war auch die Geborgenheit erloschen. Sie spürten die Rache des Erschlagenen, die mit grausamer Konsequenz aus ihrem eigenen Willkürakt erwachsen war: Sie hatten ihn vernichtet, und er hatte sie verlassen.

Nicht völlig verlassen immerhin: Hatten sie sich ihn doch allesamt einverleibt. Und man konnte ihn auch spüren, wenn man in sich hineinhorchte. Der Nachklang seiner herrischen Stimme dröhnte jedem Einzelnen im Kopf – einer Stimme, die anklagte und verfluchte.

Einer Stimme, die es zu besänftigen galt, um jeden Preis; denn es war unmöglich, so weiterzuleben. Konnte man sie aber versöhnen, vielleicht kehrte dann der Vater als Zauberkraft zurück und ließ der Gruppe den Segen wieder zuteil werden, den er von ihr genommen hatte. Freilich mußte man hierfür den Frevel, soweit das möglich war, in sein Gegenteil kehren. Man versprach also feierlich, die symbolische Repräsentation des väterlichen Geistes, das Totem, künftig vor jeder Verletzung zu bewahren. Und an der Wurzel, aus der alles entsprungen war, der Gier nach den Schwestern und Müttern, ballte sich der drängende Wunsch, ungeschehen zu machen, am machtvollsten zusammen. Es war klar: Der Weg zur Versöhnung des ermordeten Vaters konnte nur über den Verzicht auf die Weibchen der Gruppe führen.

Das war die Geburtsstunde des Inzesttabus, die Geburtsstunde des Gewissens, der Moral überhaupt, die Geburtsstunde der Kultur, die Geburtsstunde des Menschen.

Die Fabel stammt von keinem geringeren als Sigmund FREUD. Sie findet sich in dem 1912 erschienenen Werk »Totem und Tabu«; ich habe sie nur etwas anschaulicher erzählt.

Es ist eine eigentümliche Geschichte. Wie kann der Autor sie gemeint haben? Nur als ein Gleichnis? Aber dafür klingt sie zu historisierend. Als ethnologische Theorie? Dann wäre sie immerhin reichlich kühn; allerdings war FREUD um kühne Theorien nie verlegen.

Man versteht ihn vielleicht am ehesten, wenn man sich zwei Leitvorstellungen der Biologie seiner Zeit vergegenwärtigt, von denen er nachhaltig beeinflußt war. Eine davon war die Theorie des an der Schwelle zum 19. Jahrhundert wirkenden Biologen Jean Baptiste de LAMARCK, derzufolge der Organismus Lernerfahrungen, die er in ausgereiftem Zustande gemacht hat, über sein *Erbgut* an künftige Geschlechter weitergeben kann.

Charles DARWIN selbst noch hatte sich dieser Auffassung angeschlossen; erst im Neodarwinismus ist sie verlassen worden. Die erstaunliche Angepaßtheit der Lebewesen würde uns gewiß keine Rätsel mehr aufgeben, wenn das, was der Vater erst mühsam lernen mußte, beim Sohn schon angeboren wäre. Aber es ist kein Modell in Sichtweite, das uns erklären könnte, wie irgendeine Eigenschaft, die ein erwachsener Vielzeller in der Auseinandersetzung mit seiner Umgebung individuell angenommen hat, auf den genetischen Code seiner Erbsubstanz zurückschlagen und dort just jene Mutationen auslösen oder wenigstens begünstigen sollte, die von sich aus zu derselben Eigenschaft führen würden.

FREUD glaubte dies alles noch; und das führte dazu, daß er immer wieder mit dem Gedanken spielte, das Drama des geschilderten Vatermordes und der durch ihn ausgelösten Gewissensqualen könne sich beim künftigen Menschengeschlecht in einer *erblichen* Neigung fixiert haben, den Inzest zu tabuieren. Auf die Verwandtschaft solcher Vorstellungen mit der biblischen Lehre von der Erbsünde, die ja auch gewissermaßen eine »lamarckistische« Voraussetzung impliziert, hat er selbst hingewiesen.

Das zweite Grundkonzept, ohne das wir die Geschichte von der Urhorde nur schwer in das FREUDsche Gedankengebäude einordnen könnten, ist hundert Jahre jünger als LAMARCKS Theorie und stammt von dem streitbaren Naturphilosophen Ernst HAECKEL. Es besagt, daß sich in der *Ontoge-*

nese des Individuums, von der Eizelle über die Embryonalstadien bis zur Reife, die *Phylogenese*, also die Reihe der stammesgeschichtlichen Vorfahren der Art, widerspiegle.

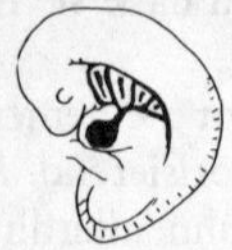

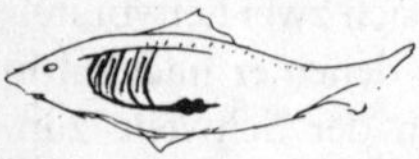

Das wohl bekannteste Beispiel für eine solche Rekapitulation sind die Kiemenspalten und die dazu passenden Arterienbögen, die an jeder Halsseite des menschlichen Keimlings zwischen der vierten und der sechsten Embryonalwoche vorübergehend ausgebildet werden. In ihrer verblüffenden Ähnlichkeit mit der Anatomie der Fische weisen sie unübersehbar darauf hin, daß wir von wasserlebenden Vorformen abstammen.

Inzwischen weiß man allerdings, daß die Reichweite dieses Prinzips ziemlich begrenzt ist. Haeckel war zu optimistisch, als er glaubte, hier einem »biogenetischen Grundgesetz« auf der Spur zu sein.

Aber es kommt nicht darauf an, ob Freud bei seinen biologischen Anleihen eine glückliche Hand hatte. Die beiden genannten Prinzipien helfen uns jedenfalls, den Stellenwert der Fabel von der Urhorde zu verstehen. Sie ist die Projektion einer *Kindheitserfahrung* in die Vorgeschichte.

In die Intimität kindlicher Phantasie zurückverwiesen, hat sich, wenn man Freud glauben darf, bei uns allen die Szene vom Mord am Vater und dem sexuellen Anspruch auf die weiblichen Familienmitglieder abgespielt, samt den Folgeerscheinungen der späten Reue, der Angst vor der Rache, der Geburt des Gewissens aus alldem, gipfelnd schließlich im erzwungenfreiwilligen Verzicht auf den Inzest.

Für Freud war wesentlich, daß es sich bei Phantasien dieses Inhalts nicht etwa um die gelegentliche Verirrung psychisch gestörter Einzelner, sondern um ein universales Phänomen, einen Bestandteil des normalen Seelenlebens handle. Aber die Universalität sollte sich auch wiederum nicht, wie Westermarck gemutmaßt hatte, aus irgendeinem dunklen Instinkt herleiten, denn mit diesem Begriff verband sich damals noch der Verzicht auf wissenschaftliche Rationalität. In diesem Dilemma brauchte Freud jene monströse Fabel. Das Trauma des prähistorischen Erzverbrechens mußte einst real stattgefunden haben, und es mußte unserer Natur so in die Knochen gefahren sein, daß wir alle es in der Kindheit zu rekapitulieren gezwungen sind. So spekulativ das alles auch klang – es erlaubte immerhin, Eigentümlichkeiten des kindlichen Verhaltens und Erlebens rational zu deuten, die die zeitgenössische Psychologie noch nicht einmal bemerkt hatte, geschweige denn erklären konnte.

Der Ödipuskomplex

Es ist ein bleibendes Verdienst FREUDS, in einer Zeit, da Mut dazu gehörte, auf den Umstand hingewiesen zu haben, daß sexuelle Regungen keine Prärogative des Erwachsenenalters sind.

Man wird geteilter Meinung darüber sein können, ob es nicht zu weit geht, bereits das Nahrungsverlangen des Säuglings als Äußerungsform »oraler Sexualität« zu verbuchen. Desgleichen mag mancher zögern, ob er den Machtkampf des Anderthalbjährigen um seine kostbaren Produkte auf dem Töpfchen als Erweis dafür nehmen soll, daß die soeben noch um die Mundpartie zusammengezogene »Libido« nunmehr in die »anale« Zone abgewandert ist. Daß sich hier allerlei Dramatisches abspielt, kann man nachvollziehen; aber warum die Motivkräfte, die diesem Drama die Energien liefern, sexueller Natur sein sollen, selbst in einem erweiterten Sinn des Wortes, leuchtet nicht so ohne weiteres ein.

Kaum ein Zweifel regt sich heute indessen noch, wenn Psychoanalytiker Anklänge sexueller Thematik in einer dritten Phase der Kindheit diagnostizieren, die ihren Höhepunkt beim Drei- bis Fünfjährigen zu erreichen pflegt. FREUD hat sie die »phallische« genannt; und tatsächlich kann man konstatieren, daß sich die kindliche Aufmerksamkeit jetzt verstärkt der Genitalregion zuwendet.

Daß es zwei Sorten Menschen gibt, war dem Kind zuvor schon ein problemlos vertrauter Tatbestand; aber da ging es um Unterschiede in Kleidung, Haartracht, Stimmlage und familiärer Rolle. Nunmehr aber wird entdeckt, daß der Geschlechtsunterschied auch einen anatomischen Aspekt hat. So fällt etwa auf, daß Männer und Frauen beim Harnlassen unterschiedliche Stellung einnehmen. Man *beachtet* nun, selbst wenn man sie schon viel früher hat *wahrnehmen* können, die andersartige Ausbildung der Genitalien bei Spielgefährten oder Erwachsenen des Gegengeschlechts. Und wo sich diese der Nachforschung entziehen, macht sich ein drängendes und oft recht lästiges *Interesse* daran bemerkbar: Was andere im Badezimmer oder auf der Toilette machen, warum Mädchen – oder nur manche Mädchen? – keinen Phallus haben, wo die Babys herkommen – all das taucht jetzt in eine Aura der Faszination, für die es vorher keine Anzeichen gab.

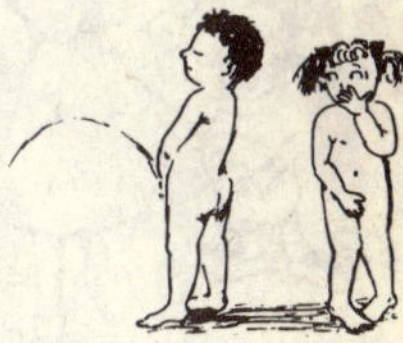

Das »phallische« Alter hat in der psychoanalytischen Literatur noch einen anderen Namen: Man nennt es auch die »ödipale« Phase. In dieser Zeit wiederholt sich nämlich nach unumstößlicher Überzeugung FREUDS bei jedem von uns das tragische Liebeserlebnis des thebanischen Königssohns Ödipus, der seinen Vater Laios erschlug und seine Mutter Jokaste heiratete.

»Für viele Menschen ist es das heftigste Abenteuer ihres ganzen Lebens; in jedem Fall steht es an Intensität keinem anderen Erlebnis nach, das einem Menschen je widerfährt«, weiß ein weitverbreitetes Textbuch der Psychoanlayse zu berichten. Ein Sturm von leidenschaftlicher Liebe und verzehrendem Haß, ein Gewitter von Eifersucht, von Wut und Angst tobt in dem Kind, wird uns versichert.

Im einzelnen soll sich Folgendes abspielen. Sobald die sexuelle Polarität einmal zum Thema geworden ist, drängt die Libido auch in eine Liebesbeziehung zu einem gegengeschlechtlichen Objekt. Natürlicherweise kommt hier für den Knaben in erster Linie seine engste Vertraute, die Mutter, in Betracht. Deren Intimität, die zuvor auf ihrer nährenden, wärmenden, hegenden Allgegenwart gründete, gewinnt nunmehr lediglich eine neue Dimension hinzu – die Dimension der erotischen Kumpanei.

Insofern ist also die erste und prägende Liebeserfahrung, der Grundton, der in allen späteren Beziehungen weiterklingen wird, natürlicherweise *inzestuös*. Der Inzestwunsch ist die ursprünglichste Äußerungsform des aufkeimenden Liebesverlangens.

Dieser Wunsch kann allerdings seine originäre Unschuld nicht wahren. Denn der Drang, die Mutter zu besitzen, stempelt den Vater zum Nebenbuhler. Genauer: Das Bild des Vaters wird ambivalent. Die verhaßten und bedrohenden Züge des Rivalen überlagern sich in unauflösbarer Spannung den fortbestehenden Qualitäten, die Bewunderung aufnötigen, Stolz wecken und zu Identifikation einladen.

Ein ähnlicher Riß geht auch durch das Bild der Mutter: Einerseits bleibt sie eine Quelle fürsorglicher Wärme, die im Hohlspiegel erotischer Phantasien nur um so intensiver glüht. Andererseits zieht sie aber den väterlichen Rivalen vor und weist das Werben des Knaben zurück, wodurch sie sein Vertrauen erschüttert und ihn in abgrundtiefe Verzweiflung stürzt. Wenn es ihr gelingt, ihn mit leichter Hand abzuwehren, ohne unnötige Brüskierung, mit einem Unterton der Amüsiertheit allenfalls, so macht dies die Sache nur noch schlimmer. Es signalisiert dem kindlichen Liebhaber um so eindeutiger, wie wenig er für voll genommen wird, wie grenzenlos seine Ohnmacht ist.

So kommt es also beim ersten Einbruch der Libido in die genitale Sphäre zu einem Weltbeben von apokalyptischem Ausmaß. In den Trümmern seiner Geborgenheit steht das Kind, unfähig zu begreifen, was vor sich gegangen ist, umgetrieben von einem Bündel unvereinbarer Affekte und gepeinigt nicht zuletzt von leibhaftiger Angst; denn den allmächtigen Vater herausgefordert zu haben ist eine Sache auf Leben und Tod.

Die drohende väterliche Vergeltung zielt, darüber sind sich die Psychoanalytiker einig, in der Phantasie des Knaben auf jene unglückselige erogene Zone, deren libidinöse Besetzung die kindliche Unschuld zerstört hat: Der Vater droht, den Phallus seines Sohnes zu vernichten.

Dem bleibt in seiner Kastrationsangst schließlich nur noch ein Ausweg: Er verdrängt, in ererbter Erinnerung an das Vorbild der Urhorde, schließlich alle jene Wünsche, die sich in ihren Konsequenzen als so bedrohlich erwiesen haben. Zunächst übermannt ihn der Impuls, alles, was überhaupt mit Sexualität zusammenhängt, der Vergessenheit zu überantworten: Der Knabe tritt, nunmehr etwa sechs Jahre alt, in die sogenannte »Latenzphase« ein.

Erst später, in der Pubertät, bricht sich die Libido wieder Bahn. Es kommt dann auch unvermeidlich zu einer Neuauflage des ödipalen Konfliktes. Jetzt aber läßt sich die Sexualität nicht mehr gesamthaft unterdrücken, und so trifft die Verdrängung nur noch deren inzestuösen Kern, diesen allerdings um so härter.

Hierbei wirkt auch die Gesellschaft kräftig mit, und so ist eben das Inzesttabu entstanden: als gesellschaftliche Prothese, die mithelfen soll, das in früher Kindheit aufgebrochene und seitdem mächtig gegen die angstvolle Repression andrängende urmenschliche Inzestverlangen in Schach zu halten.

Soviel zu den Verhältnissen beim männlichen Geschlecht. Wie die Entwicklung beim Mädchen verlaufen soll, hat FREUD weniger eindeutig dargestellt. Am bekanntesten ist hier noch die Rede vom »Penisneid« geworden, der an die Stelle der männlichen »Kastrationsangst« treten soll. Dem Ödipuskomplex wird als weibliches Pendant ein »Elektrakomplex« zugeordnet, und so fort. Man hat nicht den Eindruck, daß die Psychoanalytiker mit diesem Trakt ihres Lehrgebäudes sehr viel anzufangen wüßten. Lassen wir es dabei bewenden und beschränken wir unsere Auseinandersetzung mit den Ideen FREUDS hier auf deren klassischen Kern. Halten wir uns an Ödipus.

Aber »Auseinandersetzung« ist gut gesagt. Wie setzt man sich mit einem solchen Monstrum von Theorie auseinander? FREUD hat auf Widerspruchsfreiheit seiner Behauptungen nie sonderlichen Wert gelegt. Gleich vielen anderen kreativen Köpfen hat er seiner Phantasie mehr Verwöhnung als Erziehung angedeihen lassen. Jeder neue Fall, jede Äußerung eines Parteigängers oder Widersachers konnte Anlaß zu einer neuen Ideenskizze werden, die in der Manier prähistorischer Höhlenzeichnungen einfach in frühere Entwürfe hineingemalt wurde. Der Meister hat seinen Gralshütern keinen aufgeräumten Schreibtisch hinterlassen, und diese waren mit der Aufgabe, Ordnung zu schaffen, heillos überfordert. Sie haben den Wirrwarr immerhin katalogisiert; auch das ist verdienstvoll.

Nur lassen sich auf solcher Basis eben nicht gut Theoriediskussionen führen. Meist enden diese im Patt. Das Gespräch, an sich von einer Welle freundlichen Entgegenkommens getragen, läuft sich spätestens dann fest, wenn der Analytiker auf seine kasuistischen Erfahrungen zu sprechen kommt und taktvoll durchblicken läßt, daß diese nun einmal durch kein Bücherstudium ersetzbar seien und wegen ihrer Komplexität auch nicht statistisch aufbereitet werden könnten.

Bleibt also unter dem Strich, unwidersprochen, weil unwidersprechbar, das Verdikt FREUDS vom Ende des letzten Kapitels: Die Erfahrungen der Psychoanalyse machten die Annahme einer instinktiven Inzestscheu völlig unmöglich.

Was nun?

Machenschaften im Halbdunkel

Es war in einem dunklen, altmodischen Hotel. Ich hatte mit meiner Frau eine Zimmersuite darin genommen, aber in dieser wohnte mit uns zusammen, als unbestrittener Mitinhaber derselben, noch ein anderer Mann – eine einflußreiche Persönlichkeit des wissenschaftlichen Establishments, der ich eher ambivalente Gefühle entgegenbringe. Ich will ihn Herrn X. nennen.

Nur mit Mühe konnten wir mit Herrn X. eine einigermaßen erträgliche Beziehung aufrechterhalten, in der aber schon die Vorahnung eines unausweichlichen Zerwürfnisses anklang. Und dieses entlud sich auch alsbald: Als wir beide ins Zimmer traten, hielt uns Herr X., der in unserer Abwesenheit den Schreibtisch durchsucht hatte, ein Dokument entgegen, aus dem hervorging, daß meine Frau zu einem meiner Jugendfreunde Kontakt unterhielt. Herr X. betrachtete dies als flagranten Treuebruch, packte seine Sachen und teilte uns in vernichtendem Ton mit, daß er uns zu verlassen gedenke.

Wir waren darüber zutiefst betroffen, denn irgendwie fühlten wir uns doch auch auf ihn angewiesen. Gleichwohl machte ich in einem übermächtigen Drang den Bruch perfekt, indem ich ihm hinterherstürzte und ihn im Vorzimmer ziemlich wüst beschimpfte. Er starrte mich entgeistert an und entfernte sich schließlich ohne Gegenmaßnahmen.

Später erst wurde mir klar, daß ich mich jetzt wohl um Kopf und Kragen geredet hatte; denn bei seinem Einfluß war es ihm ein leichtes, meine berufliche Karriere zu zerstören. An all das hatte ich im Zustand akuter Wut überhaupt nicht gedacht; jetzt aber bereitete es mir ernste Sorge.

Diese Geschichte hat sich vor etwa 15 Jahren tatsächlich so abgespielt, wenn auch, wie der Leser inzwischen natürlich gemerkt haben wird, nur im Traum.

Daß ich an dieser Stelle von Persönlichem berichte, hat seinen Grund. Als mir bei der Forschungsarbeit über tierische Inzuchtbarrieren, von deren Anfängen das 1. Kapitel berichtet hat, der Verdacht gekommen war, WESTERMARCK hätte die Schelte seiner Zeitgenossen keineswegs verdient, hatte es nahegelegen, den Gegenargumenten noch einmal genauer nachzugehen. Dabei erwies sich das Votum der Psychoanalyse als das ärgerlichste Hindernis. Alle anderen Einwände konnte man rational überprüfen; hier aber bezog sich der Gesprächspartner auf Evidenzen, die nur dem zugänglich sind, der im Ohrensessel hinter der Couch sitzt.

Nun könnte man freilich eine solcherart erschlichene Immunität als Verletzung der wissenschaftlichen Spielregeln werten und entsprechende Argumente einfach ignorieren. Moderne Gegenbewegungen zur Psychoanalyse beschreiten diesen Weg in der Tat.

Aber so einfach wollte ich es mir nicht machen. Immerhin mag hier ja wirklich ein ernstzunehmendes Dilemma liegen; die Ethologie sieht sich zuweilen in einer ganz ähnlichen Schwierigkeit. Ich will nicht wiederholen, was schon am Beginn des 1. Kapitels steht; jedenfalls war mir der ärgerliche Affekt angesichts jener Sorte formalistischer Kritiker nachfühlbar, die sich, mit den gesammelten Werken POPPERS unter dem Arm, ganz ohne das Gespür eines Fährtenhundes allein auf wohlausgebauten Geleisen der Methodik durch die Gefilde der Empirie bewegen und wissenschaftliche Goldgruben nicht zu entdecken vermögen, solange sie nicht im Fahrplan verzeichnet stehen.

Ich faßte also für meine Person den Entschluß, FREUD auf etwas unkonventionelle Weise eine Chance zu geben, und es ist mir eine angenehme Pflicht, an dieser Stelle der Deutschen Forschungsgemeinschaft einen späten Dank abzustatten, die mich dabei sehr großzügig unterstützt hat. Mein Plan bestand darin, mich selbst für ein oder zwei Jahre einer sogenannten »Informations-Analyse« bei einem orthodoxen Therapeuten FREUDscher Richtung zu unterziehen, um den Ödipuskomplex, falls es ihn denn gibt, gewissermaßen am eigenen Leib aufzuspüren.

Unmittelbar verwertbares Beweismaterial war so natürlich nicht zu gewinnen; aber ich konnte wenigstens hoffen, auf diesem Wege ein *Gefühl* für mögliche Zusammenhänge zu bekommen, die dann vielleicht auch mit konventionellen Forschungsmethoden einzufangen wären.

Die geplante Selbsterfahrung fand tatsächlich statt. Es liegt in der Natur der Sache, daß eine solche Entdeckungsreise in private Sphären führt; ich gehe inhaltlich daher nicht weiter darauf ein. Der oben mitgeteilte Traum genügt, um zu diskutieren, worauf es in unserem Zusammenhang ankommt.

Dieser Traum behandelt nach psychoanalytischem Verständnis wirklich ein ödipales Thema. Gleich nach dem Erwachen drängte sich mir der später durch Einfälle und Assoziationen unterstützte Eindruck auf, daß die geträumte Begebenheit eine Kindheitskonstellation rekapitulierte. Herr X. bedeutete eigentlich meinen Vater, meine Frau stand für meine Mutter.

Ich hatte nach dem Zeugnis des Traumes in intimer Gemeinschaft mit meiner Mutter gelebt, was sich im Symbol der ehelichen Beziehung ausdrückt. Diese Beziehung war nicht unschuldig; sie trug einen Unterton von Mitwisserschaft und gemeinsamer Heimlichkeit. Der entdeckte Briefwechsel der geträumten Partnerin mit meinem Jugendfreund, meinem Alter Ego, kann von der Vaterfigur daher gegen *uns* ausgespielt werden. Daß auch handfeste Aggressionsgefühle meinerseits mitwirkten, daß ich die Situation als Rivalität erlebte, daran läßt die Schimpfkanonade am Ende des Traumes keinen Zweifel. Die bange Angst vor der Rache schließt die Szene dann ab, ohne ihr Problem zu lösen.

Soweit, in groben Zügen, die Deutung des Traumes. Sie legitimiert sich zunächst nur durch ihre subjektive Evidenz, und ich gehe davon aus, daß der Leser diese Evidenz nicht teilt. Geträumt habe ich schließlich von Herrn X. und meiner Frau, *nicht* von meinen Eltern. Wenn es aber darauf ankommt, in der freien Phantasieproduktion des schlafenden Gehirns den Ödipuskomplex wiederzuerkennen, dann sollte der Traum doch zumindest auch wirklich eine erotische Beziehung zur Mutter selbst in Szene setzen, verbunden mit einem *zu diesem Zweck* begangenen Mord am Vater. Hieraus zu schließen, daß solche Wünsche in der frühen Kindheit tatsächlich bestanden haben, wäre dann immer noch riskant genug; aber man hätte wenigstens einen Fingerzeig. Die manifeste Traumhandlung ist jedoch, verglichen mit dem blutrünstigen Drama, um das es hier angeblich gehen soll, reichlich harmlos.

Verkappte Träume

Dieser Mangel an Direktheit ist nun aber nicht etwa ein zufälliger Schönheitsfehler des mitgeteilten Traumes. Er rührt auch nicht daher, daß meine Analyse eben doch mehr »akademischem« Interesse entsprang und deshalb, wie man argwöhnen könnte, nicht so tief unter die Haut ging. Vielmehr gilt für die psychoanalytische Kasuistik insgesamt, daß sie in dieser Hinsicht verblüffend wenig abzuwerfen scheint.

FREUD beruft sich zwar in der »Traumdeutung«, seinem 1900 erschienenen und dann drei Jahrzehnte lang ständig überarbeiteten Standardwerk, auf seine »zahlreichen Erfahrungen«, denen zufolge Verliebtheit in den einen, Haß auf den anderen Elternteil zum »eisernen Bestand« im Kinderseelenleben gehörten und ihren Ausdruck in zwei »typischen Träumen« fänden – nämlich dem Traum, mit der Mutter sexuell zu verkehren, und dem Traum vom Tod des Vaters. Wenn man nun aber erwartet, wenigstens einen einzigen solchen »typischen« Traum auch mitgeteilt zu bekommen, so sieht man sich enttäuscht. In einer Fußnote wird lediglich auf historische Inzestträume, unter anderem von Julius Caesar, verwiesen; FREUDS eigene Klienten scheinen in dieser Hinsicht weniger ergiebig gewesen zu sein.

Auf Seite 403 des zitierten Werkes kommentiert FREUD diesen Mangel selbst. Ihm sei aufgefallen, schreibt er, daß sich Patienten, direkt darauf angesprochen, so gut wie nie erinnern könnten, je von Mutterinzest geträumt zu haben. Gleich darauf steige dann aber die Erinnerung an einen *anderen* Traum auf, dessen Inhalt zwar »unkenntlich und indifferent« sei, von dem man in der nachfolgenden Analyse jedoch zeigen könne, daß er eigentlich das Ödipusthema behandle.

Gleich anschließend findet sich die schon ein wenig naive Feststellung: »Ich kann versichern, daß die verkappten Träume vom Sexualverkehr mit der Mutter um ein Vielfaches häufiger sind als die aufrichtigen.« Und einer dieser »verkappten« Ödipusträume wird nun immerhin auch mitgeteilt.

»Ein Mann träumt: Er hat ein geheimes Verhältnis mit einer Dame, die ein anderer heiraten will. Er ist besorgt, daß dieser andere das Verhältnis entdecken könnte, so daß aus der Heirat nichts werde, und benimmt sich darum sehr zärtlich gegen den Mann; er schmiegt sich an ihn und küßt ihn.«

Ich möchte an dieser Stelle im vollen Wortlaut auch die Deutung wiedergeben, die FREUD selbst diesem Traumbericht anfügt:

»Die Tatsachen im Leben des Träumers berühren den Inhalt dieses Traumes nur in einem Punkte. Er unterhält ein geheimes Verhältnis mit einer verheirateten Frau, und eine vieldeutige Äußerung ihres Mannes, mit dem er befreundet ist, hat den Verdacht bei ihm geweckt, daß dieser etwas gemerkt haben könnte. Aber in der Wirklichkeit spielt noch etwas anderes mit, dessen Erwähnung im Traume vermieden wird und das doch allein den Schlüssel zum Verständnis des Traumes gibt. Das Leben des Ehemannes ist durch ein organisches Leiden bedroht. Seine Frau ist auf die Möglichkeit seines plötzlichen Todes vorbereitet, und unser Träumer beschäftigt sich bewußt mit dem Vorsatz, nach dem Hinscheiden des Mannes die junge Witwe zur Frau zu nehmen. Durch diese äußere Situation findet sich der Träumer in die Konstellation des Ödipustraumes versetzt; sein Traum gibt diesem Wunsch in heuchlerischer Entstellung Ausdruck. Anstatt des Verheiratetseins mit dem Anderen setzt er ein, daß ein anderer sie erst heiraten will, was seiner eigenen geheimen Absicht entspricht, und die feindseligen Wünsche gegen den Mann verbergen sich hinter demonstrativen Zärtlichkeiten, die aus der Erinnerung an seinen kindlichen Verkehr mit dem Vater stammen.«

All dies kann man nun als unbefangener Leser entweder glauben oder auch nicht; denn jedem muß klar sein, daß es kaum einen Traum geben dürfte, aus dem ein zum Äußersten entschlossener Deuter in einem solchen Freistilverfahren nicht ein ödipales Motiv herauspräparieren könnte.

Auf der anderen Seite: Wie sollte eine plausible Alternativdeutung eigentlich aussehen? Kehren wir zu dem eingangs mitgeteilten eigenen Traumbeispiel zurück. Immer vorausgesetzt, der Traum habe *überhaupt* einen Sinn – was oder wen könnten Herr X. und meine Frau sonst noch bedeuten? Wenn sie einfach für sich selbst stünden, wie erklärte sich dann die eigentümliche Dreierbeziehung? Wieso kann Herr X. meiner Frau Untreue vorwerfen, noch dazu deshalb, weil mein Jugendfreund ihr Briefe schreibt? Auf die realen Personen bezogen ist dies alles ganz absurd.

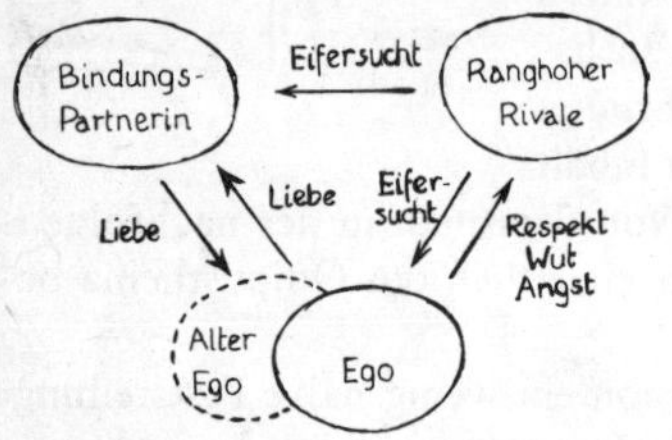

Man wird die Protagonisten des Traumes also wohl doch in erster Linie von ihrer *Rolle* her zu sehen und das Hauptaugenmerk auf das Beziehungsgefüge der *Affekte* zu richten haben. Ich kann aber tatsächlich bis heute nur eine einzige soziale Gruppierung meiner persönlichen Biographie erdenken, in der die in diesem Traum verwirklichten emotionalen Beziehungen einen Sinn ergeben – und das ist die Dreierkonstellation mit den Eltern in meiner Kindheit.

»Bewiesen« ist damit, wie schon gesagt, überhaupt nichts. Nachdenklich werden kann man immerhin. So schwer man es mit FREUD auch hat – ganz einfach als Hirngespinste abtun lassen sich seine Ansichten nun einmal nicht.

Die »ausgedünnte« Ehe

Es hat im Laufe der Zeit nicht an Versuchen gefehlt, die psychoanalytischen Thesen einer etwas handfesteren empirischen Prüfung zu unterziehen, insbesondere durch Studien an Kindern selbst. Die Ergebnisse haben kaum dazu beigetragen, das Bild zu klären.

Teilweise waren die Experimente eher skurril. Da wurden etwa Kinder beiderlei Geschlechts aufgefordert, den Finger in einen aufgeplatzten Spielzeugball zu stecken. Jungen kamen dieser Aufforderung zögernder nach als Mädchen. Kastrationsangst, meint der betreffende Autor.

Konventioneller schon war der Versuch, Kinder mit sogenannten »projektiven Techniken« zur Preisgabe ödipaler Phantasien zu stimulieren. Man zeigte ihnen Bilder, auf denen eine Kindergestalt mit Vater oder Mutter zu sehen war, und forderte sie auf, zu diesen Szenen jeweils eine kurze Geschichte zu erfinden. Dabei kam heraus, daß Jungen eher Konfliktstoff

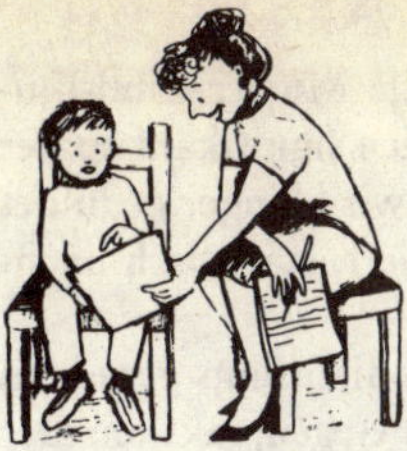

mit dem Vater, Mädchen mit der Mutter produzieren, wobei der Effekt übrigens bei Mädchen stärker ausgeprägt ist, vor allem gegen die Pubertät hin.

Sonderlich aufregend ist das alles nicht. Man kann viele Gründe für einen gleichgeschlechtlichen Generationenkonflikt ersinnen. Die Untersuchungen lassen jedenfalls nicht erkennen, daß der Zündstoff in der Zuneigung zum anderen Elternteil besteht, und schon gar nicht, daß diese erotisch erlebt wird.

Eine Untersuchung wirft immerhin ein wenig Licht auch auf diesen Problemkomplex. Sie stammt von dem Amerikaner William S. STEPHENS und fällt durch ihren interessanten kulturvergleichenden Ansatz aus dem Rahmen des Üblichen.

In gewissen Gesellschaften sind Faktoren wirksam, die die eheliche Beziehung »ausdünnen«, wie STEPHENS sagt; er spricht von einem »Diluted Marriage Syndrome«. Zu diesen Faktoren gehört die *Polygynie,* die gewissermaßen die Untreue des Mannes institutionalisiert, sowie die Einrichtung von sogenannten *Mutter-Kind-Haushalten,* also von Wohn- und Schlafgemeinschaften unter Ausschluß des Mannes.

Ein dritter Faktor ist das *Post-Partum-Tabu,* eine Vorschrift, die der Mutter für eine bestimmte Zeitspanne, nachdem sie ein Kind geboren hat, geschlechtliche Enthaltsamkeit auferlegt. Interessanterweise ist die zeitliche Erstreckung dieses Verbotes im ethnographischen Material zweigipfelig verteilt: Bei einer Gruppe von Sozietäten fehlt es überhaupt, oder es dauert nur einige Wochen, allenfalls wenige Monate; bei einer anderen erstreckt es sich über Zeiträume von anderthalb bis mehreren Jahren.

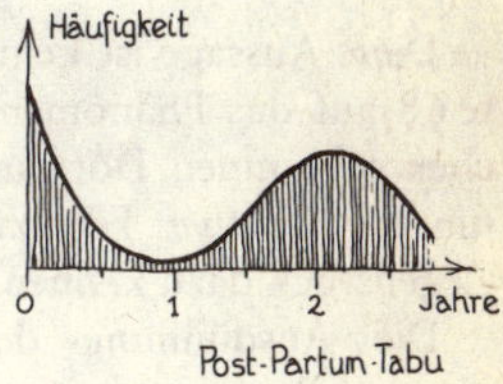

Polygynie und Mutter-Kind-Haushalte sind vor allem in Gesellschaften mit langem Post-Partum-Tabu üblich. Man kann also von zwei Vergleichsgruppen ausgehen, die sich voneinander gerade im Merkmalskomplex der »ausgedünnten Ehe« unterscheiden.

STEPHENS stellt nun die folgende Überlegung an. In einer »ausgedünnten« Ehe ist zu erwarten, daß die Mutter, chronisch unbefriedigt, ihre erotischen Potenzen verstärkt in die Bindung an ihre Kinder einströmen läßt. Zumindest für die Knaben müßte so eine Situation entstehen, in der sich die ödipale Versuchung, falls sie überhaupt existiert, jedenfalls heftiger als bei der Vergleichsgruppe bemerkbar macht. Und hierfür sollten sich im ethnographischen Material offenkundige oder verborgene Hinweise finden lassen.

Tatsächlich gibt es Anzeichen für eine besonders enge Mutter-Kind-Bindung in der »ausgedünnten« Gruppe. Die Kinder werden signifikant später abgestillt, und abhängiges, unselbständiges Verhalten wird länger geduldet oder sogar unterstützt. Die ausgedünnte Ehe produziert, statistisch nachweisbar, das »Muttersöhnchen«.

Später, beim Aufdämmern der Pubertät, kommt es allerdings gerade in diesen Gesellschaften zu einer entsprechend heftigen Gegenreaktion: Der Adoleszent unterliegt der strengen Vorschrift, von daheim wegzuziehen und seine Nächte in einem Junggesellenhaus, wenn nicht gar im Nachbardorf, zu verbringen.

Zur ödipalen Situation gehört freilich noch mehr. Aber auch hierzu enthält das Material Hinweise, die zu denken geben. Sie lassen sich auf den Generalnenner bringen, daß Sozietäten, die das Syndrom der »ausgedünnten Ehe« aufweisen, dem Sexualbereich insgesamt phobischer und zwanghafter gegenüberstehen als die Vergleichsgruppe.

Die Sexualerziehung ist in der »ausgedünnten« Gruppe üblicherweise strenger. Masturbation wird härter bestraft, voreheliche Beziehungen werden weniger toleriert. Häufig ist auch während eines Großteils der Schwangerschaft der Geschlechtsverkehr untersagt.

Natürlich gehört auch das lange Post-Partum-Tabu selbst mit zu diesem Syndrom. Es ist also nicht nur Ursache, sondern zugleich Folge der Sexualangst.

Diese Aussage ist keineswegs widersprüchlich. Wir sind schon auf Seite 68 auf das Phänomen der kulturellen Rückkoppelungskreise zu sprechen gekommen. Dort, in der Theorie von EYDE und POSTAL, hatte es sich um ein ***negatives*** Feedback gehandelt. Hier nun lernen wir ein ***positives*** Gegenstück dazu kennen.

Die »Ausdünnung« der Ehe im Gefolge der Polygynie veranlaßt die sexuell deprivierte Frau, den Sohn erotisch an sich zu binden. Dadurch ruft sie in diesem aber, psychoanalytisch ausgedrückt, verstärkte ödipale Ängste hervor und im Gefolge derselben eine generelle Befangenheit gegenüber dem geschlechtlichen Bereich, die bis ins Erwachsenenalter andauert. Der Betroffene wird daher später dazu neigen, Maßnahmen der sexuellen Repression zu unterstützen, darunter auch ein langes Post-Partum-Tabu, das seinerseits die Deprivation der Mütter fortschreibt. Damit ist der Kreis geschlossen.

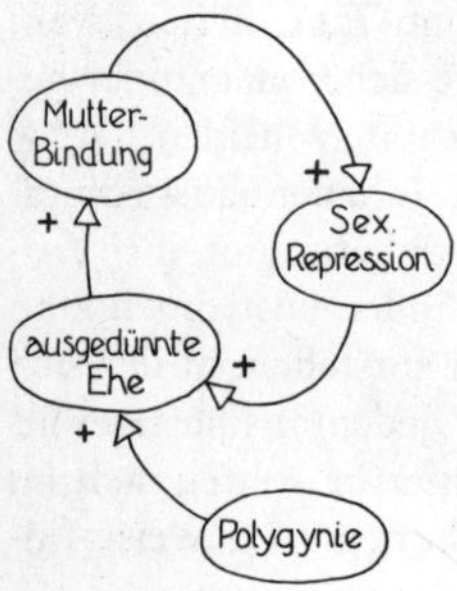

Für systemtheoretisch interessierte Leser sei angemerkt, daß das eben skizzierte positive Feedback auch die zweigipfelige Verteilung des Post-Partum-Tabus verständlich macht. Solche Wirkungsgefüge sind nämlich unstabil; sie schwingen nicht, wie negative Rückkoppelungen, in einen mittleren Gleichgewichtszustand ein, sondern laufen in Extrempositionen fest.

Lücken, Ängste, Vermeidungen

Die Sexualangst in den Gesellschaften mit »ausgedünnter Ehe« äußert sich auch in einer Reihe mehr indirekter Effekte. Hierzu gehört beispielsweise, daß man *Krankheit* generell auf sexuelles Fehlverhalten des Patienten zurückführt. Als Therapie wird demgemäß sexuelle Enthaltsamkeit empfohlen.

Bei Märchen oder Mythen bevorzugt man Versionen, in denen auf geschlechtliche Beziehungen eine *Strafe* folgt: Die Beteiligten erleiden Verletzungen, werden verlassen, geächtet oder der Lächerlichkeit ausgesetzt.

Es gibt einige Gesellschaften, bei denen findige Ethnographen bemerkt haben, daß die *weibliche Brust* anscheinend nicht als sexueller Anreiz empfunden und demgemäß auch beim Liebesspiel nicht sonderlich beachtet wird. Solche Gesellschaften sind in der Gruppe mit langem Post-Partum-Tabu signifikant überrepräsentiert.

Dieser Befund ist insofern bedeutsam, als er nicht durch ein offizielles Tabu zementiert oder durch irgendwelche abergläubischen Ängste unterstützt wird. Was er bedeutet, ist schwer zu sagen. Vielleicht hat der Knabe jenen Teil der weiblichen Anatomie wegen der langen Stillzeit einfach nur »satt bekommen«. Es kann aber auch sein, daß die Brust durch die intensive frühkindliche Mutterbindung zu inzestverdächtig geworden ist, um weiterhin in aller Unschuld als sexueller Auslöser fungieren zu können – sie wird gewissermaßen von einem inneren Zensor mit einem Balken überklebt; »Lückenbildung« nennen das manche Psychoanalytiker.

Ein weiteres mit »ausgedünnter Ehe« signifikant korrelierendes Symptom ist die Angst vor dem *Menstruationsblut,* von der wir auf Seite 105 gehört haben. Seine verderbliche Wirkung bedroht fast nie andere Frauen und Kinder, sondern speziell die Männer und wird daher von STEPHENS mit der Kastrationsangst in Verbindung gebracht. Bei ihrer ersten Regelblutung muß sich die junge Frau einer Reinigungszeremonie unterwerfen, um die ihr zugewachsene verderbliche Macht zu neutralisieren. Bei jeder erneuten Periode muß sie strenge Vorschriften beachten. Sie muß sich etwa in einer Menstruationshütte aufhalten, unsichtbar für Männer. Oder sie darf in dieser Zeit ihrem Mann kein Essen kochen. Ihr ganzes Leben lang muß sie damit rechnen, für Mißernten, erfolglose Jagd, Krankheit, Tod oder sonstiges Unheil verantwortlich gemacht zu werden, da sie, trotz aller Vorsichtsmaßregeln, doch irgend etwas mit ihrem Blut befleckt haben könnte.

Eine hohe Korrelation besteht ferner zwischen der Dauer des Post-Partum-Tabus und dem Vorkommen von *Hexenwahn.* Darunter ist der Glaube zu verstehen, daß gewisse Personen über magische Kräfte verfügen, mit deren Hilfe sie anderen heimlich Schaden zufügen können.

Wer im Besitz solcher Fähigkeiten ist, weiß man fast nie; der eigene Nachbar könnte es sein, möglicherweise sogar Verwandte, oder die Person, die man liebt. Diese Ungewißheit stellt für das Gemeinschaftsleben eine schwere Last dar; ständige wechselseitige Anschuldigungen und allgegenwärtiges Mißtrauen überschatten die sozialen Beziehungen.

Man hat das Phänomen immer wieder mit dem Krankheitsbild der Paranoia, speziell des Verfolgungswahns, in Zusammenhang gebracht. Ob das lange Tabu als *Ursache* dieses Wahnes anzusehen ist, muß freilich offenbleiben. Wenn man aber will, so ist auch hier eine psychoanalytische Deutung zur Hand, die die Paranoia in die unmittelbare Nähe ödipaler Probleme rückt. Sie ist zu kompliziert, als daß ich sie hier darstellen könnte, und sehr plausibel klingt sie überdies nicht. Wir werden später, im 27. Kapitel, aus ganz anderen Erwägungen heraus auf dieses Thema zurückkommen.

Die sexuelle Unfreiheit in Gesellschaften mit »ausgedünnter Ehe« äußert sich schließlich auch darin, daß hier gehäuft sogenannte *Vermeidungsvorschriften* gelten; das sind Verbote der Kommunikation mit Nahverwandten oder Verschwägerten des anderen Geschlechts.

So herrschte noch vor wenigen Jahrzehnten bei den Cheyenne eine Regel, die es dem jungen Mann verbot, seine erwachsene Schwester anzusprechen. Wenn ein Mann zur Behausung seines Schwagers ging, um irgend etwas von ihm zu holen, und feststellte, daß dieser abwesend war, so wandte er sich nicht etwa an dessen Frau, seine eigene Schwester: Er trug sein Anliegen vielmehr einem Kind vor, natürlich in diskreter Hörweite der Mutter, die den verlangten Gegenstand dann wie von ungefähr herbeibrachte und irgendwo sichtbar niederlegte. Nach einiger Zeit nahm der Mann ihn auf und ging davon.

Vermeidungsvorschriften richten sich nicht nur gegen die direkte Anrede. Sie fordern meist ganz allgemein, daß man sich aus dem Wege gehe, einander nicht berühre oder ins Auge schaue, nicht allein miteinander sei, ja nicht einmal den Namen des anderen verwende. Objekte der Vermeidung sind für den Mann, in der Reihenfolge abnehmender Häufigkeit, seine Schwiegermutter, seine Schwester und seine Schwiegertochter. Eigentümlicherweise scheinen solche Regeln gegenüber der eigenen Mutter oder Tochter nicht zur Anwendung zu gelangen, auch nicht gegen Tanten und Nichten, sofern sie nicht außerdem verschwägert sind. Was das zu bedeuten hat, ist eine offene Frage.

Im Garten der Geheimnisse

Wo ein langes Post-Partum-Tabu beachtet wird, müssen sich Knaben bei Eintritt in die Pubertät oft besonders strengen *Initiationsriten* unterwerfen. Mannbarkeitsproben, genitale Operationen, Torturen und strikte Absonderung von den Frauen gehören zu den charakteristischen Merkmalen solcher Bräuche.

Die Thonga aus Mozambique etwa, von denen wir auf Seite 31 bereits eine eigentümliche Inzestpraxis vor der Flußpferdjagd kennengelernt haben, vollziehen das folgende Initiationsritual. Wenn ein Knabe zwischen 10 und 16 Jahren alt ist, wird er von seinen Eltern in eine »Beschneidungsschule« geschickt. Zusammen mit Altersgenossen hat er dort schwere Schikanen seitens erwachsener Männer des Stammes zu erdulden. Seine Initiation beginnt mit einem Spießrutenlauf. Dann werden ihm die Kleider heruntergerissen und das Haar abgeschnitten. Später trifft er auf einen Mann, der mit Löwenmähnen bedeckt ist. Er wird auf einen Stein gesetzt, dem »Löwen-Mann« direkt gegenüber. Irgendwer schlägt ihn von hinten, und wenn er sich reflektorisch umblickt, ergreift der »Löwen-Mann« seine Vorhaut und schneidet sie mit zwei raschen Bewegungen ab.

Nach dieser Prozedur wird der Initiand drei Monate lang im »Garten der Geheimnisse« abgesondert. Kein Nichteingeweihter darf sich ihm während dieser Abgeschiedenheit nähern, vor allem keine Frau; denn würde sie etwa auf die Blätter schauen, mit denen der Beschnittene seine Wunde bedeckt, müßte sie getötet werden.

Das Leben in diesem »Garten« ist ein ziemlicher Horror. Aus dem geringfügigsten Anlaß kann der Knabe von einem neuinitiierten Mann, der für diese Aufgabe von den Alten ausersehen ist, hart geschlagen werden. Er schläft ohne Bedeckung und leidet bitter unter der Winterkälte. Die ganzen drei Monate hindurch darf er keinen Tropfen Wasser trinken. Speisen werden dadurch ekelerregend gemacht, daß man halbverdautes Gras aus einem Antilopenmagen darüberschüttet. Wird er dabei ertappt, wie er irgendeine wichtige Vorschrift mißachtet, können ihm die Finger gebrochen werden. In früheren Zeiten, so sagt man ihm, seien Knaben, die sich zu drücken versuchten oder die Geheimnisse an Frauen weitergegeben haben, aufgehängt und zu Asche verbrannt worden.

Es ist nicht unbedingt zwingend, aber doch plausibel, wenn man hinter solchen Zeremonien eine Rivalität der Generationen vermutet: Die Väter nehmen die Söhne nicht einfach als gleichberechtigte Partner in ihrer Mitte auf, sondern sie lassen sie spüren, daß das Akzeptiertwerden ein teuer zu erkaufender Wert ist.

Diese Rivalität paßt den Befürwortern einer psychoanalytischen Deutung gut ins Konzept. Die Härte des Rituals spricht für einen schon lange angestauten Groll der Väter. Und die unverkennbare sadistische Komponente verleiht der Zeremonie auch einen erotischen Unterton. Aus all dem folgert man, daß die Auseinandersetzung nicht einfach nur einen Generationenkonflikt ritualisiert, sondern, spezifischer, eine *ödipale* Rivalität. Die Väter rächen sich für die Intimität zwischen Mutter und Sohn.

Ob man dieser Deutung zustimmen will, ist Geschmackssache. Gewiß: Initiationsriten kommen signifikant häufiger in Kulturen mit langem Post-Partum-Tabu vor; das nebenstehend abgebildete Säulendiagramm läßt dies klar erkennen. Aber deshalb muß der eine Effekt den anderen noch nicht verursacht haben. Beide gemeinsam könnten Äußerungen von etwas Drittem sein – vielleicht einer besonderen moralischen Zwanghaftigkeit der Kultur, worin diese auch immer wurzeln möge.

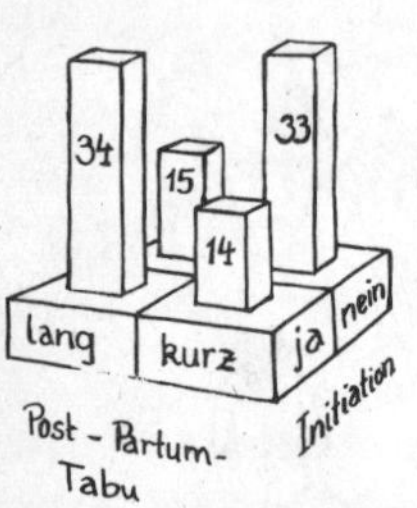

Gegen eine gradlinige Interpretation im psychoanalytischen Sinne spricht ferner, daß eine etwa gleichhohe Korrelation zwischen der Dauer des Post-Partum-Tabus und der Strenge der Initiationsriten auch bei den *Mädchen* besteht. Natürlich kann man hier wiederum Zusatzerklärungen suchen und finden; die erhöhte Angst vor dem Menstruationsblut böte sich an. Aber zwingend ist das alles nicht.

Alle Versuche, die von STEPHENS aufgewiesenen Korrelationen im Sinne einer ödipalen Theorie zu interpretieren, gehen von der Prämisse aus, daß die Mutter in ihre Pflegeaktivität auch sexuelle Tönungen einfließen läßt und auf seiten des kleinen Kindes bereits Antennen für solche Signale vorhanden sind.

Dieses wichtige Bindeglied der psychoanalytischen Argumentationskette scheint nun keineswegs auf leerer Phantasie zu beruhen. So berichtet Clyde KLUCKHOHN von einer Studie an Navaho-Indianern, in der recht deutlich wird, daß die Mutter-Kind-Beziehung sexuelle Dimensionen sehr wohl einbeziehen kann. In einer solchen Feldbeobachtung ist von einem 26 Monate alten Knaben namens Tony und seiner Mutter die Rede. Das Protokoll vermerkt im Wortlaut:

> »Tony blieb dabei, um ihre Brust zu kämpfen, und richtete sich halbwegs auf seinen Füßen auf, über ihre Knie gebeugt, um zu saugen. Gleichzeitig manipulierte er sein Genitale mit einer Hand und wand sich in einer entschieden leidenschaftlichen Weise hin und her. Bald darauf schlief er ein, und sie hielt ihn auf dem Schoß. Zwischendurch wachte er zeitweilig auf und saugte auf eine eher ruhige Weise, wobei er auf ihrem Schoß lag und sie sein Haar streichelte. Unmittelbar bevor wir weggingen, lag er rücklings auf ihrem Schoß, als er wieder begann, sich hin und her zu winden und um ihre Brust zu kämpfen, und er hatte eine längerdauernde Erektion. Seine Mutter, die das bemerkte, spielte mit ihm und streichelte seinen Penis, während er saugte. Wenn sie damit aufhörte, setzte er es eigenhändig fort. Er schien sehr befriedigt und unterbrach einmal sogar das Saugen, um allen in der Runde zuzulächeln. Schließlich entspannte er sich und krabbelte davon, um zunächst mit seiner Schwester zu spielen und sich dann mit dem Bruder zu balgen.«

Solche Szenen stellen kaum Einzelfälle dar. Man wird sie eher als normal anzusehen haben, nur daß sie in einigen Kulturen deutlicher hervortreten als in anderen. Es käme natürlich darauf an, ob sie bei »ausgedünnter« Ehe besonders häufig und hitzig abzulaufen pflegen oder ob sie hier umgekehrt durch die generelle Sexualangst gerade unterbunden werden. Leider macht STEPHENS zu dieser wichtigen Frage keine Angaben. Speziell die Navaho gehören zu den Sozietäten mit *kurzem* Post-Partum-Tabu.

Zusammenfassend ist festzustellen, daß die empirischen Recherchen zum Ödipuskomplex bisher mehr Fragen aufgeworfen als geklärt haben. Zurück bleibt der Eindruck, den man auch vorher schon hatte: Irgend etwas scheint an der Sache dran zu sein; aber die Fakten sind doch zu wackelig, als daß man auf ihnen eine derart überfrachtete Theorie solide erbauen könnte.

Immerhin: Wir wollen festhalten, daß in Gesellschaften, bei denen der Knabe üblicherweise in verlängerter Intimbeziehung zu einer sexuell mutmaßlich unbefriedigten Mutter steht, später beim erwachsenen Manne

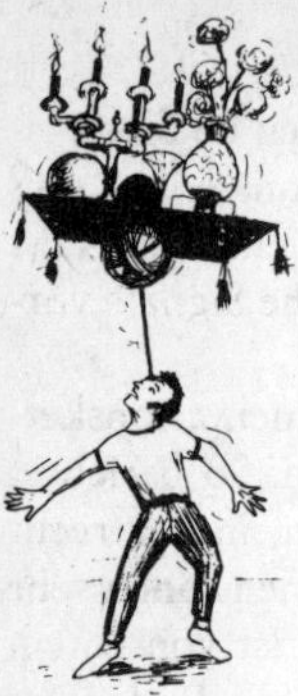

mit einer gesteigerten Befangenheit in sexuellen Dingen zu rechnen ist. Es häufen sich hier ferner paranoide Vorstellungen, und die Initiationspraktiken sind besonders grausam und hart. Der Inzest wird stärker zum Problem, die Abwehr dagegen ist heftiger und zwanghafter.

Aber woher kommt diese Abwehr? Warum wird die mütterliche Verführung nicht einfach genossen und später in eine unbefangene Inzestpraxis, sagen wir zwischen Geschwistern, umgesetzt? Auf diese entscheidende Frage haben wir noch keine Antwort.

Macht es Angst, wenn sich die Bedeutungsbereiche »Mutter« und »Sexualität« vermengen, weil das mit bestehenden negativen Sanktionen kollidiert? Oder löst die Rivalität mit dem Vater Todeswünsche gegen diesen aus, was dann wiederum zu Phantasien von dessen Rache führt? Sind die Väter wirklich eifersüchtig auf die Muttersöhne? Alle diese Erklärungen sind möglich, keine ist erhärtet. Der Theoretiker der Psychoanalyse gleicht vorerst eben doch noch einem Balancekünstler. Es wäre unfair, ihm ein Bein zu stellen. Aber wir werden andere Wege der Datenerhebung und Beweisführung zu suchen haben, um hier weiterzukommen.

DRITTER TEIL

SICHERHEIT UND ERREGUNG

9. Kapitel

Ziele des Verhaltens

Die Erscheinungen, von denen die Psychoanalyse handelt, fallen in der akademischen Psychologie in das Gebiet der Motivationslehre. Wir sollten uns nun einen Überblick über die theoretische Lage auf diesem Problemfeld verschaffen und insbesondere versuchen, einige ethologische Grundbegriffe, die nachfolgend häufig auftauchen werden, in den Kontext der aktuellen Theoriediskussion zu stellen.

Der Instinkt des Bumerangs

»Aber das Motiv, Maigret! Können Sie mir sagen, aus welchem Motiv er eine so sinnlose Tat begangen haben sollte?« Der Besucher war erregt im Zimmer auf und ab gegangen, und Maigret hatte nur schweigend an seiner Pfeife gesogen.

Das Ende des Fernsehfilms hatte ich nicht abgewartet; ein Abenddrink mit Bekannten unter in der Hotelbar war verlockender.

»Sie sind doch vom Fach, meine Herren«, sagte mein Nachbar, ein Physiker, als wir unten Platz genommen und bei dem geschäftig auftauchenden Boy die Getränke bestellt hatten. »Können Sie mir erklären, was ein Motiv ist? Gibt es diesen Ausdruck überhaupt in Ihrer Wissenschaft, oder ist er nur bei den Juristen im Gebrauch?«

Die Frage bereitete einige Verlegenheit. Wir waren zwar Psychologen, alle drei, aber von recht verschiedener Couleur. Mein Gegenüber war ein orthodoxer Psychoanalytiker, ich selbst kam von der Ethologie und hatte da auch meine recht dezidierten Meinungen. Und der Dritte war, was Selbstgewißheit anbelangt, fast der Schlimmste. Er folgte immer dem herrschenden Modetrend, in fortschrittsgläubigem Optimismus. Vor 15 Jahren war er noch überzeugter Behaviorist gewesen; dann schwenkte er zur »Sozialen Lerntheorie« um, und zur Zeit schwamm er auf der sogenannten »Kognitiven Welle«. Man konnte von ihm stets erfahren, welche Autoren es im Moment zu lesen galt und welche Fachausdrücke aktuell waren. Er glaubte an die Wissenschaftliche Psychologie.

Wir drei kannten uns vom Studium her; aber fachlich lagen längst Welten zwischen uns. Wie sollten wir unserem Gesprächspartner begreiflich machen, daß unsere Wissenschaft, wie seine schon längst nicht mehr, in Schulen zerfällt, denen es Mühe macht, miteinander zu reden, ja auch nur, voneinander Notiz zu nehmen!

Ich versuchte, so gut es ging, seine Frage zu beantworten.

»Gewiß verwenden wir den Motivbegriff. Die Motivationslehre ist eine Teildisziplin der Allgemeinen Psychologie, vielleicht überhaupt ihr Kernstück. Sie ist die Lehre von den Verursachungszusammenhängen, insbesondere den *Antrieben* unseres Handelns. Ehrgeiz, Hunger, Liebe, aber auch Neugier, Schaffensdrang und das Bedürfnis nach Geselligkeit – das alles sind solche Antriebe. Das betroffene Subjekt erlebt seine Motivation in Form von Affekten, Emotionen oder Stimmungen, die, je nach Färbung, unruhig machen oder zum Verharren einladen. Wesentlich ist für Antriebe oder Motive jedenfalls die Zuordnung zu einem jeweils recht spezifischen *Ziel*, auf das sie hingespannt sind und in dem sie ihre Befriedigung finden. Insofern sind sie Konkretisierungsformen einer unserer Natur innewohnenden Zielstrebigkeit.«

An dieser Stelle schüttelte der Wissenschaftliche Psychologe aber bereits den Kopf.

»Was Sie da beschreiben, klingt doch sehr nach dem alten Instinktbegriff, den außer den Ethologen heute niemand mehr ernst nimmt. Er entstammt noch den teleologischen Vorstellungen, die sich der Laie von der Motivationspsychologie macht. Einem Physiker dürfen Sie damit nicht kommen. Wenn sich die Vertreter seiner Wissenschaft nicht irgendwann einmal von der Naivität des ›gesunden Menschenverstandes‹ gelöst hätten, würden sie noch heute auf NEWTON warten. Und die Psychologie lebt zum Glück auch nicht mehr im Mittelalter.«

»Schade«, sagte der Physiker. »Ich hatte schon gehofft, mich heute abend nicht mehr anstrengen zu brauchen. Sie müssen nämlich wissen, daß wir Naturwissenschaftler bequeme Menschen sind. Wir verzichten auf Anschaulichkeit erst, wenn uns der Gegenstand wirklich dazu zwingt. Sie machen doch hoffentlich nicht den Fehler zu glauben, etwas könne nicht wahr sein, solange der Mann auf der Straße auch von allein drauf kommt!«

Der Wissenschaftliche Psychologe bekam rote Flecken am Hals. »Leider ist es eben auch bei uns so«, verteidigte er sich, »daß das naive Verständnis oft in Sackgassen führt. Würden Sie vielleicht die Flugbahn eines Bumerangs durch die Annahme erklären, dieser sei von einem ›Rückkehrinstinkt‹ beseelt?«

Dem Physiker blieb nichts anderes übrig, als abwehrend die Hände zu heben.

»Genauso wäre es doch aber«, fuhr sein Gegenüber triumphierend fort, »wenn man einen ›Fluchttrieb‹ bemühen müßte, um zu begründen, warum jemand vor einem anderen davonläuft. Man kann eben nicht jeder gerichteten Bewegung ein ›Ziel‹ und diesem dann einen separaten Antrieb zuordnen. Wir müßten sonst so etwas wie einen ›Trieb, zum Briefkasten zu gehen‹, oder ein ›Bedürfnis, das Fenster zu öffnen‹, postulieren. Das hat es in unserer Wissenschaft alles schon gegeben. Irgendwer hat einmal nachgezählt, wie viele selbständige ›Triebe‹ oder ›Instinkte‹ in der älteren Fachliteratur herumgeistern. Er kam, wenn ich mich recht erinnere, auf eine vierstellige Zahl.«

Psychische Energetik

»Ähnlich ist es bei uns früher auch gewesen«, räumte der Physiker ein. »Man wußte, daß physikalische Objekte auf sehr verschiedene Weise Arbeit leisten können: durch ihre Masse, ihre Bewegung, ihre Temperatur, ihre elektrische Ladung und so weiter. Aber erst allmählich begann man zu ahnen, daß alle diese Fähigkeiten nur Erscheinungsformen einer einzigen Qualität sein könnten, der *Energie,* und daß es möglich sein müßte, sie ohne Verlust ineinander umzuwandeln. Heute wissen wir, daß Wärme eigentlich Bewegungsenergie der Moleküle ist, und wir verstehen Licht als eine Form elektromagnetischer Energie. Es ist uns inzwischen gelungen, die Mannigfaltigkeit der Energieformen auf vier zu reduzieren, und wir hoffen, unser Weltbild bald noch weiter vereinheitlichen zu können.«

»Genau denselben Ehrgeiz haben wir eben auch«, kam der Psychoanalytiker dem Wissenschaftlichen Psychologen zu Hilfe. »Für FREUD sind Antriebe eine Form von *psychischer Energie,* und hinter ihrer scheinbar qualitativen Verschiedenheit verbirgt sich etwas, was bei allem Wandel gleichbleibt. Allerdings scheint es auch im Psychischen mehr als eine einzige Energieform zu geben; FREUD sah sich jedenfalls zu einer dualistischen Theorie genötigt. Die eine Grundenergie, die Libido, war für ihn immer sexueller Natur. Bei der anderen hat er länger geschwankt. Es mußte sich um einen Antagonisten der Libido handeln. Das gab dann den Schlüssel zur Lösung: Die Liebe drängt letztlich auf Vereinigung, auf Zusammenschluß von Elementen zu übergreifenden Ganzheiten. Also mußte die Gegenkraft auf Zersetzung, Zerstörung, Abbau zielen. Die beiden Grundformen der psychischen Energie sind demnach, wie wir heute annehmen, der Trieb zum Leben und der Trieb zum Tode – Eros und Thanatos.«

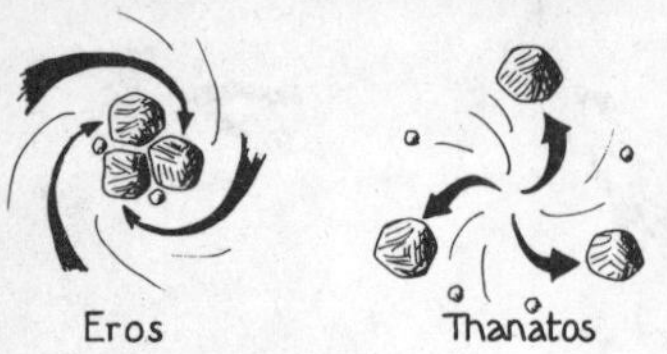

Der Wissenschaftliche Psychologe runzelte die Stirn. »Diesen Dualismus brauchen Sie aber nur, weil für Sie Triebe eben auch auf irgend etwas ›zielen‹ müssen, und seien es so abstrakte Zustandsformen wie ›Vereinigung‹ und ›Auflösung‹. Ihr Energiekonzept ist nicht konsequent genug!«

»Auch mir fällt es nicht leicht«, gab der Physiker zu, »den Begriff der Energie mit dem des Ziels zu verbinden. In der Physik ist die Energie keine gerichtete Größe. Aber Sie operieren offenbar ohnehin nur mit einer Metapher. Haben Sie dafür besondere Gründe?«

»Es liegt im Begriff des Triebes, daß er, notfalls gegen Widerstände, den Organismus in gerichtete Bewegung setzt. Worte wie ›Energie‹, ›Kraft‹ oder ›Spannung‹ haben nun einmal in ihrem vorwissenschaftlichen Gebrauch genau denselben Anklang. Auch die Physik spielt, wenn sie sie verwendet, auf diesen anschaulichen Bedeutungsgehalt an. Man darf den Psychologen nicht verwehren, ein Gleiches zu tun.«

»Wenn Sie diese Ausdrücke rein umgangssprachlich verstehen, ist dagegen nichts einzuwenden. Ich habe nur geglaubt, Sie wollten hier eine Fachterminologie vorstellen. Diese müßten Sie dann schon etwas besser legitimieren. Zu sagen, ›Antrieb‹ sei eigentlich ›Energie‹, setzt voraus, daß das eine Wort zum anderen eine Bedeutungsdimension hinzufügt. In der Physik ist das zum Beispiel der Fall. Für Energie gilt nämlich ein *Erhaltungssatz*; sie kann weder aus Nichts entstehen noch spurlos verschwinden.«

Der Psychoanalytiker nahm dieses Stichwort dankbar auf.

»Man könnte durchaus auch von einem ›Satz der Erhaltung der Libido‹ reden. In der infantilen Entwicklung besetzt die Libido verschiedene erogene Zonen, das heißt, sie wechselt Schauplatz und Objekt, aber ihre Quantität bleibt erhalten. Wird diese Entwicklung gehemmt, so fließt die Energie auf frühere Besetzungsobjekte zurück; wir nennen das ›Regression‹. Oder sie findet andere Möglichkeiten der Abfuhr, zum Beispiel mag sie sich in geistige Tätigkeit sublimieren. Jedenfalls gehen wir davon aus, daß sie nicht einfach verschwinden kann.«

»Und was passiert bei der ›Abfuhr‹?«

Der Psychoanalytiker geriet ein wenig ins Schwitzen. Er war nicht gewohnt, so genau beim Worte genommen zu werden.

»Abfuhr bedeutet Umsetzung von Triebenergie in motorische Aktivität, also in Akte der Vereinigung bei der Libido oder der Zerstörung beim Todestrieb. Die Energie leistet Arbeit und wird dabei verbraucht. Das entlastet die intrapsychische Bilanz um das betreffende Energiequantum.«

Das klang leidlich konsequent. Und doch konnte man sich des Eindrucks nicht erwehren, daß hier eher physikalische Sprache kopiert als naturwissenschaftliche Denkdisziplin praktiziert wurde.

Richtungsunterschiede

Der Wissenschaftliche Psychologe blieb dementsprechend skeptisch. »Auch wir reden von einer ›energetisierenden‹ Funktion der Antriebe, unterscheiden diese aber bewußt von ›richtenden‹ Einflüssen. Motive sind selbstverständlich gerichtete Größen; man kann sie als Pfeile darstellen oder, mathematisch gesprochen, als *Vektoren*. Die energetische Komponente daran ist jedoch, wie in der Physik, ein reines Intensitätsmaß; es entspricht der Länge der Pfeiles. Wir bezeichnen dieses Maß als ›Aktivation‹, ›Erregung‹ oder einfach ›Trieb‹ – wohlgemerkt im Singular, so wie man etwa von einer Rockband sagt, sie habe ›Drive‹.«

»Die qualitative Vielzahl der Motive beruht für Sie also allein auf Richtungsunterschieden?«

»Das ist jedenfalls das einzige, was sich an ihr objektiv fassen läßt. Flucht ist zum Beispiel definierbar als eine Bewegung ›vom Objekt weg‹, Liebe als Bewegung ›zum Objekt hin‹. Man kann auch noch feiner differenzieren, nach Richtungsunterschieden einzelner Komponenten des Verhaltens. So läßt sich ohne weiteres das gesamte Spektrum der Motivation abdecken.«

»Sie haben doch aber vorhin gesagt, daß Sie etwas gegen Zielstrebigkeit hätten«, gab ich zu bedenken. »Jetzt führen Sie dieselbe Denkfigur unter dem Decknamen der ›richtenden‹ Faktoren wieder ein!«

»Durchaus nicht! Ich bin dankbar für diesen Einwand; schon Kurt Lewin, der Herold der modernen Psychologie, hat ihn benützt, um an ihm die Abkehr von der aristotelischen Denkweise klar zu machen. ›Richtung‹ und ›Ziel‹ sind nämlich ganz verschiedene Begriffe. Wenn sich ein Elementarteilchen in einem komplizierten Kraftfeld bewegt, dann beschreibt es natürlich eine gerichtete Bahn. Aber seine Bewegungsrichtung ist nur die *Resultierende* aus unendlich vielen unendlich kleinen Einflußgrößen. Es fällt ihm nicht ein, irgendein ›Ziel‹ anzustreben! Aristoteles hätte das noch anders gesehen. Er würde sagen, das Teilchen habe irgendwo seinen ›natürlichen Ort‹ und versuche diesen zu erreichen. Er würde also die resultierende Bewegung, eine bloße *Konsequenz* äußerer Einflüsse, als zielweisende *Ursache* ins Innere des Teilchens verlegen.«

»Und die Motivationspsychologie soll sich also vorsehen, daß sie nicht den gleichen Fehler macht?«

»Sie ist teilweise noch tief in ihn verstrickt! Auch für das Verhalten gilt doch, daß seine Richtung immer die Resultierende aus vielen Teilwirkungen ist, die sich aus dem Kraftfeld der Gesamtsituation ergeben. Gleichwohl ist es noch weithin üblich, diese Resultierende in den Organismus zu projizieren und dort als ihre eigene ›innere‹ Ursache zu verdinglichen. Auf diese Weise sind auch die ›Instinkte‹ der Ethologen entstanden.«

»Und für Sie stammt die Richtungsmannigfaltigkeit des Verhaltens also gänzlich von außen?«

»Es kommt darauf an, was man unter ›außen‹ verstehen will. Früher hat man sich vorgestellt, daß die Triebenergie durch besondere physiologische Strukturen kanalisiert wird, die der Organismus im Zuge seiner *Lernerfahrung* aufbaut. Man nannte sie ›Gewohnheiten‹. Heute versteht man diese Prozesse nicht mehr so mechanistisch. Man hat sich von der Physiologie gelöst und sieht in der Richtungsspezifizität der Antriebe eher das Ergebnis kognitiver *Interpretation.*«

Da niemand verstand, wie das gemeint war, mußte er konkreter werden.

»Die experimentelle Motivationsforschung hat sich lange darum bemüht, physiologische Indikatoren zu finden, an denen man die verschiedenen Antriebsqualitäten objektiv unterscheiden könnte. Die Pulsrate, die galvanische Hautreaktion, das EEG – an allen Enden hat man Sonden und Drähte an die Versuchspersonen angeschlossen und gehofft, eines Tages werde ein Computer dann jeweils melden können: Furcht! Angst! Trauer! Ärger! Oder was es eben sonst so an Affekten gibt. Aber die Erwartungen haben sich nicht erfüllt. Physiologische Messungen lassen immer nur erkennen, *daß* und *wie sehr* jemand erregt ist; über die spezifische emotionale Färbung sagen sie nichts aus. Dann scheint doch der Schluß berechtigt, daß der physiologische Zustand in all diesen Fällen auch wirklich derselbe ist: ein Zustand unspezifischer Aktivation.«

Das war wenig schlüssig. Welche Vorstellung von der Physiologie mußte herrschen, wenn man glaubte, ihre Komplexität mit ein paar peripheren Elektroden abdecken zu können! Im übrigen hatte die Sprache ja wohl ihre Gründe, wenn sie für die genannten Zustände ganz verschiedene Worte anbot.

»Die Sprache allerdings. Aber die ist eben schon ein kognitives und soziales Medium. Wenn wir in eine Situation geraten, die uns physiologisch erregt, so werden wir unseres Zustandes natürlich gewahr. Wir versuchen uns einen Vers darauf zu machen, eine *Etikette* dafür zu finden – gemäß früherer Erfahrung, oder auch in Anlehnung an die Weise, in der *andere* sie interpretieren. Der Sozialpsychologe Stanley SCHACHTER hat das in einem ingeniösen Experiment bewiesen. Er versetzte Versuchspersonen durch eine Adrenalininjektion in einen physiologischen Erregungszustand und brachte sie dann mit instruierten Mitspielern zusammen, die sich teils ärgerlich, teils vergnügt aufführten. Die Versuchspersonen glaubten jeweils prompt, selbst in der betreffenden Stimmung zu sein. Sie interpretierten ihre Erregung im Sinne sozialer Konformität.«

Was an diesem Experiment »ingeniös« sein sollte, leuchtete mir nun allerdings nicht ein. Da spritzt man einer Versuchsperson ein Hormon in die Blutbahn, ohne zu wissen, welche Auswirkungen das im Detail auf die zentralnervösen Strukturen hat, außer daß der artifiziell geschaffene Zustand sicher weder in den sonstigen neurovegetativen Kontext noch zur gerade aktuellen Umweltsituation paßt. Man erzeugt also auf der emotionalen Ebene günstigstenfalls ein sinnloses Durcheinander. Daß der arme Betroffene sich das irgendwie zurechtdeutet, wen wundert's. Aber so etwas als Paradigma für den *Normalfall* auszugeben und daraus die »physiologische« Neutralität der affektiven Erregung zu folgern, ist ungefähr genauso, als wollte man aus der Tatsache, daß in Wolkenformationen sinnvolle Gestalten hineingesehen werden können, den Schluß ziehen, wir lebten auch im Alltag in einer Welt von Nebelschwaden, und die Häuser, Bäume und Menschen, die wir normalerweise zu sehen glauben, seien nur subjektive Interpretation. Leider wußte ich, daß das »SCHACHTER-Paradigma« in keinem zeitgenössischen Textbuch der Motivationspsychologie fehlt.

Reflexe und Automatismen

»Sie scheinen mit diesen Überlegungen nicht sehr einverstanden zu sein«, sagte der Physiker, der meinen aufkeimenden Unmut bemerkt hatte. »Wie stellt sich denn das Bild der Motivation für den Ethologen dar? Man spricht bei Ihnen, soweit ich weiß, noch immer von ›Instinkten‹. Es schreckt Sie also offenbar nicht, als Aristoteliker zu gelten.«

»Auch die Biologie hat ARISTOTELES hinter sich gelassen, aber auf andere Weise als die Physik. Wir halten es eben für falsch, die Physik zum Prototypen aller empirischen Wissenschaft zu erklären. Es gibt, wenn schon, *zwei* Arten von Naturwissenschaft: auf der einen Seite Physik und Chemie, die von der *Materie* handeln, und auf der anderen Biologie und Ingenieurwissenschaften, bei denen es um *Systeme* geht. In beiden Fällen sind Fragestellung, Findehilfen und Argumentationsstruktur grundsätzlich verschieden. Und die Psychologie gehört, soweit ich sehen kann, in die zweite Gruppe. Es kann nichts Gutes dabei herauskommen, wenn man sie nach dem Modell der Physik zu formen sucht. Daher halte ich es für fehl am Platz, wenn hier mit Elementarteilchen oder mit einem Bumerang argumentiert wird. Diese kennen wirklich keine ›Ziele‹; nichts, was über ihr Verhalten auszusagen wäre, könnte in die Form ›um zu‹ gekleidet werden. Aber mit welchem Recht wird vorausgesetzt, daß für einen Organismus oder meinetwegen auch für einen Computer dasselbe gilt? Nur die Bewegung des *toten* Fisches ist die Resultierende des Kräftespieles von Wind und Welle. Die Bewegung des *lebendigen* Tieres indessen kann nicht verstanden werden ohne Rückgriff auf ein Sinnprinzip, das *in* ihm liegt.«

»Ich fürchte nur, die ›Wende nach innen‹, die Sie uns da zumuten, führt uns in spekulative Abenteuer. Zumindest müßten Sie genauer konkretisieren, was diese räumliche Metapher eigentlich bedeuten soll.«

»Die ›Wende nach innen‹ – ich akzeptiere diese Formel – ist hauptsächlich auf drei Ebenen zu sehen. Als ein erstes Stichwort böte sich hier etwa die Formel ›von der peripheren zur zentralen Koordination‹ an.«

Um diesen Gedanken verständlich zu machen, war ein Abstecher in die Wissenschaftsgeschichte erforderlich.

»Als die Ethologie aufkam, kurz nach der Jahrhundertwende, stand die Verhaltensforschung unter der unangefochtenen Herrschaft des *Reflexmodells.* Der ›Reflexbogen‹ ist die neuronale Verknüpfung eines Sinnesrezeptors mit einem Muskel oder einer Drüse. Im frühen Behaviorismus sprach man von einer *S-R*-Verbindung, von den englischen Ausdrücken ›stimulus‹ und ›response‹ abgeleitet. Alle zentralnervöse Verarbeitungstätigkeit sollte grundsätzlich über Reflexbögen erfolgen, alles Verhalten mußte also Reaktion auf Reize sein. Die Legitimation dieser Forderung wurde nicht diskutiert, man sah darin eine natürliche Konsequenz des Kausalitätsprinzips.«

»Solche Reflexe gibt es ja wirklich. Wenn mich etwas in der Nase kitzelt, muß ich niesen. Und wenn der Arzt mir unter das Knie klopft, schnellt mein Bein hoch.«

»Niemand zweifelt daran, daß es Reflexe gibt. Aber der Anspruch der Reflextheorie ging eben viel weiter: So wie alle materiellen Strukturen aus Atomen zusammengesetzt sind, sollte auch alles Verhalten sich in einfachste Elemente zerlegen lassen, und das sollten eben ausnahmslos Reflexbögen sein. Die Schwimmbewegung eines Fisches etwa stellte man sich so vor, daß jeder Flossenschlag Muskelrezeptoren reizt, die ihrerseits den nächsten Schlag auslösen. Man nannte das einen ›Kettenreflex‹.«

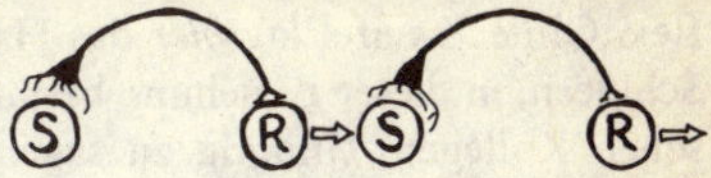

»Dann bestünde die ganze Aktivität des Gehirns darin, ständig Sinnesrezeptoren mit Muskelfasern kurzzuschließen. Komplizierte Bewegungsfolgen könnten nicht zustande kommen ohne ständig zwischengeschaltete Sinnesreizung. Jede Weichenstellung, jede Verzweigung, alles, was Struktur erzeugt, wäre damit an die Körperperipherie verwiesen! Hat man das im Ernst glauben können?«

»Wir vermögen uns heute, im Zeitalter der Computer, gar nicht mehr recht vorzustellen, wie so eine Theorie zustande kommen konnte. Aber damals, in den dreißiger Jahren, war es eine Art Skandal, als Erich von Holst erstmals nachwies, daß bei seinen Versuchstieren rhythmische Bewegungsfolgen, wie sie bei der Lokomotion auftreten, auf zentralen *Automatismen* beruhen und auch funktionieren, wenn man die sensorischen Rückmeldungen von den Bewegungsorganen zum Zentralnervensystem unterbricht. Und Lorenz wurde ebenfalls heftig angegriffen, als er die sogenannten *Leerlaufhandlungen* beschrieb: Er hatte beobachtet, daß hochkomplexe Bewegungsabfolgen, wie sie zum Beispiel beim Nestbau erforderlich sind, auch ohne adäquate Stimulation, also etwa in Abwesenheit von Baumaterial, wohlkoordiniert ablaufen konnten.«

Lernerfahrung und Erbkoordination

»Spricht man in diesem Zusammenhang nicht von ›Erbkoordinationen‹?«

»Das wäre jetzt die zweite Ebene der vorhin erwähnten ›Wende nach innen‹. Der Ausdruck ›Automatismus‹ besagt zunächst einfach nur, daß das Zentralnervensystem auch allein, ohne ständige periphere Hilfestellung, imstande ist, komplexere Bewegungsprogramme abzuwickeln. Er läßt offen, woher diese Programme stammen; sie könnten sich zum Beispiel im Zuge der *Lernerfahrung* ausgebildet haben. Die Ethologen rechnen jedoch auch mit der Möglichkeit, daß sie auf genetischer Information beruhen, und in diesem Fall sprechen sie von Erbkoordinationen.«

»Und mit dieser Annahme setzen sie sich natürlich ebenfalls in Widerspruch zu den Reflexologen.«

»Stärker noch zum amerikanischen Behaviorismus. Der Begründer der Reflexlehre, I. P. Pawlow, hatte immerhin anerkannt, daß es auch *un*bedingte Reflexe gibt, also genetisch vorgebahnte Reflexbögen. Klassisches Beispiel war der Hund, der bei Anblick der Nahrung zu speicheln beginnt.

Läutet allerdings jedesmal, wenn es Futter gibt, eine Glocke, so beginnt dem Versuchstier bald allein auf diesen akustischen Reiz hin das Wasser im Munde zusammenzulaufen. Das ist dann ein ›bedingter‹, also erlernter Reflex. Ohne Zweifel lag *hier* das Hauptinteresse von Pawlow und seinen Schülern; in dieser Beziehung bestand kein Unterschied zu den amerikanischen Kollegen. Unnötig zu sagen, daß ›Kettenreflexe‹ und damit alle komplizierten Verhaltensmuster selbstverständlich als erlernt galten. Erb-›Koordinationen‹ im eigentlichen Sinn gab es also für die Reflexologen wohl wirklich nicht.«

»Und wie kamen nun gerade die Ethologen darauf, sich mit ihnen zu beschäftigen?«

»Das hing mit einer spezifisch biologischen Fragestellung zusammen, der sogenannten *Taxonomie*. Darunter versteht man die Klassifikation der Lebewesen nach ihrer stammesgeschichtlichen Verwandtschaft. Taxonomen streiten sich darum, welche Arten gemeinsam in eine Gattung gehören, welche Gattungen in eine Familie, und so fort. Oskar Heinroth hatte bemerkt, daß man die Verwandtschaft von Tierarten nicht nur an morphologischen, sondern auch an Verhaltensmerkmalen bestimmen kann. Zusätzlich zu der Form von Knochen oder der chemischen Zusammensetzung des Blutes kann die Weise, in der ein Tier trinkt, pickt, gründelt, sich putzt, balzt oder droht, subtilen Aufschluß über Abstammungsverhältnisse geben. Das gilt besonders bezüglich jener Aspekte der Bewegung, die erfolgsneutral sind und daher nicht unter Anpassungszwang stehen. Vögel können sich zum Beispiel mit gleich gutem Erfolg auf zwei verschiedene Weisen am Kopf kratzen: Manche Arten spreizen den Flügel abwärts und führen den Fuß außen herum; andere heben das Bein unter dem normal angelegten Flügel geradewegs zum Kopf. Auf die erstgenannte Weise kratzen sich auch Reptilien, und daher hat Heinroth dieses Verhaltensmuster als ein phylogenetisches Relikt angesehen, das gewissermaßen die Umbildung der Vorderextremität in einen Flügel überlebt habe. Ob das stimmt, ist umstritten; aber darauf kommt es hier nicht an: Wesentlich ist, daß es Bewegungskoordinationen gibt, über die man überhaupt taxonomisch diskutieren kann.«

»Und das wären dann also die ›Instinkte‹, von denen die Ethologen immer reden?«

»Heinroth hat sie vorsichtshalber als ›arteigene Triebhandlungen‹ bezeichnet; der Instinktbegriff war durch die Vitalisten zu sehr in Mißkredit geraten. Lorenz hingegen fand, die Ethologie sei Naturwissenschaft genug, um es sich leisten zu können, auch obskure Worte mit klarem Begriffsinhalt zu füllen. Er bezeichnete eine bestimmte Form von Erbkoordinationen als ›Instinktbewegungen‹ und analysierte ihre Struktur genauer. Daraus ist schließlich die ethologische Instinktlehre entstanden. Aber damit kommen wir schon zur dritten Ebene der ›Wende‹.«

Reaktivität und Spontaneität

»Die dritte Ebene läßt sich vielleicht am besten durch das Stichwort ›Wiederentdeckung der Spontaneität‹ kennzeichnen. Dieser Gedanke ist von den bisher besprochenen logisch unabhängig. Eine Bewegungsfolge könnte zwar genetisch programmiert und zentralnervös koordiniert ablaufen, aber gleichwohl nur durch Außenreize *auslösbar* sein. Der Organismus wäre dann ein passiver Automat, wie ein elektrisches Klavier, das zwar von der Fabrik weg komplizierte Melodien spielen kann, aber nur, wenn man eine Münze einwirft. Experimentalpsychologen lieben solch ein reaktives Organismusmodell; es kommt ihrem Bedürfnis entgegen, alle Versuchsbedingungen selbst zu kontrollieren. Notfalls schnallt man die Versuchstiere so fest, daß sie, abgesehen von der zu messenden Reaktion, überhaupt keinen Bewegungsspielraum mehr haben. Kein Wunder, daß man dabei die Spontaneität des Verhaltens leicht übersieht.«

Ich erinnerte mich, von LORENZ einmal die Geschichte eines Freundes gehört zu haben, der in einem Pawlowschen Laboratorium zu Gast weilte und eines Tages einen Hund, der einen bedingten Speichelreflex auf ein Metronom ausgebildet hatte, unmittelbar vor einem Test aus seinem Geschirr losband. Das Tier benahm sich in einer zwar gut nachfühlbaren, aber überhaupt nicht theoriekonformen Weise: Es sprang sofort zum Metronom hin und »bettelte« dieses in bekannter Hundemanier an, auf daß endlich das ersehnte Zeichen kommen möge. Diese Beobachtung wurde übrigens nie veröffentlicht, ja auf entsprechende Nachfragen hin von der Laborleitung geleugnet. Der Versuch ließe sich natürlich leicht wiederholen; aber kein Hundekenner hat bisher die Glaubwürdigkeit der Geschichte bezweifelt.

Der Wissenschaftliche Psychologe zeigte sich unbeeindruckt. »Das reaktive Organismusmodell ist doch veraltet. Heutzutage unterscheiden selbst harte Behavioristen wie B. F. SKINNER zwischen ›respondents‹ und ›operants‹, also zwischen reaktiven Verhaltensweisen und solchen, die Sie ›spontan‹ nennen würden.«

»Die Ethologen haben das eben schon ein wenig früher gemerkt. Da sie nicht vom Laborexperiment, sondern von der freien Beobachtung ausgingen, war ihnen immer klar, daß Tiere nicht nur passiv auf verhaltensauslösende Reize warten, sondern unter Umständen höchst aktiv und ohne erkennbaren äußeren Anlaß nach ihnen *suchen.* Das gab Anlaß zu einer wichtigen terminologischen Unterscheidung. Im Jahre 1918 veröffentlichte der Zoologe Wallace CRAIG eine programmatische Arbeit unter dem Titel ›Appetites and Aversions as Constituents of Instincts‹, in der er in die ethologische Literatur das Begriffspaar *Appetenz* und *Konsummation* einführte.«

Die zwei Phasen einer Instinkthandlung

Was es mit diesem Unterschied auf sich hat, ließ sich am besten an einem gehobenen Herrenwitz erläutern, den ich vor Jahren im Feuilleton der »Süddeutschen Zeitung« gelesen hatte, weshalb er also wohl als zitierbar gelten darf. Er spielt in dem böhmischen Provinznest Komotau und schildert die Unterhaltung zweier Freunde. Der eine von ihnen ist gerade von einem Urlaub in Paris zurückgekehrt und berichtet dem staunenden Zuhörer nun von einem galanten Abenteuer. Der Witz bezieht seine Pointe daraus, daß die Etappen der Annäherung von einem Flirt im Boulevardcafé bis hin zu allmählich immer eindeutigeren Situationen gewissermaßen scheibchenweise vermittelt werden, wobei der Gesprächspartner durch immer ungeduldigeres »No und dann?« von Szene zu Szene die Spannung höhertreibt. Der Bericht endet schließlich abrupt im Boudoir der Dame damit, daß der Erzähler beim letzten und drängendsten »Und dann?« unerwartet lakonisch die Achseln zuckt und sagt: »No was, und dann? – der Rest war wie in Komotau!«

Ethologisch ausgedrückt stellt der nicht mehr erzählenswerte Schlußteil dieser Szenenfolge das Ziel dar, um dessentwillen die ganze Handlungskette in Gang gesetzt wird. Man bezeichnet es als *Endhandlung* oder *Konsummation.* »Summus« heißt auf lateinisch der Gipfel; »consummare« bedeutet demnach soviel wie »auf den Höhepunkt bringen, vollenden«. Mit »Konsum« hat das Wort nichts zu tun.

Damit die Endhandlung ablaufen kann, muß im allgemeinen eine ganz bestimmte Reizsituation vorliegen; insofern ist das konsummatorische Verhalten also wirklich reaktiv. Aber der Organismus wartet eben meist nicht passiv ab, bis diese Situation von allein eintritt, sondern er *sucht* nach ihr, und das ist es, was der Gesamthandlung dann doch spontanen Charakter verleiht.

»Diese Suchphase der Handlungskette hat Wallace CRAIG *Appetenz* genannt. Sie unterscheidet sich von der konsummatorischen Handlung in zweifacher Hinsicht. Formal fällt an ihr vor allem ihre situationsangepaßte *Variabilität* auf. Sie folgt keinem festgelegten Schema, richtet sich nach der jeweiligen Lage und verwertet, soweit verfügbar, Lernerfahrung und Einsicht. Aus diesem Grunde gibt sie, und sie allein, in der mitgeteilten Geschichte auch Erzählstoff her. Im Unterschied dazu ist die Endhandlung in der Regel eine Erbkoordination und als solche von banaler Stereotypie.«

»Andererseits bezieht der Witz seine Pointe natürlich daraus, daß der Zuhörer geprellt wird, wenn die Erzählung gerade vor der Konsummation abbricht. Denn subjektiv wird die Appetenz ja doch von Gefühlen der *Spannung* begleitet, während man erst die Endhandlung als *befriedigend* erlebt.«

»Das ist der zweite Unterschied der beiden Handlungsphasen. In der Appetenz baut sich ein Spannungszustand auf, der in der Konsummation zusammenbricht. Und auf der Dimension Lust-Unlust spielt sich eine gegenläufige Bewegung ab.«

»Allerdings sind die beiden Prozesse nicht genau symmetrisch«, bemerkte der Psychoanalytiker. »Bereits FREUD war aufgefallen, daß auch das, was in Ihrer Sprache ›Appetenz‹ heißt, zumindest in seiner Endphase schon positiv getönt sein kann; er sprach von ›Vorlust‹.«

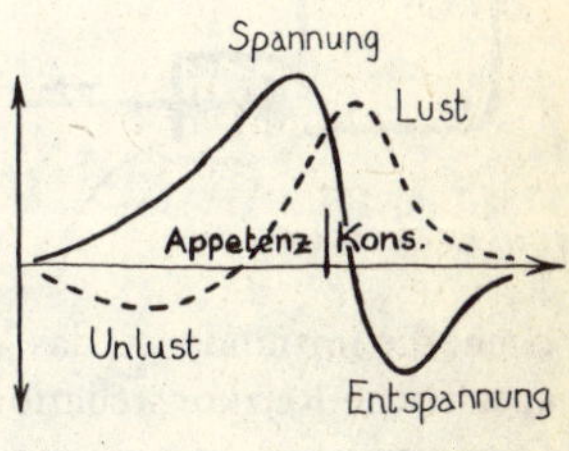

Es wäre sicher falsch, die beiden Dimensionen ›Spannung-Lösung‹ und ›Lust-Unlust‹ einfach nur als zwei Aspekte derselben Sache zu betrachten; schon Wilhelm WUNDT, der Begründer der experimentellen Psychologie, hat sie voneinander getrennt. Für diese Differenzierung gibt es gute biologische Gründe. Die *Spannung,* die die Appetenz begleitet, soll anzeigen, daß die Konsummation immer noch nicht eingetreten ist; und diese darf auf keinen Fall vergessen werden, da an ihr der Selektionsvorteil der gesamten Instinkthandlung hängt. Die *Lust* hingegen dient dem Organismus als Lernhilfe bei der Verbesserung seiner Appetenzstrategien. Befriedigungserlebnisse – oder ›Verstärker‹, wie die Lerntheorie sagt – melden nämlich, daß die vorausgehend probeweise benutzten Handlungselemente oder Reizsignale den Erfolg der Appetenz gefördert haben, sie wirken auf diese daher andressierend. Offensichtlich ist nicht erst die Endhandlung selbst für diesen Dressureffekt qualifiziert; schon jedes erreichte Zwischenziel sollte belohnend wirken können. Daher kann auch die Appetenz, vor allem in ihrer Endphase, bereits als angenehm erfahren werden, unabhängig davon, daß die Spannung hier gerade ihren Höhepunkt hat.

Das psycho-hydraulische Modell

»Seltsam«, nahm der Wissenschaftliche Psychologe einen Gedanken von vorhin wieder auf, »daß die Ethologen einerseits soviel Wert auf die Spontaneität des Verhaltens gelegt, andererseits doch aber, wie man weiß, auch an der Vorstellung von einer ›Erhaltung der psychischen Energie‹ festgehalten haben. Beides verträgt sich schlecht miteinander.«

»Eigentümlicherweise wurde dieser Widerspruch nicht bemerkt. Von Lorenz stammt ein Modell der Instinkthandlung, das die Vorstellung einer unzerstörbaren Antriebsenergie sogar noch weiter konkretisiert, zu einer Art Flüssigkeit. Man hat daher, etwas ironisierend, aber im Grunde zutreffend, von seinem *psycho-hydraulischen Modell* gesprochen.«

Ich erläuterte es anhand einer Skizze. Demnach produzieren irgendwelche Quellen im Organismus für jede Instinkthandlung eine spezifische Antriebsenergie, die sich in einem gesonderten »Reservoir« ansammelt. Sie

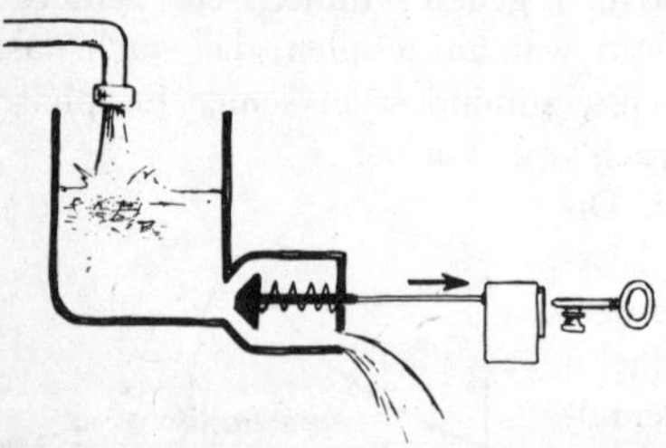

bleibt erhalten, bis sie »abfließen«, das heißt, die zugehörige Endhandlung aktivieren kann. Normalerweise ist der Abfluß durch ein Ventil blockiert, das Antriebsniveau steigt also immer weiter an. Je mehr Energie sich anstaut, desto heftiger beginnt das Tier Appetenzverhalten zu zeigen, das heißt, nach einer Umweltsituation zu suchen, die imstande ist, das Ventil zu öffnen. Hierzu muß die Umwelt eine spezifische Reizkonstellation anbieten, den sogenannten *Schlüsselreiz*. Der Organismus verfügt über ein »Schloß«, in das nur dieser »Schlüssel« paßt: einen Detektor, der bei Darbietung des Schlüsselreizes das Ventil öffnet und so die Endhandlung auslöst. Lorenz sprach von einem »Angeborenen Auslösenden Mechanismus« (AAM); inzwischen weiß man aber, daß dieser Apparat auch eine Lerngeschichte haben kann. Die Konsummation entleert das Reservoir; sie heißt aus diesem Grunde auch »triebverzehrend« oder »kathartisch«. Offensichtlich entspricht dieser Vorgang genau der »Abfuhr« von Libido in der Terminologie der Psychoanalytiker. Danach hat der Organismus für eine Weile Ruhe, bis der Pegelstand wieder angestiegen ist und das Spiel sich wiederholt.

Der Physiker betrachtete die Zeichnung und deutete auf den Zufluß links oben. »Wo kommt die ›Triebenergie‹ denn eigentlich her?«

»Das ist es eben: Sie entsteht ›spontan‹! Man könnte hier höchstens noch von einem ›halben‹ Erhaltungssatz reden: Die Energie kann zwar entstehen, aber nicht vergehen. Bei Freud begegnen wir übrigens derselben Inkonsequenz. Es lag damals offenbar in der Luft, so zu denken. Heute allerdings ist es an der Zeit, sich nach tauglicheren Metaphern umzusehen.«

»An sich erscheint mir das Modell von LORENZ gar nicht so schlecht«, räumte der Physiker ein. »Es kommt meinem Alltagsverständnis jedenfalls recht weit entgegen. Als Sie vorhin ›Reaktivität‹ und ›Spontaneität‹ einander gegenüberstellten, war mein erster Gedanke: Natürlich gibt es *beides*! In der Regel wird Verhalten eben auf doppeltem Wege ausgelöst: durch Reizung von außen und durch Antrieb von innen.«

»Das ist aber keine Errungenschaft der Ethologen«, warf der Wissenschaftliche Psychologe ein. »Die Vertreter des Neobehaviorismus, insbesondere Clark HULL und sein Schüler Kenneth W. SPENCE, haben praktisch gleichzeitig mit LORENZ eine Zweikomponententheorie der Motivation vertreten. Das Verhalten wird danach gleichgewichtig durch den *Antrieb* von innen und den *Anreiz* von außen motiviert.«

»Und wie stellt man sich den Zusammenhang zwischen diesen beiden Komponenten quantitativ vor?« wollte der Physiker wissen. »Beide können ja in verschiedenen Stärkegraden auftreten. Man hat zum Beispiel nicht dauernd gleichviel Hunger. Und die angebotene Nahrung kann auch mehr oder minder appetitlich sein. Das muß sich doch irgendwie kompensieren können.«

»Sicher. Bin ich nahezu satt, so muß mich jemand schon mit auserlesensten lukullischen Genüssen locken. Umgekehrt, im Zustande des Heißhungers, versuche ich vielleicht, wie Charlie Chaplin in ›Goldrausch‹, meinen eigenen Schuh zu verzehren. Über die quantitative Form der Kompensation gehen die Meinungen allerdings auseinander. HULL nahm eine *multiplikative* Beziehung an. Das bedeutet: Wird einer der Faktoren zu Null, so gilt das auch für das Produkt. Wenn ich überhaupt keine Spur von Hunger habe, kann mich nach dieser Theorie nichts mehr zum Essen veranlassen.«

»Ebenso müßte die Bereitschaft zur Nahrungsaufnahme aber auch erlöschen, wenn nichts zu essen da ist.«

»Ich weiß nicht, ob HULL seine Formel selbst so ernst genommen hat; denn diese Konsequenz hätte er sicher nicht ziehen wollen. Aber vielleicht war das mit ein Grund dafür, daß SPENCE dann, abweichend von seinem Lehrer, eine *additive* Verknüpfung von Antrieb und Anreiz bei der Motivation gefordert hat.«

»LORENZ hatte eine noch etwas kompliziertere Möglichkeit im Auge, wie das hydraulische Modell erkennen läßt. Wenn der ›Pegelstand‹ des Antriebes auf Null gesunken ist, dann hat die Öffnung des Ventils, das Angebot beliebig verlockender Schlüsselreize, tatsächlich keine Konsequenzen. Antrieb ist also notwendig; er geht in das Modell multiplikativ ein. Für die Reizkomponente gilt das aber nicht. Der Antriebspegel kann, wenn er hoch genug angewachsen ist, das Ventil schließlich auch ohne äußere Hilfe aufdrücken: So entsteht die vorhin erwähnte ›Leerlaufhandlung‹.«

»Das Modell ist also asymmetrisch zugunsten der Antriebskomponente! Der äußere Anreiz behält nur als enthemmender Faktor seine Geltung, nicht als ›Stimulus‹ im wörtlichen Sinn, was ja soviel wie ›Anstachelung‹ bedeutet.«

»Ich gebe zu, daß wir es hier wohl mit einer Überreaktion bei der vorhin beschworenen ›Wende nach innen‹ zu tun haben. Wahrscheinlich hat SPENCE recht: *Beide* Faktoren bestimmen das Geschehen gleichgewichtig und additiv, das heißt, auch wenn einer ausfällt, kann der andere notfalls allein motivieren.«

Aktionsspezifische Energien

Der Ober brachte die nächste Runde Getränke: unterschiedlich geformte Gläser mit verschiedenfarbigem Inhalt, von der Bloody Mary über den öligen Port bis zum klaren Wodka. Der Physiker deutete auf die Gläser.

»Sie haben sich noch nicht zu der Frage geäußert, *wie viele* Antriebe man in der Ethologie unterscheidet. Wenn ich richtig sehe, neigen Ihre psychologischen Kollegen beide zu einer Auffassung, die ich einmal in die folgende Analogie kleiden möchte: Was wir hier bestellt haben, ist im Grunde genommen alles Alkohol. Die Verschiedenheit der Drinks beruht auf nebensächlichen Zutaten und Mixrezepten und hat keinen tieferen Sinn. Die Namen sind Konvention. Übertreibe ich da?«

»Eigentlich nicht«, gab der Wissenschaftliche Psychologe zur Antwort. »Wir meinen in der Tat, daß alle Antriebe nur unterschiedlich kanalisierte oder interpretierte Formen eines physiologischen Erregungszustandes sind. Ich wundere mich ein wenig, daß man in der Ethologie da anders zu denken scheint. Denn was wir eben über die ›Appetenz‹ gehört haben, entspricht doch eigentlich ganz genau dem, was bei uns eben ›unspezifische Erregung‹, ›Drive‹ oder ›Aktivation‹ heißt.«

Er bezog sich auf seine Ausführungen oben auf Seite 143. Der Physiker kam ihm zu Hilfe: »Unspezifisch ist die Appetenz ja in der Tat insofern, als sie sich, egal, was immer ihr Ziel sein mag, nach der jeweils aktuellen Situation formen muß. Wenn jemand aufgeregt über die Straße hastet und lebhaft einem Taxi winkt, dann sehen wir zwar, daß er sich in starker

Appetenz befindet; aber welche Konsummation er anstrebt, können wir seinem Verhalten nicht entnehmen.«

Ich hatte den Eindruck, daß es hier einiges richtigzustellen galt. »Sicher gibt sich die Appetenz, solange man sie von außen betrachtet, nur als weitgehend unspezifische Aktivation zu erkennen. Das heißt aber nicht, daß auch der Handelnde selbst sie nur als qualitativ neutrale Erregung erfährt. Ihm schwebt dabei nämlich meistens eine höchst spezifische Konsummation als Zielerwartung vor. Und diese wird in der Regel von affektiven Zuständen begleitet, deren Erlebnischarakteristik sich kaum verwechseln läßt. Die ahnende Vorwegnahme, verbunden mit dem aktuell verspürten Fehlen gerade dieses Konsummationserlebnisses, verleiht der Appetenz selbst eine spezifische Qualität. Dem Anderen mag es schwer fallen, Ihnen anzusehen, ob Sie Hunger oder Durst haben: für Sie selbst aber fühlen sich die beiden Bedürfniszustände doch einfach ganz verschieden an. Die unspezifische Aktivation ist nur eine Komponente der Appetenz, aber sie deckt nicht deren volle Erlebniswirklichkeit ab.«

»Das bestreitet niemand«, warf der Psychoanalytiker ein. »Aber man muß die bewußte Erfahrung auch nicht unbedingt für das letzte Wort halten. Was verschieden erscheint, kann auf einer tieferen Ebene dennoch dasselbe sein. Für mein Gefühl klebt die ethologische Motivationslehre viel zu eng am unmittelbaren Augenschein, um das Prädikat ›wissenschaftlich‹ zu verdienen. Sie haben vorhin selbst gesagt, daß LORENZ bei seinem hydraulischen Modell für *jede* Endhandlung ein separates ›Reservoir‹ und dementsprechend auch eine besondere Energiequalität postuliert.«

»Das trifft zu. Er spricht von ›aktionsspezifischen Energien‹, im Plural. Warum soll das unwissenschaftlich sein, abgesehen einmal von der Problematik der Energiemetapher als solcher?«

»Weil jede Wissenschaft doch das Bedürfnis hat, ihr Gegenstandsgebiet zu vereinheitlichen, statt die Dinge nur so nebeneinander zu katalogisieren, wie sie einem eben ins Auge springen!«

»Vereinheitlichung muß aber nicht heißen, daß man qualitative Differenzen nivelliert. Es gibt auch eine Einheit in der Mannigfaltigkeit; man gelangt zu ihr, indem man Sinnzusammenhänge aufweist, die die Elemente verknüpfen und ihre Unterschiede sogar als notwendig erscheinen lassen.«

Emotionen und Kognitionen

Der Wissenschaftliche Psychologe war skeptisch. »Wenn ich ›Sinnzusammenhänge‹ höre, muß ich immer gleich an gewisse Naturphilosophen denken, die ihr Heil auch heute noch bei ARISTOTELES suchen. Das klingt sehr schön; aber man ist am Ende genau so schlau wie vorher.«

»Wenn wir in der Biologie von ›Sinn‹ sprechen, meinen wir ›Angepaßtheit‹. Für uns ist motiviertes Verhalten, auch wenn es sich in stereotypen Erbkoordinationen manifestiert, immer die Antwort auf eine Anpassungsaufgabe. Instinkte sind *Problemlösungsstrategien.* Und wenn die Probleme verschieden sind, hat es wenig Sinn, über verborgene Gemeinsamkeiten der Lösungen zu spekulieren. Wenn mein Blutzuckerspiegel sinkt, muß ich Nahrung zu mir nehmen, wenn der osmotische Druck in meinem Gewebe nicht mehr stimmt, brauche ich Wasser, wenn der Kohlendioxydgehalt im Blut zu groß wird, fange ich an, nach Luft zu schnappen. Jedes dieser Bedürfnisse erfordert eine spezifisch auf die betreffende Problemlage zugeschnittene Verhaltenskoordination. Es hätte wenig Sinn, sie aufeinander zu reduzieren. Aber man kann aufzeigen, wie sie gemeinsam in sinnvollem Zusammenspiel das Überleben des Organismus gewährleisten und seinen Fortpflanzungserfolg maximieren.«

»Motive als Problemlösungsstrategien – der Gedanke gefällt mir an sich recht gut«, sagte der Wissenschaftliche Psychologe. »Er kommt dem theoretischen Ansatz entgegen, der gegenwärtig bei uns Hochkonjunktur hat: Auch wir sehen das Motivgeschehen heute stärker von seinen *kognitiven* Aspekten her. Obwohl ich zugeben muß, daß die Voraussetzung, von der Sie ausgehen, für mich sehr ungewohnt klingt: Für Sie scheinen Emotionen und Kognitionen keinen Gegensatz zu bilden.«

»Das ist in der Tat einer der tiefliegendsten Unterschiede zwischen der Ethologie und der angelsächsischen Psychologie. Die letztere hat immer dazu geneigt, Emotionen als etwas zu betrachten, was den geordneten Handlungsablauf durch Maßlosigkeit und Unvernunft *stört.* Wenn in einer behavioristischen Arbeit von ›emotionalen‹ Reaktionen einer Ratte die Rede ist, kann man ziemlich sicher sein, daß damit die Heftigkeit der Kotentleerung und andere Zeichen von Panik gemeint sind. Vielleicht hängt das ein wenig mit kulturspezifischen Werthaltungen zusammen. Zu einer Maxime wie ›Never get emotionally involved‹ sind mir in romanischen Sprachen, im Russischen oder auch im Deutschen keine Parallelen geläufig. Es scheint der kontinentaleuropäischen Tradition eher zu entsprechen, den Gefühlsbereich selbst als potentielle Erkenntnisquelle ernst zu nehmen. Blaise Pascal, obzwar selbst Mathematiker, hat doch mit Hochachtung von der ›Raison du Cœur‹ geredet. Wie dem auch sei, jedenfalls stehen in dieser Tradition auch die Ethologen. Wir erwarten zunächst einmal, daß jede Lebenserscheinung einen Sinn hat, also einen Anpassungswert. Und da liegt es eben nahe, den gesamten Instinktbereich samt seinen emotionalen Begleiterscheinungen als eine ›ratiomorphe‹, nach dem Bauplan einer schlichten Vernunft konstruierte Apparatur aufzufassen, die gute Dienste geleistet hat, als die wirkliche Vernunft noch nicht erfunden war.«

»Aber inzwischen ist sie nun einmal erfunden, und jetzt könnte es doch wirklich so sein, daß die Emotionalität nur noch stört.«

»Dann wäre sie sicher längst der natürlichen Selektion zum Opfer gefallen. Aber davon kann keine Rede sein. Wir sind noch immer so konstruiert, daß wir uns in hohem Maße auf unser Gefühl verlassen, wenn es darum geht, Situationen zu bewerten und unser Tun zu steuern. Offenbar sind die phylogenetisch älteren Formen der Kognition bei uns keineswegs spurlos verschwunden, sondern auf komplizierte Weise mit der neuerworbenen Rationalität zu einem Systemganzen zusammengewachsen.«

»Mir scheint, ich sehe Ihre Kontroverse jetzt klarer«, faßte der Physiker zusammen. »In der behavioristischen Tradition galt die Emotionalität von vornherein als unvernünftig, oder zumindest als etwas, das nichts mit kognitiven Funktionen zu tun hat – eine blinde Kraft, bei der sich in der Tat feinere Differenzierungen nicht lohnten. Als man später, vielleicht unter dem Einfluß der aufkommenden Computerwissenschaft, das Verhalten auch als Problemlösung zu betrachten begann, konnten demgemäß als Träger der hierfür erforderlichen Verarbeitungsprozesse nur rationale Funktionen in Betracht kommen. In der Ethologie hingegen waren Triebhandlungen von vornherein als Strategien zur Lösung von Anpassungsaufgaben konzipiert. Hier dachte daher niemand daran, die thematische Differenziertheit der Verhaltensimpulse zu einer amorphen, unspezifischen ›Aktivation‹ zu nivellieren. Und es bedurfte auch keiner ›kognitiven Wende‹. Freilich fehlte damit wohl auch der Anreiz, die offensichtlichen Veränderungen zur Kenntnis zu nehmen, die sich in dem Feld der Handlungsregulation abgespielt haben müssen, als die spezifisch menschliche Vernunft entstand und die Führung übernahm.«

»Man muß den Ethologen sogar eine noch weitergehende Vorhaltung machen«, fügte ich hinzu. »Sie haben ihre eigenen Ideen nie konsequent zuende gedacht. Sie haben zwar erkannt, daß die Instinkte sich nicht aufeinander reduzieren lassen, doch führte diese Einsicht dann schließlich nur zum Postulat antriebsspezifischer ›Energie‹-Qualitäten. Man hat übersehen, daß die eigentlich interessante Differenzierungsmöglichkeit auf dem Felde der *Strukturen* lag. Für LORENZ haben im Grunde alle Instinkte die Struktur des Hungers; denn der ist nun mal die Anschauungsgrundlage des psychohydraulischen Modells. Aber ein Toaster, eine Wäscheschleuder oder ein Radioapparat können zwar sehr wohl mit demselben elektrischen Strom betrieben werden; hingegen wird niemand erwarten, daß sie alle nach einem einheitlichen Modell konstruiert sind. Wenn man schon so weit ist, Motive unter der Leitidee ihrer Zweckmäßigkeit zu analysieren, hätte man ihre Baupläne studieren und in einen Systemzusammenhang bringen sollen, statt über verschiedene ›Energien‹ zu spekulieren, die letzten Endes alle im gleichen Typus von Maschinerie verheizt werden.«

In der Folge zeigte sich denn auch, daß die heuristische Fruchtbarkeit der ethologischen *Methode*, basierend auf der Beobachtung unter natürlichen Lebensumständen und auf der Frage nach dem Anpassungswert, die Tragfähigkeit der ethologischen *Theorie* überfordert hat. Das provisorisch gezimmerte Theoriegestell ächzt unter der Fülle der Befunde. Und das gilt besonders für das Thema des vorliegenden Buches: die *soziale* Motivation. Wir werden im folgenden Kapitel versuchen müssen, die Ansätze auf diesem Gebiet wenigstens so weit zusammenzufügen, daß wir sie als Arbeitsgrundlage verwenden können.

10. Kapitel

Triebbedingte Ruhezustände

Nach den allgemeineren Erörterungen des letzten Kapitels wenden wir uns nun speziell der sozialen Motivation zu. Inzestbarrieren setzen meist an einem Personenkreis an, zu dem vorher einmal emotionale Bindungen bestanden haben. Wie kam es überhaupt zu diesen Bindungen? Wie erklären die Verhaltenswissenschaften, und speziell wiederum die Ethologie, das Bedürfnis zum Anschluß an Artgenossen und die Wahl der Anschlußobjekte?

Soziale Bedürfnisse

Es verging einige Zeit, ehe wir unser Gespräch fortsetzen konnten. Der Physiker war tagelang unauffindbar gewesen. Er hatte, wie sich herausstellte, eine ausgedehnte Radpartie unternommen – der Kondition halber, und um die Gegend kennenzulernen.

»War es Ihnen nicht manchmal langweilig, dauernd so ganz allein unterwegs?« wollte der Psychoanalytiker wissen, der außerdienstlich bisweilen recht direkte Fragen liebte.

»Sie meinen – ganz ohne Besetzungsobjekte für meine libidinösen Energien?« schmunzelte der Physiker.

»Das war gar nicht anzüglich gemeint. Sie wissen doch, daß der Begriff ›Libido‹ nach psychoanalytischem Sprachgebrauch ein weites Bedeutungsfeld hat. Letztlich meint er, wie ich neulich schon sagte, den Eros, das Verlangen nach Gemeinsamkeit.«

»Gemeinsamkeit mit wem?«

»Ursprünglich natürlich mit der Mutter, später mit dem Liebespartner. Aber letzten Endes liegt die Macht des Eros auch aller Freundschaft zugrunde; die Besetzungsenergie ist dann freilich entsprechend schwächer, so daß sich ihre Abfuhr in gelegentlicher Geselligkeit erschöpfen kann.«

»Und was gibt mir die Gemeinschaft? Warum erlebe ich sie a priori als lustvoll?«

»Weil sie eben die natürliche Äußerungsform des Lebenstriebes ist. Am Anfang steht die Urerfahrung der nährenden Mutterbrust. ›Die Liebe entsteht in Anlehnung an das befriedigte Nahrungsbedürfnis‹, hat FREUD einmal gesagt. Wir erleben schon am Beginn unseres Daseins, daß im intimen Kontakt lebendige und lebenspendende Substanz in uns einströmt. Tief in unserer Natur wurzelt das Wissen, daß das Wohlbefinden aus der Vereinigung kommt.«

»Das wirkt auf mich aber ziemlich egozentrisch. Ich strebe nach Genuß, und der Andere verhilft mir dazu. Ich meine ihn gar nicht als Person, sondern als Quelle eines Wohlbefindens, das ich ersatzweise auch in einer Flasche Wein finden könnte.«

»Diese egozentrische Note leitet sich aus der Ontogenese her. Am Anfang des Lebens ist dem Kind nicht bewußt, daß sein Heil von außen kommt. Es schwimmt einfach in einem Ozean von Geborgenheit und genießt im Grunde sich selbst. ›Primären Narzißmus‹ nennen wir das. Erst allmählich kommt man dazu, die sozialen Objekte als Quellen der Befriedigung zu identifizieren, und entwickelt demgemäß Bindungen an diese. Aber ein großer Teil der Libido bleibt wohl das ganze Leben über narzißtisch.«

»Nach den Erfahrungen auf meiner Radpartie trifft das offenbar zu. Manchmal ist man wirklich mit sich selbst in bester Gesellschaft. Höchstens vorgestern, als das Gewitter wütete und ich mich im Wald unterstellen mußte, war mir so allein doch etwas beklommen zumute. Angst scheint immerhin soziale Bedürfnisse zu wecken. Wie ist denn das – gibt es empirische Untersuchungen darüber, unter welchen Bedingungen wir Gemeinschaft suchen?«

Die Frage richtete sich an den Wissenschaftlichen Psychologen. Dieser, in der Literatur seines Faches beschlagen, wußte hierauf Auskunft zu geben.

»Man ist bei uns vor allem in zwei Arbeitsgebieten auf die sozialen Bedürfnisse des Menschen gestoßen: in der klinischen Diagnostik und in der Entwicklungspsychologie. Im Jahre 1938 hatte der Persönlichkeitspsychologe H. A. MURRAY ein Standardwerk über ein projektives Testverfahren, den sogenannten ›Thematischen Apperzeptionstest‹, verfaßt.«

Wie schon auf Seite 128 angedeutet, geht es bei dieser Art Verfahren darum, daß der Proband Geschichten zu einer Reihe von Bildtafeln erfinden muß, in denen unspezifische soziale Szenen dargestellt werden. Bei der Auswertung dieser Phantasieprodukte prüft man dann, welche Motive

darin den Handlungsträgern zugewiesen werden.

»Auf diese Weise konnte auf empirischem Wege ein Katalog gehäuft auftretender Themengebiete erstellt werden, und eines der dabei identifizierten Motive ist eben das Bedürfnis nach Anschluß, nach *›Affiliation‹*. MURRAY verzeichnete dieses Motiv immer dann, wenn in den Testgeschichten davon die Rede war, daß Freundschaften geschlossen oder Beziehungen eingegangen wurden, Personen sich begrüßten oder freundlich unterhielten, mit anderen kooperierten, sie liebten.«

»Das klingt nach Aktivitäten, die ein gewisses Lebensalter voraussetzen. Soziale Bedürfnisse hat aber auch schon das kleine Kind!«

»Tatsächlich kam ein zweiter Anstoß der Forschung zu diesem Themengebiet aus der Entwicklungspsychologie, vor allem aus der Gruppe um einen Lerntheoretiker namens Robert SEARS. Daß diese Schule bei einem anderen Lebensalter ansetzte, erkennt man schon an der Terminologie: Die einschlägige Forschung rangiert hier unter dem Stichwort *›Abhängigkeit‹*. Die Verhaltenskriterien, an denen dieser Begriff festgemacht wird, klingen anders als die von MURRAY angegebenen, sie lauten etwa: ›Körperkontakt suchen‹, ›sich in der Nähe von jemandem aufhalten‹, ›Aufmerksamkeit eines Anderen auf sich ziehen‹, ›sich um Lob und Anerkennung bemühen‹, ›sich gegen Trennung sträuben‹, ›Hilfe erbitten‹ und ›Fragen stellen‹.«

»Der Akzent liegt hier offenbar stärker auf der passiv-empfangenden Seite: Man will etwas vom Anderen. Bei der ›Affiliation‹ von MURRAY scheint die Beziehung auf Gegenseitigkeit zu beruhen. Das Konzept der ›Abhängigkeit‹ aber erinnert eher an die Deutung des Anschlußverhaltens, die unser psychoanalytischer Kollege eben geliefert hat.«

»Das ist kein Zufall; SEARS kommt aus derselben Richtung. Er hat versucht, die lerntheoretische mit der psychoanalytischen Tradition zu verbinden.«

»Nun kennt man solche Abhängigkeitswünsche ja wirklich, und nicht nur beim Kind. Ist MURRAY bei seinen Untersuchungen an Erwachsenen nicht auch auf diese Motivthematik gestoßen?«

»Tatsächlich verzeichnet er neben dem Anschlußmotiv noch ein anderes, das er ›Need for Succorance‹, zu deutsch etwa *›Hilfebedürfnis‹*, nennt. Er umschreibt es als Wunsch nach jemandem, der immer verfügbar ist, wenn der Akteur etwas braucht: Nahrung, Schutz, Hilfeleistung, Fürsorge, Mitleid, ungeteilte Hingabe.«

»Dann müßten wir also am Sozialverhalten zwei Komponenten unterscheiden«, überlegte ich: »Eine entwicklungspsychologisch primäre Motivlage, aus der heraus man im Anderen nur eine Quelle der Unterstützung sieht, und eine später hinzukommende sekundäre, in der man die Gemeinsamkeit sucht, weil sie erweiterte und vertiefte Erlebnismöglichkeiten verheißt, und bei der man auch eigene Gegenleistungen in die Beziehung einbringt. Prototypisch für die Bindung erster Art wäre die Anhänglichkeit des Kindes an seine Pflegeperson, während als Paradigma der letzteren die partnerschaftliche Liebe zwischen Mann und Frau zu gelten hätte.«

Not liebt Gesellschaft

Aber damit war ich für den Geschmack des Wissenschaftlichen Psychologen schon wieder zu weit gegangen.

»Sie lauern scheinbar nur darauf, qualitative Unterschiede einzuführen, wo wir froh sind, wenn wir Anhaltspunkte zur Vereinheitlichung entdekken«, wies er mich zurecht. »Man darf den Gegensatz von ›Abhängigkeit‹ und ›Affiliationsbedürfnis‹ doch auch nicht überbewerten. Natürlich gibt es Unterschiede in der theoretischen Fassung der beiden Konzepte; aber das rührt hauptsächlich daher, daß sie von zwei verschiedenen Forschergruppen untersucht wurden, die jeweils die Akzente ein wenig anders setzten. Letzten Endes standen aber alle Beteiligten auf dem Boden der sozialen Lerntheorie. Man ging übereinstimmend davon aus, daß es sich bei den genannten Äußerungsformen der Kontaktsuche nicht um primäre Triebe oder gar einen ›Instinkt‹ handle, sondern um das Resultat von Lernprozessen. Die Abhängigkeitstheoretiker, die vor allem Kinder untersuchten, stießen dabei natürlich auf frühe Sozialisationseinflüsse. Von klein auf macht ja wirklich jeder von uns die Erfahrung, daß man andere Personen braucht, um Hunger, Schmerz oder Gefahr zu bannen.«

»Man wird also zur Abhängigkeit erzogen?«

»Darüber herrscht ziemlich Einigkeit. Wenn sich ein Kind den Finger verbrennt, so tut er ihm weh: eine aversive Situation. Schmerzvermeidung ist ein primärer Trieb. Wenn es nun aber weint und zur Mutter läuft, so macht es die Erfahrung, daß es getröstet und an der wunden Stelle gestreichelt wird; der Schmerz läßt nach. Kein Wunder also, daß es künftig, wenn immer ihm etwas zustößt, von der Mutter und – aufgrund von Reizgeneralisation – überhaupt von seinen Mitmenschen erwartet, daß sie ihm helfen. Und sobald es gelernt hat, Anzeichen zu verwerten, die auf wahrscheinlich *bevorstehende* Schmerzerlebnisse hinweisen, werden schon diese Signale selbst Anschlußverhalten auslösen. In diesem Sinn kann ich also Ihre Vermutung von vorhin klar bestätigen«, er blickte zum Physiker hinüber: »Angst weckt in der Tat soziale Bedürfnisse. Das ist experimentell gut bestätigt.«

»Bei Kindern ist das unmittelbar einleuchtend«, überlegte der Angeredete. »Und nach meiner Erfahrung vorgestern im Gewitter empfindet man als Erwachsener zuweilen noch genauso. Obwohl einem der Verstand sagt, daß der Kumpan gegen einschlagende Blitze gewiß nicht zu helfen vermag, ist einem in Gesellschaft doch wohler zumute. Aber solche anekdotische Erlebnisse helfen wissenschaftlich wohl nicht weiter. Gibt es denn empirische Untersuchungen zu diesem Thema – an Erwachsenen, wohlgemerkt?«

»Hierum haben sich naturgemäß vor allem die Affiliationstheoretiker bemüht. Das bekannteste Experiment dieser Art stammt wiederum von Stanley SCHACHTER, von dem bereits in unserem vorigen Gespräch die Rede war. Man erzählte Studentinnen, die sich zu einem psychophysiologischen Experiment angemeldet hatten, daß ihnen Elektroschocks bevorstünden. Einem Teil der Versuchspersonen wurde die Prozedur als sehr schmerzhaft beschrieben, einem anderen nur als ein mildes Kitzeln. Nach dieser Ankündigung fragte man jede Studentin, ob sie bis zum Versuchsbeginn lieber zusammen mit den übrigen warten wolle oder ob es ihr nichts ausmache, allein zu bleiben. Das Ergebnis war signifikant: In der Gruppe, die die starken Schocks erwartete und dementsprechend mehr Angst hatte, waren weit weniger Versuchspersonen bereit, einzeln zu warten als in der Vergleichsgruppe.«

»Wie gut kannten sich die Versuchspersonen eigentlich untereinander?«

»Überhaupt nicht! Darauf hat SCHACHTER sorgfältig geachtet, weil persönliche Freundschaft das Ergebnis uninterpretierbar gemacht hätte. In einem folgenden Versuch ging er dann aber solchen Zusatzfaktoren nach. Er stellte die Frage, ob das angstbedingte Anschlußbedürfnis *›generell‹* oder *›direktionell‹* sei, ob es sich also gegen ›irgendwen‹ richte oder einen besonderen Personenkreis bevorzuge. Er ließ die Versuchspersonen nunmehr wählen, ob sie mit anderen Teilnehmerinnen desselben Versuchs oder mit Unbeteiligten zusammen warten wollten.«

»Es gehört nicht viel Scharfsinn dazu, das Ergebnis zu erraten.«

»Da mögen Sie recht haben. Wie zu erwarten, erwies sich das Anschlußbedürfnis als ausgesprochen direktionell: fremde, unbeteiligte Mitwartende waren ziemlich unattraktiv. Es gibt im Englischen das Sprichwort ›Misery loves company‹, zu deutsch etwa ›Not sucht Gesellschaft‹. Dieser Sinnspruch, sagt SCHACHTER, sei nicht korrekt. Nach dem Ergebnis seines Experimentes müßte er vielmehr lauten: ›Misery loves *miserable* company‹.«

»Und wie erklärt er sich das? Hilfe in der Not wird man ja kaum von denen zu gewärtigen haben, die in derselben Patsche stecken!«

»Unter Umständen doch. Aber SCHACHTERS Sympathien liegen in der Tat bei einem anderen, einem kognitiven Erklärungsansatz. Hier haben Sie, wenn Sie partout wollen, Ihren Unterschied zwischen ›Abhängigkeit‹ und ›Affiliation‹: Die Affiliationstheoretiker meinen, Anschluß werde unter Erwachsenen in erster Linie deshalb gesucht, weil man sozialen Vergleich brauche, um ein neues und ungewohntes Gefühl identifizieren und etikettieren zu können. In einer als chaotisch und unüberschaubar empfundenen Stimmungslage benötigt man ein Bezugssystem, um zu verstehen, was man eigentlich fühlt; und *zu diesem Zweck* sucht man Gesellschaft.«

Er bemerkte mein zweifelndes Gesicht. »Zugegeben, diese Deutung mag ja vielleicht nicht alle Befunde abdecken. Aber sie zeigt doch, daß es viele Erklärungsmöglichkeiten für den Wunsch nach sozialem Anschluß gibt, ohne daß man einen Instinkt bemühen müßte. Darin sehe ich das grundsätzlich Verdienstvolle solcher Theorien.«

Liebe und Haß

»Wie ist es denn in der Ethologie?« wandte sich der Physiker an mich. »Wird bei Ihnen der soziale Anschluß aus einem ›Herdeninstinkt‹ abgeleitet?«

»Weit gefehlt!« fiel der Psychoanalytiker ein, bevor ich noch antworten konnte. »Die Ethologen haben das Kunststück vollbracht, den Vereinigungstrieb aus destruktiven Wünschen hervorgehen zu lassen. LORENZ schreibt das ziemlich wörtlich in seinem Buch ›Das sogenannte Böse‹. Ich habe es als Ferienlektüre dabei.«

Er zog eine Paperback-Ausgabe aus der Jackentasche und blätterte darin. »Wenn mich nicht alles täuscht, kulminiert das Buch in einem Kapitel, das die Überschrift ›Das Band‹ trägt. Und in diesem wird ernsthaft der Versuch unternommen, die personelle Zuneigung aus der Aggression herzuleiten. Ich habe mir da eine Stelle angestrichen . . .: LORENZ spricht am Schluß des 3. Kapitels davon, daß die gestaltenden Kräfte der Evolution ›gerade den ruppigen Ast der intraspezifischen Aggression ausersehen haben, um aus ihm die Blüte der persönlichen Freundschaft und Liebe sprießen zu lassen‹.«

Ein befremdlicher Gedanke in der Tat. Um ihm gerecht zu werden, muß man den Kontext betrachten, in dem er steht.

Es ist eine unbestreitbare Tatsache, daß sich Gesten, die Zusammengehörigkeit bekunden sollen, bei artvergleichender Betrachtung häufig als umgeformte Angriffshandlungen zu erkennen geben. Das Triumphgeschrei der Wildgänse, von dem auf Seite 21 die Rede war, gehört ebenso hierher wie in unserem eigenen Erfahrungsbereich das freundschaftliche Schulterklopfen und vielleicht auch das ritualisierte Zähneweisen beim Lächeln. Es sieht so aus, als erwüchse der Impuls, den Anderen zu begrüßen, aus einer Stimmungslage, die in phylogenetisch primitiveren Entwicklungsstufen noch zu Angriffsdrohungen geführt hat.

Um dieses Phänomen zu erklären, führt LORENZ nun eine äußerst wichtige Unterscheidung ein: Er differenziert zwischen *anonymer Geselligkeit* und *individueller Bindung.* Die erste, die etwa in Fisch- und Vogelschwärmen oder in den jahreszeitlichen Wanderherden mancher Huftiere verwirklicht ist, kümmert sich nicht darum, wer die Individuen sind, an die man Anschluß findet. Solange es sich um Artgenossen handelt, sind sie als Gruppenmitglieder willkommen; Austausch von Individuen wird nicht bemerkt oder jedenfalls toleriert.

Für diesen Typus von Vergesellschaftung ist nun charakteristisch, daß man bei ihm praktisch keine innerartliche Aggression beobachtet; es herrscht unbeteiligte Friedfertigkeit. Ganz anders ist es bei Tieren, die individualisierte Bindungen eingehen können. Hier zerfällt die Gesamtmenge der Artgenossen grundsätzlich in zwei Klassen: die der *Freunde* und die der *Rivalen.* An jene sucht man Anschluß, gegen diese ist man aggressiv.

Das ist nach LORENZ allerdings schon ein sekundäres Phänomen. Primär, so sagt er, bestehe bei diesen Tierspecies eine Intoleranz gegen Artgenossen überhaupt. Aber es gebe einen Gegenspieler, der die aggressionsauslösenden Reize des Partners unwirksam mache, und das sei die *Gewöhnung.* Zwar setze der Partner, an den man sich gewöhnt hat, noch immer ›Aggressionsenergie‹ frei, doch biete er dieser kein geeignetes Objekt der Abreaktion mehr. Das soll heißen: Der Andere macht mich zwar, in seiner Eigenschaft als *Artgenosse,* immer noch wütend, aber er zieht, als *Individuum,* meine Wut nicht mehr auf sich, sondern lenkt sie im Gegenteil von sich ab. Da andererseits wegen des unterstellten Erhaltungssatzes die Aggression nicht spurlos verschwinden kann, wird sie auf den außenstehenden, fremden Artgenossen umdirigiert, den keine solche Hemmung schützt. Und dieser gemeinsame Kampf gegen den Feind schweißt nun wiederum die Gruppe immer stärker zusammen; er wird zum Band, das die Mitglieder eint.

Neue theoretische Perspektiven

Zu dieser Theorie ist allerlei zu sagen; sie bedarf der Korrektur, und zwar nicht nur in Nebensachen sondern in wesentlichen Teilen. Gerade weil das so ist, muß aber auch gewürdigt werden, daß sie gegenüber der lerntheoretischen und der psychoanalytischen Auffassung einen Wechsel der Perspektive gebracht hat, der auf jeden Fall Gültigkeit beanspruchen kann.

Im Vergleich mit der Lerntheorie liegt der Unterschied nicht etwa allein darin, daß die Ethologie eine *instinktive* Bindungsbereitschaft annimmt, wo in der Psychologie traditionellerweise die Erfahrung bemüht wird. Als noch viel tieferliegend erweist sich vielmehr, daß das »Band«, von dem LORENZ spricht, eine exklusive Beziehung zwischen *Individuen* ist, während sowohl Abhängigkeits- als auch Affiliationstheoretiker von einer *überindividuellen* – ethologisch gesprochen, anonymen – Sozialbeziehung ausgehen. Der »Abhängige« fühlt sich auf Hilfe angewiesen, gleichgültig von wem sie kommt. Und »Affiliation« bekundet sich, wenn man sie nach den einschlägigen Versuchsplänen beurteilt, im Verlangen nach Beliebtheit bei allen und jedem und in der Bereitschaft zur Teilnahme an geselligen Ereignissen unspezifischer Art, etwa Gruppendiskussionen.

Nun haben wir zwar auch von SCHACHTER gehört, daß er das Anschlußbedürfnis nicht als »generell«, sondern als »direktionell« bestimmt. Aber er tut das gewissermaßen widerwillig, unter dem Druck der Verhältnisse. Dem Wissenschaftsverständnis des Behaviorismus und seiner Nachlaßverwalter entspricht zutiefst ein Drang zur Allgemeinaussage. Das glaubt man dem großen Vorbild der Physik schuldig zu sein. So wie das Pendelgesetz nicht nur auf der Erde, sondern ebenso auf Mond, Mars und allen Himmelskörpern gilt, so sollte auch das Anschlußverhalten durch eine Formel beschreibbar sein, die gültig bleibt, wenn man verschiedene Personen in die Rolle des Partners einsetzt.

Sofern Merkmalsunterschiede dieser Personen die Kontaktbereitschaft beeinflussen, sollte es sich nach Möglichkeit wenigstens um *überindividuelle* Merkmale handeln, wie etwa bei SCHACHTER die gemeinsame Notlage. Die persönliche Identität des Partners als solche darf keine Rolle spielen, es sei denn als Assoziationskern für positive oder negative Erfahrungen, die man früher einmal mit ihm gemacht hat.

Verglichen damit steht bei dem, was die Ethologen über das Anschlußverhalten zu sagen haben, immer im Vordergrund, daß der Partner als *unersetzlich* erlebt wird und sein Verschwinden demgemäß aktive Suche, sein Verlust Trauer hervorruft. In dieser Hinsicht denken die Ethologen ähnlich wie die Psychoanalytiker: Was diese als »libidinöse Besetzung« bezeichnen, richtet sich naturgemäß ebenfalls auf ein individualisiertes Beziehungsobjekt.

Zur Psychoanalyse besteht indessen ein anderer, nicht minder bedeutsamer Unterschied. Er betrifft die Trennung von Liebe und *Sexualität.* Bekanntlich deckt der Begriff der »Libido« alle im weitesten Sinn erotischen Bedürfnisse von der Kindes- über die Freundes- bis zur Gattenliebe ab. Auf etwas andere Weise als die Lerntheorie leistet so auch die Psychoanalyse der Forderung nach möglichst weitgehender ›Allgemeingültigkeit‹ wissenschaftlicher Erklärungsmodelle Tribut.

Nun entgeht dem reinen Humanforscher tatsächlich leicht, wie unabhängig Bindung und Sexualität voneinander sein können. Unsere Selbsterfahrung läßt uns im Stich, wenn wir nach scharfen Grenzen suchen, die die Zuneigung zum Partner vom handfesten Verlangen nach körperlicher Intimität trennen, oder auf anderer Ebene die Umarmung zwischen Mutter und Kind von der eines Liebespaares. Erst bei artvergleichender Betrachtung, hier aber zweifelsfrei, erschließt sich die Trennung der Funktionskreise. Brutpflege und Sexualität äußern sich bei den meisten Species in ganz verschiedenen Erbkoordinationen. Und wie wenig die Bindung zwischen Geschlechtspartnern auf Sexualität angewiesen ist, lassen zumindest jene dauermonogamen Tiere erkennen, bei denen sich die Brunft auf nur wenige Wochen im Jahr beschränkt, während das Band zwischen den Partnern die Jahreszeiten überdauert. Es mag sein, daß sich alle diese Motive beim Menschen in stärkerem Maße legiert haben, als das auf phylogenetisch früheren Stufen der Fall war; aber dieses Phänomen würde dann natürlich zu ganz anderen Erklärungen herausfordern als zu der eines ursprünglich undifferenzierten »Lebenstriebes«.

Die Frage des prototypischen Objektes

Konrad LORENZ kann als bleibendes Verdienst die doppelte Einsicht beanspruchen, daß das Wesen der Bindung weder von der anonymen Geselligkeit noch von der Sexualität her zu bestimmen ist. Wir wollen das nicht aus dem Auge verlieren, auch wenn wir uns nunmehr den Schwachstellen seiner Theorie zuwenden müssen.

Am auffallendsten ist zunächst zweifellos, daß er Freundschaft und Aggressivität nicht, dem naiven Klischee folgend, als Gegensätze auffaßt, sondern eine tiefliegende genetische Beziehung zwischen ihnen konstruiert. Um würdigen zu können, wie dieser Gedanke zustande kam, greifen wir am besten noch einmal auf das schon erwähnte Buch »Das sogenannte Böse« zurück. LORENZ schreibt dort auf Seite 259, daß »die stammesgeschichtliche Urform des persönlichen Bandes und der Gruppenbildung ganz sicher der Zusammenhalt des *gemeinsam für die Nachkommenschaft sorgenden Paares*« gewesen sein müsse.

In dieser Formulierung steckt der Gedanke, daß sich die individualisierte Bindung aus dem Funktionskreis der *Brutpflege* heraus entwickelt hat.

Aber dieser Funktionskreis umfaßt zwei komplementäre Aspekte: Man kann ihn von den Eltern oder vom Kind her aufrollen. Ontogenetisch früher ist jedenfalls die Bindung des Kindes an die Schutz spendende Familie, im einfachsten Fall also zumindest an die Mutter. Diese Form der Liebe steht in keiner einsichtigen Beziehung zur Aggression. Anders ist es bei der Bindung der Mutter an das Kind: Brutpflege bedeutet bei Tieren so gut wie immer auch Brut*verteidigung*; sie sollte also mit einer generell erhöhten Aggressionsbereitschaft korrelliert sein, die sich freilich nicht gegen das Kind selbst richten darf.

Bei höher entwickelter Sozialorganisation wird außerdem auch der Vater in die Familie einbezogen: Die Geschlechtspartner schließen ihrerseits eine Dauergemeinschaft. Es ist nun ein zentrales Anliegen des vorliegenden Buches, deutlich zu machen, daß die Mutterbindung des Kindes und die eheliche Partnerschaft vom Typus her verschieden sind. Dies bekundet sich vor allem darin, daß die Vertraulichkeit, die sich im Dunstkreis der primären Nestwärme entwickelt, eine spätere sexualerotische Beziehung behindert. Da die eheliche Partnerliebe daher im Regelfall Individuen verbindet, die einander zunächst als Fremde gegenübertreten müssen, gilt für sie – aber nur für sie! – auch in der Tat, daß sie aus dem »ruppigen Ast der Aggression« erblüht und diese Abstammung nie ganz verleugnen kann.

Damit stellt sich die Frage, welche der beiden Bindungsformen man als primär ansehen soll. Und es ist nun einigermaßen erstaunlich, daß ein Forscher wie Lorenz, dessen wissenschaftliche Interessen wesentlich durch das Erlebnis der vertrauensvollen Nachfolgereaktion von Jungvögeln bestimmt worden sind, nicht die Mutter, sondern den Ehepartner zum prototypischen Objekt der Bindung erklärt hat!

Es konnte nicht ausbleiben, daß in seinem unmittelbaren Einflußbereich auch der andere Weg beschritten wurde. Bahnbrechend wirkte hier aber interessanterweise nicht einer seiner zoologischen Mitarbeiter, sondern ein fachfremder Kollege, der erst relativ spät mit ihm in Berührung gekommen ist: der britische Kinderpsychoanalytiker John Bowlby. Dieser Autor führte zu unserem Themengebiet das schon mehrfach angeklungene Stichwort *Bindung,* auf Englisch »attachment«, in die Fachliteratur ein, womit nun definitiv die Beziehung eines Kindes zu seiner Pflegeperson, normalerweise zur Mutter, gemeint war.

Bindung und Abhängigkeit

Zwischen John Bowlby und Robert Sears, dem Begründer der »Abhängigkeits«-Theorie, besteht eine aufschlußreiche Parallele. Beide haben versucht, kinderpsychoanalytische Erfahrung enger in die empirische Grundlagenforschung der Verhaltenswissenschaften einzubinden: der eine in das System der Ethologie, der andere in das der Sozialen Lerntheorie. Die Verschiedenheit der beiden Bezugssysteme bedingt allerdings, daß »Bindung« und »Abhängigkeit« nicht etwa deckungsgleiche Begriffe sind.

Zunächst einmal erscheint »Bindung« nicht als ein gelerntes Motiv, sondern als Manifestation einer *angeborenen* Anschlußbereitschaft. Wäre das Kind, so argumentiert Bowlby, darauf angewiesen, erst im Ernstfall lernen zu müssen, daß die Mutter bei Gefahr nützlich sein kann, so wäre dies, gelinde gesagt, reichlich riskant. Die natürliche Selektion muß jede noch so geringfügige Neigung, sich *von vornherein* an die Mutter anzuschließen, reichlich belohnen. Zumindest dort im Tierreich, wo man das überhaupt prüfen kann, nämlich bei nestflüchtenden Vögeln, läßt sich eine solche Motivation auch empirisch nachweisen. Beim Menschen sind zu dieser Frage keine Entscheidungsexperimente möglich; aber da die Abhängigkeitstheorie ebenfalls nicht auf Befunden, sondern auf theoretischen Vorannahmen fußt, fühlte sich Bowlby frei, auch bei unserer Species von der phylogenetisch plausibleren Voraussetzung einer angeborenen Bindungsbereitschaft auszugehen.

Auf einen zweiten Unterschied in der Definition von Bindung und Abhängigkeit habe ich bereits oben auf Seite 166 hingewiesen; er betrifft die Polarität von »individuell« und »anonym«. Man kann ihn noch etwas genauer herausarbeiten: »Bindung« kennzeichnet eine *Beziehung* zu einem *Objekt*, »Abhängigkeit« hingegen einen primär objektlosen *Zustand* des *Subjektes*. Abhängigkeit meint die Bedürftigkeit, das Angewiesensein auf irgendwen, der Geborgenheit zu spenden vermag; Bindung spezifiziert, an wen man sich im Zustand dieser Bedürftigkeit wendet. Beim Nahrungstrieb gibt es eine vergleichbare Unterscheidung: Der Abhängigkeit entspricht hier der schlichte Hunger, der Bindung hingegen nicht etwa der akute Appetit, wohl aber die dauerhafte Vorliebe für, sagen wir, bayerische Semmelknödel.

An dritter Stelle ist schließlich noch auf den Umstand hinzuweisen, daß dem Wort Abhängigkeit, stärker noch dem englischen »dependency«, ein abwertender Beigeschmack anhaftet. Zumindest erscheint der so bezeichnete Zustand nur der frühen Kindheit angemessen. Bei Erwachsenen gilt er als Zeichen von Unreife. »Bindung« klingt demgegenüber unverdächtig und als Erweis bleibender Gemütswerte. Es ist keine Schande, die Bindung an die Eltern lebenslang aufrechtzuerhalten, aber es wäre unakzeptabel, in Abhängigkeit von ihnen zu verharren.

In dieser Hinsicht hat sich die ethologische Terminologie als kontraproduktiv erwiesen. Während der Begriff der Abhängigkeit über sich hinausweist auf die Entwicklungsaufgabe der *Verselbständigung*, klafft, wie wir später noch sehen werden, in der Theorie BOWLBYS an dieser Stelle eine Lücke: Daß die primäre Bindung etwas ist, woraus man sich zu gegebener Zeit *lösen* muß, ist ein Faktum, das er theoretisch nicht in den Griff bekommt. Und dabei hätte es doch so nahe gelegen, die Brücke zu den geistesverwandten Ideen WESTERMARCKS zu schlagen!

Aber es ist noch nicht an der Zeit, BOWLBY selbst zu hinterfragen. Vorerst sind wir dabei, die erforderlichen Korrekturen am Theoriegebäude der klassischen Ethologie zu inventarisieren, und dabei kann uns BOWLBYS Ansatz erst einmal gute Dienste leisten.

Die Sprache, in die er seine Theorie kleidet, überrascht zunächst, wenn man ihn, und das sicher zu Recht, dem ethologischen Lager zurechnet. Er vermeidet es nämlich, das Bindungsverhalten auf ein »Bedürfnis«, einen »Trieb«, einen »Instinkt«, ja selbst ein »Motiv« zurückzuführen. Statt dessen spricht er von einem *»System«,* das allein durch Außenreize oder deren Fehlen »aktiviert« und wieder »abgeschaltet« wird.

Um verständlich zu machen, warum er es vorgezogen hat, sich so auszudrücken, wird es am einfachsten sein, wenn ich noch einmal zu unserem Gespräch in der Hotelbar zurückblende.

Die Wende zum System

Es gab da einen Moment, in dem sich der Physiker verstohlen die Waden rieb und dazu ein merkwürdig krampfhaftes Gesicht zog. Der Psychoanalytiker war sofort im Bilde. »Muskelkater?« fragte er mit feinem Lächeln.

Das mußte der Physiker bestätigen. »Wenn man schließlich das ganze Jahr über nur Auto fährt, ist man nicht mehr gleich in Form für eine Radpartie. Autofahren ist so bequem. Gasgeben erfordert nicht mehr Anstrengung, als eben nötig ist, um das Pedal niederzutreten. Die ganzen 80 PS, die in der Beschleunigung liegen, schreibt man dabei unwillkürlich der eigenen Potenz zu. In Wirklichkeit benutzt man natürlich nur die chemische Energie des Treibstoffs im Tank. Beim Fahrrad ist das ganz anders: Hier muß man alle Energie ganz ehrlich selbst aufbringen, die man braucht, um vorwärts zu kommen.«

Der Psychoanalytiker wurde nachdenklich. »Das habe ich mir nie so recht klar gemacht«, sagte er. »Es scheint offenbar zwei verschiedene Formen von physikalischer Kausalität zu geben – eine, bei der die Ursache auch selbst die Energie für die Wirkung liefert, und eine andere, bei der die Energie aus anderen Quellen stammt und durch die Ursache nur kanalisiert wird. Im letzteren Fall trägt die Ursache nur so viel Energie bei, wie man zur Verstellung von Ventilen braucht.«

»Wobei noch hinzuzufügen wäre, daß dieser Beitrag überhaupt nicht in die Energiebilanz der Wirkung eingeht. Die Arbeit, die ich beim Gasgeben leiste, dient dazu, den Reibungswiderstand und den elastischen Gegendruck der Pedalfeder zu überwinden. Was dabei an Energie umgesetzt wird, beschleunigt nicht den Wagen, sondern erzeugt nur Reibungswärme und heizt nutzlos das Universum auf.«

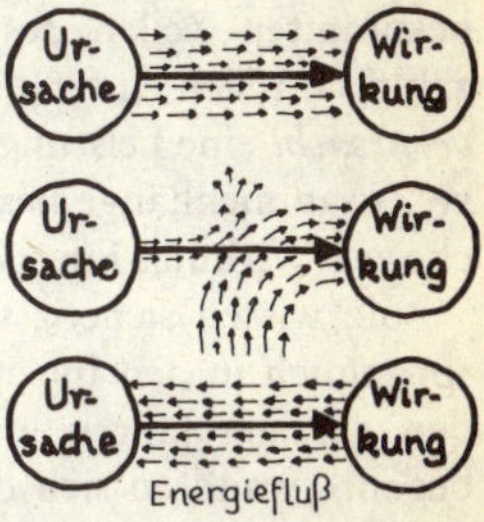

»Es gibt also Kausalität, bei der von der Ursache zur Wirkung nicht einmal ein theoretisches Minimum von Energie fließt!«

»Noch schlimmer: Manchmal kann der Energiefluß sogar umgekehrt verlaufen. Wenn Abkühlung des Raumes den Thermostaten veranlaßt, das Heizaggregat einzuschalten, dann steht am Anfang der Wirkungskette ein Bauteil, bei dem die Ursache der Wirkung Wärmeenergie *entzieht*. Man muß sich eben ein für allemal klar machen, daß das Gefüge der Wirkungen, der ›Kausalnexus‹, wie man in der älteren Naturphilosophie sagte, von den Energieflüssen prinzipiell unabhängig ist. Die beiden Prozeßstrukturen sind nicht aufeinander abbildbar.«

»Für die Verhaltenswissenschaften hat diese Erkenntnis weitreichende Konsequenzen«, schaltete ich mich ein. »Sie macht nämlich deutlich, daß alle Rede von ›Energie‹, im Singular oder Plural, im Grunde eine nutzlose Metapher ist. Was uns wirklich interessiert, ist der Kausalnexus, das System der Wirkungszusammenhänge. Natürlich wird bei jeder Sinnesreizung, bei jeder Nervenerregung, bei jeder Muskelzuckung auch Arbeit geleistet, und die braucht Energie. Aber es handelt sich hier stets um ganz banale Stoffwechselenergie, die nicht das Geringste mit dem zu tun hat, was in den verschiedenen Lehrbüchern als ›Libido‹, ›Aktivation‹ oder meinetwegen auch als ›aktionsspezifische Energien‹ geführt wird. Wenn ein junger Mann beim Oktoberfest so auf den Lukas haut, daß er sich anschließend drei Tage nicht mehr rühren kann, bloß weil ihm ein Mädchen

zusieht, dem er imponieren will, so laufen hier ohne Zweifel energiereiche Prozesse ab. Aber die ›Energie‹ seiner Liebe oder Geltungssucht geht in sein Anstrengungsgefühl oder gar in die resultierende körperliche Leistung ebensowenig ein wie der Kraftaufwand beim Gaspedal in die Beschleunigung des Autos eingeht. Die Prozesse, die hier – zugegeben, mit hoher Intensität – ablaufen, beruhen alle auf Nervenerregungen, und diese haben energetisch keine andere Voraussetzung, als daß in bestimmten Zellen des Körpers Zucker verbrannt wird. Was wirklich zählt, läßt sich einfach so ausdrücken: Ein Motiv von der und der Stärke *verursacht* eine Leistung von dem und dem Umfang. Wenn hier quantitative Zusammenhänge bestehen, dann ganz gewiß nicht, weil von der Ursache zur Wirkung Energie fließt.«

»Sie wissen sicher«, sagte der Physiker, »daß solche Überlegungen ursprünglich in den Ingenieurwissenschaften aufgekommen sind. Seit etwa den vierziger Jahren, als sich die Bedeutung der Elektronik abzuzeichnen begann, wandten sich die Techniker zunehmend von den Problemen der Kraftverstärkung ab und denen der Prozeßsteuerung zu. Die energetische Seite war hierfür meist ganz unwichtig; worauf es nun ankam, waren die Struktur der Ursache-Wirkungs-Verknüpfungen und deren dynamische Konsequenzen. Es entwickelte sich eine eigene Wissenschaft vom Kausalnexus; ›Systemtheorie‹ nannten es manche, bekannter wurde zunächst die von Norbert WIENER vorgeschlagene Bezeichnung ›Kybernetik‹. Besonders ein bestimmter Typus von Wirkungsverkettung, das ›negative Feedback‹, auch ›Regelkreis‹ genannt, wurde zum Paradigma der neuen Wissenschaft, so sehr, daß viele heute irrtümlich glauben, Kybernetik sei dasselbe wie Regelungstheorie. Aber diese Definition ist zu eng; tatsächlich geht jeder Forscher kybernetisch vor, der an Systemen die Kausalstruktur ohne Rücksicht auf die zugrundeliegende Energiebilanz untersucht.«

Wir haben die Idee der negativen Rückwirkung einer Ursache auf sich selbst bereits auf Seite 68 anläßlich einer Theorie über Kreuzkusinenheiraten kennengelernt. Wie dieses Beispiel zeigt, gibt es in der Tat sinnvolle Fragen über Wirkungszusammenhänge, die gewiß niemanden zu »energetischen« Überlegungen anregen würden.

Kaum war WIENERS Hauptwerk erschienen, brachen sich verwandte Ideen auch in der Biologie Bahn. Vor allem Erich von HOLST hat hier richtungweisend gewirkt, und durch ihn ist auch Konrad LORENZ frühzeitig mit der kybernetischen Denkweise in Berührung gekommen. Obwohl ihm die Bedeutung dieses neuen Ansatzes sehr wohl klar war, hat er doch keine weiterreichenden Konsequenzen daraus gezogen; wie wir gehört haben, ist er der energetischen Betrachtung letztlich treu geblieben.

Es war dem Außenseiter John Bowlby vorbehalten, hier die fällige Wende zu vollziehen. Wenn dieser den Begriff des Triebes durch den des Systems ersetzte, so sollte damit gerade zum Ausdruck kommen, daß es an der Zeit sei, die energetische zugunsten einer strukturellen Betrachtungsweise aufzugegen. Mit »System« aber meinte er, der gängigen Auffassung folgend, speziell den Kausalnexus des *Regelkreises.*

Formal gesehen hat er damit dem psychohydraulischen Modell noch nicht widersprochen. Auch dieses nämlich enthält wesentlich ein negatives Feedback: Die Kumulation von »Triebenergie« bewirkt ja Appetenzverhalten, und dieses führt schließlich zu einem Konsummationsakt, der seinerseits die angestaute Energie entlädt, also seine eigene Ursache löscht. Katharsis ist negatives Feedback. Darüber hinaus macht das psychohydraulische Modell aber noch sehr viel konkretere Aussagen; und diese haben sich gerade im vorliegenden Zusammenhang als wenig hilfreich erwiesen. Wir kommen damit zur dritten und vielleicht theoretisch wichtigsten Korrektur der ethologischen Lehre vom Bindungstrieb.

Instinkte ohne Endhandlung

Es hat in der frühen ethologischen Literatur schon einmal Ansätze zu einer differenzierteren Motivationstheorie gegeben; allerdings sind diese unter dem Denkzwang des psychohydraulischen Modells zunächst wieder in Vergessenheit geraten. Bereits Wallace Craig führt in seinem Artikel von 1918, von dem wir auf Seite 150 gehört haben, zwei verschiedene Arten von Instinkthandlungen an, die er »Appetenzen« und »Aversionen« nennt.

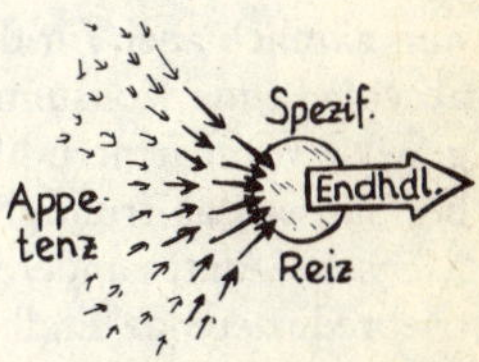

Wie schon die Namen erkennen lassen, unterscheiden sich die beiden Handlungstypen in der *Richtung*: Eine Appetenz strebt zu einer spezifischen Reizsituation hin, eine Aversion sucht einer solchen zu entkommen. Fluchtverhalten zum Beispiel ist eine typische Aversion.

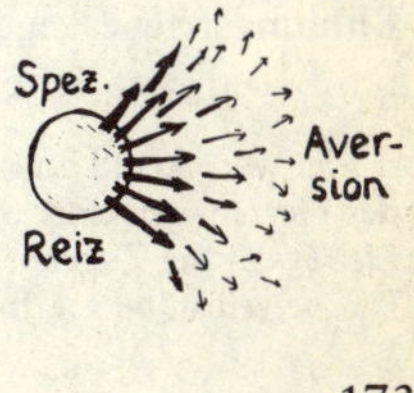

Eng damit verbunden ist ein Unterschied in der *Verlaufsdynamik*: Gemäß der Skizze auf Seite 151 wächst bei einer Appetenz die Spannung und damit die Bewegungsintensität mit der Annäherung an das Ziel ständig an. Auch bei einer Aversion richtet sich die Intensität nach der Nähe der auslösenden Reizsituation;

da jedoch die Bewegung vom Reiz wegführt, muß die Spannung ständig sinken. Eine Aversion steigt nicht an, sondern sie klingt aus.

Damit ist bereits ein dritter Unterschied angedeutet: Am Abschluß einer Aversionshandlung steht *keine konsummatorische Erbkoordination.* Eine Aversion mündet nicht in ein orgasmisches Finale, sondern sie verliert sich undramatisch in einem reizfreien *Ruhezustand*.

Dieser Gedanke ist plausibel genug; aber bei der Bedeutung, die die Erbkoordination für die frühe Ethologie hatte, konnte er sich nicht durchsetzen. Ich bin im Besitz eines Sonderdruckes der Craigschen Arbeit, der mit handschriftlichen Randbemerkungen von Lorenz aus den vierziger Jahren versehen ist. Aus diesen geht hervor, daß Lorenz es für belanglos erachtet hatte, Aversion und Appetenz zu trennen, da er an beiden nur einen Unterschied der Richtung zu erkennen vermochte und diesen für eine bloße Standpunktfrage hielt. Er notierte da etwa auf englisch: »Wie erklärt man sich eine Appetenz nach einer *negativen* Reaktion, Flucht z.B.? Ist ›Geselligkeit‹ eine Aversion oder eine Appetenz? (Richtet sie sich) gegen ›Einsamkeit‹ oder ›auf‹ Gesellschaft?«

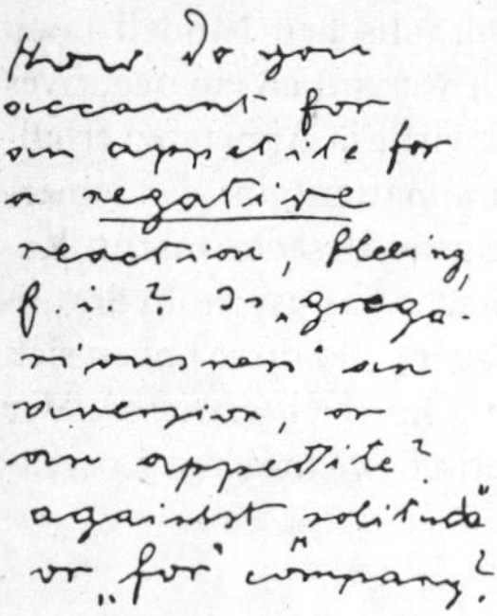

Das soll heißen, man könne es auf beiderlei Weise auffassen. Daß Craig mit der Aversion tatsächlich einen neuen Handlungstyp in die ethologische Motivationslehre einführen wollte, nämlich einen Instinkt ohne Endhandlung, hat Lorenz unterdrückt; es paßte nicht in sein Paradigma.

Das Individuum mit Heimcharakter

Das hatte beachtliche Konsequenzen. Fast zwangsläufig mußte Lorenz nun nämlich auch für das *Bindungsmotiv* eine eigene Erbkoordination als abschließende Konsummationshandlung postulieren. Hierfür boten sich gewisse von Partnern häufig gemeinsam ausgeführte Handlungen an, wie bei Gänsen das Triumphgeschrei, bei Enten das sogenannte »Hetzen«, beim Menschen unter anderem das gemeinsame Gelächter. Sie alle sollten jene triebreduzierende Endhandlung darstellen, auf welche die Appetenz des Bindungstriebes eigentlich abzielt. In diesem Sinne heißt es im »Sogenannten Bösen« auf Seite 107:

»Es wäre geradezu irreführend, wollte man etwa die ritualisierte Bewegungsweise des Hetzens bei einer Stockente oder gar bei einer Tauchente als den ›Ausdruck‹ der Liebe oder der Zugehörigkeit des Weibchens zu seinem angepaarten Gatten bezeichnen. Die verselbständigte Instinktbewegung ist *kein Nebenprodukt,* kein ›Epiphänomen‹

des Bandes, das die beiden Tiere zusammenhält, sondern sie *ist* selbst dieses Band. Die ständige Wiederholung derartiger, das Paar zusammenhaltender Zeremonien gibt ein gutes Maß für die Stärke des autonomen Triebes, der sie in Gang setzt. Verliert ein Vogel seinen Gatten, so verliert er damit auch das Objekt, an dem allein er diesen Trieb abreagieren kann, und die Art und Weise, in der er den verlorenen Partner *sucht*, trägt alle Kennzeichen des sogenannten *Appetenzverhaltens*, d.h. des urgewaltigen Strebens, jene erlösende Umweltsituation herbeizuführen, in der sich ein gestauter Instinkt entladen kann.«

Daß eine spezifische Reizsituation wie die Anwesenheit des Partners schon *als solche* – und nicht erst als Schauplatz und Bedingung für den Ablauf einer Erbkoordination – das »erlösende« Ziel einer Appetenz sein könnte, kam also gar nicht in Betracht. Auch Wallace CRAIG hatte allerdings die Endhandlung nur im Falle einer Aversion für entbehrlich gehalten, offenbar deshalb, weil hier die Bewegung von einem Schlüsselreiz *weg* strebt und in eine Umweltsituation mündet, die nur durch das *Fehlen* dieses Schlüsselreizes ausgezeichnet und somit viel zu unbestimmt ist, um einen sinnvollen Rahmen für das stereotype Bewegungsmuster einer Erbkoordination abgeben zu können.

Aber wie verhält es sich etwa, wenn ein Lebewesen nur nach einem Platz Ausschau hält, an dem es ungestört ist? Es ist in diesem Falle nicht vor etwas Bestimmtem auf der Flucht, es *sucht* vielmehr nach einer spezifischen Reizsituation, befindet sich also im Zustand der Appetenz. Und doch soll in der angestrebten Reizsituation nichts Besonderes geschehen. Vielleicht wird es dort fressen, sich putzen oder einfach nur ausruhen, aber darauf kommt es nicht an: Die Situation muß nicht erst durch eine Erbkoordination in einen Nutzeffekt *verwandelt* werden, sondern sie ist schon so, wie sie eben ist, dem Wohlbefinden dienlich. Man braucht nur in sie einzutreten; dabei beruhigt sich die Appetenz von selbst und geht undramatisch in den Entspannungszustand über, auf den sie zielte.

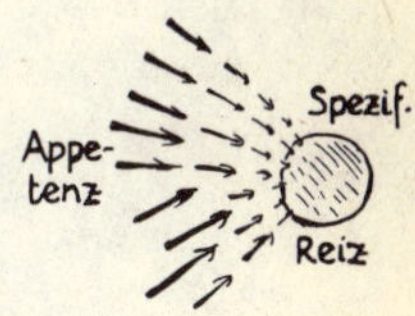

In der ethologischen Literatur taucht dieser Gedanke erstmals im Jahre 1940 auf. Damals veröffentlichte die Schweizer Zoologin Monika MEYER-HOLZAPFEL eine Abhandlung, die den bezeichnenden Titel »Triebbedingte Ruhezustände als Ziel von Appetenzhandlungen« trug. Was diese Arbeit vor allem in unserem Zusammenhang wichtig macht, ist, daß die Autorin auch die Bindungsmotivation als Appetenz nach einem Ruhezustand deutet. Unter den spezifischen Reizsituationen, die ein Lebewesen um ihrer selbst willen, und nicht nur als Auslösebedingung für Endhandlungen, aufsuchen kann, nennt die Autorin an hervorragender Stelle das »Heim«, die Zufluchtstätte, die Sicherheit und Geborgenheit spendet. Bei solitären Tieren, so erläutert sie weiter, sei das Heim eine geographische

Konfiguration. Bei sozialen Tieren trete an deren Stelle dann jedoch ein »Individuum mit Heimcharakter«.

Damit war, fast ein Vierteljahrhundert vor dem LORENZ-Zitat auf der letzten Seite, bereits klar ausgesprochen, daß die Bindungsmotivation eben nicht darauf abzielen müsse, etwas Bestimmtes mit dem Partner gemeinsam zu tun. Der »Ruhezustand«, den man anstrebt, erfüllt sich nach dieser Theorie vielmehr einfach dadurch, daß man sich in der Nähe des Partners aufhält. BOWLBY hat dieselbe Idee später kybernetisch formuliert, indem er Bindungsverhalten als *Distanzregulation* bestimmte. Und es gibt wohl auch keinen Ausdruck, der seine Vorstellung vom idealen Bindungsobjekt besser umschreiben könnte, als das »Individuum mit Heimcharakter«.

Konrad LORENZ verweist in vielen seiner Veröffentlichungen, vor allem in dem Buch »Die Rückseite des Spiegels«, auf die Arbeit von Monika MEYER-HOLZAPFEL. Er hat jedoch nie ernsthaft den Versuch unternommen, sie in sein Denkgebäude zu integrieren und die fälligen Konsequenzen daraus zu ziehen. Mit John BOWLBY hat er sich noch weniger auseinandergesetzt. Die Lehre von der Bindungsmotivation hat eine Eigendynamik entfaltet, der der Begründer der Ethologie nicht folgen wollte. Gleichwohl wäre sie ohne seine Anregung nicht das geworden, was sie heute ist: das Paradigma ethologischer Forschung schlechthin.

11. Kapitel

Die neun Vettern Haldanes

Die Theorie der Bindungsmotivation nimmt an, daß man die Nähe der »Individuen mit Heimcharakter« sucht, weil man von ihnen Unterstützung, Schutz und Kooperation erwarten darf. Aus der darwinistischen Lehre vom »Kampf ums Dasein« schien sich die Evolution prosozialen Verhaltens aber zunächst nicht begründen zu lassen. Nun ist neuerdings die Soziobiologie angetreten, um diese Theorielücke zu schließen. Was ist von ihren Thesen zu halten?

Eine Provokation

Im Jahre 1975 erschien bei einem Tochterverlag der Harvard University Press ein Buch, das unverzüglich einen akademischen Skandal, ja geradezu einen »intellektuellen Krieg« auslöste und bald auch in der nichtwissenschaftlichen Presse bis hin zu »Time« und »Spiegel« für Schlagzeilen sorgte. Es handelte sich um ein Werk des bislang nur im engeren Fachkreis durch insektenkundliche Arbeiten bekannt gewordenen Zoologen Edward O. Wilson; der Titel lautete »Soziobiologie – die neue Synthese«.

Daß dieses Buch derart heftige Affekte auslöste, daß sogar, kurz nach seinem Erscheinen, auf dem Washingtoner Anthropologie-Kongreß seine offizielle Verurteilung gefordert und nur knapp verworfen wurde, ist erstaunlich genug. Denn was Wilson da auf circa 600 reich bebilderten Seiten an Befunden, Theoremen und Deutungen zusammengetragen hat, ist eigentlich gar nicht neu, jedenfalls nicht revolutionär, wenn man die Diskussion in der Biologie der letzten Jahrzehnte verfolgt hat. Letzten Endes weist Wilson ohnehin auf Darwin zurück, dessen Gedanken er allenfalls präzisiert, aber keineswegs etwa um Ärgernisse bereichert, die nicht ohnehin von Anfang an darin angelegt waren.

Nur die ideologische Perspektive hat sich ein wenig verändert: Während DARWIN sich vor allem der Anfeindungen des geistlich-konservativen Establishments zu erwehren hatte und von linksaußen enthusiastisch begrüßt wurde – Karl MARX wollte ihm sein »Kapital« widmen –, wirft man den Soziobiologen heute gerade umgekehrt vor, ihre Lehre künde von faschistischer Gesinnung und leiste der Reaktion Handlangerdienste.

In Wirklichkeit stammt das soziobiologische Gedankengut, was die Weltanschauung seiner Verfechter anbelangt, aus völlig heterogenen Quellen. Es geht im wesentlichen auf die beiden Väter der modernen mathematischen Evolutionstheorie zurück, von denen der eine, R. A. FISHER, politisch ein Vertreter des rechtskonservativen Flügels, der andere, J. B. S. HALDANE, ein erklärter Kommunist gewesen ist. Die beiden waren einander lebenslang spinnefeind; ihre wissenschaftlichen Arbeiten waren gleichwohl konvergent. Ihre bedeutendsten Schüler, William D. HAMILTON dort, hier John MAYNARD SMITH, übernahmen die ideologischen Differenzen ihrer Lehrer; aber an der neuen Theorie haben sie einträchtig gebaut. Weitere Forscher schlossen sich an, und die Palette der politischen Überzeugungen ist heute noch ebenso weitgespannt wie ehedem. Es ist barer Unsinn, die Soziobiologie als Projektion rechtslastiger Erkenntnisinteressen zu denunzieren.

Das Problem liegt woanders. Es ist ein Erbübel der Biologie, daß sie geneigt macht, zwecks Entlarvung wohlfeiler Selbsttäuschungen anthropozentrischer Eitelkeit in kulturkämpferischen Zynismus abzugleiten. Das ist vor allem, wenn auch nicht allein, eine Sache der gewählten *Sprache.* Man empfindet soziobiologische Redeweise, zumindest dort, wo sie vom Menschen handelt, oft als schnoddrig und frivol. Manche der einschlägigen Autoren dürften diesen provokanten Zungenschlag für verkaufsfördernd halten und daher ganz bewußt pflegen, bei anderen beruht er wohl eher auf verbalem Ungeschick; sachlicher Auseinandersetzung dient er jedenfalls kaum. Das ist zu bedauern, denn objektiv betrachtet ist die soziobiologische Argumentation durchaus ernst zu nehmen.

Biologischer Funktionalismus

Wir haben im 7. Kapitel die vier Ursachenkategorien der aristotelischen Prinzipienlehre kennengelernt. Teilweise sind sie nur noch von historischem Interesse; eine der dort getroffenen Unterscheidungen hat sich aber als beständig erwiesen: die Trennung von *Zweck-* und *Wirkursache.* Gerade für die Biologie ist diese Zweidimensionalität des Kausalverständnisses konstitutiv; das macht ihren tiefliegenden wissenschaftstheoretischen Unterschied zur Physik aus, deren Erklärungsprinzip eindimensional ist und noch am ehesten der aristotelischen Formursache entspricht.

Seit langem wissen Astronomen, daß die Ebene der elliptischen Bahn, die der Planet Merkur bei seinem Sonnenumlauf zurücklegt, ihrerseits um die Sonne rotiert. Man suchte nach einer Erklärung für diese sogenannte »Perihelbewegung«; denn aus den Gesetzen der NEWTONschen Mechanik ließ sie sich nicht herleiten. Erst EINSTEIN löste schließlich das Problem im Rahmen der Allgemeinen Relativitätstheorie.

»Erklärung« bedeutete in diesem Fall soviel wie Herleitung aus einer nichteuklidischen Geometrie des Raumes, die sich ihrerseits wiederum mathematisch aus allgemeinsten Symmetrieannahmen entwickeln ließ. In der Bewegung der Himmelskörper realisiert sich ein Formprinzip; von Wirkursachen im eigentlichen Sinn ist nicht die Rede, und von Zweckmäßigkeit natürlich erst recht nicht.

Klapperschlangen und ihre näheren Verwandten weisen etwa halbwegs zwischen Nase und Augen auf beiden Seiten des Gesichts je eine grubenartige Vertiefung auf. Auch hierfür suchte die Wissenschaft nach einer »Erklärung«. Aber dieses Wort war nun ganz anders gemeint als im Falle der Perihelbewegung des Merkur: Man war überzeugt davon, daß die Grubenorgane eine *Aufgabe* zu erfüllen haben, und wollte wissen, worin diese bestehe: Sie mochten zum Riechen oder Hören dienen; vielleicht handelte es sich auch um Drüsen. Erst im Jahre 1937 wurde das Rätsel gelöst und die Biologie um die Entdeckung eines aparten Sinnesorgans bereichert: Die Gruben sprechen auf Infrarotstrahlung an! Kleinsäuger, von denen sich die Schlangen nähren, können damit in der nächtlichen Kühle noch auf einen halben Meter Distanz geortet werden.

Für jeden ist einsichtig, daß man in diesem Gegenstandsbereich auf die Frage nach dem Zweck nicht verzichten kann. Zugleich wird deutlich, daß die Beantwortung dieser Frage notwendig eine zweite aufwirft: Sobald man die Funktion des Grubenorgans bestimmt hatte, wollte man natürlich verstehen, *wie* es denn nun funktioniert, welches Gefüge von *Wirkursachen* es ihm also ermöglicht, seine Aufgabe zu erfüllen. Man stellte fest, daß die Grube von einer dicht innervierten Membran überspannt wird, wobei die Nervenendigungen nicht auf Temperatur an sich, sondern auf Temperatur*differenzen* zwischen der Außen- und der Innenseite der Membran ansprechen, so daß sie gegen allmähliche, klimatisch bedingte Erwärmung unempfindlich, gegen einfallende Infrarotstrahlung jedoch maximal sensibel sind. Schließlich fand man noch, daß die Paarigkeit des Organs – durch entsprechenden »Schattenwurf« je nach Kopfstellung – die Richtung der einfallenden Wärmestrahlen zu bestimmen erlaubt. All das war Wirkursachenforschung, und auch sie war unverzichtbar; aber sie konnte überhaupt erst begonnen werden, nachdem die Zweckfrage gestellt und beantwortet war.

Auch in den Gesellschaftswissenschaften spielt bekanntlich die Frage nach der Zweckmäßigkeit, der Funktion, eine wichtige Rolle, und für die »Funktionalisten« ist sie überhaupt die einzige, die zählt. Diese müssen sich, wie wir auf Seite 113 gesehen haben, freilich vorhalten lassen, daß Nützlichkeitserwägungen allein noch nichts erklären, ja sogar dazu verleiten, eine mystische Instanz, etwa »die Gesellschaft«, zu konstruieren, die, hellseherisch und allmächtig zugleich, das Zweckdienliche zu erkennen und durchzusetzen vermag. Soziologen, die darauf beharren, daß in ihrer Wissenschaft die Wirkursachenforschung das letzte Wort haben müsse, betrachten daher die Rede von der »Funktionalität« mit professionellem Mißtrauen.

Eine ganz entsprechende Entwicklung hat es in der Biologie gegeben. Auch hier hat die nicht zu übersehende Zweckmäßigkeit der meisten Lebenserscheinungen zu Mystifikationen geführt: Die »Vitalisten« von Carl Gustav CARUS bis Hans DRIESCH glaubten an eine verborgene Lebens- oder Seelenkraft, für die schon ARISTOTELES einen Namen geprägt hatte – »Entelechie«: ein dem Körper einwohnendes Zielbild der eigenen Vollkommenheit. Die Unterscheidung von Zweck- und Wirkursachen stand so in der vitalistischen Biologie für die Abspaltung einer metaphysischen von der naturwissenschaftlichen Erklärungsebene. Die empirische Forschung konnte damit wenig anfangen.

Wenn der Funktionalismus in der Biologie dann doch noch einen Siegeszug antreten konnte, so war dies das Verdienst DARWINS. Bekanntlich erklärte er Zweckmäßigkeit als *Anpassung* und diese als Wirkung von *Selektion.* Wie man heute weiß, sind diese Prinzipien keine unabhängigen Postulate. Wo immer Strukturen sich durch *nahezu* fehlerfreie Kopie vermehren, sind Selektion und Anpassung eine mathematische Konsequenz und nicht etwa eine Annahme, die man noch zu akzeptieren oder zurückzuweisen frei wäre.

Die Rede von »Zweckursachen« war damit für die Biologie legitimiert; freilich um den Preis eines radikalen Bedeutungswandels. Zweckmäßigkeit galt nicht mehr als Leistung einer Kraft, durch die Künftiges, das werden will, sich in die Gegenwart einspiegelt und die Dinge in ihren Endzustand *zieht,* sondern als kausale Folge eines Selektions*druckes,* der in der Vergangenheit gewirkt hat. Die Frage nach dem »Wozu« ist eigentlich nur eine

Kurzformel für eine besondere Art von Wirkursachen – *Letztursachen* (»ultimate causes«), wie es in der angelsächsischen Fachliteratur auch zuweilen im Unterschied zu den unmittelbar wirkenden *Nahursachen* (»proximate causes«) heißt. Die Soziobiologie hat es in diesem Sinne ausschließlich mit »Letztursachen« zu tun; sie ist lupenreiner biologischer Funktionalismus.

Zwecke, Ziele, Werte

In dieser Einseitigkeit liegt die Schwachstelle der Soziobiologie. Nicht, daß es illegitim wäre, sich auf die Analyse von Letztursachen zu konzentrieren. Das Problem ist eher wissenschaftspsychologischer Art: Da das Begriffsinventar, das mit Nahursachen des Verhaltens zu tun hat, für funktionalistische Argumente nicht benötigt wird, empfindet man es als brachliegend und bedient sich seiner unbekümmert als Metapher.

Paradigmatisch für diesen Sprachgebrauch ist insbesondere die Denkfigur der *Zielstrebigkeit,* die im soziobiologischen Schrifttum mit Vorliebe dort anklingt, wo eigentlich von *Zweckmäßigkeit* die Rede sein sollte.

Tatsächlich sind die beiden Kategorien nicht leicht auseinanderzuhalten; ethymologisch geht »Zweck« immerhin auf den Holznagel zurück, der früher das Zentrum von Zielscheiben markierte. Für ARISTOTELES und die Vitalisten waren Zweck und Ziel denn auch zu einem einzigen Begriff, »Telos«, zusammengewachsen.

Aus darwinistischer Perspektive ist hier aber eine klare Trennung geboten. Wer die »Zweckmäßigkeit« eines Organs oder Verhaltensprogramms behauptet, redet eigentlich über Selektionsprozesse in der Stammesgeschichte, also über *Letztursachen.* Die Kategorie der »Zielstrebigkeit« hingegen kennzeichnet eine bestimmte Verkettungsstruktur von *Nahursachen.* Sie ist überall dort anwendbar, wo man »Sollwerte« und »Istwerte« unterscheiden kann, also zum Beispiel bei Regelkreisen. Alle Formen *motivierten* Verhaltens, ob Aversion oder Appetenz, sind in diesem Sinne zielorientiert; sie streben danach, eine Endhandlung oder einen Ruhezustand zu realisieren.

Selbstverständlich sind solche Zielsetzungen, auch wenn sie die Zukunft *meinen,* durchaus *gegenwärtige* Wunschvorstellungen individueller Subjekte und insofern ganz normale Wirkursachen proximaler Art. Ihrem biologischen Zweck dienen sie, ohne es zu wissen. Wer verliebt ist, träumt von und strebt nach der Intimität mit dem Partner. Diese ist sein *Ziel.* Über kurz oder lang wird das zu Kindern führen; ob er sich diese aber jetzt schon oder überhaupt jemals *wünscht,* ist nicht gesagt. Andererseits ist Fortpflanzung unbestritten der Selektionsvorteil, also der *Zweck,* um dessentwillen die Paarungsmotivation sich entwickelt hat. Dieser Zweck braucht in keinem individuellen Bewußtsein repräsentiert zu sein; er erfüllt sich einfach mit statistischer Zwangsläufigkeit, wo genügend viele Einzelwesen kurzsichtig auf ihre konsummatorischen Nahziele starren.

Soziobiologische Argumentation handelt von Zwecken; sie kleidet sich aber in die Sprache von Zielen. Das ist, auf die knappste Form gebracht, die Ursache fast aller Mißverständnisse. Man liest da etwa, eine Biene habe ein »Interesse« daran, zugunsten der nahverwandten Schwester auf die eigene Fortpflanzung zu »verzichten«. Fischen wird zugemutet, sie »sollten« ihr Verhalten von komplizierten Kosten-Nutzen-Analysen abhängig machen. Von einem Vogelweibchen heißt es, es »entscheide sich« angesichts der Qualität des vom Männchen beherrschten Reviers für eine monogame Ehe oder den Haremstatus. Kämpfende Rivalen verfolgen angeblich »Strategien«, und insgesamt klingen die Ausführungen so, als fragte man sich in der gesamten Tierwelt beständig: »Was habe ich davon?« – und dies noch dazu in dem anspruchsvollen Sinn von »Wie verbreite ich meine Gene am effizientesten?«

Wenn viele Leser auf solche Ausdrucksweise empfindlich reagieren, so rührt das nicht zuletzt daher, daß »Ziele«, anders als »Zwecke«, in die Dimension der *moralischen Werthaftigkeit* hineinragen. Und zwar geht es hier ausgerechnet um die hochsensible Polspannung von *Selbstlosigkeit* und *Eigennutz.*

Das humanistische Mißtrauen gegen die Selektionstheorie hat an dieser Stelle eine Geschichte, die weit hinter die Anfänge der Soziobiologie zurückreicht. Bis in die erste Hälfte unseres Jahrhunderts hinein hatte es als ausgemacht gegolten, daß DARWINS Theorie den Krieg zum Vater aller Dinge mache. Jede Erscheinungsform des Lebens, die antreffbar existiert, mußte doch offenbar um diese Existenz mit anderen konkurrieren und in diesem Rivalenkampf die stärkeren Ellenbogen beweisen. Bei solchem »Kampf ums Dasein« kann zwangsläufig nur der Rücksichtslosere, Brutalere, Eigennützigere die Prämie des genetischen Fortbestandes erringen. Alle höheren, den individuellen Egoismus transzendierenden Ideale menschlicher Gesellschaft – Nächstenliebe, Selbsthingabe und Mitleid – entpuppen sich damit als illusionär, wenn nicht als widernatürlich. »Was fällt, soll man noch stoßen«, hat NIETZSCHE gesagt und damit scheinbar die moralische Konsequenz aus DARWINS Lehre gezogen.

Geisteswissenschaftlern, mit dem Schlagwort vom »Biologismus« rasch bei der Hand, kamen solche Entgleisungen insgeheim gar nicht unwillkommen. Man sah daran nämlich, daß hier die Prinzipien nicht stimmen konnten. Schließlich versicherten doch Tierkenner, daß selbst auf vormenschlicher Stufe, tief im Instinktinventar, die Bereitschaft zu Selbsteinschränkung, Hilfeleistung und Opferbereitschaft angelegt sei. Eine Theorie, die für dergleichen keinen Platz hat, läßt sich ohne großen Argumentationsaufwand beiseiteschieben. Der Darwinismus erschien vielen als eine Art Alptraum, der schließlich selbst das Erwachen auslöst.

Es ist nun gerade die Pointe der soziobiologischen Argumentation, daß sie diesen bequemen Ausweg aus der Selektionstheorie verbaut. Schon damit allein macht sie sich unbeliebt. Anstatt sich aber wenigstens einer Ausdrucksweise zu befleißigen, deren Sorgfalt der Sensibilität der Materie angemessen ist, redet man so, als habe man es darauf abgesehen, alle höheren Werte als Tarnung niederer Interessen zu entlarven und damit die Grundlagen unseres moralischen Empfindens zu zersetzen. Kein Wunder, daß selbst manche Biologen emotionell auf die neue Lehre reagieren.

Das Gleichgewicht überlebt

Wenn wir den Wert soziobiologischer Theoreme einigermaßen sachlich abschätzen wollen, müssen wir sie zunächst in einer Sprache formulieren, die keine mißverständlichen Analogien enthält. Wir sollten also nicht auf Zielstrebigkeit anspielen; ja selbst die Rede von Zweckmäßigkeit ist bereits eine Metapher. Die darwinistische Betrachtung evolutiver Letztursachen ist im Grunde eine *statistische* Theorie. Es geht bei ihr um die relative Häufigkeit von allelen Genen in einer Population artgleicher Individuen. Das klingt komplizierter, als es ist; allerdings sollte der Leser in den Grundzügen mit der Terminologie des 5. Kapitels vertraut sein.

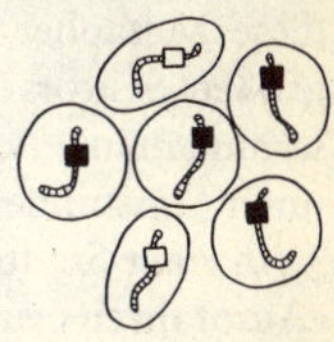

Die nebenstehende Abbildung verdeutlicht das Prinzip; es ist simpel genug, führt aber, wie wir sehen werden, zu einigen unerwarteten Folgerungen. Die runden Gebilde mögen die Individuen einer Population darstellen. In jedem ist eine chromosomenförmige Figur eingezeichnet, die das Genom des betreffenden Organismus symbolisiert. Wir betrachten daran speziell den durch ein Quadrat markierten Genlocus, für den zwei Allele, schwarz und weiß gezeichnet, zur Verfügung stehen.

Das Gen an dieser Stelle möge nun ein morphologisches Merkmal, eine Körperfunktion oder auch eine Verhaltensdisposition in beliebig geringfügigem Maße mitbestimmen. Die Individuen werden also, je nachdem, welches Allel sie besitzen, in ihrer äußeren Erscheinung ein wenig voneinander abweichen. Die Abbildung deutet das durch eine elliptische Verformung der Individuen mit dem »weißen« Allel an. Biologisch ausgedrückt: Die Organismen unterscheiden sich in ihrem *Phänotyp* (Rundheit), und zwar bedingt durch entsprechende Unterschiede im *Genotyp* (Farbe des Quadrats). Natürlich baut die Umwelt erheblich am Phänotyp mit; aber ein *Teil* der Varianz in der äußeren Erscheinung wird eben doch auch auf das Konto von Unterschieden des genetischen Programms gehen.

Zu dem Zeitpunkt, den die Abbildung darstellt, gibt es in der Population doppelt so viele »schwarze« wie »weiße« Allele. Das muß nun aber nicht immer so bleiben; es kommt offenbar darauf an, ob sich die beiden Phänotypen gleich rasch fortpflanzen.

Fortpflanzung ist ein multikausaler Prozeß. Wieviele Nachkommen ein Individuum in die Welt zu setzen und aufzuziehen vermag, hängt von weitaus mehr Faktoren ab, als irgendwer auszählen könnte. Auch der Phänotyp beeinflußt natürlich den Fortpflanzungserfolg. Sei dieser Einfluß noch so gering: Wir haben es mit Populationen, also mit großen Individuenzahlen, zu tun, und da können selbst geringe Effekte statistisch durchschlagen und sich im Zeitverlauf verzinsen.

Wenn in unserem Modellbeispiel die »kreisrunden« Individuen etwa eine Fortpflanzungserwartung von 99 Prozent, die »elliptischen« hingegen eine solche von 101 Prozent haben, wird sich das Zahlenverhältnis immerhin nach nur 70 Generationen bereits umgekehrt haben. Es gibt dann doppelt so viele »weiße« wie »schwarze« Allele im Genbestand der Population, und der Prozeß wird weitergehen und rasch zum völligen Aussterben der »schwarzen« Variante führen, ungeachtet ihres doch nur geringfügigen Selektionsnachteils.

Dies alles kann man durchaus auch in der Sprache der Zweckursachen ausdrücken. Man kann sagen, die Ellipsenform beim Träger des weißen Allels sei »dazu da«, diesem zur besseren Fortpflanzung zu verhelfen. Aber diese Metapher funktioniert nur in einem bestimmten, freilich ziemlich großen Sektor des Problemfeldes. Wenn die evolutionsstatistischen Zusammenhänge komplizierter werden, hört die Zweckmäßigkeitsanalogie unter Umständen auf, heuristisch fruchtbar zu sein.

In einer Stadt, in der jeder zu Fuß geht, hat die Fortbewegungsmethode »Autofahren« einen Selektionsvorteil: Man kommt schneller voran. Wenn sich das aber herumspricht und *jeder* einen Wagen kauft, sind alsbald die Straßen verstopft und die Parkplätze rar; und dann werden viele das Auto wieder in der Garage lassen, weil sie zu Fuß eher am Ziel sind. An sich trifft zu, daß die beiden Fortbewegungsweisen, als Merkmale betrachtet, miteinander »konkurrieren«; aber es gibt dabei

keinen Sieger, denn jede der beiden Varianten ist der anderen paradoxerweise nur solange überlegen, wie diese andere in der Überzahl ist! Offensichtlich kann keine von beiden je »aussterben«; es wird sich vielmehr ein *Gleichgewicht* zwischen ihnen einpendeln.

Es war das Verdienst von John Maynard Smith, die paradigmatische Bedeutung dieses Effektes für die Evolutionstheorie erkannt zu haben. Das bedeutete den Abschied von einer altvertrauten Formel des Vulgärdarwinismus. »Survival of the fittest«, »Überleben des Tüchtigsten«, hatte es bisher immer geheißen, so als sei »fitness« ein absolutes Merkmal gleich der Körpergröße oder dem Intelligenzquotienten. Nun wurde erkannt, daß die Existenz eines Merkmals darwinistisch nicht schon erklärt ist, wenn es seinem Träger nachweislich nützt, sondern erst dann, wenn man zeigen kann, daß es sich auch in populationsdynamischen Gleichgewichtszuständen zu behaupten vermag. »Survival of the stable«, »Überleben des Stabilen«, lautete die neue Formel. Und diese Formel erlaubt uns nun auch zu verstehen, wie in der Evolution Altruismus entstehen konnte.

Ein fruchtbringender Irrtum

Für den wissenschaftlichen Fortschritt ist Verschwommenheit gefährlicher als Irrtum. Generationen von Biologen, die sich als »gute Darwinisten« bezeichneten, hatten die vitalistische Teleologie durch die Formel von der »arterhaltenden Zweckmäßigkeit« ersetzt und gemeint, mit dem grundsätzlichen Bekenntnis zur Selektionstheorie sei es getan; im übrigen könne alles beim alten bleiben. »Ich glaube an Gott, den allmächtigen Vater, aber dann muß a Ruh' sein«, hat ein bayerischer Großunternehmer einmal einem Reporter auf die Frage nach seinem Verhältnis zur Kirche geantwortet. Die Biologen glaubten an Darwin, aber sie fuhren fort, mit der Zweckmäßigkeitskategorie zu hantieren, als seien sie noch ungetaufte Vitalisten.

Dann kam das Jahr 1962. Der englische Zoologe V.C. Wynne-Edwards, entschlossen, die doppelte Moral nicht länger hinzunehmen, veröffentlichte in diesem Jahr ein dickes Buch, in dem er den Finger auf das Fundamentalproblem des Darwinismus legte: Wie kommt es, daß es Arten gibt, bei denen die Individuen ganz offensichtlich motiviert sind, ihren »persönlichen Vorteil« hinter dem »Gemeinwohl« zurückzustellen? Tiere, die sich mit ritualisierten Kampfspielen begnügen, obwohl sie über tödliche Waffen verfügen; Tiere, die ihre Artgenossen vor Feinden warnen, obwohl sie dadurch selbst die Aufmerksamkeit der Räuber auf sich lenken; Tiere gar, die ihre eigene Fortpflanzungsrate reduzieren, damit auch die Kinder der Nachbarn etwas zu beißen haben, und dergleichen Phänomene mehr.

Die Antwort, die Wynne-Edwards gefunden zu haben glaubte, schien verblüffend plausibel: Wir machen einen Fehler, lehrte er, wenn wir die Selektionstheorie allein auf das *Individuum* anwenden. Dann nämlich könnten wir in der Tat nur die Entwicklung selbstsüchtiger Verhaltensweisen darwinistisch erklären. Aber so sei es eben nicht: Auch größere Einheiten – Gruppen, Populationen, ja schließlich die Species als ganze – stehen im Kampf ums Dasein, konkurrieren mit anderen Gruppen und unterliegen somit als ganze dem Einfluß selegierender Kräfte.

Damit war das Schlagwort von der *»Gruppenselektion«* geprägt. Viele namhafte Zoologen stürzten sich auf dieses Angebot; es wurde für einige Jahre Mode, gruppenselektionistisch zu argumentieren. Hier fand man endlich die klare Antwort auf eine Frage, die man bisher wohlweislich nicht so genau ins Auge gefaßt hatte.

Aber die Antwort war *zu* klar. Jetzt nämlich ließ sich ihre Schwäche nicht mehr übersehen. Schön und gut: Eine Gruppe, in der sich jeder Einzelne selbstlos für die Übrigen aufopfert, hat Vorteile gegenüber der Nachbargruppe, in der solche Motive fehlen. Aber was geschieht, wenn in so einer hochherzigen Gemeinschaft eines Tages eine Verlustmutante auftaucht, die zum Dienst an der Gemeinschaft nicht mehr bereit ist? Sie wird sich wie ein Parasit auf Kosten ihrer unverändert großzügigen Genossen fortpflanzen, und es kann nur eine Frage der Zeit sein, bis die Mutante ihre »edleren« Allele aus dem Gen-Pool der Gruppe verdrängt hat.

Dann freilich wird Heulen und Zähneklappern ausbrechen. Die Gruppe ist nun aller Vorteile im Konkurrenzkampf mit Nachbarpopulationen beraubt, und vielleicht geht sie sogar zugrunde – schlimm für sie, jedoch nicht zu ändern. Solidarität ist *nützlich,* aber nicht gegen Unterwanderung durch Sozialparasiten gefeit: Sie ist nicht evolutionär *stabil!*

Gruppen und Sippen

Damit war man wieder dort, wo man begonnen hatte. Aber der Blick war nun geschärft; es war Zeit für den Durchbruch. Dieser erfolgte bereits zwei Jahre nach dem Erscheinen von WYNNE-EDWARDS' Buch.

Im Jahre 1964 veröffentlichte William D. HAMILTON seine bahnbrechende Arbeit »The Genetical Theory of Social Behavior« im angesehenen, aber ziemlich esoterischen Journal of Theoretical Biology. Dieser Zeitpunkt, nicht das Erscheinungsdatum von WILSONS Buch, markiert eigentlich die Geburtsstunde der Soziobiologie.

Der Schlüsselbegriff von HAMILTONS Theorie heißt auf Englisch »kin selection«; er ist als Kontrast zu »group selection« zu verstehen. Manche Biologen übersetzen »kin selection« mit *Sippenselektion.* Man kann diesen Sprachgebrauch übernehmen, sofern man sich bewußt bleibt, daß in der *Kulturanthropologie* der Begriff »Sippe« synonym mit »Clan« gebraucht wird, also nur eine *symbolische* Verwandtschaft bedeutet. »Kin« aber heißt ursprünglich soviel wie »Blutsverwandtschaft«; in der Form »kindred« ist uns das Wort bereits auf Seite 62 begegnet. Dort haben wir es allerdings mit »Beistandsgemeinschaft« übersetzt, aber HAMILTON zeigt nun eben, inwiefern diese Übersetzung berechtigt ist.

Die genetische Ausstattung eines Individuums ist nicht auf die Zellen seines eigenen Organismus beschränkt. Wenigstens ein Teil seiner Allele findet sich, wie wir im 5. Kapitel gesehen haben, auch bei seiner Verwandtschaft. Mein Bruder hat mit mir, selbst wenn an jedem Genort unendlich viele Allele konkurrieren, immerhin noch durchschnittlich die Hälfte seines gesamten Allelbestandes gemein; mein Vetter noch ein Achtel, und so fort.

Man kann sich nun wiederum vorstellen, daß mein Genotyp einen Anlagenfaktor enthält, dessen phänotypischer Effekt in die Verteilung der Fortpflanzungschancen eingreift; diesmal aber nicht zu meinem eigenen Nutzen, sondern zugunsten eines *Artgenossen.* Mir selbst gereicht er somit zumindest relativ, vielleicht sogar auch absolut zum Nachteil. Es ist formal gerechtfertigt, eine solche Anlage »altruistisch« zu nennen, wenn man nur im Auge behält, daß über die subjektive *Zielsetzung,* die Motivation, damit noch nichts präjudiziert sein soll. »Nutzen« und »Nachteil« sind nicht individuell erfahrene Werte; es sind abstrakte Rechnungsbeträge auf der Basis der Währung, in der die Geschäfte der Evolution allein abgewickelt werden: Sie bedeuten Erhöhung oder Verringerung der relativen Fortpflanzungsrate.

Der Vergleich mit dem Geld kann allerdings in die Irre führen; er legt den Gedanken an eine aufgehende Bilanz nahe. Wenn der Fürst dem Bettler einen Taler schenkt, so spürt er die Einbuße überhaupt nicht; den Anderen rettet die Gabe aber vielleicht vor dem Verhungern. Nicht der aufgeprägte Betrag bestimmt den Wert, sondern der Bedarf. Und in dieser Dimension sind die Bilanzen von Spender und Empfänger prinzipiell voneinander unabhängig.

Nehmen wir nun an, ein Allel veranlasse seinen Träger zu einem Verhalten, das seinem eigenen Fortpflanzungserfolg schadet, anderen aber, um eine Zahl zu nennen, achtmal soviel nützt. Ein solches Allel wird sich normalerweise in der Population nicht halten, geschweige denn ausbreiten können. Anders ist es jedoch, wenn die vorliegenden Umstände gewährleisten, daß sich das »altruistische« Verhalten auf Artgenossen beschränkt, die im statistischen Mittel mit dem Spender *verwandt* sind.

Wie nahe verwandt müssen Spender und Empfänger sein? Sehen wir zu.

Deftige Beispiele sind am anschaulichsten: Wir wollen uns also vorstellen, der Spender komme bei seinen altruistischen Akten um, rette aber zuvor im Mittel acht anderen das Leben. Handelt es sich nun bei diesen anderen regelmäßig um Vettern, also um Personen, die noch den achten Teil ihrer Allele mit dem Spender teilen, so wird wahrscheinlich *einer* unter den Geretteten sein, der selbst Träger jenes »altruistischen« Allels ist. *Die Häufigkeit des Allels im Genvorrat der Population wird also nicht abnehmen!* Wachsen kann sie so freilich auch nicht; dazu wäre erforderlich, daß der Nutzen des Empfängers etwas *größer* ist als der achtfache Betrag des Schadens beim Spender.

HALDANE hat einmal auf die Frage, ob er bereit sei, sein Leben für seinen Bruder zu opfern, scherzhaft geantwortet: für einen nicht, wohl aber für drei Brüder; ersatzweise auch für neun Vettern. Dieser Zusammenhang erschien ihm so trivial, daß er sich nicht die Mühe nahm, ihn zu veröffentlichen. Aber als er das formulierte, war WYNNE-EDWARDS' Buch noch nicht auf dem Markt; und es blieb dann HAMILTON vorbehalten, als Replik auf diese Herausforderung die Idee der Sippenselektion auch offiziell in die wissenschaftliche Diskussion einzuführen.

Schopenhauers Vision

Wie auch immer die Prioritäten liegen mögen, wir haben es hier jedenfalls mit der wichtigsten Präzisierung der Selektionstheorie seit DARWIN selbst zu tun. Die Evolution, so läßt sich der Kerngedanke zusammenfassen, wird nicht auf der Ebene des Individuums und schon gar nicht auf der der Gruppe vorangetrieben, sondern auf der mikroskopischen Ebene des *Gens*. Der »Kampf ums Dasein« findet tatsächlich zwischen *Allelen* statt, die sich denselben Genlocus streitig machen!

Die Einheit der Selektion ist also nochmals um eine Größenordnung kleiner als der individuelle Organismus. Das ist jedoch nur die eine Seite eines paradoxen Sachverhaltes. Auf der anderen Seite ist das mysteriöse Gebilde, an dem die Selektion angreift, erstaunlicherweise auch wiederum von einer das Individuum *übergreifenden* Reichweite.

Vor anderthalb Jahrhunderten hatte sich der Philosoph Arthur SCHOPENHAUER Gedanken darüber gemacht, wie denn der Mensch, von Natur aus egoistisch, zu moralischem Handeln imstande sein solle. Moralität interpretierte er, einen modernen Trend vorwegnehmend, als Altruismus, und die motivationale Grundlage dafür sah er im Phänomen des Mitgefühls. Mitgefühl aber, als Partizipation an fremdem Schmerz und somit an fremder Subjektivität, erschien ihm als metaphysisches Rätsel, zu dessen Lösung er sich am System des ungeliebten Immanuel KANT orientierte: Hinter der Bühne der Erscheinungen, in einer dem Erkennen unzugänglichen Welt des »Dinges an sich«, sei nämlich die Individuation aufgehoben und könne daher die uns erlebnismäßig vertraute Trennung von Ich und Du nicht mehr aufrechterhalten werden. Beide verschmölzen dort vielmehr zu einer mystischen Identität, für die nur östliche Weisheitslehren, nicht aber unsere rationale Sprache passende Begriffe bereithielte. Und diese individuenübergreifende Identität sei eben die verborgene Basis, auf der Mitgefühl und Altruismus möglich werden.

Misanthropischer formuliert: Wo es so aussieht, als diente einer dem anderen, dort trügt die Erscheinung – transzendental sind Spender und Empfänger derselbe, und daher nützt der Hochherzige eigentlich nur sich selbst. Wenn es erlaubt ist, den Gegensatz von »Ding an sich« und »Erscheinungswelt« in den von Genotyp und Phänotyp zu übersetzen, so erkennt man hier unschwer HAMILTONS Ideen wieder. Biologen, durch die Spitzfindigkeit philosophischer Ausdrucksweise notorisch überfordert, wissen gar nicht, über welchen Abgründen der Weisheit sie schweben, wenn sie von »identischen« – statt einfach von »gleichen« – Allelen reden!

Die folgende Figur soll das Gemeinte veranschaulichen. Der Pfeil weist auf eine Körperzelle hin, die kleinste organische Einheit. Ihrer genetischen Ausstattung ist symbolisch die schwarze Farbe zugeordnet. Diese Zelle ist nun von einer Schar geschlossener Kurvenzüge umgeben, den Höhenlinien auf einer Landkarte vergleichbar. Zunächst kommt die Haut, die den Körper nach außen abgrenzt. Alle von dieser Grenze umschlossenen Zellen sind schwarz gefärbt, sie tragen dasselbe Genom. Außerhalb der Epidermis sind die Allele dieses Genoms nun aber noch immer präsent, so wie ein Tropfen Tinte in einem Wasserbecken von einer gegen den Rand hin immer blasser werdenden Diffusionswolke umgeben ist. Da sind zunächst die eigenen Eltern, Kinder und Vollgeschwister, die Kernfamilie, und auch um diese schließt sich gewissermaßen eine freilich unsichtbare Haut; alle Zellsubstanz innerhalb dieser Hülle enthält immerhin noch die *Hälfte* der »schwarzen« Allele. Dann folgen die Organismen der ferneren Verwandtschaft, mit allmählich immer weitergehender Ausdünnung des ursprünglich markierten Genbestandes.

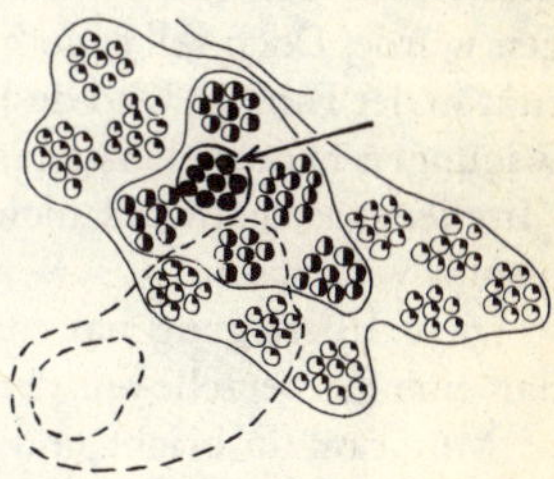

Als Einheit der Selektion fungiert die Gesamtheit der in der Figur schwarz gezeichneten Flächenpartikel. Was miteinander konkurriert, sind also nicht klar abgrenzbare Monaden, wie alle älteren Theorien stillschweigend voraussetzten, sondern überindividuelle Verdichtungsbereiche mit auslaufenden Randzonen, Konzentrationswolken identischer Allele, die sich mit den Diffusionsfeldern anderer Genome, in der Abbildung durch die unterbrochenen Konturlinien angedeutet, nach außen zu mehr und mehr überschneiden. Diese seltsamen Gebilde sind mit dem Ausdruck »Kin«, Sippe, gemeint; daher bedeuten, ungeachtet der ganz unterschiedlichen Größenordnung, die Begriffe »Genselektion« und »Sippenselektion« letztlich dasselbe.

Gleichsam nebenbei wird nun auch ein anderes, nur scheinbar triviales Phänomen verständlich. Man kann nämlich die Frage stellen, warum eigentlich die Zellen eines Organismus so gut zusammenarbeiten und nicht etwa miteinander konkurrieren. Fast alle »verzichten« darauf, sich in eigener Regie fortzupflanzen, und tragen statt dessen »selbstlos« dazu bei, daß sich allein die *Keimzellen* vermehren können. Die einfache Antwort lautet: Alle Zellen des Körpers sind miteinander verwandt wie eineiige Zwillinge! Jede Erbanlage, die ihre Trägerzelle dazu programmiert, dem Organismus zu dienen, nützt damit ihrer eigenen Verbreitung.

Hieraus läßt sich die zulässige Analogie ableiten, daß Sippen, vor allem die Kernfamilie, eigentlich so etwas wie genetisch verdünnte Organismen sind. Sie wären es in noch viel höherem Maße und könnten demgemäß auch noch viel besseren Nutzen aus gegenseitiger Unterstützung ziehen, wenn nicht – unter diesem Blickwinkel betrachtet, rätselhafterweise – die *Inzestscheu* dauernd wieder für den Einstrom fremden Erbmaterials sorgen würde. Doch selbst so bleibt noch genügend evolutionsstabile Solidarität in der Familie. Und deshalb kann »Kindred« auch aus biologischen Erwägungen heraus »Beistandsgemeinschaft« heißen: Die Kooperation ihrer Mitglieder ist naturgeschichtlich der Kooperation der Zellen eines Organismus verwandt.

Diese Überlegung hat nun aber eine Kehrseite. Es kann vorkommen, daß eine Körperzelle aus dem Verband der genetischen Identität durch eine Mutation ausbricht und zum Parasiten wird, der seine Nachbarzellen aggressiv ausbeutet, von diesen »erwartet«, daß sie ihn »selbstlos« ernähren, sich auf eigene Faust vermehrt und den Organismus schließlich zerstört. In der Regel hat eine solche maligne Mutante allerdings keine Chance; denn längst hat ein Selektionsdruck darauf hingewirkt, daß Körperzellen ihren »Altruismus« nur ihresgleichen zukommen lassen und gegen solcherart *nichtverwandte* Zellen mit aggressiven Immunreaktionen zu Felde ziehen.

Gibt es auch hierzu eine Analogie im sozialen Bereich? Gibt es genetisch vorprogrammierte »Immunreaktionen« gegen Individuen, die *nicht* als »verwandt« im Sinne der Sippenselektion erfahren werden? Ist dies eine biologische Basis für den im 3. Kapitel erörterten »Ethnozentrismus-Gradienten«? Diese Fragen sind brisant genug, um eine sorgfältigere Behandlung zu verlangen, als der Rahmen dieses Buches zuläßt. Hier nämlich, wenn irgendwo, lauert die Gefahr, daß soziobiologische Thesen als Stütze inhumaner Ideologien mißbraucht werden. Ich werde im Schlußkapitel dazu noch einiges klarzustellen haben.

Zurück zu den Nahursachen

Wir haben bislang, dem soziobiologischen Argumentationsschema folgend, ausschließlich über »Letztursachen« gesprochen. Wir haben uns davon überzeugt, daß Sippenselektion, anders als Gruppenselektion, evolutionsstabil sein kann. Offen geblieben ist dabei, welcher phänotypischer Mechanismen sich das Genom effektiv bedient, um zu gewährleisten, daß fremddienliche Akte auch wirklich bevorzugt Nahverwandten zugutekommen.

Natürlich wird niemand im Ernst erwarten, daß die Mitglieder einer Familie sich auch automatisch wie Zellen eines Organismus *fühlen* müßten. Geschwister, die nichts voneinander wissen, werden bei zufälliger Begegnung im allgemeinen nicht von geheimnisvollen Sympathiewellen erfaßt. Es gibt keine »Stimme des Blutes«.

Streng genommen, stimmt das nicht ganz. Manche Tiere sind imstande, enge Blutsverwandtschaft über den Geruchssinn unmittelbar wahrzunehmen. Nachgewiesen wurde das bisher für Fruchtfliegen und Mäuse. Aber solche Fähigkeiten scheinen selbst im Tierreich die Ausnahme zu bilden; in der Regel ist hier, und vollends beim Menschen, verwandtschaftliche Nähe kein unmittelbares Wahrnehmungsdatum. Sie muß statt dessen auf indirektem Wege durch ein *Signal* vermittelt werden.

Auf Seite 165 haben wir davon gesprochen, daß LORENZ als Gegenspieler aggressiver Impulse die *Gewöhnung* ansieht. Unser Sprachgefühl vermag uns nun zu belehren, daß zwischen Gewöhnung und Verwandtschaft in der Tat ein Zusammenhang besteht. Am deutlichsten ist er wohl im Englischen: »familiar« kommt nicht nur von »family«, sondern heißt auch soviel wie »gewohnt« oder »vertraut«. A priori haben die Begriffsfelder »gewohnt« und »verwandt« so wenig miteinander zu tun wie die Giftigkeit und die Färbung von Wespen, von denen am Ende des 6. Kapitels die Rede war; ihre semantische Klammer muß auf einer faktischen Korrelation der bezeichneten Sachverhalte beruhen. Bereits WESTERMARCK hat, wie wir auf Seite 95 gesehen haben, Vertrautheit als Verwandtschaftsindikator beansprucht, wenngleich im Kontext einer ganz anderen Motivthematik.

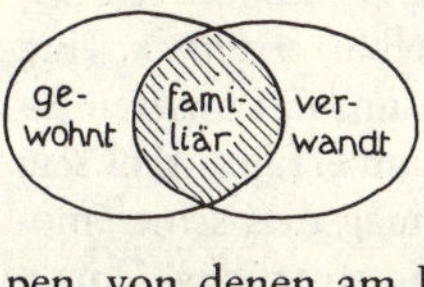

Freilich ist dieser Indikator nicht übermäßig zuverlässig. Aber etwas Besseres ist nicht leicht zu haben. Bevor die Natur das menschliche Gehirn entwickeln konnte, standen ihr zunächst einmal über Hunderte von Jahrmillionen nur sehr viel primitivere Mechanismen zur Verfügung. Diese mußten einsichtsfrei funktionieren, so simpel wie eine Lichtschranke, die eine Rolltreppe in Bewegung setzt, wann immer ein Schatten auf die Photozelle fällt.

Nicht immer stammt der Schatten von einem Menschen, der die Treppe benutzen will. Vertrautheit funktioniert als Signal für Verwandtschaft nicht viel besser als diese Lichtschranke. Dafür hat auch sie den Vorzug, keinen komplizierten Erkennungsapparat zu verlangen. Ein *Gedächtnis* ist ausreichend, das anspricht, wenn man jemandem begegnet, den man früher schon öfter gesehen hat. Ein Vertrautheitsdetektor ist »billig« zu bauen.

Das allein genügt natürlich noch nicht. Wenn jemand den verlorenen Hausschlüssel unter der Straßenlaterne sucht, so kann er dies nicht allein damit rechtfertigen, daß es an dieser Stelle heller sei und das Suchen daher weniger Mühe mache. Er muß auch mit guten Gründen erwarten dürfen, daß der Schlüssel wirklich in der Nähe der Laterne liegt. Genauso ist es in unserem Fall: Verwandtschaft im Lichtschein der Vertrautheit zu suchen hat nur dann einen Sinn, wenn die Umstände, unter denen Vertrautheit *entsteht*, auch in der Regel gewährleisten, daß der Partner ein naher Verwandter ist. Wie wir im folgenden Kapitel sehen werden, ist diese Voraussetzung tatsächlich in hinreichendem Ausmaß erfüllt.

Es kann kein Zweifel sein, daß Vertrautheit auch beim Menschen ihre Bedeutung als Verwandtschaftsindikator noch nicht eingebüßt hat. Hinzu kommt nun aber, daß wir immerhin seit zigtausend Generationen über Sprachfähigkeit und einen dementsprechend aufwendigen kognitiven Apparat verfügen. Wir können Verwandtschaft unmittelbar *erkennen.* Und diese Erkenntnis rührt uns auch an: Wir identifizieren uns mit unseren Eltern und leben in unseren Kindern fort. Wenn ein Mann erfährt, daß sein Sprößling eigentlich von einem anderen stammt, vermag dies seine emotionale Bereitschaft zu väterlicher Fürsorge nachhaltig zu trüben. Umgekehrt wird man, so kitschig die Szenerie auch anmutet, damit zu rechnen haben, daß die Begegnung mit dem seit früher Kindheit verschollenen und daher nie vertraut gewordenen Sohn ein aufwühlendes Erlebnis sein kann. Was wir wissen, steht nicht im Gegensatz zu unserem Fühlen, sondern schafft diesem neue Kanäle. Und da die Selektion überall greift, wo sie einen Ansatzpunkt findet, müssen wir immerhin theoretisch mit der Möglichkeit rechnen, daß auch die *Einsicht* in Eltern- oder Geschwisterschaft schon auf genetisch vorprogrammiertem Wege prosoziales Verhalten aktiviert.

Die Erfahrung spricht allerdings nicht dafür, daß wir es hier mit einem starken Effekt zu tun haben. In der Regel pflegt doch überall, wo früh erworbene Vertrautheit gegen das Wissen um biologische Verwandtschaftsverhältnisse steht, letzteres affektiv zu unterliegen; man denke nur an die Tragödie der von den natürlichen Eltern später zurückgeforderten Adoptivkinder. Vor allem ist in Rechnung zu stellen, daß die außerhalb der Kernfamilie so auffallend niedrige Korrelation von soziologischer und biologischer Verwandtschaft, von der die Vielfalt der Verwandtschaftsterminologien kündet, das kulturelle Verwandtschaftsbewußtsein weitgehend den Angriffsmöglichkeiten der natürlichen Selektion entzieht. Wir werden keinen großen Fehler begehen, wenn wir im Folgenden auch für den Menschen davon ausgehen, daß seine emotionalen Reaktionen auf Verwandtschaft weitgehend an das Merkmal langdauernder Vertrautheit geknüpft bleiben.

Vertrautheit ohne Verwandtschaft

Die Strategie der Natur, prosoziale Bereitschaft am Merkmal der Vertrautheit zu verankern, läßt sich noch von einem Effekt her legitimieren, der auf den ersten Blick die bisherigen Argumente ad absurdum zu führen scheint. Ich meine den Tatbestand, daß der Kreis der Vertrauten im Laufe eines Lebens über den der Verwandten für gewöhnlich weit hinauswächst. Es gibt eine vertrauliche Verbundenheit zwischen Schulfreunden, Kriegskameraden, Sportskollegen oder einfach Hausnachbarn, die miteinander überhaupt nicht verwandt sind; und man kann nicht ohne weiteres behaupten, diese Verbundenheit sei das Produkt einer im Bauplan unserer Species nicht vorgesehenen artifiziellen Umwelt.

Der Schlüssel zu diesem Phänomen liegt darin, daß Sippenselektion zwar der wichtigste, aber eben doch nicht der einzige Schlüssel zu biologischer Prosozialität ist. Wie Robert TRIVERS ausgerechnet hat, kann sich unter gewissen Rahmenbedingungen auch die alte Maxime, daß eine Hand die andere wäscht, als evolutionsstabil erweisen, und hierfür ist nicht erforderlich, daß die Beteiligten miteinander verwandt sind. Sie brauchen nur ein gutes soziales *Gedächtnis*: Man muß wissen, ob man einem Hilfesuchenden zutrauen kann, daß er sich auch seinerseits prosozial verhalten wird, wenn man selbst Schwierigkeiten hat. Insofern spielt also wiederum Vertrautheit eine wichtige Rolle als soziopositives Signal; allerdings geht sie in diesem Falle meist nicht sehr tief.

Eine Ausnahme bildet dabei allerdings die *eheliche Partnerschaft*. Einerseits gründet auch diese gerade *nicht* auf enger Blutsverwandtschaft. Andererseits läßt sich auf sie gleichwohl das Prinzip der Sippenselektion anwenden, und zwar führt die Argumentation dabei über die gemeinsame Nachkommenschaft.

Das nachfolgende Diagramm möge dies verdeutlichen. Es zeigt zwei Eltern in der oberen Reihe und darunter ein Kind. Die Eltern sind verschieden schraffiert, was bedeuten soll, daß sie völlig unverwandt sind. Das Genom des Kindes gleicht, wie wir im 5. Kapitel hergeleitet haben, je zur Hälfte dem eines Elternteiles.

Nehmen wir nun an, eines der Allele im mütterlichen Genbestand – wir bezeichnen es mit einem schwarzen Quadrat – motiviere die Trägerin zu fürsorglichem Verhalten gegenüber dem eigenen Kind. Die Sippenselektion erlaubt diesem Allel offensichtlich, sich in der Population zu stabilisieren.

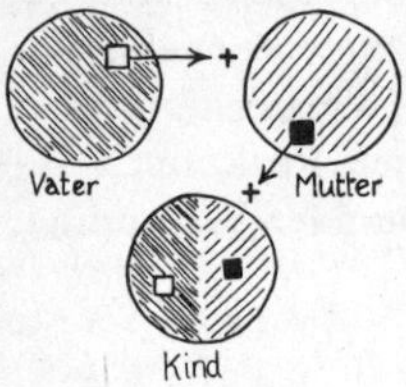

Auch der Vater könnte ein entsprechendes Gen besitzen. Genauso nützlich und evolutionär stabil wäre für ihn aber noch eine andere Erbanlage, im Schaubild durch das weiße Quadrat angedeutet, die ihn zu altruistischem Verhalten gegenüber seiner Partnerin motiviert. Denn was dieser nützt, kommt auf kurzem Umweg seinen eigenen Nachkommen zugute und fördert so letzten Endes die Ausbreitungschancen eben jenes Allels »weißes Quadrat«, das inzwischen längst bei allen Nachkommen von Vätern dieser Species vorhanden ist.

Natürlich läßt sich diese Argumentation auch umkehren. Für die Mutter macht es sich nämlich genetisch ebenfalls bezahlt, dem Vater Hilfe zu leisten, wenn dieser motiviert ist, sich um seine Nachkommen zu kümmern. Das ist allerdings bei Säugetieren nicht übermäßig oft der Fall; und wo ein Weibchen vom Partner nicht mehr zu erwarten hat als sein Sperma, bringt sie ihm auch keine wärmeren Gefühle entgegen. Sie jagt ihn nach der Begattung davon, sofern er sich nicht selbst trollt; und er kann noch von Glück sagen, daß er nicht einer jener Arthropoden-Species angehört, bei der er gleich nach oder sogar noch während der Copula verspeist wird.

Die eben angestellten Erwägungen lehren, daß die Selektion prosoziales Verhalten nicht nur innerhalb der eigenen Sippe, sondern auch gegenüber »verschwägerten« Sippen und hier insbesondere gegenüber dem Geschlechtspartner begünstigen kann. Das Signal der Vertrautheit bedeutet also, genau genommen, nicht soviel wie »Träger meiner Allele«, sondern »Förderer der Ausbreitung meiner Allele«. Eben das aber qualifiziert den betreffenden Artgenossen als Objekt altruistischer Behandlung.

Man könnte sich allenfalls fragen, ob es überhaupt zulässig sei, bei der Interaktion von Ehepartnern von »Altruismus« zu reden. Denn das müßte nach soziobiologischer Sprachregelung doch bedeuten, daß einer der Partner seine Fortpflanzungschancen zugunsten derer des anderen reduziert. Ergibt diese Redeweise noch einen Sinn, wenn beide *dieselben* Nachkommen haben?

Nun müßten die gemeinsamen Kinder natürlich nicht die einzigen sein. Das Männchen könnte zum Beispiel ein »außereheliches« Abenteuer versäumen, während es bei seinem brütenden Weibchen Nestwache hält oder Futter für sie besorgt. Partnertreue ist per se bereits »Altruismus«.

Aber auch auf der Basis der eigenen Nachkommen des Paares kann man eine entsprechende Rechnung aufmachen. Wenn ein Männchen sein Weibchen, das noch Junge säugt, gegen einen Raubfeind verteidigt und sich dabei Verletzungen zuzieht, die seine weitere Zeugungsfähigkeit beeinträchtigen, so hat es damit zwar nicht im soziobiologischen Sinne »altruistisch« gegen sein *Weibchen* gehandelt; wohl aber hat es seinen *bereits geborenen Kindern* auf Kosten der *noch ungezeugten* das Leben gerettet. Auch diese Bilanz kann aufgehen, wie wir im Folgenden noch sehen werden.

Die Soziobiologie der Bindungsmotivation

Wir haben uns in diesem Kapitel mit der Frage beschäftigt, wieso schon im Tierreich, vorab aller Kultur und Moral, fremddienliches Verhalten beobachtet werden kann. Als Letztursache sind wir dabei auf die Sippenselektion, als Nahursache auf den Signalmechanismus der Vertrautheit gestoßen.

Soweit haben wir die Verhältnisse aus dem Aspekt des *Spenders* prosozialer Akte betrachtet. Diese Blickrichtung läßt sich jedoch auch umkehren. Vertrautheit ist im allgemeinen reziprok, sie wird von beiden Partnern synchron aufgebaut. Das bedeutet aber, daß sie nicht nur den potentiellen Empfänger prosozialen Verhaltens auszeichnet, sondern auch den, von dem man prosoziales Verhalten *erwarten* kann.

Auch dies ist längst in das Sprachgefühl eingesunken. Wenn wir vorhin das Wort »familiär« als Brücke zwischen »blutsverwandt« und »gewohnt« ausgemacht haben, so verklammert der Ausdruck »vertraut« seinerseits die Begriffe »gewohnt« und »wohlwollend«. Der »Vertraute« ist eben der, zu dem ich »Vertrauen haben«, dem ich »trauen« darf, ohne befürchten zu müssen, daß er dies mißbraucht.

Vertrautheit fungiert also nicht nur als Regulativ gegen den Ausverkauf altruistischen Selbsteinsatzes, sondern auch als Wegweiser zu Geborgenheit und Sicherheit; und vor allem für das *Kind*, das für sein schieres Überleben noch auf fremde Hilfe angewiesen ist, wird dieser Aspekt zunächst der wichtigste sein.

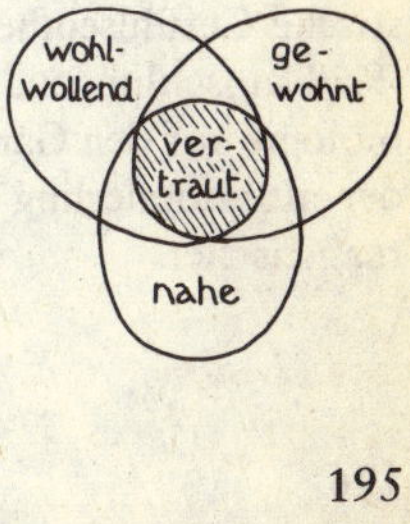

Hier schließt sich der Kreis zur Theorie der Bindungsmotivation, von der wir im letzten Kapitel handelten. Abermals bestätigt sich die Weisheit der Sprache: Der »Vertraute« ist auch der, zu dem ich

»zutraulich« bin, dem gegenüber ich mir »Vertraulichkeiten« gestatte, das heißt also, dem gegenüber ich keine *Distanz* zu wahren brauche, dem ich *nahe* stehe.

An dieser Stelle wird erst so recht deutlich, wie fundamental sich das biologische Konzept der Bindungsmotivation von seinen sozialpsychologischen Parallelen unterscheidet. Auf den ersten Blick könnte es nebensächlich erscheinen, daß die Psychologie von einem generalisierten, die Ethologie jedoch von einem individualisierten Anschlußbedürfnis ausgeht. In Wirklichkeit liegt eine Welt zwischen den beiden Betrachtungsweisen.

Der Gegensatz hängt mit dem Konzept der *Anpassung* zusammen. Während die Biologie eine genetische Präadaptation für möglich hält, führt die Lerntheorie alle Adaptation auf persönliche Erfahrung im Sinne von Lohn oder Strafe zurück. »Erfahrung« und »Umwelteinfluß« sind dabei offenkundig nicht dasselbe. Auch die Vertrautheit, von der die Biologen reden, läßt sich nur im Milieu der Familie aufbauen; gleichwohl ist sie für den Lernpsychologen eine Mystifikation, weil sie nämlich ohne weitere Prüfung als Signal für Vertrauens*würdigkeit* fungieren soll. Aus seiner Sicht kann Sympathie nur aus *positiven* Erfahrungen erwachsen. Objekt dieser Sympathie ist dabei nicht der Partner als Individuum, sondern als Vertreter einer *Klasse* möglicher Partner. Selektiv kann die Sympathie also nur dadurch werden, daß *negative* Erfahrungen mit *anderen* Partnern die Generalisationstendenz hemmen. Kein Wunder, daß Lerntheoretiker nicht an eine spontan auftretende Fremdenfurcht im Kindesalter glauben wollen.

Der Gegensatz von »generell« und »individuell« ist in unserem Problemkreis übrigens nicht auf den Streit zwischen Psychologen und Ethologen beschränkt. Er taucht auch innerhalb der Biologie selbst auf, und zwar gerade bei der Unterscheidung von Gruppen- und Sippenselektion. Die »Gruppe«, um die es bei Wynne-Edwards geht, ist eigentlich die gesamte Population, ja letzten Endes die ganze Species. Das Schlagwort lautet hier bezeichnenderweise »Arterhaltung«. Daß innerhalb der Population nach den Merkmalen »verwandt« und »nichtverwandt« differenziert wird, ist demgemäß das eigentlich innovative Element in Hamiltons Theorie.

Und was schließlich Schopenhauer betrifft, so sind wir ihm vorhin zumindest in einem Punkte sicher nicht gerecht geworden: Er hatte eine mystische Gefühlseinheit *aller* Menschen im Sinn. Der offene Horizont des »Seid umschlungen, Millionen« kontrahiert sich im Augenmaß der Soziobiologie auf den Gartenzaun des trauten Heimes. Verglichen mit dem, was der alte Sonderling sich da ausgedacht hat, ist das aber am Ende doch realistischer.

12. Kapitel

Sensible Situationen

Vertraut sollte man nur mit dem werden, dem man trauen kann. Vor allem beim Neugeborenen muß dafür gesorgt sein, daß es sich nur an die eigenen Eltern bindet. Der Prozeß, der das gewährleistet, unterscheidet sich von normalen Lernvorgängen und wird als »Prägung« bezeichnet. Die Bindung an den Ehepartner und an die eigenen Kinder könnte auf ähnliche Weise entstehen.

Alpine Werbungsbräuche

In ihrem stark autobiographisch gefärbten Jugendroman »Als Hitler das rosa Kaninchen stahl« beschreibt Judith Kerr, die Tochter des bekannten Theaterkritikers gleichen Namens, eine Szene aus dem Dorfschulmilieu in der Gegend des Zürichsees.

Das neunjährige jüdische Mädchen Anna ist 1933 bei der Flucht vor den neuen Machthabern in Deutschland zusammen mit seiner Familie ins Schweizer Exil gelangt. In einer Schulpause erweckt sie durch ihr unbefangenes Auftreten die Aufmerksamkeit eines Jungen. Auf dem Heimweg von der Schule wird sie von diesem und einer Schar seiner Freunde über einen querfeldein verlaufenden Kiespfad verfolgt, in gebührlichem Abstande zunächst. Nach einiger Zeit beginnt der Junge aber, kleine Kieselsteine in ihre Richtung zu werfen. Ihr empörter Protest löst nur Grinsen aus und führt im übrigen zu einer Eskalation der Kanonade, an der sich nun auch seine Freunde beteiligen. Dazu fangen sie an, rhythmisch im Chor Annas Namen zu rufen. Die Kiesel kommen jetzt gleich handvoll und mit wachsender Treffsicherheit. Anna verliert die Nerven und beginnt zu rennen.

Bei den Jungen gibt es daraufhin kein Halten mehr. Bald fliegen ihr sogar Schuhe um die Ohren. Die Situation wird immer bedrohlicher; mit knapper Not erreicht sie ihr Haus. Ihre Mutter kommt ihr entgegengestürzt. Weiter heißt es im Originalwortlaut:

»Dann sah sie, daß Mama den krummbeinigen Jungen gepackt hatte und ihn schüttelte. Die anderen waren geflohen. ›Warum habt ihr sie gejagt?‹ fragte Mama. ›Warum habt ihr nach ihr geworfen? Was hat sie euch getan?‹

Der krummbeinige Junge verzog sein Gesicht und wollte es nicht sagen. ›Ich laß dich nicht los‹, sagte Mama, ›ich laß dich nicht los, bis du mir sagst, warum ihr das getan habt!‹

Der krummbeinige Junge sah Mama ängstlich an. Dann wurde er rot und murmelte etwas. ›Was?‹ fragte Mama. Plötzlich geriet der krummbeinige Junge in Verzweiflung. ›Weil wir sie lieben!‹ schrie er so laut er konnte. ›Wir haben's getan, weil wir sie lieben!‹

Mama war so überrascht, daß sie ihn losließ, und er schoß davon, quer über den Hof und die Straße hinauf.

›Weil sie dich lieben?‹ sagte Mama zu Anna. Keiner von beiden konnte es verstehen. Aber als sie später Max um Rat fragten, schien er gar nicht überrascht. ›Das machen sie hier so‹, sagte er. ›Wenn sie sich in jemand verlieben, dann werfen sie Sachen nach ihm.‹«

Die Szene ist offensichtlich authentisch. Wir dürfen davon ausgehen, daß der geschilderte Brauch zumindest seinerzeit in der Tat bestanden hat. Natürlich handelt es sich dabei um eine kulturspezifische Variante, die überdies noch von der besonderen Motivthematik der Flegeljahre geprägt ist. In der Adoleszenz geht es auch in den ländlichen Bezirken des Alpenvorlandes bei der Brautwerbung zarter zu.

Und doch bleibt das Verhalten der Jungen, bei aller Paradoxie, auf eigentümliche Weise nachfühlbar. Es folgt augenscheinlich aus überspielter Unsicherheit. Und darin offenbart sich ein fundamentales Problem der Bindungsmotivation: Sie erfüllt sich im wechselseitigen Vertrauen; aber für Vertrautheit gilt immer ein logisches Aposteriori – niemand kann mir vertraut sein, dem ich zum ersten Male begegne, und für jede Begegnung gibt es ein erstes Mal. Das gilt sogar für die Begegnung mit der eigenen Mutter. Vertrautheit geht somit notwendig aus Fremdheit hervor. Wir wollen uns in diesem Kapitel mit den Problemen befassen, die sich hieraus ergeben.

Lawinen nach Plan

Vertrautheit ergibt sich aus der Dauer und der Enge des Zusammenseins. Wenn nun zutrifft, daß sie auch ihrerseits wiederum zu Anschlußverhalten motiviert, so liegt ein Verhältnis wechselseitiger Verstärkung vor: Je vertrauter man wird, um so näher rückt man zusammen, und um so leichter wird es, sich noch besser kennenzulernen. Zwischen Vertrautheit und

Nähe besteht eine *positive Rückkoppelung* von der Art, wie wir sie früher schon einmal, oben auf Seite 130, für die Beziehung zwischen sexueller Befangenheit und »ausgedünnter Ehe« kennengelernt haben.

Die Kybernetik lehrt nun, daß positive Rückkoppelungen meist instabile Systeme sind. Ein unachtsamer Tritt kann eine Lawine auslösen; der Weg, den sie nimmt, hängt in nicht vorhersagbarer Weise von zufälligen Anfangsbedingungen ab. Wenn daher Vertrautheit zum Indikator von prosozialer Motivation taugen soll, so müssen Vorkehrungen getroffen sein, die diese Instabilität bändigen. Der Mechanismus, der hier zum Einsatz gelangt, wird in der Ethologie als *Prägung* bezeichnet. Er gewährleistet unter natürlichen Bedingungen, daß der jeweils erste Schritt, der die Lawine der Vertrautwerdung in Gang setzt, in Situationen eingebunden bleibt, in denen der Partner mit hoher Wahrscheinlichkeit ein enger Verwandter oder jedenfalls ein aus biologischen Gründen zur Wohlgesonnenheit motivierter Artgenosse ist. Solche im Bauplan der Art vorgesehenen Kondensationskerne der Familiarisierung sollen nachfolgend als »sensible Situationen« bezeichnet werden.

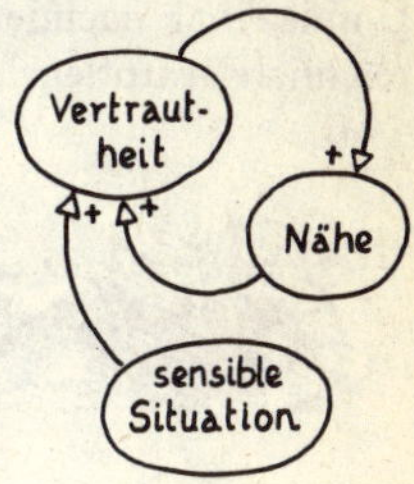

Es gibt beim Menschen und bei Tierarten, die eheähnliche Lebensgemeinschaften eingehen, im wesentlichen drei Einschnitte in der individuellen Entwicklung, die in diesem Sinne als sensible Situationen anzusprechen sind. Die ontogenetisch früheste Phase ist die, in der das Kind Vertrauen zu den Mitgliedern seiner Kernfamilie, insbesondere zur Mutter, faßt. Wir wollen dies den Aufbau der *primären Vertrautheit* nennen.

Im Laufe der Adoleszenz wird das Individuum sodann mit dem oder den Ehepartnern intim. So entsteht die *sekundäre Vertrautheit.* Diese Beziehung kann, was wir in diesem Kapitel noch außer acht lassen, durch Freundschaften zu gleichgeschlechtlichen Artgenossen vorbereitet oder auch begleitet werden, die dann oft schon einige Zeit vor der Geschlechtsreife geknüpft werden.

Als *tertiäre Vertrautheit* bezeichnen wir schließlich die Weise, in der eine Mutter ihr eigenes Kind als ein unverwechselbares Individuum erfährt. Die sensible Situation hierfür hat sicher etwas mit dem Geburtsvorgang zu tun. Auch der in Dauerehe lebende Vater baut eine tertiäre Vertrautheit zu seinen Kindern auf; doch ist über die Prozesse, die dazu führen, bislang kaum etwas bekannt.

Von den Situationen, in denen sich diese drei Formen von Vertrautheit ausbilden, wurde bisher nur die erste gründlicher erforscht. Bevor wir uns ihr zuwenden, wollen wir zunächst kurz zusammenstellen, was über die beiden biographisch späteren bekannt ist.

Über die Weise, in der sich ein Muttertier an sein Kind gewöhnt, liegen erst sporadische Befunde vor; diese lassen allerdings bereits erkennen, daß hier in Zukunft noch interessante Entdeckungen zu erwarten sind.

Eine in dieser Hinsicht recht gut untersuchte Tierart ist die Hausziege. Unmittelbar nachdem eine Geiß ein Junges geworfen hat, läßt sie ihm reichlich Brutpflegehandlungen angedeihen, beginnend mit ausführlichem Trockenlecken. Schiebt man ihr sogleich nach der Geburt ein fremdes Jungtier unter, so akzeptiert sie dieses bereitwillig, selbst wenn es schon bis zu vier Wochen alt ist und den unerwarteten Bezeugungen mütterlicher Liebe mit mißtrauischer Reserve begegnet. Ihr hochentwickelter Geruchssinn errichtet bei der ersten Kontaktnahme also keine Schranke. Es ist sogar schon vorgekommen, daß Geißen nach einer Totgeburt den menschlichen Tierwärter mit leidenschaftlicher Hingabe über und über abzulecken begannen.

Wie der Verhaltensforscher Peter KLOPFER herausgefunden hat, ist bei diesen Vorgängen der Zeitraum der ersten Stunde nach dem Werfen entscheidend: Wurde der Mutter in dieser Frist ein geeignetes Objekt vorenthalten, so lassen sich danach keine Brutpflegehandlungen mehr auslösen. Auch ihr eigenes Kind verstößt sie dann. Umgekehrt genügt innerhalb der ersten Stunde bereits eine Darbietung von nicht länger als 5 Minuten, um einem Kind ihre künftige Fürsorglichkeit zu sichern, selbst wenn man es nach dieser kurzen Kontaktnahme zunächst wieder von ihr trennt.

Wir wissen noch nicht sicher, welche physiologischen Prozesse es sind, die die Mutter gerade unmittelbar nach dem Werfen dafür sensibilisieren, sich die Individualmerkmale ihres Kindes einzuprägen. Ein Hinweis ergibt sich jedoch daraus, daß Geißen, die ihre Jungen unter tierärztlicher Hilfe per Kaiserschnitt zur Welt bringen, die Brutpflege zu verweigern pflegen. Erweitert man solchen Tieren dann aber durch Einführung eines aufblasbaren Luftballons nachträglich für kurze Zeit den Geburtskanal, so erhöht das die Chance, daß sie ihr Kind doch noch annehmen.

Peter KLOPFER, der dieses Experiment durchgeführt hat, vermutet hier einen Zusammenhang mit einem vom Hypophysenhinterlappen sezernierten Hormon, dem *Oxytocin*. Dieser Wirkstoff ist auch als »Wehenhormon« bekannt. Unmittelbar bei der Geburt steigt seine Konzentration im

Blut drastisch an, und das hat den Effekt, daß sich der Uterus kontrahiert und den Foetus auspreßt. Hierdurch wird der Geburtskanal erweitert, und die damit verbundene mechanische Reizung löst ihrerseits eine weitere Steigerung der Oxytocinproduktion aus. Das ganze System funktioniert offensichtlich wiederum als positive Rückkoppelung: Der Geburtsakt erhöht, sobald er einmal in Gang gekommen ist, reflektorisch die Intensität der Preßwehen.

Es ist ein bestechender Gedanke, daß die rapid ansteigende Oxytocinkonzentration durch neurochemische Effekte im Hirnstamm die Mutter kurzzeitig dafür sensibilisieren könnte, mit dem nächstbesten Jungtier eine Bindung einzugehen. Dieses müßte unter allen halbwegs natürlichen Umständen nämlich regelmäßig das soeben geworfene eigene Junge sein.

Übrigens hat Oxytocin noch einen weiteren Effekt, der unmittelbar dem Funktionskreis der Brutpflege zuzurechnen ist: Es läßt die Milch in Euter bzw. Brust »einschießen«. Der Innendruck der Milchdrüsen steigt bei diesem Prozeß schubhaft an, so daß nicht selten spontan Milch abzutropfen beginnt. Interessanterweise können hier, und zwar bereits bei Hausvieh, »psychologische« Faktoren verstärkend wirken: Es genügt schon, der Mutter das vertraute Kalb darzubieten, um den Oxytocinspiegel und damit den Milchdruck zu erhöhen. Das hätte, falls die Hypothese von der sensibilisierenden Wirkung dieses Hormons zutrifft, den plausiblen Zusatzeffekt, daß die Mutter immer dann, wenn das Kind bei ihr saugt, besonders aufgeschlossen dafür wäre, weitere diskriminierende Merkmale an ihm zu erlernen und so die individuelle Vertrautheit zu vertiefen.

Belohnung oder Information?

Schon Herodot wußte von den Skythen zu berichten, diese würden, wenn sie Stuten melken wollten, mithilfe einer Knochenpfeife Luft in die Vagina des Tieres einblasen, um es zu erhöhter Milchproduktion anzuregen. Ähnliche Methoden waren und sind bei Naturvölkern weit verbreitet. Klopfers Experiment wurde hier vorweggenommen, wenn auch mit etwas anderer Zielsetzung.

Die Praktiken, von denen Herodot berichtet, sollen auf der Beobachtung beruhen, daß Mütter von Säuglingen beim Koitus zuweilen spontan Milch absondern. Tatsächlich weiß man heute, daß im Zusammenhang mit Kopulation und Orgasmus im Blut der Frau ebenfalls der Oxytocinpegel ansteigt. Da auch hier vaginale Erweiterung und Uteruskontraktionen stattfinden, ist dieser Befund nicht weiter verwunderlich. Er gibt aber zu einer tiefergehenden Überlegung Anlaß.

Wir können selbstverständlich nicht wissen, was die Manipulationen Klopfers für Gefühle und Sinnesempfindungen in dem Muttertier auslösten. Aber nichts spricht dafür, daß die gewaltsame Erweiterung des Geburtskanals als sonderlich angenehm empfunden wird. Und für den normalen Geburtsakt gilt dies erst recht nicht. Zumindest beim Menschen werden die mechanischen Begleiterscheinungen des Gebärvorganges jedenfalls eher schmerzhaft erlebt, weshalb man ja auch von »Wehen« redet. Damit soll natürlich keineswegs in Abrede gestellt werden, daß die Geburtsschmerzen durch Verkrampfung und Angst erheblich und unnötig *erhöht* werden können; aber selbst das beste Entspannungstraining wird nicht in der Lage sein, das Vorzeichen umzukehren und den Geburtsakt zu einem lustbetonten Vorgang zu machen, und somit zu dem, was die Lerntheorie einen »positiven Verstärker« nennt.

Wäre es hierauf wirklich angekommen, so hätte die Natur wohl kaum unüberwindliche Mühe gehabt, auch die Geburt selbst für die Mutter zu einem Orgasmus zu gestalten, um zu gewährleisten, daß sie das Kind von Anfang an mit angenehmen Erlebnissen assoziiert und dementsprechend gern bereit ist, sich intensiv mit ihm zu beschäftigen.

Aber offenbar ist das gar nicht erforderlich. Die Mutter muß nicht erst durch irgendwelche Tricks dazu *motiviert* werden, sich um ihr Kind zu kümmern. Was sie allein zu lernen hat, ist, wie ihr Kind *aussieht!* Die Situation muß Information vermitteln; Belohnung ist nicht erforderlich. Entscheidend ist nur, daß die Signale, die das Kind identifizieren, qualitativ unverwechselbar und quantitativ genügend intensiv sind, und wer weiß? – vielleicht eignet sich das Schmerzerlebnis hierfür sogar noch besser als die Lust.

Wir werden etwas später in diesem Kapitel noch erfahren, wie die Ethologen versucht haben, zwischen Prägung und Lernen zu differenzieren. Der wichtigste Unterschied taucht in diesen Definitionsbemühungen nur selten auf: Er ist die eben besprochene Unabhängigkeit der Prägung von positiven Verstärkern. Weder Brutpflege noch Brutpflegeverlangen muß aus geborgter Motivation gespeist und dazu an die Kraftaggregate fremder Lustquellen angeschlossen werden. Der biologische Druck der Sippenselektion hat hierfür längst ein autochthones Motivsystem geschaffen, das nur noch des Stichwortes, aber nicht mehr der Ermunterung bedarf. Auf dieser Einsicht beruht der Prägungsbegriff, und es ist *diese* Stelle, an der er dem Zugriff der Lerntheorie entgleitet.

Amors Pfeile

Es mutet erstaunlich an, aber über das Thema, das von pubertären Tagträumen bis zu den unsterblichen Schöpfungen der Poesie die Einbildungskraft des Menschen mehr als jedes andere gefesselt hat, nämlich über die Knüpfung des Bandes zwischen künftigen Ehepartnern, ist der wissenschaftlich verbürgte Kenntnisstand am ärmsten. Niemand hat bislang herausgefunden, nach welchen Regeln Amor seine Pfeile verschießt. Fest steht bislang eigentlich nur, daß die sekundäre Vertrautheit in mehrfacher Hinsicht einen Sonderfall darstellt.

Zunächst einmal ist sie keine obligatorische Erscheinung: Nicht wenige Säugetierarten, darunter auch sozial und intellektuell hochentwickelte wie zum Beispiel die Elefanten, kennen überhaupt keine eheähnliche Bindung. Nur dort, wo sich *beide* Eltern in irgendeiner Weise an der Fürsorge für die Jungen beteiligen müssen, schließen sich die Geschlechter zu einer die Brunftzeit überdauernden Gemeinschaft zusammen, paarweise, als Haremgemeinschaft oder in Form einer Gruppenehe.

Eine zweite Besonderheit der ehelichen Partnerbindung besteht darin, daß sie sich nicht auf die *Verwandtschaft* der Beteiligten gründet. Die sekundäre Vertrautheit, und sie allein, muß zwischen erwachsenen Fremden aufgebaut werden, die a priori keinen biologischen Grund haben, sich gegeneinander prosozial zu verhalten. Die Sippenselektion fordert von ihnen wechselseitige Hilfeleistung erst von dem Moment an, da sich beide verbindlich auf die Partnerschaft eingelassen haben, und rechtfertigt also auch erst dann wechselseitiges Vertrauen.

Kein Wunder, wenn die sekundäre Bindung, wie wir es auf Seite 164 von LORENZ gehört haben, oftmals erst aus dem »ruppigen Ast« der *Aggression* erblühen muß. Die eingangs geschilderte Kindheitserinnerung von Judith KERR weist wohl in dieselbe Richtung. Auch mir selbst war in der auf Seite 25 berichteten Episode, als meine »Tochter« Adelheid sich ihren Partner just aus der Gruppe ehemaliger Kampfgegner suchte, der Gedanke gekommen, Aggression sei eigentlich ein ideales Mittel, Bekanntschaft zu schließen: Erstens bricht sie besonders leicht zwischen Fremden aus, und zweitens enthält sie eine Komponente des Aufeinander-Zugehens; das Wort kommt ja von dem lateinischen »aggredi«.

Auf der anderen Seite leuchtet ein, daß Aggressivität allein kein Vertrauen schafft. Wie sie es fertigbringt, in Liebe umzuschlagen, was positiv geschehen muß, damit der zündende Funke überspringt, das wissen wir nicht, weder bei Tieren noch bei uns selbst.

Erst vom Vollzug der Paarung an lassen sich die Zusammenhänge wieder besser überblicken. Hier liegt es zumindest bei Primaten nahe, auch der *Sexualität* eine wichtige Rolle bei der Vertiefung der Vertrautheit einzuräumen. Ob dabei wiederum hormonale Prozesse sensibilisierend wirken, womöglich sogar das Oxytocin, bleibt vorerst Gegenstand der Spekulation.

An sich könnte man sich auf den Standpunkt stellen, daß sekundäre Vertrautheit überhaupt nicht auf Prägung beruht; schließlich sind sexuelle Erlebnisse positive Verstärker in Reinkultur, und wer nie über Prägung nachgedacht hat, käme gar nicht auf die Idee, die Partnerbildung für etwas anderes als ein Lernergebnis zu halten.

Tatsächlich wissen wir noch zu wenig, um die Frage entscheiden zu können. Es gibt aber immerhin zu denken, daß beim Menschen und offenbar auch anderswo im Tierreich zumindest für den weiblichen Partner die *erste* Kopula nicht unbedingt als angenehme Erfahrung angelegt ist. Warum wirkt die Defloration nicht abdressierend? Warum erzeugt sie keine Abneigung gegen den Partner, sondern in der Regel gerade das Gegenteil? Vielleicht kommt es hier wieder nicht auf Belohnung an, sondern auf Einprägung von Identität – entsprechend dem biblischen Sprachgebrauch, der das sexuelle Intimwerden mit dem Wort »Erkennen« umschreibt.

Noch in einer dritten Hinsicht scheint sich schließlich die sekundäre Vertrautheit von der Mutter-Kind-Beziehung zu unterscheiden: Sie ist labiler als diese und muß daher immer wieder erneut »aufgefrischt« werden.

Beim Menschen dürfte hierin eine Nebenfunktion der Sexualität liegen: Sie dient nicht allein der Fortpflanzung, sondern trägt auch dazu bei, die Partnerschaft zu stabilisieren. Liebe und Sexualität gehen so bei uns tatsächlich jene enge Legierung ein, die es den Psychoanalytikern leicht macht, mit ihrem Konzept einer homogenen »Libido« an vorwissenschaftliche Plausibilität zu appellieren.

Es gibt aber Tierarten – und sie scheinen in der Überzahl zu sein –, bei denen sexuelle Verhaltensweisen ausschließlich im Funktionskreis der Fortpflanzung auftreten. Um eine eheähnliche Sozialstruktur zu stabilisieren, dienen hier ganz andere Verhaltensmuster. So führen gewisse Vogelarten zur Förderung des Paarzusammenhaltes komplizierte Gesangsduette aus. Und bei manchen Säugetieren, wie zum Beispiel bei Brüllaffen, Gibbons und Wölfen, bilden gemeinsame »Gesänge« ebenfalls ein verbindendes Ritual; allerdings schließen sie in diesem Fall nicht nur die Ehepartner, sondern die ganze Familiengruppe ein. Das Triumphgeschrei der Wildgänse, das übrigens bezeichnenderweise bei »Frischvermählten« frequenter und intensiver abzulaufen pflegt als bei älteren Paaren, gehört auch in dieses Kapitel.

Wir sehen jetzt, wo der wahre Kern der auf Seite 174 zitierten Meinung von LORENZ liegt, derzufolge Rituale wie das Triumphgeschrei überhaupt die zielbildende Endhandlung des Bindungstriebes seien. Das sind sie zwar nicht. Aber sie dürften immerhin erforderlich sein, um die Bindung am Leben zu erhalten, jedenfalls in den ersten Jahren der Partnerschaft. Das eigentliche Ziel des Bindungstriebes ist auch bei Ehepartnern einfach nur, sich nahe beim »Individuum mit Heimcharakter« aufzuhalten. Alle die genannten Rituale hingegen, die in der ethologischen Literatur, meist ohne theoretische Reflexion, als »paarbindend«, »bandstiftend« oder »synchronisierend« bezeichnet werden, bilden Teilziele, die dafür sorgen, daß der Partner seinen »Heimcharakter« *nicht verliert!*

Frühkindliche Eindrücke

Bis jetzt haben wir uns mit dem Aufbau von Vertrautheit im Erwachsenenalter beschäftigt. Weil wissenschaftlich hierüber noch wenig Genaues bekannt ist, wird diesem Phänomenbereich in der ethologischen Literatur selten besondere Aufmerksamkeit gewidmet. Zumal wenn von »Prägung« die Rede ist, denkt man fast immer nur an den Prozeß, in dem sich die *primäre* Vertrautheit des neugeborenen Kindes mit seinen Familienmitgliedern, insbesondere mit der Mutter, herausbildet.

Tatsächlich ist an der frühkindlichen Prägung erstmals und prototypisch aufgezeigt worden, daß die Kenntnis von Artgenossen, die aus biologischen Gründen zu prosozialem Verhalten motiviert sind, nicht nach den Regeln der Lerntheorie erworben wird. Es gehört zu den frühesten ethologischen Entdeckungen, daß die Bereitschaft, die mütterlichen Individualmerkmale zu erlernen, bei nestflüchtenden Vögeln und bei vielen weiteren Tierarten im Anfangsstadium der Ontogenese einen auffälligen Gipfel erreicht, der zuweilen kürzer als eine Stunde währt. Schon HEINROTH verwendete in diesem Zusammenhang deskriptiv das Wort »Einprägung«; der heute gebräuchliche Begriff »Prägung« wurde 1935 von LORENZ eingeführt.

Gegenüber den Vorgängen, bei denen sekundäre und tertiäre Vertrautheit entsteht, gilt einzig für die Prägung auf Elterntiere, daß sie nicht darauf angewiesen ist, besondere »sensible Situationen« abzuwarten. Wann man einem prospektiven Ehepartner begegnet oder wann Nachkommenschaft eintreffen wird, kann die Natur nicht genau vorhersehen; wohl aber steht von vornherein fest, wann man erstmals seine Mutter erblickt. Die bloße Tatsache, daß man soeben aus dem Ei geschlüpft ist oder geboren wurde, ist bereits sensible Situation genug; wer sich zu diesem Zeitpunkt in unmittelbarer Nähe aufhält, *ist* entweder die Mutter, oder man hat ohnehin sein Leben verwirkt. Die Bereitschaft, primäres Vertrauen zu fassen, kann also fest in das Reifungsprogramm der Ontogenie eingebaut sein. Wir sprechen demgemäß hier nicht von einer sensiblen Situation, sondern von einer *sensiblen Phase.*

Auch in diesem Fall zeigt sich wieder, daß für Prägungseffekte keine Belohnung erforderlich ist. Der Chicagoer Ethologe Eckart HESS hat in ausgedehnten Experimenten nachweisen können, daß die frühkindliche Prägung auf ein Objekt nicht etwa unterbleibt, sondern umgekehrt sogar verstärkt wird, wenn Entenkinder während der sensiblen Phase durch Elektroschocks oder andere unangenehme Reize dafür *bestraft* werden, daß sie einer Mutterattrappe folgen. Ganz Entsprechendes fand Harry HARLOW bei jungen Rhesusaffen, die bei einer Stoffpuppe aufwuchsen: Der Drang, sich an diese anzuklammern, wurde stärker, wann immer aus dem Innern der Attrappe ein unangenehmer Luftstrom auf das Kind geblasen wurde.

Filiale und sexuelle Prägung

Konrad LORENZ hat dem Phänomen der Prägung bei Tierjungen besondere theoretische Bedeutung beigemessen und dementsprechend auch recht entschieden Stellung bezogen. Wenn zum Beispiel in Diskussionen von einem »geprägten Tier« die Rede war, so pflegte er diese Formulierung regelmäßig zu verbessern. Nicht ein Tier, sagte er, sondern vielmehr ein *Verhalten* sei es, das geprägt werde.

Diese scheinbare Pedanterie hatte einen guten Grund: Von Anfang an war nämlich klar, daß es zwei sehr verschiedene Gruppen von Verhaltensweisen gibt, die durch frühkindliche Prägung zu ihrem Zielobjekt kommen können. Das eine sind die sogenannten »Kindestriebhandlungen«, worunter insbesondere Nachfolgen, Futterbetteln und gegebenenfalls das »Weinen des Verlassenseins« zu verstehen ist, also Äußerungsformen dessen, was bei BOWLBY »Bindung« oder bei SEARS »Abhängigkeit« heißt.

Sodann aber ist auch noch, zunächst überraschend, von Verhaltensweisen mit ganz anderer Thematik die Rede, nämlich von *Balz und Kopulation.* Verschiedentlich hatte sich nämlich gezeigt, daß die Prägung auf einen menschlichen Pfleger nicht nur kindliches Nachfolgeverhalten diesem gegenüber auslöst, sondern daß die Tiere unter Umständen später auch ihre sexuelle Aktivität hartnäckig und unbelehrbar auf Menschen konzentrieren. In Seewiesen gab es zeitweise mehrere fette Türkenerpel, die im Unterholz auf vorbeigehende Besucher lauerten und diese mit obszön anmutendem Keuchen belästigten. Sie waren als frischgeschlüpfte Jungtiere von Menschen aufgezogen worden.

Kindliche Nachfolge und Sexualität gehören nun aber zwei ganz verschiedenen Funktionskreisen an. Dementsprechend müssen die zugehörigen Prägungserscheinungen auch terminologisch differenziert werden. Üblich ist es, auf der einen Seite von »filialer« oder »Nachfolgeprägung«, auf der anderen von »sexueller Prägung« zu sprechen.

Zwischen beiden bestehen subtile, aber bedeutsame Unterschiede. Das beginnt schon damit, daß jede ihre eigene sensible Phase hat; die sexuelle Prägung erfolgt meist erst zu einem Zeitpunkt, da man der Mutter bereits verläßlich folgt.

Ferner gilt keineswegs, daß das Objekt frühkindlicher Nachfolge *immer* auch darüber entscheidet, welche Tierart später angebalzt wird. Sexuelle Prägung ist viel seltener als filiale. Die meisten Wildgänse etwa lassen sich mühelos auf Menschen als Elternersatz prägen und verpaaren sich hinterher gleichwohl ganz normal mit ihresgleichen. Allenfalls ist eine geringere Resistenz gegen Bastardierung mit anderen *Gänse*arten festzustellen, äußerst selten jedoch die Bereitschaft, gleich dem Nilgansweibchen in HEINROTHS Bericht von Seite 26, »menschenpervers« zu werden. Schon dieser Umstand verbietet es uns, pauschal von einem »auf Menschen geprägten« *Tier* zu sprechen, ohne den jeweiligen Funktionskreis zu spezifizieren.

Detektoren

Der wichtigste Unterschied der beiden Formen frühkindlicher Prägung liegt indessen noch ganz woanders. Er wird meist übersehen, und das hängt damit zusammen, daß LORENZ bereits 1935 versucht hat, den Prägungsbegriff generell gegen andere Formen von Lernen durch eine Kriterienliste abzugrenzen. Diese Liste war nicht sehr gründlich durchdacht. Und da nichts so resistent gegen vernünftige Korrektur ist wie eine autorisierte Definition, gehören in den meisten ethologischen Lehrbuchdarstellungen noch heute die vier Merkmale, die LORENZ damals angegeben hat, zum eisernen Bestand.

Es heißt da erstens, daß Prägung nur während einer zeitlich begrenzten *sensiblen Periode* stattfinde. Zweitens sei sie *irreversibel:* Sobald ein Verhalten einmal auf ein Objekt geprägt sei, ändere sich diese Fixierung bis zum Lebensende nicht mehr. Drittens erfasse Prägung nur *überindividuelle* Merkmale des Objekts. Der aufmerksame Leser, der meint, an dieser Stelle einem Druckfehler zu begegnen, sei noch einen Moment vertröstet. Viertens schließlich könne Prägung Verhaltensweisen betreffen, die zum Zeitpunkt der sensiblen Phase *noch gar nicht herangereift* seien.

Gegen das erste dieser Kriterien läßt sich nichts einwenden, wenn man auch gut daran tut, den Begriff der sensiblen Periode durch den der sensiblen Situation zu ersetzen, um prägungsartige Prozesse in späteren Lebensabschnitten mit einbeziehen zu können. Auch die vierte Bedingung ist logisch korrekt, da sie nur eine Möglichkeit offenhält; de facto betrifft sie freilich nur die sexuelle Prägung, denn »Kindestriebhandlungen« treten in irgendeiner Form natürlich von der Geburt an auf.

Auch die an zweiter Stelle genannte Irreversibilität äußert sich im Bereiche des Sexualverhaltens eindrucksvoller als bei den Handlungen des »Kindestriebes«. Ein Stockerpel, den man statt bei seiner Mutter bei einem anderen Männchen aufwachsen ließ, ist für arteigene Weibchen unwiederbringlich verloren, solange man ihm die Wahl läßt. Im Falle der Nachfolgeprägung aber, so wird LORENZ von manchen Kritikern entgegengehalten, ist es mit der Irreversibilität nicht weit her: Je älter das Tier wird, um so weniger kümmert es sich um seine Eltern und Geschwister, und um so mehr beginnt es sich für andere Artgenossen zu interessieren und diesen »nachzufolgen«.

Sehr geistreich ist dieser Einwand nicht, aber er legt den Finger doch auf eine Ungenauigkeit, die es zu berichtigen gilt. Diese steckt in der von LORENZ bevorzugten Formulierung, ein *Verhalten* werde geprägt. Wir werden hier wieder gewahr, wie stark die Ethologie auf artspezifische Bewegungskoordinationen fixiert ist. Ereignisse auf der *Wahrnehmungsseite* werden nur berücksichtigt, soweit sie in Beziehung zu irgendeinem identifizierbaren Verhaltensmuster stehen, am besten zu einer Instinktbewegung.

Beispielhaft hierfür ist der Begriff des »Angeborenen Auslösenden Mechanismus«, dem wir bereits auf Seite 152 begegnet sind. Er soll einen Bestandteil des Wahrnehmungsapparates bezeichnen; gleichwohl benennt man ihn nicht nach dem Reiz, für den er sensibel ist, sondern nach der Verhaltensweise, die er hervorruft.

Inzwischen beginnt sich, von dem Neurophysiologen Jerome Y. LETTVIN vorgeschlagen, der neutralere Begriff des *Detektors* einzubürgern. Bei diesem Wort denkt man von vornherein an einen Mechanismus, der dem Zentralnervensystem Meldung macht, wenn auf ein Sinnesorgan ein bestimmter Schlüsselreiz einwirkt. In der Regel wird der Organismus auf den Reiz natürlich auch reagieren, bei niederen Tieren häufig in Form einer Erbkoordination. Der Detektor hat diese dann also ausgelöst, und insofern ist die Bezeichnung »auslösender Mechanismus« schon berechtigt. Sie verbaut jedoch den Blick auf den wichtigen Umstand, daß ein Detektor nicht immer nur in einem *einzigen* Funktionskreis Dienst tut, sondern, je nach Motivlage, recht verschiedene, vielleicht sogar einander widersprechende Verhaltensweisen ansteuern kann. Der Anblick von Familienmitgliedern etwa veranlaßt beim kleinen Kind die Nachfolgereaktion, beim Pubertierenden aber, wie die Beispiele im 1. Kapitel zeigen, unter Umständen Ambivalenzkonflikte und Aggression.

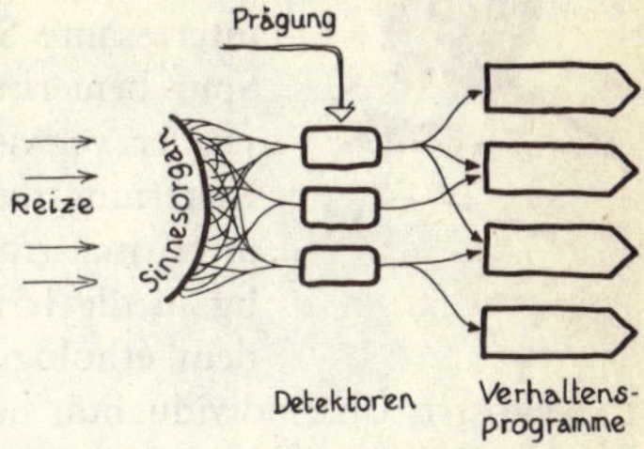

An der Irreversibilität der Prägung ändert das überhaupt nichts, sofern man sich nur einmal klar macht, daß eben nicht das ausgelöste Verhaltensprogramm, sondern der auslösende *Detektor* Ansatzpunkt des Prägungsprozesses ist. Dieser wird in der sensiblen Situation auf ein bestimmtes Reizmuster programmiert und bleibt von da an unlöschbar darauf eingestimmt, auch dann, wenn die Verhaltensweisen, die an ihn angeschlossen sind, mit der Zeit wechseln. LORENZ hätte also noch einen Schritt weitergehen sollen; richtig müßte seine Mahnung lauten: »Nicht ein Tier – ein Detektor wird geprägt«!

Das Kriterium der Überindividualität

Das alles aber sind nur Ungenauigkeiten und schiefe Akzentsetzungen. Wirklich irreführend ist indessen das dritte Kriterium, demzufolge die Prägung ausschließlich »überindividuelle« Merkmale des Objektes betreffen soll. Denn für die *filiale* Prägung kann das unmöglich stimmen. Diese darf keineswegs zum Anschluß an *irgendeinen* Artgenossen führen, sondern sie hat das Kind exklusiv an das Elterntier zu binden, wenn sie ihren biologischen Sinn nicht verfehlen soll. Sie muß also gerade entgegen der obigen Definition die *individuellen* Merkmale des Objektes fixieren.

Sinnvoll ist die Forderung nach Überindividualität allein im Bereich der sexuellen Prägung. LORENZ hat hier offensichtlich vorschnell generalisiert. Gleichwohl bringt es Gewinn, wenn wir nachvollziehen, wie er dazu gekommen ist: Es zeigt sich dabei nämlich, wie frühzeitig er dem Phänomen der tierischen Inzestvermeidung auf der Spur war. Er schreibt in der »Kumpan«-Arbeit auf Seite 147:

»Höchst merkwürdig ist es aber, daß der vom Menschen aufgezogene und ›auf Mensch‹ umgestellte Vogel seine artgenossenbezüglichen Triebhandlungen nicht gegen *einen* Menschen, sondern gegen die Art Homo sapiens richtet. So richtet eine Dohle, der ein Mensch den Elternkumpan ersetzte und die vollständig ›Menschenvogel‹ geworden ist, ihre erwachend geschlechtlichen Triebe nicht etwa gegen den früheren Elternkumpan, sondern vielmehr mit der vollkommenen Unberechenbarkeit des Sich-

Verliebens ganz plötzlich gegen *irgend*einen verhältnismäßig fremden Menschen, gleich welchen Geschlechts, *ganz sicher aber gegen einen Menschen.* Es scheint sogar, als ob der frühere Elternkumpan als ›Gatte‹ nicht in Erwägung käme.«

Wichtig ist hier der letzte Satz; er hätte auf eine interessante Spur führen können. LORENZ hat diese Spur bemerkt, aber durch seine Definition sogleich wieder verwischt. Die nach ihm kamen, haben das Kriterium der »Überindividualität« dann entweder unkritisch tradiert, oder sie ließen sich von ihm völlig in die Irre führen. So heißt es beispielsweise in dem ethologischen Lehrbuch »Verhalten« von Jürg LAMPRECHT, Überindividualität bekunde sich darin, daß ein filial auf einen bestimmten Menschen geprägtes Küken gegebenenfalls auch anderen Menschen nachlaufen könne. Tatsächlich ist es für manchen Vogel etwas viel verlangt, menschliche Individuen zu unterscheiden, weshalb Fehler hierbei gelegentlich *unvermeidlich* sind. Aber daraus läßt sich natürlich nicht herleiten, daß der Prägungsvorgang auf Überindividualität hin *angelegt* sei.

Nicht nur in der Gefolgschaft Sigmund FREUDS, auch in der Ethologie gilt das Gesetz, wonach dem Schüler das Vermächtnis des Meisters entgleitet, wenn er sich mit der Rolle des Exegeten begnügt. Treten wir also einen Schritt von der LORENZschen Definition zurück, und versuchen wir, statt ihrem Wortlaut zu verfallen, ihrem Anliegen gerecht zu werden.

Die Natur der sexuellen Prägung

Warum hat LORENZ die sexuelle Prägung als so prototypisch empfunden, daß er darüber versäumte, dem Eigencharakter der Nachfolgeprägung gerecht zu werden? Es scheint, daß dabei Abgrenzungsversuche gegen die behavioristische Psychologie eine wichtige Rolle spielten. Prägung sollte etwas grundsätzlich anderes sein als die Lernprozesse, von denen PAWLOW, THORNDIKE, HULL und SKINNER redeten; und tatsächlich eignet sich ihre sexuelle Variante viel besser als die filiale, um diesen Kontrast deutlich zu machen.

Daß etwa ein Lernvorgang zu einem Zeitpunkt stattfindet, an dem der Trieb, der durch das gelernte Objekt befriedigt werden soll, überhaupt noch nicht ausgereift ist, läßt sich mit dem herkömmlichen Paradigma des Verstärkungslernens in der Tat kaum vereinbaren. Und mit dem Kriterium der Überindividualität ist es ähnlich. Auf den ersten Blick könnte man allerdings meinen, es handle sich hier einfach um das lerntheoretische Konzept der *Reizgeneralisation.* Ein Kind, das von einem Hund gebissen wurde, fürchtet künftig *alle* Hunde. Aber das ist mit der Forderung nach Überindividualität gar nicht gemeint, wie der letzte Satz der eben zitierten LORENZ-Passage zeigt: Es geht vielmehr darum, daß ein Tier die spezielle Reizkonfiguration, auf die es geprägt wurde, später zugunsten ähnlicher, aber doch etwas verschieden aussehender Muster *ausklammert!* Es lohnt sich, diesen Gedanken etwas zu vertiefen.

Mit der sexuellen Prägung hat es eine sonderbare Bewandtnis. Man kann sich berechtigtermaßen fragen, wozu sie überhaupt erforderlich sei. Wie man einen Geschlechtspartner prinzipiell von einem gleichgeschlechtlichen Artgenossen oder einem artfremden Lebewesen unterscheidet, müßte man nicht notwendigerweise erst individuell in Erfahrung bringen; weitaus die meisten Tiere wissen das angeborenermaßen.

Tatsächlich ist echte sexuelle Prägung ein ziemlich seltenes Phänomen. Sie tritt zum Beispiel dort auf, wo Bastardierung mit Nachbararten droht, wenn ökologische Restriktionen, etwa der Zwang zur Tarnfarbigkeit, es nicht zulassen, daß sich auffällige morphologische Artunterschiede ausbilden. Angeborenes Signalerkennen funktioniert offenbar am besten bei hinreichend »knalligen« Mustern; Prägung indessen kann auch noch subtilere Details erfassen. Entenweibchen zum Beispiel tragen, um beim Brüten nicht entdeckt zu werden, ein unauffälliges Federkleid. Die Männchen müssen hier am Bilde ihrer Mutter erfahren, welches die typischen Merkmale der künftigen Geschlechtspartnerin sind. Sie selbst hingegen sind artspezifisch prachtfarbig, so daß ihre eigenen Weibchen mit angeborenen Detektoren auskommen und nicht auf sexuelle Prägung angewiesen sind.

Dieser Geschlechtsunterschied weist sogleich auf eine weitere Eigentümlichkeit echter sexueller Prägung hin: Sie setzt voraus, daß nur *eines* der Elternteile die Nachkommenschaft versorgt. Bei Vögeln wie bei Säugern ist das gewöhnlich die Mutter, so daß sexuelle Prägung praktisch auf männliche Jungtiere beschränkt ist.

Nun wird in der ethologischen Literatur unter dem Stichwort »sexuelle Prägung« allerdings auch ein Effekt abgehandelt, auf den die eben gemachte Einschränkung nicht zutrifft. Bei manchen Vögeln, so etwa bei Lachtauben, bei Prachtfinken und gelegentlich bei Wildgänsen, läßt sich die sexuelle Partnerwahl in *beiden* Geschlechtern durch Prägung beeinflussen. Außerdem beteiligen sich hier auch beide Elternteile an der Jungenaufzucht, und zu allem Überfluß bestehen meist noch nicht einmal nennenswerte morphologische Unterschiede zwischen den Geschlechtern. Man fragt sich, wie die Natur es unter diesen Umständen fertigbringen sollte, im richtigen Moment sowohl dem jungen Männchen als auch seiner Schwester unverwechselbar das jeweils gegengeschlechtliche Elternteil zwecks Prägung zu präsentieren.

Es zeigt sich hier einmal mehr, daß man den Prägungsbegriff nicht am *Verhalten* festmachen sollte. Es trifft zwar zu, daß in diesen Fällen sexuell motivierte Bewegungsweisen ihr Objekt durch Prägung zugewiesen bekommen: Handaufgezogene Lachtaubenmännchen versuchen später, mit der menschlichen Hand zu kopulieren, entsprechend aufgezogene Weibchen machen sich vor ihr flach. Aber hier endet auch schon die Analogie, wie man sogleich bemerkt, wenn man den Prozeß von der *Reizseite* her betrachtet. Was bei ständiger Anwesenheit beider Eltern nämlich überhaupt nur durch Prägung erworben werden kann, ist das generelle Schema des *Artgenossen*, nicht aber die besonderen Kennzeichen, die zwischen den Geschlechtern differenzieren.

Wie männliche Tiere es hier später zustande bringen, nur Weibchen anzubalzen, und warum diese ihrerseits nur männliche Artgenossen zur Balz auffordern, ist eine ganz andere Frage, die sich jedenfalls nicht durch Rekurs auf Prägung beantworten läßt. Die entsprechende Kompetenz muß vielmehr auf irgendeiner Form *angeborener* Vorinformation beruhen. Entweder müssen die Jungtiere beiderlei Geschlechts a priori an irgendeinem Detailmerkmal unterscheiden können, wer ihr Vater und wer ihre Mutter ist, und um diesen Kern dann in der frühen Ontogenese weiteres Wissen über geschlechtstypische Merkmale anreichern, oder die heterosexuelle Partnerwahl wird überhaupt erst durch besondere Rituale während der Balz sichergestellt.

Ich erwähne diesen Sonderfall aus gegebenem Anlaß. Es gibt Spekulationen, die das Phänomen der sexuellen Prägung mit den Ereignissen der »ödipalen Phase« beim Menschen in Verbindung bringen und daraus oft auch noch wohlfeile Deutungen der Homosexualität ableiten. Man kann zuweilen lesen, beim Menschen liege im Alter zwischen 4 und 6 Jahren eine »sensible Phase«, in der »das Erkennen des gegengeschlechtlichen Partners prinzipiell festgelegt« werde, und diese sei der sexuellen Prägung bei Stockenten vergleichbar.

Wie das beim Menschen, der im Unterschied zur Stockente in Dauerehe lebt, funktionieren soll, wird dabei nicht einmal gefragt, geschweige denn beantwortet. Oberflächliche Vergleiche dieser Art schaden mehr, als sie nützen, und Ethologen sind schlecht beraten, wenn sie, über die unverhoffte Breitenwirkung ihrer Ideen erfreut, solche Gedankengänge in ihre eigenen Lehrbücher reimportieren.

Typus und Individuum

Was ist nun der positive Ertrag der vorgängigen Erörterungen? Wesentlich ist offenbar, daß wir zwei Arten von Reizinformation zu unterscheiden haben, die durch frühkindliche Prägung erworben werden können. Durch die eine wird ein *Typus* festlegt, sei es der des Gegengeschlechtes oder des Artgenossen überhaupt; die andere identifiziert bestimmte *Individuen.* Dementsprechend kann man die jeweils zugeordneten funktionellen Einheiten des sensorischen Systems terminologisch unterscheiden, indem man von *Typusdetektoren* und von *Individualdetektoren* spricht. Die letzteren lassen sich nur während der Ontogenese programmieren; Typusinformation hingegen kann prinzipiell auch im Erbgut angelegt sein. Insofern ist sexuelle Prägung, sowohl im präzisen als auch im ausgeweiteten Gebrauch des Wortes, ein fakultatives Phänomen, während filiale Prägung oder ein analoger frühkindlicher Lernvorgang bei allen Species, die überhaupt Brutpflege an freibeweglichen Nachkommen kennen, zwingend zu fordern ist.

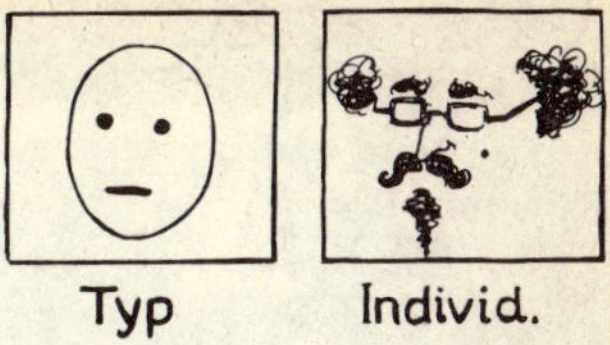

Die eingebürgerte Fachterminologie verleitet dazu, jedes der beiden Detektorsysteme einem anderen Funktionskreis zuzuordnen, nämlich den Individualdetektor der filialen Nachfolge und den Typusdetektor der Fortpflanzung. Eine solche simple Dichotomie bereitet jedoch theoretische Schwierigkeiten, wie die folgende Überlegung lehrt. Wenn wir die sozialen Objekte, mit denen ein Lebewesen umzugehen hat, so einfach wie möglich klassifizieren wollen, so sind wenigstens zwei Trennungslinien zu ziehen: eine »innere« Grenze zwischen Nahverwandten und sonstigen Artgenossen und eine »äußere« zwischen eigener und fremder Species. Die äußere Grenze schließt regelmäßig eine große Zahl von Individuen ein, nämlich alle jene, auf die ein Typusdetektor anspricht. Die innere Grenze, die im Regelfall nur Mitglieder der Kernfamilie umfaßt, wird durch Individualdetektoren festgelegt.

Wenn Lorenz nun mit der vorhin zitierten Vermutung recht haben sollte, daß das ursprüngliche Objekt der sexuellen Prägung bei der Balz *ausgespart* wird, so könnte man diese komplizierte Reaktion nicht dem Typusdetektor allein anlasten. Vielmehr müßten beide Detektoren in diesem Fall *zusammenspielen*, etwa so, wie es die Abbildung auf der folgenden Seite andeutet. Der Typusdetektor für gegengeschlechtliche oder allgemeine Artmerkmale spricht nach dieser Modellvorstellung unterschiedslos auf alle Individuen an, die als Objekt für *irgendwelche* sozialen Motive in Betracht kommen, eingeschlossen sowohl Filialität als auch Sexualität. Er hemmt nur den sozialen Umgang mit allem, was außerhalb der »äußeren« Grenze liegt. Mit der »inneren« Grenze hat er nichts zu tun; diese wird durch Individualdetektoren definiert und hat eine doppelte Funktion: Sie unterdrückt *filiale* Verhaltensweisen gegen alle Artgenossen, die *außerhalb* von ihr liegen, und *sexuelle* Reaktionen gegen alle, die sie *einschließt.*

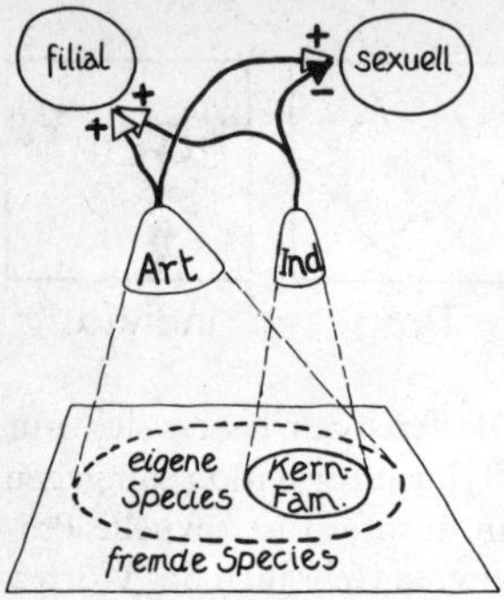

Wie ein kurzer Rückblick auf das 6. Kapitel erkennen läßt, präzisiert dieses Denkmodell die Vorstellung, die Anfang des Jahrhunderts schon WESTERMARCK geäußert hat. Es setzt sich somit den gleichen Kontroversen aus, in die er von seinen Zeitgenossen verwickelt wurde. Wir sind heute aber in der Lage, für diese Auffassung auch empirische Belege zu liefern.

Ein mögliches Mißverständnis bleibt noch auszuräumen: Sexuelle Prägung hat nichts mit der Fixierung auf einen bestimmten Geschlechtspartner zu tun, die wir auf Seite 203 erörtert haben. Wohl entsteht »primäre« Vertrautheit durch filiale Prägung, doch gilt keineswegs etwa eine analoge Beziehung auch zwischen sexueller Prägung und »sekundärer« Vertrautheit. Vertrautheit ist immer eine Angelegenheit zwischen *Individuen,* sie läßt sich daher durch einen Typusdetektor gar nicht vermitteln. Die Bindung an den oder die nachmaligen Lebensgefährten muß also wieder über Individualdetektoren erfolgen. Wenn WESTERMARCKS Ansicht zutrifft, müssen das *andere* sein als die, welche die primäre Vertrautheit vermittelt haben; denn diese würden dann ja die Sexualität hemmen, was – wie seinerzeit schon Lord RAGLAN ironisch bemerkte – dem Ehepartner gegenüber natürlich dysfunktionell wäre.

Alles in allem ergibt sich also ein ziemlich verwickeltes Bild. Man mag sich fragen, warum die Bindungsmotivation so widersprüchlich und spannungsreich konstruiert sein muß. Es könnte alles so einfach sein, wäre da nicht jener rätselhafte Keil zwischen primärer und sekundärer Vertrautheit. Die Intimität der ersten Stunde könnte auf Lebensdauer erhalten bleiben; die Familie würde in hochgradiger reziproker Prosozialität ihrer Mitglieder einen ideal funktionsfähigen Gruppenorganismus bilden. Allerdings müßte sich dann auch die erwachende Sexualität der heranreifenden Adoleszenten in diesen bereits etablierten Sympathieverband hinein verwirklichen, und es entstünde eine Situation, in der Inzestpaarung nahezu unvermeidlich wäre.

Genau diese Situation scheint die Natur nun aber so gut wie regelmäßig zu meiden. Es ist an der Zeit, die Strategien zu betrachten, deren sie sich dabei bedient.

13. Kapitel

Der Schritt in die Unabhängigkeit

In den folgenden Kapiteln werden wir die wichtigsten Sozialstrukturen bei Säugetieren besprechen und ihre Entstehung analysieren. Das Bild der sozialen Motivdynamik wird dabei allmählich an Komplexität gewinnen, und es werden sich daran mehr und mehr auch für uns relevante Züge abzeichnen. Wir beginnen hier mit der primitivsten Organisationsform, die im Erwachsenenalter keine oder nur unverbindliche Sozialbeziehungen vorsieht.

Die Nasenbären

In weiten Bereichen des amerikanischen Kontinents, von Argentinien bis nach Arizona, lebt in einer Vielfalt von Lebensräumen, bevorzugt jedoch in Waldgebieten, ein nicht viel mehr als katzengroßes Raubtier aus der Familie der Kleinbären. Es handelt sich um das *Coati*, auch Nasenbär genannt, wegen seiner auffällig langgezogenen, flexiblen, fast rüsselartigen Nasenpartie, die ihm beim Aufstöbern von Eidechsen, Würmern, Insekten und anderem kleinen Getier gute Dienste leistet. Diese Schnauzenform, die bei einigen Arten noch durch helle Zeichnung betont ist, und dazu der quergebänderte, meist steil aufrecht getragene körperlange Schwanz geben dem Tierchen ein recht possierliches Aussehen. Es taucht daher bei uns immer wieder einmal in Zoohandlungen auf, obschon seine Haltung, zumal in fortgeschrittenem Alter, eher mühsam und auch nicht ganz ungefährlich ist.

Unterschiede zwischen verwandten Tierarten können sich zuweilen im Verhalten deutlicher niederschlagen als in der Morphologie – das war eine der Erkenntnisse, aus denen heraus die Ethologie entstanden ist. Gelegentlich kann der Versuch, Artunterschiede aus Verhaltenseigentümlichkeiten abzuleiten, jedoch in die Irre führen, und der Nasenbär ist ein Beispiel dafür. Schon den Eingeborenen war aufgefallen, daß dieses Tier regelmäßig in zwei Varianten vorkommt: einer größeren, schweren, die fast stets allein angetroffen wird und gegen Artgenossen unverträglich ist, und einer zweiten, grazileren, die in lockeren Rudeln lebt, und zwar offensichtlich friedlich, abgesehen von gelegentlichen Streitereien um die Nahrung. Die Eingeborenen hatten für diese beiden Tiergruppen verschiedene Namen, und die Wissenschaftler taten es ihnen nach, überzeugt, zwei verschiedene Species vor sich zu haben. So geriet die Unterscheidung von »Nasua solitaria« und »Nasua sociabilis« in die Lehrbücher des vorigen Jahrhunderts.

Erst später stellte sich dann heraus, daß der Nasenbär Wissenschaftler und Wilde gleichermaßen zum Narren gehalten hatte: Die Exemplare von »Nasua solitaria« sind ganz einfach die Männchen von »Nasua sociabilis«. Die Rudel, in denen die letzteren leben, bestehen ausschließlich aus Weibchen und Jungtieren.

Diese Asymmetrie der Geschlechter ist ein bedenkenswertes Phänomen, zumal es durchaus nicht allein den Nasenbären vorbehalten bleibt: Das europäische Wildschwein lebt in einer ganz ähnlichen Sozialstruktur, und von einigen Nagetieren wird Vergleichbares berichtet, so etwa von der Erdmaus und der Kammratte.

Andererseits war die Vermutung der Biologen, es handle sich bei der solitären und der sozialen Form des Nasenbären um zwei verschiedene Species, nicht von vornherein abwegig. Denn es gibt in der Tat Säugetierarten, bei denen sich *beide* Geschlechter so verhalten wie weibliche Nasenbären, und andere, bei denen Weibchen wie Männchen gleich »Nasua solitaria« als Einzelgänger leben.

Spielarten sozialer Unverbindlichkeit

Zu den *sozial* lebenden Arten sind das Rote Känguruh und andere Beuteltiere zu zählen, ferner die Giraffe und einige in Kolonien lebende Nager. Nach gegenwärtigem Wissensstand, der freilich unter dem Vorbehalt möglicher Korrektur bei genauerer Analyse steht, bilden diese Tiere offene Rudel auf der Grundlage einer nicht sehr tiefgehenden Geselligkeit. Gelegentlich formt sich zwischen Einzelindividuen so etwas wie eine freundschaftliche Konstellation, die eine Zeitlang hält und dann wieder neuen

Gruppierungen weicht. Begegnen sich zwei Rudel, so beäugen oder beschnuppern sich die Tiere anfangs etwas mißtrauisch; danach gehen beide Gruppen häufig wieder ihrer Wege. Unter Umständen werden auch ein paar Mitglieder ausgetauscht, oder die beiden Rudel verschmelzen gänzlich und bleiben für eine Weile beieinander. Das Umgekehrte kommt ebenfalls vor – zuweilen spaltet sich ein Rudel in Teilgruppen auf, die vielleicht, jedoch nicht notwendigerweise, später wieder zusammengehen.

Berichte über das Sozialverhalten weiblicher Nasenbären klingen ähnlich. Bei ihnen dominiert der Eindruck, als übten Rudelmitglieder aufeinander eine gewisse Anziehungskraft aus, die durch individuelle Bekanntheit vielleicht intensiviert werden kann, diese aber nicht unbedingt voraussetzt. Gleichwohl scheinen die Tiere beieinander Geborgenheit zu suchen: Bei Störungen oder Gefahr schließen sich solche offene Rudel enger zusammen. In Anbetracht dessen, was wir im 11. Kapitel zur Rolle der Blutsverwandtschaft in der Soziobiologie der Bindungsmotivation überlegt haben, ist dieser Effekt durchaus nicht selbstverständlich; was er bedeutet, werden wir alsbald zu diskutieren haben.

Übrigens gibt es auch in solchen vergleichsweise anonymen Rudeln *eine* Form von Sozialbeziehung, die deutlich von individueller Vertrautheit abhängt, und das ist die Mutter-Kind-Bindung. Das Känguruhkind flüchtet bei Gefahr immer nur in den Beutel der eigenen Mutter, und diese akzeptiert niemanden sonst. Erst später im Leben verliert sich diese Selektivität, und das frühkindlich angelegte Bedürfnis nach individueller Vertrautheit lockert sich zu unverbindlicher Geselligkeit.

Bei den *solitären,* nach dem Muster der männlichen Nasenbären lebenden Tierarten – hierher gehören etwa unser heimisches Eichhörnchen, der Hamster und der größere Teil aller Nagetiere überhaupt – geht der Auflösungsprozeß noch weiter. Adulttiere beiderlei Geschlechts verlieren das Bedürfnis nach und offenbar auch die Toleranz für die Nähe von Artgenossen. Sie nisten sich in einem Territorium ein, oder sie streifen als einsame Jäger durch ihr Revier, und wenn sie auf andere Tiere ihrer Art treffen, gleich welchen Geschlechts, so meiden oder attackieren sie diese. Lediglich in der Brunftzeit verschiebt sich diese Balance ein wenig; die Aggressivität gegen das eigene Geschlecht nimmt dann zu, die gegen das andere ab, doch das ist episodisch und macht alsbald wieder dem Mißtrauen aller gegen alle Platz.

Die einzige Ausnahme bildet auch hier das Band zwischen der Mutter und ihren Jungen, solange diese noch nicht reif sind, für sich selbst zu sorgen. Das Bild einer Kolonne putziger Igelkinder etwa, die emsig der Alten folgen, ist ein beliebtes Photomotiv. Als Adulttiere sind Igel später gegeneinander äußerst unverträglich.

Gestalten im Fließgleichgewicht

Ein Naturphänomen, von dem der Gestaltpsychologe Wolfgang Metzger einmal bemerkte, es habe immer wieder die tiefsten Geister in seinen Bann geschlagen, ist das sogenannte Fließgleichgewicht. Man versteht darunter die Beständigkeit einer Gestalt bei laufender Veränderung ihres Materials. Dieses Phänomen ist überall dort zu beobachten, wo Stoff und Form sich nicht in demselben Bewegungszustand befinden. Das Material kann zum Beispiel ruhen, die Gestalt aber sich verschieben – wie etwa die bekannte Leuchtschrift, die im obersten Stockwerk von Pressehochhäusern eine Wand von Glühbirnen »entlang wandert«.

Interessanter noch ist der umgekehrte Fall, bei dem die Gestalt unbeweglich am Ort beharrt, während ihr stofflicher Träger unter ständigem Erscheinungswandel durch sie hindurchströmt. Ein Paradigma hierfür ist die Kerzenflamme. Ihre erstaunlich gleichbleibende Zeichnung mit dem bläulich irisierenden unteren Saum und dem gelbweißen Kern am oberen Drittel, nach oben und unten fahlrot auslaufend, ist tatsächlich eine »Gestalt im Fließgleichgewicht«: Jedes Gasmolekül durcheilt, während es vom Docht an durch die Hitze emporgerissen wird, unterschiedliche Phasen des Verbrennungsprozesses, für die jeweils eine besondere Farbe des ausgesandten Lichtes charakteristisch ist.

Die Biologie ist besonders reich an Beispielen für die Ausbildung von Fließgleichgewichten. So beruht die überdauernde Gestalt des lebendigen Organismus darauf, daß ihre Bausteine einem ständigen »Stoffwechsel« unterliegen, der in verblüffendem Tempo vor sich geht: In einer Zeitspanne von annähernd 80 Tagen tauscht unser Körpereiweiß bereits die Hälfte aller Stickstoffatome aus.

Auch die Struktur tierischer Sozietäten ist das Produkt eines Fließgleichgewichts. Das »Material«, das sie in fortgesetztem Wandel durchströmt, sind die einzelnen Individuen in ihren verschiedenen Lebensphasen. Als Säuglinge werden sie in die Sozietät hineingeboren und tragen dann als infantile, juvenile, adulte und gegebenenfalls senile Tiere unter wiederholtem Rollenwechsel dazu bei, daß die Gruppe als ganze ein gleichbleibendes, arttypisches Gepräge behält.

Entscheidend für diesen Prozeß sind vor allem altersspezifische Veränderungen in den Bedürfnissen nach Bindung und Meidung, in der Bereitschaft zu Feindseligkeit und Hilfeleistung, in der Anfälligkeit für Angst, Neugier und Überdruß, im Anspruch auf Macht und Autonomie, in den Haltungen der Zutraulichkeit und des Mißtrauens, in der Einstellung zu Vertrauten und Fremden, zu Männchen und Weibchen, zu Adulten und Kindern.

Bezeichnet man das sinnvolle Wechselspiel all der Kräfte, die den Umgang mit Artgenossen regeln, als die *soziale Motivation* eines Individuums, so kann man in zulässiger Vereinfachung sagen, daß sich die soziale Motivation jedes Gruppenmitglieds während seiner individuellen Lebensspanne ständig wandeln muß, damit die *soziale Struktur* der gesamten Gruppe im Schwebezustand eines zeitüberdauernden Fließgleichgewichtes beharren kann.

Nachlassende Bindungskräfte

Wie dies zu verstehen ist, läßt sich recht gut am soeben besprochenen Beispiel der solitären Säuger erläutern. Als Kinder binden sich diese Tiere zunächst eng an die primär vertraute Mutter, vielleicht auch an die Geschwister. Wenn dieses Anschlußbedürfnis während der ganzen weiteren Lebensgeschichte einfach beibehalten bliebe, so gäbe es hier überhaupt keine solitären Tiere.

Die Sozialstruktur sähe vielmehr so aus, wie die nebenstehende Abbildung zeigt: Nahe verwandte und entsprechend vertraute Individuen beiderlei Geschlechts wären in *geschlossenen* Verbänden organisiert, in Gruppen also, die sich nicht vermischen könnten und daher genetisch voneinander isoliert blieben, mit der Konsequenz unaufhaltsam wachsender Homozygotie.

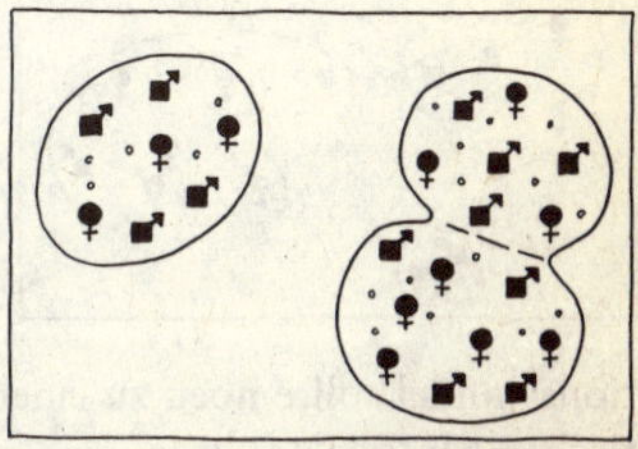

Jedes Individuum wüßte genau, zu welcher Gruppe es gehört, und es würde lebenslang in ihr verharren. Von ihr abgesprengt, hätte es keine Chance und auch gar nicht die innere Bereitschaft, anderswo Anschluß zu finden. Falls die Geburtenrate die Sterbeziffer überstiege, fände von Zeit zu Zeit so etwas wie eine soziale »Zellteilung« statt: Die Gruppen würden in kleinere Einheiten zerfallen, die sich bald aus den Augen verloren hätten und einander nach spätestens einer Generation endgültig entfremdet wären.

Eine Sozialstruktur dieser Art sucht man nun aber bei Säugetieren vergebens, und mir ist überhaupt im ganzen Tierreich kein Beispiel dafür bekannt. Insbesondere für eine solitäre Lebensweise, wie sie das nächste Bild andeutet, muß offenbar gefordert werden, daß sich das Anschlußverlangen an primär Vertraute auf eine frühe Lebensphase beschränkt und mit dem Eintritt ins juvenile Alter erlischt.

Auch von seiten der Mutter kühlt sich übrigens das Verhältnis gegen die älter werdenden und dabei der kindlichen Erscheinung entwachsenden Jungen ab; aber das würde natürlich noch nicht erklären, warum die Geschwi-

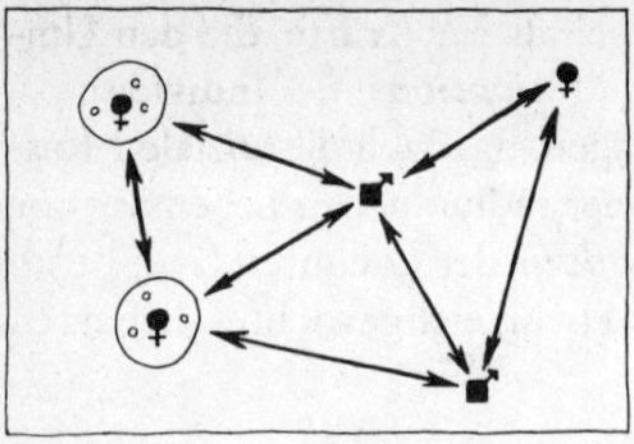

ster, von daheim verjagt, nicht wenigstens untereinander weiter zusammenhalten. Tatsächlich scheint das Bindungsbedürfnis einer Unverträglichkeit gegen Artgenossen überhaupt zu weichen, wie sie in der Abbildung durch Pfeile symbolisiert ist. Man geht sich aus dem Wege, ob man früher einmal miteinander bekannt war oder nicht. Wenn die Zeit zur Paarung kommt, läßt man sich dann mit jedem ein, der zur Hand ist. Dabei mag man durchaus auch einmal an ein Geschwister oder die eigene Mutter geraten, doch ist dies wegen der allgemeinen Diffusion zu wenig wahrscheinlich, um biologisch ins Gewicht zu fallen.

Bei der anderen eingangs besprochenen Sozialstruktur, die durch Bildung lockerer Rudel charakterisiert ist, dürfte es sich um eine abgeschwächte Form desselben Prozesses handeln. Die primäre Bindung geht hier mit fortschreitender Reife nicht geradezu in Feindseligkeit über, sie lockert sich nur, so daß man schließlich keinen primär vertrauten Artgenossen mehr braucht, um sich einigermaßen sicher zu fühlen – irgendwer ist gut genug. Auch dieser weniger abrupte Motivationswandel sollte noch zu einer hinreichenden Durchmischung des genetischen Materials führen.

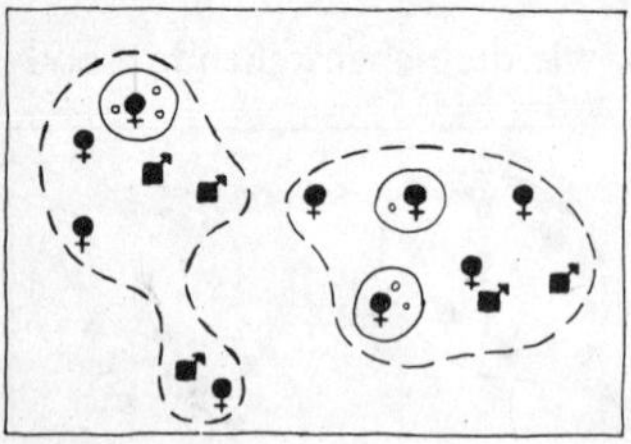

Geborgenheit im Kollektiv?

Wir haben in den letzten drei Kapiteln einige Mühe darauf verwendet, uns klar zu machen, daß Geselligkeit dem Verlangen nach Geborgenheit entstammt und daß letztere sich durch die Hilfsbereitschaft des Partners legitimiert. Diese wiederum folgt aus Blutsverwandtschaft, welche ihrerseits an einer in sensiblen Situationen erworbenen Vertrautheit abzulesen ist.

Das alles sollte nicht zuletzt deutlich machen, wie sehr sich der ethologische »Bindungstrieb« von dem sozialpsychologischen Konzept einer unselektiven »Anschlußmotivation« unterscheidet. Indessen wird niemand in Abrede stellen, daß anonyme Geselligkeit im Tierreich oder selbst beim Menschen sehr wohl anzutreffen ist. Wie wir soeben gesehen haben, findet sich noch in der Klasse der Säugetiere, wenn auch auf vergleichsweise niedriger sozialer Entfaltungsstufe, der Hang zu lockerer, gegen Partnerwechsel unempfindlicher Affiliation als adulte Lebensform, nachdem in der Kindheit schon einmal eine individuelle Bindung an die Mutter bestanden hat.

Auch Säugetiere mit an sich differenzierterer Sozialstruktur »regredieren« zuweilen, situativ oder jahreszeitlich bedingt, auf das Stadium anonymer Herdenbildung. Sie demonstrieren dann besonders eindrucksvoll, wie sehr sich individualisierte Bindung von anonymer Geselligkeit funktionell unterscheidet.

Serengeti-Gnus zum Beispiel treten zweimal jährlich große Wanderzüge an und schließen sich dabei zu gewaltigen Herden zusammen. Auf ihrem Weg haben die Tiere beschwerliche und gefahrenreiche Hindernisse zu überwinden, so etwa breite und reißende Ströme. Beim Versuch, diese zu durchschwimmen, bleiben alte und gebrechliche Individuen auf der Strekke, dazu aber auch ein unnötig hoher Anteil von Jungtieren. Diese nämlich sind zwar in der Regel kräftig genug, um die Überquerung zu schaffen, doch kommt es dabei häufig vor, daß Mutter und Kind sich im allgemeinen Getümmel aus den Augen verlieren. Und dann tritt ein Effekt von absurder Tragik ein: Beide ziehen nun nicht etwa ohne den Bindungspartner mit der Herde weiter, sondern sie beginnen, einander rastlos zu suchen; und wenn sie sich nicht finden können, so stürzen sie sich erneut in den Fluß und schwimmen zurück!

Dem Betrachter bietet sich dann das erschütternde Bild, wie zwei endlose Kolonnen, jede aus nicht zusammengehörenden Müttern und Kindern bestehend, den Fluß in beiderlei Richtung überqueren, verzweifelt blökend, in sinnlosem Kreislauf, der nicht etwa nur Stunden, sondern tagelang währt und für viele in der Erschöpfung und damit im Tode endet: Anderthalb tausend ertrunkene Kälber hat man nach einer Flußüberquerung dieser Art gezählt.

Es wäre so viel einfacher, wenn die Tiere »übereinkommen« könnten, im Trennungsfall wechselseitig ihre Kinder zu adoptieren, wenn also weder Mutter noch Kind auf geprägter Vertrautheit des Bindungspartners beharren würde. Doch diesen Weg verbaut der Druck der Sippenselektion: Eine Erbänderung, die die Mutter geneigt machen würde, für fremde Kinder zu sorgen und darüber die eigenen zu vergessen, würde sich immer wieder selbst ausmerzen. Sie wäre evolutionär nicht stabil.

Wenn nun aber kein Weg von der Mutter-Kind-Bindung zur Herdengeselligkeit führt – wie ist die letztere dann zu verstehen? Wie kommt es, daß auch im anonymen Kollektiv Geborgenheit gesucht wird? In bedrohlichen Situationen, darauf habe ich schon hingewiesen, werden Herden dichter. Und wie wir auf Seite 163 sahen, hat die Forschung auch für den Menschen die Alltagsweisheit bestätigt, daß Verängstigte Einsamkeit schwerer ertragen als das Zusammensein mit irgendwem. Die Soziobiologie hat uns gelehrt, solche Effekte nicht mehr für trivial zu halten. Sehen wir zu, ob sie sie auch deuten kann.

Die Geometrie der eigennützigen Herde

Es war wiederum William D. Hamilton, der 1971 das erste mathematisch fundierte Modell zur Erklärung des anonymen Anschlußverlangens lieferte. Seine Veröffentlichung trägt den eigentümlichen Titel »Geometry for a selfish herd«.

Der Grundgedanke sieht folgendermaßen aus. Angenommen, die Individuen einer Tierpopulation seien über ein homogenes Gelände zufällig verteilt. Der Lebensraum berge, für die Tiere unsichtbar, irgendwelche ebenfalls zufallsverteilten Gefahrenquellen, zum Beispiel Raubtiere oder infektionsträchtige Parasiten, in nicht zu großer Zahl. Von diesen darf vermutet werden, daß sie sich jeweils bevorzugt das ihnen zunächst stehende Opfer aussuchen. Man kann nun um jedes Individuum der Population einen »Gefahrenbereich« konstruieren; dieser hat die Gestalt eines Vielecks, dessen Seiten von je zwei Tieren gleichweit entfernt sind. Wie man sich aus der Abbildung leicht klar macht, hat bei dieser Konstruktion jeder Punkt im Innern eines solchen Polygons zum Standort des Bereichsinhabers eine geringere Distanz als zu allen anderen Mitgliedern der Population. Sollte sich also wirklich eine Gefahrenquelle innerhalb dieses Bereichs befinden, so wird sie sich mit höherer Wahrscheinlichkeit den Inhaber als irgendeinen seiner Kumpane zum Opfer wählen.

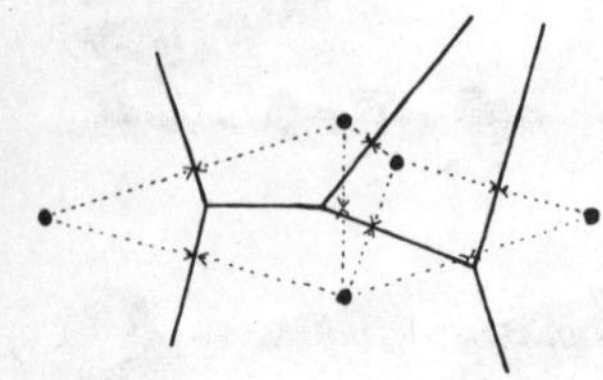

Bei dieser Lage der Dinge empfiehlt es sich, den Standort so zu wählen, daß das gefährliche Polygon möglichst klein wird. Die Strategie, mit der man das am effizientesten erreicht, ist mathematisch gar nicht so einfach zu bestimmen. Aber auch ohne große Berechnungen ist klar, daß man zu diesem Zweck mit anderen Mitgliedern der Population zusammenrücken muß. Hiervon profitieren jedenfalls die Tiere im *Inneren* des so gebildeten Rudels; wer bei dieser Prozedur allerdings an dessen *Rand* gerät, bezahlt die Zeche; denn sein Gefahrenbereich ist viel größer, als bei gleichverteilter Population zu erwarten wäre. Er wird also bemüht bleiben müssen, möglichst doch noch ins schützende Innere vorzudringen. Das hat dann einen dynamischen Effekt, als würden von einem imaginären Gruppenkern ständig geheimnisvolle Attraktionskräfte ausgreifen.

Man sieht, daß der Zusammenschluß nichts mit wechselseitiger Hilfeleistung oder anderen prosozialen Impulsen zu tun hat, und daher auch nicht an Verwandtschaft der Beteiligten gekoppelt zu sein braucht. Man findet in der Herde tatsächlich Geborgenheit; aber das ganze System basiert auf dem Eigennutz jedes der beteiligten Individuen, die, vereinfacht ausgedrückt, einander schlicht als Deckung zu nutzen versuchen.

Stellvertreter und Rivalen

Hamiltons Theorie von der eigennützigen Herde läßt sich noch verallgemeinern. Auf die Frage, was in meiner biologischen Existenz der Artgenosse grundsätzlich bedeute, lautet die allgemeinste Antwort: Er ist unter allen Lebewesen dasjenige, das am weitestgehenden mit mir *vertauschbar* ist. Und das wiederum heißt zweierlei: Er ist mein *Rivale,* wenn ich an irgend etwas herankommen möchte, was artspezifisch wertvoll und nicht im Überfluß vorhanden ist. Und er kann mein *Stellvertreter* sein, wenn es umgekehrt gilt, artspezifischen Belastungen zu entgehen, die Einzelne heimsuchen.

Hamilton hat vom Gesichtspunkt der Stellvertretung aus argumentiert; die Symmetrie beider Funktionen erlaubt aber, dieselbe Geometrie auch auf den Fall der Rivalität anzuwenden. Man muß dabei lediglich das Vorzeichen umkehren. Wenn irgendwo im Gras nicht ein Raubtier, sondern eine nahrhafte Beute versteckt liegt, dann gibt der Flächeninhalt der Polygone die Chance für den jeweiligen Bereichsinhaber an, eben diese Beute als erster zu entdecken. In diesem Fall ist es natürlich wünschenswert, die Polygone so *groß* wie möglich zu machen, indem man Nachbarn aus dem Wege geht und sie unter Druck setzt, wenn sie ihrerseits nicht bereit sind, genügend Distanz zu wahren. »Spacing out« nennen das die Tierökologen.

Allgemein läßt sich also die folgende Faustregel formulieren: In einem Lebensraum, der unliebsame Überraschungen birgt, besteht ein Druck auf Rudelbildung. Herrschen jedoch die positiven Chancen vor und sind diese einigermaßen gleichverteilt, so wird sich eher ein Effekt wechselseitiger Abstoßung einstellen.

In Wirklichkeit ist diese Regel noch viel zu grob. Verhaltensökologie ist eine komplizierte Wissenschaft, und in jedem konkreten Fall muß immer das Zusammenwirken vieler Faktoren berücksichtigt werden. So kommt es zum Beispiel nicht nur darauf an, wie groß die Gefahr oder der Nutzen maximal werden können, sondern auch, wie rasch sie mit der Größe des Gebietes anwachsen. Die mathematische Analyse führt hier auf kritische Grenzwerte, in deren Nachbarschaft die optimale Strategie von ausgeprägter Geselligkeit in ebenso entschiedenes Einzelgängertum umkippen kann.

Hieraus erklärt sich vielleicht auch das eigentümliche, aber gar nicht seltene Phänomen, daß bei manchen Arten die beiden Geschlechter in ihrem Sozialverhalten so auffällig voneinander abweichen wie beim eingangs erwähnten Nasenbären. Aus Gründen, auf die wir sogleich zu sprechen kommen, sind nämlich Männchen bei Säugetieren oft etwas größer und kräftiger als Weibchen. Sie haben daher gewisse Gefahren weniger zu fürchten als diese, und das allein kann schon dazu führen, daß sie dort solitär leben, wo die Weibchen noch den Zusammenschluß vorziehen.

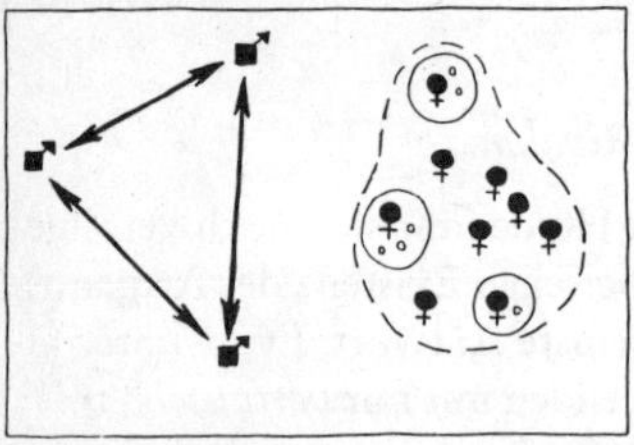

Die folgende Abbildung zeigt, wie es zu diesem Effekt kommen kann. Die horizontale Achse stellt in beiden Diagrammen den Flächeninhalt des Eigenpolygons eines Tieres dar. Vergrößert sich die Fläche, so wächst sowohl die Gefahr als auch der zu erwartende Nutzen an, beide aber im allgemeinen nicht gleich schnell. Wir wollen hier annehmen, daß Nahrung reichlich vorhanden ist, Gefahrenquellen dagegen eher selten; die Nutzenkurve wird also nach rechts hin steiler ansteigen als die Schadenkurve. Ferner gehen wir davon aus, daß weder Nutzen noch Schaden über alle Maßen wachsen können. Wenn 100 Quadratmeter Weideland ausreichen, mich voll zu sättigen, dann bringen mir 200 Quadratmeter keinen zusätzlichen Nutzen mehr ein. Und da Raubtiere nicht unbegrenzt umherziehen, steigt auch mein Risiko oberhalb einer gewissen Grenze bei weiterer Ausdehnung des Gefahrenbereichs kaum noch an.

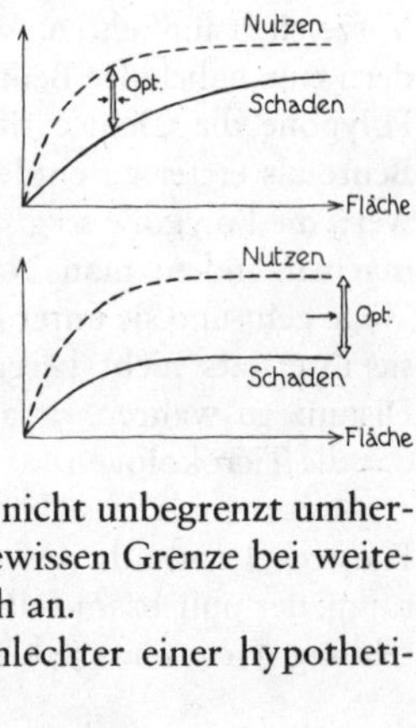

Stellt man sich nun vor, daß für beide Geschlechter einer hypothetischen Tierspecies zwar die Nutzenkurve identisch ist, die Schadenkurve hingegen wegen größerer Wehrhaftigkeit des Männchens bei diesem flacher verläuft als beim Weibchen, so kann das Maximum der *Nutzen-Schaden-Differenz* für das weibliche Geschlecht bei einer endlichen, ziemlich geringen Polygongröße, also bei erheblicher Kontaktfreudigkeit, liegen, während beim Männchen die beiden Kurvenzüge, wie das untere Diagramm zeigt, nach rechts hin divergieren. Die männlichen Tiere einer solchen Art könnten dann gewissermaßen gar nicht weit genug weg von Artgenossen leben; sie wären antisozial.

Ob diese Annahmen speziell für den Nasenbären zutreffen, ist nicht geprüft; das Modell soll nur demonstrieren, wie sensibel die Letztursachen der sozialen Organisation auf noch so geringfügige Veränderung ökologischer Bedingungen reagieren können.

Parentale Investition

Das eben skizzierte Erklärungsmodell für Geschlechtsunterschiede im Sozialverhalten niederer Säuger greift noch zu kurz. Es nimmt die größere Wehrhaftigkeit der Männchen als gegeben hin. Wie kommt es aber überhaupt dazu, daß Männchen bei vielen Wirbeltieren größer und kräftiger gebaut sind?

Oft hilft bei solchen Fragen ein Studium der Ausnahmen weiter. An unserem Zürcher Institut bemühen wir uns seit einiger Zeit um die Zucht von Laufhühnchen, *Turnix tanki.* Diese knapp faustgroßen, bodenlebenden Vögel heißen auch »Kampfwachteln«, was darauf hinweist, daß bei ihnen aggressive Auseinandersetzungen zwischen Rivalen an der Tagesordnung sind. Das Eigentümliche ist nur – wer in diesem Falle miteinander kämpft, sind die *Weibchen!* Die Männer sind nicht nur viel friedlicher, sondern auch kleiner, schwächer und unauffälliger gefärbt als ihre Amazonen.

Das Ungewöhnlichste an dieser Tierart aber ist die Form der Ehe. Die Weibchen leben hier polyandrisch, sie leisten sich einen Männerharem. Jedes Männchen hat sein eigenes Nest und brütet in diesem die Eier aus, die ihm die Domina hineingelegt hat. Diese ihrerseits hält Nestwache, vertreibt Rivalinnen und verprügelt zuweilen ihr eigenes Männchen, wenn es dem Brutgeschäft nicht zu ihrer Zufriedenheit nachkommt. Bei Balz und Paarung sind die Verhältnisse ziemlich verwickelt, aber generell kann man auch hier sagen, daß die Frau dabei die aktivere Rolle spielt.

Vielmännerei ist im Tierreich so selten wie in menschlichen Kulturen. Aber gerade, wo das sonst Übliche durchbrochen wird, hat man die beste Chance, auf tieferliegende Zusammenhänge zu stoßen. Der vorliegende Fall führt zu Überlegungen, die an das 11. Kapitel anknüpfen.

Wir haben dort erörtert, inwiefern die Selektion fürsorgliches Verhalten den eigenen Kindern gegenüber fördert. Dabei blieb die Frage offen, *wie viele* Nachkommen ein Individuum eigentlich haben sollte, um seinen Fortpflanzungserfolg zu maximieren. Je mehr Kinder jemand in die Welt setzt, desto weniger kann er sich um das einzelne kümmern: Wie so oft in der Biologie, resultiert auch hier das tatsächlich Antreffbare als ein Kompromiß zwischen zwei widerstreitenden Selektionsvorteilen.

Der Soziobiologe Robert L. Trivers hat für den Anteil der Brutpflegeaktivität, der auf den einzelnen Nachkommen entfällt, den Ausdruck »parental investment« geprägt. Was ein Elterntier an Zeit, Energie und Risiko für eines seiner Kinder aufwendet, geht notgedrungen zu Lasten von dessen lebenden oder noch ungeborenen Geschwistern; zwischen dem Ausmaß der parentalen Investition und der Zahl der Nachkommen besteht also eine inverse Beziehung.

Es ist grundsätzlich für beide Geschlechter gleich wichtig, möglichst viele lebensfähige Nachkommen in die Welt zu setzen. Daraus folgt aber nicht automatisch, daß auch die Investition *pro Einzelkind* bei Männchen und Weibchen gleich groß sein müsse. In der Regel ist die Balance hier vielmehr labil; sie tendiert dazu, nach einer Seite umzukippen. Unter Fischen, bei denen Männchen und Weibchen ihr Keimmaterial dem äußeren Medium anvertrauen, übernimmt in manchen Arten, so etwa beim Stichling, das Männchen die Brutpflege; seine Investition pro Nachkomme ist also schon rein zeitlich größer als die des Weibchens.

Mit dem Übergang zur *inneren Befruchtung* aber ändert sich das Verhältnis: Der Keim wächst jetzt im mütterlichen Organismus heran, und damit ist von vornherein ein Mindest-Zeitaufwand festgelegt, unter den ein Weibchen bei der Investition für einen Nachkommen nicht gehen kann – im Unterschied zum Männchen, das nach der Begattung bereits für die nächste Fortpflanzungsrunde frei ist. Und da jetzt die Weichen schon einmal so gestellt waren, hat sich bei Säugetieren auch die nachgeburtliche Brutpflege in Form der Milchdrüsen am weiblichen Organismus fixiert.

Bei Vögeln ist das Gleichgewicht noch nicht ganz so weit verlagert. Der größte Teil der Embryonalentwicklung findet außerhalb des mütterlichen Organismus statt, und es gibt auch keine geschlechtsgebundenen Laktationsorgane. So kommt es, daß hier wenigstens in Ausnahmefällen, wie eben bei unserem Laufhühnchen, das Männchen seine Investition in größeren Portionen auf weniger Jungtiere verteilt als das Weibchen. In diesen Fällen aber beobachtet man dann auch eine korrespondierende Veränderung der geschlechtstypischen Morphologie. Wie kommt das?

Rivalität und Selektivität

Wenn beide Eltern ihre Brutpflege jeweils in verschieden großen Quanten an entsprechend unterschiedliche Mengen von Nachkommen verteilen, so sollte man erwarten, daß die Natur dies über das Zahlenverhältnis der Geschlechter wieder ausgleicht. Wenn ein Weibchen nur 20, ein Männchen dagegen 200 Nachkommen haben kann, dann könnte die Species am meisten profitieren, wenn auf 10 Weibchen nur je ein Männchen geboren würde. Aber das ist ein gruppenselektionistischer Irrtum: Die »Species« hat nichts zu bestimmen.

Besser ist hier schon die umgekehrte Überlegung: Wenn die Mutter in der Lage wäre, das Geschlecht der zu gebärenden Nachkommen zu beeinflussen – manche Insekten sind dazu in der Tat fähig –, so könnte sie ihre Fortpflanzungsrate erheblich erhöhen, indem sie sich auf Söhne spezialisiert. Aber auch das ist zu kurz gedacht: Ein Männchen kann in unserem Zahlenbeispiel zwar theoretisch zehnmal soviel Nachkommen haben wie ein Weibchen, aber es sieht sich dabei auch zehnfacher Konkurrenz gegenüber. Unter dem Strich bleibt somit alles beim alten. R. A. FISHER hat in diesem Sinne schon vor Jahrzehnten ein nach ihm benanntes Gesetz aufgestellt, demzufolge unter den meisten real vorkommenden Bedingungen kein Geschlecht vor dem anderen bevorzugt ist. Beide werden daher in ausgeglichenem Zahlenverhältnis geboren.

Genau dadurch aber verlagert sich die Spannung nun auf den Verhaltenssektor. Wenn es gleichviele Männchen wie Weibchen gibt, jene aber ein viel höheres Fortpflanzungspotential haben als diese, dann wirken die Weibchen als limitierender Faktor und zwingen die Männchen in eine Situation scharfer *Konkurrenz.* Das Ergebnis sind unweigerlich Rivalenkämpfe im männlichen Geschlecht, die einen Selektionsdruck auf Körperstärke und wechselseitige Unverträglichkeit ausüben.

Die Weibchen wiederum werden durch diese Situation in eine ganz andere Richtung gedrängt. Je weniger Nachkommen sie haben können, um so mehr steht auf dem Spiel, wenn sie sich von einem Schwächling begatten lassen. Es verwundert daher nicht, daß sie im allgemeinen zögernder und vor allem sehr viel *selektiver* im Fortpflanzungsverhalten sind. Sie können und müssen es sich leisten, wählerisch zu sein.

Wir sind damit schon wieder bei einem brisanten Thema, auf das wir im Rahmen dieses Buches unmöglich mit der gebotenen Gründlichkeit eingehen können. Ganz aussparen läßt es sich indessen auch nicht, denn die Inzestbarrieren, von denen noch zu reden sein wird, verteilen sich oft unterschiedlich auf die Geschlechter, und wir brauchen eine Grundlage, um das zu verstehen.

Bereits das geschlechtstypische Sozialverhalten der Nasenbären erscheint unter dem Aspekt der parentalen Investition noch besser verständlich, selbst wenn die Argumentation von der Körperstärke her nicht zutreffen würde. Wir dürfen nämlich bei Säugetieren erwarten, daß überall, wo nur *eines* der Geschlechter die Herkunftsfamilie verläßt, dieses in der Regel das Männchen sein wird. Es gibt Ausnahmen von dieser Regel; aber dann liegen besondere Randbedingungen vor.

Normalerweise ist es bei unterschiedlicher parentaler Investition für ein Männchen eben schwieriger, ein paarungsbereites Weibchen zu finden, als umgekehrt. Da nun nicht nur Nahrungsquellen, sondern auch Geschlechtspartner zu den Attraktionen gehören, die man sich in der Umwelt suchen muß, verläuft in dem Diagramm auf Seite 224 auch die Nutzenkurve beim Männchen anders als beim Weibchen, und zwar steigt sie *flacher* zu ihrem Grenzwert an. Das sollte zusätzlich dazu beitragen, daß die Schaden- und die Nutzenkurve im männlichen Geschlecht divergieren, mit dem Effekt einer stärkeren Neigung zu solitärer Lebensweise, zumindest in der Jahreszeit der Balzaktivität.

Der totale oder partielle Abbau der Bindung an primär Vertraute, von dem dieses Kapitel handelte, drückt, wenn er rechtzeitig vor der Geschlechtsreife erfolgt, die Inzuchtrate auf ein biologisch unbedeutendes Maß herab. Ob man deshalb schon von einer Inzestbarriere sprechen will, ist Geschmackssache. Primär mögen hier andere Gründe vorrangig sein, insbesondere jene, die sich aus der HAMILTONschen Geometrie ergeben.

Allerdings haben wir bis jetzt nur die einfachsten Sozialstrukturen besprochen. In den folgenden Kapiteln wird deutlich werden, daß bei höher organisierten Säugern spezifischere Kräfte nachweisbar sind, bei denen nicht mehr bezweifelt werden kann, daß sie eigens im Kontext der Inzestverhinderung evoluiert wurden.

14. Kapitel

Der Ruf der Kohorte

Ein Phänomen, das man bei sozialen Säugetieren häufig beobachtet, ist der Zusammenschluß männlicher Adoleszenten zu »Junggesellengruppen«. Während Weibchenrudel als Großfamilien aufgefaßt werden können, aus denen die Männchen abgewandert sind, rekrutieren sich solche Männergruppen in der Regel aus Fremdtieren. Was motiviert die Individuen hier zu einem Wechsel des Anschlußobjekts?

Im Klub der Individualisten

Wenn ein juveniler Nasenbär seine Familie verläßt, so mag es gelegentlich vorkommen, daß sein Bruder ihn begleitet. Man sieht dann zwei oder auch mehrere männliche Jungtiere eine Zeitlang miteinander ziehen, bevor sie sich endgültig trennen. Die Regel ist das bei Nasenbären aber nicht.

Es gibt indessen andere Tierarten, bei denen man regelmäßig, neben Weibchenrudeln und männlichen Einzelgängern, gruppenlebende Männchen antrifft. Vornehmlich unter Wiederkäuern, also Hirschverwandten und Hornträgern, durchläuft der Reifungsprozeß im männlichen Geschlecht häufig drei Phasen: eine erste, in der man an das Muttertier gebunden ist, eine dritte, in der man solitär und territorial wird, und dazwischen eine zweite, in der man sich zunächst einer gleichgeschlechtlichen Gruppe anschließt. Die dritte Phase bildet dabei übrigens nicht immer auch die Endstation; bei manchen Arten ist es üblich, jahresperiodisch zwischen Einzelgängertum und dem Leben in einer Männergruppe abzuwechseln.

Zusammenschlüsse von geschlechtsgleichen, in der Regel nicht miteinander

ander verwandten Tieren werden nach einem Vorschlag des Ethologen Michael CHANCE als »Kohorten« bezeichnet. Diese martialische Bezeichnung – »cohors« war eine 600 Mann starke Formation des altrömischen Heeres – sollte jedoch kein falsches Bild entstehen lassen; in der Regel sind die Tiere als Einzelgänger viel aggressiver, als wenn sie in der Kohorte leben.

Aber ein wenig haben diese Rudel schon auch mit dem Soldatenleben zu tun. Zunächst einmal handelt es sich dabei so gut wie ausnahmslos um *Männer*gesellschaften. Nur selten stößt einmal ein weibliches Jungtier zur Kohorte, wie etwa bei dem kapländischen Buntbock. Reine Weibchenkohorten sind unter Säugern nicht bekannt.

Noch in anderer Hinsicht ähnelt das Kohortendasein dem Leben in einer militärischen Einheit, vor allem wenn man es mit einem Familienverband vergleicht: Die sozialen Beziehungen in der Kohorte gehen nicht in die Tiefe. Man verträgt sich, aber man ist nicht emotional aufeinander angewiesen. Christian VOGEL, der eingehend das Leben der indischen Languren untersucht hat – einer Affenart, die im Rahmen einer später zu behandelnden Sozialstruktur ebenfalls Kohorten bildet –, spricht geradezu von einem »Klub von Individualisten«.

Beim Gnu, dessen Sozialstruktur wir aufgrund der sorgfältigen Felduntersuchungen von Dick ESTES recht gut kennen, kann man schon von weitem sehen, ob es sich bei einer Tiergruppe um eine Männerkohorte handelt oder aber um eine Familienherde, die aus ein paar wahrscheinlich verwandten Weibchen und gegebenenfalls einigen Jungtieren besteht: Mutter-Kind-Herden zeigen eine unregelmäßige, klumpige, oft wechselnde Raumstruktur, während man Kohorten daran erkennt, daß die Individuen sich nahezu abstandsgleich über ihr momentanes Weidegebiet verteilen. Dies gilt übrigens auch für andere gesellige Boviden wie zum Beispiel die Impala-Antilope.

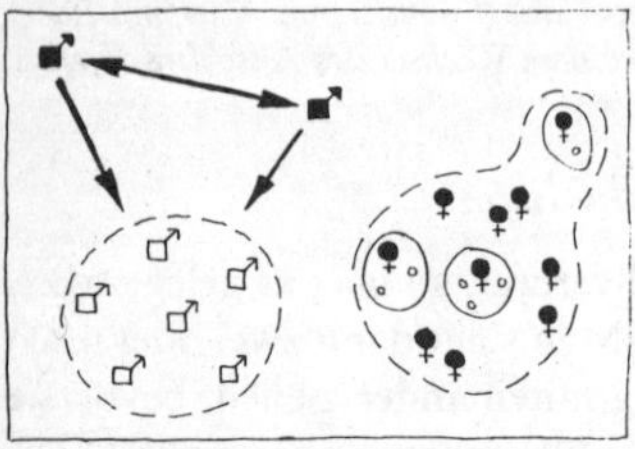

Statt von Kohorten spricht man bei Gnus und ähnlich organisierten Arten auch von »Junggesellengruppen«. Diese Bezeichnung ist durchaus treffend: Solange ein Männchen in der Kohorte verweilt, ist dies ein Zeichen dafür, daß es nicht geneigt ist, sich auf das Abenteuer der Paarung einzulassen. Hier liegt das vor, was die Systemtheoretiker einen »bistabilen Zustand« nennen: Die Verträglichkeit der Männchen untereinander ist offenbar daran gebunden, daß sexuelle Interessen unterdrückt werden oder aus Altersgründen noch keine Rolle spielen. Im obigen Schaubild ist diese sexuelle Inaktivität durch unausgefüllte

Symbole bei der Männergruppe angedeutet. Sobald dann hormoneller Innendruck und die Konfrontation mit paarungsbereiten Weibchen den Geschlechtstrieb über eine kritische Schwelle hinauswachsen lassen, kippt das Gleichgewicht um; jeder männliche Artgenosse wird nun zum Rivalen, man geht auf ihn los, und der Klub der Individualisten löst sich auf.

Freiwilliger Objektwechsel

Unser vordringliches Interesse gilt nun der Frage, welches die Motivkräfte sind, die das junge Männchen dazu bewegen, sich mit anderen seinesgleichen zusammenzuschließen, die es zunächst ja überhaupt nicht kennt. Für das Gnu meint ESTES, die Kohorte biete im Grunde dasselbe wie die Familie – nämlich Sicherheit. Aber hier liegt genau das Problem: Wozu wird der vertraute Familienverband überhaupt aufgegeben, wenn man das doch nur tut, um sich sogleich wieder erneut einer Gruppe anzuschließen, die Geborgenheit höchstens nach dem HAMILTONschen Prinzip der „eigennützigen Herde" zu spenden vermag und insofern an die schützende Familie überhaupt nicht heranreicht? Und dann: wie soll der Übergang eigentlich von den Nahursachen her erklärt werden? Mit der *Lockerung* der primären Bindung, die wir im letzten Kapitel besprochen haben, hätte er jedenfalls nichts zu tun. Die Bindung wird nicht allmählich weniger selektiv, sondern sie *wechselt das Objekt!*

Es wäre natürlich denkbar, daß das junge Männchen die Familie gar nicht freiwillig verläßt. Beim Gnu attackieren territoriale Bullen, in deren Gebiet sich die betreffende Mutterfamilie gerade aufhält, in der Tat die männlichen Halbwüchsigen. Auch wird die Mutter gegen ihre Jährlinge unverträglich, wenn sie neu gekalbt hat und die älteren Kinder bei der Brutpflege intervenieren. Solche Jungtiere erwecken dann durchaus den Eindruck, als würden sie am liebsten bei der Mutter bleiben und gewissermaßen nur notgedrungen im »Auffanglager« der Kohorten landen.

Aber so einfach ist es eben doch nicht. Denn auch beim Gnu wandern Jungtiere freiwillig ab. Andere Tierarten mit vergleichbarer Sozialstruktur zeigen diese Neigung noch deutlicher, so etwa die Gemse. Mutter und Kind sind hier innig und exklusiv aneinander gebunden; die Mutter läßt nur ihr eigenes Kind saugen, dieses meidet fremde Geißen. Gleichwohl beginnen Jungtiere, vor allem wiederum die männlichen, schon nach wenigen Tagen, sich in Kitzgruppen zu sammeln. Bei Gefahr springt jedes dann allerdings rasch zu seiner eigenen Mutter zurück; offensichtlich fühlt es sich bei ihr eben doch sicherer als bei den Spielgefährten. Mit steigendem Alter vergrößert sich fortlaufend der Individualabstand zur Mutter, während der Anschluß an die Gleichaltrigen bestehenbleibt.

Auch beim Rothirsch trennen sich die männlichen Jungtiere während der ersten drei Lebensjahre allmählich von der Familie. Sie schließen sich vorübergehend anderen Rudeln an beziehungsweise ziehen allein oder in kleinen Gruppen einher. Allmählich formen die Männchen dann gleichgeschlechtliche Gruppen, während die Weibchen eher den Kontakt mit der Mutter oder deren Nachbarinnen aufrechterhalten. Nichts deutet darauf hin, daß die Jungen von den Alttieren zum Abwandern genötigt werden; beim nahe verwandten amerikanischen Wapiti soll das allerdings vorkommen.

Weibchenrudel, Männerkohorten und gelegentlich solitäre Bullen beobachtet man auch bei den Elefanten indischer und afrikanischer Gattung. Wiederum sieht es nicht so aus, als würde mütterliche Unduldsamkeit die Jungtiere aus dem Paradies vertreiben. Es liegen Berichte vor, daß beim asiatischen Elefanten ältere Kühe intervenieren, wenn halbwüchsige Jungbullen sich mit Jungkühen der eigenen Gruppe zu paaren versuchen. Das wäre aber bereits eine weit speziellere Situation.

Hubert und Ursula Hendrichs haben festgestellt, daß männliche Kinder – man bezeichnet sie als »Bullkälber« – sich schon mit wenigen Jahren in größerem Umkreis um die Muttergruppe bewegen als weibliche Jungtiere. Bei Gefahr rennen jüngere Bullkälber sofort zurück zur Muttergruppe, ältere nicht mehr immer. Halten sich Kohorten erwachsener Bullen in der Nähe der Weibchengruppe auf, so können die Bullkälber diesen für einige Zeit folgen. Die ältesten von ihnen bleiben schließlich bei den adulten Männchen und kehren nicht mehr zur Kuhgruppe zurück.

Generell ist wohl Reserve geboten, wenn man immer wieder einmal liest, Tierfamilien lösten sich auf, weil die Erwachsenen die Jungen »vertreiben«. Wer so etwas behauptet, muß sehr gute Beobachtungsmöglichkeiten gehabt haben. Es kann kein Zweifel sein, daß häufig eine Phase des gespannten Verhältnisses mit Adulttieren vorangeht, wenn Jungtiere aus der Familie abwandern. Aber diese Spannungen kommen meist nicht von ungefähr. Auch bei unseren Seewiesener Gänsen hatte es stets geheißen, die Eltern würden die Kinder aus dem Familienverband treiben. Meine eigenen »Kinder« Adelheid und Fridolin haben die Trennung jedoch genauso prompt vollzogen wie ihre natürlich aufgewachsenen Altersgenossen, ohne daß ich sie irgendwann unduldsam behandelt hätte. Und daß die »Halbstarken« in diesem Zusammenhang ganz von sich aus aggressiv gegen ihre Elternfiguren werden, konnten wir, wie erinnerlich, ebenfalls beobachten. Kein Wunder also, daß es bei der Familienauflösung zuweilen heftig zugeht; aber das ist häufig schon eine Begleit- und Folgeerscheinung des Auflösungsprozesses und nicht seine Ursache.

Bill Masons Experiment

Somit sind wir wieder bei unserer Ausgangsfrage angelangt: Was lockt die jungen Männchen ins Kohortenleben? Von Feldforschern sind darüber keine sehr tiefsinnigen Erwägungen zu erwarten. Sofern sie sich zu diesem Problem überhaupt äußern, nennen sie ziemlich regelmäßig einen von drei Gründen.

Manche meinen, das Jungtier suche in der Kohorte *Sicherheit.* Andere sehen die Hauptursache der Abwanderung darin, daß die Mutter *unduldsam* wird, wenn sie weitere Junge wirft. Wir haben schon erörtert, daß beide Erklärungen zwar etwas Richtiges treffen mögen, allein aber nicht ausreichen. Das entscheidende Merkmal der Kohorte ist nämlich, daß sie für den, der neu zu ihr stößt, zunächst aus *Fremdtieren* besteht. Es wäre deshalb zu erwägen, ob der Kohortenkumpan nicht vielleicht gerade in seiner Eigenschaft als Fremder zur Quelle einer besonderen Attraktion werden könnte.

In diese Richtung zielt in der Tat das dritte Argument. Die Kohorte wird ihm zufolge aufgesucht, weil es in ihr nicht so langweilig zugeht wie in der Familie. In der Kohorte kann man etwas erleben, sie bietet, anthropomorph gesprochen, Aufregung und Spaß. Für ein paar Stunden wenigstens zieht der Jugendliche dies der Familienidylle vor. Bricht dann die Abenddämmerung herein, weiß er freilich die Geborgenheit im trauten Heim wieder zu schätzen und strebt zurück – es sei denn, er habe im Eifer des Gefechts nicht darauf geachtet, daß die Familie inzwischen weitergezogen ist. Dann freilich bleibt nichts anderes übrig, als bei den Spielgefährten zu bleiben, und *jetzt* werden diese, soweit es eben reicht, wohl auch zur Deckung des noch ungestillten Sicherheitsbedarfs gebraucht.

Der amerikanische Primatologe William A. Mason hat Anfang der sechziger Jahre ein Experiment durchgeführt, welches sehr schön demonstriert, daß soziale Kontaktnahme durchaus nicht immer dem Bedürfnis nach Geborgenheit entspringen muß. Er erlaubte jungen Schimpansen, die übrigens gerade aus Afrika importiert waren, soziale Erfahrungen mit zwei Pflegern zu sammeln. Beide Pfleger waren durch eine Fechtmaske und ein je individuell gefärbtes Gewand vermummt. Sie konnten unter dieser Verkleidung ausgetauscht werden, um zu vermeiden, daß individuelle

Stileigentümlichkeiten ihres Verhaltens die Versuchsergebnisse systematisch beeinflußten. Nur in einer Hinsicht hatten die beiden Figuren unterschiedliches Verhalten zu zeigen: Während die eine, zum Beispiel die dunkel gekleidete, sich mit dem Tier ständig herumbalgte, hatte die andere, in diesem Fall also die hellfarbige, es immer nur in den Arm zu nehmen, wie ein Baby an sich zu drücken und zu streicheln. Insgesamt waren 12 Tiere an dem Versuch beteiligt; es versteht sich von selbst, daß die farbliche Zuordnung der beiden Aktivitäten von Tier zu Tier wechselte.

Es war für die Schimpansen natürlich kein Problem, alsbald herauszufinden, welche Figur mit welchem Verhalten assoziiert war. War dieses Stadium erreicht, konnte MASON zum eigentlichen Versuch übergehen. Er bot jedem Tier nunmehr *beide* Pfleger – in abwartender Haltung – zur Auswahl an. Je nachdem, für welchen von beiden das Tier sich entschied, konnte man dann ersehen, wozu es eher aufgelegt war.

Das entscheidende Ergebnis war nun, daß die jungen Schimpansen sich in ihrer Wahl durch die *Vertrautheit des Raumes* beeinflussen ließen, in dem die Konfrontation stattfand: Handelte es sich um ein Gehege, das sie gut kannten, so bevorzugten sie etwa im Verhältnis 3 : 2 den Raufkumpan. War der Raum aber neu und enthielt er zudem auch noch fremdartige Gegenstände, so kehrte sich das Zahlenverhältnis um; die Tiere bevorzugten jetzt signifikant den Kumpan, der sie »bemutterte«.

Die Polarität sozialer Anziehungskräfte

Was lehrt dieses Experiment? Zunächst, daß es mehrere Gründe geben kann, die Nähe eines Partners zu suchen: Nicht auf Gesellschaft als solche kommt es an, sondern auf die Art der Erlebnisse, die sie zu vermitteln verspricht. Das ist natürlich trivial. Aber das Experiment zeigt noch mehr. Es läßt erkennen, daß es unter den Quellen sozialer Attraktivität wenigstens zwei gibt, die gegensinnig auf die Vertrautheit der Gesamtsituation ansprechen.

Kernphysiker pflegen bewegte Elementarteilchen in sogenannten Blasenkammern sichtbar zu machen. Die Partikel hinterlassen auf ihrem Flug unter geeigneten Bedingungen eine Art Kondensstreifen wie ein Düsenflugzeug hoch am blauen Himmel, und diesen Streifen kann man photographieren. Durchquert die Bahn außerdem noch ein Magnetfeld, so wird sie in spezifischer Weise abgelenkt, und hieraus ergibt sich elegant der physikalische Steckbrief des Teilchens.

Mit einer solchen Kammer machte der Atomphysiker ANDERSON 1932 in Chicago eine aufsehenerregende Entdeckung. Eigentlich hatte er ein Elektron photographieren wollen – damals schon eine Routinearbeit. Als er die Platte entwickelte, wußte er im voraus, was darauf zu sehen sein würde: eine bogenförmige Spur mit einem bestimmten Krümmungsradius. Genau das fand er auch auf dem Bild; nur ein Detail stimmte nicht: Die Bahn verlief in die falsche Richtung! Das Teilchen reagierte auf das Magnetfeld genau wie ein Elektron, aber mit umgekehrtem Vorzeichen. ANDERSON hatte erstmals ein Positron photographiert, ein Partikel aus Anti-Materie.

Was beim MASON-Experiment herausgekommen ist, läßt eine gewisse Analogie zur Entdeckung ANDERSONS erkennen, wenn man einmal konzediert, daß die Verhaltensforschung wegen der Komplexität ihres Gegenstandes meist nur grobquantitative Aussagen machen kann.

In beiden Fällen bekundete sich nämlich die polare Verschiedenheit zweier Phänomene darin, daß beide durch einen bestimmten »atmosphärischen« Einfluß auf konträre Weise beeinflußt wurden. Wie Positron und Elektron im Magnetfeld nach entgegengesetzten Richtungen fliegen, so reagieren die Motive zur Annäherung an einen Spielkumpan und an einen Pflegespender gegensätzlich auf eine »Entfremdung« der ökologischen Bedingungen. Die beiden Appetenzen müssen also gewissermaßen verschiedene Vorzeichen aufweisen, und dieser Gegensatz sollte etwas mit der Polarität von »vertraut« und »fremd« zu tun haben.

Zusatzversuche liefern dieser Überlegung eine weitere Stütze. Wenn man einem Schimpansen in einer Situation, in der er den Pflegespender bevorzugt, außerdem auch noch einen gänzlich fremden Partner anbietet, so kümmert er sich nicht um diesen, sondern strebt zum vertrauten Freund. Umgekehrt jedoch ist es anders: In vertrauter Umgebung, in der der Spielkumpan bevorzugt wird, ist ein Fremder sogar noch um ein paar Grade attraktiver!

Zwei neue Modewörter

MASON selbst hat seine Befunde im Rahmen einer Theorie interpretiert, die man nur würdigen kann, wenn man ihre Geschichte kennt. Wir haben im 9. Kapitel gehört, daß in der Motivationspsychologie das Konzept einer allgemeinen, unspezifischen Antriebsenergie eine bedeutende Rolle gespielt hat. Es erschien in erster Linie deshalb plausibel, weil es in ein an der Physik orientiertes Denkschema paßte.

Die Idee erhielt dann bald noch eine unverhoffte Stütze von einer Seite, mit der man im klassischen Behaviorismus eigentlich wenig anzufangen gewußt hatte – nämlich von der experimentellen Hirnforschung. MORUZZI und MAGOUN entdeckten 1948 durch elektrophysiologische Reizversuche im Hirnstamm der Katze, daß die sogenannte *Formatio Reticularis,* ein von der Medulla oblongata bis ins Zwischenhirn reichendes dichtes Nervennetz, offenbar eine generell aktivierende Wirkung auf das ganze Zentralnervensystem ausübt. Wenn man gewisse Partien in dieser Struktur elektrisch reizte, änderte sich bei den Versuchstieren der Wachheitsgrad: Man konnte sie so buchstäblich durch Knopfdruck wahlweise in hellste Aufmerksamkeit oder tiefen Schlaf versetzen.

Nun gehören Aufmerksamkeitsspannung und Motivationsgrad offenbar zusammen; jene ist gewissermaßen nur das sensorische Korrelat von diesem. MORUZZI und MAGOUN waren also anscheinend auf so etwas wie ein zentrales »Kraftwerk« des Gehirns gestoßen, in dem nicht irgendein bestimmtes Verhaltensmuster gespeichert war, sondern aus dem *alle* denkbaren Verhaltensweisen mit »Energie« versorgt wurden.

Für diese unspezifische Energie bürgerten sich, bald synonym, bald mit geringfügigen Bedeutungsunterschieden, zwei neue Modewörter ein: Man sprach von »Aktivation« oder »Erregung« und ersetzte damit allmählich den obsolet gewordenen »General Drive« der klassischen Lerntheorie. Leider war mit der Einführung neuer Wortmarken der Begriff selbst nicht auch schon klarer geworden.

Keineswegs herrschte Einigkeit darüber, wie die neue Größe operational zu definieren sei. Verschiedene Meßverfahren wurden vorgeschlagen und praktiziert, ohne daß die Ergebnisse sonderlich eindrucksvoll miteinander korrelierten. Manche Neuropsychologen setzten auf das EEG mit seinen wohlbekannten, wenn auch ziemlich groben Indikatoren unterschiedlicher Wachheitsgrade. Andere zogen die Herzschlagfrequenz und sonstige neurovegetative Signale erhöhter Stoffwechselaktivität vor.

Reine Psychologen, die »bei ihren Leisten bleiben« wollten, suchten nach einem direkten Verhaltensmaß. Es sollte, passend zur Idee einer »unspezifischen Antriebsenergie«, ein möglichst richtungsneutrales, im Kontext jeder

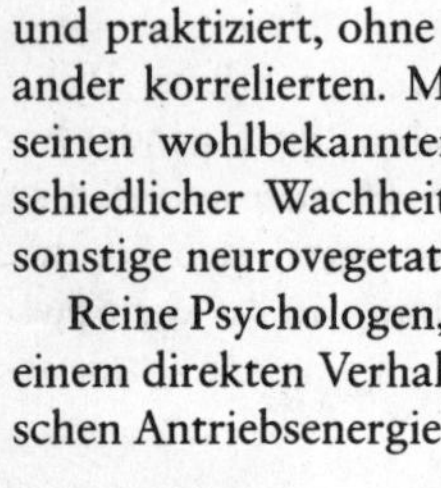

beliebigen Einzelmotivation aufweisbares Verhaltensmerkmal sein, und ein einigermaßen gut quantifizierbares noch dazu. Am besten erschien dafür die allgemeine *Bewegungsunruhe* geeignet – die Frequenz, mit der ein Tier seinen Standort wechselt, die Zeit, die es freiwillig in einem Laufrad zubringt, die Geschwindigkeit, mit der es das Rad dreht, die Wegstrecke, die es insgesamt beim Umherlaufen in der Zeiteinheit zurücklegt, oder was sich sonst eben, je nach Tierart, als plausibles Maß für motorische Emsigkeit so anbietet.

Das Problem ist nur, daß ein unspezifisches Maß nicht auch ein homogenes Maß sein muß. Ausbrüche ungerichteter Motorik kann man vielmehr unter wenigstens zwei prinzipiell verschiedenen Auslösebedingungen beobachten. Wir werden die Begriffe »Aktivation« und »Erregung« nachfolgend dazu benutzen, um diese beiden Motivlagen terminologisch zu trennen.

Aktivation

Ungerichtete Bewegungsunruhe tritt einmal häufig als Ausdruck jener Spannung auf, von der wir verschiedentlich, zuletzt auf Seite 173, festgestellt haben, daß sie charakteristisch für die Handlungsphase der *Appetenz* oder der *Aversion* ist – also für die Phase, in der ein Trieb geweckt, aber noch nicht befriedigt ist. Wenn wir im Folgenden von »Aktivation« reden, so soll stets und ausschließlich dieser Zustand angespannten Wartens und Suchens gemeint sein.

Damit ein Lebewesen in den Zustand erhöhter Aktivation geraten kann, muß es erstens im Moment überhaupt irgendwelche Triebziele verfolgen, und zweitens dürfen diese Ziele nicht problemlos erreichbar sein – sei es, daß ein Hindernis im Wege steht, andere Motive interferieren oder das gesuchte Objekt ganz einfach nicht auffindbar ist. In solchen Fällen besteht eine zwar nicht überaus effiziente, aber einfache und daher entwicklungsgeschichtlich uralte Strategie darin, nach einem Zufallsprogramm möglichst viele verfügbare Verhaltensmuster auszuprobieren bzw. im einfachsten Fall ständig ohne Plan den Ort zu wechseln.

Der Schmetterling, der versehentlich ins Zimmer gelangt ist und nun an einer Fensterscheibe auf und ab tanzt, weil irgend etwas, was er nicht begreift, ihn hindert, ins Licht zurückzukehren, ist auf diese Strategie hin programmiert; gelegentlich »findet« er dabei in der Tat, sogar in der artifiziellen Umwelt einer menschlichen Behausung, wieder den Ausgang zur Freiheit. Die Taube in der Skinner-Box, die gierig darauf wartet, daß nach der unerforschlichen Logik eines Bekräftigungsschemas das nächste Futterkorn eingeworfen wird, windet sich in den bizarrsten Verrenkungen, hüpft hierhin und dorthin, pickt an ganz unsinnigen Stellen in absonderlichen Rhythmen gegen Wand und Boden. Und Vergleichbares tut der Medizinmann, um den regenspendenden Gott zu beschwören, dessen Prinzipien kein Mensch verstehen kann.

Wenn immer es möglich ist, macht sich der Mensch, wie schon höhere Tiere, im Zustande der Aktivation auch Erfahrungswissen und einsichtiges Denken zunutze. Aber das sind phylo- und ontogenetisch junge Systemschichten, und wenn sie nichts fruchten oder die Spannung zu hoch ist, dann kann das archaische Programm eines »kopflosen« Bewegungssturmes auch bei uns noch jederzeit wieder durchbrechen.

Wie wir auf Seite 154 schon festgestellt haben, ist das Repertoire an Strategien, die in der Phase akuter Appetenz oder Aversion zum Einsatz gelangen, in der Tat so unspezifisch, daß man ihm im Einzelfall nicht ansieht, um welches Triebziel es gerade geht. Lediglich die Intensität der Aktivation, das Ausmaß an physischem Krafteinsatz, sagt etwas aus, aber eben nur über die Stärke des zugrundeliegenden Triebes, nicht über dessen Qualität. Man kann verstehen, wie am Phänomen der Aktivation der Gedanke einer »unspezifischen Antriebsenergie« aufkommen konnte.

Neugier

Weniger verzeihlich ist, daß ein Verhalten, das dem oben geschilderten zwar äußerlich ähnlich sieht, aber einen ganz anderen Motivhintergrund hat, immer wieder mit den Äußerungsformen der Aktivation verwechselt wird. Ich meine damit das sogenannte *Neugierverhalten.*

Eröffnet man einer Ratte, die satt ist und der auch sonst nichts fehlt, den Zugang zu einem ihr unbekannten Labyrinth, so beginnt sie alsbald, es zu explorieren. Sie läuft einmal in diesen, dann wieder in einen anderen Gang hinein und beschnuppert und benagt, was ihr dabei in den Weg kommt. Nach etwas Bestimmtem scheint sie dabei nicht zu suchen; eher sieht es so aus, als wolle sie sich mit dem neuen Reizangebot vertraut machen, um später im Bedarfsfall zu wissen, woran sie ist.

Für Tiere, die nicht in erster Linie durch Lokomotion, sondern durch Manipulation explorieren, gilt dasselbe. Man kann einen Affen über erhebliche Zeit hinweg beschäftigen, wenn man ihm einen unbekannten Apparat in den Käfig stellt, an dem sich auf verzwickte Weise Teile abmontieren, Klappen öffnen, Hebel bewegen lassen. Die Exploration nimmt hier, wie übrigens auch bei Menschenkindern, meistens den Verlauf über eine erste Phase, in der man, noch eher ängstlich gestimmt, zunächst herauszufinden sucht, was das fragliche Ding von sich aus zu tun geneigt ist, zu einer zweiten Phase, in der man probiert, was man selbst mit diesem Ding so alles machen kann. Daß es dabei meist kaputt

geht, ist bei kleinen Kindern ebensowenig wie bei Tieren ein Zeichen von »Unart«, sondern zunächst einfach nicht zu vermeiden. Zum Schluß hantiert man dann schon etwas gelangweilt, mehr spielerisch mit dem Ding herum, wobei sich die Aufmerksamkeit bereits neuen Reizen zuzuwenden beginnt.

Exploratives Verhalten ist nicht auf Säugetiere beschränkt. So hat zum Beispiel Konrad LORENZ mehrfach, zuletzt in der »Rückseite des Spiegels«, auf entsprechende Verhaltensweisen bei Corviden hingewiesen. Seine Schilderung sei wegen ihrer Anschaulichkeit im Wortlaut wiedergegeben; sie findet sich in der genannten Arbeit auf Seite 196.

> »Der Charakter des Explorierens wird um so deutlicher, je mehr verschiedene Verhaltensweisen an demselben Objekt oder in derselben Situation durchprobiert werden. Ein junger Kolkrabe zum Beispiel, dem man einen ihm völlig unbekannten Gegenstand von geeigneter Größe bietet, reagiert zunächst mit den Verhaltensweisen, mit denen ein erfahrener Altvogel auf ein Raubtier ›haßt‹. Er nähert sich vorsichtig, seitlich hüpfend, und bringt schließlich einen gewaltigen Schnabelhieb an, um dann sofort zu fliehen. Malt man auf einen länglichen Gegenstand an einem Ende zwei grobe Augenattrappen, so setzt der Rabe seinen Schnabelhieb auf das entgegengesetzte Ende. Reagiert das Objekt nicht mit Verfolgung – wie ein größeres Raubtier es täte –, so geht der Rabe seinerseits zum Angriff über, etwa so, wie er es im Ernstfall einer ziemlich wehrhaften Beute gegenüber täte. Er hackt dann stets in den ›Kopf‹ oder in die Augen. Erweist sich das Objekt als ›bereits tot‹, so beginnt der Vogel es mittels aller hierzu verfügbaren Instinktbewegungen zu zerkleinern, wobei er es gleichzeitig auf Eßbarkeit untersucht. Schließlich versteckt er die Stücke. Zu einem noch späteren Zeitpunkte, wenn das Objekt völlig indifferent geworden ist, benützt er dessen Bruchstücke gelegentlich, um andere, nunmehr interessantere Dinge darunter zu verbergen oder um auf größeren Stükken zu sitzen.«

Welches sind die Motivgrundlagen für solches Explorationsverhalten? Neugier, sagt die Volksmeinung, und die Wissenschaft mußte ihr schließlich recht geben; denn die Weisheit der Sprache hat, wie so oft, wenn es um psychologische Zusammenhänge geht, das Wort gut gewählt. Was hier antreibt, ist in der Tat eine »Gier nach Neuem«. Den Theoretikern bereitete dieses eigentümliche Motiv aber ziemliches Kopfzerbrechen. Versuchen wir zu verstehen, wo hier die Schwierigkeiten liegen.

Kollative Reize

Zu der Zeit, als in der Motivationspsychologie die Vorstellung einer unspezifischen Aktivationsenergie Hochkonjunktur hatte, überlegte man auch, woher sich diese denn eigentlich speisen sollte. Spontaneität stand nicht hoch im Kurs; man ließ »endogene« Quellen nur gelten, wo es gar nicht vermeidbar war, nämlich bei Hunger und Sexualität. Im übrigen suchte man die Ursachen auf der *Reizseite.*

Auch hier kam natürlich nur ein *unspezifischer* Parameter in Betracht, passend zur generellen Bewegungsunruhe, die er auslösen sollte. Da lag es nahe, an so etwas wie eine allgemeine »Reizmenge« zu denken.

Was sollte man darunter jedoch verstehen? Bilden fünf schwarze Punkte eine größere »Reizmenge« als vier, von denen aber einer weiß ist? Und kommt es nicht zudem auf ihre Anordnung an?

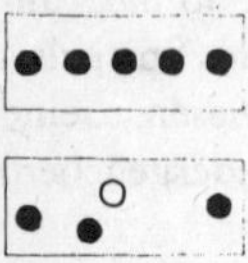

Zum Glück wies die gerade aufkommende Informationstheorie einen Ausweg aus dieser Schwierigkeit, den der Motivationsforscher D. E. Berlyne dann auf den Begriff brachte: Er sprach von »kollativen« Reizmerkmalen. Dieser Ausdruck leitet sich von dem lateinischen Wort für »Vergleichen« her; er soll Reizparameter bezeichnen, die sich im Vergleich mit anderen Reizen oder mit Gedächtnisengrammen als abweichend, als nicht einordenbar präsentieren. »Kollativ« heißt also *neuartig* oder *diskrepant;* einschlägige Reizeigenschaften wären Komplexität, Erwartungswidrigkeit, Wechsel, Mehrdeutigkeit, Inkongruenz, Unbestimmtheit, Fremdartigkeit.

Statt »Reizmenge« hat man also einfach »Informationsmenge« zu setzen, wobei zu erinnern ist, daß »Information« im Sinne der Nachrichtentechnik soviel wie *noch zu verarbeitende* Information bedeutet. Eine Sanskrit-Hymne voll dunkler mythologischer Anspielungen enthält in diesem Sinn viel mehr »Information« als ein gleichlanges Stück aus einem Trivialroman in der Muttersprache. Ein Fremder, dem ich begegne, bombardiert mich mit mehr sozialer Information als ein vertrautes Familienmitglied.

Mit der Menge an »Information«, die ein Reiz enthält, wächst der Verarbeitungsaufwand, den man leisten muß. Letzten Endes verlangen Reize, daß man auf sie *reagiert.* Je informationsreicher ein Reiz ist, desto schwerer fällt die Entscheidung, wie er zu beantworten sei. Ihn zu »verarbeiten« heißt also, angemessene Reaktionen im verfügbaren Verhaltensrepertoir herauszusuchen oder neu zu entwickeln. Genau darum scheint es zu gehen, wenn ein Tier oder ein Mensch »exploriert«.

Erregung

An dieser Stelle liegt nun das Dilemma. Ursprünglich, als es sich nur darum handelte, eine äußere Quelle für unspezifische Aktivation ausfindig zu machen, hatte man den kollativen Charakter der Reize als *Störung* eines homöostatischen Ruhezustandes betrachtet. Dazu schien zu passen, daß schon eine Reizsituation, wie sie typischerweise in jeder Appetenz- oder Aversionsphase vorliegt, vom Sollwert einer inneren *Wunsch*vorstellung »abweicht«; wenn man es nicht so genau nimmt, ist auch das ein Fall von Diskrepanz und insofern von »Kollativität«.

Exploration, so gesehen, könnte also nur dazu dienen, den unliebsamen

Spannungszustand der Aktivation wieder abzubauen. Diesen Zustand mutwillig herbeizuführen, nur um ihn anschließend wieder löschen zu können, wäre ungefähr so sinnvoll, wie wenn man sich mit dem Hammer auf den Daumen haut, um anschließend das »schöne Gefühl« genießen zu können, daß der Schmerz wieder nachläßt.

Wenn wir nun aber von »Neu-Gier« oder von einem Explorations-»Trieb« sprechen, so drücken wir damit eben gerade aus, daß der Organismus auf kollative Reize nicht nur aus gegebenem Anlaß reagiert, sondern daß er sie auch aktiv *aufsucht.* Kollativität erscheint hier keineswegs als Störung. Sie gleicht viel eher dem Nährwert einer Futterquelle aus der Perspektive des Hungrigen: Sie wirkt *attraktiv,* und daß sie im Zuge der folgenden Exploration schließlich aufgebraucht wird, gerade wie die Nahrung, wenn man sie verdaut, ist nur eine unvermeidbare Konsequenz.

Wenn sich der Neugierige mutwillig einem erhöhten Ansturm kollativer Reize aussetzt, so müssen ihn diese Reize offenbar in einen Zustand versetzen, der ihm, in geeigneter Dosierung, angenehm ist. Diesen Zustand wollen wir nachfolgend, im Unterschied zur Aktivation, als »Erregung« bezeichnen.

Natürlich könnte man die Namen auch umgekehrt zuordnen oder ganz andere Worte wählen. Namen sind belanglos; wichtig ist allein, daß man die beiden *Begriffe* auseinanderhält. Gerade das aber haben die Theoretiker dieses Problemgebietes im allgemeinen versäumt.

Welche Konsequenzen das hat, läßt sich am besten am Beispiel der Langeweile verdeutlichen. Bekanntlich kann diese, vor allem in der Adoleszenz, zu massiven Ausbrüchen motorischer Unrast führen. Der Aktivationsgrad ist also *hoch* anzusetzen. Andererseits langweilt man sich aber gerade dann, wenn das Reizangebot *nicht kollativ genug* ist. Der Informationsgehalt des Reizmilieus ist aber nicht eindeutig mit dem Zustand der Aktivation korreliert, und wie sollte er auch! Hingegen bestimmt er das, was wir als Erregung bezeichnen; und an dieser herrscht im Zustand der Langeweile ein *Defizit.* Langeweile ist hoch aktivierte Appetenz nach Erregung!

Solange man die Begriffe trennt, gibt es hier gar nichts Geheimnisvolles. Man kann sich aber vorstellen, zu welchen Höhenflügen die akademische Phantasie ansetzt, wenn »Aktivation« und »Erregung« erst einmal in einen Topf geworfen werden. Dann ergeben sich nämlich höchst schwierige theoretische Probleme, denen niemand mehr ansieht, daß sie hausgemacht sind. Steigt die Explorationsneigung nun mit wachsender »Erregung«, oder fällt sie? Oder gibt es einen U-förmigen Zusammenhang? Oder ist es noch komplizierter, muß man vielleicht auch den zeitlichen Verlauf der »Erregung« berücksichtigen? Bill MASON, der seinerseits genötigt war, die Ergebnisse seines Experimentes in die Sprache der gängigen Aktivationstheorie zu kleiden, sah sich zu der Kompromißformel genötigt, daß »mittlere Grade von Erregung« oder auch ein »mittlerer Erregungsanstieg« zum Explorationsverhalten motivieren sollen.

Dabei läßt sich sein Experiment wirklich zwanglos interpretieren, wenn wir uns nur sauberer Begriffe bedienen. Neugierverhalten folgt einfach aus einem Defizit an Erregung, vorausgesetzt, daß eine Quelle kollativer Reize auftaucht. In einem Raum, den man so gut kennt, daß nichts an ihm zum Explorieren auffordert, wendet man sich daher bevorzugt dem Fremden oder wenigstens dem Raufkumpan zu. In unbekannter Umgebung hingegen ist der Ansturm kollativer Reize so groß, daß das Erregungsniveau die Toleranzgrenze überschreitet. Folglich geht man hier dem Fremden aus dem Wege.

Die Angst vor dem Fremden

An dieser Stelle ist es an der Zeit, eine Brücke zu den Überlegungen des 11. Kapitels zu schlagen. Wir haben dort davon gesprochen, wie sehr im Tierreich prosoziales Verhalten an Blutsverwandtschaft gebunden sei, und daß letztere am Signal der Vertrautheit kenntlich werde. Vertrautheit aber, so können wir nun hinzufügen, ist gerade der Gegenpol der Kollativität. Ein Artgenosse, dessen Erscheinung ein hohes Maß an Reizinformation aussendet, ist nicht *mit mir verwandt.*

Dann ist im sozialen Bereich Informationsfülle aber ein anderes Wort für *Gefahr.* Da ist jemand, den ich zum erstenmal im Leben sehe, und bevor ich noch denken kann, *fühle* ich, daß der da nichts mit mir zu tun hat; er ist mit mir nicht verwandt, warum sollte er mir wohlgesonnen sein? Im Gegenteil: Er wird rücksichtslos seinen Vorteil suchen, sein Genom hat ihn mir gegenüber auf Konkurrenz programmiert, es kann sein, daß er mich verfolgen, ja töten will.

Koloniebrütende Vögel wie Silbermöwen sorgen ebenso aufopfernd für die Jungen ihres eigenen Geleges, wie sie ohne jede Hemmung die Eier der Nachbarn aufhacken und die bereits geschlüpften Küken zerfleischen und verschlingen, wenn deren Nest ohne Aufsicht blieb. Und sogar bei Schimpansen kommt es nach den Beobachtungen von Jane GOODALL vor, daß einzelne Tiere anderen die Kinder rauben und

sie auffressen. Männchen ziehen hier von Zeit zu Zeit ohne erkennbare Provokation auf den Kriegspfad, überfallen Nachbargruppen und töten ihre Opfer.

Beim Menschen, gewiß, ist alles vielschichtiger. Wir werden davon im letzten Teil dieses Buches zu handeln haben. Aber ganz verlorengegangen sind die alten Impulse auch bei uns nicht. Artgenossen, die kollative Reize aussenden, genießen wir mit Vorsicht, vor allem, solange wir klein und schutzbedürftig sind.

Wie durch René SPITZ bekannt geworden ist, reagieren menschliche Kinder, kurz bevor das Vermögen zu eigener Fortbewegung reift, auf unbekannte Personen, die sich nicht mit der gebotenen Behutsamkeit nähern, mit der sogenannten *Achtmonatsangst.* Jeder kennt solche Szenen: Da ist die Patentante angereist, um ihr Posaunenengelchen zum erstenmal seit der Taufe in den Arm nehmen zu können. Hemmungsloses Entzücken steht ihr ins Gesicht geschrieben, sie macht ein paar unbedachte Schritte – und der Kerl brüllt los, versteckt den Kopf an der Schulter der Mutter und ist nicht mehr zu beruhigen, bis die Tante beleidigt auf Distanz geht.

Nachdem SPITZ seine Fachkollegen erst einmal auf die Fremdenangst aufmerksam gemacht hatte, revanchierten diese sich reichlich durch Nachuntersuchungen, aus denen hervorgeht, daß die Dinge in Wirklichkeit, wie immer, komplizierter liegen. Wenn man es geschickt anstellt, können Angstreaktionen ausbleiben, ja gegebenenfalls sogar positiver Zuwendung Platz machen.

Damit ist das jeder Mutter vertraute Phänomen natürlich nicht aus der Welt geschafft. Aber man sieht doch, daß Kollativität keine unipolare Größe ist. Im Grunde hat das schon MASONS Experiment gezeigt: Dieselbe Reizkonfiguration, die im einen Falle ängstlich gemieden wird, provoziert in anderem Kontext explorative Annäherung.

Die Angst vor dem Fremden können wir uns aus dem Prinzip der Sippenselektion erklären. Warum der Fremde aber auch zu faszinieren vermag, muß einen Sinn haben, der noch zu eruieren bleibt.

15. Kapitel

Das Spiel mit dem Feuer

Was die männlichen Jungtiere in die Kohorte zieht, ist ihre gesteigerte Erregungsappetenz. Diese macht es ihnen leicht, Kontakt mit Fremden zu knüpfen. Doch der Reiz der Neuheit allein wäre rasch verflogen. Wichtiger scheint zu sein, daß die Kohorte Gelegenheit zum sozialen Spiel bietet. Auch dieses hat etwas mit Erregung zu tun: Zwischen Neugier und Spieltrieb besteht ein tiefliegender Zusammenhang.

Eine sich selbst erfüllende Prophezeiung

Vor einigen Jahren hielt ich in einem geräumigen Käfig ein Pärchen einer Papageienart, *Agapornis* mit Namen. Im Englischen heißen sie »Love Birds«, wegen ihrer Unzertrennlichkeit. Das Männchen war nahezu handzahm, das Weibchen eher etwas zurückhaltend, aber nicht gerade auffällig scheu.

Eines Tages änderte sich das. Es war aus technischen Gründen notwendig geworden, den Käfig in eine andere Zimmerecke zu verlagern, und dieser Eingriff wirkte offenbar störender als vorausgesehen. Als ich nach der Prozedur zum erstenmal wieder den Raum betrat, wurde das Weibchen unruhig, begann ängstlich herumzuhüpfen und nahm schließlich Zuflucht in einem kleinen hölzernen Schlafkasten im Innern des Käfigs. Dieser Kasten war bis auf ein enges Schlupfloch allseitig geschlossen und bot insofern ideale Deckung: Wer darin verschwand, war unsichtbar. Allerdings sah er auch selbst nichts mehr.

Verdrießlich war nun, daß das Weibchen von einem Mal zum anderen immer zielstrebiger im Schlafkasten Zuflucht suchte, wenn sich auch nur die Zimmertür bewegte. Solange man sich im Raum aufhielt, blieb es konsequent verborgen und kam erst wieder zum Vorschein, nachdem man deutlich hörbar hinausgegangen war.

Das Ritual wirkte zunehmend phobisch und zwanghaft und konnte einen in seiner dümmlichen Logik zur hellen Wut reizen: Da war einmal aus objektiv unbegründeter, aber immerhin verständlicher Angst eine Fluchtreaktion erfolgt; diese hatte, ihrer Funktion gemäß, das Tier aus der Reichweite des ominösen Besuchers entrückt – es konnte mit diesem keine weiteren Erfahrungen mehr machen, wenn es erst einmal im Schlafkasten verborgen saß. Das befürchtete Ereignis, was immer es gewesen sein mochte, war nach der Flucht in der Tat nicht eingetreten, und dadurch wurde die Reaktion scheinbar als richtig bestätigt. Mit jeder neuen Flucht, nach der natürlich auch wieder nichts Schlimmes geschah, verstärkte sich diese Verhaltensstrategie nur noch mehr: Der Vogel war durch einen Konditionierungsprozeß in eine Verhaltens-Sackgasse geraten, aus der es kein Entrinnen gab.

Mir ist bei diesem ärgerlichen Vorfall erstmals klargeworden, daß ein lernfähiges Wesen es sich einfach nicht leisten kann, auf fremde Objekte, einschließlich fremder Artgenossen, grundsätzlich mit Angst zu reagieren. Denn die Flucht unterbricht die Möglichkeit, mit dem Unbekannten noch *irgendwelche* weiteren Erfahrungen zu machen, und so kann man auch nie lernen, daß er unter bestimmten Umständen oder überhaupt ganz harmlos, vielleicht sogar recht nützlich sein mag.

Die lebensnotwendige Forderung, über den immer nur sehr eng gesteckten Rahmen angeborenen Artwissens hinaus *Kompetenz* zu erwerben, verleiht kollativen Reizen *auch* eine attraktive Seite. Objekte und Lebewesen, mit denen man zuvor noch nie in Berührung gekommen ist oder die zu komplex oder in sich zu widersprüchlich sind, als daß man sie auf den ersten Blick verstehen könnte – solche Reizkonfigurationen sollten nicht einfach Flucht auslösen, sondern zumindest *ambivalent* anmuten: unheimlich und faszinierend zugleich.

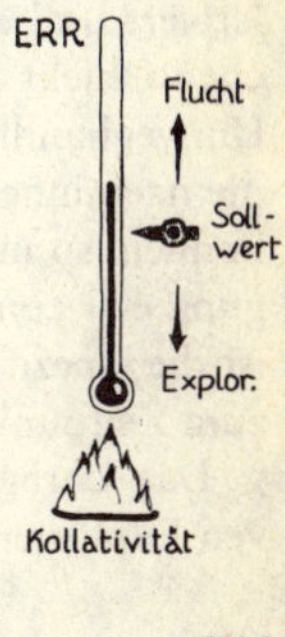

Welche dieser beiden Anmutungen sich dann im Einzelfall durchsetzt, hängt vom quantitativen Ausmaß der auf den Organismus eindringenden Reizinformation ab. Das Zentralnervensystem besitzt offenbar einen bestimmten *Sollwert* für die Erregung, die aus dieser Informationsmenge resultiert. Wird der Sollwert unterschritten, so kommt das Individuum in explorative Stimmung; wird er überboten, so vergeht ihm die Neugier, und Fluchtmotivation beherrscht das Erscheinungsbild.

Nicht immer ist die Situation aber so geartet, daß man ihr entkommen kann, auch wenn man möchte. In solchen Fällen kann das hohe Aktivationsniveau des ungestillten Fluchtdranges Tiere und Menschen dazu veranlassen, sich äußerlich ganz ähnlich wie im Zustand der Neugier zu verhalten. Wir haben diese Strategie bereits im letzten Kapitel auf Seite 237 besprochen. Das Ziel der »Exploration« ist in diesem Falle nicht, die Erregung zu steigern, sondern sie letzten Endes zu *senken.*

D. E. Berlyne hatte bereits bemerkt, daß hier zwei ganz verschieden motivierte Verhaltenstypen vorliegen. Er sprach von »spezifischer« im Gegensatz zu »diversiver« Exploration. Das nebenstehende Diagramm erläutert den Unterschied.

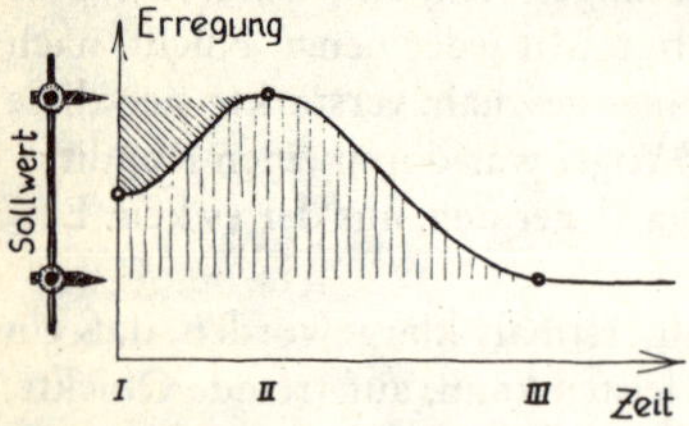

Die horizontale Achse stellt darin den Zeitverlauf dar, die vertikale den Grad der Erregung. Zum Zeitpunkt *I* begegne der Organismus einem Objekt von mittlerer Kollativität. Wenn er es explorieren will, muß er mit ihm Kontakt aufnehmen, und dabei steigt die Erregung zunächst einmal noch weiter an. Mit dem Umgang wächst aber die Vertrautheit. Das Erregungsniveau wird also, nach einem Maximum im Zeitpunkt *II,* allmählich wieder fallen, bis auf einen unteren Grenzwert, der etwa bei *III* erreicht sei.

Nun kommt es darauf an, was man eigentlich wollte. War zu Beginn der Sollwert für Erregung *höher* als der Istwert, was der oberen Marke am linken Rand der Abbildung entspricht, dann exploriert man, um die Erregung zu *steigern.* Das gelingt bis zum Zeitpunkt *II;* danach fängt das Objekt an, langweilig zu werden. Diese Art von Exploration bezeichnet Berlyne als »diversiv«; sie entspricht dem, was wir Neugierverhalten genannt haben.

Gilt hingegen die untere Marke, ist also der Sollwert niedriger als der Istwert und erlauben die Umstände nicht, daß man sich von dem fraglichen Objekt zurückzieht, so bleibt als Ausweg nur eine Art »emotionaler Umweghandlung«: Wie man beim Verlassen eines Raumes von einer Tür, die nach innen aufgeht, einen Schritt zurücktreten muß, um sie öffnen zu können, so muß man im vorliegenden Fall in Kauf nehmen, daß die Erregung erst einmal noch weiter steigt, damit sie endlich absinken kann. Das ist die »spezifische Exploration«; sie zielt von vornherein auf den Zustand zum Zeitpunkt *III.*

Das schräg schraffierte Feld gibt den Grad der *Aktivation* beim diversiven Explorieren an; er verändert sich, wie ersichtlich, gegenläufig zur Erregung, was nur logisch ist, da er ja in diesem Fall einem Erregungs*mangel* entspringt. Bei der spezifischen Exploration hingegen beruht die Aktivation, senkrecht schraffiert, auf einem Erregungs*überschuß;* Aktivation und Erregung verändern sich daher gleichsinnig miteinander. Man sieht, wie unerläßlich es ist, hier zwei Parameter zu unterscheiden, ganz gleich, wie man sie nennt.

Neugier und Spiel

Wenn sich Masons Schimpansen in einem vertrauten Raum und daher in niedrigem kollativem Reizmilieu aufhielten, hätten sie nach dem bisher Gesagten den Drang verspüren sollen, »diversiv« zu explorieren. Nun kann man bei dem, was sie mit dem Kumpan ihrer Wahl in diesem Falle tun, aber nicht gut von Exploration reden. Sie wollen sich vielmehr mit ihm balgen, allgemeiner gesagt: Sie wollen mit ihm *spielen.* Mason trägt dem Rechnung; statt von »Exploration« spricht er von »Exploitation«, und damit meint er eine allgemeinere Verhaltensklasse, die außer Exploration auch noch den Wunsch, Dinge zu manipulieren, und vor allem eben die Motivation zum *sozialen Spiel* umfaßt.

Daß Spiel etwas mit Exploration zu tun hat, ist jedoch nicht auf den ersten Blick durchsichtig. Es läßt sich noch am ehesten einsehen, wenn man an Manipulationsspiele mit *Objekten* denkt, wie sie besonders bei Affen, aber auch bei Bären, Walen, Robben und anderen Säugern, ja sogar schon bei Vögeln beobachtet werden können.

Allerdings wirken Manipulationsspiele in der Regel vergleichsweise »gelassen« oder »mutwillig«, wogegen die Exploration, auch in ihrer diversiven Form, immer auf einen plötzlichen Erregungsüberschuß gefaßt sein muß und demgemäß einen eher etwas gespannten, fluchtbereiten Eindruck macht. Man spielt mit einem Objekt erst, *nachdem* man es gründlich exploriert hat. Indessen gehen beide Verhaltensformen doch so glatt ineinander über, daß an der Einheit der Motivationslage nicht gezweifelt werden kann.

Aber worauf es Mason ankommt, ist nicht das Spiel mit Objekten, sondern mit *Artgenossen,* insbesondere mit gleichaltrigen. Das ist im Tierreich überhaupt die am weitesten verbreitete Form des Spiels. Seine Thematik ist ziemlich auffällig: Mehr als 95 Prozent der sozialen Spielaktivität kreist regelmäßig um Kampf, Flucht und Jagd. Der unerhebliche Rest verteilt sich auf Probehandlungen aus den Funktionskreisen der Sexualität und der Brutpflege.

Bei Kampf- und Jagdspielen ist die Beziehung zum Neugierverhalten nicht so offensichtlich. Gleichwohl gibt es Querverbindungen. Diese beginnen bereits bei einer Korrespondenz der *Lebensphase:* Die Explorationsneigung und die Lust an Kampfspielen erreichen gleichzeitig, nämlich im juvenilen Alter, ihren Höhepunkt.

In die gleiche Zeit fällt auch die stärkste Tendenz der Jungmännchen, sich einer Kohorte anzuschließen. Und passend wiederum dazu weisen Neugier und Spieltrieb auch gleichsinnige *Geschlechts*unterschiede auf: Sie sind bei Männchen im Durchschnitt stärker ausgeprägt. Bei freilebenden Rhesusaffen, um nur ein Beispiel zu nennen, balgen sich männliche Jungtiere etwa 2,5mal so häufig wie weibliche, und sie tun es zudem viel heftiger. Vergleichbares gilt auch für menschliche Kinder; nur wird es hier häufig unter dem Stichwort »rollenkonformes Verhalten« eingeordnet.

In bezug auf den Explorationsdrang findet man gelegentlich in Lehrbüchern die Behauptung referiert, es gebe hier quantitativ keine Geschlechtsunterschiede, sondern allenfalls Unterschiede der »auslösenden Situation«, und zwar insofern, als zum Beispiel weibliche Ratten eher »unter Deprivationsbedingungen«, männliche hingegen eher »unter Sättigungsbedingungen« explorieren. Aber das heißt nichts anderes, als daß die weiblichen Tiere eher spezifisch, männliche hingegen eher diversiv explorieren, oder einfacher ausgedrückt: Die männlichen Tiere sind neugieriger. Auf das letztere – und nur hierauf – kommt es in unserem Zusammenhang an.

Die Vermutung geht nämlich dahin, daß das Kampfspiel, ebenso wie das Neugierverhalten, durch den *Wunsch nach mehr Erregung* motiviert ist. Sich Jagen und Balgen müßte demnach auf angenehme Weise die Erregung steigern.

Vergnüglich ist es sicher. Was hat es jedoch mit Erregung zu tun, wenn wir diesen Begriff konsequent an der Kollativität der Reizsituation festmachen? In Masons Experiment ist der Raufkumpan nicht fremder als der mütterliche Pfleger. Im »Ruhezustand« senden beide gleichviel soziale Reizinformation aus. Aber die Pointe des sozialen Spiels liegt eben darin, daß es den Partner herausfordert, auf unvorhersehbare Weise aktiv zu werden; es erhöht gewissermaßen seine *dynamische* Kollativität. Jede Tätigkeit, und vor allem die des Spiels, vergrößert die zum Tätigen zurückströmende Stimulationsfülle.

Der Ethologe Hans KLINGEL, von dessen Feldstudien am Steppenzebra wir im nächsten Kapitel hören werden, vertritt die Ansicht, die Jungmännchen schlössen sich der Kohorte an, weil sie nur dort geeignete Partner für Kampfspiele fänden. Im vergangenen Kapitel haben wir gehört, daß es in der Kohorte nicht besonders aggressiv zugeht, jedenfalls weniger als zwischen Männchen, die in die reproduktive Phase eingetreten sind. Das muß kein Widerspruch sein: Kampfspiele könnten eine abgeschwächte Vorform des intraspezifischen Ernstkampfes sein. In diesem Falle wären sie allerdings aggressiv motiviert, und genau das würde man ja auch vermuten, bevor man genauer hinsieht.

Tatsächlich entfalten junge Tiere beträchtliches Temperament, wenn sie miteinander raufen. Da wird gerungen, gekeilt, gebissen, furchterweckend geknurrt und gefaucht; Affen versuchen, den anderen durch Schubsen oder Ziehen vom Ast zu stürzen, man flieht, jagt einander, versteckt sich – Verhaltensmuster, die auch im Ernstfall das Bild prägen.

Und doch sind die Übergänge alles andere als gleitend. Es *kann* vorkommen, daß aus dem spielerischen Kampf Ernst wird. Aber der Wechsel ist dann nicht graduell, sondern ein Qualitätssprung. Wenn dies bei einer Gruppe junger Rhesusaffen geschieht, so ändert sich schlagartig das Verhalten der ganzen Gruppe. Man hört einen schrillen Schrei, die Haare der Tiere sträuben sich, die Kampfhandlungen sehen plötzlich ganz anders aus – heftiger, verbissener, die freischwingende Eleganz ist verschwunden; die Unbeteiligten unterbrechen, womit sie sich gerade beschäftigt haben, starren auf das streitende Paar, und alsbald finden sich ein paar ältere Tiere, die eingreifen und dem Spuk ein Ende bereiten.

Während ferner beim spielerischen Kampf ständig die Rollen vertauscht werden – Jäger und Gejagter, Angreifer und Verteidiger wechseln einander immer wieder in mutwilligem Rhythmus ab –, hängt es im Ernstfall allein von Körperkraft, Erfahrung und Schneid ab, wer den offensiven Part übernehmen kann.

Darüber hinaus verfügen manche Tierarten, so etwa Primaten, Wölfe, Löwen, Bären und Pferde, noch über ein besonderes mimisches Signal, das sogenannte »Spielgesicht«; unterstützt durch ebenfalls spezifische Lautäußerungen gibt dieses dem Partner zu verstehen, daß das ganze nicht ernst gemeint ist. Beim Menschen entspricht dem eine bestimmte Variante

des Lächelns. Unnötig zu sagen, daß das Spielgesicht beim Übergang zum Ernstkampf sogleich verschwindet.

Donald SYMONS, dem wir eine sehr gründliche Analyse der Kampfspiele bei freilebenden Rhesusaffen verdanken, lehnt aus solchen Gründen eine gemeinsame motivationale Basis von Spiel und intraspezifischer Aggression strikt ab. Vielleicht geht er da etwas zu weit; aber der gegenteilige Irrtum, für den jede Schulhofbalgerei gleich einen Fall von »violence« darstellt, ist noch viel weniger akzeptabel.

Es spricht nämlich nichts dafür, daß der Mensch in dieser Hinsicht weniger differenziert wäre als andere Primaten. Der Ethologe N. G. BLURTON-JONES hat systematische Untersuchungen in Kindergärten angestellt, mit dem Ziel, genauer herauszufinden, wie spielerisches Raufen mit ernstgemeinter Aggression zusammenhängt. Seine Ergebnisse fanden eine Parallele in Beobachtungen, die I. EIBL-EIBESFELDT bei verschiedenen Naturvölkern machte. Dabei zeigte es sich, daß Raufspiele von wirklicher Aggression recht gut am *Effekt* zu unterscheiden sind: Von Aggression kann man sprechen, wenn die Auseinandersetzung mit Kontaktabbruch, Weinen, submissiven Gesten oder Schmollen enden. Kampfspiele hingegen sind dadurch gekennzeichnet, daß die freundliche Verbundenheit während der Interaktion erhalten bleibt und man unmittelbar anschließend gemeinsam zu einer anderen Tätigkeit übergeht.

Auch die *Charakteristika* der Interaktion sind in beiden Fällen verschieden. Während im Ernstkampf der Andere nicht geschont wird und Hemmungen, ihm Schmerzen zuzufügen, allenfalls der Angst vor Vergeltung entspringen, dominieren beim Kampfspiel die Verhaltensmuster des Jagens und Fliehens, wobei die Rolle häufig wechselt. Wenn es handgreiflich wird, bleibt es meist beim Ringen und Schubsen; Schläge werden so ausgeführt, daß sie nicht treffen oder jedenfalls nicht wehtun. Und im übrigen herrscht im Ausdrucksverhalten das »Spielgesicht« vor.

MCCREW fand, ebenfalls bei Kindergartengruppen, daß für Raufspiele und für Ernstkämpfe unterschiedliche *Partner* bevorzugt werden. Raufen kam in seiner Beobachtungsgruppe praktisch nur vor, wenn die Kinder befreundet oder wenigstens schon gut miteinander bekannt waren, während ernstgemeinte Aggressivität leichter gegen Fremde als gegen Bekannte ausbrach.

Auch die *Anlässe* waren verschieden. Aggression trat auf, wenn sich ein Kind frustriert fühlte, wenn ihm Schmerz zugefügt worden war, ferner wenn es darum ging, Besitz, Ansehen oder Einfluß zu verteidigen oder zu erweitern, und schließlich noch bei Aktionen gegen Außenseiter. Die situativen Bedingungen, in denen gehäuft Raufen beobachtet wurde, waren hingegen völlig andere. Sie sind so interessant, daß wir etwas später in diesem Kapitel noch genauer darauf eingehen wollen; ich spare sie hier zunächst aus.

Antriebsüberschuß oder Kompetenzerwerb?

Die Umgangssprache hat also wohl wieder einmal recht, wenn sie »Spiel« und »Ernst« als Gegensätze empfindet. In der Hierarchie der Motive steht spielerische Aktivität auf relativ untergeordneter Stufe. Was den »Ernst des Lebens« ausmacht – Sicherheit, Nahrung, Selbsterhaltung, Macht und Ansehen –, muß gewährleistet sein, bevor man zum Spielen aufgelegt ist. In diesem Sinn hat der Basler Naturphilosoph und Psychoanalytiker Gustav Bally in einer von den Gestalttheoretikern entlehnten Terminologie formuliert, Spielen vollziehe sich »im entspannten Feld«. In unsere Sprache übertragen würde das heißen, daß der Spannungszustand hoher Aktivation die Bereitschaft zum Spielen unterdrückt.

Es hat aber Autoren gegeben, die das »entspannte Feld« noch ganz anders gedeutet haben. Wenn keine Motive aktiviert sind, keine Appetenzen oder Aversionen den Organismus fordern, was macht er dann mit der ungenutzten »Antriebsenergie«? Er muß sie irgendwie »ablassen« – und dieser Funktion diene eben das Spiel.

Wir werden ein paar Seiten später sehen, daß dieser Gedanke ein Körnchen Wahrheit enthält. Prinzipiell gehört er jedoch in den Bereich der physikalistischen Theorien, gegen die schon im 9. Kapitel grundsätzliche Bedenken laut geworden sind. Für die »Antriebsenergie« gilt kein Erhaltungssatz; der biologische Sinn des Spiels liegt deshalb sicher nicht darin, angesammelte Aktivität zu verbrauchen, die anderenfalls den Kessel sprengen würde. Wenn es hier ein Problem gäbe, hätte die Natur auf andere, weniger gefährliche Formen der Abreaktion ausweichen können.

Denn – das wird von Theoretikern aus dem nichtbiologischen Lager selten beachtet – Spielen ist eine *riskante* Aktivität. Es ist immer ein Spiel mit dem Feuer. Auch wo es nicht direkte Mutproben einschließt, steht es doch unter dem Zeichen herabgesetzter Vorsicht. Spielende Kinder sind im Straßenverkehr erhöhtem Risiko ausgesetzt, und damit liegen sie auf der Linie einer alten phylogenetischen Tradition: Spielende Jungtiere fallen auf, sie lärmen herum und achten wenig auf verborgene Gefahren; sie sind eine leichte Beute für Räuber, die es verstehen, sich unbemerkt anzuschleichen. Eine Erbanlage, die zum Spielen motiviert, muß ihrem Träger einen massiven Selektionsvorteil einbringen, sonst wäre sie rasch abgezüchtet.

Wenn wir nach einem solchen Selektionsvorteil Ausschau halten, finden wir uns sogleich wieder in die Nachbarschaft des Explorationsverhaltens verwiesen. Das naheliegende Stichwort lautet hier nämlich *Kompetenzerweiterung.* Diese Interpretation hat den Vorzug, verständlich zu machen, warum soziales Spiel in erster Linie um *agonistische,* also kampfbezogene Verhaltensmuster kreist.

Das hat wiederum Donald SYMONS sehr überzeugend herausgearbeitet. Ernstgemeinte aggressive Auseinandersetzungen nämlich sind eine Form sozialer Aktivität, bei der der Erfolg des einen Partners zugleich den Mißerfolg des anderen einschließt. Jeder der Kontrahenten richtet sein Verhalten nicht nur danach ein, daß es möglichst glatt auf die eigene Konsummation zusteuert, sondern er wird – in unauflösbarer Handlungseinheit – zugleich auch bestrebt sein, die Intentionen des Anderen zu durchkreuzen und dessen Appetenzen wirkungslos zu machen.

Hieraus folgt, daß es mühsam und uneffizient wäre, kämpferisches Geschick erst durch Übung in der Ernstsituation erwerben zu wollen. Wer sich bei der ersten Kopulation dumm anstellt, kann damit rechnen, daß der Partner ihm nach Möglichkeit entgegenkommt und versucht, die Fehler durch eigene Anpassung auszugleichen. Da die konsummatorische Endsituation hier für beide dieselbe ist, können sie die richtigen Bewegungskoordinationen auch noch im »Ernstfall« erwerben und vervollkommnen. Durch die geniale Erfindung des jugendlichen Kampfspiels hat die Natur das schier unmögliche Kunststück vollbracht, auch agonistischem Verhalten eine für alle Teilnehmer *identische* Konsummation zuzuordnen und ihnen damit die Möglichkeit zu geben, die in diesem Feld erforderlichen Kompetenzen kooperativ einzuüben.

Besonders zu beachten ist dabei noch, daß die reziproke Unterstützung im Kampfspiel *nicht* aus der Sippenselektion abgeleitet werden muß und daher nicht an Verwandtschaft gebunden ist. Denn von dieser Kooperation profitieren *beide.* Das gemeinsame Spiel ist, so gesehen, die soziobiologische Grundlage der Freundschaft außerhalb des Verwandtenkreises.

Der neue Ast

In unserem Zürcher Institut leben in getrennten Räumen zwei Kolonien von Weißbüscheläffchen. Ich werde die aufschlußreiche Sozialstruktur dieser südamerikanischen Tierart in einem späteren Kapitel noch genauer schildern; für jetzt genügt der Hinweis, daß jede Kolonie aus einer Familiengruppe besteht, mit je etwa 10 bis 12 Mitgliedern auf unterschiedlicher Altersstufe.

Zweimal am Tag, am späten Vormittag und gegen Abend, kann man in beiden Familien regelmäßig beobachten, wie die Jungtiere in Spielstimmung geraten. Sie fangen dann an, einander zu provozieren und zu jagen, alle flitzen durcheinander, balgen und belauern sich – eine Phase allgemeiner Kurzweil. Die adulten Gruppenmitglieder bleiben dabei gelassen; sie sind sich für solche Kindereien zu gut.

Es gibt nun aber ein Verfahren, mit dem man zu fast beliebiger Tageszeit nicht nur bei den Jungtieren, sondern auch bei den würdigsten Vertretern des erwachsenen Establishments eine wahre Orgie von Kampf- und Jagdspielen auslösen kann. Man muß nur einen großen, bizarr verzweigten und dicht belaubten Ast in das Gehege bringen und ihn möglichst noch so an das Klettergestell hängen, daß sich an ihm schaukeln läßt.

Was dann passiert, nimmt regelmäßig den folgenden Verlauf. Als erstes wird das seltsame Ding ausgiebig exploriert, wozu bei dieser Tierart auch gehört, daß man es benagt und mit Urin und Duftsekreten markiert. Aber damit ist es dann eben noch nicht getan: Die exploratorische Aktivität geht alsbald nahtlos in eine Phase hektischer Kampfspiele über, an denen sich die gesamte Familie ebenso beteiligt wie an der vorhergehenden Untersuchung des neuen Astes.

Diese Beobachtung paßt nun sehr schön zu den Befunden, die BLURTON-JONES im Kindergarten erhoben hat. Ich habe auf Seite 250 schon darauf hingewiesen, daß die Situationen, in denen Rauflust aufkommt, nicht identisch sind mit jenen, in denen ernstgemeinte aggressive Auseinandersetzungen auszubrechen pflegen. Für Raufspiele herrscht nach BLURTON-JONES ein besonders günstiges Klima, wenn die Kinder eine Zeitlang wenig aktiv gespielt haben und dann plötzlich eine *Veränderung* in ihrer Umgebung eintritt – zum Beispiel, wenn sie auf den Gang hinausdürfen, oder, non plus ultra, wenn ganz unerwartet eine Rutschbahn in das Spielzimmer gestellt worden ist. Letzteres entspricht ziemlich genau der Situation mit dem neuen Ast bei unseren Weißbüscheläffchen.

Man wird hier einmal mehr auf den engen Zusammenhang zwischen diversiver Exploration und sozialem Spiel aufmerksam gemacht. Aber es zeigt sich auch sogleich, daß die zugrundeliegende Motivation nicht ganz so simpel funktioniert, wie man hätte denken können. Angenommen nämlich, der Reiz der Exploration liege wirklich darin, das Erregungsniveau durch enge Kontaktnahme mit kollativen Objekten zu erhöhen. Was macht man aber, wenn kein geeignetes Objekt erreichbar ist? In vertrauter oder monotoner Umgebung kann man höchstens Appetenz *nach* Exploration entwickeln und aufbrechen, um nach geeigneten Objekten zu suchen. Aber auch das mag aussichtslos sein, zum Beispiel in Gefangenschaft, und so adaptiert man schließlich an das Unvermeidliche und versinkt in Trägheit.

Wenn MASON davon redet, Exploration werde nicht durch ein Erregungsdefizit, sondern durch einen mittleren Erregungs*anstieg* motiviert, so hat er die eben umrissene Situation im Sinn. Gleichwohl ist es weniger mißverständlich, wenn wir es so ausdrücken: Exploration wird motiviert durch ein Erregungsdefizit bei Konfrontation mit potentiellen Explorationsobjekten.

Wie verhält es sich nun mit dem sozialen Spiel? Könnte man sagen, daß auch Spielmotivation auf einem Erregungsdefizit bei Konfrontation mit potentiellen Spielpartnern beruht? Offenbar nicht, jedenfalls weder bei unseren Äffchen noch bei den Kindergruppen von BLURTON-JONES. Denn die potentiellen Spielpartner waren ja schon die ganze Zeit zugegen! Wenn starke Erregungsappetenz dagewesen wäre, hätte längst irgendwer in der Callitrix-Familie oder im Kindergarten ein Raufspiel provozieren können. Sofern aber kein Bedarf nach mehr Erregung bestand – wieso führte dann der neue Ast nicht zu einer Vermeidungsreaktion? Warum standen die Kinder nicht scheu und verlegen vor der Rutschbahn? Wieso benehmen sich alle miteinander, als hätten sie bloß darauf gewartet, endlich mit Nahrung für ihren Erregungshunger versorgt zu werden?

Gelegenheit macht Diebe

Um diese Frage beantworten zu können, müssen wir für einen Moment zu einem Problemkomplex der Allgemeinen Motivationslehre zurückkehren, den wir im 9. Kapitel erörtert haben. Wie wir dort feststellten, insistieren die Ethologen, entgegen aller Spekulation über einen »General Drive«, auf einer Vielzahl unabhängiger Antriebe mit jeweils spezifischen Zielen. Diese Ziele sind nun aber im allgemeinen inkompatibel; man kann sie nicht simultan verwirklichen. Damit stellt sich die Frage, was der Organismus tun soll, wenn gleichzeitig mehrere Antriebe aktiviert sind, die Unvereinbares von ihm verlangen.

Erinnern wir uns hierzu noch einmal an die Bewegungssequenz des auf Seite 239 geschilderten Kolkraben: Aus anfänglich zögernder Annäherung heraus plötzlich ein Schnabelhieb, unmittelbar gefolgt von fluchtartigem Zurückspringen. Offenbar befand sich der Vogel in einem Konflikt – er wollte explorieren, dabei aber den Sicherheitsabstand nicht unterschreiten.

Da war eine Kraft, die ihn zu dem faszinierenden Ding hinzog, und eine andere, die ihn zurückhielt.

Wenn sich ein *physikalisches* Objekt in einem solchen Überlagerungsgebiet mehrerer Kraftfelder befindet, so folgt es der Resultierenden der Teilkräfte. Der Gestaltpsychologe Kurt LEWIN, der sich sein Leben lang vergeblich bemühte, aus der Psychologie eine zweite Physik zu machen, postulierte daher für entsprechende Fälle eine Konfliktlösung nach Art eines psychologischen Kräfteparallelogramms.

Ein solches Kompromißverfahren ergäbe in der *Biologie* aber nur selten einen Sinn. Wenn der Vogel von der Vektorsumme der auf ihn einwirkenden »Kräfte« in einer mittleren Position zwischen Kontakt- und Fluchtdistanz festgehalten würde, so wäre er zum Explorieren nicht nahe genug und doch schon zu nahe, um bei Gefahr noch fliehen zu können. Triebziele lassen sich eben in der Regel nicht mischen; man kann sie nur *zeitlich* verteilen. In einem gegebenen Moment aber tut man am besten daran, sich voll auf *ein* Ziel zu konzentrieren, so als gebe es keine anderen.

Welcher Antrieb dabei jeweils zum Zuge kommt, sollte sich sinnvollerweise nach seinem relativen Aktivationsgrad richten. Dieser seinerseits aber hängt, wie wir auf Seite 153 entwickelt haben, außer von inneren auch wesentlich von äußeren Faktoren ab. Die Gunst der obwaltenden Verhältnisse hat ja einen entscheidenden Einfluß darauf, wie leicht und »billig« sich ein Triebziel im Moment erreichen läßt. Das ist der Sinn des Spruches, daß Gelegenheit Diebe mache.

Demgemäß sollte also zum Beispiel der Eßtrieb nicht nur dann den Vorrang über konkurrierende Antriebe gewinnen, wenn der Organismus hinreichend ausgehungert ist, sondern auch dann, wenn ein Lebewesen unverhofft auf ein üppiges Nahrungsangebot stößt, womöglich in Gesellschaft von Gruppenmitgliedern, die sich ihrerseits auf das Futter zu stürzen beginnen. Daß es unter vergleichbaren Umständen auch noch beim Menschen zu höchst unvernünftigen Exzessen kommen kann, weiß jeder.

Vergleichbare Überlegungen gelten nun ebenso für das Bedürfnis nach *Erregung.* Von kurzfristiger vitaler Bedeutung ist dieses wohl kaum, sofern es nur überhaupt von Zeit zu Zeit zum Zuge kommt. Also sollte seine Aktivation, und damit seine Aussicht auf Priorität, in der Hauptsache von der äußeren Situation abhängen. Sind keine kollativen Reizquellen verfügbar, so wird das Erregungsmotiv demnach meist im Hintergrund bleiben; andere Antriebe – das Bedürfnis nach Ruhe, Entspannung und Schlaf nicht zu vergessen – haben dann Vorrang. Werden aber plötzlich interessante Objekte geboten, so ist nun, gerade wegen der vorhergegangenen Unterdrückung, die Aussicht groß, daß der Erregungsdrang verhaltensbestimmend wird.

Das eben Gesagte schließt ein, daß sich der *Sollwert* für Erregung auch nach dem aktuellen *Angebot* an explorierbaren Objekten richtet. Bei technischen Regelsystemen ist so etwas selten vorgesehen; in der Biologie ist der Effekt aber häufig, weil hier die Forderung nach einem flexiblen Zielmanagement eine weit größere Rolle spielt. Allerdings wäre ein Regelkreis ineffektiv, wenn der Sollwert jede kleine Schwankung des Istwertes sogleich mitmachen würde; er muß also eine gewisse *Trägheit* aufweisen. Diese Trägheit ist es, die in der psychologischen Theorie immer wieder als Auswirkung eines Erhaltungssatzes mißverstanden worden ist.

Die aktuelle Reizinformation wirkt nach dem Gesagten in *doppelter* Weise auf den manifesten Erregungsdrang: Sie sättigt ihn nicht nur, sondern sie *enthemmt* ihn auch zugleich. Wird ein Ast in das Gehege eingebracht, so steigt, nach dem ersten Schreck über die unerwartete Veränderung, der Sollwert für Erregung kräftig an; das neue Objekt wird nun eifrig exploriert. Dann aber geschieht Folgendes. Von Nahem betrachtet, halten weder Ast noch Rutschbahn, was sie im ersten Moment versprochen haben. Aber den Erregungs-Sollwert haben sie hochgetrieben; und den hindert jetzt seine Trägheit, gleich wieder abzusinken. Dadurch ist nun ein Überhang an Erregungsbedürfnis entstanden, und dieses reagiert sich dann eben in spielerischer Aktivität ab. Das ist der wahre Kern der Theorie vom »Antriebsüberschuß«!

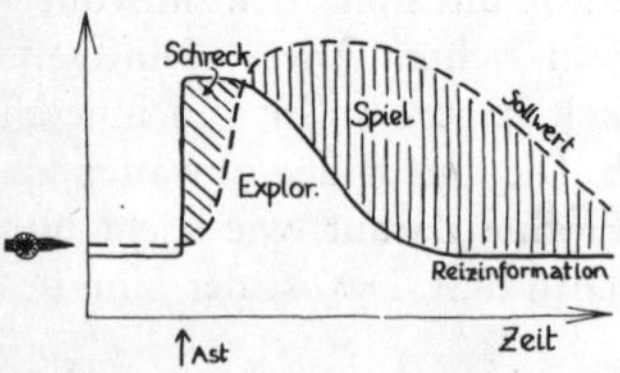

Unternehmungslust und Abhängigkeit

Kehren wir noch einmal zu MASONS Experiment zurück. In vertrauter Umgebung, arm an kollativen Reizen, wirkt die Konfrontation mit einem Partner, den man explorieren oder mit dem man spielen kann, wie der besagte neue Ast: Sie macht *unternehmungslustig*. Sorgt das Ambiente hingegen von vornherein für ein überhöhtes Erregungsniveau, dann sind der Raufkumpan wie der Fremde einfach zuviel.

Aber damit noch nicht genug. Es gibt in MASONS Versuchsanordnung außer dem kollativen Partner auch noch den Pfleger mit dem mütterlichen Verhalten. Und in der übererregten Situation meidet man eben nicht nur den Raufkumpan, sondern man geht auch ganz zielstrebig zu dem Pfleger, der sich so benimmt, wie man es unter natürlichen Bedingungen am ehesten von der Mutter oder jedenfalls von einem sehr engen Vertrauten erwarten könnte.

Der Vertraute ist demnach nicht lediglich ungeeignet als Quelle weiterer Erregung; er ist darüber hinaus, in technischer Terminologie, so etwas wie eine Erregungs-»Senke«; er saugt sie ab, er neutralisiert sie, so wie positive und negative Ladung einander löschen.

Mason war sich dieser Implikation seiner Befunde bewußt. Er hat gesehen, daß sie eine Brücke schlagen zwischen Erregungsdrang und *Bindungsmotivation.* Ein hohes Erregungsniveau lähmt nicht nur die Unternehmungslust, sondern es macht auch *abhängig* in dem Sinn, wie Sears dieses Wort gebraucht.

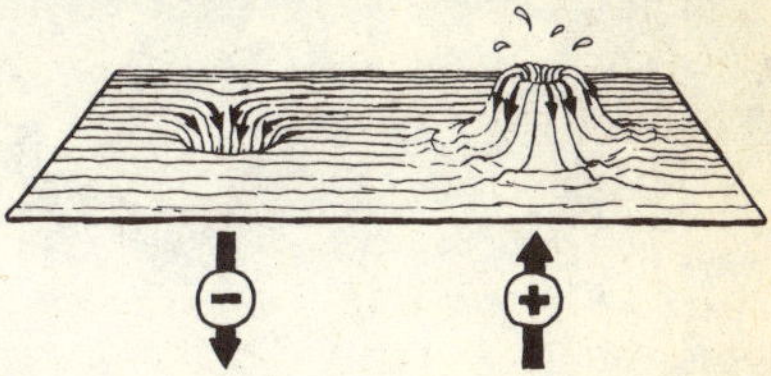

Auf Seite 191 haben wir begonnen, nach den Nahursachen des Bindungsverhaltens zu fragen. Wir haben bei der Analyse der »Heimvalenz« angesetzt und festgestellt, daß deren Reizgrundlage im Grad der Vertrautheit zu sehen ist. Was noch offenblieb, war die Natur der Motivkraft, die das Individuum mit Heimvalenz attraktiv werden läßt. Mason bietet nun dafür eine Theorie an: Bindungsverlangen, sagt er, ist Erregungsaversion.

Hierüber lohnt es sich nachzudenken, auch wenn wir später sehen werden, daß dies gewissermaßen erst die halbe Wahrheit ist. Tatsächlich herrscht, wie schon im letzten Kapitel festgestellt wurde, eine polare Beziehung zwischen *Vertrautheit* und *Kollativität.* Eigentlich ist das trivial, aber man kommt nicht ohne weiteres darauf. Natürlich ist der Vertraute per definitionem jemand, den ich schon kenne und daher nicht mehr zu explorieren brauche. Aber allein unter diesem Aspekt betrachtet, wäre Vertrautheit nichts anderes als ein Synonym für Langweiligkeit. Sie ist aber darüber hinaus auch ein Garant für Sicherheit und Geborgenheit – so wie umgekehrt die Kollativität entweder interessant oder bedrohlich wirken kann: Beide Anmutungen können *sowohl* Aversionen *als auch* Appetenzen auslösen.

Ob jeweils das eine oder das andere der Fall ist, hängt vom inneren *Sollwert* ab, der darüber befindet, wieviel Erregung der Organismus benötigt und wieviel er tolerieren kann. Von diesem Sollwert haben wir gehört, daß er sich – träge und innerhalb gewisser Grenzen – auch nach dem Istwert richtet. Aber doch nicht ausschließlich: Von ephemeren Schwankungen abgesehen, weist der Erregungsbedarf von der Kindheit zur Adoleszenz hin eine endogen *steigende* Tendenz auf. Dieser Effekt ist besonders ausgeprägt bei dem Geschlecht, das aufgrund niedrigerer parentaler Investition unter stärkerem Rivalitätsdruck steht.

Dem heranwachsenden Männchen genügt also irgendwann einmal die in der Familie gebotene Erregung nicht mehr. Das hat, wenn wir MASON folgen, *zwei* Konsequenzen – Suche nach Erregungsquellen und Meidung von Erregungssenken. Einerseits meldet sich der Drang nach neuen Begegnungen, nach Erkundung und Spiel, möglichst mit Fremden; andererseits schwächt sich die Abhängigkeit von den primären Bindungspartnern soweit ab, daß sie keine wirksame Haltekraft mehr ausüben kann. So wird nun der Ruf der Kohorte verstehbar: Die Faszination des sozialen Abenteuers entreißt das Jungtier dem Schoß seiner Familie.

VIERTER TEIL

HEMMUNG UND ÜBERDRUSS

16. Kapitel

Die Töchter des Paschas

Bei den bislang besprochenen Säugetierarten beschränkt sich die Interaktion adulter Männchen und Weibchen auf Sexualkontakte ohne Partnerstabilität. Es gibt im Tierreich aber auch eheähnliche Dauerbindungen auf der Basis sekundärer Vertrautheit. Hier stellt sich erstmals das Problem des Vater-Tochter-Inzests. Wir untersuchen zunächst, wie dieses Problem für den Fall der polygynen Eheform gelöst wird.

Der gebrochene Speer

Es hätte im Rahmen unseres Themas eigentlich schon früher nahegelegen, die Rede auf Richard WAGNERS monströses Seelendrama vom »Ring des Nibelungen« zu bringen, dem bei aller Maßlosigkeit psychologische Raffinesse keineswegs abzusprechen ist. Das Inzestmotiv gehört, wie man weiß, zu den zentralen Themen dieses Werkes. Dabei ist nicht etwa nur die Beziehung gemeint, auf die Thomas MANN in »Wälsungenblut« anspielt. Hintergründiger, psychologisch ergiebiger ist die Geschichte von Wotans gebrochenem Speer.

Dies ist ihr Inhalt: Der Göttervater Wotan hatte am Vortag, im dritten Akt der »Walküre«, seine Tochter Brünnhilde verstoßen. Sie hatte, als sie einen Zweikampf überwachen sollte, eigenmächtig gehandelt und einen zum Tode Vorbestimmten entgegen Wotans ausdrücklicher Weisung zu begünstigen versucht. Allerdings, was die Sache kompliziert macht, war ihr Auftrag keineswegs den tiefinnerlichen Sympathien des Göttervaters entsprungen, ganz im Gegenteil, und Brünnhildens Verhalten war gerade deshalb besonders ärgerlich gewesen, weil sie in der gradlinigen Unbeirrbarkeit ihrer Gefühlsentscheidung eigentlich viel mehr Reife und Zivilcourage bekundet hatte als ihr unentschieden schwankender und vor Frickas Pantoffel kapitulierender Vater. Das war viel peinlicher als bloßer Ungehorsam; es ist verständlich, daß Wotan auf diesen »wissenden Trotz« besonders böse reagierte.

Ganz verstoßen wollte er Brünnhilde aber doch nicht, sondern sie gewissermaßen nur degradieren – vom Status einer reisigen Halbgöttin, vor der die Helden zittern, in den eines ganz normalen kleinen Weibchens, das darauf warten muß, bis es einem Manne gefällt, die Hand nach ihr auszustrecken.

Oder nein – doch auch wieder nicht jeder x-beliebige Mann: nur einer, der »das Fürchten nicht gelernt«, wofür zum Test die in Schlaf versenkte Maid von einer Waberlohe umgeben wurde.

Dies alles also hatte sich, eingebettet in einen allerdings schlechthin genialen Melodien- und Harmonienzauber, am Vortag abgespielt. »Wer meines Speeres Spitze fürchtet, durchschreite das Feuer nie«, hatte Wotan im letzten Akt getönt und sich damit bereits vorbehalten, persönlich nach dem Rechten zu sehen, falls irgendein Unberufener es wagen sollte, den Sprung in die Flammen auf sich zu nehmen und die Schlummernde wachzuküssen.

Wotan hatte nämlich, zwiespältig wie nur je ein Vater einer heranwachsenden Tochter, letztenendes eingewilligt, daß allein Siegfried, der furchtlose Held, die Jungfrau erringen dürfe. Die Aussicht auf einen derart qualifizierten Schwiegersohn bescherte ihm schließlich bei aller Depression fast so etwas wie eine Euphorie, und so finden wir ihn gegen Anfang des dritten »Siegfried«-Aufzugs gewissermaßen in besten Absichten beim Flammenbett Brünnhildes Wache stehen und den Freier erwarten.

Er begrüßt den nahenden Jüngling voll huldreicher Sympathie; nur vermag er die Leutseligkeit nicht lange durchzuhalten. Sie ist nämlich an eine handfeste Bedingung geknüpft: »Geduld, du Knabe! Dünk' ich dich alt, so sollst du mir Achtung bieten.« Genau dafür fehlt Jung-Siegfried nun aber jedwede Antenne – er will vorwärtskommen und sein Ziel erreichen, und er traut sich das auch zu; freundlich ist er nur, solange ihn niemand auf seinem Weg zum Erfolg aufhält.

Damit ist das Fiasko vorprogrammiert. Wotan, zunächst noch mühsam bemüht, die Form zu wahren, verliert schließlich angesichts der herausfordernden Unbotmäßigkeit der »heutigen Jugend« die Contenance. Daß jener die Tochter begehrt, das geht noch gerade an; aber daß er nicht bereit ist anzuerkennen, wie sehr er sein Glück, seine Kraft, seine gesamte Existenz allein der Gnade des Göttervaters verdankt, daß er glaubt, aus eigener Selbstherrlichkeit zulangen zu können, wo er artig abwarten sollte, bis man ihm das Erwünschte gnädig in die geöffneten Hände legt – das geht entschieden zu weit.

Vergessen sind alle guten Vorsätze: Wotan zückt den fürchterlichen, unbesiegbaren Götterspeer, aus einem Ast der Esche Yggdrasil geschnitten, und wehrt dem Jüngling den Zutritt zur Maid. Dieser aber, nicht wissend, mit wem er sich einläßt, hebt sein Schwert und – haut Wotans Speer in Stücke. – Einfach so.

Die Achtlosigkeit, mit der er dem Besiegten nur mehr einen Seitenblick widmet, um unverzüglich Wichtigerem zuzueilen, nämlich Brünnhilden, diese Achtlosigkeit bekundet besser als wortreiche Auseinandersetzungen die Tragik des Alten mit dem gebrochenen Speer. Man versteht, daß er nun nichts mehr zu erwarten hat als die Götterdämmerung.

Das Vater-Tochter-Problem, das WAGNER in dieser Tondichtung manieriert zwar, aber mit subtilem Hintersinn gestaltet hat, ist, wie so vieles im Spannungsfeld des Inzestmotivs, älter als der Mensch. Bei den Tiersozietäten, die wir bis jetzt besprochen haben, spielt dieses Thema freilich noch keine Rolle. Erwachsene Männchen bleiben hier allein oder jedenfalls unter sich; Kontakte mit Weibchen suchen sie immer nur vorübergehend für das Geschäft der Paarung. Bevor Töchter auch nur geboren werden, sind die Väter längst wieder über alle Berge. Erst dort im Tierreich, wo die Beziehung zwischen Geschlechtspartnern nicht mehr allein sexuell motiviert ist, sondern durch sekundäre Vertrautheit zur Dauerbindung gefestigt wird, entsteht überhaupt eine Gelegenheit zum Inzest zwischen Vater und Tochter.

Der Harem der Steppenzebras

Eheähnliche Bindung kommt bei Säugetieren in dreierlei Form vor. Eine Extremvariante ist die Monogamie; den Gegenpol bildet die intern promiske, gegen außen hin aber geschlossene Gruppenehe. Dazwischen liegt die Sozialstruktur, mit der wir uns im vorliegenden Kapitel beschäftigen wollen: die Haremsgemeinschaft, auch »Polygynie« genannt, vom griechischen Wort *gynè* für »Frau«.

In Tiersozietäten, bei denen ein Männchen mit mehreren Weibchen zusammenlebt, sollte man eigentlich erwarten, daß sich die heranwachsenden Töchter ohne weitere Umstände dem Harem eingliedern. Das ist aber nicht der Fall. Statt dessen geschieht hier in der Regel etwas ganz Ähnliches wie in dem WAGNER-Drama, dessen Wotan mit seinen diversen Frauen und Nebenfrauen einschließlich der Walkürenschar ja in der Tat einem Haremspascha nicht ganz unähnlich gezeichnet ist.

Oberflächlich gleicht eine polygyne Sozialstruktur weitgehend der im 14. Kapitel beschriebenen Lebensform etwa der Elefanten oder der Wiederkäuer. Man trifft hier nämlich wiederum häufig auf Männerkohorten, und so bietet sich dem Betrachter das vertraute Bild von Rudeln sexuell inaktiver Männchen auf der einen Seite und Gruppen von Weibchen mit Jungtieren auf der anderen – nur daß sich diesen Weibchen auch ein adultes Männchen angeschlossen hat. Die Analogie greift aber unter Umständen zu kurz, wie man sogleich bemerkt, wenn man die Prozesse genauer betrachtet, die das Fließgleichgewicht solcher Gruppierungen regeln.

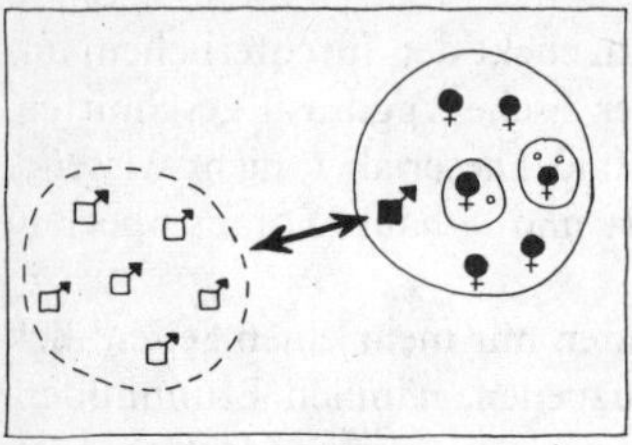

Typische Haremtiere sind die Einhufer, die nach ihrem wichtigsten Vertreter auch »Equiden« heißen, das bedeutet »Pferdeverwandte«. Die Domestikationsbedingungen erlauben es dem Pferd freilich nur selten, seine arteigenen Sozialstrukturen auszubilden. Gelegentlich, so etwa bei den halbwilden Camargue-Pferden im Reservat von Tour de Valat, bricht die Natur aber noch durch. Echt wilde Freilandpopulationen gibt es heute unter Einhufern nur bei Zebras, und erfreulicherweise können wir hier, speziell für das Steppenzebra *Equus quagga,* auf eine gründliche Feldstudie von Hans Klingel zurückgreifen.

Steppenzebras gehen sehr stabile Haremsgemeinschaften ein; erwachsene Tiere bleiben, wenn äußere Einwirkung sie nicht daran hindert, auf Lebensdauer ihrer Gruppe treu. Die Jungtiere jedoch scheiden regelmäßig aus der Familie aus, und die Art, wie das vor sich geht, ist für Hengste und Stuten deutlich verschieden.

Betrachten wir zunächst das männliche Geschlecht. Hengste verlassen ihre Familie meist im Alter von zwei Jahren; sie schließen sich an vorbeiziehende Junggesellengruppen an. Geschlechtsreif werden sie erst viel später; bei der Abwanderung spielt die Sexualität also keine unmittelbare Rolle. Wie wir auf Seite 249 gehört haben, macht Klingel vielmehr die Lust an Kampfspielen für den Übergang zur Kohorte verantwortlich. Außerdem nennt er als möglichen Faktor die Lockerung des Bandes zwischen Mutter und Sohn bei Geburt eines neuen Fohlens.

»Lockerung« bedeutet aber, wie der Autor eigens vermerkt, nicht etwa soviel wie Abbruch. Von einer aufkommenden Aversion der Stuten gegen die Junghengste ist nichts zu bemerken. Und ebensowenig fällt es dem Haremhalter ein, die männlichen Halbwüchsigen aus der Familie wegzujagen.

Meist ist die Beziehung zwischen Vater und Söhnen sogar ausgesprochen freundschaftlich. Verirrt sich ein Junghengst, so macht sich der Vater auf die Suche nach ihm, wenn es sein muß, über mehrere Stunden. KLINGEL berichtet von einem Fall, in dem ein Junghengst gestorben war. Der Vater ließ in den nächsten Tagen wiederholt seinen Harem allein und und kehrte zu dem am Boden liegenden Leichnam zurück, wie um ihn in die Familie zurückzuführen.

Wird umgekehrt der Harem von einem neuen Hengst übernommen, was bei Krankheit oder Altersschwäche des bisherigen Halters vorkommen kann, so verlassen die mehr als einjährigen Männchen entweder gemeinsam mit dem Vater oder wenig später ohne ihn ihre Familie: Die offensichtlich bestehende Bindung wird nicht auf den Stiefvater übertragen.

Es sind also in der Regel gewiß nicht innerfamiliäre Zerwürfnisse, die die Männchen motivieren, die primäre Bindung aufzugeben. Und genau dasselbe läßt sich für die Jungstuten sagen, die im Alter von etwa ein bis zweieinhalb Jahren aus der Familie ausscheiden. Hier allerdings endet die Parallele der Geschlechter: Während die Söhne die Herkunftsgruppe aus freien Stücken verlassen, werden die Töchter – gegen den »erklärten Widerstand« des Haremhalters – von fremden Hengsten regelrecht entführt.

Die Entführung der Jungfrauen

Im Alter von 13 bis 15 Monaten werden weibliche Steppenzebras erstmals »rossig«; weitere Oestren folgen im Abstand von einigen Wochen. Während dieser Tage kündet die Jungstute ihre Paarungsbereitschaft jeweils nicht allein durch Duftstoffe an, sondern sie nimmt außerdem auch eine charakteristische Körperhaltung ein: breitbeinig und mit abgespreiztem Schwanz. Sie signalisiert ihren Zustand also in einer Form, die mit dem Auge – und das heißt über größere Distanzen – wahrgenommen werden kann, insbesondere von vorbeiziehenden Junggesellen-Kohorten. Erwachsene Stuten zeigen diese Haltung nur noch unmittelbar vor der Paarung; so werden fremde Hengste überhaupt nicht mehr auf sie aufmerksam.

Wenn eine Junggesellenherde einer rossigen Jungstute ansichtig wird, spielt sich nach den Beobachtungen von KLINGEL regelmäßig die folgende Szene ab. Die fremden Hengste dringen auf die Familiengruppe ein und treiben sie, da sie dicht aufgeschlossen zu fliehen sucht, vor sich her. Der Familienhengst verteidigt seinen Harem, indem er die Störenfriede angreift; aber er kann natürlich immer nur einen Einzelnen aufs Korn nehmen. Dieser wiederum denkt nicht daran, sich einem offenen Kampf zu stellen; statt dessen flieht er, und der Familienhengst, einmal »in Fahrt gekommen«, verfolgt ihn oft mehrere hundert Meter weit. Dann erst macht er kehrt, galoppiert zu seiner Gruppe zurück und verjagt den nächsten Bewerber. Es leuchtet ein, daß er dabei bald außer Atem kommt und nicht viel ausrichten kann. Immer wenn er mit einem der Angreifer beschäftigt ist, bedrängen andere die Gruppe, bis es schließlich einem von ihnen gelingt, die rossige Jungstute herauszusprengen und so weit von der Gruppe wegzutreiben, daß der Familienhengst die beiden nicht mehr einholen kann.

Der Entführer vermag sich freilich seiner Eroberung meist auch nicht lange zu erfreuen: Sie wird ihm von seinen ehemaligen Kumpanen gleich wieder streitig gemacht. Und spätestens beim nächsten Oestrus geht das Spiel ohnehin von neuem los. Erst wenn die Stuten der stürmischen Jugend entwachsen sind und es aufgegeben haben, während ihrer Rosse gewissermaßen geschminkt und dekolletiert herumzustehen, haben sie und ihr Gemahl Ruhe vor der Zudringlichkeit fremder Hengste.

Das also ist der Prozeß, in dem das Weibchen aus der Herkunftsfamilie ausscheidet. Er wirft, genauer betrachtet, eine Reihe von Fragen auf.

Bedenkenswert ist zunächst, daß sich ein Junghengst seinen Harem Stück für Stück erobern muß. Auch wenn er schon ein oder mehrere Weibchen hat, beteiligt er sich weiterhin, wann immer die Gelegenheit günstig ist, an der Treibjagd auf jungfräuliche Stuten. Seinen eigenen kleinen Harem überläßt er währenddessen sich selbst; wenn alles gut gegangen ist, kommt er mit der frisch eroberten Trophäe zu den friedlich grasenden Erstfrauen zurück. Diese bereiten der neuen Odaliske keinen besonders freundlichen Empfang; sie beißen nach ihr und verjagen sie, wenn sie ihnen zu nahe kommt, so daß ihr zunächst nichts übrig bleibt, als in einem Respektabstand von 30 bis 50 Metern den anderen zu folgen. Es dauert einige Zeit, ehe sie wirklich in den Harem integriert ist.

Damit erkennen wir die Schwachstelle in der Analogie von Seite 264. Ein Zebra-Harem sieht Weibchenrudeln unehiger Säuger, etwa der Gnus oder der Nasenbären, nur äußerlich ähnlich. Diese Rudel sind nichts anderes als Familiengruppen, aus denen die Männchen abgewandert sind. Die Weibchen verbindet ein dichtes Beziehungsnetz auf der Basis primärer Vertrautheit. Im Gegensatz dazu stößt ein Weibchen, das in einen Harem aufgenommen wird, auf lauter Fremde, mit denen es sich sekundär vertraut machen muß. Es geht ihm da also nicht anders als einem Junghengst, der in einer Junggesellengruppe Anschluß sucht. Eine Haremsgemeinschaft hat nun aber keineswegs die Unverbindlichkeit einer Männerkohorte, wie schon an der gereizten Reaktion der etablierten Weibchen gegen Neuzugänge zu ersehen ist. Der Sicherheitsbedarf – und damit die Intoleranz gegen Fremde – scheint im weiblichen Geschlecht immer noch auf einem höheren Niveau zu liegen als bei den jungen Burschen. Ein Harem ist kein »Klub von Individualisten«. Die polygyne Sozialstruktur basiert also auf stärkeren sozialen Spannungen als die Kohorte auf der einen und die Mütter-Kinder-Herde auf der anderen Seite.

Damenwahl

Damit ist sogleich einem naheliegenden Irrtum vorgebaut. Der Geschlechtsunterschied in der Weise, wie die Trennung von der Ursprungsfamilie vor sich geht, scheint sich auf den ersten Blick auf der Skala »aktiv-passiv« einordnen zu lassen. Anders als bei ihren Brüdern, die durch Neugier, Übermut und Unternehmungslust zum Wechsel in die Kohorte angestachelt werden, kann man von der Jungstute den Eindruck gewinnen, sie fühle sich unter ihren primär Vertrauten weiterhin am wohlsten. Der Bedarf an sozialer Sicherheit, und das heißt an Vertrautheit, scheint bei ihr im Vordergrund zu stehen. Es sieht so aus, als würde sie unfreiwillig aus ihrer Bindung gerissen, als hätte sie ohne Intervention fremder Hengste wenig dagegen, sich ohne Umschweife in den väterlichen Harem eingliedern zu lassen.

Aber ganz so einfach kann es nicht sein. Zu einer erfolgreichen Entführung gehören in der Regel zwei; würde es die Jungfrau partout darauf anlegen, zu ihrer Familie zurückzugaloppieren, hätte der feurige Liebhaber wenig Chancen, sie daran zu hindern. Wir liegen richtiger, wenn wir mutmaßen, daß die Stute von dem jungen Kerl ihrerseits ähnlich fasziniert ist wie er von ihr. Anders wäre es auch schwer verständlich, wie er sie bei Rückkehr von der Jagd auf die *zweite* Gefährtin noch »daheim« und willig, ihm weiterhin zu folgen, antreffen könnte.

Wenn also junge Männchen ein auffälligeres Bedürfnis nach Balgereien haben und aus der Familie leichtfertiger ausscheiden, gleichsam nur mit dem Wunsch, sich »den Wind um die Nase wehen zu lassen«, so dürfen wir uns dadurch nicht täuschen lassen. Auch im weiblichen Geschlecht ist ein gehöriges Quantum an Bereitschaft zu neuen sozialen Erfahrungen angelegt. Nur ist die Keckheit hier verhaltener, und ihr fehlt das diversive, spielerische Moment; sie zielt viel umschweifloser auf die Ultima ratio, den Geschlechtspartner, und sie bleibt demgemäß auch stärker an die Periodik der sexuellen Empfänglichkeit gekoppelt.

Dieser Effekt wird besonders deutlich, wenn wir zum Vergleich eine ebenfalls polygyne Primatenspecies aus unserer nächsten Verwandtschaft heranziehen. Bei den Gorillas sind es, wie wir aus den Untersuchungen des Ehepaares A. H. HARCOURT und K. J. STEWART wissen, nicht allein die Männchen, die ihre Herkunftsfamilie aus eigenem Antrieb verlassen. Ranghohe Söhne bleiben sogar daheim, um später einmal selbst vom Vater

Teile des Harems übernehmen zu können. Die eigene Mutter ist zu diesem Zeitpunkt allerdings nicht mehr rezeptiv oder schon tot. Etwa 60 Prozent der Männchen wandern ab; sie formen manchmal Kohorten, die meisten aber leben solitär, bis sie sich nach einigen Jahren verpaaren.

Um zu einer Partnerin zu kommen, sind sie, anders als Zebrahengste, nicht darauf angewiesen, sich als Kidnapper aufzuführen. Vereinzelt wird in der Literatur zwar auch von gewaltsamen Entführungen berichtet; das scheint aber die Ausnahme zu sein. In der Regel suchen sich die Weibchen ihre Partner vielmehr freiwillig aus. Sie verlassen die Familie also spontan; allerdings gehen sie nie das Risiko einer solitären Lebensphase ein. Sie warten einfach ab, bis ihre Familie einem einzelnen Männchen oder einem noch nicht sehr umfangreichen Harem begegnet, und laufen dann kurz entschlossen zu diesem über. Auf sich allein gestellt sind sie bei diesem Prozeß höchstens ein paar Minuten lang. Man bezeichnet diese Art von Objektwechsel auf Englisch als »Transfer«, im Gegensatz zur »Emigration« der jungen Männchen.

Die meisten Weibchen begnügen sich, im Effekt den Zebrastuten vergleichbar, nicht mit dem einen Wechsel, sondern suchen sich anläßlich späterer Oestren andere Partner. Dabei macht es ihnen nichts aus, eigene Nachkommen, die dem Säuglingsalter entwachsen sind, zu Hause zurückzulassen.

Eine gröbere Variante

Die Gorillas stehen unter den polygynen Säugetiergesellschaften am oberen Ende der Skala weiblicher »Emanzipation«. Es gibt aber auch Beispiele für das andere Extrem. Hier nähern wir uns dann wirklich dem vorhin zunächst verworfenen Modell der unehigen Weibchengruppen, deren Mitglieder ihre Herkunftsfamilie nie verlassen und daher in primärer Vertrautheit mit ihren nahverwandten Geschlechtsgenossinnen verharren. Polygyne Gemeinschaften, für die das zutrifft, wären freilich automatisch mit einem hohen Inzuchtanteil belastet, weil dabei Tochter und Mutter demselben Harem angehören – es sei denn, der männliche Haremhalter würde selbst hinreichend oft ausgewechselt. Dafür gibt es nun in der Tat Beispiele.

Am bekanntesten für diese Variante der Polygynie wurde eine Species von Altweltaffen, die indischen Hanuman-Languren. Diese Tiere sind von mehreren Forschergruppen studiert worden, unter anderem von dem Göttinger Primatologen Christian VOGEL.

Die Sozialstruktur der Languren ist nicht ganz einheitlich. Am häufigsten begegnet man Harems mit einem Männchen und 7 bis 9 Weibchen, dazu Junggesellengruppen, gelegentlich auch solitären Männern.

In den Kohorten leben männliche Tiere aller Altersstufen. Umfang und Zusammensetzung sind nicht sehr stabil; größere Gruppen neigen dazu, sich aufzuspalten. Die Mitglieder gehen friedlich miteinander um, die Atmosphäre wirkt entspannt, feindselige Auseinandersetzungen ereignen sich selten. Auffällig ist eine rege Spielneigung, die – in scharfem Kontrast zu haremhaltenden Männchen – bis ins adulte Alter anhält. Die Feinstruktur der Kohorte ist nicht sehr profiliert, es gibt individuelle Freundschaften und eine milde Form von Rangordnung, doch macht die Gruppe insgesamt keinen sehr koordinierten Eindruck – ich erinnere an Christian VOGELS schon zitiertes Wort vom »Club der Individualisten«.

Das friedliche Bild wandelt sich allerdings drastisch, wenn Kohorten auf eine Haremgruppe treffen. Solche Konfrontationen verlaufen immer äußerst aggressiv, aggressiver als die Begegnung zweier Harems, bei der es meist damit abgetan ist, daß die Anführer einander geziemend androhen. Stoßen aber unbeweibte Männchen auf einen Harem, so kommt es unweigerlich zum Kampf. Handelt es sich bei dem Störenfried um einen solitären Mann und vermag dieser den Haremhalter zu besiegen, so kann es geschehen, daß ein Teil der Weibchen sich ihm unverzüglich anschließt und mit ihm weiterwandert. Die Kinder bleiben dann oft beim Vater zurück. Geht der Angriff aber von einer ganzen Kohorte aus, so entwickeln sich tagelange Kämpfe, bis der Haremführer und seine juvenilen Söhne aus dem Wohngebiet vertrieben sind. Danach – das ist theoretisch wichtig – werden die Kämpfe innerhalb der bisherigen Kohorte weitergeführt, bis das stärkste Männchen allein übrigbleibt.

Der Sieger übernimmt nun alle Weibchen. In mehreren Fällen wurde beobachtet, daß er Kinder und Jungtiere, die sich noch bei ihren Müttern aufhielten, ernsthaft verletzte, ja sogar totbiß. Es heißt, daß dadurch die sonst durch Brutpflege absorbierten Weibchen schneller wieder paarungswillig würden.

Der japanische Primatologe SUGIYAMA schätzt aufgrund seiner Beobachtungen, daß ein Harem auf diese Weise ungefähr alle drei Jahre seinen Besitzer wechselt. Das würde bedeuten, daß sich ein Männchen im Schnitt nur gerade für die Dauer einer Generation bei seinem Harem halten könnte. Damit entfiele natürlich auch die Möglichkeit, sich mit seinen Töchtern zu paaren.

Die Weibchen sind bei dieser Art von Sozialstruktur, verständlicherweise, nicht sehr eng an ihren Gebieter gebunden. Um so enger halten sie untereinander zusammen, was wiederum zu ihrer primären Vertrautheit paßt. SUGIYAMA hat einmal ein Experiment durchgeführt, bei dem er den Führer aus einem Harem entfernte. Dieser Eingriff störte den gewohnten Tagesablauf der Weibchen nicht im geringsten. Die Tiere erschienen weder verängstigt, noch verließ eines die Gruppe. Zu dramatischen Szenen kam es dann jedoch, als sie einer anderen Haremgruppe begegneten. Deren Anführer attackierte sie nämlich unverzüglich auf massive Weise und verletzte dabei auch ihre Kinder teilweise tödlich. Die Weibchen kopulierten mit ihm, ließen sich jedoch nicht in seinen Harem eingliedern. Am Ende zogen sie allein ihres Weges weiter. Später war derselbe Versuch eines anderen Haremhalters allerdings von Erfolg gekrönt.

Cherchez la femme

Das Schicksal der »verwitweten« Langurenweibchen und ihrer Kinder zeigt, daß sich das rüde Verhalten der fremden Männchen nicht etwa nur gegen Rivalen vom gleichen Geschlecht richtet. In einer solchen Species hat ein weibliches Tier nur Aussicht auf Fortpflanzung, wenn ein Mann zur Stelle ist, der die Nachkommen schützt; und umgekehrt werden nur solche Männchen ihr Genom an künftige Generationen weiterreichen können, die motiviert sind, nach der Begattung bei ihren Weibchen zu bleiben und die heranwachsenden Jungtiere vor dem Gröbsten zu bewahren.

Die *Funktion* der männlichen Partnerbindung liegt also sicher im Schutz von Mutter und Kind. Meist wird es dabei um die Verteidigung gegen Raubtiere gehen; aber wie das Beispiel der Languren zeigt, kann auch ein hohes Aggressionspotential in der eigenen Species eine soziostrukturelle Anpassung nötig machen.

Bei manchen Arten gehört es auch zu den ehelichen Aufgaben des Männchens, die Brut zu ernähren, wenn die Mutter allein damit überfordert wäre; diese Funktion begünstigt allerdings eher eine monogame Bindung, wie sie insbesondere bei Vögeln die Regel ist. Wenn man die Fortpflanzung in Sexualität und Brutpflege aufteilt, so gilt jedenfalls generell, daß es die letztere ist, die den Mann zur Dauerbindung an das andere Geschlecht veranlaßt; die Sexualität als solche würde ihrem biologischen Sinn umgekehrt am besten bei ständigem Partnerwechsel dienen.

Alle diese Argumente liegen, in der Terminologie von Seite 181, auf der Ebene der Letztursachen. Wenn wir statt dessen nach den *Nahursachen,* also nach den Motivhintergründen für die Dauerbindung fragen, bewegen wir uns leider auf weniger sicherem Terrain. In den meisten polygynen Species wechseln die Männchen aus freien Stücken *zweimal* die Bezugsgruppe – erst von der Familie zur Kohorte und dann von dieser in die Haremsgemeinschaft. Über den ersten Wechsel machen sich Feldforscher wenigstens gelegentlich Gedanken. Hingegen fragt sich kaum irgendwer, was ein Männchen veranlaßt, seinen »Klub« etwas später wieder endgültig zu verlassen. Es wird ja dann nicht solitär, sondern bleibt anschlußmotiviert; warum kehrt es also nicht einfach, wie ein Elefantenbulle, nach dem Paarungsakt wieder zur Kohorte zurück?

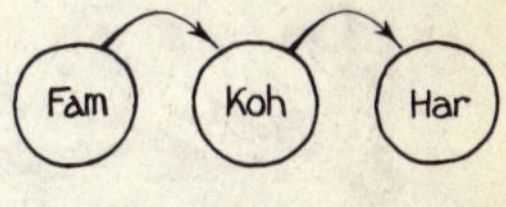

Wir werden fordern müssen, daß die Sexualität hier und wohl auch sonst bei ehig lebenden Säugern die Fähigkeit erworben hat, sekundäre Vertrautheit zu stiften und damit gruppenbindend zu wirken. Das gilt bei Languren bereits für das Kohortenstadium. Christian VOGEL vertritt die Ansicht, die Männchengruppen würden, außer durch die gesteigerte Spielaktivität, auch durch »homosexuelle« Kontakte zusammengehalten. Man beobachtet jedenfalls wechselseitiges Aufreiten der Kohortenmitglieder mit Peniserektion und Friktionsbewegungen, weibliche Aufforderungsgesten jüngerer gegenüber älteren Kumpanen und sogar Eifersuchtsreaktionen Dritter beim Anblick »zärtlicher« Freundespaare.

Homosexualität im eigentlichen Sinn liegt hier freilich nicht vor, da es nicht zu einer Fixierung an männliche Partner kommt. Kontakte dieser Art haben, wie vergleichbare menschliche Praktiken in Internaten oder Gefängnissen auch, nur den Charakter von Abreaktionen am Ersatzobjekt. Theoretisch interessant sind sie gleichwohl. Sie zeigen nämlich, daß die Sexualität als solche, solange sie sich zwischen gleichgeschlechtlichen Partnern abspielt, offenbar nicht die Kraft hat, gruppensprengende Rivalität zu erzeugen. Die Eifersuchtsreaktionen, die man beobachtet, verlaufen gebremst und klingen rasch wieder ab. Was wir auf Seite 231 über die Auflösung der Gnu-Kohorte gesagt haben, bedarf also der Präzisierung: Erst die Anwesenheit des weiblichen Elementes setzt die aggressiven Kräfte frei, an denen die lockere Männerfreundschaft zerbricht.

Allerdings wird dieser Effekt tatsächlich durch die sexuelle Anreizwirkung der Weibchen ausgelöst; die Sexualität spielt also die Rolle einer vermittelnden Größe. Das wird durch eine Gelegenheitsbeobachtung von K. R. L. HALL an Husarenaffen, einer ebenfalls polygynen Species, recht gut demonstriert. HALL hielt in einem Zoo ein adultes Männchen zusammen mit mehreren Weibchen. Eine der Käfigtüren war mit Metallblech beschlagen, das ein verschwommenes Spiegelbild zurückwarf, wenn man hineinblickte. Normalerweise blieb dieser Effekt unbeachtet. Immer aber, wenn eines der Weibchen sexuell rezeptiv wurde, begann das Männchen unbelehrbar sein eigenes Spiegelbild in der Tür zu attackieren!

Die Aggression, die durch sexuell rezeptive Weibchen ausgelöst wird, meint von ihrer biologischen Funktion her primär den männlichen Rivalen. Wir haben aber gesehen, daß sie, einmal entfacht, nicht sehr subtil in der Wahl ihrer Objekte ist. Sie richtet sich leicht gegen alles, was sonst noch um die Weibchen herumstreicht und deren Aufmerksamkeit absorbiert. Und wenn gerade kein Rivale zur Hand ist, sind sogar die Weibchen selbst nicht vor Attacken sicher, wie SUGIYAMAS Experiment zeigt.

Höfliche Machos

Man versteht, daß in Gegenwart von Weibchen keine Kohorte Bestand haben kann. Und doch gibt es hier eine interessante Ausnahme. Es handelt sich um die häufig auch in Zoos zu besichtigenden Mantelpaviane, deren Freilandverhalten wir aus den äthiopischen Feldstudien meines Zürcher Kollegen Hans KUMMER sehr genau kennen.

Charakteristisch für diese an die Trockensteppe angepaßten Primaten ist eine Sozialstruktur, an der sich mehrere Ebenen unterscheiden lassen. Oberste Einheit ist die »Herde«. Sie umfaßt an die zweihundert Tiere, die denselben Schlaffelsen teilen und einander mehr oder minder tolerieren.

Jeden Morgen bricht die Herde gemeinsam zum Tagesmarsch in Futter- und Tränkgebiete auf. Unterwegs lockert sich der Zusammenhalt, und Teilgruppen gehen ihrer eigenen Wege. Solche Teilgruppen liegen in der Größenordnung von 50 Tieren und werden als »Banden« bezeichnet. Es kann vorkommen, daß eine Bande abends nicht mehr zu demselben

Schlaffelsen zurückkehrt, von dem sie am Morgen aufgebrochen ist. Sie verbringt die Nacht dann in einer anderen Herde. Herden sind also keine geschlossenen Gesellschaften.

Für Banden trifft das schon eher zu. Nur juvenile, gelegentlich auch subadulte Männchen wechseln manchmal in andere Banden über; die KUMMER-Mitarbeiter verwenden hier im Feldjargon den schweizerdeutschen Ausdruck »spetten«, was soviel wie »sich auswärts als Gelegenheitsarbeiter verdingen« bedeutet. Davon abgesehen bleiben die Mitglieder einer Bande aber unter sich; und schon gar nicht werden ganze Untereinheiten ausgetauscht.

Die kleinste Untereinheit ist die Haremgruppe. Sie besteht aus dem männlichen Anführer und einigen Weibchen nebst deren Nachwuchs. Obwohl die weiblichen Tiere während ihres Menstrualzyklus immer nur wenige Tage im Monat paarungsbereit sind und während der Trächtigkeit und der Stillzeit ganz als Sexualpartnerinnen ausfallen, bleibt der Haremhalter an ihnen permanent interessiert. Er zögert nicht, ihre Anschlußfreudigkeit in Macho-Manier aufzufrischen, indem er sie durch schmerzhafte Nackenbisse zur Raison bringt, wenn sie die Lust auf größere Selbständigkeit ankommt. Das wirft interessante motivationsdynamische Fragen auf, die wir im 18. Kapitel genauer diskutieren werden.

Außer den Weibchen und deren Kindern findet man im Haremsverband oft ein oder mehrere junge, aber schon geschlechtsreife Männchen, die aus Altersgründen nicht die Söhne dieser Weibchen sein können. Sie halten sich meist in einem Respektabstand von einigen Metern abseits von ihrer Anschlußfamilie; KUMMER bezeichnet sie als »Mitläufer«.

Daß der Haremshalter die Mitläufer toleriert, ist nicht die einzige auffällige Erscheinung im männlichen Verhalten bei dieser Tierart. Vielmehr zeigten sich in sorgfältigen Längsschnittbeobachtungen auch noch besondere Alliancen zwischen jeweils mehreren Haremhaltern einer Bande. Diese Männchen hielten sich bevorzugt beieinander auf und beschäftigten sich häufiger miteinander, als auf Zufallsniveau zu erwarten wäre. Zudem sahen sie sich ähnlich, was auf verwandtschaftliche Beziehungen und damit auf primäre Vertrautheit hindeutet. Allerdings hätte sich das exakt nur mit biochemischen Methoden bestimmen lassen. Die politischen Wirren beim Sturz Haile Selassies haben KUMMER leider zum Abbruch seiner äthiopischen Studie gezwungen, bevor diese Daten erhoben werden konnten.

Es sieht jedenfalls so aus, als würden einige Haremhalter miteinander und mit ihren jeweiligen Mitläufern eine besondere, mehrere Familien übergreifende soziale Untereinheit der Bande bilden. Und das wäre in unserer bisherigen Terminologie eine Kohorte. KUMMER verwendet den Ausdruck »Clan«; in einer von ihm genauer studierten Bande ließen sich drei solcher Clans ausmachen.

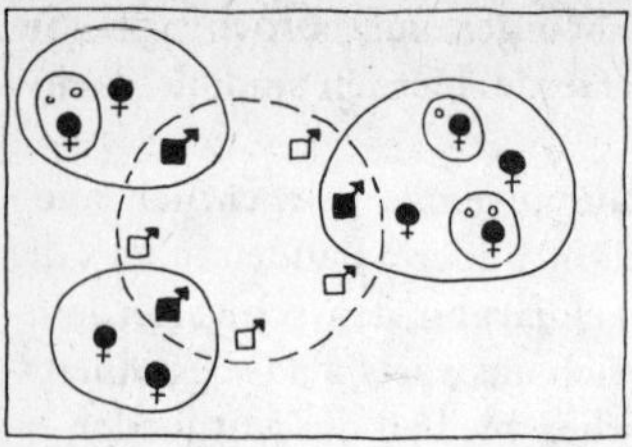

Das Besondere an dieser Kohortenformation ist nun, daß sie durch die Weibchen, die an den Mitgliedern »hängen«, zwar unter zentrifugale Spannung gesetzt, aber nicht vollends gesprengt wird. Setzt man in der Gefangenschaft ein Männchen zu einem anderen, dem schon ein Weibchen beigesellt wurde, so verhält sich der Neuankömmling auffallend »verlegen«; er schaut in eine andere Richtung, kratzt sich, und man sieht ihm an, daß ihm nicht recht wohl ist. Dabei respektiert er die Beziehung des anderen und versucht im allgemeinen nicht, ihm das Weibchen abspenstig zu machen, selbst dann nicht, wenn er stärker und höherrangig ist. Dafür bleibt er allerdings auch dem Männchen gegenüber auf Distanz und versucht nicht etwa, wechselseitige Fellpflege zu initiieren, was er ziemlich sicher tun würde, wenn er mit ihm allein wäre.

Der Rivalenkampf ist also bei Mantelpavianen unter Hemmung gesetzt; die entsprechenden Impulse verschwinden unter einer Decke von steifem und »höflichem« Verhalten. Neben möglichen Verwandtschaftsbeziehungen untereinander ist es wohl dieser Mechanismus, der es den Männchen erlaubt, die Kohortenbindung mit der Bindung an Geschlechtspartner zu vereinbaren.

Die adoptierte Kindsbraut

Wie kommt ein heranwachsendes Jungmännchen nun aber zu einem eigenen Harem? Hierfür gibt es zwei verschiedene Wege. Der eine ähnelt im Effekt dem brachialen Führungswechsel in der Langurengesellschaft. Wird der Haremshalter ältlich, so ist es eines Tages so weit, daß bei seinen Mitläufern die Hemmung durchbrennt: Es kommt zu einer bösen Beißerei, in deren Verlauf ihm die Weibchen abgenommen werden. Bei dieser Gelegenheit langen auch die Männchen aus anderen Clans nach Kräften zu, so daß in den bislang beobachteten Fällen schließlich nur etwa die Hälfte der Weibchen an die Mitläufer des Harems überging.

Daneben gibt es aber auch noch eine andere Methode, einen »Familienstand« zu gründen. Auch hier, ja hier ganz besonders, ist dem Weibchen eine passive Rolle zugewiesen; jedoch geht es dabei ohne Gewalt zu. Statt von einem »Raub« spricht man deshalb zutreffender von einer »Adoption«.

Junge Mantelpavian-Männchen sind deutlich erkennbar an Kindern der eigenen Species interessiert, zunächst ohne Ansehen des Geschlechts. Alsbald wenden sie ihre Aufmerksamkeit aber bevorzugt kleinen Mädchen zu. Sie warten ab, bis sich diese einmal von ihrer Mutter entfernt haben, und versuchen dann vorsichtig, sie aufzunehmen und durch Brutpflegehandlungen ihr Vertrauen zu gewinnen. Geschieht dies hinreichend diskret, so läßt sie der Haremhalter gewähren, denn an seinen noch nicht geschlechtsreifen Töchtern hat er längst nicht dasselbe Interesse wie an adulten Weibchen.

Allmählich sieht man das »Bräutchen« nur noch bei seinem neuen Pfleger, der dann bald anfängt, es durch härtere Maßnahmen wie die schon erwähnten Nackenbisse in die Pflicht zu nehmen. Paaren kann er sich mit ihr freilich erst Jahre später; meist ist er, wie KUMMER vermutet, inzwischen durch gewaltsame Entthronung eines altersschwachen Paschas bereits in den Besitz anderer, adulter Weibchen gelangt.

Aber immerhin ist es doch von theoretischem Interesse, daß »Bräutchen-Adoption« überhaupt funktioniert. Sie zeigt, daß neben sexuellen und aggressiven auch Brutpflegehandlungen geeignet sein können, um *sekundäre* Bindung aufzubauen, und daß dieser Prozeß schon in einem Alter beginnen kann, in dem Bindungspartner normalerweise noch primär Vertraute zu sein pflegen. Das wirft, wie wir im 22. Kapitel sehen werden, schwierigere Probleme auf, als es auf den ersten Blick den Anschein hat.

Zusammenfassend läßt sich sagen, daß Polygynie bei Säugetieren kein einheitliches Phänomen darstellt. Verschiedene Motivkonstellationen können zu dieser Sozialstruktur führen. Vor allem auf der Dimension der weiblichen Autonomie haben wir zwischen den besprochenen Species erhebliche Unterschiede ausgemacht: Die Skala reicht hier von den Mantelpavianen und Languren, bei denen die Partnerwahl weitgehend männlicher Initiative überlassen bleibt, über die Zebras bis zu den vergleichsweise »emanzipierten« Gorillas.

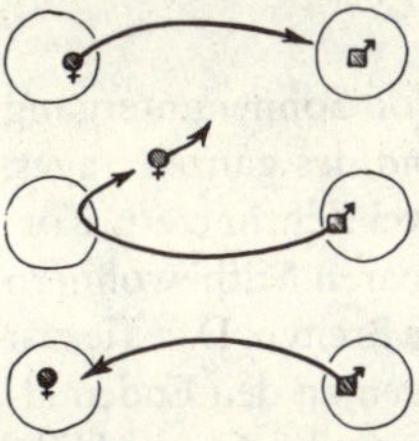

Wir wissen nicht, ob Weibchen, die sich passiv adoptieren oder entführen lassen, konstitutionell gleichgültig in der Wahl des Partners sind und sich daher widerstandslos auch auf eine Inzestbeziehung einlassen würden. Es hat wenig Sinn, hierüber zu spekulieren. Wir werden in den folgenden Kapiteln andere eheähnliche Sozialstrukturen kennenlernen, in denen die männliche Dominanz weniger ausgeprägt ist. Dort zumindest wird sich zeigen, daß auch bei den Weibchen sehr wirksame Hemmkräfte bereitliegen, die sich sogleich bemerkbar machen, wenn die Wahrscheinlichkeit zu groß wird, sich mit primären Bindungspartnern, und das heißt mit potentiell Nahverwandten, zu paaren.

17. Kapitel

Zweierbeziehungen

Die monogame Lebensform ist in der Stammesgeschichte mehrfach unabhängig entstanden. Die Ablösung der Jungtiere erfolgt hier in beiden Geschlechtern unter erhöhten Anzeichen eines Generationenkonfliktes. Dabei tritt deutlicher als bisher der Umstand hervor, daß Paarungen mit primär vertrauten Partnern auch durch endogene Hemmungen behindert werden.

Die treuen Asseln

In den Halbwüstengebieten Südtunesiens trifft man von Sonnenuntergang bis in die Morgenstunden, im Frühjahr auch während des ganzen Tages, häufig auf ein bodenlebendes Tierchen von bis zu zwei Zentimetern Körperlänge: eine Assel, nahe verwandt mit den unscheinbaren Mitbewohnern feuchter Kellerräume in ländlichen Gegenden unserer Breiten. Das Tier ist von bräunlich-violetter Färbung, hat helle Bänderungen an den Enden aller Körpersegmente und ein Streumuster hellschimmernder Chitin-Hökkerchen an den Segmenten der vorderen Körperhälfte. Sein lateinischer Name ist *Hemilepistus Reaumuri;* auf deutsch heißt es nicht besonders, man spricht einfach von Wüstenasseln.

Die Tiere hausen in unterirdischen Höhlengängen, die sich bis zu zwei Metern Länge hinziehen können; auf diese Weise ist in diesem extrem trockenen Biotop die für Krebstiere ja immer besonders kritische Feuchtigkeitsregulation sichergestellt. Die Siedlungsdichte der Wüstenasseln ist sehr hoch; auf den Quadratmeter zählt man zuweilen bis zu 8 Höhleneingänge. Nachts kommen die Tiere zur Erdoberfläche, um Futter zu suchen, und da wird das Gewimmel stellenweise so groß, daß man achtgeben muß, nicht auf sie zu treten.

Das Biologen-Ehepaar Linsenmair von der Regensburger Universität hat diese Species bei einem Urlaubsaufenthalt kennengelernt und in der Folgezeit systematisch untersucht; dabei machten die Forscher eine Entdeckung, die in Fachkreisen Aufsehen erregte. Zunächst einmal ist schon recht beachtlich, daß jedes Individuum von seiner nächtlichen Futterexpedition stets wieder exakt zu seinem eigenen Nest zurückfindet. An fremde Höhlen gehen Wüstenasseln nur dann, wenn sie noch keinen eigenen Wohnsitz haben und erkunden wollen, ob das vorgefundene Loch vielleicht unbehaust ist. Meist wohnt aber doch schon jemand darin, und der taucht dann blitzartig aus der Versenkung auf, versucht den Eindringlich durch Schläge mit dem Oberkörper zu vertreiben oder krümmt sich, wenn jener allzu hartnäckig bleibt, sperrig in der Höhlenöffnung fest, so daß dem anderen nichts übrig bleibt, als anderswo sein Glück zu versuchen oder notfalls selbst eine Höhle zu graben.

Gelegentlich machen die Höhlenbesitzer aber auch Ausnahmen. Die Linsenmairs konnten beobachten, daß die Szene am Nesteingang zuweilen ganz anders ablief: Der Wächter verzichtete dann nicht nur darauf, den Besucher zu vertreiben, sondern er machte sich im Gegenteil auch noch extra flach und kam ein Stück aus dem Eingang heraus, um – wie ein höflicher Herr auf einer engen Treppe – dem anderen das Eindringen besonders bequem zu machen. Bei Markierung der Tiere stellte sich nun heraus, daß es, in der brutfreien Zeit, immer genau zwei Individuen waren, die einander tolerierten und sich in die Bewachung der Höhle teilten. Diese beiden waren, wie man jetzt schon vermuten wird, immer von ungleichem Geschlecht: *Hemilepistus* lebt *monogam.* Und zwar allen Ernstes: Die Partner kennen sich individuell, sie sind unverträglich nicht nur gegen gleichgeschlechtliche Artgenossen, sondern auch gegen alle Geschlechtspartner mit Ausnahme des eigenen, sie sorgen gemeinsam für die Brut und bleiben einander treu.

Daß die komplizierteste aller eheartigen Strukturen, die exklusive Paarbindung zwischen einem Männchen und einem Weibchen, schon auf der Ebene der Gliedertiere vorkommen könnte, hatte bis anhin kaum jemand ernsthaft erwogen. Erst später hörten W. Wickler und U. Seibt von einer leuchtendbunten Garnele in den australischen Meeresgebieten, von der berichtet wurde, man könne sie auffallend oft in Paaren antreffen. Sie gingen der Sache nach und wurden abermals fündig; man weiß nun also schon von zwei monogam lebenden Arthropoden.

Im ganzen gesehen ist die Einehe im Tierreich nicht eben weit verbreitet. Sie scheint sich an den verschiedensten Zweigen des entwicklungsgeschichtlichen Stammbaums wiederholt unabhängig ausgebildet zu haben, wobei kein deutlicher Zusammenhang mit der allgemeinen Organisationshöhe der betreffenden Species erkennbar ist.

Bei Knochenfischen findet man viele Beispiele für monogame Lebensweise; nicht ein einziges hingegen unter Amphibien und Reptilien. Am häufigsten ist sie in der Vogelwelt: Fast 90 Prozent aller Vögel leben in Paaren. Unter den Säugetieren sind nur etwa 3 Prozent monogam. Es gibt hier auch keine Untergruppe, die sich besonders auf diese Form der Partnerbindung spezialisiert hätte. Die artenreichste Säugerordnung, die Nagetiere, liefert nach derzeitigem Wissen nur vereinzelt monogame Vertreter, darunter die Präriewühlmaus und den Biber. Es gibt einen monogamen Paarhufer, die afrikanische Zwergantilope Dikdik.

Eine Sonderform der Einehe, die wir als »Aristogamie« bezeichnen und von der im übernächsten Kapitel noch genauer die Rede sein wird, findet sich bei einigen Raubtieren, so bei Wölfen, Wildhunden und einer Schleichkatzenart, der Zwergmanguste, ferner auch bei Weißbüschelaffchen.

Unter den übrigen Tierprimaten gelten manche Lemuren als einehig, doch weiß man hierüber wegen der nachtaktiven Lebensweise dieser scheuen Tiere noch nicht viel. Besser untersucht ist die Paarbindung des an der Wurzel des Primatenstammbaums stehenden Spitzhörnchens; auch hierauf werden wir später noch einzugehen haben. An höheren monogamen Primaten wäre der Springaffe *Callicebus* zu nennen.

Enttäuschend sieht es in unserer nächsten tierischen Verwandtschaft aus: Unter den Menschenaffen leben nur die nahe verwandten Hangelkletterer Gibbon und Siamang in Einehe.

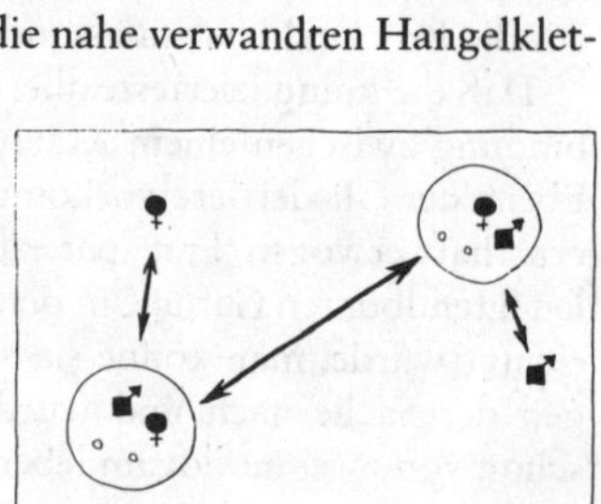

Ergebnisse aus Felduntersuchungen sind hier eher spärlich; das meiste Material liegt über den Weißhandgibbon vor. Man trifft ihn in Familien von kaum mehr als sechs Mitgliedern an, es handelt sich dabei regelmäßig um zwei Elterntiere und einige Jungen unterschiedlichen Alters. Bisher wurden noch nie zwei gesunde, kräftige Adulttiere gleichen Geschlechts in derselben Familie beobachtet; höchstens senile Alttiere können geduldet werden. Die Familie zeigt ein ausgeprägtes Territorialverhalten, wobei sich das Männchen besonders hervortut; doch sind die Weibchen insgesamt kaum weniger angriffslustig. Männchen wie Weibchen richten ihre Aggressivität sowohl auf das eigene als auch auf das andere Geschlecht.

Generationenkonflikte

Schon Clarence R. Carpenter, der vor einem halben Jahrhundert die erste Feldstudie an Gibbons durchgeführt hat, diskutiert ausführlich die Prozesse, die zur Ablösung der Jungtiere vom Familienverband führen. Die treibende Kraft hierbei sieht auch er in einem ansteigenden Explorationsbedürfnis, das die juvenilen Tiere immer weiter vom elterlichen Territorium wegführt. Wichtig ist, daß dabei die Geschlechtsunterschiede, die wir von den bisher besprochenen Tierarten kennen, weitgehend abgebaut sind: Die jungen Weibchen sind praktisch ebenso explorativ wie ihre Brüder.

Als weiteres Motiv vermutet Carpenter die erwachende Sexualität, die innerhalb der Familie infolge hochentwickelter Eifersucht des gleichgeschlechtlichen Elternteils nicht zum Zuge kommt und sich daher draußen geeignete Objekte suchen muß. Eine ganz ähnliche Standarderklärung hatte man sich, wie im 1. Kapitel berichtet, in Seewiesen für die Familienauflösung der Graugänse zurechtgelegt, obwohl ausreichend verfügbare Evidenz dagegenstand. Es ist erstaunlich, welchen Einfluß Freud in dieser Frage auf ethologische Autoren ausgeübt hat.

Für den Gibbon haben genauere Beobachtungen später ergeben, daß die Eltern zwar gegen die heranwachsenden Jungtiere ziemlich unfreundlich sein können; die Auseinandersetzungen sind aber keineswegs geschlechtsgebunden. Es scheint sich viel eher um individuelle Idiosynkrasien zu handeln; in einem Fall von Gefangenschaftsbeobachtung fiel beispielsweise der Vater gerade durch seine Unverträglichkeit gegen die kurz vor der Geschlechtsreife stehende Tochter auf.

Fest steht, daß sich das Verhältnis zwischen den Eltern und den Juvenilen, je älter diese werden, immer spannungsreicher gestaltet, und diese Spannung gehört sicher zu den Faktoren, die die Jungtiere zunächst an die

Peripherie drängen und dann vollends zur Abwanderung veranlassen. Ob die zentrifugalen Kräfte aber einseitig von den Eltern ausgehen, kann bezweifelt werden.

In diesem Zusammenhang ist eine Beobachtung berichtenswert, die wiederum HALL an Husarenaffen gemacht hat. Wie wir auf Seite 271 gehört haben, lebt diese Primatenspecies polygyn, was aber für die Argumentation hier ohne Belang ist.

Bei Husarenaffen kann der Haremhalter, wie schon die Geschichte mit der Spiegeltür zeigt, sehr ungemütlich gegen fremde Männchen werden. Aber nicht nur gegen diese: Wenn seine eigenen Söhne geschlechtsreif werden, beginnt er auch diese wütend zu attackieren, und dadurch vertreibt er sie schließlich aus dem Harem.

So jedenfalls sieht die Geschichte bei grober Betrachtung aus. Die genauere Analyse ergibt jedoch auch hier ein anderes Bild.

Die Angriffe des Haremhalters gegen seine Söhne treten auf, sobald das bei dieser Art auffallend blau gefärbte Scrotum und der Penis des Jungtieres klar sichtbar geworden sind. Kopulationsversuche des zu diesem Zeitpunkt noch gar nicht voll ausgewachsenen jungen Männchens sind nicht erforderlich, um die Angriffe des Vaters herauszufordern. Das Ganze wirkt eher wie eine einfache Reaktion auf Schlüsselreize: Die auffallenden Geschlechtssignale melden den Rivalen und lösen Aggression aus, der arme Jungmann weiß nicht, wie ihm geschieht, und sucht konsterniert das Weite.

Tatsächlich ist er aber keineswegs so unbefangen. Bereits etwa ein Jahr, bevor die Attacken einsetzen, wird nämlich die Haltung des Adoleszenten gegen den Vater zunehmend ambivalent. Es kommt jetzt gehäuft vor, daß er ihn androht, wobei er gleichzeitig eine besänftigende Gebärde zeigt. Die Genitalien des Haremhalters scheinen das junge Männchen nun besonders zu attrahieren: Es versucht, leicht in ihre Richtung zu schlagen oder sie mit der Hand zu berühren. Dazu macht es aber vorsorglich ein Spielgesicht; es fordert den Älteren also gleichsam, ins Anthropomorphe übersetzt, mit kumpelhaftem Gekicher zur Balgerei heraus. Daß dies jedoch längst nicht mehr in aller Unschuld geschieht, zeigt sich, sobald der Vater auch nur leicht zurückdroht: Das Jungmännchen sucht dann sogleich, vor Angst kreischend, das Weite.

Es dürfte sich in Wirklichkeit also eher so verhalten, daß *beide* Beteiligten zum Generationenkonflikt das Ihrige beitragen. Der Ältere wird immer intoleranter, je mehr der Jüngere dem infantilen Erscheinungsbild entwächst; der Jüngere provoziert ihn aber auch immer häufiger, je stärker bei ihm die Säfte steigen. Wir müssen damit rechnen, daß bei subtilerer Analyse ein ganz ähnliches Muster auch für die »Vertreibungsvorgänge« bei Gibbons zum Vorschein kommen würde.

CARPENTER nennt für das Abwandern der adoleszenten Gibbons noch einen weiteren Grund, der – wenn der Autor hier seine Beobachtungen richtig interpretiert hat – ein interessantes Problem aufwirft. Die Familienauflösung, so sagt er, werde auch dadurch gefördert, daß den Jungtieren allmählich die Lust am sozialen Spiel ausgehe. Und das wiederum liege teilweise daran, daß das Spiel ohnehin mit wachsendem Alter immer gröber werde und damit seinen »gruppenbindenden« Charakter verliere.

Es lohnt sich, diese Interpretation mit der von KLINGEL über die Zebra-Junghengste zu vergleichen. Dort ist durchaus nicht davon die Rede, daß der Spieldrang die Jünglinge in die Familiengruppe einbinde; im Gegenteil: Er soll sie gerade umgekehrt aus dieser heraus in die Kohorte treiben. Und von einem allmählichen Übergang der freundschaftlichen Balgereien in immer gröbere Auseinandersetzungen wissen die Beobachter polygyner Tiersozietäten auch nichts zu berichten; die Spielgruppe der Männchen zerfällt dort vielmehr im Zeichen der Rivalität aus aktuellem Anlaß, nämlich bei Begegnung mit dem anderen Geschlecht.

Falls diese Feststellungen zutreffen und hinreichend generalisierbar sind, würden sie auf Verlaufsunterschiede der Ontogenese hinweisen, wie sie die nächste Abbildung zeigt. Sie deutet an, wie sich unter dem Einfluß ansteigender Appetenzen nach Erregung und Sexualität der Übergang von der »Orientierungs-« in die »Fortpflanzungsfamilie« im Sinne der Terminologie von Seite 61 vollzieht. Dabei ist wesentlich, daß die beiden genannten Motivationen nicht synchron auf das höhere Niveau wechseln. Vielmehr gilt, jedenfalls für die Männchen, daß bereits längere Zeit vor Eintritt der Geschlechtsreife die Appetenz nach Erregung ansteigt und die Tiere zum sozialen Spiel motiviert. Während nun aber bei den meisten harembildenden Säugern die Jungmännchen den solcherart erhöhten Erregungsbedarf mit fremden Gleichgesinnten in der Kohorte decken, verbringen die monogamen Säuger das Spielalter noch innerhalb der Herkunftsfamilie; sie müssen sich demgemäß mit primär vertrauten Partnern begnügen.

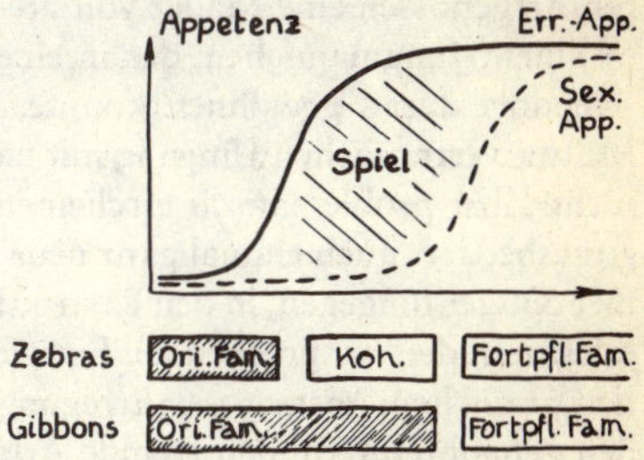

Woran kann das liegen? Mangel an Spielgefährten müßte in der monogamen Kleinfamilie noch viel eher herrschen als in einer Haremgruppe, in der immerhin meist eine Schar von Halbgeschwistern zur Verfügung steht. Wenn die Familiengröße hier überhaupt eine Rolle spielt, dann muß ihr Einfluß also über das allgemeine Sozialisationsklima gehen.

Erinnern wir uns dazu an eine Unterscheidung, die wir auf Seite 231 getroffen haben. Auf den *Typus* des Artgenossen, so sagten wir dort, spricht ein anderes Detektorsystem an als auf das Individuum, mit dem man durch filiale Prägung vertraut wurde. Individualdetektoren »stanzen« gewissermaßen aus dem Feld der Artgenossen eine Teilmenge heraus. Wir haben das Bild von der »inneren Grenze« gebraucht; sie trennt Artgenossen, die Erregung zu neutralisieren vermögen, von solchen, die als Erregungsquellen erlebt werden. In einer monogamen Familie befinden sich allein die Eltern und die Geschwister innerhalb dieser Grenze, während in einer Haremgruppe die Zahl der vertrauten Individuen wesentlich höher ist.

Die Prägungsobjekte unterscheiden sich natürlich physiognomisch voneinander; es gibt demgemäß für das Subjekt eine mehr oder minder große Zahl von Merkmalskombinationen, die signalisieren, daß man von dem betreffenden Artgenossen nichts Böses zu befürchten hat. Je größer die Zahl der Individuen nun aber wird, mit denen man in der Kindheit in prägende Berührung gekommen ist, desto weniger kann man sich auf einzelne fixieren, desto geringer auch wird die Wahrscheinlichkeit, daß man Fremde, denen man zum erstenmal begegnet, als total abweichend von der Menge der Bekannten empfindet. Der Unterschied von »vertraut« und »fremd« wird unter den Sozialisationsbedingungen polygyner Species weniger kategorisch erlebt werden, die »innere Grenze« also an Kontrast verlieren wie eine zu weich zeichnende Photographie. Der Qualitätssprung vom entfernteren Bekannten innerhalb des eigenen Rudels zum total Fremden wird weniger groß erscheinen als beim Kind aus der Kleinfamilie, das nur wenige primäre Vertraute kennt und für das sich vor jedem anderen Artgenossen eine Mauer von Fremdheit aufbaut.

Einem Jungmännchen, das in einer Großfamilie aufgewachsen ist und sich dort daran gewöhnen konnte, ohne ständige Tuchfühlung mit der Mutter vertraulichen Umgang mit vielen anderen zu pflegen, sollte es also nicht allzu problematisch erscheinen, in der Phase des gestiegenen Erregungsbedarfs auch einmal ganz neue Kontakte zu wagen. Kinder monogamer Säuger hingegen, in den Restriktionen der Kleinfamilie aufgewachsen, erleben in der entsprechenden Entwicklungsphase zwar wahrscheinlich einen ähnlichen Anstieg des Erregungsbedürfnisses, doch sind für sie aus den genannten Gründen fremde Artgenossen allzu bedrohlich, so daß sie vor ihnen zurückscheuen und sich mit der Erregung begnügen müssen, die beim Spiel mit Geschwistern abfällt. Mag sein, daß dies der Grund für die von Carpenter beobachtete Grobheit des Geschwisterspiels ist.

Der endgültige Auszug aus der monogamen Familie wäre dann ähnlich motiviert wie bei harembildenden Tieren die Auflösung der Kohorte: durch Prozesse, die mit dem Eintritt in die reproduktive Phase zusammenhängen.

Ein zweiter bemerkenswerter Unterschied in der Weise, wie sich bei harembildenden und bei monogamen Säugern die Jungtiere ablösen, liegt darin, daß im letzteren Fall beide Geschlechter nahezu dasselbe Verhaltensmuster zeigen. Soweit wir wissen, wandern Töchter aus monogamen Familien genauso selbständig ab wie Söhne; bei beiden Geschlechtern geht es dabei selten ohne Reibereien mit den Eltern ab.

Das steht in deutlichem Kontrast zum Verhalten von Haremstöchtern, die nämlich einem Männchen die Initiative überlassen, sie zu entführen, zu adoptieren oder durch Entthronung des Paschas zu übernehmen. Selbst die beherzten Gorillaweibchen warten wohlweislich daheim, bis das nächste Boot vorbeifährt, um einfach umzusteigen; die Emanzipation geht nicht so weit, daß sie riskieren, auf eigene Faust mutterseelenallein davonzulaufen, wie das ihre Brüder tun.

Daß sich die Geschlechterasymmetrie im Gefolge der Evolution monogamer Dauerbindung abbaut, ist den Zoologen schon seit längerem aufgefallen. Der Effekt wurde zunächst auf der morphologischen Ebene festgestellt. Man bezeichnet hier auffällige Unterschiede im Erscheinungsbild der beiden Geschlechter als »Sexualdimorphismus«. Meist hat dabei das Männchen die auffälligeren Attribute – prächtigere Färbung des Gefieders, imposantere Körpergröße oder besondere Merkmale wie Mähnen und Geweihe. All das ist bei dauermonogamen Arten weitgehend abgebaut, oft in einem Maße, das es uns unmöglich macht, Männchen und Weibchen an der körperlichen Erscheinung überhaupt noch zu unterscheiden.

Die soziobiologischen Letztursachen für dieses faszinierende Phänomen haben wir bereits auf Seite 226 angesprochen; sie hängen unmittelbar mit einer Gleichverteilung der parentalen Investition über beide Geschlechter zusammen. Wenn die ökologische Nische einem Männchen lebensfähige Nachkommen nur unter der Bedingung gewährt, daß es sich über den bloßen Begattungsvorgang hinaus an der Brutpflege eines einzigen Weibchens beteiligt, so schraubt sie sein Fortpflanzungspotential zwangsläufig auf das seiner Partnerin herab. Die Folge davon ist ein Abbau des Männerüberhanges samt all seinen Konsequenzen: Die Konkurrenz unter den Männchen sinkt, so daß sie ihre hypertrophe Imponierausstattung zurückbilden können; dafür nimmt die Rivalität der Weibchen entsprechend zu. Auch die Selektivität in der Partnerwahl gleicht sich in beiden Geschlechtern an.

Damit entfallen die wichtigsten Ursachen des Sexualdimorphismus; lediglich die prä- und perinatale Brutpflege bleibt, so wie Säugetiere nun einmal konstruiert sind, primär am weiblichen Geschlecht verankert, und außerdem halten sich meist auch irgendwelche Rudimente des Sexualdimorphismus als Barriere gegen homosexuelle Partnerwahl. Insgesamt aber beherrscht der Trend zur Uniformität das Erscheinungsbild.

Daß auch die Art der Familienauflösung diesem Trend folgt, ist gleichwohl kein trivialer Befund. Er spricht dafür, daß die Motivsysteme, die der Abwanderung zugrunde liegen, eng mit jenen zusammenhängen, die von der Angleichung der parentalen Investition unmittelbar betroffen sind.

Probleme mit Zwergwachteln

Wenn es zutrifft, daß monogame Tiere ihre Herkunftsfamilie erst zum Zeitpunkt der Geschlechtsreife verlassen, so ist eigentlich nicht ohne weiteres einsichtig, warum sich Bruder und Schwester dabei nicht zusammentun und gemeinsam einen neuen Hausstand gründen. Für Gibbons hat CARPENTER das noch als selbstverständlich vorausgesetzt, ohne freilich einen einzigen Fall dieser Art dokumentieren zu können.

Denkbar wäre aber immerhin auch, daß die Natur Vorkehrungen getroffen hat, die die Geschwisterpaarung erschweren oder verhindern. Um dieser Frage nachzugehen, läuft an unserer Abteilung seit mehreren Jahren ein Forschungsprojekt; allerdings nicht an Säugetieren sondern an einer bodenlebenden Vogelart, der Chinesischen Zwergwachtel. Da die bislang vorliegenden Ergebnisse aber recht aufschlußreich sind, lohnt es sich doch, hier von ihnen zu berichten.

Die Chinesische Zwergwachtel ist der kleinste Hühnervogel der Welt. Man kann ein Tier mit einer Hand umfassen; die Küken sind, wenn sie aus dem Ei kommen, kaum größer als Hummeln. Anders als ihre meisten Verwandten lebt die Zwergwachtel in Dauermonogamie: Der Hahn bleibt über die Paarungsphase hinaus bei der Henne, hält Nestwache, hilft die Eier ausbrüten und beteiligt sich nach dem Schlüpfen der Jungen an deren Aufzucht. Nach Auflösung der Familie bleibt er bei seinem Weibchen und züchtet mit ihr die nächste Brut.

Der bei anderen Hühnervögeln teilweise groteske Sexualdimorphismus – man denke etwa an das maßlose Prachtgefieder des Hahnes bei Pfauen, Fasanen und selbst noch beim Hausgeflügel – ist bei der Zwergwachtel stark reduziert. Ganz verschwunden, wie etwa bei Wildgänsen, ist er gleichwohl nicht: Im Unterschied zum tarnfarbig goldbraun gesprenkelten Weibchen schimmert das Männchen eher grauviolett und hat außerdem einen ziemlich auffälligen, sichelförmigen Kehlspiegel in konstrastierendem Schwarz-Weiß. Auch auf der Verhaltensebene fallen, verglichen mit der nahezu ideal partnerschaftlichen Gleichrangigkeit eines Gänsepaares, einige Geschlechtsunterschiede ins Auge. Man merkt dem Zwergwachtelhahn gewissermaßen noch an, daß er ursprünglich aus einer Familie stammt, in der die Männchen gewohnt sind, sich wie Paschas zu gebärden.

Daß wir auf die Zwergwachtel als Versuchstier verfallen sind, hatte vornehmlich praktische Gründe. Ausschlaggebend war dabei ihre geringe Körpergröße. Wenn man das Sozialverhalten einer Species untersuchen will, ist unbedingte Voraussetzung, daß man den Tieren ausreichend großen Bewegungsraum bietet. Unter zu stark einschränkenden Bedingungen degenerieren die natürlichen Sozialstrukturen, man begeht psychologische Tierquälerei und erhält Artefakte statt Ergebnissen. Und da uns ein Freigelände am Zürcher Institut mitten in der Stadt natürlich nicht zur Verfügung steht, sind wir darauf angewiesen, mit kleinen Versuchstieren zu arbeiten, denen wir im Hausinneren genügend Auslauf bieten können.

Mit den Quadratmetern allein ist es allerdings noch längst nicht getan. Die Ökologie hat viele Dimensionen, und alle müssen einigermaßen stimmen. Bei unseren Zwergwachteln kam noch erschwerend dazu, daß im Handel längst keine Wildfänge mehr angeboten werden; man züchtet die Tiere seit vielen Generationen nur noch in Brutkästen. Das bedeutet, daß schon lange kein Selektionsdruck mehr auf artgemäßer Brutpflege liegt, und dementsprechend häufen sich die Degenerationserscheinungen. Die erste Voraussetzung für sinnvolle ethologische Arbeit ist aber, daß die Tiere gut züchten. Und da ein Fortpflanzungszyklus eine Kette ist, die abreißt, wenn auch nur ein einziges ihrer vielen Glieder bricht, hatten wir mit erheblichen Anlaufschwierigkeiten zu kämpfen.

Drei volle Jahre vergingen, bis sich erste Bruterfolge einstellten. Es war zwar nicht schwer, die Tiere zur Kopulation zu bringen, und dementsprechend reichlich wurden wir mit befruchteten Eiern versorgt. Aber dann begannen die Schwierigkeiten. Da brütete bei einem Paar das Weibchen nicht richtig. Beim nächsten Paar begriff das Männchen nicht, was sie da tat, und störte sie immer wieder auf. Jedesmal dasselbe Resultat: die Embryonen verfaulten in den Eiern. Kam doch einmal ein Küken zum Schlüpfen, konnte es geschehen, daß der Vater sogleich Jagd darauf machte und es von den Zehen weg anzufressen begann. Es war eine mühsame Zeit, und mein Mitarbeiter Gustl ANZENBERGER, an sich mit dem sprichwörtlichen »grünen Daumen« für Tierhaltung begabt, war manchmal dem Verzweifeln nahe. Inzwischen hat er es geschafft, und die Nachzucht klappt so problemlos, daß wir laufend Brutpärchen abgeben können.

Mit diesen Tieren machte nun Harry GUBLER, einer von Gustls Studenten, ein Experiment, das interessante Ergebnisse erbrachte. Elf Pärchen im Alter von etwa 8 Wochen, kurz nach Erlangen der Geschlechtsreife also, wurden in separate Bodengehege von je etwa dreiviertel Quadratmetern Größe eingesetzt. Der springende Punkt war dabei die Zusammenstellung der Paare: In sieben Fällen hatten sich die Partner zuvor nie zu Gesicht bekommen; die übrigen vier Pärchen waren vom Ei weg miteinander aufgewachsen. Ich werde jene nachfolgend kurz als »Fremdpaare« und diese als »Geschwisterpaare« bezeichnen.

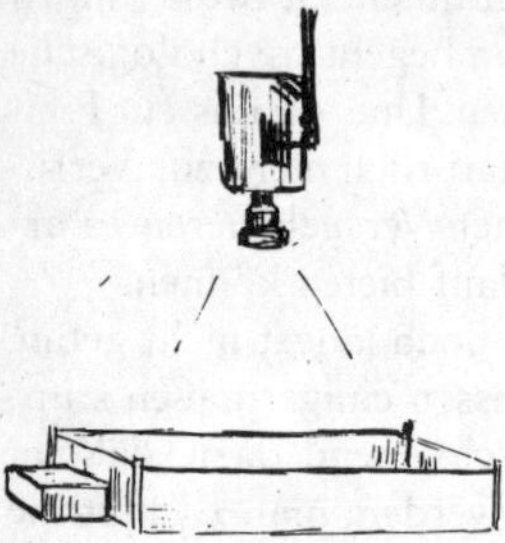

Senkrecht über dem Gehege hing jeweils eine Videokamera, die das Verhalten der Tiere registrierte. Hinterher konnte man den Videofilm unter Verwendung moderner elektronischer Hilfsmittel, wie sie der Verhaltensforschung heute glücklicherweise zur Verfügung stehen, einer Feinanalyse unterwerfen und die gewonnenen Daten unserem Institutscomputer zur weiteren Verarbeitung eingeben. Man bekommt auf diese Weise nicht nur ein Bild von dem genauen Zeitverlauf der verschiedenen sozialen Interaktionen aus dem Formenkreis von Bindung, Sexualität und Aggression, sondern man kann zum Beispiel auch die Lokomotion jedes Tieres während der gesamten Beobachtungsdauer aufzeichnen. Hieraus wiederum lassen sich so grundlegende Parameter wie die Distanz, die die beiden Partner zueinander einhalten, für jeden gewünschten Moment berechnen.

Die Tiere blieben über eine ganze Fortpflanzungsperiode, zwei Monate lang, unter den geschilderten Beobachtungsbedingungen. Beide Gruppen, also Fremd- und Geschwisterpaare, entwickelten sexuelle Aktivität, es wurden Eier gelegt und bebrütet. Aber das war nur die Spitze des Eisbergs: Analysierte man den Interaktionsstil der Partner genauer, so kamen bemerkenswerte Unterschiede ans Licht.

Bereits die Distanzregulation sah in beiden Fällen anders aus: Während der gesamten Versuchsdauer hielten die Geschwister einen größeren Abstand voneinander ein; sie gingen einfach nicht so nahe auf Tuchfühlung wie Partner ohne gemeinsame Kindheit.

Auch in der Qualität der Interaktionen zeigten sich Unterschiede. Der wichtigste: bei Fremdpaaren stand die soziale Beziehung viel eindeutiger im Zeichen der Bindungsmotivation. Warf man etwa einen Mehlwurm ins Gehege, so liefen beim Geschwisterpaar beide hin, und wer ihn zuerst erwischte, fraß ihn. Beim Fremdpaar war das anders. Hier paßte der Hahn scharf auf, stürzte sich nach Möglichkeit als erster auf den Leckerbissen, und wenn das Weibchen schneller war, konnte es passieren, daß er ihr den Wurm wieder abjagte. Hatte er ihn aber endlich im Schnabel, so schluckte er ihn nicht etwa hinunter – er stellte sich vielmehr, den Kopf dem Weibchen seitlich zugewandt, vor ihr auf und sagte »tschok-tschok-tschok-. . .«, was auf Wachtel-Chinesisch soviel bedeutet wie »Komm her, ich habe für dich einen wohlschmeckenden Futterbrocken erbeutet!«. Sie lief dann ihrerseits zu ihm und fraß ihm den Wurm aus dem Schnabel. War sie aus irgendwelchen Gründen nicht dazu aufgelegt, so konnte sein penetrantes Futterlocken Minuten andauern, bis er die verschmähte Liebesgabe schließlich – man ist geneigt, anthropomorph hinzuzufügen: lustlos und enttäuscht – selber herunterschlang.

Solche Verhaltensmuster, deren Funktion es sicher ist, sekundäre Vertrautheit zu stiften und zu festigen, beobachtet man, wenn nicht ausschließlich, so doch eindeutig bevorzugt bei Fremdpaaren. Andererseits kommt es hier allerdings auch häufiger zu aggressiven Auseinandersetzungen zwischen den Partnern, vor allem in der Zeit, in der sie sich noch kennenlernen müssen. Geschwisterpaare brauchen sich verständlicherweise nicht noch eigens »zusammenzuraufen«.

Das alles sind zunächst nur allgemeine Beobachtungen, die gewissermaßen nebenbei anfielen. Das eigentliche Experiment bestand nun aber darin, daß jedem der 11 Paare während der gesamten Versuchszeit alle drei Tage ein fremder Artgenosse männlichen oder weiblichen Geschlechts dargeboten wurde, jeweils für 5 Minuten in einem kleinen Käfig außen am Kopfende des Geheges. Registriert wurde, was das Paar vor, während und nach dieser Konfrontation tat.

Besuch vor der Tür

Setzt man dem Paar ein fremdes *Männchen* vor die Haustür, so sieht die Bewegungsspur des Hahnes, für den der Ankömmling im Prinzip einen Nebenbuhler darstellt, etwa so aus, wie es die folgende Abbildung zeigt. Die linke Teilfigur gilt dabei für Fremdpaare, die rechte für Geschwister.

Wie man erkennt, benehmen sich die Hähne in den beiden Paartypen ganz verschieden. Nur der linke, der also sein Weibchen gerade erst kennengelernt hat, behandelt den »Besucher« wie einen Rivalen: Er läuft aufgeregt und mit starkem Imponierverhalten vor ihm hin und her und würde, wenn am Gehegerand kein Gitter wäre, alles daransetzen, den Eindringling handfest zu verprügeln und davonzujagen. Beim Männchen aus dem Geschwisterpaar bemerkt man nichts dergleichen; es setzt gewissermaßen sein normales Tagewerk fort; der da draußen interessiert nicht weiter.

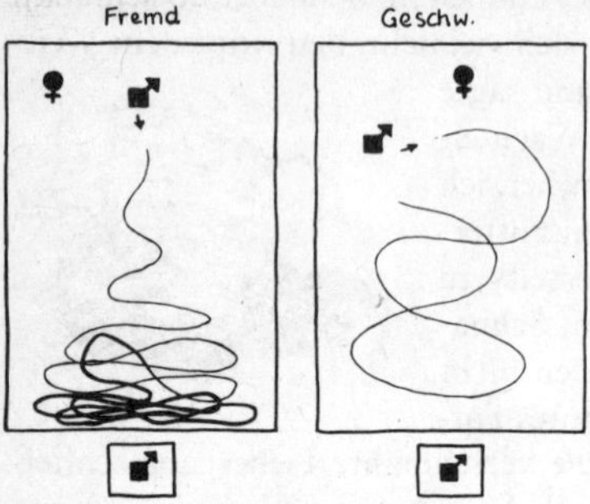

Dieser Befund ist auffällig genug. Offensichtlich zählt die Schwester für einen Bruder nicht zu den Weibchen, um die man sich mit anderen Männern prügelt. Man fragt sich sofort, was wohl passieren würde, wenn man nun statt des Rivalen ein fremdes *Weibchen* in den Besuchskäfig setzen würde. Es wäre dann doch wohl zu erwarten, daß die beiden Diagramme sich gerade vertauschen: Das Fremdpaar-Männchen, das ja immerhin schon eine offenbar für ihn attraktive Partnerin hat, sollte nun, monogam wie es ist, an der zweiten geringeres Interesse bekunden; es sollte sich also verhalten wie im *rechten* Bild. Das Geschwisterpaar-Männchen hingegen hätte nun seine große Chance, die langweilige Schwester durch etwas Besseres zu ersetzen; es sollte der Neuen entsprechend heftig den Hof machen. Seine Wegspur würde dann dem *linken* Schema entsprechen.

Macht man das Experiment wirklich, so erlebt man indessen eine Überraschung: Die Abbildung bleibt im wesentlichen gleich; rechte und linke Seite werden nicht vertauscht. Das Geschwisterpaar-Männchen wirkt so, als hätte es auch an dem neuen Weibchen nur wenig Interesse. Das Fremdpaar-Männchen hingegen wird von ihr ganz erheblich attrahiert. Betrachtet man sein Verhalten allerdings nicht nur unter dem räumlichen Aspekt, sondern auch qualitativ, so wird deutlich, daß es überwiegend aggressiv-sexuell motiviert ist: Es will dieses zweite Weibchen nicht sanft umwerben, sondern kurzerhand vergewaltigen. Das ist bei Hühnervögeln eine ererbte Unart: Hähne, die selbst schon in festen Händen sind, nützen es immer aus, wenn sie auf ein »unbeaufsichtigtes« Weibchen treffen. Soziobiologisch ist das verständlich: Man gewinnt dadurch eine extra Brut, um die man sich nicht zu kümmern braucht; das besorgt nichtsahnend der gehörnte Ehemann. Monogame Männchen sind im Tierreich meist nur gehemmt, eine zweite *Bindung* einzugehen. Aus diesem Grunde fehlt bei solchen Vergewaltigungsversuchen die »erotische« Komponente, also die Balz. Diese hingegen herrscht prompt in den seltenen Fällen vor, wenn sich doch einmal der Geschwisterpaar-Mann für das neue Weibchen interessiert: Er benimmt sich dann wie ein Kavalier und versucht es mit Futterlocken.

Dasselbe Phänomen kann man deutlicher noch bei seiner Schwester beobachten, wenn draußen im Gastkäfig ein fremdes Männchen einsitzt. Man muß dazu allerdings warten, bis sie das erste Ei gelegt hat. Dieser Moment markiert den Übergang zur Phase der sexuellen Interaktion des Paares. So weit kommt es über kurz oder lang auf *beiden* Seiten; bei den Geschwistern dauert dies freilich länger als bei den Fremdpaaren, aber irgendwann wird der Sexualtrieb übermächtig, und beide beginnen mit der Eiablage. Eine Balzphase, wohlgemerkt, geht dem nur bei den Fremdpaaren voraus.

Konfrontiert man die Paare nun mit einem fremden Männchen, so benehmen sich die Weibchen ganz verschieden. Auch das sei wieder durch eine Abbildung veranschaulicht. Bei den Fremdpaaren *zieht* sich die Henne jetzt erstaunlicherweise vor dem Besucher *zurück!* Sie hat sich gewissermaßen für ihren Gatten entschieden und möchte ihm auch »treu« bleiben. Ganz anders aber das Geschwisterpaar-Weibchen. Obwohl sie sich inzwischen mit dem Bruder eingelassen hat, weiß sie sozusagen tief im Herzen, daß das noch nicht »die wahre Liebe« ist. Und kaum bemerkt sie den fremden Hahn draußen am Zaun, so bekundet sie ihm auch schon unverblümt ihr Interesse und fordert ihn zur Balz auf. Ihr Bruder-Gatte bemerkt sofort, was los ist, und beginnt, sie wild durchs Gehege zu jagen. Gleichwohl versteht sie es, sich dabei in der Nähe des potentiellen neuen Freiers zu halten.

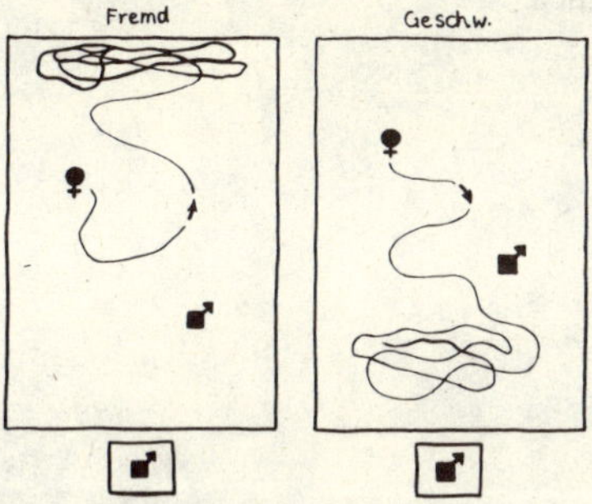

Das alles sind erstaunliche Effekte, die man den »dummen« Wachteln gar nicht so recht zutrauen möchte. Sie lassen kaum einen Zweifel daran, daß die Balzhandlungen, die eine sekundäre Bindung begründen, Partnern gegenüber nicht zustande kommen, zu denen bereits eine primäre Bindung besteht. Wobei man nicht etwa argumentieren kann, daß in diesem Fall ja schon eine Bindung vorhanden und also keine zweite vonnöten sei: Zwangsverpaarte Geschwister halten nicht zusammen, wenn man ihnen Gelegenheit zu anderweitiger Partnerwahl bietet.

Am meisten zu denken aber gibt das Verhalten des Männchens bei den Geschwisterpaaren. Daß es sich fremden Männchen gegenüber unbeteiligt verhält, könnte man noch verstehen. Warum aber nimmt es auch so wenig Notiz von dem fremden Weibchen? Seine Leidenschaft sollte, falls die Schwester es schon nicht reizt, auf die Neue um so eher ansprechen! Statt dessen wirkt es so, als ließe die Situation rundum keine rechte Fortpflanzungsstimmung aufkommen, so daß Schlüsselreize für Balzhandlungen genauso wirkungslos bleiben wie Auslöser für Rivalenkämpfe. Bis schließlich ein Not-Inzest die Hemmung durchbricht; aber bei diesem handelt es sich natürlich um ein Artefakt unserer Versuchsbedingungen. Unter natürlichen Umständen gibt es keinen Grund, bei primär vertrauten Weibchen auszuharren.

Die Vermutung, daß die exklusive Zweisamkeit mit der Schwester die Fortpflanzungsstimmung unterdrücken könnte, wäre wohl zu wenig fundiert, wenn sie sich allein auf den Spezialfall dieser einen Vogelart gründen würde. Wir werden aber in den nächsten Kapiteln sehen, daß es sich hier keineswegs um einen singulären Fall handelt. Gerade bei Primaten, darunter auch bei unseren nächsten Verwandten im Tierreich, werden wir demselben Verhaltensmuster wieder begegnen.

18. Kapitel

Synchronisation und Dominanz

Bislang haben wir soziale Strukturen nur unter dem Gesichtspunkt der »horizontalen« Distanzregulation beschrieben und eingeteilt. Oft weisen Säugetierverbände aber auch noch eine »vertikale« Gliederung auf. Die Mitglieder haben divergente Interessen, die, wenn die Gruppe nicht auseinanderbrechen soll, fallweise oder permanent in eine Rangordnung gebracht werden müssen.

Der Kampf der Kapitäne

In seiner Ethologievorlesung pflegte Konrad LORENZ eine Parabel zu verwenden, die ursprünglich von Julian HUXLEY stammt. Ein Lebewesen, so heißt es da, sei einem Schiff zu vergleichen, das viele Kapitäne hat. Diese Kapitäne, die verschiedenen Antriebe nämlich, streiten sich ständig darum, wer das Schiff steuern darf. Dabei gelingt es immer dem jeweils Stärksten von ihnen, die Kommandobrücke zu erklimmen; die übrigen müssen weichen. Aber Steuern strengt an, und die anderen gehen sich unterdessen in der Kantine stärken; alsbald ist also das Kräfteverhältnis verschoben, und der Kapitän, der eben noch das Ruder in der Hand hatte, muß einem anderen Platz machen.

Dieses Gleichnis entspricht dem Alles-oder-Nichts-Prinzip bei der Entscheidung von Triebkonflikten, von dem wir bereits auf Seite 255 festgestellt haben, daß es die vernünftigste Strategie sein dürfte, wenn sich die momentan aktuellen Triebziele nicht miteinander vereinbaren lassen.

Gleichwohl ist LORENZ später von diesem Denkmodell abgerückt. Es handle sich, meinte er, nur um einen Spezialfall, der vielleicht besonders auffällig, aber nicht einmal sehr häufig sei. In Wirklichkeit kämen noch ganz andere Formen von Wechselwirkung zwischen Motiven vor.

An dieser Kritik ist nun sicher richtig, daß keineswegs *alle* Antriebshandlungen miteinander unvereinbar sein müssen. Atmen und Trinken behindern einander, Atmen und schnell Laufen aber nicht. Sich am Fell der Mutter anklammern und zugleich urinieren wäre dysfunktionell; einen Rivalen animponieren und dabei Urin lassen paßt jedoch durchaus zusammen und ist bei manchen Tierarten sogar obligatorisch gekoppelt.

Aber es waren gar nicht in erster Linie solche Fälle, die LORENZ interessierten. Die Unzulänglichkeit der HUXLEYschen Parabel schien ihm vor allem dort offenbar zu werden, wo Antriebe sich miteinander mischen, die als echte Antagonisten anzusprechen sind, da der eine zu einem bestimmten Ziel hin, der andere von demselben Ziel wegstrebt. Am häufigsten exemplifizierte er dies am Beispiel von Flucht und Aggression.

Es lohnt sich, einen Moment über dieses Thema nachzudenken. Wir müssen hier zwei Ebenen unterscheiden. Zum einen können sich antagonistische Antriebe manchmal wirklich überlagern, und das heißt, eben weil sie entgegengesetzte Vorzeichen haben, gegenseitig aufheben. In jedem Annäherungs-Vermeidungs-Konflikt kann es vorkommen, daß das Individuum auf halbem Wege wie angewurzelt dasteht, weder zum Herankommen noch zum Weglaufen fähig. Zwei starke Kapitäne liegen dann im Clinch, das Steuerrad pendelt frei im Wind. Zuweilen huscht ein pfiffiger Schiffsjunge herbei und übernimmt es für ein paar Sekunden, bis man ihn mit Ohrfeigen wieder von der Kommandobrücke jagt: So entstehen die bekannten »Übersprungshandlungen« – man kratzt sich am Kopf, gähnt, zupft geistesabwesend eine Wollfussel vom Tischtuch, während man fieberhaft über eine ganz andere, viel wichtigere Entscheidung nachdenkt.

Wenn antagonistische Verhaltensprogramme einander blockieren, so wird das dem Organismus freilich in der Regel ebenso schaden wie die Unentschlossenheit von BURIDANS Esel, der bekanntlich genau in der Mitte zwischen zwei Heuhaufen verhungerte (möglicherweise gähnend). Solche Pattsituationen sind dysfunktionell, auch wenn sie nicht so drastisch enden wie in dieser Fabel. Sie treten ein, weil sie sich offenbar nicht immer vermeiden lassen, aber man wird davon ausgehen dürfen, daß die Natur, wenn irgend möglich, effizientere Konfliktlösungsstrategien vorzieht.

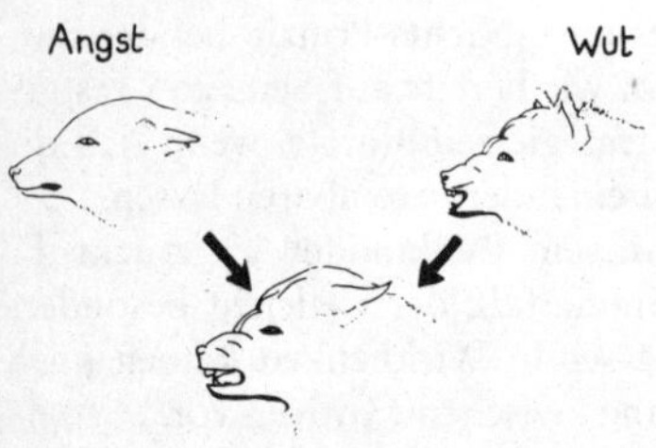

Etwas anders liegen die Dinge nun aber auf einer zweiten Ebene von »Antriebsmischung«, an die LORENZ wohl in erster Linie denkt. Es gibt eine von ihm selbst gezeichnete Serie von Konterfeis seiner Chow-Hündin Susi, die in mehreren Veröffentlichungen auftaucht und darstellt, wie sich in der Gesichtsmimik des Tieres Wut und Angst in verschiedenen Graden überlagern. Was hier und in vergleichbaren Fällen aber gemischt wird, sind in Wirklichkeit gar nicht Antriebshandlungen, sondern *Ausdrucksbewegungen.*

Ausdruck und Emotion

Um zu verstehen, was es mit diesen für eine Bewandtnis hat, müssen wir zu einem Problem der Allgemeinen Motivationstheorie zurückkehren, das wir auf Seite 140 bereits gestreift, aber noch nicht diskutiert haben. Es handelt sich um die Frage nach dem Verhältnis zwischen Antrieben und Gefühlen.

Gefühle, Affekte, Stimmungen, so hatten wir dort gesagt, sind die Weise, in der ein Subjekt seine Antriebe erlebt. Diese Definition ist jedoch nicht ganz ausreichend, wir müssen sie präzisieren. Wenn ich über die Straße gehe und plötzlich zu rennen beginne, weil sich ein Auto nähert, so handle ich fluchtmotiviert; aber ich spüre dabei keine Angst. Diese stellt sich indessen sogleich ein, wenn irgendein Umstand mich am Weglaufen *hindert!*

Emotionen wären demnach Signale, die mir einen Antrieb dann bewußt machen, wenn er sein Ziel nicht ohne weiteres erreichen kann. Häufig liegt das Hindernis dabei in mir selbst: Es besteht in anderen Motiven, die mit dem gerade auszuführenden konkurrieren. Im Gleichnis Julian HUXLEYS ausgedrückt: Die Emotionen sind der Lärm, den die Kapitäne machen, wenn sie sich um den Platz auf der Kommandobrücke streiten.

Auch das Ausdrucksverhalten hat etwas mit nicht zustandegekommenen Antriebshandlungen zu tun. Schon DARWIN hat gesehen, daß es meist in der Intentionsbewegung eines schwächeren Antriebes besteht, den spurlos zu unterdrücken einem stärkeren nicht ganz gelungen ist. Ausdruck und Gefühl erscheinen, so betrachtet, als zwei Seiten derselben Sache. Das emotionale Palaver an Bord des Schiffes ist gar kein undifferenzierter Lärm: Die von der Brücke verwiesenen Kapitäne erzählen jedem, der es hören will, wohin sie das Boot gesteuert hätten. Dabei gestikulieren sie wild mit den Händen und machen imaginäre Ruderbewegungen. Den Kurs beeinflussen sie dadurch kein bißchen; wer aber das Schiff mit dem Fernglas beobachtet, erfährt eine ganze Menge darüber, mit welchen Manövern in nächster Zeit zu rechnen sein könnte.

Im Klartext: Die Ausdrucksbewegung gleicht im Innervationsmuster einer Antriebshandlung, verläuft aber mit geringerer Intensität und ohne sich auf ein Zielobjekt zu beziehen. Von der vollen Bewegungskoordination ist nur noch ein Rudiment übrig, das gar nicht in der Lage wäre, mechanisch-kausal auf die Umwelt einzuwirken. Eine in ein Gespräch eingestreute abwehrende Handbewegung wäre längst nicht kräftig genug, um einen ernsthaft auf mich eindringenden Gegner wegzuschieben; gefletschte Zähne sind nur ein erster Schritt in der zum Zubeißen führenden Handlungskette und tun als solche noch niemandem weh: Ausdrucksbewegungen brauchen nicht, wie Antriebshandlungen, eine Sachleistung zu erbringen. Daher können sie einander auch gar nicht in die Quere kommen, wenn sie sich mischen und überlagern.

Das bedeutet aber nicht, daß der Gefühlsausdruck nur ein irrelevantes Abfallprodukt wäre. Die Evolution läßt ein solches Potential nicht brachliegen; sie hat sich seiner bemächtigt und es der interindividuellen *Kommunikation* dienstbar gemacht.

Das wird besonders dort offenkundig, wo die rudimentäre Erbkoordination, die dem Ausdrucksverhalten zugrunde liegt, im Interesse besserer Erkennbarkeit genetisch umgestaltet erscheint. Meist geschieht das durch mimische Übertreibung oder rhythmische Wiederholung. Die Ethologen sprechen hier von stammesgeschichtlicher *Ritualisation:* Lachen und Weinen sind Beispiele dafür aus dem Bereich des menschlichen Verhaltens.

Im allgemeinen ist immer nur ein kleiner Teil des Ausdrucksgeschehens durch Ritualisierung überformt; das meiste von dem, was sich in einem Tier an Motivdynamik abspielt, huscht beiläufig und in schwächsten Andeutungen über das mimische Feld. Immerhin – wer recht zu sehen verstände, dem würde wohl nicht die geringste Nuance im Wechselspiel der Stimmungen eines Organismus verborgen bleiben, und wir haben Grund zu der Annahme, daß Tiere für das Ausdrucksverhalten ihrer Artgenossen ein äußerst feines Sensorium besitzen.

Unerläßlich ist eine solche Ausstattung jedenfalls, wenn eine Chance bestehen soll, daß Lebewesen sich zeitüberdauernd zu *sozialen Gebilden* zusammenschließen. Wenn viele Schiffe einen Flottenverband formen und einen gemeinsamen Kurs fahren sollen, dann müssen sich nicht mehr allein die Kapitäne an Bord jedes einzelnen Schiffes zusammenraufen; die Auseinandersetzung hat nun über den gesamten Verband hinweg zu erfolgen. Und zwar genügt es nicht, den jeweils de facto eingeschlagenen Kurs der Nachbarschiffe zu beobachten; man muß auch sehen können, was die übrigen Kapitäne wollen, die gerade nicht zum Zuge kommen.

Wenn sich die Handlungskeime und Antriebsrudimente der Gruppenmitglieder nicht ausdrücken würden, wüßte man über den Partner immer nur soviel, wie sein manifestes Antriebshandeln verrät, das heißt, man wäre nur über sein momentan stärkstes Motiv informiert, und das auch erst von dem Moment an, da es sich ohnehin anschickt, vollendete Tatsachen zu schaffen. Ausdrucksverstehen ermöglicht demgegenüber auch die Abschätzung *künftigen* Verhaltens. Die zurückgelegten Ohren des Pferdes, das noch eben meinem Befehl gehorcht, warnen mich, daß der Gehorsam nur um den Preis einer zwar noch unterdrückten, aber vielleicht bald ausbruchsbereiten Feindseligkeit zu erringen war, daß unser Rangverhältnis also noch nicht ausgemacht ist und ich besser auf der Hut bleibe.

Ohne ein Gespür für das Spektrum der motivationalen Gesamtlage wäre ein Leben in Gruppen wohl kaum möglich. Dabei muß sich zur *Kommunikation* aber noch ein effizientes *Management* der vielfältigen Einzelwünsche gesellen. Das ist keine triviale Aufgabe: Eine Gruppe selbständiger Individuen zu koordinieren, deren Interessen sich immer nur partiell decken können, ist eine andere Sache als Ordnung in die Antriebe eines einzelnen Organismus zu bringen. Wir werden anschließend auf die Probleme eingehen, die dabei zu lösen waren. Es wird sich zeigen, daß sich hier vor allem zwei Koordinationsstrategien entwickelt haben; man kann sie durch die Ausdrücke »Synchronisation« und »Dominanz« kennzeichnen.

Zwei einfache Beispiele

Auf einer Wiese weidet ein Grauganspaar. Ohne erkennbare Mühewaltung bleiben die beiden Tiere dabei in wechselseitiger Reichweite. Vielleicht hängt das mit den dauernd ausgetauschten leisen Stimmfühlungslauten zusammen, vielleicht genügt auch schon die optische Kontrolle. Manchmal ist es der eine, der dem anderen zu einem Büschel Löwenzahn vorangeht, manchmal bestimmt der andere die Richtung; in beiden Fällen grast sich der zweite alsbald wieder an den Vorangegangenen heran, wie von einem unsichtbaren Band gezogen. Über dem Ganzen liegt eine Atmosphäre gelassener Selbstverständlichkeit.

Nach einiger Zeit aber tritt im Verhalten des Männchens eine Veränderung ein. Seine Lautäußerungen wandeln ihren Charakter, sie werden lauter, rhythmischer: einsilbige gutturale Laute, markant hervorgestoßen, zunächst vereinzelt, allmählich dichter aufeinanderfolgend, drängender. Auch seine Körperhaltung verändert sich: Der Hals wird hochgenommen, als drohte eine ungeortete Gefahr, der Schnabel zuckt immer wieder kurz und heftig hin und her, wie um Reste einer übelschmeckenden Nahrung abzuschütteln. Das Weibchen grast währenddessen ruhig weiter, antwortet nur mit dem normalen Stimmfühlungslaut. Daraufhin beruhigt sich der Partner etwas und nimmt den Hals wieder herunter, frißt aber nicht. Und lange hält er es auch nicht aus; bald fängt er wieder an, und noch ein drittes und viertes Mal. Dann hat er sie endlich so weit: Sie beginnt, in seine kurzen Laute einzufallen. Auch sie nimmt jetzt den Hals hoch und schüttelt den Schnabel. Und die Frequenz des gemeinsamen Lautstakkatos wird immer

rascher, immer regelmäßiger, die Tiere nehmen die Schwingen aus den Taschen und sind im nächsten Moment abgeflogen, wobei jene Lautäußerung, der »Fortgehlaut«, gleitend in den Kontaktschrei fliegender Gänse übergeht.

Eine Bande von Mantelpavianen kehrt von der täglichen Nahrungssuche zum Schlaffelsen zurück. Einer der Haremhalter wandert an der Spitze seiner vier Weibchen. Gelegentlich blickt er, ohne stehenzubleiben, über die Schulter zurück. Ein Weibchen seines Harems ist auf dem Weg etwas über Gebühr zurückgeblieben. Er richtet ihr sein Gesicht voll zu und zieht kurz die Brauen hoch; seine Augenpartie blitzt drohend auf. Das Weibchen beschleunigt daraufhin sogleich die Gangart; der Marsch geht weiter. Aber dann bleibt sie wieder zurück, und diesmal reißt ihm die Geduld: Er jagt auf sie zu, stürzt sich auf sie und beißt sie in den Nacken. Dann geht er ruhig weiter, und sie schließt, in offensichtlich hohem Angstzustand, ganz dicht bei ihm auf, für den gesamten Rest des Heimweges.

Zwei ganz verschiedene Szenen, beide aber mit vergleichbarem Effekt: als Ergebnis jedesmal zwei Tiere, die sich in enger Koordination von einem Ort zum anderen bewegen. Das erste Beispiel illustriert »Synchronisation«, das letztere »Dominanz«. Versuchen wir, uns das Wesentliche an jeder der beiden Situationen zu verdeutlichen.

In beiden Fällen war es das Männchen, das seinen »Willen« durchsetzte. Aber im Fall der Graugänse war das nur zufällig so. Ebensogut hätte seine Partnerin darauf »bestehen« können, daß weitergegrast wird, oder sie hätte umgekehrt diejenige sein können, die zuerst in Abflugstimmung gerät und ihrerseits das Männchen mitreißt. Entscheidend ist hier nicht, von *wem* ein Verhaltensimpuls ausgeht, sondern, wie *stark* dieser Impuls motiviert ist. Die Motive aller beteiligten Individuen wetteifern gewissermaßen ohne Ansehen der Person; die »Flugstimmung« des Männchens kämpft mit der »Weidestimmung« des Weibchens, jede versucht sich dem jeweiligen Partner mitzuteilen, ihn »anzustecken«, und schließlich gewinnt derjenige Antrieb, der sich *überindividuell* als der momentan stärkste erweist.

Im Beispiel mit den Pavianen ist es anders. Hier kommt es nicht auf die relative Kraft der Motive als solche an: Wie stark auch immer die Beweggründe sind, die das Weibchen zu einer langsameren Gangart veranlassen möchten, wie viel oder wie wenig es dem Mann wirklich darauf ankommt, gerade in diesem und in keinem anderen Tempo zu wandern – *er* bekommt seinen Willen. Ein Motiv bestimmt das Gruppenverhalten hier nicht wegen seiner Stärke, sondern weil es das Motiv eines bestimmten, ausgezeichneten Gruppenmitglieds ist.

Das nebenstehende Diagramm versucht den eben herausgearbeiteten Unterschied formal zu verdeutlichen. Die beiden großen Kreisscheiben stellen Individuen dar, die kleinen Kreise drei Antriebe, durch römische Ziffern unterschieden. Je größer der Kreis gezeichnet ist, um so stärker sei der betreffende Antrieb. Die Pfeile symbolisieren Hemmung. Der jeweilige »Sieger« unter den Antrieben, also derjenige, welcher letzlich das Verhalten *beider* Individuen bestimmt, ist schraffiert.

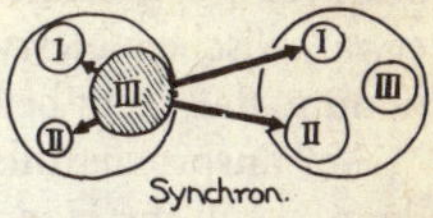

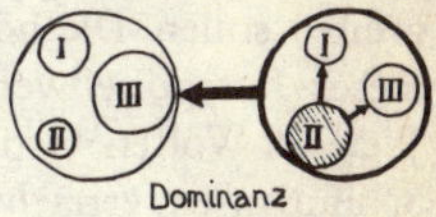

Ansteckung, Unterlassung, Ergänzung

Wie unerläßlich es ist, über die Stimmungslage der anderen Gruppenmitglieder einigermaßen vollständig informiert zu sein, erhellt besonders für den Fall, den wir als »Synchronisation« bezeichnet haben. Denn wenn die verschiedenen Motivkräfte mehrerer Individuen untereinander eine Prioritätenliste aushandeln sollen, so wie dies normalerweise im Innern eines Einzelnen geschieht, dann muß zwischen den beteiligten Individuen ein Informationsfeld aufgespannt werden, das die Qualität und Stärke von Stimmungen überträgt, bevor sie sich im zielgerichteten Handeln manifestieren. Hierfür eben dient das Ausdrucksgeschehen, mit oder ohne ritualisierte Überformung. Synchronisierte Gruppen, zum Beispiel monogame Paare, zeichnen sich demgemäß dadurch aus, daß jeder Beteiligte nicht nur von sich aus ständig einen Strom kommunikativer Signale an den Partner gelangen läßt, sondern seine Empfangsorgane auch dauernd diesem zugewandt hält.

Synchronisation ist ohne Zweifel ein sehr anspruchsvolles Verfahren des Konflikt-Managements. Das Beispiel der beiden Graugänse kennzeichnet dabei noch die niedrigste Organisationsstufe dieser Strategie. Man bezeichnet sie als »Stimmungsübertragung« oder »Gefühlsansteckung«. Das Ergebnis der Synchronisation besteht in diesem Falle darin, daß alle Beteiligten schließlich *dasselbe tun.* Dies gilt zum Beispiel für die gemeinsame Lokomotion, übrigens auch für den Sonderfall der gemeinsamen Ruhe – wahrscheinlich gähnt man aus diesem Grunde, sowohl wenn man müde ist als auch wenn man wach wird, und wahrscheinlich ist Gähnen aus diesem Grunde ansteckend!

Komplizierter schon wird es, wenn das Resultat der Synchronisation darin besteht, daß einer die Handlung *unterläßt,* die der andere gerade ausführt. Dieser Fall tritt dort ein, wo man den Kumpan in Ruhe zuendefressen läßt, was er sich gefangen oder aufgelesen hat, oder wo man darauf verzichtet, ihm sein Weibchen abspenstig zu machen, obwohl man der Stärkere wäre, schließlich auch bei gewissen Formen von Arbeitsteilung, etwa zwischen Nestwache und Futtereintragen, wo es eben darauf ankommt, daß nicht beide Partner im gleichem Moment dasselbe tun wollen.

Am anspruchsvollsten wird die Aufgabe der Antriebssynchronisation dann, wenn die Handlungsmotive der Partner *komplementär* ineinandergreifen sollen. Die höchsten auf tierischer Stufe erreichbaren Leistungen dieser Kategorie werden wohl im Zusammenhang mit der kollektiven Jagd bei Wölfen, Geparden und einigen anderen Raubtieren, aber auch bei Schimpansen, erreicht. Hier geht es darum, in Anpassung an die je wechselnde Situation Teilfunktionen im Rahmen übergeordneter Handlungsgestalten zu übernehmen, zum Beispiel der Beute den Weg abzuschneiden, während der Partner sie verfolgt. Die kognitiven Werkzeuge, die nötig waren, um solche Synchronisationsleistungen zu ermöglichen, sind wahrscheinlich der Kristallisationskern für die Evolution des Menschen gewesen. Wir werden darauf im sechsten Teil dieses Buches zurückkommen.

Der kleine König

Verglichen mit den Spitzenleistungen tierischer Verhaltenssynchronisation nimmt sich das andere Verfahren sozialer Interessenkoordinierung, die Dominanzmethode, erheblich simpler aus. Allerdings auch nur auf den ersten Blick.

Relativ einfach geht es in der Tat in einem Spezialfall zu, der übrigens selten in die Erwägungen zu unserem Thema einbezogen wird, obwohl er strukturell durchaus dazugehört. Dominanz, so sagten wir, soll dadurch gekennzeichnet sein, daß nicht die relative Stärke, sondern der Träger eines Motives ausschlaggebend dafür ist, ob es sich manifestieren kann. Ein klarer Fall für die privilegierte Behandlung eines Individuums in einer Gruppe liegt nun vor, wenn es um *Brutpflege* geht.

Wenn etwa der sprichwörtliche Besucher vom Mars irdische Eltern beobachten würde, die sich mit ihrem Kind abgeben, so gewönne er, vor allem bei Naturvölkern, ohne Zweifel den Eindruck, das kleine Wesen sei eine höchst einflußreiche Persönlichkeit. Während nämlich für jede synchronisierte Partnerschaft ein ausgewogenes Verhältnis zwischen der Bereitschaft besteht, Ausdruckssignale zu senden und zu empfangen, stoßen wir hier auf eine nicht zu übersehende Asymmetrie: Das Kind sendet pausenlos expressive Signale, kümmert sich aber herzlich wenig um das, was sich da auf seiten der Eltern an Stimmungen ausdrücken mag – »primären Narzißmus« nennen das die Psychoanalytiker. Die Eltern, auf der anderen Seite, wenden der kleinen Hauptperson eigentlich ständig ihre Aufmerksamkeit zu; ihr Verhalten reflektiert demgemäß in weit größerem Maße die Stimmungslage des Kindes als etwa umgekehrt.

Der biologische Sinn dieser Form von »Dominanz« liegt auf der Hand. Das Kind ist noch gar nicht in der Lage, seine Antriebe selbst in die Tat umzusetzen; bei den Eltern wiederum hat die Sippenselektion dafür gesorgt, daß sie in der Regel bereit sind, auch starke persönliche Antriebe zurückzustellen, wenn das Kind seinerseits Bedürfnisse anmeldet. Der Leser möge mir verzeihen, wenn ich an dieser Stelle nicht auf die Meinung einiger »Psychohistoriker« eingehe, derzufolge Kinderliebe eine zivilisatorische Errungenschaft der Neuzeit sei. Eltern, die ihre eigenen Kinder planmäßig umbrächten oder verkommen ließen, hätten bereits nach wenigen Generationen Platz gemacht für die Nachkommen anderer, die ihre Pflegemotivation nicht so leicht unterdrücken konnten.

Das sind funktionale Argumente. Werfen wir auch einen Blick auf die Nahursachen: Wie erreicht es das Kind, daß die Erwachsenen ihm Vorrang gewähren?

Ein wichtiger Faktor ist die *körperliche Erscheinung*. Konrad LORENZ war wohl der erste, der unter der Bezeichnung »Kindchenschema« zusammengestellt hat, welche Merkmale uns geneigt machen, einem kleinen Artgenossen Privilegien einzuräumen, die wir uns normalerweise nicht ohne Gegenwehr abtrotzen lassen würden. Pausbäckig sollte ein solches Wesen sein und möglichst große Augen haben; das Gesicht sollte höchstens die untere Hälfte des Kopfes einnehmen und von einem mächtigen Hirnschädel überwölbt sein. Kopf und Extremitäten müssen proportional zum Rumpf deutlich vergrößert erscheinen. Hinzu kommen dann noch eine etwas tollpatschige, »treidelnde« Bewegungsweise, hohe Stimmlage und, vor allem in der Kopfpartie, eine bestimmte Duftnote. All das ist wiederholt dargestellt worden und inzwischen allgemein bekannt.

Entsprechendes gibt es auch bei vielen Tieren: Bei Mantelpavianen sind die Kinder beispielsweise schwarz, und solange sie so aussehen, genießen sie Narrenfreiheit. Infantilen Pinseläffchen fehlen die weißen Haarbüschel, Bleß- und Streifengänse zeigen vor der ersten Mauser noch nicht die durch den Artnamen angedeutete Gesichtszeichnung. Von Bedeutung sind in all diesen Fällen auch die Kleinheit, die besondere Stimmlage sowie Wachstumsallometrien, die denen unserer eigenen Kinder so ähnlich sind, daß uns die meisten Säuger-, ja Wirbeltierjungen als »herzig« oder »süß« erscheinen.

Abgesehen von der Physiognomie, stehen dem Kind aber auch noch spezifische *Verhaltenssignale* zur Verfügung, die es im Bedarfsfall aussenden kann, um sich die Kooperation adulter Gruppenmitglieder zu sichern. Jun-

ge Weißbüscheläffchen haben zum Beispiel einen Quäklaut, mit dem sie sich erwachsenen Geschwistern oder den Eltern nähern, um ihnen das schon zu Munde geführte Futter buchstäblich »vor der Nase« wegzufressen. Auch bei anderen Tierarten sind Bettellaute oder -gesten bei der Futterübergabe recht häufig. Junge Wildgänse zeigen durch einen zarten Triller an, daß sie müde sind oder frieren und jedenfalls gehudert werden möchten.

Sehr verbreitet sind quer über die Artengrenzen hinweg besondere Lautäußerungen, mit denen das Kind meldet, daß es sich *gefährdet* fühlt. Dabei wird oft genauer differenziert, ob das Kind den Kontakt zur Gruppe verloren hat, ob ihm körperlich unwohl ist oder ob es von einem Raubfeind gefaßt worden ist. Die Reaktion der Eltern oder auch der gesamten Gruppe auf solche Vokalisationen, die wegen ihrer offensichtlichen Analogie zu entsprechenden Signalen beim Menschen als »Weinlaute« bezeichnet werden, kann sehr dramatisch sein. Mancher Tierpfleger weiß davon ein Lied zu singen, der bei dem Versuch, etwa einem irgendwo eingeklemmten Affenkind zu helfen, dessen Angstschrei auslöste und daraufhin blitzartig die gesamte Gruppe im Genick hatte.

Verhaltenssignale, die den Wünschen des Senders gruppenverbindliche Priorität dadurch sichern, daß sie ihn als brutpflegebedürftig und -berechtigt ausweisen, sollen nachfolgend als *»supplikative«* Gebärden bezeichnet werden. Sie wären von geringerem theoretischen Interesse, wenn sich ausschließlich Kinder ihrer bedienen würden. Das ist jedoch nicht so: Auch erwachsene Gruppenmitglieder verwenden, schon auf tierischer Stufe, unter bestimmten Bedingungen supplikative Gesten, um ihre Absichten durchzusetzen. Hiermit sind interessante Probleme verbunden, die wir indessen erst würdigen können, wenn wir auch den zweiten, wichtigeren Fall einer Dominanzlösung von Antriebskonflikten in der Gruppe erörtert haben. Ich meine das Phänomen, das die Ethologen mit dem Wort »Rangordnung« kennzeichnen.

Rangordnung

Es war einige Zeit her, seit wir uns das letzte Mal zu unserem Abenddrink in der Hotelbar zusammengefunden hatten. Der Ober hatte Ausgang; statt seiner bediente uns – wenn »bedienen« das richtige Wort ist – eine Tochter des Hauses, Ende zwanzig, fesch und mürrisch. Sie sah gut aus und wußte es. Nichts sprach dafür, daß sie im Dienstleistungsgeschäft ihre Lebensaufgabe erblickte.

Wir mußten etwas länger als gewöhnlich warten, bis wir unsere Bestellungen los werden konnten. Und dann, kaum hatte sie den Rükken gekehrt, war dem Psychoanalytiker auch noch zu allem Überfluß eingefallen, daß seine John Player Special ausgegangen waren. »Fräulein!« rief er ihr mit sonorer, aber schicklich gedämpfter Therapeutenstimme hinterher.

Sie zuckte, soweit das von hinten zu beurteilen war, noch nicht einmal mit den Wimpern.

»Au weh«, flüsterte ich, »das war unter ihrer Würde. Der Dame des Hauses ruft man nicht nach. Und bestellen tut man einmal und richtig.«

»Sie wissen ja gar nicht, ob sie es überhaupt gehört hat!" gab der Wissenschaftliche Psychologe zu bedenken, der »naive«, das heißt dem Alltagsverstand einleuchtende Verhaltenserklärungen auch außerhalb des Labors tunlichst zu vermeiden suchte.

Die Dame war inzwischen wieder an der Theke angelangt und begann, lustlos aber energisch, ein Glas zu polieren.

Noch ein Glas.

Ein drittes.

Dann sagte sie zum Boy, ohne den Blick von ihrer Arbeit zu nehmen, aber so, daß man es deutlich hören konnte: »Franzl, geh mal zu den Herrn am Ecktisch. (Pause.) Die wolln noch was.«

Franzl kam pflichtschuldigst und erledigte die Sache mit den Zigaretten.

Die Höhe des Trinkgeldes war beachtlich. »Jetzt hat sie doch wirklich fertiggekriegt, mir ein schlechtes Gewissen zu machen«, sagte der Psychoanalytiker anerkennend.

»Gekonnte Arroganz ist entwaffnend«, bemerkte der Physiker. Und zu mir gewandt fuhr er fort: »Sie als Ethologe würden wahrscheinlich sagen, die Dame habe soeben eine Hackordnung durchgesetzt: Zuoberst sie selbst, dann ihr Laufbursche, und dann wir ganz unten. ›Die wollen noch was!‹ Eigentlich haben wir nichts zu wollen, schon gar nicht von ihr.«

»In der Tat«, räumte ich ein. »Nur verwenden wir das Wort ›Hackordnung‹ kaum mehr, oder höchstens noch dort, wo es auch erstmals vor 50 Jahren einge-

führt wurde, nämlich im Hühnerhof. Wir sprechen heute von ›Rangordnung‹.«

»Weil Säugetiere sich eben nicht hacken, sondern beißen, rammen oder schlagen?«

»Nein, nein. Das wäre trivial. Der Grund liegt tiefer. Bei einer etablierten Rangordnung wird fast überhaupt nicht gehackt oder gebissen oder sonstwie gekämpft. Sie versteht sich von selbst.«

»Und woran erkennt man sie dann?«

»Mit dieser Frage bringen Sie mich in Verlegenheit. Man hat in der Ethologie ursprünglich recht heterogene Erscheinungen mit der Etikette ›Rangordnung‹ versehen. Das ist jetzt nicht mehr ganz leicht zu bereinigen. Immerhin, soviel kann man sagen: Rangordnung hat stets etwas mit der Durchsetzung eigener Antriebsziele beim Interessenkonflikt mit anderen Gruppenmitgliedern zu tun.«

»Aber dieses Kriterium genügt nicht«, warf der Psychoanalytiker ein. »Formal betrachtet, müßten Sie dann den Säugling als das ranghöchste Familienmitglied bezeichnen. Nun können Kinder und Kranke ja manchmal wirklich zu Tyrannen ihrer Pfleger werden; wir kennen das aus der Familientherapie. Aber solche Fälle haben die Ethologen wohl kaum im Sinn, wenn sie von Rangordnung sprechen.«

»Das stimmt nicht ganz. Zuweilen stößt man auf tiersoziologische Arbeiten, in denen tatsächlich die Kinder zuoberst in der innerfamiliären Rangreihe eingeordnet werden. Aber ich gebe zu, daß das unbefriedigend ist. Wir brauchen noch eine engere Definition. Und diese muß wohl doch etwas mit Aggression zu tun haben.«

»Haben Sie nicht eben gesagt, daß Rangordnung ohne Kämpfe auskommt?«

»Aber nicht, wenn sie entsteht. Nehmen wir an, zwei Artgenossen treffen sich bei einer Ressource, die nur für einen von beiden ausreicht. Keiner hat einen Grund, seinen Anspruch dem anderen zuliebe zurückzustellen. Also kommt es zum Kampf. In diesem entscheidet sich, wer der Stärkere ist, und beide merken sich das. Wenn sie das nächste Mal in ähnlicher Situation sind, oder spätestens beim übernächsten Mal, wird der Unterlegene auf die wenig aussichtsreiche Auseinandersetzung von vornherein verzichten und dem anderen das begehrte Objekt widerstandslos überlassen. Und damit ist eine Rangordnung etabliert.«

»Aha«, sagte der an klare Begriffsbestimmungen gewöhnte Physiker. »Ranghöhe heißt also soviel wie Priorität bei der Durchsetzung eigener Antriebsziele aufgrund der Erinnerung an das Ergebnis früherer Auseinandersetzungen. Das ist natürlich etwas ganz anderes als im Falle der Brutpflege. Es scheint mir übrigens auch zu bedeuten, daß sich ›Rangordnung‹ in diesem Sinn nur zwischen Tieren ausbilden kann, die einander individuell kennen.«

»In den meisten Fällen ist das richtig. Aber notwendig voraussetzen muß man individuelle Bekanntschaft gleichwohl nicht. Manchmal läßt sich nämlich auch schon an morphologischen Merkmalen des Gegners erkennen, ob eine aggressive Auseinandersetzung Erfolg verspricht. Widder können die Kampfkraft des Gegners an der Stärke des Gehörns abschätzen; bei Geweihträgern ist es ähnlich. Auch die Körpergröße macht sicher Eindruck. Solche Hinweise können schon bei der ersten Begegnung wirksam werden, ohne daß Kämpfe vorausgegangen sind. Aber die Regel ist das gleichwohl nicht. Meist korreliert in Tiersozietäten die Rangordnung nicht sehr eindrucksvoll mit irgendwelchen erkennbaren morphologischen Stärkezeichen. In solchen Fällen beruht die Hierarchie dann wohl doch primär auf der Lerngeschichte.«

Im Brennpunkt der Aufmerksamkeit

»Wie verhält es sich denn in hierarchisch organisierten Tiersozietäten mit der Kommunikation in der Gruppe?« wollte der Wissenschaftliche Psychologe wissen.

»Sie ist erkennbar asymmetrisch – ähnlich wie bei einer Familie, die sich auf ein pflegebedürftiges Kind konzentriert. Der britische Ethologe Michael CHANCE hat das genauer studiert. Er fand heraus, daß man die Rangordnung in Primatengruppen recht gut an der Aufmerksamkeitsstruktur ablesen kann. Das Alpha-Tier – man klassifiziert Ränge mit griechischen Buchstaben, vom Gruppenführer Alpha bis zum Prügelknaben Omega absteigend –, das Alpha-Tier also erkennt man daran, daß es im Brennpunkt der Aufmerksamkeit der übrigen Gruppenmitglieder steht. Von ihm kommen die Signale, die das Verhalten der anderen koordinieren, daher wird es von allen am meisten beachtet.«

Die Musik hatte eingesetzt und meine letzten Worte übertönt. »Sagten Sie *ge*achtet?« fragte der Psychoanalytiker, aus langjähriger Erfahrung immer auf Fehlleistungen gefaßt.

»An sich habe ich be-achtet gesagt. Aber Sie sprechen einen Aspekt an, der bedenkenswert ist. ›Achtung‹, was ja eine Form von Ehrerbietung ist, hängt etymologisch wirklich mit ›Beachten‹, also mit Aufmerksamkeitszuwendung, zusammen. Auch ›Respekt‹ kommt übrigens von ›respectare‹, das soviel wie ›entgegenblicken‹ heißt.«

»Es gibt noch mehr solche Worte«, fügte der Physiker hinzu. »›Ansehen‹ zum Beispiel. In anderen Sprachen ist es sicher ähnlich. Hat jemand eine Ahnung, woher ›Prestige‹ kommt?«

»Von ›praestigia‹«, wußte der Psychoanalytiker. »Aber das heißt, soweit ich mich erinnere, eher ›Blendwerk‹ und ›Gaukelspiel‹.«

»Dann hat es doch wieder mit Aufmerksamkeit zu tun, wenn auch mit erschlichener, manipulierter. Wie ist das überhaupt: Wenn Rangordnung sich in der Aufmerksamkeitsstruktur widerspiegelt, kann man dann womöglich auch umgekehrt die Rangverhältnisse auf dem Weg über die Aufmerksamkeitsstruktur beeinflussen? Kann man sich in eine höhere Rangposition versetzen, wenn es einem gelingt, die Aufmerksamkeit der Gruppe auf sich zu ziehen, ›Aufsehen‹ zu erregen? (Auch so ein Wort!)«

»Jane Goodall hat so etwas bei ihren Schimpansen beobachtet. Eines der Männchen, ein gewisser Mike, hatte entdeckt, daß man einen diabolischen Lärm veranstalten kann, wenn man sich aus dem Zelt zwei oder drei leere Blechkanister holt und dann, diese vor sich her kickend, über den Platz stürmt. Es gelang ihm, sich durch solche Praktiken derart in den Mittelpunkt zu spielen, daß das bisherige Alpha-Männchen ihm schließlich den Vorrang abtrat, und zwar ohne daß noch ein ernsthafter Kampf stattfinden mußte.«

»Nennt man so etwas nicht Imponierverhalten?«

»Genau. Normalerweise schleifen Schimpansen möglichst lange Zweige hinter sich her, oder sie schütteln Äste und trommeln an Bäume. Das soll wohl auch ihre Körperkraft demonstrieren. Aber zunächst einmal ist es eine Aktivität, die Aufmerksamkeit erregt, und das allein genügt offenbar schon zur Markierung eines Ranganspruchs. Wer kuschen will, sieht als erstes zu, daß er nicht auffällt.«

»Das erinnert mich an den beliebten Feldwebel-Spaß aus meiner Soldatenzeit: ›Wer kann Klavierspielen?‹ Der unvorsichtige Rekrut, der sich meldete, wurde dann vor den Augen des feixenden Zuges zum Latrinenputzen abkommandiert. Wir lernten sehr schnell, daß Auffallen sich nicht bezahlt macht.«

»Wer auffällt, riskiert, daß ihm unterstellt wird, er nehme sich wichtig und wolle von anderen wichtig genommen werden. Manche Leute scheuen sich, ihrem Haus einen bunten Anstrich zu verpassen, obwohl das in dem eintönigen Grau-in-Grau des Straßenzuges eine Wohltat fürs Auge wäre. Unterhält man sich mit ihnen darüber, so wird klar, daß sie fürchten, die Nachbarschaft könne meinen, sie demonstrierten zuviel Selbstbewußtsein.«

»Seltsam«, dachte der Physiker nach, »es gibt Berufe, bei denen es dazu gehört, sich immer in den Fokus der Aufmerksamkeit anderer zu rücken. Schauspieler zum Beispiel, oder auch Leute, die regelmäßig Vorträge oder Vorlesungen zu halten haben. Oder Predigten. Von Konzertdirigenten ganz zu schweigen. Sie alle müssen gewissermaßen ex officio Ranganspruch demonstrieren, ganz egal, wie ihnen gerade zumute ist. Das muß doch zu Konflikten führen. Und wie ist es eigentlich mit schönen Mädchen?«

»Mit schönen Menschen überhaupt, Sie brauchen die Männer dabei gar nicht auszulassen! Wer gut aussieht, wird einfach viel häufiger angeschaut als ein Durchschnittsgesicht. Dadurch wird ihm ständig eine nie erkämpfte Ranghöhe eingeräumt, ja zugewiesen, die bescheidenere Gemüter nur schwer zu verarbeiten wissen.«

»Moment mal«, mischte sich an dieser Stelle der Psychoanalytiker ein. »Wir haben ursprünglich von tierischer Rangordnung gesprochen, und die hat doch wohl zunächst etwas mit der *Macht*dimension zu tun. Mir scheint, das Gespräch ist jetzt unversehens auf ganz andere Dinge übergegangen, auf Phänomene, die mit sozialer Anerkennung, mit *Geltung* zu tun haben. Wer gern im Mittelpunkt steht, ist vielleicht geltungssüchtig und eitel, aber nicht notwendigerweise auf Macht aus. Ihm genügt, wenn die anderen ihm schmeicheln. Dem wahren Machtmenschen hingegen ist es egal, welches ›Ansehen‹ er genießt, solange man seinen Befehlen Folge leistet. ›Oderint, dum metuant!‹ hat irgendein römischer Despot gesagt. Er wollte, daß man ihn fürchtet.«

»Und wie ist es mit dem Wort ›Ehr-Furcht‹? Sicher haben sich beim Menschen Geltung und Macht zu selbständigen Motiven auseinander entwickelt. Aber ihre gemeinsame phylogenetische Herkunft merkt man ihnen doch noch an. Zwei Äste aus demselben Stamm sind nicht zwei verschiedene Bäume. Es ist natürlich interessant, zu fragen, an welcher Stelle sich die Äste gabeln. Ich möchte Ihnen dazu eine kleine Geschichte erzählen.«

Die Geschichte von der furchtlosen Elritze

Mein Lehrer Erich von HOLST, der Begründer der Verhaltensphysiologie, hatte in den frühen vierziger Jahren ein Experiment durchgeführt, in dessen Verlauf er aus Gründen, die hier nichts zur Sache tun, einer Elritze das Vorderhirn operativ entfernen mußte. Die Fische überleben diesen Eingriff ohne weiteres; aber er verändert ihren Charakter. So werden sie zum Beispiel ziemlich wahllos in ihrem Freßverhalten. Vor allem aber scheint das Vorderhirn wichtig für die Auslösung von Furchtreaktionen zu sein. Wenn man es ausschaltet, verliert das Tier alle Ängstlichkeit und schwimmt ohne Zögern auf Objekte zu, an die es sich im intakten Zustand niemals herangetraut hätte.

Nun ist die Elritze aber ein Schwarmfisch. Der Schwarm hat eine anonyme Struktur, es gibt in ihm keine Rangordnung. Ortsbewegungen solcher Gebilde basieren auf einfachen Formen von Synchronisation; sie machen daher, von weitem gesehen, denselben Eindruck wie der Zeitrafferfilm einer kriechenden Amöbe: Es entstehen Ausbuchtungen mal nach dieser, mal nach jener Seite, bis eine von ihnen schließlich das Übergewicht bekommt – und dann »fließt« der ganze Schwarm endgültig in die entsprechende Richtung.

So ist es normalerweise auch bei Elritzen. Das änderte sich aber sofort, als von Holst den operierten Fisch zum Schwarm zurückgab. Nun war mit einem Mal alles Zögernde aus der Schwarmbewegung verschwunden. Und zwar deshalb, weil das vorderhirnlose Tier ohne jede Ängstlichkeit einfach den Weg einschlug, nach dem ihm zumute war, und die anderen, überwältigt von soviel Entschlossenheit, ihm blindlings folgten.

Die Anekdote hat noch ein delikates Nachspiel. Auf einer Dozententagung interessierte sich ein NSDAP-Funktionär für von Holsts Arbeiten; Biologie stand damals ja hoch im Kurs. Leider beging er den Fehler, seinen Gesprächspartner abschließend zu fragen, ob es denn bei Tieren auch schon etwas gebe, was dem »Führer-Prinzip« entspreche. Worauf von Holst, der einer Konfrontation nie aus dem Wege ging, ohne Zögern und offenbar auch recht effektvoll die Geschichte von der Elritze erzählte und dann zu allem Überfluß mit den Worten schloß: Und so sehe man, daß es nur eines Hirndefektes bedürfe, um ein Individuum zum Führer der Gruppe avancieren zu lassen.

Das Gespräch fand in Gegenwart vieler Zuhörer statt; der Funktionär wurde blaß und hatte keine weiteren Fragen. Von Holst wurde denunziert. Es gelang ihm jedoch, sich mit vollendet gespielter Arglosigkeit unangreifbar zu machen: Er habe doch nur über empirische Befunde berichtet, nach denen er gefragt worden sein. Man verwarnte ihn und ließ ihn laufen.

Aber zurück zu den Elritzen. Unter normalen Bedingungen versuchen diese Fische nicht, einander wechselseitig zu dominieren, sondern sie organisieren ihr Schwarmverhalten durch Synchronisation. Von Holst war es nun gelungen, diese egalitäre Ordnung in eine Rangordnung zu verwandeln. Aber nicht, indem er die Tiere oder den designierten »Führer« *aggressiv* machte.

Erinnern wir uns noch einmal an die Definition von Seite 302: »Priorität aufgrund der Erinnerung an das Ergebnis früherer Auseinandersetzungen«. Das Elritzenbeispiel sollte uns zu denken geben: Vielleicht ist der Ranghöchste gar nicht immer der Stärkste und Aggressivste, sondern der, der die geringste *Angst* hat.

Zäune und Ketten

Der Physiker war nachdenklich geworden. »Sie schneiden da ein Problem an, das ich schon vorhin zur Sprache bringen wollte. Erinnern Sie sich an das Beispiel von den beiden Tieren, die einander bei einer Beute begegnen und um diese zu kämpfen beginnen? Der Unterlegene, hatte es geheißen, merkt sich den Sieger und respektiert ihn künftig. Auf diese Weise soll Rangordnung entstehen. Aber hier fehlt mir ein wichtiges Glied in der Argumentation: Was heißt ›künftig‹? Warum gibt es überhaupt eine zweite und viele weitere Begegnungen? Das Natürlichste wäre doch, wenn der Unterlegene nach dem verlorenen Kampf das Weite suchen würde! Was sollte ihn denn überhaupt veranlassen, sich noch länger in der Nähe von jemandem aufzuhalten, der bei jedem künftigen Interessenkonflikt Priorität beanspruchen darf?«

»Das Kind beansprucht ebenfalls Priorität, und gleichwohl bleiben die Eltern bei ihm und erfüllen ihm seine Wünsche.«

»Die sind aber auch durch die Pflegemotivation an ihr Kind gekettet! Irgend etwas muß immer erst einmal da sein, das die Mitglieder einer Gruppe zusammenhält, bevor sich eine hierarchische Organisation ausbilden kann. Wer bindungsunfähig ist, der ist auch nicht in der Lage, sich in eine Rangordnung einzufügen.«

Dem mußte ich zustimmen. Mein Freund Irenäus EIBL-EIBESFELDT hat einmal einen Dachs von Hand aufgezogen. Das Tier wurde völlig zahm und entwickelte sich nach einiger Zeit bei aller Possierlichkeit zu einer Plage, da es mit Ausdauer Möbel benagte und Polster zerriß. Der springende Punkt war, daß man ihm das nicht abgewöhnen konnte. Gab man ihm einen Klaps, so wurde es böse und bissig. Ging man zu energischeren Strafmaßnahmen über, so verlor es sein Zutrauen und wurde scheu. Man kann diese – von Haus aus solitäre – Tierart einfach nicht erziehen wie einen Hund. Hier fehlen genau die Bindungskräfte, die bei jeder Rangordnung schon vorausgesetzt sind.

Allerdings können diese »Bindungskräfte« manchmal auch ganz äußerlich sein. Man braucht nur einen Zaun um eine Schar von Tieren zu ziehen, so daß sie sich nicht aus dem Weg gehen können; das induziert dann eine Rangordnung auch bei Arten, die unter natürlichen Bedingungen keine haben. In zoologischen Gärten ist das ein bekanntes Phänomen; auch bei Fischen im Aquarium kann man es beobachten. So eine »Rangordnung« wirkt freilich auf den sensiblen Beobachter pathologisch – die Omegatiere stehen sichtlich unter Dauerstreß, was man bei natürlichen hierarchischen Organisationen nicht sagen kann.

Ebenfalls äußerlich, wenn auch nicht mehr ganz so zwanghaft, ist eine Rangordnung auf der Basis gemeinsamer Kettung an Drittobjekte. An einer Tränke, die von vielen Individuen regelmäßig aufgesucht wird, kann sich so etwas wie eine feste Regelung des Vortritts ausbilden. Ähnlich verhält es sich mit Geschwistern eines Wurfes, wenn diese eigentlich nicht aneinander, sondern nur gemeinsam an die Mutter gebunden sind.

Vom Lohn der Ergebenheit

Wirklich interessant wird es aber erst, wenn solche äußerlichen Zäune und Ketten wegfallen, wenn die Mitglieder einer Rangordnung wirklich *aneinander* gebunden sind. Was haben die niederen Chargen einer Hierarchie davon, wenn sie jemandem, der alle Privilegien für sich beansprucht, ergebene Gefolgschaft leisten?

Der Physiker hatte sich für dieses Thema erwärmt. »Es stimmt doch«, rekapitulierte er, »daß Ängstlichkeit etwas mit ›Erregung‹ zu tun hat? Wir unterhielten uns neulich über diesen Begriff.«

»Gewiß. Furchtreaktionen sind ein Anzeichen dafür, daß die ›Erregung‹ die Toleranzschwelle des Individuums überschreitet. Bei einem Defizit an ›Erregung‹ kommt es umgekehrt zu Explorationsverhalten, auch zu sozialem Spiel.«

»Und auslösend für ›Erregung‹ ist das Maß an unverarbeiteter Information im Reizangebot?«

»Das ist in der Tat die vorherrschende Ansicht. Fremde Objekte oder Artgenossen, undurchsichtige Ereignisse, unbekanntes oder schlecht überblickbares Gelände – kurzum: ›kollative‹ Reize – erzeugen Erregung. Mit gutem Grund; denn alle diese Faktoren erhöhen die Ungewißheit. Oder, andersherum gesagt: Sie reduzieren die Gewißheit, daß sich so bald nichts Schlimmes ereignen wird.«

»Wenn nun jemand in einer unklaren oder gefährlichen Situation erkennbar die Ruhe bewahrt, weniger erregt wirkt als andere, weniger Anzeichen von Angst zeigt, ist man dann nicht berechtigt, von ihm zu vermuten, daß er die Situation eben auch wirklich besser überblickt, daß sie für ihn weniger unverarbeitete Information beinhaltet? Daß er intelligenter oder erfahrener ist als einer, der in derselben Lage in Panik gerät?«

»Je nachdem«, gab der Wissenschaftliche Psychologe zu bedenken. »Er könnte auch einfach deshalb weniger ängstlich sein, weil seine kognitive Kapazität nicht ausreicht, tatsächlich bestehende Diskrepanzen oder Gefahren zu erkennen. Wenn Sie ein genuin schwachsinniges Kind fragen, ob zwei und zwei drei ergibt, und es sagt ja, dann strahlt es Sie dabei an. Fachleute haben mir versichert, daß sie daran echten Schwachsinn von einer neurotischen Beeinträchtigung der intellektuellen Leistungsfähigkeit unterscheiden können. Die ›Siegesgewißheit des Debilen‹ nennt man das. Im Prinzip lag dieser Fall ja bei von Holsts Fisch vor. Hinter Ihrem furchtlosen Helden könnte sich ein tumber Tor verbergen. Oder ein Draufgänger, ein Stuntman mit praktisch nicht zu sättigendem Erregungsbedürfnis. Schlimmstenfalls beides zugleich!«

»Zugegeben«, sagte der Physiker. »Aber Sie verstehen, worauf ich hinauswill. Wenn ich Mitglied einer Gruppe von Affen wäre und würde so durch den Urwald streunen mit meinem beschränkten Horizont, und dauernd würde rechts und links etwas geschehen, was mich in Aufregung versetzt, weil ich nicht weiß, wie ich mich verhalten soll, und den anderen würde es genauso ergehen, bloß einer wäre dabei, der dann immer ganz ›cool‹ bleibt und ohne Anzeichen von Ängstlichkeit seine Entscheidungen trifft – so einem würde ich durch dick und dünn folgen. Ich könnte ihn nicht nach seiner Geburtsurkunde fragen, aber die Chancen stünden hoch, daß es sich um ein älteres, erfahrenes Tier handelt und daß ich nur profitieren kann, wenn ich mich ihm anschließe. Auch wenn es mich dominiert, komme ich immer noch auf meine Kosten, denn ich gewinne *Sicherheit*. Rangordnung, so möchte ich behaupten, hat die Funktion, dem Erfahrensten die Leitung der Gruppe zuzuweisen, und geringe Erregung in gefährlichen Situationen ist das Signal, an dem die Gruppenmitglieder den Grad der Lebenserfahrung bestimmen.«

»Und dann kommt ein schwachsinniger Draufgänger daher, und sie halten ihn für einen Weisen Vater, glauben, daß sie herrlichen Zeiten entgegengehen, und laufen ihm nach ins Verderben.«

»Wollen Sie sagen, daß das nie vorkommt?« fragte der Psychoanalytiker.

19. Kapitel

Repressive Harmonie

Eine stabile Rangordnung setzt nicht nur voraus, daß ein Gruppenmitglied Privilegien beansprucht, sondern auch, daß die anderen ihm diese zugestehen. Geborgenheit unter dem Schutz des Stärkeren wird nur dem zuteil, der seine eigene Unmündigkeit signalisiert. Andererseits treibt die Geschlechtsreife den Heranwachsenden in ein immer stärkeres Verlangen nach Autonomie. Aus diesem Konflikt führen nur zwei Auswege: Entwicklungsstillstand oder Bruch.

Der Mythos vom Lichtträger

Am Anfang, so wissen die Apologeten des christlichen Altertums zu berichten, umgab sich Gott mit einer Schar von Engeln. Alle waren auf ihre Weise vollkommen, und alle beteten ihn an. Der herrlichste von ihnen hatte den Ehrennamen »Träger des Lichts«.

Noch ehe Gott die Welt erschuf, ereignete sich indessen eine Katastrophe. Was deren genauer Anlaß war, darüber gehen die Meinungen auseinander. Einige meinen, Gott habe seinen Engeln offenbart, daß er selbst Mensch zu werden gedenke, und von ihnen verlangt, daß sie ihn auch in der Gestalt äußerster Erniedrigung, als Gekreuzigten, anbeteten; der »Lichtträger« aber habe diese Reverenz verweigert.

Einer simpleren Version zufolge ist der oberste der Engel einfach allmählich immer eitler geworden, bis er eines Tages, geblendet von Überheblichkeit, seinen Mitengeln gottgleiche Anbetung abverlangte. Eine dritte Lesart schließlich nimmt an, er habe sich nicht eigentlich als Rivale neben und gegen Gott zu stellen versucht, sondern Anspruch erhoben, mit ihm in mystischer Intimität zu einer allmächtigen Zweifaltigkeit vereint zu sein.

Wie dem auch sei – der »Träger des Lichts«, darüber herrscht Konsens, wurde überheblich und versuchte die himmlische Hierarchie zu sprengen. Da erhoben sich die Heerscharen der gottesfürchtigen Engel, auf daß sie den Abtrünnigen aus den Gefilden der Seligkeit vertrieben. Es entbrannte ein gewaltiger Kampf, in dem die Streitmacht des Guten, angeführt von einem, der den Schlachtnamen »Michael« trug, das heißt »Wer ist wie Gott«, den »Lichtträger« besiegte und hinabstürzte in gähnende Finsternis.

Dort haust er seitdem. Seinen Namen, Lucifer, hat er verwirkt; er wird nach seiner Verjagung »der Widersacher« oder »der Verwirrer« genannt – Satan oder Diabolos.

Das ist die Legende vom Engelsturz. Und wie die meisten Produkte mythenschöpferischer Phantasie bildet auch diese Szene, nebst dem, was die Exegeten sich dazu an Deutungen einfallen ließen, eine psychologische Urerfahrung nach, deren Wurzeln sich bis tief in unsere Stammesgeschichte zurückverfolgen lassen.

Die kleinen Männchen

In den dicht verzweigten, von Lianen und Epiphyten durchwucherten Gipfeln des Regenwaldes an der brasilianischen Ostküste lebt eine etwa eichhörnchengroße Tierart aus der Familie der Krallenaffen. Ihr lateinischer Name ist *Callithrix jacchus;* auf deutsch bezeichnet man sie als Pinsel- oder Weißbüscheläffchen, wegen der auffallenden, nach beiden Seiten abstehenden Haarschöpfe an den Ohren, die silberweiß mit der dunkelfarbigen Kopfbehaarung kontrastieren und, neben dem sehr langen, hell-dunkel gebänderten Schwanz, das Erscheinungsbild der Tierchen prägen.

Diese Kleinprimaten sind an ein Leben in höheren Baumregionen angepaßt; die Nägel an ihren Zehen und Fingern haben sich, wie der Familienname besagt, sogar eigens zu Krallen entwickelt. Gleichwohl kommen sie immer wieder mit dem Menschen in Berührung; denn sie zeigen keine sonderliche Scheu. Stellenweise sind sie sogar Kulturfolger geworden, so daß man sie in Lateinamerika auch in Gärten und Stadtparks antrifft. Ihrer Possierlichkeit wegen waren sie schon bei den präkolumbianischen Indianern als Hausgäste wohlgelitten, und die Konquistadoren und ihre Nachfolger brachten sie dann auch bald nach Europa mit. Im Barock soll es nicht selten vorgekommen sein, daß man der Dame seines Herzens zur Kurzweil ein Krallenäffchen als galantes Angebinde verehrte.

In Frankreich bezeichnete man sie, wie übrigens auch die Murmeltiere, mit einem Wort, das soviel wie »kleines Männchen«, »komischer Zwerg«, »Knirps« bedeutet – »marmot« oder »marmouset«; und diesen Namen hat auch die englische Sprache übernommen, während sich die Bezeichnung »Marmosetten« im Deutschen kaum einbürgern konnte.

An den Höfen des Barockadels traf man die Tiere nur allein oder höchstens zu zweit an. Züchten konnte man sie damals noch nicht; erst seit etwa dreißig Jahren ist bekannt, daß sie einen ungewöhnlich hohen Bedarf an Vitamin D haben, dem man in der Diät Rechnung tragen muß, wenn in der Gefangenschaft lebensfähiger Nachwuchs zur Welt kommen soll. Erst jetzt besteht somit die Möglichkeit, unter künstlichen Haltungsbedingungen die artgemäße Sozialstruktur der Tiere zu studieren.

In freier Wildbahn, das wußte man schon länger, leben Weißbüscheläffchen in Gruppen, deren Größe mit 6 bis 12 angegeben wird. Zwei Kolonien, die an unserem Institut in getrennten Räumen seit 1978 gehalten werden, pegelten sich, passend zu diesem Bild, mit erstaunlicher Konstanz über Jahre hinweg bei einem Bestand von 10 bis 12 Individuen ein.

Das ist insofern keine Selbstverständlichkeit, als alle halben Jahre Nachwuchs kommt. Zwar gibt es in jeder Gruppe nur ein einziges Weibchen, das Kinder zur Welt bringen kann; doch sind das immerhin regelmäßig Zwillinge. Die Gruppengröße sollte also pro Jahr um 4 Köpfe ansteigen, falls niemand stirbt – und die Tiere leben ziemlich lange, länger als ein Jahrzehnt.

Betrachten wir die Sozialstruktur etwas genauer, die sich da auf so magische Weise im Fließgleichgewicht hält. Ich habe schon gesagt, daß nur ein einziges Weibchen züchtet; dasselbe gilt für das männliche Geschlecht:

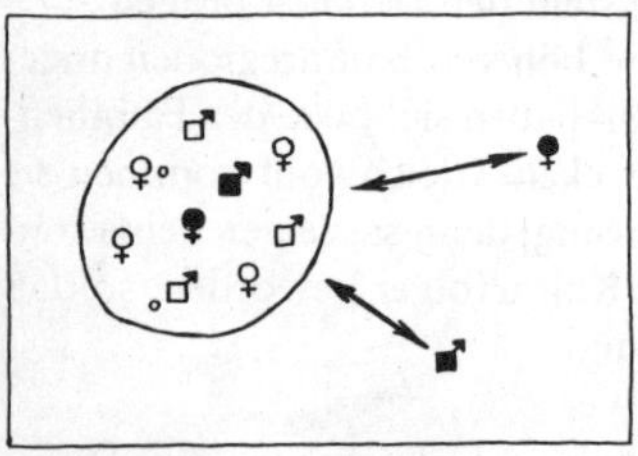

Eine Callithrix-Gruppe ist also nichts anderes als eine große Familie mit einem monogamen Elternpaar an der Spitze, dem allein das Fortpflanzungsprivileg zukommt. Das ist schon recht eigentümlich – denn die übrigen Familienmitglieder sind zum größeren Teil bereits erwachsen! Darin unterscheidet sich diese Sozialstruktur, die wir nachfolgend als »Aristogamie« bezeichnen wollen, von der im 17. Kapitel besprochenen »normalen« Monogamie, bei der die juvenilen Tiere um die Zeit der Geschlechtsreife aus dem Familienverband ausscheiden.

Gleichwohl handelt es sich hier, wie wir auf S. 278 bereits vermerkt haben, nicht nur um die kuriose Marotte einer exotischen Affenart; ähnliche Verhältnisse finden wir auch bei anderen sozialen Säugern. Wir haben guten Grund, uns mit der Dynamik dieser Sozialstruktur näher zu befassen.

Wenn der Nachwuchs über die Geschlechtsreife hinaus am Familienverband haftet, so wird man vermuten dürfen, daß er dort eine Aufgabe zu erfüllen hat. Bei aristogamen Raubtieren geht es dabei um die Erfordernisse der gemeinsamen Jagd. Subadulte Weißbüscheläffchen bleiben aus einem anderen Grund daheim: Sie helfen ihren Eltern, den Nachwuchs aufzuziehen.

Die Eltern können diese Hilfeleistung gut gebrauchen. Die Mutter nämlich wird weitgehend durch das Geschäft des Säugens ausgelastet, ganz abgesehen davon, daß sie unmittelbar nach der Geburt erneut in den Oestrus kommt und infolgedessen auch bald wieder trächtig ist. Die Neugeborenen aber haben nicht nur Hunger, sondern vor allem das primatentypische Bedürfnis, sich an etwas Warmes, Pelziges anzuklammern und von ihm herumgetragen zu werden. Dieses Bedürfnis besteht immerhin während der ersten 16 Lebenstage ununterbrochen und dann noch einen weiteren Monat lang mit allmählich länger werdenden Pausen, in denen die Tierkinder auf eigene Faust im Geäst herumzukriechen beginnen, allerdings immer in Reichweite von jemandem, auf dessen Rücken sie sich notfalls sofort wieder flüchten können.

Nun steht für die Jungenpflege natürlich auch der Vater zur Verfügung, der sich daran in der Tat nach Kräften beteiligt. Zur Not könnten es die beiden Eltern allein schaffen, und bei ihren Erstlingen bleibt ihnen tatsächlich nichts anderes übrig. Da ist es aber schwierig genug und hätte kaum Aussicht auf Erfolg, wenn sie nicht in ihren eigenen Herkunftsfamilien die Tragtechnik bereits eingeübt hätten.

Sobald erst einmal älterer Nachwuchs bereit ist, sich als »Babysitter« nützlich zu machen, überlassen ihm die Eltern die immerhin gut mausgroßen Kleinen gewissermaßen aufatmend und begnügen sich damit, diese zu übernehmen, wenn ernsthafte Gefahr droht oder die Nachtruhe bevorsteht. Die Jungtiere gedeihen bei dieser kollektiven Betreuung prächtig, und man hört nur selten den charakteristischen Weinlaut, ein zartes, aber durchdringendes »zig-zig-zig . . .«, merklich seltener jedenfalls als bei alleintragenden Erstlingseltern.

So hat also jeder etwas davon: Die Babys werden dauerhafter umsorgt, die Eltern entlastet, und die Halbwüchsigen können in Ruhe tragen üben. Es macht diesen denn auch offensichtlich Spaß, ihre Baby-Geschwister für eine Zeit zu übernehmen. Zuweilen reißen sie sich geradezu darum. Wenn sie selbst noch recht jung sind, kann es zwar vorkommen, daß der Appetit größer als der Hunger ist, und sie sehen zu, wie sie das Püppchen möglichst rasch wieder loswerden. Meist ist es aber umgekehrt: Der nächste meldet sich bereits zur Übernahme, wenn der Träger noch gar nicht ans Abgeben denkt.

Dabei spielen sich dann komplizierte Interaktionen ab. Es ist nämlich keineswegs beliebig, wer die Kinder wann und wie lange tragen darf und wer an wen abgibt. Dies hängt vielmehr auf subtile Weise mit der Rangordnung innerhalb der Gruppe zusammen.

Vortritt an der Futterschale

In einer Callithrix-Familie herrschen klare Rangverhältnisse. Man kann sie testen, indem man in einem Futterschälchen, von einer Glasscheibe bedeckt, einen Leckerbissen darbietet, eine große, fette Heuschrecke etwa. Alle Augen starren dann gebannt auf das Ding, das da am Gehegeboden steht, und alsbald wagen sich die ersten in seine Nähe, um das Futter zu ergattern. Dabei zeigt sich sehr schnell, wer ranghöher ist – derjenige nämlich, der sich in dieser Situation das Recht nimmt, die anderen Interessenten anzudrohen, nötigenfalls tätlich anzugreifen und schließlich zu vertreiben. Sperrt man dieses dominante Tier vorübergehend in ein Seitengehege, so geht die Auseinandersetzung zwischen den Übriggebliebenen weiter, und auf diese Weise kann man die Rangbeziehungen im einzelnen durchtesten.

Es zeigt sich dabei, daß die Hierarchie in beiden Geschlechtern ziemlich genau dem Lebensalter folgt. Das Elternpaar rangiert regelmäßig an der Spitze; am unteren Ende stehen die zuletzt geborenen Kinder, die zwar die Möglichkeit hätten, den Älteren Futter abzubetteln, deshalb aber noch lange nicht den Vortritt an der Futterquelle selbst beanspruchen dürfen.

Neben der Faustregel »Alt vor Jung« besteht eine leichte Tendenz zugunsten der Männchen; denn wenn doch einmal die Altershierarchie durchbrochen wird, so handelt es sich so gut wie immer um den jüngeren Bruder einer älteren Schwester. Lediglich beim Elternpaar kehrt sich die Geschlechterasymmetrie um: Die Mutter behauptet den Platz am Futter auch gegenüber dem Vater und vertreibt diesen notfalls sogar. Er droht sie dann zwar an, gewissermaßen zur Wahrung des Gesichts; aber mehr hat er nicht zu melden.

Man könnte nun meinen, daß die Futter-Rangordnung ein ziemlich künstliches Maß sei, wenig bedeutungsvoll außerhalb der Experimentalsituation, in der sie ermittelt wurde. So belanglos ist sie aber keineswegs. Sie erlaubt nämlich immerhin, von einer ganzen Reihe weiterer Interaktionen vorherzusagen, wie sie wahrscheinlich ausgehen werden.

Wie schon angedeutet, gehört dazu die Kooperation bei der Brutpflege: Ranghöhere tragen die Jungen länger und können sie problemloser von Rangniederen übernehmen. Wenn ferner von zwei Tieren das eine dem anderen, rückwärts gerichtet, die Genitalregion entgegenstreckt und dabei den Schwanz S-förmig nach oben biegt – eine intensive Drohgebärde –, so ist es sicher ranghöher. Dasselbe gilt vom Verfolger bei einer Hetzjagd, vor allem wenn der Davonlaufende dabei den submissiven »Gnäh«-Laut ausstößt. Und wenn ein Tier das andere herausfordernd anstarrt und dabei womöglich noch blitzartig die Ohrbüschel nach hinten klappt, während das andere dem Blickkontakt durch ruckartiges Kopfabwenden auszuweichen sucht, so kann man wiederum ziemlich sicher sein, daß das letztere auch beim Futterrangtest unterliegt.

Es bedarf nicht etwa ständig wiederholter Bestimmungsmensuren, um diese Rangverhältnisse stabil zu halten. Normalerweise macht das Gruppenleben einen friedlichen Eindruck. Schafft man freilich ungewohnte Situationen wie eben in den Futtertests, so bekommt man schon eher einmal Auseinandersetzungen zu sehen. Aber selbst hier lernen die Tiere schnell. Das rangniederste Weibchen in einer unserer beiden Gruppen war bald dafür bekannt, daß sie freiwillig ein möglichst weit entferntes Seitenabteil des Raumes aufsuchte, sobald man mit dem besagten Köder ins Gehege kam. Sie wußte, daß sie immer nur Prügel und nie eine Heuschrecke kriegen würde, wenn sie sich an der Futterschale sehen ließe.

Im normalen Alltagsleben sind die Tiere längst so aufeinander eingespielt, daß kaum jemals heftigere Kämpfe ausbrechen; nicht einmal das genitale Drohen bekommt man oft zu Gesicht. Die Familienmitglieder spielen miteinander, pflegen sich wechselseitig das Fell, tragen die Jungen herum oder sitzen einfach zufrieden auf ihrem Ast und knabbern an einer Weinbeere oder einer Erdnuß. Abends beteiligen sie sich gemeinsam an einem zeremoniell anmutenden Rundlauf mit gekrümmtem Katzenbuckel und gesträubtem Fell, einer wohl gegen außen zielenden kollektiven Imponiergeste, funktionell möglicherweise dem Triumphgeschrei der Wildgänse und dem Heulen der Wölfe analog. Sie haben es nicht nötig, miteinander zu kämpfen; ihren Platz in der Rangordnung kennen sie auch so.

Zum Teil liegt das einfach daran, daß sie in diese Ordnung schon hineingeboren werden – ranghöher sind für jeden diejenigen, die ihn als Baby herumgetragen haben. Allerdings läßt dieses Prinzip eine Frage offen: Die Tiere kommen ja als Zwillinge zur Welt; jedes Individuum hat also einen Partner, dem gegenüber die Statusfrage zunächst noch offen ist. Sind beide von verschiedenem Geschlecht, so geht der Vorrang in der Regel kampflos an das Männchen. Anders ist es jedoch bei gleichgeschlechtlichen Paaren.

Irgendwann zwischen ihrem 8. und 10. Lebensmonat, nicht lange nach der Geburt der ersten jüngeren Geschwister, entbrennt zwischen den Zwillingen eine Auseinandersetzung, die, mit Unterbrechungen, etwa einen Tag lang andauert. Das ist keine spielerische Balgerei mehr, sondern ein wirklicher Kampf, bei dem man schmerzhafte Bisse austeilt, ohne einander allerdings ernsthaft zu verletzen. Sobald feststeht, wer der Stärkere ist oder die besseren Nerven hat, legt sich die Spannung wieder, und keine Dissonanz trübt mehr das Bild einer perfekten Gruppenharmonie. Die Rangordnung ist den Tieren dann in Fleisch und Blut übergegangen.

Psychische Kastration

In einer bestimmten Hinsicht kann man diese Formulierung ganz wörtlich nehmen: Was nämlich die *Sexualität* anbelangt, so verhält sich jedes Familienmitglied, dem ein anderes vom gleichen Geschlecht im Range überlegen ist, als sei es durch eine geheime Macht seiner Potenz und Libido beraubt – »Psychische Kastration« nennen die Ethologen diesen Effekt. Und da er bei allen Familienmitgliedern mit Ausnahme des Gründerpaares auftritt, sind die Eltern eben auch die einzigen, die sich überhaupt fortpflanzen.

An sich sind Weißbüscheläffchen schon mit 14 Monaten geschlechtsreif, Weibchen sogar etwas früher. Davon merkt man jedoch nichts, solange sich die Jungtiere im Verband der Familie aufhalten. Obwohl teilweise schon zwei oder gar drei Jahre alt, wirken sie doch noch unmündig: Sie spielen miteinander, und das Herumtragen der Baby-Geschwister ist vielleicht auch dem Puppenspiel menschlicher Kinder näher verwandt als verantwortlicher Fürsorge. Anzeichen sexueller Motivation sucht man bei ihnen jedoch vergebens. Zumindest bei den Weibchen hat das auch eine psychosomatische Basis: Sie ovulieren überhaupt nicht, solange sie im Verband ihrer Herkunftsfamilie leben.

Das aber kann kein Dauerzustand sein. Selbst wenn man nicht wüßte, daß die Gruppengröße einigermaßen konstant bleibt und Neugeburten also irgendwie durch Abwanderungen ausgeglichen werden müssen, ließe doch sozusagen schon der gesunde Tierverstand erwarten, daß jedes Familienmitglied irgendwann in seinem Leben auch einmal in die reproduktive Phase eintreten muß. Eine Callithrix-Familie ist kein Insektenstaat, und die sexuelle Funktion ist nicht dazu da, lebenslänglich unterdrückt zu werden.

Wir haben unsere eigenen Zuchtgruppen nicht zuletzt deshalb eingerichtet, weil uns diese ungelöste Frage beschäftigte. Es dauerte aber eine Weile, bis wir die Antwort erhielten. Denn zunächst waren beide Familien noch klein, und eine Zeitlang passierte nichts anderes, als daß sie sich eben alle halben Jahre um zwei Neugeborene vergrößerten. Das hätte leicht so weitergehen können. Schließlich waren die Tiere in geschlossenen Räumen untergebracht, und falls irgendwen das vergebliche Verlangen angekommen wäre, auf eigene Faust das Weite zu suchen, so war keineswegs ausgemacht, ob wir diese Intention auch bemerkt hätten.

Diese Sorgen waren jedoch unbegründet. Was sich dann eines Tages ereignete, war dramatisch genug; man hätte es nicht übersehen können. Außerdem warfen die Ereignisse ihre Schatten voraus, die wir allerdings beim erstenmal noch nicht zu deuten wußten.

Der Engelsturz

Gegen Ende 1978 war unsere größte Zuchtfamilie auf 11 Tiere angewachsen. Das ranghöchste Mitglied nächst den Eltern war ein Sohn. An seinem Verhalten waren seit einiger Zeit gewisse Eigenarten aufgefallen, die er früher nicht gezeigt hatte. Es kam immer öfter vor, daß er seine jüngeren Geschwister bedrohte oder sie, plötzlich und ohne Vorwarnung, mit einem Krallenschlag sekkierte.

Inzwischen wissen wir, daß es für solche Ausfälle sogar konstant bevorzugte Opfer gibt. Im vorliegenden Fall war der, den es am häufigsten traf, sein Zwillingsbruder. Die Beziehung zwischen den beiden wurde so schlimm, daß mein zuständiger Mitarbeiter Gustl ANZENBERGER sich schließlich zu dem Entschluß durchrang, den bedauernswerten Prügelknaben, der inzwischen hoffnungslos in der Defensive war, durch Isolation in einem Nachbargehege zu erlösen.

Ein solcher Eingriff ist freilich längst nicht so einfach ausgeführt, wie sich das hinschreiben läßt. Ich habe darauf schon auf Seite 300 hingewiesen. Der Mensch, und sei es auch der vertraute Pfleger, fällt für einen Callithrix noch immer unter das Raubfeind-Schema; und wenn er erkennen läßt, daß er es auf ein Familienmitglied abgesehen hat, dann ist buchstäblich der Teufel los. So ein Unternehmen erfordert viel Erfahrung und dazu eine gehörige Portion Beherztheit, Reaktionsvermögen und Geduld.

Gustl ging sich zunächst einmal mit einer Tasse Kaffee stärken. Als er dann, weniger als eine halbe Stunde später, wieder in den Tierraum zurückkam, war es bereits geschehen. Nicht allerdings, was er erwartet hatte, sondern etwas ganz anderes; gewissermaßen das Gegenteil.

In einer Ecke am Boden des Geheges kauerte, von blutenden Bißwunden am ganzen Körper gezeichnet, nicht etwa besagter Prügelknabe, sondern –

sein übermütiger Zwillingsbruder, der vormalige Gruppen-Lucifer. Er sah jämmerlich aus, »heruntergekommen« im wahrsten Sinn; denn Krallenaffen sind so vollständig an ein Baumleben angepaßt, daß ihnen kaum je einfallen würde, sich freiwillig auf den Boden zu setzen.

Er hatte sich offensichtlich bereits in ein unabwendbares Schicksal ergeben. Die ganze übrige Familie starrte ihn drohend an, und immer wieder kam es zu Angriffswellen gegen den Unglücklichen, wobei sogar jüngste Geschwister ihm ungestraft Krallenschläge versetzen konnten. Sein Leben war offenkundig in Gefahr. Natürlich holte Gustl ihn sofort heraus, und gegen diese vermeintliche Beteiligung an der Gruppenaggression hatte die Familie nun überhaupt nichts einzuwenden.

Das also war des Rätsels Lösung: die Gruppengröße reguliert sich bei Callithrix durch eine Art Engelsturz. Die Parallelen zum Mythos scheinen tatsächlich noch weiter zu gehen, als die obige Begebenheit erkennen läßt. Wir haben solche Ausstoßreaktionen inzwischen schon fast ein Dutzendmal beobachtet. Blut ist dabei zum Glück nie mehr geflossen; denn wir wissen inzwischen die Vorzeichen zu deuten und können im rechten Moment intervenieren.

Dabei hat sich ziemlich regelmäßig gezeigt, daß der unmittelbare Anlaß, der Funke, der die Explosion zündet, ein Streit mit dem gleichgeschlechtlichen Elterntier ist – so wie ja auch Lucifer erst dann gestürzt wurde, als er die Autorität des Vatergottes herausforderte. Manches spricht ferner dafür, daß es nicht selten auch einen Michael gibt, der sich bei der Vertreibung besonders hervortut; der Zwillingsbruder – bzw. bei Weibchen die Zwillingsschwester – ist für diese Rolle besonders prädestiniert.

In allen beobachteten Fällen erwies sich der Bruch als absolut irreparabel. Hielt man den Verstoßenen noch eine Zeitlang, hinter einer Käfigwand abgetrennt, in Sichtkontakt mit dem Rest der Familie, so sprangen immer wieder einzelne Tiere genital imponierend und drohkeckernd gegen das Gitter, und wäre dieses nicht im Wege gewesen, so hätten sie zweifellos ihre Tätlichkeiten fortgesetzt.

Unter natürlichen Bedingungen dürfte das Drama wohl weniger heftig ablaufen, da die in Acht und Bann Gefallenen das Weite suchen können, wenn sie begriffen haben, was die Stunde geschlagen hat. Vermutlich kommen sie dann mit dem Schrecken davon. Auf diese Weise ist recht verläßlich dafür gesorgt, daß immer gerade der erfahrenste und reifste Nachwuchs zur eigenen Familiengründung entlassen wird.

Bei den Weibchen laufen die Prozesse ziemlich symmetrisch zum männlichen Geschlecht ab. Hier sind es Spannungen mit der Mutter, die die Tochter abzuwandern zwingen. Die übrige Familie scheint etwas weniger beteiligt zu sein als im männlichen Parallelfall. Aber das Endergebnis ist dasselbe: Die ranghöchste Tochter wird ebenso aus der Familie herauskatapultiert wie der ranghöchste Sohn. In monogamen Tiersozietäten neigt man, wie wir schon auf Seite 283 festgestellt haben, zu Gleichbehandlung der Geschlechter.

Wissenschaftliche Eheanbahnung

Was nach der Vertreibung geschieht, können wir nur vermuten. Gewiß ist, daß weder die Männchen noch die Weibchen Kohorten bilden. Sie ziehen also wohl für eine Zeit allein durch den Dschungel, bis sie auf einen Geschlechtspartner treffen, dem es genauso ergangen ist. Die beiden schließen dann den Bund fürs Leben, und eine neue Callithrix-Familie wächst heran.

Dieser romantische Abschluß des Engelsturzes ist im Mythos nicht vorgesehen. Durch unmittelbare Beobachtung verifizieren kann man ihn auch nicht, jedenfalls nicht unter Freilandbedingungen, denn da spielt er sich, gut 20 Meter über dem Boden, irgendwo im Lianengewirr ab. Aber man muß ihn fordern, denn nur so ergibt die Geschichte einen Sinn.

Vorausgesetzt ist dabei allerdings, daß die psychische Kastration, unter deren Einfluß zuvor keinerlei sexuelle Regungen aufkommen konnten, unwirksam wird, sobald ein Tier seine Familie verläßt. Genau dieser Effekt läßt sich im Laborexperiment auch tatsächlich demonstrieren.

Ich habe schon erwähnt, daß wir in getrennten Räumen zwei einander fremde Callithrix-Familien halten. Gustl ANZENBERGER hat nun eine lange Serie von Versuchen durchgeführt, bei denen es darum ging, je ein Männchen aus der einen Familie mit einem Weibchen der anderen in einem separaten Gehege zu konfrontieren. Geschah das ohne Sichtkontakt mit den beiden Familiengruppen, so nahm das Rendezvous regelmäßig den folgenden Verlauf. Der männliche Partner nähert sich dem Weibchen, das er nie zuvor gesehen hatte, und inspiziert dessen Genitalregion. Anschließend beginnt er, mit den Lippen zu schmatzen und zu züngeln – eine Geste, in der man auch ohne nähere Artkenntnis zutreffend eine galante Aufforderung erahnt. Von hier aus geht er zum sogenannten Fellknabbern über, und dann ist er auch schon aufgeritten. Diese ganze Sequenz dauert kaum länger als 30 Sekunden – und das nach einer monate- oder gar jahrelangen Periode sexueller Neutralität!

Den Weibchen geht das Ganze manchmal etwas zu schnell; sie schütteln den allzu stürmischen Freier dann, kaum ist er aufgeritten, wieder ab. Er muß in solchen Fällen ein paar weitere Anläufe machen; aber länger als eine Viertelstunde dauert es praktisch nie bis zur ersten vollständigen Kopulation. Und danach sitzen die beiden in engem Körperkontakt beisammen, so wie es altvertraute Familienmitglieder zu tun pflegen. Keinerlei Anzeichen sprechen dafür, daß sie wieder auseinandergehen möchten. Der Versuchsleiter muß eingreifen und sie in ihre jeweiligen Familien zurücksetzen; und dort erlöschen dann sogleich wieder alle Regungen des Paarungstriebes.

Die Dynamik der Aristogamie

Auf Seite 281 haben wir anhand eines Schemas zwei Entwicklungsverläufe der sozialen Konstellation unterschieden. Als kritischen Parameter können wir dabei die Zeitspanne ansehen, die zwischen der Emigration aus der Orientierungsfamilie und dem Eintritt der Geschlechtsreife verstreicht. Wir hatten dort noch nicht vorgesehen, daß die Jungtiere, wie eben im Fall der Callithrix, auch erst *nach* der Pubertät abwandern können. Diese Variante bleibt nun nachzutragen.

Wie die folgende Abbildung zeigt, entspricht dem Kohortenstadium dabei als symmetrisches Gegenstück das Stadium der psychischen Kastration.

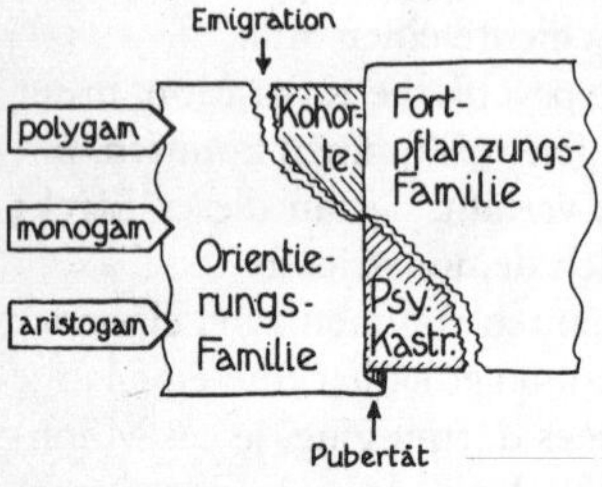

Beides sind Überbrückungsphasen: In der Kohorte ist man schon abgelöst, aber noch nicht reproduktionsfähig, in der psychischen Kastration schon physisch gereift, aber noch nicht abgelöst. Der Eintritt in die reproduktive Phase verlangt, daß jede der beiden Voraussetzungen erfüllt ist.

Die psychische Kastration kann verschiedene Gründe haben. Bei den Callithrix hängt sie offenbar – wenn auch, wie wir noch sehen werden, nicht allein – vom Platz in der innerfamiliären Hierarchie ab. Das ist der Grund, warum wir die Eheform dieser Tiere als »Aristogamie« bezeichnet haben; der Ausdruck soll besagen, daß nur die Ranghöchsten das Fortpflanzungsprivileg genießen.

Es gibt Experimente, die das belegen. Wenn man mehrere adulte, einander *fremde* Weißbüscheläffchen in einem Gehege zusammensperrt, so kann man sie auf diese Weise veranlassen, eine Art künstlicher »Familiengruppe« zu bilden. Innerhalb kurzer Frist – vier bis längstens zehn Stunden nach Einsetzung – bilden die Tiere eine familienähnliche Rangstruktur aus, in der das Fortpflanzungsprivileg wiederum von einem einzigen Paar beansprucht wird.

Allerdings zeigen unter diesen Umständen die übrigen Gruppenmitglieder nur eine reduzierte Form von psychischer Kastration: Gelegentlich paaren sich auch Rangniedere, und die dominanten Tiere dulden dies, allerdings nur in der Zeit, in der das Alpha-Weibchen selbst nicht sexuell rezeptiv ist. Ist sie hingegen in diesem Zustand, so gebärdet sich das rangobere Paar ziemlich tyrannisch, und den übrigen vergeht die Lust sogar zum Spielen und zu anderen, vergleichsweise harmlosen sozialen Interaktionen, von Paarung ganz zu schweigen.

Aber immerhin – außerhalb dieser alle halben Jahre wiederkehrenden Unterdrückungsphase soll eine gewisse Toleranz bestehen, und in dieser Zeit ist den Rangniederen nicht nur sexuelle Aktivität erlaubt, sondern es kommt dabei gelegentlich offenbar auch zu Konzeptionen. Danach freilich geschieht etwas Seltsames: Diese Embryonen werden nicht ausgetragen. Irgendwann resorbiert die Mutter den Keim; sie frißt ihr werdendes Kind schon im Uterus wieder auf. Auch hier also pflanzt sich effektiv nur das Alpha-Paar fort.

Es scheint somit, als sei das sexuelle Desinteresse der erwachsenen Kinder in normalen Callithrix-Familien nur die unauffällige Spitze eines sehr viel gewichtigeren Eisberges. Worum es tatsächlich geht, ist nicht die Sexualität als solche, sondern deren biologische Funktion, die Fortpflanzung.

Man kann die reproduktive Hemmung der Rangniederen nicht als einen bloßen Effekt der Eifersucht auf seiten des Hochrangigen erklären. Das Alpha-Männchen beansprucht die rangniederen Weibchen nicht als Sexualobjekte für sich, und noch weniger ließe sich das Alpha-Weibchen von einem Männchen der unteren Chargen decken. Der Hochrangige macht dem Unterlegenen, in vermenschlichter Sprache ausgedrückt, nicht das Recht auf Lustgewinn streitig, sondern das Recht auf Weitergabe seines Erbgutes! Und dieser akzeptiert diese Unterdrückung, macht sie sich zu eigen, »verinnerlicht« sie und »verzichtet freiwillig« nicht nur auf die Erfahrungsdimension der Sexualität, sondern auch auf deren Produkte.

Eine polygyne Parallele

Aristogamie kommt nicht nur bei monogamen Tierarten vor. J. B. Calhoun ist bei Untersuchungen an Wanderratten auf einen vergleichbaren Effekt gestoßen, obwohl diese Tiere, wie er feststellen konnte, polygyn leben.

Er war der erste, der das bemerkte. Generationen von Experimentalpsychologen haben an diesem Tier Laborversuche durchgeführt, und Edward C. Tolman, einer der kreativsten Vertreter der lernpsychologischen Schule, hatte sein Hauptwerk in einer förmlichen Zueignung auf der ersten Seite *»Mus norvegicus«* gewidmet, wie die Species damals in der Wissenschaftssprache hieß.

Aber weder er noch sonstwer aus der behavioristischen Zunft interessierte sich dafür, was seine Versuchstiere treiben würden, wenn man sie, außerhalb ihrer viel zu engen Laborkäfige, ihren spontanen Impulsen überließe. Und so dauerte es bis zur Mitte unseres Jahrhunderts, ehe, diesmal von ethologischer Seite, das natürliche Sozialleben der Wanderratte erforscht wurde.

CALHOUN gründete eine künstliche Kolonie, indem er je 5 Männchen und Weibchen in einem Gehege von etwa 1000 Quadratmeter Größe aussetzte. Das ist immer noch längst keine »natürliche« Ausgangslage; aber aus der Art, wie sich die Populationsstruktur weiterentwickelte, konnte man dann doch wichtige Rückschlüsse auf das normale Sozialleben ziehen.

Es bildete sich ziemlich bald eine Rangordnung aus, die während der weiteren 27 Beobachtungsmonate stabil blieb und an die Nachkommenschaft »vererbt« wurde. Mit der Ranghöhe waren bestimmte territoriale Privilegien verbunden; offenbar erschienen die Bezirke des Geheges den Tieren unterschiedlich attraktiv. Da der Fortpflanzungserfolg mit der Rangordnung korrelierte, gab es im begehrtesten Territorium einen Geburtenüberschuß, der in der Folge dazu führte, daß ständig Tiere, hauptsächlich männlichen Geschlechts, in die weniger bevorzugten Gehegeteile abwanderten.

Im Zuge dieser Fluktuation bildeten sich schließlich vier unterscheidbare soziale Gruppierungen heraus. Im beliebtesten Teil des Geheges residierte das ranghöchste Männchen mit einem Harem von nicht weniger als 13 Gefährtinnen. Kein Rivale durfte es wagen, sich diesen Weibchen während ihrer Brunft zu nähern. Es war in diesem Fall also durchaus die Eifersucht des Haremhalters, die die übrigen zur Abstinenz zwang.

Sodann gab es noch ein zweites, relativ ranghohes Männchen, dem es ebenfalls gelungen war, einen Harem um sich zu sammeln. Dieser bestand allerdings nur aus 5 Weibchen. Außerdem lebten in dieser Gruppe auch noch einige weitere Männchen. Sie waren mit dem Haremhalter gemeinsam aufgewachsen; das erklärt vielleicht seine Toleranz. Diese »Mitläufer« befanden sich nun aber sämtlich im Zustande der psychischen Kastration; ihre Hoden waren in die Bauchhöhle zurückgewandert. Das wäre also ein Fall von polygyner Aristogamie; der Pascha duldet bei seinen Damen noch einige Eunuchen.

Man darf vermuten, daß die beiden eben geschilderten Gruppenstrukturen auch unter normalen Umständen, frei von der Restriktion eines eingezäunten Geheges, anzutreffen sind. Auch bei Languren gibt es im Freiland diese beiden Varianten.

Eine dritte Gruppe, die CALHOUN die »outcasts« nannte, ist hingegen eher als Laborartefakt zu werten. Sie bestand aus niederrangigen Tieren beiderlei Geschlechts, die sich im unattraktivsten Teil des Geheges zusammendrängten. Hier mußten sich relativ viele Männchen in wenige Weibchen teilen. Diese Gruppe war, im Unterschied zu den beiden Haremverbänden, ziemlich unstabil; die Mitglieder hielten kaum zusammen, ihre Beziehung war anonym und asozial. Kam ein Weibchen in den Oestrus, wurde es von allen Männchen verfolgt und ständig begattet. Gleichwohl brachte es nur selten Junge zur Welt; und meistens überlebten diese dann nicht.

Eine vierte Gruppe schließlich bestand nur noch aus Männchen. Diese waren sexuell völlig inaktiv; sie unternahmen keine Versuche, sich an den Verfolgungsjagden auf oestrische Weibchen zu beteiligen. Sie hielten sich am Rande des Alpha-Harems auf. Eine Rangordnung war bei ihnen nicht erkennbar. Ob es sich hier um Anzeichen einer Kohortenstruktur handelt, ist schwer zu entscheiden. Manches spricht dafür, daß auch diese Gruppierung eher artifiziell ist; aber diese Frage ist im vorliegenden Zusammenhang irrelevant.

Vorboten totalitärer Moral

Es ist eine alte Erkenntnis, daß auch in der menschlichen Gesellschaft Machtstrukturen in den sexuellen Bereich hineinragen, ja sich in diesem besonders paradigmatisch äußern. Kaum kamen in Griechenland die Obristen an die Macht, verboten sie den Minirock. Theokratische islamische Diktaturen erzwingen Kleiderordnungen, die die Frau treffen, aber eigentlich die Sexualität überhaupt meinen. In dasselbe Kapitel gehört die Starrheit der katholischen Hierarchie, wenn immer es darum geht, direkt oder auf Umwegen den Zugang zu sexuellen Befriedigungen zu verbilligen, desgleichen, auf protestantischer Seite, die leibfeindliche Moral des vor dem erzürnten Vatergott zitternden Puritanismus. In sozialistischen Gesellschaftsordnungen steht es um die Prüderie der offiziellen Sexualmoral auch nicht besser. Die Triebunterdrückung hat offensichtlich nichts mit »rechts« oder »links«, »fromm« oder »gottlos« zu tun, sondern sie ist eine Frage der sozialen Machtstrukturen, konkreter gesagt, des Totalitarismus. »Alle Diktaturen haben die Libertinage verfemt«, stellt Th. W. ADORNO zu Recht fest.

Es ist hier noch nicht der Ort, diesen Zusammenhängen nachzugehen.

Schon jetzt aber sollten wir uns klarmachen, daß die Beziehung zwischen Macht und Sexualität nicht als soziologischer Trivialeffekt angesehen werden kann. Politik betrifft den öffentlichen, Sexualität den privaten Lebensbereich. Daß der Machthaber Gehorsam in allen staatsbürgerlichen Angelegenheiten fordert, schließt nicht automatisch ein, daß er sich wie ORWELLS Großer Bruder auch in die Intimsphäre drängen müßte. Mit Schlagworten wie etwa, Sexualität sei ihrem Wesen nach eine politische Angelegenheit, ist niemandem geholfen; wir brauchen eine Theorie, die uns verstehen läßt, *warum* das so ist.

Und wenn man hier nach Begründungszusammenhängen sucht, so wird es sich jedenfalls empfehlen, die Dynamik der Aristogamie, so wie sie sich bereits in Tiergesellschaften von den Ratten bis zu den Callithrichiden offenbart, zur Kenntnis zu nehmen.

Wenn sexuelle Freiheiten durch Höherrangige beschnitten werden, so ist im Tierreich letztlich immer die Fortpflanzungsfunktion gemeint. Wer das nicht weiß, denkt von vornherein in eine falsche Richtung: Er glaubt, der Ranghohe habe nur im Sinn, dem Unterlegenen die Freude an der Triebbefriedigung zu versagen. Daß die konservative Moral die Sexualität so unerbittlich am »Kindersegen« festmacht, wird dann umgekehrt gerade in dem Sinn gedeutet, daß die Herrschenden ein besonderes Interesse an reicher Fortpflanzung der Untergebenen hätten, zum Beispiel um Arbeitskräfte oder Kanonenfutter zu gewinnen.

So etwas gibt es natürlich auch; aber es ist bereits eine Rationalisierung. Der Affekt des Machthabers wittert Auflehnung in der Sexualität; daß er dabei eigentlich die Konkurrenz des rivalisierenden Genoms meint, kann er nicht ahnen. Und so ist es kein Widerspruch, wenn er sich von der biologischen Funktion, die er beim Abhängigen unterdrückt, zugleich auf der rationalen Ebene die Argumente liefern läßt.

Nur die stammesgeschichtliche Besinnung kann uns hier zu einer reflektierenden Sicht verhelfen. Sie konfrontiert uns mit der Tatsache, daß es auch schon viele Jahrmillionen, bevor ein Tyrann die erste Herrschaft von Menschen über Menschen errichtete, Tiersozietäten gegeben hat, in denen Ranghohe den Untergeordneten die Fortpflanzung verwehrten und die Betroffenen dies um der damit verbundenen Geborgenheit willen auch akzeptierten. Bis zu dem Moment, wo sie, unter den mutwillig herausgeforderten Schlägen von Flammenschwertern, aus paradiesischer Unmündigkeit in den gähnenden Abgrund der Freiheit stürzten.

20. Kapitel

Psychosomatische Zusammenhänge

Wie das Phänomen der psychischen Kastration erkennen läßt, bestehen zwischen sozialem Verhalten und körperlicher Verfassung intime Wechselwirkungen. Die noch junge Wissenschaft der Verhaltensphysiologie geht diesen Beziehungen nach. Für das Verständnis der Motivdynamik erweisen sich dabei besonders Prozesse im Bereich der inneren Sekretion und des vegetativen Nervensystems als bedeutsam.

Tod durch Nierenversagen

Aristogamie, so könnte es scheinen, ist eine ziemlich brutale Institution der Natur; denn sie verwehrt den schwächeren Mitgliedern einer Gruppe die Chance, sich fortzupflanzen. Wenn man sie so bewertet, tut man ihr jedoch Unrecht. Tatsächlich trägt sie dazu bei, daß noch Schlimmeres verhütet wird. Man sieht dies sogleich, wenn man Tiere zusammenzuleben zwingt, die darauf nicht eingerichtet und daher auch nicht fähig sind, ihre sozialen Spannungen in einer hierarchischen Organisation aufzufangen.

Der Tierphysiologe Dietrich von HOLST, ein Sohn des Seewiesener Institutsgründers, beschäftigt sich seit Jahren mit psychosomatischer Grundlagenforschung. Seine Versuchstiere sind südostasiatische Kleinsäuger, die Spitzhörnchen oder auch Tupajas genannt werden. »Tupai« heißt auf malaiisch »Eichhörnchen«, und mit denen sind sie von weitem tatsächlich leicht zu verwechseln; das liegt am weichen Fell, am dichtbehaarten Schwanz, auch an der Haltung beim Sitzen und beim Laufen. Aber der Kopf paßt nicht dazu: Er hat die Form einer spitzen Tüte, mit befremdlich großen, etwas vorquellenden Augen sowie einem scharfzähnigen Gebiß. Die Tupajas sehen ungefähr so aus, wie ein Eichhörnchen sich den Teufel vorstellen würde. Die Systematiker haben bis heute einige Mühe, sie taxonomisch einzuordnen.

Zunächst rechnete man sie, zusammen mit Igeln, Maulwürfen und Spitzmäusen, zur Ordnung der Insektenfresser. Aber sie weisen auch Merkmale auf, die man sonst nur bei den Affen findet; und da sich diese in der Tat aus insectivoren Vorformen entwickelt haben, sahen manche Forscher in den Tupajas ein Modell des Urprimaten. Inzwischen ist das auch wieder umstritten; nach derzeitiger Expertenmeinung gleichen sie noch am ehesten der hypothetischen Stammform aller Säugetiere überhaupt.

Unter natürlichen Bedingungen leben Spitzhörnchen monogam, und zwar nicht nach Art der Callithrix, sondern gewissermaßen »klassisch«, also wie die Gibbons. Das bedeutet, daß Jungtiere ihre Familie rechtzeitig zur Pubertät verlassen müssen; geschlechtsgleiche Adulte sind prinzipiell unverträglich.

Es gelingt daher auch nicht, aus fremden Tieren eine künstliche Gruppe zusammenzustellen. Weißbüscheläffchen lassen sich das, wie wir auf Seite 320 gesehen haben, durchaus gefallen; sie reagieren darauf »nur« mit psychischer Kastration. Bei Tupajas verläuft ein solches Experiment aber in der Regel tödlich. Sperrt man zwei erwachsene Tiere gleichen Geschlechts in einem Gehege von immerhin 7 Quadratmeter Grundfläche zusammen, so entbrennt praktisch ohne jede Verzögerung ein Ernstkampf, dessen Ausgang in wenigen Minuten entschieden ist. War eines der Tiere schon vorher in dem Gehege territorial, so fällt der Sieg regelmäßig ihm zu.

Nach dem Kampf klingt die Erregung beim Sieger rasch ab. Er kümmert sich dann auch nicht mehr weiter um den Verlierer. Davon hat dieser aber nichts. Er verkriecht sich in einer Ecke des Käfigs, die er nur noch verläßt, um zu Wasser und Futter zu kommen. Die übrige Zeit – gut 90 Prozent der täglichen Wachperiode – liegt er in seinem Versteck, am ganzen Körper wie erstarrt, lediglich mit dem Kopf unablässig jeder Bewegung des dominanten Tieres folgend. Er verliert, obwohl ihm die Nahrung nicht verwehrt wird, von Tag zu Tag mehr an Gewicht und stirbt schließlich innerhalb von drei Wochen, üblicherweise an Nierenversagen.

Diese Todesursache ist aber nur das letzte, ziemlich unspezifische Glied einer längeren Kausalkette. Den Kern der tragischen Entwicklung bildet ein Phänomen, das vor allem der austro-kanadische Physiologe Hans Selye in den Blickpunkt des allgemeinen Interesses gerückt hat. Die englische Bezeichnung dafür ist auch in die deutsche Umgangssprache eingegangen: Die unterlegenen Tupajas sterben letztlich an *Stress*.

Wenn wir uns diesen Effekt erklären wollen, müssen wir eine Fragestellung wieder aufgreifen, die uns bereits im 9. Kapitel beschäftigt hat. Wir hatten dort davon gesprochen, daß die ethologische Motivationslehre, anders als die seinerzeit vorherrschenden psychologischen Theorien, nie Spekulationen über eine allgemeine, qualitativ neutrale Triebenergie angestellt, sondern immer mit einer größeren Zahl nicht aufeinander reduzierbarer »aktionsspezifischer« Antriebe gerechnet hat. Das Bedürfnis, Komplexität überschaubar zu machen, so sagten wir auf Seite 155, zwingt uns nicht, qualitative Unterschiede im Felde der Motivation als Sekundäreffekte abzutun; man kann ihm auch Rechnung tragen, indem man die Mannigfaltigkeit als sinnvoll zusammenhängendes Ganzes transparent macht.

Sinnzusammenhänge leiten sich im organismischen Bereich immer von der Funktion her. Will man insbesondere Motive auf diese Weise ordnen, so geht man am besten von den Zielen aus, die wir anstreben, wenn wir uns motiviert verhalten. Nicht immer sind wir uns dieser Ziele bewußt, aber prinzipiell bleiben sie doch der Selbsterfahrung zugänglich, und sei es auch im Grenzfall nur auf der Couch des Psychoanalytikers.

Die Palette dessen, was sich unserem Erleben dabei in Gestalt von Absichten, Wünschen, Drängen und Sehnsüchten vorstellt, ist zwar bunt, aber keineswegs ohne erkennbare Ordnung. Zwischen den mannigfaltigen Nahzielen bestehen vielmehr thematische Verwandtschaften, die es erlauben, sie zu sogenannten »Funktionskreisen« zusammenzufassen.

Mit diesem Ausdruck bezeichnet man in der Biologie Prozeßgefüge von gehobenem Komplexitätsgrad, denen man eine bestimmte Lebensfunktion als Thematik zuordnen kann. Jakob von Uexküll, der den Begriff prägte, hat ihn ursprünglich in einem etwas engeren Sinn verwendet; er meinte damit, den später eingebürgerten Ausdruck »Regelkreis« vorwegnehmend, die Systemgrundlage von Verhaltensprozessen, die unter sensorischer Erfolgskontrolle ablaufen. Man weiß heute, daß solche Rückkoppelungskreise auf den verschiedensten physiologischen Ebenen existieren und entsprechend kompliziert ineinandergeschachtelt sind. Wenn wir etwa bewußt nach einem Gegenstande greifen, so führt dabei das Auge die Hand; aber die motorischen Komponenten der Bewegung werden ihrerseits durch Rückkoppelungen der Muskelsinne geregelt. Diese Kaskade läßt sich nach »unten« bis auf das molekulare Niveau fortsetzen.

In der anderen Richtung gilt dasselbe: Die Greifhandlung steht nicht isoliert da, sondern sie dient als Baustein in einem übergeordneten Prozeßganzen, etwa im Funktionskreis eines Antriebs, der über konsummatorische Erfolgserlebnisse rückgekoppelt ist. Mehrere Antriebssysteme wiederum lassen sich nach Maßgabe ihrer thematischen Affinität zu noch höheren Einheiten zusammenfassen. So mündet die Zielstrebigkeit des Verhaltens schließlich in die Ultima Ratio aller organismischen Existenz, nämlich in die Maxime, möglichst viele Replikate des eigenen Genoms in der nächsten Generation zu hinterlassen – die darwinische Fitness.

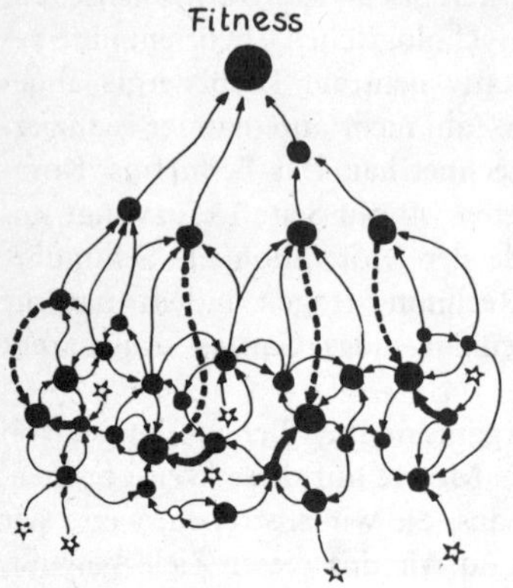

Die nebenstehende Abbildung versucht diese Zusammenhänge zu veranschaulichen. Die schwarzen Punkte sollen Zustände oder Effekte symbolisieren, von denen es direkt oder mittelbar abhängt, wie gut der Organismus überleben und sich fortpflanzen kann. Die Pfeile deuten an, daß diese Effekte einander kausal beeinflussen. Die kleinen, mit Sternen bezeichneten Pfeile stehen für unkontrollierbare und unvorhersehbare Einzelereignisse außerhalb oder innerhalb des Organismus. In der Nachrichtentechnik bezeichnet man sie als »Rauschquellen«; sie bringen Vielfalt und Abwechslung in den Geschehensstrom. Aber die mannigfach verschränkten Rückkoppelungskreise sind in der Lage, diese Vielfalt zu bändigen, so wie ein Thermostat die Schwankungen der Außentemperatur aufzufangen versteht. Letztlich mündet daher das gesamte Prozeßgeschehen in den Gleichgewichtszustand der Fitnessmaximierung, und dieser Effekt steht daher zuoberst in der Pyramide der Funktionen.

Zu beachten ist dabei, daß gerade dieses letzte sinngebende Prinzip nicht mehr selbst einer sensorisch rückgekoppelten Erfolgskontrolle unterliegt. Das gilt sogar bereits für sehr umfassende, gewissermaßen »vorletzte« Etappen auf dem Wege dorthin, so etwa für den Globaleffekt der Selbsterhaltung. »Es gibt keinen Selbsterhaltungstrieb«, pflegte LORENZ zu dozieren, womit er meinte: Die vitale Existenz als solche ist, jedenfalls auf tierischer Stufe, kein Zustand, der durch irgendein Sensorium wahrgenommen und Gegenstand eines qualitativ einheitlichen Konsummationserlebnisses werden könnte. Und erst recht gilt dies für die darwinische Fitness. Motiviertes Verhalten greift nicht so weit aus: Es verwirklicht nur gewisse *Vorbedingungen* der Fitness und »verläßt sich« im übrigen darauf, daß die ökologischen Verhältnisse in bewährter Manier den Rest besorgen. Wenn wir auf Seite 181 gesagt haben, daß die Rede von der »Zielstrebigkeit« den Vergleich von »Istwerten« und »Sollwerten« voraussetzt, was ja auf die Forderung nach einer Rückkoppelungsschleife hinausläuft, so können wir die Genomverbreitung demgemäß zwar als Maßstab der *Zweckmäßigkeit*, aber eben nicht mehr als *Ziel* des Verhaltens bezeichnen; und sie ist in diesem Sinne auch nichts, das irgendwer bewußt anstreben würde.

Aber auch nach »unten« hin, auf immer niedrigeren Ebenen der neuronalen Organisation, verliert sich die *erlebbare* Zielstrebigkeit irgendwann im Dunkel des unbewußten Funktionierens. Zwar läßt sich das, was da in der Werkstatt des Organismus im Detail geschieht, völlig legitim als eine immer feinere Aufgliederung von Zwischenzielen interpretieren; diese kommen uns jedoch nicht mehr zum Bewußtsein.

In der Abbildung sind die als Motive erlebbaren Zielsetzungen des Verhaltens durch dicke Pfeile angedeutet; die unterbrochen gezeichneten Pfeile stellen die konsummatorischen Rückmeldungen dar. Sie stammen in der Regel von Zuständen, die in der Hierarchie der Zwischenziele relativ weit oben stehen – Sättigung, Ruhe, Sicherheit, Unterwerfung eines Gegners und ähnliche, vergleichsweise hochkomplexe Situationsparameter.

Auseinandersetzungen mit solchen Zielen sind meist gemeint, wenn wir im engeren Sinn von »Verhalten« sprechen. Verhalten ist eine Aktivität, die mit makroskopischen Umweltgegebenheiten interagiert, den Körper als ganzen erfaßt und in der Terminologie seiner Grobgliederung beschrieben werden kann. Im allgemeinen liegen ihm komplizierte Innervationsmuster der Skelettmuskulatur zugrunde; wenn jemand nur schwitzt, errötet oder verdaut, so sprechen wir noch nicht von Verhalten.

In der Physiologie ist es seit langem üblich, diesem Unterschied auch terminologisch Rechnung zu tragen. Man faßt die nervöse Versorgung der quergestreiften Skelettmuskulatur als das *»animale«* Nervensystem zusammen; die physiologischen Begleitprozesse auf der Ebene der Endokrinologie und der glatten Muskulatur werden demgegenüber von den *»vegetativen«* Nerven kontrolliert. Das vegetative Nervensystem heißt oft auch »autonom«, was eben seine weitgehende Unabhängigkeit von bewußten Zielsetzungen unterstreichen soll. Allerdings sind auch untergeordnete Regelkreise des animalen Systems der Willkürkontrolle entzogen. Im strengen Sinn ist nur eine anatomische Definition der beiden Systeme widerspruchsfrei; aber wenn man sie nicht preßt, leistet die terminologische Differenzierung doch auch in funktioneller Hinsicht gute Dienste.

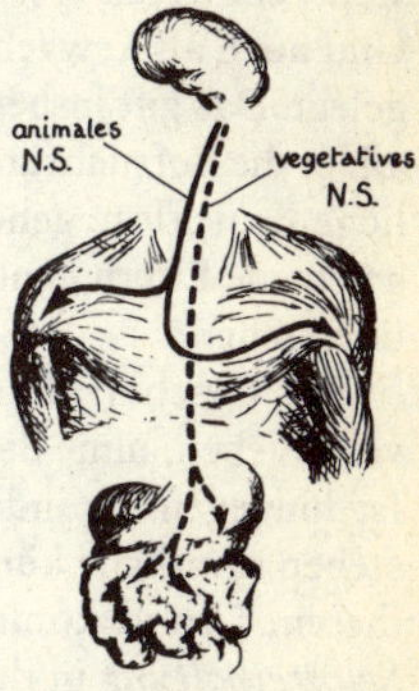

Wir haben soeben, der Argumentation des 11. Kapitels folgend, die Verbreitung des Genoms als Ultima ratio der Evolution bezeichnet. Alles, was der Organismus überhaupt tut, dient in letzter Konsequenz seiner Fortpflanzung: Hier scheinen sich die Sinndeutungen FREUDS und DARWINS zu berühren. Indessen ist da doch ein Unterschied, der damit zusammenhängt, daß die Fortpflanzungsfunktion nicht nur als ultimates Sinnprinzip den Lauf der Evolution bestimmt, sondern auch noch einmal ganz konkret im Felde der Nahziele repräsentiert ist.

In erster Linie erscheint sie hier in Gestalt der *Sexualität*, zu der auf der animalen Ebene vornehmlich die Aktivitäten der Balz und der Paarung, auf der vegetativen Ebene die Prozesse der Ovulation und Spermiogenese gehören. Bei vielen Tieren schließt Fortpflanzung sodann noch die *Fürsorge* für die heranwachsenden Träger des eigenen Genoms ein. Auf der vegetativen Ebene äußert sich diese in der intrauterinen Ernährung des Embryos und später gegebenenfalls in der Milchsekretion, auf der animalen Ebene vornehmlich nachgeburtlich durch die artspezifischen Handlungen der Brutpflege.

Auf der Stufe dieser Nahziele nun, darin unterscheidet sich die evolutionstheoretische von der psychoanalytischen Betrachtung, kommt der Fortpflanzungsfunktion keineswegs mehr vorrangige Dringlichkeit zu. Denn damit ein Organismus sich vermehren kann, muß er wohl oder übel zunächst einmal selbst in Form sein. Aus diesem Grunde werden die meisten Lebewesen erst eine erhebliche Zeit nach der Geburt geschlechtsreif. Und auch als Erwachsene sind sie durchaus nicht ständig zur Paarung aufgelegt. Das gilt insbesondere dort, wo zu erfolgreicher Reproduktion nicht allein die Befruchtung, sondern auch die vor- und womöglich nachgeburtliche Brutpflege gehört. Denn diese setzt voraus, daß die Mutter oder sogar beide Eltern genügende Aussicht haben, die Pflegephase erfolgreich zu überstehen.

Das Geschäft der Fortpflanzung kann man im Prinzip abbrechen oder verschieben, ohne daß damit alle Chancen für die Zukunft verbaut wären. Ist hingegen die individuelle Existenz der potentiellen Eltern bedroht, so stehen sämtliche künftigen Fortpflanzungshandlungen auf dem Spiel. Aus diesem Grund kommt auf der Ebene der Nahziele den Funktionen der *Selbsterhaltung* in der Regel noch immer die höchste Priorität zu.

Selbsterhaltung und Fortpflanzung bilden die erste große Dichotomie der Lebensfunktionen. In der älteren Literatur ist, statt von Fortpflanzung, meist von »Arterhaltung« die Rede. Das reimt sich besser auf »Selbsterhaltung«, steht aber so sehr in der Denktradition der Gruppenselektion, daß ich diesen Begriff lieber vermeide.

Die Aktivitäten der Selbsterhaltung ihrerseits lassen sich in vier Funktionskreise eingliedern. Der älteste und wohl auch wichtigste von diesen betrifft den Stoffwechsel.

Leben beruht auf ständigem Energieumsatz. Ein Organismus, so hatten wir bereits auf Seite 218 festgestellt, ist eine physikalisch derart unwahrscheinliche Struktur, daß er nur als Fließgleichgewicht existieren kann; er lebt davon, daß fortlaufend »hochwertige« Energie aufgenommen und in »minderwertige« umgewandelt wird, das heißt in Wärme, die letzlich ungenutzt im Universum verstrahlt.

»Hochwertige« Energie existiert in Form bestimmter chemischer Verbindungen, die man Nährstoffe nennt. In den meisten Lebensräumen ist sie nicht gleichmäßig verteilt; freibewegliche Lebewesen müssen daher motiviert sein, sie zu *suchen* und *aufzunehmen.* Auf der vegetativen Ebene kommen unterstützend die Prozesse der Verdauung, der Ausscheidung und der Anlegung körpereigener Energiedepots hinzu.

Man spricht hier zuweilen von ***homöostatischen*** Funktionen – ein griechisches Wort, das der Physiologe W.B. Cannon in den frühen dreißiger Jahren geprägt hat. »Homöostase« heißt wörtlich »Verharren in einem stets ungefähr gleichen Zustand«; zu ergänzen ist »unter wechselnden Bedingungen des äußeren Milieus«. Der Ausdruck ist dem des Fließgleichgewichts verwandt. Neben der Ernährung gehören die Zufuhr des für den Energieabbau erforderlichen Sauerstoffs, die osmotische Regulation durch Ersatz der ständig abgegebenen Flüssigkeit sowie die Erhaltung der Körpertemperatur zu diesem Funktionskreis. Auch den Schlaf rechnet man dazu, dessen genaue Funktion allerdings noch unbekannt ist.

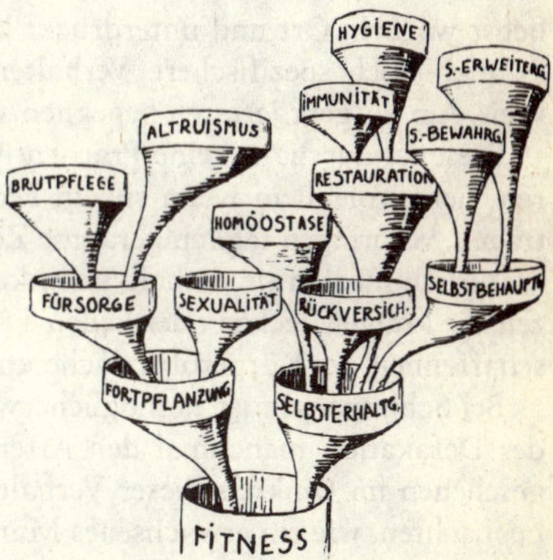

Während die homöostatischen Aktivitäten die organismische Struktur davor bewahren sollen, von sich aus zu zerfallen, haben es die beiden folgenden Funktionskreise mit der Abwehr schädlicher Fremdeinwirkungen zu tun.

Jedes Lebewesen ist umgeben von Kräften, die sein unversehrtes Gedeihen in Frage stellen. Dazu gehören einmal die ***makroskopischen*** Gegen- und Widerstände alltäglicher Daseinsbewältigung: Raubtiere etwa, feindliche Artgenossen, Hindernisse und Gefahrenherde, die man dinglich wahrnehmen und mit denen man sich auf der Verhaltensebene auseinandersetzen kann. Zum anderen sind da noch die Kräfte *mikroskopischer* Störung und Verderbnis, die das fragile Wunderwerk des Körpers zu zersetzen drohen: Krankheitskeime, Gifte, Verunreinigungen, winzige, aber folgenschwere Irrtümer der genetischen Programmierung – ungreifbare Mächte, die ständig bereitliegen, die Abläufe organismischer Strukturerhaltung in pathologische Bahnen zu lenken.

Zunächst ein Wort über diese mikroskopischen Störeinflüsse. Die Maßnahmen zu ihrer Abwehr definieren einen Funktionskreis, den man mit dem Stichwort *Restauration* kennzeichnen kann. Sie finden primär auf der vegetativen Ebene statt; man bezeichnet sie als *Immunreaktion.* Diese basiert auf zwei physiologischen Systemen – einem phylogenetisch alten, das die Abwehrkraft der Zellen *unspezifisch* stärkt, und einem erst bei Säugetieren voll ausgebildeten *spezifischen,* dem wir beispielsweise die Resistenz gegen einmal durchgemachte Krankheiten verdanken. Zum unspezifischen System gehört die Aktivität der weißen Blutkörperchen oder auch die Produktion besonderer Substanzen wie Interferon und Gamma-Globulin; die spezifische Immunreaktion umfaßt unter anderem die Bildung von Lymphozyten und Antikörpern sowie Reaktionsweisen wie Entzündung und Fieber.

Auch auf der animalen Ebene schlägt sich die restaurative Thematik nieder. Ein krankes Tier etwa verkriecht sich an einem geschützten, möglichst warmen Ort und unterdrückt belastende Aktivitäten. Daneben gibt es auch noch spezifischere Verhaltensprogramme in diesem Funktionskreis. Am ausgeprägtesten begegnen sie uns im Bereich der *Hygiene.*

Diese ist durchaus keine Prärogative des Menschen. Die meisten höheren Tiere, vor allem wenn sie ein Federkleid oder ein empfindliches Fell tragen, verbringen täglich geraume Zeit mit Aktivitäten der Körperpflege. Natürlich müssen sie deshalb noch kein Konzept von »Reinlichkeit« besitzen. Sie kratzen, lecken oder kauen einfach, wo es sie juckt oder wo die Beschaffenheit der Körperoberfläche unregelmäßig aussieht.

Bei Schimpansen ist es möglicherweise schon anders: Sie reinigen nach der Defäkation manchmal den After mit Blättern. Eigentümliche Dinge geschehen im Umkreis dieser Verhaltensthematik: Jane GOODALL konnte beobachten, wie ein erwachsenes Männchen, das in einer aggressiven Auseinandersetzung mit einer Feindgruppe von einem der fremden Weibchen beschwichtigend am Arm berührt worden war, sich hinterher die berührte Stelle mit einem Blatt abwischte!

Beim Menschen kann die Körperhygiene dann vollends mit allen Graden der Angst vor Befleckung durch Miasmen von Gift und Pest verbunden sein. Im selben Zusammenhang beschäftigt er sich auch mehr oder minder bewußt mit den inneren und äußeren Anzeichen bedrohter körperlicher Intaktheit – ein Phänomen, das man bei überstarker Ausprägung als *Hypochondrie* bezeichnet.

Das Hauptgewicht liegt im restaurativen Funktionskreis aber ohne Zweifel auf den vegetativen Prozessen; was auf der Verhaltensebene abläuft, ist demgegenüber als begleitende Unterstützung anzusprechen. Bei Auseinandersetzungen im *makroskopischen* Problemfeld verhält es sich hingegen gerade umgekehrt: Hier muß in erster Linie gezielt gehandelt werden, während die vegetative Aktivität eher unspezifisch bleibt und im wesentlichen darauf hinausläuft, Energie zu mobilisieren.

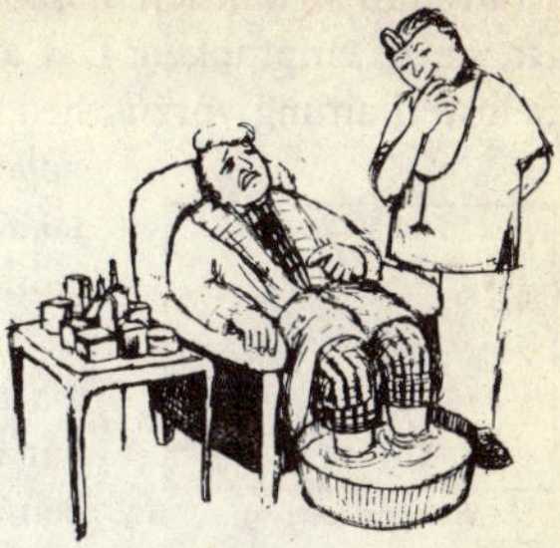

Die Wissenschaftssprache hält für diesen Funktionskreis keine griffige Bezeichnung parat. Da es hier um Reaktionen des Gesamtorganismus im Umfeld von seinesgleichen geht, können wir vielleicht am ehesten von einer Thematik der *Selbstbehauptung* sprechen. Zu ihr gehören einerseits Verhaltensweisen der Selbst*bewahrung* wie Flüchten, Sich-Verstecken, im Notfall auch Sich-Verteidigen; zum anderen solche der Selbst*erweiterung:* Exploration, herausfordernder Angriff, Lust am Risiko, Anspruch auf mehr Einfluß, Geltung, Ranghöhe und Autonomie. Wie notwendig eine ausgewogene Balance zwischen selbstbewahrenden und selbsterweiternden Aktivitäten ist, haben wir am Beginn des 15. Kapitels am Beispiel des Agopornis-Weibchens festgestellt.

Bevor wir den vierten Funktionskreis aus der Generalthematik der Selbsterhaltung besprechen, kehren wir noch einmal zu der Abbildung auf Seite 331 zurück. Sie faßt die soeben entwickelte Taxonomie der Motive zusammen. Komplikationen, die sich aus der natürlichen Sonderstellung des Menschen ergeben, sind darin noch nicht berücksichtigt. Das ist insbesondere beim Funktionskreis des »Altruismus« zu beachten, der hier nur aus der Sippenselektion hergeleitet und demgemäß auch in unmittelbarer Nachbarschaft der Brutpflege eingetragen ist. Damit ist, vor allem beim Menschen, keineswegs das volle Spektrum prosozialer Verhaltensbereitschaften abgedeckt. Für das, worauf es im Moment ankommt, genügt aber das Modell der »neun Vettern HALDANES«.

In beiden Funktionskreisen der »Fürsorge« geht es darum, dem Empfänger Aktivitäten der Selbsterhaltung abzunehmen oder jedenfalls zu erleichtern: Man dient den *homöostatischen* Bemühungen des Empfängers, indem man ihn ernährt oder wärmt, man trägt durch soziale Hautpflege zu seiner *Restauration* bei, und man hilft ihm bei der *Selbstbehauptung*, indem man ihn verteidigt, warnt oder unterstützt.

All das wird dem Empfänger nun aber nicht wahllos und im Überfluß zuteil, sondern gewissermaßen nur »auf Anforderung«: Der Wurm wird in den Schnabel gestopft, der am weitesten sperrt und am lautesten quäkt. Man muß signalisieren, daß man Hilfe braucht und daß man qualifiziert ist, sie zu empfangen. Das aber nötigt uns, noch eine vierte Funktion der Selbsterhaltung vorzusehen, deren Thematik sich am besten als *»Rückversicherung«* kennzeichnen läßt. Hier sind die im 10. Kapitel diskutierten Konzepte »Bindung« und »Abhängigkeit« einzuordnen.

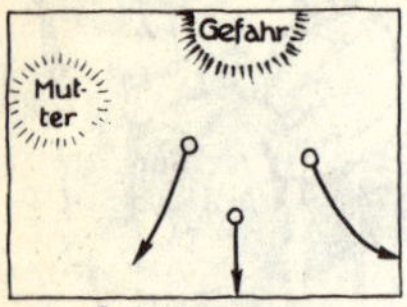

Selbstbewahrung

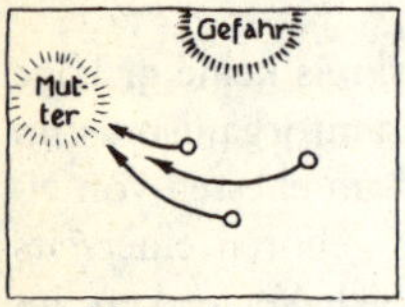

Rückversicherung

Auf der animalen Ebene äußert sich diese Thematik beispielsweise in den Verhaltensweisen, die wir auf Seite 300 als »supplikativ« bezeichnet haben. Auch eine besondere Form des Fluchtverhaltens gehört hierher: Nicht jene Reaktion der Selbstbewahrung, bei der man vor einer erkannten Gefahr zurückweicht, vor ihr davonläuft oder sich irgendwo im Gelände eine Deckung sucht, sondern vielmehr der Drang, beim schützenden Familienmitglied Zuflucht zu suchen, ohne Rücksicht darauf, daß man sich dabei der Gefahrenquelle unter Umständen sogar noch annähert.

Auf der vegetativen Ebene laufen, wenn der Funktionskreis der Rückversicherung aktiviert ist, ziemlich verwickelte Begleitprozesse ab. Sie sind aber so wichtig und interessant, daß wir sie hier nicht ganz übergehen wollen.

Die vegetative Balance

Gemäß der Kapitänsparabel Julian HUXLEYS schließen sich die in unserem Schema unterschiedenen Aktivitäten zumeist wechselseitig aus. In der Regel sind sie überhaupt nicht in einer simultanen Handlungsgestalt kombinierbar. Und außerdem benötigen sie allesamt Stoffwechselenergie; diese ist jedoch nur begrenzt verfügbar. Die Weisheit des Körpers muß also Prioritäten setzen, und wie wir bereits auf Seite 255 festgestellt haben, richtet sie sich dabei sowohl nach der Stärke der Bedürfnisse als auch nach der Qualität der äußeren Angebote.

Normalerweise ergibt sich daraus ein Verhaltensstrom mit abwechslungsreicher Thematik, oft von erkennbar periodischem Charakter: Homöostatische Funktionen, aber auch das Kräfteverhältnis von Selbstbewahrung und Selbsterweiterung, folgen beispielsweise dem Tag-Nacht-Rhythmus, und die Fortpflanzungsaktivität ist bei vielen Arten in die Jahresperiodik eingebunden.

Es können indessen Situationen eintreten, die das harmonische Wellenspiel der Prioritäten stören. Eine der Funktionen kann dann übergewichtig werden und sich in dieser vorrangigen Position fixieren. Genau das geschieht bei Stress.

Die Funktion, die am ehesten dazu prädestiniert ist, das Kommando zu usurpieren, ist die Selbstbehauptung. Wenn plötzlich Alarmsignale von Artgenossen ertönen, wenn Schreck oder Schmerz den Organismus überfallen, wenn Ranghohe oder Fremde sich drohend nähern, so müssen unverzüglich Verhaltensprogramme der Flucht, der Verteidigung oder des Angriffs aktiviert werden.

Allen ist gemeinsam, daß sie mit einem erhöhten Bedarf an arbeitsfähiger Energie verbunden sind. Es bedarf besonderer vegetativer Prozesse, die diese Energie bereitstellen; zudem müssen Herz, Kreislauf und Atmung zu intensiverer Leistung veranlaßt und die Skelettmuskulatur optimal durchblutet werden. Man nennt solche Prozesse *»ergotrop«;* »ergon« heißt auf griechisch »Arbeit«. Der für ihre Kontrolle zuständige Zweig des vegetativen Nervensystems ist der *Nervus Sympathicus.*

Das sympathische Nervensystem hat zum Gegenspieler den *Parasympathicus* oder *Vagus.* Dessen Funktion wird als *»trophotrop«* bezeichnet, von »trophé«, das wörtlich »Ernährung« bedeutet, im vorliegenden Zusammenhang aber noch weitere homöostatische Funktionen einschließt.

Auch das parasympathische System wird in der Notfallsituation aktiviert, jedoch weniger stark, so daß sich die Balance zwischen den beiden Antagonisten also zugunsten des Sympathicus verschiebt. Im Endeffekt werden dadurch die vegetativen Aktivitäten unterdrückt, die der Erholung und der Auffüllung der Energiespeicher dienen.

Wenn es dem Sympathicus gelingen soll, die Energiereserven des Körpers zu mobilisieren, so muß er Zugang zu den hierfür entscheidenden Zentren der inneren Sekretion haben. Das ist in der Tat der Fall, und sein wichtigstes Zielorgan sind dafür die *Nebennieren,* eine paarige Hormondrüse, deren Lage aus dem Namen erhellt. Jede der beiden Nebennieren gliedert sich ihrerseits in zwei histologisch und funktionell heterogene Teile, die man als »Mark« und »Rinde« bezeichnet. Noch bei Fischen sind die beiden Teilorgane auch anatomisch völlig getrennt.

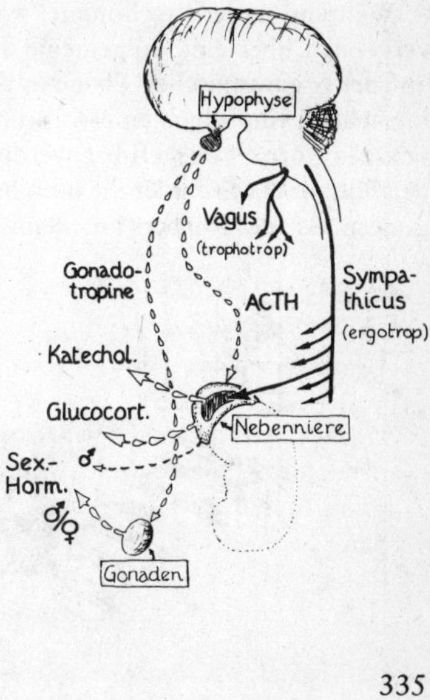

Der Sympathicus wirkt auf das Nebennieren*mark* und veranlaßt es, in erhöhtem Maße eine Gruppe von Botenstoffen zu produzieren, die unter dem Namen »*Katecholamine*« zusammengefaßt werden. Hierzu gehören vor allem die Hormone *Adrenalin* und *Noradrenalin,* von denen man aus Tierexperimenten weiß, daß ihre Konzentration bei Angriffs- und Fluchtmotivation ansteigt. SCHACHTER hatte in seinem auf Seite 145 erwähnten Experiment mit Katecholaminen gearbeitet.

Wenn der Organismus in Situationen gerät, in denen ergotrope Reaktionen gefragt sind, wird zusätzlich zum Sympathicus meist noch ein weiteres vegetatives Zentrum stimuliert. An der Basis des Gehirns, unmittelbar mit diesem verwachsen, befindet sich ein reich differenziertes Drüsenorgan, die *Hypophyse.* Wegen ihrer anatomischen Lage ist sie das wichtigste Bindeglied zwischen dem Zentralnervensystem und der inneren Sekretion.

Unter Belastungsbedingungen produziert die Hypophyse ein Hormon, das von den notorisch abkürzungsfreudigen Biochemikern als *ACTH* bezeichnet wird; ausgeschrieben heißt das »*Adrenocorticotropes Hormon*«. Der Name sagt bereits, was das Hormon tut: »Ad renae« bedeutet »bei den Nieren«, also eben die Nebennieren; »cortex« ist die Rinde, und »trop« bedeutet »sich hinwenden«. ACTH wendet sich also an die Nebennieren*rinde.* Diese reagiert darauf, indem sie eine Hormongruppe ausschüttet, die unter dem Namen *Glucocorticoide* zusammengefaßt wird. Die wichtigste Einzelsubstanz dieser Gruppe ist das *Cortisol.*

Cortisol entfaltet seinerseits zwei wichtige Wirkungen. Die eine davon greift in den *Kohlehydrathaushalt* ein.

Während in der Psychologie, wie wir im 9. Kapitel gesehen haben, stets vergeblich über eine »allgemeine Triebenergie« spekuliert wurde, ist man auf der organismischen Ebene in dieser Hinsicht besser dran: Es gibt hier tatsächlich eine allgemeine Währung, in der alle energetischen Transaktionen des Körpers ausgeführt werden. Diese Währung ist ein Kohlehydrat, der *Blutzucker.* Er bildet die mobilisierte, unmittelbar einsatzbereite Verfügungsmasse des Körpers an chemischer Energie.

Seine Konzentration wird homöostatisch geregelt: Bei zu hohem Blutzuckerspiegel wird ein entsprechender Anteil in *Glykogen,* eine Art Stärke, umgewandelt und in Leber und Muskeln gespeichert. Bei Unterzuckerung des Blutes geschieht das Umgekehrte.

In kritischen Situationen, in denen der Organismus damit rechnen muß, daß bald erhöhte Energieausgaben fällig werden, verhält er sich so, als sei die Unterzuckerung bereits eingetreten, und mobilisiert Glykogenreserven gewissermaßen »auf Verdacht«. Dies besorgen im wesentlichen die Katecholamine des Nebennierenmarks.

Das Cortisol der Nebennierenrinde hat einen anderen Effekt: Es greift noch eine Stufe tiefer. Es setzt gewissermaßen voraus, daß die Glykogenvorräte zur Neige gehen, und kümmert sich darum, diese wieder aufzufüllen. Während, um einen einfachen Vergleich zu bemühen, die Glykogenspeicher etwa dem leicht zugänglichen, ständig benützten Kühlschrank der Hausfrau entsprechen, gibt es dann noch den Keller, in dem das Eingemachte aufbewahrt wird. Cortisol geht ans Eingemachte: Es greift das *Körpereiweiß* an und bildet daraus Glykogen. Der Organismus beginnt, von der Substanz zu leben und dementsprechend abzumagern. Die trophotropen Funktionen werden nun nicht nur unterdrückt, sondern geradewegs in ihr Gegenteil verkehrt.

Die zweite Wirkung des Cortisols ist ähnlich einschneidend. Es hemmt nämlich das *Immunsystem*, vor allem das spezifische. Cortisol bewirkt, daß die Produktion von Abwehrstoffen und Lymphozyten zurückgeht und entzündliche Prozesse gestoppt werden. Tatsächlich würde die Immunreaktion den Organismus erheblich belasten: Jeder weiß, wie schwach man sich bei Fieber fühlt, und das ist nicht etwa in erster Linie eine Auswirkung toxischer Prozesse, sondern ganz einfach eine Folge der Anstrengung, die der Organismus unternimmt, um wieder gesund zu werden. Vor allem die Produktion von Lymphozyten ist außerordentlich stoffwechselintensiv. Da ist es an sich schon sinnvoll, daß man auf restaurative Maßnahmen erst einmal verzichtet, wenn alle Kräfte für anderes gebraucht werden: Vor die Wahl gestellt, für einige Stunden mit ein paar ungebändigten Mikroben im Körper herumzulaufen oder von einem Feind erschlagen zu werden, entscheidet sich der Körper für ersteres.

Kronos und seine Kinder

Der belastete Organismus unterdrückt also um der Selbstbehauptung willen sowohl die homöostatischen als auch die restaurativen Aktivitäten, soweit das eben möglich ist. Bleibt schließlich noch der Funktionskreis der Fortpflanzung. Was mit ihm unter Stress geschieht, läßt sich recht gut bei Tupajas studieren.

Es gibt bei diesen Tieren, wie Dietrich von HOLST festgestellt hat, ein äußerlich gut sichtbares und daher bequem zu registrierendes Maß für ergotrope Erregung. Der mehr als körperlange Schwanz ist dicht mit Haaren bewachsen, die normalerweise glatt anliegen. Bei Aufregung kontrahieren sich jedoch unter dem Einfluß des sympathischen Nervensystems die Haarbalgmuskeln, wodurch der Schwanz ein buschiges Aussehen erhält. Die prozentuale Dauer des Schwanzsträubens in einem gegebenen Beobachtungszeitraum läßt sich demgemäß recht gut als Maß für den Sympathicustonus heranziehen.

Es zeigt sich nun, daß die gesamte Fortpflanzungsfunktion, sowohl Sexualität als auch Brutpflege, um so mehr in den Hintergrund tritt, je stärker und dauerhafter der Sympathicus aktiviert ist. Je öfter am Tag man ein Männchen mit gesträubtem Schwanz antrifft, um so geringer ist seine Zeugungsfähigkeit. Auch für diese gibt es ein äußerlich sichtbares oder wenigstens tastbares Maß. Normalerweise liegen die Testikel im Hodensack außerhalb des Rumpfes; wenn man auf sie drückt, gelingt es nicht, sie in die Bauchhöhle zurückzupressen. Unter dem Mikroskop kann man außerdem eine normal starke Spermaproduktion feststellen. Sträubt das Tier den Schwanz jedoch in mehr als 50 Prozent der Beobachtungszeit, so lassen sich die Hoden leicht in die Bauchhöhle drücken; die Samenbildung ist reduziert, allerdings bleibt die Zeugungsfähigkeit noch erhalten. Bei Werten von über 70 Prozent wandern die Hoden in die Bauchhöhle zurück, verlieren erheblich an Gewicht und stellen die Spermaproduktion ein. Samenblase, Prostata und andere von männlichen Sexualhormonen abhängige Organe degenerieren, der Hodensack ist bald nicht mehr zu erkennen. Die Tiere weisen das Zustandsbild präpuberaler Sterilität auf.

Beim weiblichen Geschlecht ist es ähnlich. Wenn keine Konkurrentin in Reichweite ist, bringt ein normal verpaartes Weibchen alle 45 Tage Junge zur Welt, meist Zwillinge. Sie legt diese in einem Nest ab und läßt sie dort allein. Nur alle zwei Tage säugt sie sie – der Besuch dauert jeweils nicht länger als ganze fünf Minuten. Der Vater und die älteren Geschwister der Neugeborenen meiden das Nest.

Bereits wenn man das Weibchen in 20 von hundert Beobachtungen während des Tages mit gesträubtem Schwanz antrifft, bricht die Fortpflanzung zusammen. Zwar kommen weiterhin im üblichen Rhythmus Junge zur Welt, aber diese leben nicht lange.

Die griechische Mythologie kennt einen Titanen namens Kronos, von dem es heißt, daß er seine Kinder gleich nach der Geburt wieder verschlungen habe. Humanistisch gebildete Zoologen haben in Anlehnung an diese Sagengestalt den Begriff »Kronismus« geprägt, für das, was mit den Kindern solcher Tupajaweibchen geschieht: Ein paar Stunden nach der Geburt geht der Vater oder gar die Mutter selbst ins Nest und frißt die Jungen bei lebendigem Leibe auf.

Das Geheimnis dieser grausigen Geschichte ist eine Drüse am Brustbein der Mutter. Normalerweise sondert sie nach der Geburt eine Substanz ab, die sich auf das Fell der Neugeborenen überträgt und diese damit gewissermaßen geruchlich vergällt. Diese Sekretion unterbleibt offenbar schon bei geringen Graden sympathischer Irritation, wodurch die Jungen ihren Schutz verlieren. Statt sich auf das riskante Geschäft der Aufzucht einzulassen, unterwerfen die Eltern die Energie, die sie bereits in das Kind investiert haben, gewissermaßen einem Recycling.

Steigert sich die Schwanzsträubereaktion auf Werte zwischen 20 und 50 Prozent, so entwickeln Tupajaweibchen außerdem die Neigung, sich bei der Paarung wie Männchen zu verhalten, ein normalerweise nicht auftretendes Phänomen. Bei Werten von über 50 Prozent werden sie steril.

Wie man der Abbildung auf Seite 335 entnehmen kann, ist das alles wiederum endokrinologisch bedingt. Während die Hypophyse in erhöhtem Maß ACTH auszuschütten beginnt, reduziert sie zugleich die Produktion von Hormonen, die in beiden Geschlechtern die Keimdrüsen stimulieren und daher *Gonadotropine* heißen. Die Weibchen stellen dann die Ovulation ein, bei den Männchen versiegt die Spermiogenese, und insgesamt sinkt der Spiegel der Sexualhormone, die in den Keimdrüsen produziert werden.

Interessanterweise schlagen diese Effekte im weiblichen Geschlecht stärker durch. Es könnte sein, daß mäßiger Stress auf die männliche Sexualfunktion sogar anregend wirkt: Die Nebennierenrinde, durch das ACTH aktiviert, produziert außerdem nämlich Sexualhormone, jedoch nur männliche, und dies bei beiden Geschlechtern. So erklärt sich auch die eben erwähnte Maskulinisierung des weiblichen Verhaltens vor dem endgültigen Übergang zur Sterilität.

Die Subdominanten und die Submissiven

Läßt man zwei Tupajarivalen in einem Gehege aufeinander los, das für beide gleich unbekannt ist und in dem daher keiner den Vorteil territorialer Priorität genießt, so kann die Auseinandersetzung zwei verschiedene Verläufe nehmen. Im einen Fall geht es so zu wie eingangs geschildert: Die beiden Tiere verbeißen sich in einem heftigen Kampf, nach dessen Ende der Unterlegene, wenn er nicht befreit wird, seinem baldigen Tode entgegenkümmert.

Von Holst nennt diesen Reaktionstypus »submissiv«. Es gibt jedoch auch noch eine andere Möglichkeit, für die er die Bezeichnung »subdominant« verwendet. In diesem Fall erweist sich zwar auch eines der Tiere als das stärkere, aber es kommen keine heftigen Kämpfe zustande, weil der Unterlegene jeder Konfrontation gezielt ausweicht. Auf diese Weise etabliert sich dann doch eine Art Rangordnung, die es dem subdominanten Tier ermöglicht, längerfristig zu überleben. Es verliert zwar zunächst ebenfalls 10 bis 15 Prozent seines Körpergewichts, pegelt sich dann aber auf diesem Wert ein, während beim »Submissiven« der Gewichtsverlust bis zum Tode ständig fortschreitet.

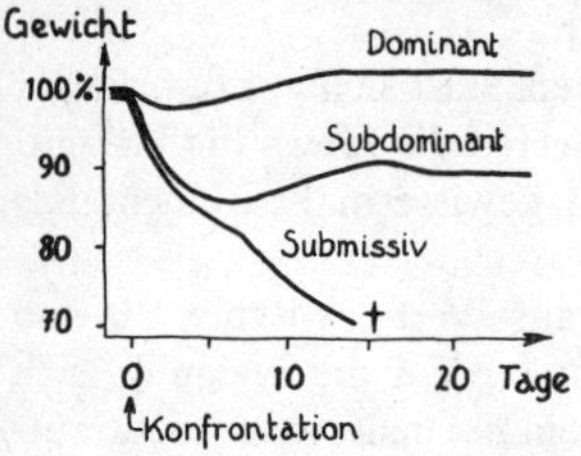

Diese Differenzierung ist an sich schon interessant genug. Wirklich spannend wird es nun aber, wenn man erfährt, daß zu diesen beiden Verlierertypen zwei deutlich verschiedene Reaktionsformen der Nebenniere gehören.

Bei den »Subdominanten« steigt die Ausschüttung von Katecholaminen durch das Nebennierenmark deutlich an. Passend dazu ist der Sympathicustonus erheblich heraufgesetzt: Die Tiere laufen ständig mit gesträubtem Schwanz herum, und ihr Puls rast. Die Nebennierenrinde zeigt demgegenüber keine Reaktion; der Cortisolspiegel bleibt im Normalbereich.

Gerade umgekehrt reagiert der »submissive« Typ. Sein Zustandsbild wird durch erhöhte Aktivität der Nebennierenrinde bestimmt, insbesondere also durch verstärkte Produktion von Glucocorticoiden. Dementsprechend sinkt auch die Resistenz gegen Infektionen. Das sieht man den Tieren schon äußerlich an: Ihr Fell ist struppig, die Haut nicht selten von schlecht heilenden Wunden bedeckt. Obwohl das fast sicher zu verstärktem Juckreiz führen dürfte, gehen doch zugleich die Verhaltensweisen der Körperpflege zurück. Die Tiere vernachlässigen den restaurativen Funktionskreis offenbar in allen seinen Teilmechanismen.

Die Tätigkeit des Nebennierenmarks tritt bei ihnen gegenüber der Rindenaktivität in den Hintergrund. Sie sträuben auch die Schwanzhaare überhaupt nicht mehr, und Herzfrequenz und Blutdruck erreichen nur unternormale Werte. Ihr sympathisches System hat offenbar die Segel gestrichen, was automatisch dazu führt, daß der Vagus die Herrschaft antritt. Ein paradoxer Effekt – denn Vagotonie ist eigentlich nur in Situationen zu erwarten, in denen kein besonderer Bedarf an ergotropen Aktivitäten besteht, typischerweise also etwa im Schlaf.

Nun hat bereits in den sechziger Jahren der ideenreiche Psychiater Rudolf Bilz, der übrigens aus privatem ethologischem Interesse selbst jahrelang Tupajas züchtete, einen Aufsatz unter dem Titel »Der Vagus-Tod« veröffentlicht. Er geht darin von der Erfahrung vieler Tierhalter aus, derzufolge scheue Tiere der verschiedensten Arten, wenn man sie mit der Hand fängt, ohne sie zu verletzen, unter Umständen einen plötzlichen Schocktod erleiden. Verantwortlich dafür ist das parasympathische Nervensystem.

Im allgemeinen ist Sterben als Mittel zur Lösung biologischer Probleme ungeeignet; von seltenen Sonderfällen abgesehen, begünstigt die natürliche Selektion nicht die Entstehung eines echten Todestriebes. Wir haben es beim Vagus-Tod also eher mit einer Panne zu tun, mit der dysfunktionalen Überreaktion eines an sich lebensdienlichen Mechanismus.

Bilz selbst argumentiert in diesem Sinn vom sogenannten »Totstellreflex« her. Angesichts eines überlegenen Widersachers hat ein Tier zwei Möglichkeiten zur Wahl: Es kann fliehen, oder es kann sich unsichtbar machen. »To freeze«, »einfrieren«, nennt man im Englischen ein Verhaltensmuster, das darin besteht, sich bei Gefahr reglos und kaum noch atmend auf den Boden zu drücken. Sogar wenn ein Raubtier schon zugefaßt hat, nehmen manche Tiere eine völlig erschlaffte Haltung ein; Wildgänse, die man zwecks Beringung gefangen hat, können einem auf diese Weise auskommen, weil man aus Angst, man hätte ihnen etwas getan, unwillkürlich den Griff lockert. Da viele Raubtiere zum Schutz vor Vergiftung nur lebend gefangene Beute verzehren, bietet die Mimikry des Todes,. wenn nichts anderes mehr geht, noch immer eine geringfügige Chance zur Abwendung von Gefahr. Diese Mimikry freilich erfordert die strikte Unterdrückung aller ergotropen Reaktionen – »der Schlaf probiert den Tod«, sagt der Dichter –, und dabei kann es offenbar vorkommen, daß die Imitation etwas zu naturgetreu ausfällt.

Dennoch hat die Theorie einen Schönheitsfehler: Der Totstellreflex ist die akute Reaktion auf ein Schockerlebnis. Der Tod der submissiven Tupajas aber tritt im Gefolge eines chronifizierten emotionalen Zustandes ein, der, wenn ein anthropomorpher Ausdruck erlaubt ist, eher mit »Hoffnungslosigkeit« als mit »Schreck« adäquat wiederzugeben wäre.

Diesen Mangel vermeidet eine andere Theorie, die im Jahre 1975 von dem amerikanischen Forscher Martin SELIGMAN veröffentlicht wurde. Der Autor gehört zu der neuen Generation von Lernpsychologen, die biologischer Denkweise aufgeschlossener gegenüberstehen als die Gründerväter des Behaviorismus. Er prägte ein Konzept, das inzwischen in die Wissenschaftssprache eingegangen ist: »Erlernte Hilflosigkeit«.

Sein Ausgangspunkt waren dabei Laboruntersuchungen, in denen man Hunden nach PAWLOWschem Muster beibrachte, Schocks von einem elektrisch geladenen Bodenrost durch eine gezielte Fluchtreaktion zu vermeiden. Dabei hatte er beobachtet, daß Versuchstiere unter gewissen Umständen nicht in der Lage waren, den rettenden Sprung über die Barriere zum Nachbarkäfig zu erlernen, sondern sich statt dessen, wimmernd und apathisch, in ihr Schicksal ergaben. Und dies war dann der Fall, wenn sie zuvor einige Zeit lang die Erfahrung gemacht hatten, daß die Schmerzreize kamen und gingen, ohne daß man durch eigenes Verhalten ihren Rhythmus oder ihre Intensität beeinflussen konnte. Es gibt, so folgerte SELIGMAN, so etwas wie ein Gefühl für Kompetenz, für eigene Einflußmöglichkeiten, für eigene Kontrolle über die Situation, und wenn dieses Gefühl verlorengeht, dann bricht die Bereitschaft zusammen, irgend etwas für die Hebung des eigenen Wohlbefindens zu tun. Dieser Zustand ist dann wiederum mit Vagus-Dominanz verbunden.

SELIGMANS Erklärungsansatz ist besser als die Totstelltheorie geeignet, den chronischen Charakter der Selbstaufgabe zu erklären. Andererseits fehlt ihm aber eine überzeugende funktionale Herleitung. Wenn ein Individuum die Situation nicht »in den Griff bekommt«, warum gerät es dann nicht in einen Bewegungssturm? Warum probiert es nicht mit wachsender Heftigkeit immer neue, oder wenigstens immer wieder dieselben Verhaltensmuster durch, wo es doch nicht wissen kann, ob nicht das nächste Mal endlich die erlösende Konstellation zustandekommt? Es gibt keine absolut sicheren Indikatoren dafür, daß die Lage wirklich aussichtslos ist; unter allen Strategien scheint Selbstaufgabe die ineffizienteste zu sein. Natürlich zehrt blinder Aktionismus an den Kräften, aber wenn man schon zugrunde gehen soll, warum dann nicht wenigstens an Erschöpfung? Warum gewissermaßen »freiwillig«, bevor die letzten Reserven aufgebraucht sind? Warum dieses rätselhafte Abschalten der ergotropen Funktionen?

Auf den Spuren des Todestriebs

Es lohnt sich, diese Frage zu stellen. Denn das Syndrom von Apathie, Impotenz, Kräfteverfall und Resistenzschwäche in Situationen chronischer Hoffnungslosigkeit ist nicht nur im Tierversuch zu beobachten.

Vergleichbare Phänomene treten auch beim Menschen auf. Man weiß, daß Männer im Gefängnis impotent werden können, eine Rückbildung

der Hoden ist dabei medizinisch nachweisbar. Weibliche Strafgefangene stellen häufig nach der Einlieferung die Menstruation ein. Noch fatalere Reaktionen wurden an amerikanischen Soldaten beobachtet, die während des Vietnam-Krieges in Gefangenschaft geraten waren und dort in nicht mehr ansprechbarer Apathie dahinstarben: »Give-up-itis« hat man diesen Zusammenbruch genannt. Und schließlich mehren sich die Anzeichen, daß auch die Immunantwort durch chronische Hoffnungslosigkeit beeinträchtigt wird; es gibt empirisch gestützte Theorien der Krebsentstehung, die diesem Faktor eine nicht zu vernachlässigende Bedeutung einräumen.

Wenn wir dieses Syndrom funktionell verstehen wollen, müssen wir an eine Überlegung anknüpfen, die wir auf Seite 300 begonnen, aber nicht zuende geführt haben. Es ging dort um das eigentümliche Phänomen, daß sich die Bereitschaft, einem Gruppenmitglied Aufmerksamkeit zu schenken und seine Wünsche zu erfüllen, in Tiersozietäten oft auf zwei komplementäre »Pole« hin konzentriert: auf den stärksten, kompetentesten Erwachsenen, aber auch auf das schwächste, hilfloseste Gruppenmitglied, das Kind.

Dadurch entstehen zwei gegenläufige »Hierarchien«; je höher man in der einen rangiert, um so niedriger in der anderen. Wenn diese gleichwohl normalerweise nicht in Konflikt miteinander geraten, so liegt das daran, daß sie sich auf verschiedenen Motivdimensionen verwirklichen. In der Terminologie des Schemas von Seite 331 können wir sagen, daß es bei der einen um die Thematik der Selbstbehauptung, bei der anderen um die der Rückversicherung geht.

Wer Priorität in den Belangen der Selbst*behauptung* beansprucht, muß vor allem auf Selbst*erweiterung* aus sein. Er darf keine Furcht zeigen, er muß aufs Ganze gehen, aktiv die Auseinandersetzung mit dem Rivalen suchen und Gewißheit demonstrieren, daß es ihm gelingen wird, diesen zu vertreiben, zu unterjochen oder sonstwie unschädlich zu machen.

Im akuten Einsatz können bei dieser Strategie die homöostatischen und die restaurativen Funktionen kurzfristig unterdrückt werden, um alle verfügbaren Reserven für den Kampf freizumachen. Anders ist es indessen mit der sexuellen Motivation. Denn zum Rivalenkampf tritt man mit dem Anspruch auf das Recht, ja auf das Monopol der Fortpflanzung an, und es ist erforderlich, dem Kontrahenten während des Kampfes ständig zu signalisieren, daß man diesen Anspruch aufrechterhält. Wer – etwa geruchlich – den Verlust der Fortpflanzungsbereitschaft zu erkennen gibt, hißt die weiße Flagge.

Wenn der Gegner sich als stärker erweist, muß man von diesem Mittel unter Umständen gleichwohl Gebrauch machen. Seinen Anspruch braucht man deshalb nicht völlig aufzugeben; man muß freilich für den Moment taktisch zurückstecken und kann nur auf eine günstige Chance in der Zukunft warten. Die Motivation schaltet dann von Selbsterweiterung auf Selbst*bewahrung* um: Man weicht dem anderen aus, und aggressiv reagiert man allenfalls noch im Notfall der Selbstverteidigung bei abgeschnittenem Fluchtweg. Fortpflanzungswünsche muß man unterdrücken, um den Gegner nicht unnötig herauszufordern. Hingegen sollten die homöostatischen und restaurativen Funktionen allenfalls reduziert, aber nicht völlig abgebaut werden; denn das Moratorium kann länger dauern. Von HOLSTS »subdominante« Tupajas sind für dieses Zustandsbild charakteristisch.

Der »submissive«Typ ist im Gegensatz dazu in den Sog eines Verhaltensprogramms geraten, das seinen Sinn ursprünglich aus der Thematik der *Rückversicherung* herleitet. Wir wollen diese Strategie zunächst in dem Kontext betrachten, in dem sie am besten funktioniert, nämlich im Säuglingsalter. In dieser Phase ist die Skelettmuskulatur als Motor aller animalen Aktivität noch zu schwach und zu wenig koordiniert, als daß man sie im Dienste der Selbstbehauptung effizient einsetzen könnte. Und oft ist es sogar zweckmäßig, selbst ihre bescheidenen Möglichkeiten zu unterdrükken; denn alles zur Schau getragene Selbermachenwollen reduziert den Appell an fremde Hilfe. Am besten beschränkt man sich auf »supplikative« Äußerungen, insbesondere auf das Unterstützung heischende Weinen.

Der Sinn dieser Verhaltensstrategie läuft also darauf hinaus, sich so klein und hilflos wie möglich zu machen, um dadurch die erwachsenen Verwandten maximal zur Pflege zu motivieren. Solange deren Effizienz im Verhältnis zur eigenen ungleich größer ist, ist das ohne Zweifel auch das Zweckmäßigste, was man tun kann.

Aber auch diese Strategie geht, wie wir vorhin in anderem Zusammenhang gesagt haben, »aufs Ganze«. Daß bei ihr die Sexualität und alle Selbsterweiterungsfunktionen nichts zu melden haben, versteht sich. Aber sogar die Selbstbewahrung muß man den erwachsenen Familienmitgliedern erkennbar als Aufgabe zuweisen. Das ist schon riskant genug.

Und selbst restaurative Funktionen überläßt man anderen: Die Eltern reinigen das Kind und pflegen seine Haut; solange die Mutter stillt, kann es sogar an deren Immunsystem teilhaben. Die homöostatischen Funktionen schließlich beschränken sich auf den vegetativen Anteil, also etwa darauf, zu schlucken und zu verdauen, was die anderen einfüttern; man geht, wo andere sich zur Hilfe genötigt fühlen sollen, nicht in eigener Regie auf Nahrungssuche. Es leuchtet ein, daß ein solches Verhaltenssyndrom unter der Herrschaft des Parasympathicus steht: Ergotrope Funktionen erwekken zu leicht den Anschein der Selbständigkeit.

Wie man sieht, läßt sich überhaupt nicht verwechseln, in welcher der beiden »Hierarchien« ein Gruppenmitglied hohen Rang anstrebt: Was immer in der einen Richtung weiterführt, mindert die Chancen in der anderen. Es ist ein klares Entweder-Oder.

Normalerweise steht man freilich nicht vor einer derart radikalen Entscheidung. Das Wellenspiel der Motive läßt im Alltag des Gruppenlebens bald die Selbstbehauptung, bald die Rückversicherung an die Oberfläche gelangen. Da sieht man zwei Tiere im einen Moment um einen Futterbrokken streiten, im nächsten wieder einvernehmlich beisammensitzen und einander wechselseitig in »hingegossener« Haltung das Fell zum Lausen bieten.

Nur in besonderen Situationen, wenn sich die sozialen Ereignisfäden zur Krise verknoten, wenn das Prinzip der Synchronisation außer Kraft gesetzt ist und allein noch Dominanz die Erfüllung vitaler Bedürfnisse gewährleistet – dann also sieht man sich genötigt, eine der beiden Strategien bis zur Grenze auszureizen. Im Erwachsenenalter wird das zunächst naturgemäß die Strategie der Selbstbehauptung sein. Aber die Verhaltensprogramme der Rückversicherung sind nun einmal ebenfalls in jedem Säugetier angelegt. Und in der Not, wenn nichts anderes mehr hilft, greift es auch darauf zurück.

Wenn zwei Wölfe ernsthaft um den Status kämpfen, so kann der Unterlegene die Auseinandersetzung abbrechen, indem er sich auf den Rükken wirft und Verhaltenssignale aus dem Baby-Repertoire abgibt. »Demutsgebärde« nennt das die Ethologie. Es ist schon beobachtet worden, daß der Sieger daraufhin Brutpflegehandlungen an dem soeben Bekämpften andeutet; jedenfalls hört er auf, ihn zu attackieren.

Aber diese Szene spielt immerhin noch unter engen Familienangehörigen. Die Strategie der Unterwerfung trägt nur solange, wie auch tatsächlich ein nahestehender Partner zur Stelle und hinreichend prosozial motiviert ist. Dem feindlichen Fremden gegenüber versagt sie, und sie versagt auch angesichts der Einsamkeit. Den hoffnungslosen Lagerinsassen in Vietnam oder anderswo nützt sie ebensowenig wie dem, der Hilflosigkeit signalisiert, um seinen verstorbenen Partner zurückzubeschwören.

Daß die Regression in solchen Fällen dysfunktionell ist, fühlt der Betroffene wohl; denn es unterbleiben ja die Trost und Geborgenheit verheißenden Signale, die ein anwesender Pfleger aussenden würde. Diese aber wären nötig, um den Hilflosen zu beruhigen oder, physiologisch gesprochen, um ihn, wenn er sich schon der ergotropen Kompetenz begeben hat, wenigstens aus der Belastungsantwort der Nebennierenrinde zu erlösen.

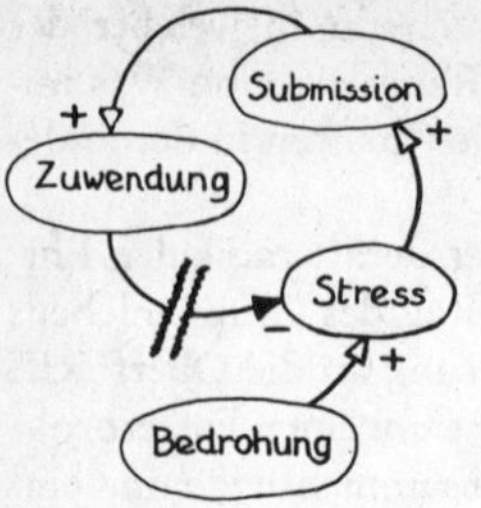

Erst die böse Kombination dieser beiden vegetativen Reaktionen führt in letzter Konsequenz zur Selbstvernichtung.

Systemtheoretisch betrachtet, liegt die Tragik hier in einem »aufgeschnittenen« Regelkreis. Die dämpfende Rückkoppelung der prosozialen Geste auf den Stress ist unterbrochen. Der Betroffene weint vergebliche Tränen; er entrichtet den Preis der Selbstauslieferung, aber keine Mutterarme fangen ihn auf. Und je weniger ihm Antwort zuteil wird, um so höher steigert er seinen Einsatz, um so weiter nimmt er sich zurück, um so tiefer versinkt er in Hilflosigkeit, bis schließlich der Grenzwert der Lebensfähigkeit unterschritten ist.

Das kleinere Übel

Wenden wir uns an dieser Stelle noch einmal zu unserem ethologischen Ausgangsmaterial zurück. Es ist lehrreich, auf der Basis der vorangegangenen Überlegungen das Sozialverhalten von Tupajas und Weißbüschelaffchen zu vergleichen. Verfolgt man insbesondere das Schicksal der heranreifenden Jungtiere, so werden nun, bei allen augenfälligen Unterschieden, doch auch tiefliegende Parallelen deutlich.

Siedelt man ein Tupajapärchen in einem geschlossenen Gehege an, so sind die beiden zunächst guter Dinge, und der Nachwuchs läßt nicht lange auf sich warten. Mit vier Wochen kommen die Jungen zum erstenmal aus dem Nest und werden von beiden Eltern liebevoll in Empfang genommen. Vor allem der Vater, der sie ja bis dahin nie zu Gesicht bekommen hat, streicht ununterbrochen um sie und fordert sie immer wieder zu dem artspezifischen Begrüßungsritual auf, bei dem wechselseitig Speichel aus den Mundwinkeln geleckt wird. In den Schlaf- und Ruhepausen hält die Familie dichten Körperkontakt.

Der Frieden währt aber nur so lange, bis das erste Jungtier, im Alter von 7 bis 8 Wochen, geschlechtsreif wird. Dann nämlich fängt es an, Duftmarken zu setzen, die vom gleichgeschlechtlichen Elternteil als Anzeichen dafür interpretiert werden, daß sich ein Rivale im Territorium aufhält. Und alsbald läuft ebendieses Elterntier mit gesträubtem Schwanz herum.

Das Weitere ist nur noch eine Frage der Zeit. Zwar sind die Tiere miteinander vertraut, und das dämpft die Angriffslust; die Eltern fressen zunächst nur ihre Neugeborenen auf und lassen die Adoleszenten noch unbehelligt. Aber eben nur eine gewisse Zeit lang: Dann kommt es auch hier zu dem eingangs geschilderten Ernstkampf mit dem bekannten fatalen Ausgang für den Verlierer.

Die heranwachsenden Tupajas würden sich selbst und ihren Eltern das Leben leichter machen, wenn sie darauf verzichten könnten, ihre herangereifte Fortpflanzungsbereitschaft so penetrant zu bekunden. Junge Callithrix sind genau dazu in der Lage, und das sichert ihnen für eine gewisse Spanne die familiäre Eintracht.

Tupajas müssen hier erst gewissermaßen »durch Schaden klug« werden. Unter Freilandbedingungen bleibt der unterlegene Adoleszent natürlich nicht im Revier seiner Eltern. Wie von HOLST bei Feldstudien in Thailand beobachten konnte, ist zwar das verfügbare Gelände ziemlich lückenlos unter territorialen Paaren aufgeteilt; es gibt also kein Niemandsland, in das sich der Verlierer zurückziehen könnte. Das braucht er aber auch nicht: Der Nachbar gewährt ihm Asyl.

Sobald nämlich ein Tupaja im familiären Rangstreit unterlegen ist, gelingt es ihm auf einmal doch, in die Tarnkappe der psychischen Kastration zu schlüpfen. Der Chemismus seiner Duftstoffe verändert sich nämlich so, daß ihn jeder Artgenosse für ein ungefährliches Neutrum hält. Dieser entlastende Mechanismus versagt allein dem gegenüber, mit dem er zuvor gekämpft hat: Dessen Haß hat er erfahren und versteht nicht, daß er *jetzt* nichts mehr von ihm zu fürchten hätte.

Der Unterschied zu den Callithrix besteht also letzten Endes nur darin, daß – in Abwandlung der Überschrift des 19. Kapitels – die »Harmonie« in einer Tupajafamilie nicht zugleich »repressiv« ist. Der Jugendliche kann sich hier gewissermaßen gar nicht vorstellen, daß er den Eltern, die ihn zeitlebens mit Küssen überschüttet haben, auf die Nerven geht, wenn er erwachsen wird. Einem Callithrix ist in dieser Beziehung offenkundig ein höherer Grad sozialer Sensibilität einprogrammiert. Daher herrschen hier bereits innerhalb der Familie ähnliche Verhältnisse wie bei den Tupajas erst im Exil: Solange man keinen Anspruch auf Fortpflanzung anmeldet, genügt dies dem Anderen als Unterpfand der Ungefährlichkeit; er verhält sich seinerseits tolerant und erspart damit dem, der zurückgesteckt hat, letzten Endes den psychosomatischen Tod.

Daran gemessen, erweist sich die psychische Kastration als das kleinere Übel.

21. Kapitel

Die Überdrußreaktion

Höhere Tierprimaten leben bevorzugt in geschlossenen, gemischtgeschlechtlichen Verbänden. Die sexuellen Beziehungen innerhalb der Gruppe sind promisk, variabel und kaum in die Rangstruktur eingebunden. Von äußerem Zwang sind sie also entlastet; um so deutlicher treten hier jedoch innere Hemmungen hervor. Dabei zeigt sich, daß außer der psychischen Kastration noch eine weitere endogene Fortpflanzungsbarriere existieren muß.

Neue Formen des Zusammenlebens

Irgendwann in den Sechzigern ging es los – im Lande der unbegrenzten Möglichkeiten, und dort wiederum zunächst, wo der amerikanische Traum am verwegensten geträumt wird: in Kalifornien.

Angewidert von einer hinter starren Fassaden seelisch verkümmernden Gesellschaft machte sich ein Teil der Jugend auf, neue, ursprünglichere Formen des Miteinanderseins zu erproben. Ende der sechziger Jahre gab es über hundert solcher »Hippie«-Kommunen allein in Nordkalifornien und Oregon, mit steigender Tendenz.

Wie vielleicht bei allen Wellen der Jugendbewegung ging es dabei letztenendes um die Befreiung der sexuellen Moral von den Zwangsstrukturen einer repressiven Konvention. In jeder etablierten Moral bekundet sich der Autonomieanspruch der Älteren, und dieser verlangt Bestätigung in – beim Menschen zumindest symbolischen – Gesten der psychischen Kastration; kein Wunder also, daß die Sexualität zu allen Zeiten der Hauptkriegsschauplatz für Generationenkonflikte gewesen ist.

Es soll bei manchen Kommunen zu regelrechten Aufnahmetests gekommen sein, Initiationspraktiken in modernem Gewand, bei denen die Novizen etwa nachweisen mußten, daß sie fähig und bereit zum Abbau der Ekelschranke gegen Oralverkehr waren. Auch wo es nicht so drastisch herging, war man sich doch zumindest in einem Punkte sicher: Die Fessel, die *eine* Frau und *einen* Mann aneinanderbindet, bis daß der Tod sie scheidet – eine Formel, die in ihrer Unerbittlichkeit an den Wortlaut erinnert, mit dem lebenslängliche Freiheitsstrafen verhängt werden –, die Monogamie also, mußte überwunden werden. Denn sie erschien als die eigentliche Ursache für alle Mißstände der bürgerlichen Geschlechterbeziehung, von der doppelten Moral bis zur Unterdrückung der Frau und zur autoritären Neurotisierung der Kinder.

Als Gegenideal erschien dabei die sogenannte *Gruppenehe,* das Zusammenleben mehrerer Männer mit mehreren Frauen ohne feste Partnerschaft, ohne sexuelle Eifersucht, ohne Zuordnung der Kinder zu einem einzigen Elternpaar.

Es ist beachtenswert, daß Naturvölker eine solche Sozialstruktur kaum je verwirklicht haben, viel seltener jedenfalls als Einehe und Vielweiberei. Ähnlich wie die zoroastrische Inzestpraxis ist die zum Prinzip erhobene Promiskuität folglich wohl eher ein ideologisches Programm als eine Rückkehr in »urtümliche« Lebensformen.

Ob die Gruppenehe beim Menschen überhaupt funktionieren kann, ist fraglich. Offenbar geschieht es immer wieder, daß sich zwischen einem Mann und einer Frau eine tiefere emotionale Beziehung einstellt; und sobald es einmal soweit ist, zeigen sich die beiden nicht mehr bereit, mit anderen Gruppenmitgliedern intim zu werden. Emotionales Engagement zwischen zwei Partnern gilt daher bei vielen Kommunarden als verpönt, was freilich auch beim wohlmeinenden Beobachter solcher Experimente Bedenken weckt.

In der Philosophie der Kommunen wird der Hang, Pärchen zu bilden, naheliegenderweise als ein ungetilgtes Überbleibsel vorangegangener Prägung durch die bürgerliche Zivilisation rationalisiert, und man hofft, daß veränderte Lernerfahrung in der späteren Idealgesellschaft eine Synthese von Tiefe und Offenheit der Gemütsbindung erblühen lassen werde. Es ist das Recht der Beteiligten, an solche künftigen Durchbrüche zu glauben, so wie es das Recht des Abseitsstehenden ist, skeptisch zu bleiben und zu argwöhnen, daß hier an der menschlichen Natur vorbeikonstruiert wurde.

Noch ein anderer ideologischer Schönheitsfehler scheint sich mit großer Regelmäßigkeit spontan einzustellen: Es bildet sich alsbald eine stabile Rangordnung heraus. Die meisten Gruppenehen, denen eine längere Lebensdauer beschieden ist, konzentrieren sich um eine charismatische Vaterfigur: ein Mitglied männlichen Geschlechts, das nicht nur die Philosophie der Gruppe prägt und bei Streitigkeiten als letztverbindliche Instanz den Schiedsspruch fällt, sondern auch darüber hinaus noch besondere Privilegien beanspruchen darf. Daß die Gefolgschaft bis zur Hörigkeit gehen kann, ist seit dem Mordfall Sharon Tate allgemein bekannt.

Man fragt sich, warum bei einer so autokratischen Gruppenstruktur nicht Spannungen wie in der FREUDschen »Urhorde« herrschen, womöglich mit Andeutungen von psychischer Kastration auf seiten der männlichen Mitläufer – eine Art »Rangordnungsharem« wie bei CALHOUNS Ratten. Natürlich wirkt solchen Effekten die Gruppenideologie entgegen, die den Anführer nötigt, einen etwa verspürten sexuellen Alleinvertretungsanspruch zu verdrängen und möglicherweise sogar ins Gegenteil zu stilisieren. Gleichwohl gibt es verräterische Restbestände aristogamer Motivation; so wird immer wieder berichtet, daß der Führer eine Art »Ius Primae Noctis« auf die weiblichen Neuzugänge der Gruppe zu beanspruchen pflegt. Nur eingehende Fallstudien, die auch feinere psychologische Zusammenhänge subtil ausleuchten, können hier eines Tages Aufklärung bringen.

Die Kolonie von Cayo Santiago

Eine Gruppenstruktur, wie sie den Hippie-Kommunen als Ideal vorschwebt, ist nun allerdings keineswegs schlechthin unnatürlich. Es gibt Tierarten, die ziemlich genau auf diese Weise miteinander leben. Dazu gehören besonders häufig ausgerechnet unsere nächsten Verwandten, die Altweltaffen, an die man ja wohl immerhin als erste denken muß, wenn man das motivationsdynamische Ausgangsmaterial sucht, aus dem die menschliche Familienstruktur erwachsen ist. Zwei einschlägige Fälle werde ich in diesem Kapitel genauer besprechen: Zunächst die noch relativ urtümliche »Gruppenehe« der Rhesusaffen; danach die höchstentwickelte tierische Sozialstruktur überhaupt, die sogenannte »offene Gemeinschaft« der Schimpansen.

Von der Sozialstruktur der Rhesusaffen weiß man, paradoxerweise, das meiste aus Freilandbeobachtungen in der Neuen Welt, wo diese Tiere eigentlich gar nicht hingehören.

Auf einer unbewohnten Insel namens Cayo Santiago vor der Südostküste von Puerto Rico hatte im Jahre 1938 der Primatologe CARPENTER, von dem wir bereits im 17. Kapitel gehört haben, 400 in Indien eingefangene Rhesusaffen freigelassen. Die Insel ist ziemlich klein; ihre Fläche entspricht der einer Kreisscheibe von weniger als einem halben Kilometer Durchmesser. Aber sie ist reich gegliedert und bietet mit ihren steil aufragenden Felsen und ihrer üppigen Vegetation so ausreichend Deckung und Ausweichmöglichkeiten, daß die Population zeitweilig bis auf 800 Tiere anwachsen konnte. Diese Bevölkerungsdichte war allerdings unökologisch hoch, so daß man dazu überging, von Zeit zu Zeit Teilgruppen herauszufangen, um die Zahl der Tiere auf die Größenordnung der Gründungskolonie zu begrenzen.

Während des Zweiten Weltkrieges hatte niemand Zeit, sich um die Station zu kümmern; es dauerte bis etwa Mitte der fünfziger Jahre, ehe man mit systematischen Untersuchungen begann. Zunächst einmal wurde der Populationsbestand aufgenommen und jedes Tier mit einer Kennziffer tätowiert. Auch alle Neugeborenen erfaßte man auf diese Weise fortlaufend, wobei die Verwandtschaftsverhältnisse gleich mit festgehalten wurden. Das bedeutet, daß man von jedem Tier, das heute auf Cayo Santiago zur Welt kommt, die Genealogie bis zur Groß- oder Urgroßmutter zurückverfolgen kann, einschließlich aller kollateralen Verwandtschaftsgrade. Was dies bei einer Tierart mit einer Lebenserwartung von über zwei Dekaden für die Feldforschung bedeutet, ist kaum hoch genug einzuschätzen.

In ihren natürlichen Verbreitungsgebieten leben Rhesusaffen normalerweise in geschlossenen Verbänden von bis zu 50 Individuen. Die Mitglieder eines Verbandes halten ständig Sichtkontakt; sie gehen nicht übermäßig fein miteinander um, sind aber doch aneinander gebunden und dementsprechend prosozial motiviert.

Im Unterschied dazu herrscht *zwischen* den Verbänden erhebliche Intoleranz. Die Gruppen gehen sich tunlichst aus dem Wege; begegnen sie sich dennoch, so kann es zu heftigen Auseinandersetzungen kommen. Dieselbe Sozialstruktur beobachtet man auch auf Cayo Santiago, allerdings mit einem Schönheitsfehler, der zeigt, daß die Insel nur noch als Grenzfall eines natürlichen Lebensraumes anzusprechen ist. Zwar gliedert sich die Population auch hier in mehrere Gruppen, doch sind einige davon zeitweilig auf eine Stückzahl von nahezu 300 angewachsen. Hier liegt sicher ein Dichteeffekt vor; man begegnet Artgenossen bereits so häufig, daß der natürliche Prozeß der Gruppenspaltung nicht mehr unbehindert vonstatten geht. Der feindliche Fremde ist in dieser Ökologie unterrepräsentiert.

Rangordnung bei Rhesusaffen

In Rhesusgruppen, so liest man übereinstimmend in allen Feldberichten, herrscht eine Rangordnung. Donald Stone SADE, dem wir die wohl gründlichste Analyse der Sozialstruktur in der Kolonie von Cayo Santiago verdanken, bestimmt die Ranghöhe anhand eines einfachen und trennscharfen Kriteriums.

Man muß dazu wissen, daß bei dieser Tierart Gruppengenossen längst nicht so verträglich miteinander leben wie etwa die Glieder einer Callithrix-Familie. Bei Rhesusaffen geht es rauher zu. Immer wieder entbrennt zwischen Gruppenmitgliedern Streit – um Futter, um ein Kind, um ein Weibchen, manchmal auch scheinbar aus reiner Bösartigkeit. Ferner kommt es nicht selten vor, daß ein Tier, das sich bedroht oder benachteiligt fühlt, seinen Unmut an einem anderen ausläßt.

Solche Auseinandersetzungen nehmen normalerweise den folgenden Verlauf. Ein Tier nähert sich einem anderen mit drohendem Ausdruck. Sein Kopf ist etwas gesenkt, seine Gangart steifbeinig stolzierend, zugleich aber auch lauernd zielstrebig, wie beim Heranpirschen an eine Beute. Ist der Herausforderer nahe genug gekommen, geht er unvermittelt zum Angriff über: Er springt sein Opfer an, schlägt nach ihm, packt zu und versetzt ihm Bisse in den Rücken. Ist die Wut weniger groß, so kann diese Handlungskette auch schon auf einer früheren Stufe abbrechen. Das Opfer wird vielleicht nur kurz gepackt und gleich wieder losgelassen. Oder der Angriffslauf wird kurz vor dem Gegner abrupt abgebrochen. Statt wirklich zuzubeißen beschränkt sich das Tier auf ein drohendes Maulöffnen bei halbgeschlossenen Lidern und zurückgeklappten Ohren – die arttypische Drohmimik. Im schwächsten Fall bleibt es sitzen und starrt den Gegner an.

Dieser seinerseits kann die Herausforderung annehmen; dann entbrennt ein Ernstkampf, und beide Tiere wälzen sich schreiend und ineinander verbissen auf dem Boden. Meist aber gibt eines von vornherein klein bei und erklärt sich kampflos zum Verlierer.

Auch hierfür existieren charakteristische Verhaltenssignale: Der Unterlegene kauert sich zusammen, stößt ein schrilles Kreischen aus und zieht eine Angstgrimasse mit geöffnetem Maul und weit zurückgezogenen Lippen; anders als bei der Drohmimik werden dabei die Zähne weit entblößt. Er versucht, dem anderen besänftigend das Hinterteil zu weisen, und sieht im übrigen zu, daß er entwischen kann, möglichst unauffällig, um den Überlegenen nicht zur Verfolgung herauszufordern.

Auch die Signale der Unterlegenheit können in abgeschwächter, nur mehr angedeuteter Form auftreten, aber selbst dann ist für den geübten Beobachter in praktisch allen Fällen unmißverständlich erkennbar, wer von den beiden Kontrahenten der Sieger war. Und wenn die Beziehung zwischen zwei Tieren sich so weit stabilisiert hat, daß man bei einer Auseinandersetzung vorhersagen kann, wie die Rollen sich verteilen werden, dann eben spricht SADE von einem Rangverhältnis.

Anspruch auf Autonomie

Wir haben an einer früheren Stelle, auf Seite 307, von EIBL-EIBESFELDTS »unerziehbarem« Dachs gesprochen. Dessen Verhalten war nicht zuletzt deshalb bemerkenswert, weil es uns zwang, über die Selbstverständlichkeit nachzudenken, mit der wir den Erfolg von Disziplinierungsmaßnahmen bei einem Hund erwarten und hinnehmen. Dieser bleibt, wenn man ihn straft, nicht nur zahm, sondern seine Anhänglichkeit *verstärkt* sich sogar noch. Das Bild des geprügelten Hundes, der winselnd herbeikriecht, um seinem Herrn die Hand zu lecken, ist zwar abstoßend, aber in der Sache zutreffend.

Überlegen wir einmal, welche Faktoren zusammenspielen müssen, um diesen Effekt herbeizuführen. Da ist einmal der Umstand, daß sich der Sieger durch seinen Erfolg als besonders kompetent ausweist – indem er mich unterwirft, zeigt er, daß er mehr vermag als ich; würde er diese Potenz gegen meine Feinde richten, so wäre er ein mächtiger Schutz.

Diese Rechnung geht allerdings nur auf – das ist der zweite Gesichtspunkt –, wenn ich wirklich damit rechnen kann, daß der andere mich nicht immer nur verprügelt, sondern notfalls auch verteidigt. Es muß zwischen uns also eine Bindung bestehen, und diese darf durch die vorausgegangene aggressive Auseinandersetzung nicht abgebrochen worden sein. Am wirksamsten wäre es, wenn sie durch den Streit sogar bekräftigt würde; auf Seite 203 haben wir davon gesprochen, daß dieser paradoxe Effekt durchaus im Bereich biologischer Möglichkeit liegt.

Damit die Bindung die Form von Gefolgschaft annimmt, muß schließlich noch ein dritter Faktor ins Spiel kommen: Die Niederlage muß den Verlierer so eingeschüchtert haben, daß er sich danach auch wirklich auf Schutz und Führung angewiesen fühlt. Er muß, in der Terminologie des vorigen Kapitels gesprochen, von »Selbsterweiterung« auf »Rückversicherung« geschaltet haben. Anders ausgedrückt: Sein Anspruch auf *Autonomie* muß gedämpft worden sein.

»Autonomie« bedeutet, anthropologisch verstanden, die Kraft und den Willen, seine Existenz in die eigene Hand zu nehmen, seinen eigenen Weg zu gehen, auf eigenes Risiko zu leben, keine fremde Hilfe zu beanspruchen und daher auch niemandem Rechenschaft oder Rücksicht zu schulden. Spricht man von tierischem Verhalten, so muß man von der ethischen Dimension des Begriffes abstrahieren; Autonomie steht hier für ein Syndrom aus Durchsetzungskraft und Unabhängigkeit.

Man kann nun jede Rangauseinandersetzung als einen Versuch der Beteiligten auffassen, die verschiedenen Ansprüche auf Autonomie wechselseitig einzuregulieren. Dabei ist »regulieren« eigentlich ein falsches Wort, da es an eine negative Rückkopplung denken läßt. Tatsächlich handelt es sich aber, wie die folgende Abbildung zeigt, um ein komplizierteres System.

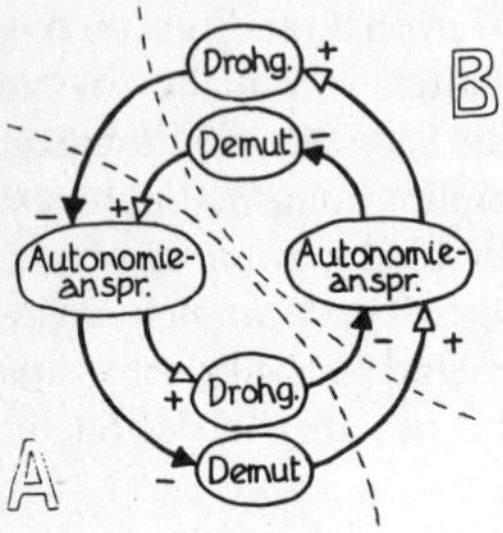

Wenn zwei Kontrahenten *A* und *B* sich auseinandersetzen, so hat jeder die Wahl zwischen aggressiver Selbstbehauptung und submissiver Selbstauslieferung – ein klares Entweder-Oder, wie wir auf Seite 345 sagten. Das Verhalten wird in dem Diagramm also entweder auf der äußeren oder auf der inneren Wirkungsschiene laufen. Betrachten wir zunächst den äußeren Kreis. Bei ihm siegt das Individuum *B*. Je mehr Autonomie es beansprucht, desto ausgeprägter wird sein Imponierverhalten sein; der Wirkungspfeil zwischen »Autonomieanspruch« und »Drohung« rechts oben ist dementsprechend durch ein Pluszeichen markiert. Seine Drohgesten wiederum sind darauf berechnet, den Gegner einzuschüchtern, also dessen Autonomieanspruch zu reduzieren: Der Pfeil links oben ist daher negativ. Je niedriger der Autonomieanspruch von *A*, desto wahrscheinlicher wird es nun, daß er klein beigibt; zwischen der Höhe des Autonomieanspruchs und der Bereitschaft zu Demutsgesten besteht also wieder eine negative Korrelation. Und je submissiver sich *A* verhält, um so mehr bestätigt dies schließlich den Autonomieanspruch von *B*.

Beim inneren Wirkungskreis sind die Verläufe ganz entsprechend, wobei lediglich *A* und *B* die Rollen tauschen. Jedenfalls handelt es sich in beiden Kreisen um ein System mit *zweimaliger* Negation. Nach den Gesetzen der Systemtheorie ist das einer positiven Rückkopplung äquivalent, bei der der Prozeß nicht einem Gleichgewicht zustrebt, sondern eskaliert und erst dann zur Ruhe kommt, wenn er in einem Extrem anschlägt. Es entspricht also der Logik dieses Wirkungsgefüges, daß sich die Autonomieansprüche *ungleichgewichtig* über die Gruppenmitglieder verteilen, und dieses Ungleichgewicht ist es eben, was man als Rangordnung bezeichnet.

Es sei noch einmal darauf hingewiesen, daß der hier verwendete Autonomiebegriff zwei zumindest logisch trennbare Komponenten enthält: auf der einen Seite den Anspruch darauf, eigene Wünsche durchzusetzen, auf der anderen die innere Unabhängigkeit von sozialer Unterstützung. Soweit diese beiden Züge gekoppelt sind, muß sich der Rangniedere nicht nur in seinem Antriebs-Management nach den Wünschen anderer richten, sondern er ist auch emotional in erhöhtem Maße auf deren sicherheitsspendende Präsenz angewiesen.

Nun gibt es aber, wie wir auf Seite 344 schon besprochen haben, auf Seiten des Unterlegenen nicht nur die Strategie der Submission. Er kann es machen wie von HOLSTS »subdominante« Tupajas und von Selbsterweiterung lediglich auf *Selbstbewahrung* übergehen. Darin scheint das Geheimnis der Gruppenehe zu liegen. Ein Rhesusaffe, der in einem Rangkampf unterliegt, wird zwar heteronom in dem Sinne, daß er lernt, sich im Konfliktfall nach den Wünschen des Ranghöheren zu richten. Aber abhängig wird er nicht. Bei akuter Bedrohung macht er freilich submissive Gesten, um glimpflich davonzukommen, sucht jedoch dann – innerhalb der Gruppe – das Weite, kommt also nicht ängstlich herangekrochen, wie etwa ein Mantelpavianweibchen. Gewiß gilt auch hier noch, daß Leistungen der sozialen Hautpflege bevorzugt dem Ranghohen angetragen werden; denn das besänftigt ihn und macht ihn vielleicht zu Vergünstigungen geneigt; aber hörig wird man ihm deshalb noch lange nicht. Und auch in der sexuellen Aktivität hält man sich nur so weit zurück, wie unbedingt nötig ist.

Allerdings sind auch bei Rhesusaffen Ranghöhe und Fortpflanzungserfolg korreliert. Das liegt einfach daran, daß die hochrangigen Tiere bei Paarungen der Rangniederen gern einmal dazwischenfahren. Doch obwohl das deren Chancen reduziert, geben diese darum noch lange nicht auf: Sie sehen vielmehr zu, daß sie das Geschäft unbeobachtet verrichten können. Sie »introjizieren« also das Veto der Machthaber nicht, und daher hat dieses keine durchschlagende Wirkung, zumal es auch nicht sehr konsequent angewandt wird.

Die Tatsache, daß niederrangige Rhesusaffen nicht automatisch infantil-abhängig reagieren, wirkt sich auf die räumliche Verteilung der Individuen innerhalb der Gruppe aus. Wenn man dem Höhergestellten lieber aus dem Wege geht, als ihn servil zu umstreichen, so sollten sich gemäß der Schemazeichnung auf Seite 334 die rangniedersten Tiere bevorzugt dort aufhalten, wo sie von den übrigen Gruppenmitgliedern am weitesten weg sind – an der *Peripherie.* Die typische Rhesusaffengruppe ist daher konzentrisch strukturiert, mit den höchstrangigen Tieren im Kern und einer oder mehreren »Schalen« in fallender Ranghöhe. Ganz außen ist der Kontakt mit der Gruppe dann schon so schwach, daß er völlig abreißen kann.

Matrilinien

In diesem Zusammenhang stellt sich die Frage, was denn überhaupt den »Kitt« ausmacht, der eine Rhesusaffengruppe zusammenhält. Für das *weibliche* Geschlecht gibt es da eine klare Antwort – hier liegt der Bindungsfaktor in der primären Vertrautheit. Töchter bleiben über die Adoleszenz hinaus an ihre Mutter gebunden und halten sich, wo immer es geht, in deren Nähe auf. Da die Mütter dieselben Gefühle der Großmutter gegenüber hegen, lassen sich unter den Weibchen einer Gruppe ganze »Genealogien« identifizieren, bestehend jeweils aus einer Matrone und deren Töchtern und Enkelinnen. Diese Untereinheiten, den auf Seite 62 erwähnten »Matrilinien« bei Naturvölkern vergleichbar, sind die primären Träger der Bindungskräfte in einer Rhesusaffengruppe.

Stirbt das älteste Weibchen, so teilt sich die Matrilinie in selbständige Genealogien der Töchter auf. Es gibt jedoch immer noch genügend Bindungen herüber und hinüber, so daß die Gruppe weiterhin zusammenhält.

Das geht allerdings nicht unbegrenzt so weiter; denn irgendwann beginnen die Spannungen des Ranggefüges mit den Bindungskräften zu interferieren. Diese Dynamik ist recht interessant und verdient genauere Betrachtung.

Der Autonomieanspruch eines Rhesusaffen hängt einerseits von den üblichen Faktoren ab – Körperkraft, Intelligenz, Aggressivität und Unerschrockenheit. Aber zu diesen gesellt sich noch eine weitere wichtige Einflußgröße, die etwas mit der *Herkunft* der Tiere zu tun hat. Wer »aus gutem Hause« ist, und das heißt bei Rhesusaffen beiderlei Geschlechts: wer von einer ranghohen Mutter abstammt, der hat alle Chancen, selbst einen gehobenen Platz in der Hierarchie einzunehmen.

Vor allem gilt dies für Weibchen, und da geht es so weit, daß ganze Genealogien zueinander in der Rangbeziehung der jeweiligen Matronen stehen. Sobald also die jüngste Tochter der ranghöchsten Mutter so weit herangereift ist, daß sie sich überhaupt an Auseinandersetzungen beteiligt, ist sie bereits der nächstrangigen Mutter samt deren Anhang überlegen.

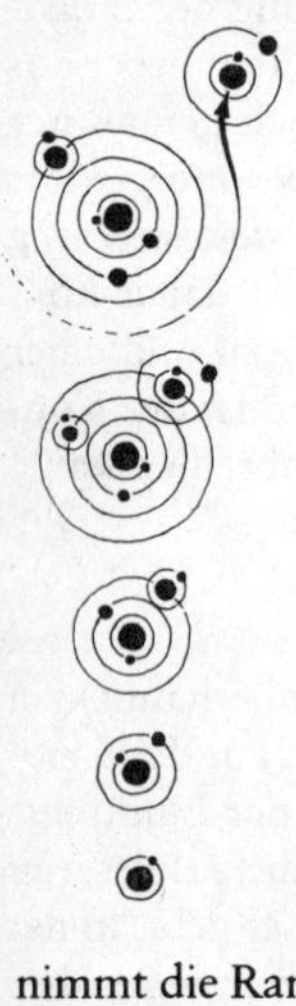

Etwas seltsamer gestaltet sich die Rangordnung *innerhalb* einer Genealogie. Solange ein Weibchen nur eine einzige Tochter hat, ist ihr diese im Rang unmittelbar nachgeordnet. Kommt dann aber eine zweite Tochter dazu, so entstehen Spannungen. Denn die Nachgeborene respektiert zwar kritiklos den Vorrang der eigenen Mutter, nicht aber den der Schwester. Sie nimmt sich diese vielmehr ganz bevorzugt aufs Korn, und dabei zieht die Ältere fast stets den kürzeren. Warum das so ist, weiß man nicht; vielleicht genießt die jeweils jüngste Tochter am meisten »emotionale« Unterstützung seitens der Mutter.

Die nebenstehende Skizze zeigt, was dann weiter geschieht. Sie ist zeitlich von unten nach oben zu lesen. Der schwarze Punkt in der Mitte stellt jeweils die Mutter dar, die von den im Laufe der Zeit geborenen Töchtern umkreist wird wie eine Sonne von ihren Planeten. Dabei nimmt die Ranghöhe nach der Peripherie hin ständig ab; jede neue Tochter drängt sich gewissermaßen zwischen die Mutter und die älteren Schwestern. Das führt zu dem frappanten Bild, daß die weiblichen Vertreter einer Genealogie eine lineare Rangfolge zu bilden pflegen, die gerade umgekehrt zu ihrem Alter verläuft.

Für die älteste Tochter wird das Leben dadurch zunehmend schwierig. Man findet sie im Gesamtverband immer häufiger in peripherer Position. Und da sie als die Älteste meist schon eigene Kinder hat, wird es ihr eines Tages zu dumm: Sie geht samt ihrem Anhang ihrer eigenen Wege und gründet eine unabhängige Gruppe.

Die Dispersion der Männchen

Anders als im Modellfall der Callithrix reguliert sich die Gruppengröße bei den Rhesusaffen also nicht, indem Individuen ausgestoßen werden, sondern indem sich ganze Genealogien »freiwillig« abspalten. Auch fehlt hier die Symmetrie der Geschlechter: Es sind die Weibchen, die den Exodus inszenieren. Männchen werden davon nur betroffen, solange sie juvenil sind und dann natürlich mit den Müttern mitwandern.

Daneben gibt es aber auch eine typisch männliche Form der Dispersion. Die Motivkräfte scheinen hier so ziemlich dieselben zu sein wie bei anderen Säugetieren: Erregungssuche und Unabhängigkeitsdrang.

Bis zur Adoleszenz, die mit etwa dreieinhalb Jahren eintritt, gilt auch für junge Männchen, daß sich ihr Status weitgehend nach dem der Mutter richtet. Danach entkoppeln sich jedoch die Rangpositionen von Mutter und Sohn, vermutlich deshalb, weil bei den Jungmännchen die Physiologie jetzt stärker gegenüber den Kindheitserfahrungen durchschlägt als bei deren Schwestern.

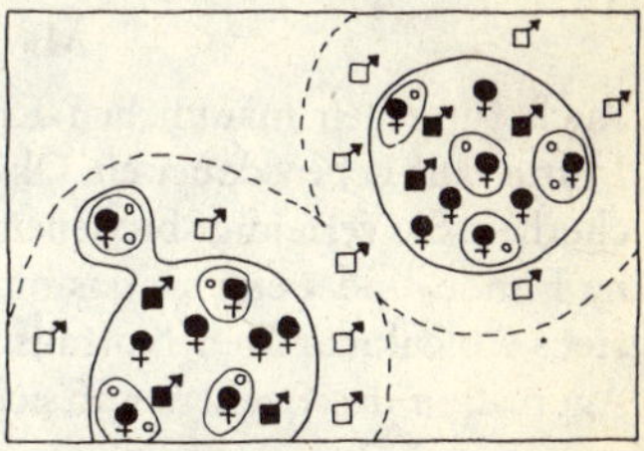

In dieser Altersphase löst sich der Sohn aus der mütterlichen Genealogie und oft überhaupt aus der Gruppe. Auch bei ihm geschieht das aus eigenem Impuls; er wird nicht von irgendwem davongejagt. Freilich ist er, auf sich allein gestellt und noch relativ jung, den etablierten adulten Männchen im Rang unterlegen. In Verbindung mit den zentrifugalen Effekten gesteigerter Erregungssuche führt dies dazu, daß er in den peripheren Ring der Gruppe ausweicht.

Nun sind aber diese äußersten Ringe benachbarter Gruppen gegeneinander längst nicht so exklusiv wie die Kerne. Es kommt häufig vor, daß männliche Jugendliche hin und her wandern; peripheralisierte Männchen werden also zwischen Gruppen ausgetauscht. Hier wird offenbar der alte

Ruf der Kohorte vernehmbar, mit dem wir uns im 14. Kapitel beschäftigt haben; die peripheren Ringe sind praktisch Junggesellengruppen.

Auch bei den Rhesusaffen sind es also die Männchen, die für »neues Blut« sorgen. Die Gruppengröße reduzieren sie dabei nur geringfügig, da Abwanderungen durch entsprechend viele Neuzugänge ausgeglichen werden, vom etwas erhöhten Unfallrisiko einmal abgesehen.

Die Weibchen sind weniger abenteuerlustig: Sie bleiben auf Lebensdauer in ihre Gruppe eingebunden, und selbst wenn diese sich aufspaltet, so behalten sie immerhin wenigstens engen Kontakt zu ihrer eigenen Genealogie.

Und doch gibt es hier eine interessante Ausnahme. Zuweilen nämlich gehen geschlechtsreife Weibchen zu Nachbargenealogien der eigenen Gruppe »auf Besuch« – und dies bevorzugt dann, wenn sie oestrisch sind. Das erinnert unmittelbar an die Transfer-Praxis der Gorillas, von der wir auf Seite 268 gehört haben.

Umgekehrt zeigt sich, daß die Unternehmungslust der Jungmännchen auch ihre Grenzen hat. Nicht alle sind gleichermaßen bereit, aus der primär vertrauten Gruppe zu emigrieren: Die Bindung an die Mutter macht sich hier hemmend bemerkbar. Wenn diese stirbt, wandern fast immer bald auch die Söhne ab. Bis dahin aber, vor allem, wenn die Mutter einen hohen Status genießt, fällt die Trennung schwer. Die jungen Männchen bleiben dann manchmal bis ins fünfte Lebensjahr daheim.

In diesem Alter sind sie aber längst geschlechtsreif. Und an ihnen nun machte Donald SADE eine bemerkenswerte Entdeckung.

Mütter und Söhne

Auch für einen männlichen Rhesusaffen bleibt, bei aller Mobilität, die Mutter auf Lebensdauer ein Objekt der Zuneigung und eine Quelle von Sicherheit. Sie verteidigt bisweilen noch ihren längst adulten Sohn gegen seine Feinde, und wenn sie das nicht wagen kann, so veranstaltet sie wenigstens Ablenkmanöver. Notfalls schreckt sie auch nicht davor zurück, die Aggression des Gegners auf sich selbst zu ziehen, um den Sohn zu entlasten.

Diese Hilfeleistung beruht auf Gegenseitigkeit: Es ist schon beobachtet worden, daß ein längst in eine andere Gruppe abgewanderter Sohn seiner Mutter aus größerer Entfernung zu Hilfe kam, als diese in einem Streit zu unterliegen drohte. Nach Bereinigung der Angelegenheit kehrte er dann wieder in die Emigration zurück.

Mütter und Söhne unterhalten also ein ausgesprochen freundschaftliches

Verhältnis, und solange sich ein Männchen in der Heimatgruppe aufhält, bleibt die Mutter in der Regel sein bevorzugter Partner für Fellpflege und Kontaktsitzen. Annähernd vergleichbar oft sieht man ihn lediglich noch bei dem Weibchen, an dem er gerade sexuell interessiert ist. Und das ist nun gerade das Merkwürdige: Für sexuelle Beziehungen hält er sich an *andere* Partnerinnen. Irgend etwas hemmt ihn, sich mit der Mutter zu paaren.

Handelt es sich dabei vielleicht um eine besondere Form der psychischen Kastration, bedingt durch das Ranggefälle zwischen Mutter und Sohn? Tatsächlich ist häufig ein solches Gefälle zu registrieren; denn wenn ein Rhesusmann überhaupt weibliche Dominanz anerkennt, dann noch am ehesten die der eigenen Mutter. Aber diese Regel hat Ausnahmen; unter den übrigen Weibchen der Gruppe findet sich immer noch die eine oder andere, die ihm Respekt abnötigt. Und wenn er an eine solche gerät, so schlägt ihm das keineswegs auf die Potenz, auch gibt es keine Anzeichen für statusbezogene Sprödigkeit auf seiten der dominanten Partnerin. Wenn weibliche Ranghöhe bei Rhesusaffen also überhaupt ein Paarungshindernis ist, dann offenbar nur im Falle der Mutter.

Wie kann man sich das erklären? SADE war aufgefallen, daß Söhne im Umgang mit der eigenen Mutter gehäuft Verhaltensweisen aus dem *kindlichen* Repertoire ausführen. Allein in der Mutter-Sohn-Beziehung, so vermutete er demgemäß, erhalte die männliche Subordination noch zusätzlich eine charakteristisch infantile Färbung, und *diese* Kombination sei es, die keine sexuelle Motivlage aufkommen lasse.

Um den Erklärungswert dieser Theorie beurteilen zu können, muß man die Ausnahmen von der Regel betrachten. Bereits im Jahre 1968 hatte SADE einen singulären Fall von Sohn-Mutter-Paarung protokolliert. Das war bezeichnenderweise außerdem das einzige Beispiel dafür, daß ein Männchen seiner Mutter die Rangposition streitig machte. Zwischen den beiden hatte ein erbitterter Kampf stattgefunden, der schließlich mit dem Sieg des Sohnes endete; unmittelbar danach war die Kopulation erfolgt.

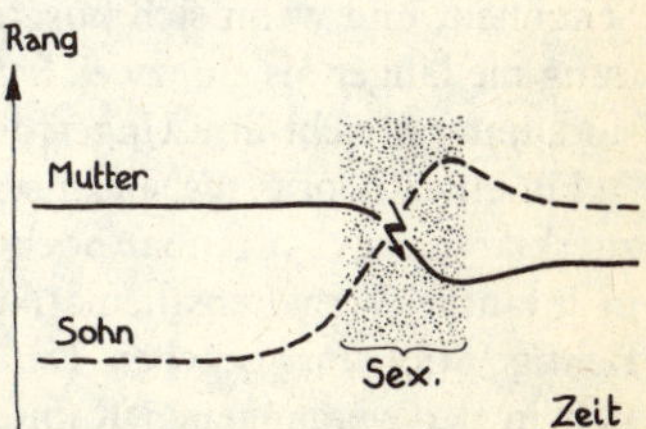

Inzwischen sind noch einige ähnliche Episoden beobachtet worden. Söhne hochrangiger Mütter versuchen offenbar häufiger, als man ursprünglich gemeint hatte, die Unterordnung aufzukündigen, wenn sie adoleszent werden. Sexuelle Beziehungen zur Mutter nehmen sie dabei selten auf; nicht mehr als ein Prozent aller bis 1980 registrierten Kopulationen fallen in diese Kategorie. Aber *wenn* sie vorkommen, dann so gut wie regelmäßig im Zeitraum dieser Spannungen. Inzestpaarungen finden also am ehesten statt, wenn die Dominanz der Mutter gerade noch besteht oder wenn die des Sohnes ganz neu ist. Ist seine Überlegenheit erst einmal fest etabliert, meidet er die Mutter als Sexualpartnerin wieder, und zwar auch dann, wenn er noch nicht gleich abwandert.

Für die Inzestabstinenz *nach* dem Rangwechsel läßt sich SADEs Theorie von der Übermutter offenkundig nicht heranziehen. Hinzu kommt, daß Rhesusaffen auch Geschwisterpaarungen auffällig vermeiden; die Ursache kann hier wiederum nicht in der Rangbeziehung liegen.

Noch verwickelter wird das Bild, wenn die ökologischen Bedingungen nicht mehr stimmen. Auf Cayo Santiago ist es, wie schon berichtet, vorübergehend zu einer sehr hohen Bevölkerungsdichte gekommen. Das hatte zur Folge, daß in einigen Gruppen der normale Aufspaltungsprozeß zum Erliegen kam und soziale Mammutgebilde heranwucherten.

In einer solchen Gruppe registrierte Elizabeth MISSAKIAN, eine Kollegin von Donald SADE, ein Anwachsen der Mutter-Sohn-Paarungen auf 5.4 Prozent. Auch Kopulationen zwischen Geschwistern beobachtete sie öfter als SADE.

MISSAKIAN bringt diese abweichenden Befunde mit der Gruppengröße in Verbindung. Bei diesem Umfang bilden sich nämlich Unterstrukturen, die in den kleineren Gruppen nicht beobachtet werden, und statt wirklich abzuwandern, kann ein Jungmann hier offenbar auch eine Pseudo-Emigration innerhalb der eigenen Gruppe durchlaufen. Er kann den Kuchen gewissermaßen essen und behalten – im intimen Kontakt mit der Mutter bleiben und sich gleichwohl so weit verselbständigen, daß die Paarungsbarriere bei einigen Individuen unwirksam wird.

Eigentümlicherweise scheint sie dabei sogar in ihr Gegenteil umzuschlagen; in MISSAKIANS Material waren Jungmännchen, die sich mit ihrer Mutter paarten, auf diese derart fixiert, daß sie andere Weibchen überhaupt nicht beachteten. Diese Exklusivität ist für die sonstigen Sexualbeziehungen von Rhesusaffen untypisch; an sich herrscht innerhalb der Gruppe Promiskuität, mehrmaliger Partnerwechsel am selben Tag ist keine Seltenheit, und wenn sich kurzfristig Pärchen bilden, so hält die Paarbindung nie länger als ein, zwei Tage. Daß die Inzestfälle hier eine Ausnahme sind, unterstreicht ihre Ungewöhnlichkeit.

Für eine Theorie, die spezifisch genug ist, um alle diese Phänomene miterklären, ist es offenbar noch zu früh. Wenn SADE von einer Regression in infantile Verhaltensthematiken redet, so hat er damit aber wohl das richtige Stichwort gegeben. Der Funktionskreis der Rückversicherung hat sich in den vergangenen Kapiteln jedenfalls immer wieder als stärkster Hemmfaktor der Sexualität erwiesen.

Nur braucht die Regression eben nicht auf autoritärer Unterdrückung zu beruhen. Eine Partnerin, die als zuverlässige Quelle von Geborgenheit vertraut ist, stellt schon als solche eine Versuchung dar, den bequemen Weg der Abhängigkeit zu wählen. Lediglich in der Phase des Machtwechsels drängt das aufkeimende, aber noch nicht bestätigte Selbsterweiterungsverlangen die Thematik der Rückversicherung in den Hintergrund. Daraus könnte verständlich werden, daß dann auch die sexuelle Hemmung vorübergehend ihre Kraft verliert.

Im Schatten des Menschen

Wenn immer es darum geht, das natürliche Sozialverhalten einer Tierart zu analysieren, steht man vor zwei in der Regel unvereinbaren methodischen Anforderungen. Einerseits ist es unerläßlich, die individuelle Lebensgeschichte einschließlich der Genealogie aller Gruppenmitglieder zu bestimmen. Die Tiere müssen also, jederzeit sicher auffindbar, für ausgedehnte Längsschnittstudien zur Verfügung stehen, und es darf nach Möglichkeit keinen unkontrollierten Mitgliederaustausch mit unerfaßten Nachbargruppen geben. Das aber geht nicht, ohne daß man den Bewegungsspielraum der Tiere begrenzt – durch Zäune, vielleicht gar durch Wände, wie bei unseren Weißbüscheläffchen, oder wenigstens durch Ausnutzung natürlicher Grenzen wie auf Cayo Santiago.

All dem steht auf der anderen Seite die Forderung nach Freizügigkeit gegenüber. Sobald der Bewegungsspielraum eingeschränkt wird, bewirkt das soziale Spannungen, Stau von Affekten, abnorme Reaktionsmuster und Deformationen der Gruppenstruktur. Es führt insbesondere dazu, daß natürliche Inzestbarrieren zusammenbrechen und damit eine der wichtigsten Gestaltungskräfte sozialer Organisation ihre Wirksamkeit einbüßt.

Die Forschungsmethodik muß hier notgedrungen Kompromisse schließen. Am mildesten ist dabei noch der Eingriff, den man vornimmt, wenn man die Tiere veranlaßt, sozusagen »freiwillig« am Beobachtungsort zu bleiben, indem man sie regelmäßig an derselben Stelle anfüttert. Dieses Vorgehen hat sich zum Beispiel bei unserer Seewiesener Wildganskolonie als recht erfolgreich erwiesen.

Unter Primaten hat diese Methode erlaubt, gerade über unsere nächsten Verwandten, die Schimpansen, erfreulich genaue Erkenntnisse zu sammeln. Es ist dies vor allem das Verdienst der aufopfernden, nunmehr rund 25 Jahre währenden Feldarbeit von Jane GOODALL in ihrer Beobachtungsstation am Gombe-Strom in Tanzania. Die Veröffentlichungen dieser Forscherin, vor allem ihr Buch »In the Shadow of Man«, sind so bekannt geworden, daß ich mich hier auf das Nötigste beschränken kann.

Auch Schimpansen leben in Gruppenehe. Das ist die heute vorherrschende Auffassung; sie war nicht immer unumstritten. Man hatte längere Zeit angenommen, die Grundstruktur der Schimpansensozietät bestehe aus Männerverbänden, zwischen denen die weiblichen Tiere frei und ungebunden unherwandern.

Tatsächlich hat sich aber gezeigt, daß die Weibchen jeweils einer bestimmten Männchengruppe ganz besondere Anhänglichkeit erweisen. Sie begleiten diese zum Beispiel bei kriegerischen Einfällen in fremde Territorien. Und sie können ihrerseits sehr giftig reagieren, wenn unbekannte Weibchen in »ihre« Männergruppe einzuwandern versuchen. All das spricht doch eher dafür, daß die soziale Einheit auch bei Schimpansen ein gemischtgeschlechtlicher Verband ist, nicht prinzipiell verschieden von der Sozialstruktur der Rhesusaffen.

»Offene Verbände«

Eines ist allerdings doch anders. Schimpansen besitzen eine Fähigkeit, die man auf niederen Stufen tierischer Sozialbeziehung noch nicht antrifft. Im allgemeinen gilt im Tierreich die auf Seite 199 aufgestellte Regel, derzufolge Vertrautheit und räumliche Nähe einander wechselseitig fördern und bedingen. Eine Familie von Callithrix, ein Mantelpavian-Harem, auch noch eine Rhesusaffen-Gruppe – sie alle sind einfach schon dadurch als zusammengehörig erkennbar, daß die Mitglieder ständig beieinander bleiben. Keinem fällt es ein, sich auch nur für die Dauer eines Tages von der Gruppe zu beurlauben; er liefe Gefahr, bei seiner Rückkehr auf feindselige Ablehnung zu stoßen. Die Mutter würde ihn noch akzeptieren; nicht aber der Rest der Gruppe. Wer geht, geht für immer.

Es gibt hier funktional bedingte Ausnahmen: Gemeinsam brütende Vögel beispielsweise lösen sich am Nest ab, Raubtiere müssen sich zuweilen vom Rest der Gruppe entfernen, um Jagdbeute zu machen, bei Husarenaffen distanziert sich das Männchen von seinem Harem, um ihn so besser schützen zu können, und ähnlich motiviert ist auch das »Ablegen« der Neugeborenen bei manchen Huftieren oder bei Tupajas.

Aber in all diesen Fällen ist die zeitweilige Trennung von vornherein einprogrammiert, in ihrem Ablauf vorhersagbar und durch Ritualisation abgesichert. Nicht so jedoch bei Schimpansen.

Wenn man sie nicht sehr genau oder nur in größeren zeitlichen Abständen beobachtet, so wird man aus ihrer Sozialstruktur einfach nicht schlau. Die Individuen eines Verbandes sieht man nur in Ausnahmefällen alle an einer Stelle versammelt. Meist ziehen sie allein oder in variabler Kombination durch das gemeinsame Streifgebiet, und diese Gruppierungen können in der Größe erheblich schwanken und von sehr unterschiedlicher Dauer sein – von ein paar Stunden bis zu mehreren Wochen. Für den unbefangenen Betrachter wirkt das so, als gäbe es in der gesamten Population keine ausgezeichneten und exklusiven sozialen Beziehungen: Man sagte lange Zeit, Schimpansen lebten in »offenen Verbänden«.

Aber denselben Eindruck hätte natürlich auch ein extraterrestrischer Besucher, der mit dem Auftrag gekommen wäre, die Soziologie der Species *Homo sapiens* zu ergründen. Daß es so etwas wie familiäre Bindungen gibt, würde er auch dort, wo diese faktisch bestehen, schwerlich an permanenter räumlicher Nähe ablesen können. Außer bei Anlässen wie etwa der Goldenen Hochzeit der Großeltern dürfte es kaum vorkommen, daß die ganze Sippschaft so nahe versammelt ist, wie man sie braucht, um sie gemeinsam photographieren zu können. Und dennoch fühlen sie sich zusammengehörig und unterstützen einander in der Not: Positive Familienbindung ist beim Menschen grundsätzlich möglich, ohne ständigen Kontakt *notwendig* vorauszusetzen.

Beim Menschen gibt es ein Stichwort, welches dieses gesamtbiologisch eher erstaunliche Phänomen erklärt. Es heißt »Introjektion« und stammt aus dem Wortschatz der Psychoanalyse. Gemeint ist damit die Fähigkeit, den Partner so »in sich hereinzunehmen«, daß er in der Vorstellung weiterzuleben vermag, als sei er leibhaftig gegenwärtig. Introjektion gehört zu den jüngsten Errungenschaften der Phylogenese; sie wirft Probleme auf, die uns im sechsten Teil dieses Buches noch beschäftigen werden. Gleichwohl ist sie kein reines Spezifikum des Menschen. Erste Ansätze dazu sind bereits den Schimpansen verfügbar und ermöglichen diesen jene soziale Flexibilität, die den Beobachtern so lange die irrige Ansicht eingegeben hat, ausgerechnet unsere nächsten Verwandten lebten in einer strukturlosen Sozietät.

In Wirklichkeit sind die »offenen Verbände« der Schimpansen also doch eine »geschlossene Gesellschaft«, nur gewissermaßen ohne Residenzpflicht. Die Mitglieder sind untereinander verträglich, gegen Fremde hingegen von einer zuweilen mörderischen Feindseligkeit. Innerhalb des Verbandes herrscht eine feinabgestufte Rangordnung; überdauernde oder exklusive Sexualpartnerschaften fehlen. Es kommt immer wieder vor, daß sich spontan »Pärchen« bilden, »consort pairs«, wie es auf Englisch heißt; diese Verbindungen halten nur ein paar Stunden oder Tage und zerfallen dann wieder. Weder Männchen noch Weibchen sind daran interessiert, den Partner zu monopolisieren.

Eine geschlossene Gesellschaft ohne sexuelle Restriktionen ist die inzuchtverdächtigste Sozialstruktur, die sich erdenken läßt. Wie sieht es in dieser Hinsicht bei den Schimpansen aus? Wir wollen zur Klärung dieser Frage die Ontogenese der Sexualentwicklung nachzeichnen.

Veränderungen in der Reifezeit

Beim Schimpansenmännchen setzt die Pubertät im Alter von etwa 9 Jahren ein. Äußerlich ist dies daran zu erkennen, daß sich die Hoden vergrößern; etwa in diesem Alter werden die Tiere auch ejakulationsfähig.

Es fällt nun auf, daß die Männchen, wenn sie in dieses Alter kommen, ihr Verhalten gegenüber der eigenen Mutter ziemlich abrupt umstellen. Vorher haben sie die meiste Zeit in nahem Kontakt mit ihr zugebracht; nunmehr geben sie diese enge Assoziation auf und schließen sich anderen Männchen oder oestrischen Weibchen an. Nichtoestrischen Weibchen gegenüber wird zwar die eigene Mutter häufig bevorzugt, aber nur, wenn sie auch ihrerseits in sexuell neutraler Verfassung ist. Zeigt sie selbst durch eine charakteristische Schwellung der Genitalregion an, daß sie empfängnisbereit ist, so sieht man ihre Söhne selten bei ihr, und wenn, so lassen sie kein Interesse daran erkennen, sich mit ihr zu paaren, obwohl sie in dieser Zeit natürlich Zeuge der Kopulationen vieler anderer Männchen mit der Mutter werden. Prinzipiell wiederholt sich hier also das von Sade für Rhesusaffen gezeichnete Erscheinungsbild.

Beim weiblichen Geschlecht beginnen sich in der zweiten Hälfte des neunten Lebensjahres erste Anzeichen einer Sexualschwellung anzumelden. Etwa anderthalb Jahre später treten die ersten voll ausgebildeten Schwellungen auf, die einige Tage andauern. Es kommt nun auch schon zu Kopulationen, allerdings nur mit immaturen Männchen. Nach zwei bis drei solcher »Adoleszenzoestren« muß sich am Charakter dieser Signale etwas ändern, denn nun erwacht auch das Interesse adulter Männchen. Dieser Zeitpunkt ist mit etwa zehneinhalb Jahren erreicht; er wird von den Feldforschern als »erster Oestrus« registriert.

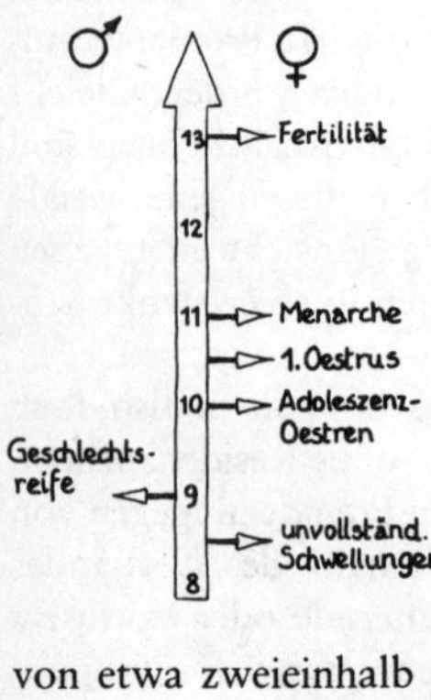

Etwa nach einem weiteren halben Jahr tritt die Menarche ein. Auf diese folgt ein Intervall von etwa zweieinhalb Jahren, in denen der Zyklus zwar regelmäßig abläuft und auch Paarungen mit adulten Männchen stattfinden, Nachwuchs aber noch ausbleibt. Man nennt diesen Zeitraum die »Phase adoleszenter Sterilität«. Empfängnisfähig wird ein Weibchen, bei einer naturgemäß recht großen Streubreite, etwa im Alter von 13 bis 14 Jahren.

Wie wir im 16. Kapitel erfahren haben, sind Gorillaweibchen in sexueller Stimmung motiviert, ihre vertraute Gruppe zu verlassen und sich an fremde Männchen anzuschließen. Auf Seite 358 haben wir eine abgeschwächte Form desselben Prinzips wieder bei Rhesusweibchen angetroffen. Besonders ausgeprägt ist diese Tendenz nun auch bei Schimpansinnen. Sobald sie ihren »ersten Oestrus« hinter sich haben, erfaßt sie jeweils zur Zeit der Sexualschwellung der Drang, ihre unmittelbaren Verwandten zu verlassen und sich vorübergehend oder dauernd einer fremden Gruppe anzuschließen. Von den dortigen Weibchen werden sie ziemlich heftig attakkiert; aber die fremden Männchen sind galant und nehmen sie gegen die Xanthippen in Schutz. Nach dem Oestrus kehren die Weibchen, gegebenenfalls trächtig, in ihre Herkunftsfamilie zurück; aber wenn sie erneut oestrisch werden, wiederholt sich das Spiel. Unter Umständen wechseln sie später endgültig in eine Fremdgruppe über.

Erlebnisse mit Lucy

In der Phase der »Adoleszenzoestren« bleiben die Schimpansenmädchen noch daheim. Sie halten sich da für ihren Teenie-Sex so etwas wie einen festen Freund. An der Art, wie die beiden einander das Fell pflegen, wie sie sich bei Streitereien unterstützen, und vor allem daran, daß beide die für Kinder typischen Verhaltensweisen gegen dasselbe ältere Weibchen richten, läßt sich erkennen, daß dieser Freund meist niemand anderes ist als der eigene Bruder.

Dieser ist aber nur bis zum »ersten Oestrus« Favorit; danach bekommt er ziemlich plötzlich den Laufpaß. Von jetzt an sieht man das Weibchen in der Regel mit anderen männlichen Begleitern, und nur diesen erlaubt es nun auch die Paarung, sofern es nicht überhaupt die Gruppe wechselt. Kopulationsversuche seitens der Brüder werden ab jetzt mit lautem Kreischen abgewehrt.

In diesem Kontext verdient die Geschichte von Maurice K. TEMERLIN Erwähnung; der Autor hat sie 1975 veröffentlicht. Er ist Psychoanalytiker und wohnte zur Berichtszeit mit seiner Frau und einem Sohn in einer Kleinstadt in Oklahoma. Bei ihnen lebte seit 10 Jahren, als vollwertiges Familienmitglied, ein gleich nach der Geburt adoptiertes Schimpansenweibchen namens Lucy. TEMERLIN berichtet, daß Lucy dieselbe Förderung, Zuwendung und Liebe erhielt wie der um 11 Jahre ältere leibliche Sohn. Die Beziehung der ganzen Familie zu der Schimpansentochter waren von körpernaher Herzlichkeit geprägt; Liebkosungen, Umarmungen und Küsse waren an der Tagesordnung.

Dies änderte sich indessen abrupt, als Lucy, dem Bericht nach bereits mit 8 Jahren, in den ersten Oestrus kam. TEMERLIN hatte erwartet, daß seine Pflegetochter, die ja nie in ihrem Leben einen anderen Schimpansen gesehen hatte, ihre erwachenden erotischen Gefühle gegen Menschen richten und ihn selbst, als bislang intimsten Kontaktpartner, dabei bevorzugen würde.

Aber davon konnte keine Rede sein. Lucy begann, ihren Stiefvater zu meiden. Während zuvor Spiele an der Tagesordnung gewesen waren, die mit engem Körperkontakt einhergingen, war es ihr nun schon zuviel, wenn er sich auch nur auf dem Sofa neben sie setzte: Sie stand auf und ging davon, ohne ihn auch nur eines Blickes zu würdigen. Besonders ausgeprägt war dieses Verhalten immer während der Sexualschwellung. Es bestand keine Möglichkeit für ihn, übrigens auch nicht für seinen Sohn, während dieser Zeit eine Umarmung oder einen Kuß zu landen. Sie wich aus, wehrte ab, und wenn er nicht nachgab, schrie sie laut auf und war dicht daran, ihn zu beißen.

Mit genereller »Prüderie« hatte dies aber nichts zu tun, denn ihre Sprödigkeit gegen die Männer der Familie stand in drastischem Gegensatz zu der Weise, wie sie sich Fremden gegenüber aufführte – Nachbarn etwa, oder entsetzten Briefträgern. Denen nämlich sprang sie ohne Umschweife geradewegs in die Arme, bedeckte ihren Mund mit einem großen, nassen Kuß und preßte in unzweideutiger Intention ihre Genitalregion gegen deren Körper.

TEMERLIN ist davon überzeugt, daß es sich hier nicht um irgendeine allgemeine Störung des Sexualverhaltens, sondern um eine ganz zielsichere Inzestbarriere auf instinktiver Basis handelt. Menschliche Kinder, so nimmt er in guter Psychologenmanier an, entbehren selbstverständlich solcher biologischer Schutzmechanismen; aber auf diesen Punkt kommen wir im folgenden Kapitel noch zu sprechen.

Der Westermarck-Effekt

Unser Streifzug durch die Sozialstrukturen der Säugetiere ist damit beendet. Wir haben eine Mannigfaltigkeit von Erscheinungsformen tierischer Vergesellschaftung kennengelernt, aber auch festgestellt, daß die jeweils zugrunde liegende Antriebsdynamik so verschieden gar nicht ist: Es sind uns immer wieder dieselben Grundmotive begegnet, und auch die Weise, in der diese interagieren, erwies sich letztlich als invariant. Das basale Konstruktionsprinzip, das wir bereits in dem Modell der Kerzenflamme auf Seite 218 vorskizziert haben, besteht darin, daß jedes Individuum sein Leben in einem Kreis primär Vertrauter beginnt, daß es aber später durch verschiedenerlei Hindernisse davon abgebracht wird, sich sexuell auf Mitglieder dieses Kreises zu fixieren. Die nachfolgende Tabelle faßt die wichtigsten dieser Barrieren zusammen.

Es gibt Situationen, in denen Kernfamilieninzest durch Fremdeinwirkung verhindert wird. Hierzu gehört die *Entführung* der Haremstöchter und die *Vertreibung* rebellierender Jugendlicher. Den Betroffenen kommt dabei eine eher passive Rolle zu. Allerdings besteht auf ihrer Seite auch ein aktives Potential – ein wachsender Anspruch auf Autonomie, eine Unrast, die die juvenilen Tiere ergreift und, oft genug ohne äußere Nachhilfe, zur *Abwanderung* aus der Familiengruppe treibt – in die Einsamkeit, in die Kohorte oder ohne Umschweife zu fremden Sexualpartnern.

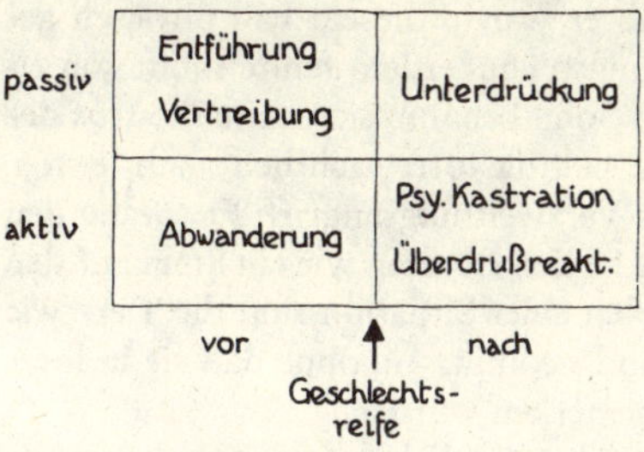

Alle drei genannten Prozesse haben etwas gemeinsam: Sie verhindern inzestuöse Aktivitäten, indem sie die potentiellen Partner noch *vor* dem Eintritt in die reproduktive Phase voneinander trennen. Anders liegen die Dinge, wenn die Heranwachsenden über die Geschlechtsreife hinaus im Familienverband bleiben. In diesen Fällen setzen Kräfte ein, die sie daran hindern, von der Fortpflanzungsfunktion Gebrauch zu machen.

Es kann vorkommen, daß der daheimgebliebene Nachwuchs, passiv, dem Druck Ranghöherer ausgesetzt ist, die seine sexuellen Aktivitäten zu *unterdrücken* trachten. Häufiger übernehmen die Jungtiere aber gleichsam aktiv das elterliche Veto; daraus ergibt sich dann das Zustandsbild der *psychischen Kastration.*

Und schließlich ist uns wiederholt noch ein drittes Prinzip der sexuellen Hemmung begegnet, für das sich die Bezeichnung *Überdrußreaktion* anbietet. Bereits in den Zwergwachtelexperimenten, von denen im 17. Kapitel die Rede war, sind wir auf diesen Mechanismus gestoßen. Das dort konstatierte sexuelle Desinteresse lag am Zusammenleben von Bruder und Schwester; es kann daher kaum als psychische Kastration interpretiert werden, jedenfalls nicht, wenn wir diesen Effekt, wie üblich, an gleichgeschlechtlicher Rivalität festmachen wollen.

Auf dieselbe Spur hatten uns übrigens auch schon unsere Callithrix-Äffchen gebracht. Ich habe auf Seite 319 von Experimenten berichtet, in denen Jungtiere aus zwei verschiedenen Gruppen ohne Beisein der übrigen Familienmitglieder konfrontiert wurden; die psychische Kastration war unter diesen Versuchsbedingungen sogleich aufgehoben.

Die Frage lag nahe, was geschehen würde, wenn man denselben Versuch mit einem Geschwisterpärchen wiederholte. Als Gustl ANZENBERGER das ausprobierte, war das Ergebnis eindeutig: Bruder und Schwester setzten ihre sexuelle Enthaltsamkeit fort, auch wenn keine Familie mehr zugegen war, die sich dadurch allenfalls hätte herausgefordert fühlen können.

Und einmal, immerhin, ist es auch geschehen, daß ein junger Lucifer bei seiner Rebellion Erfolg hatte. Der Vater war in diesem Fall physisch gehandicapt; er war nicht mehr der Jüngste, außerdem fehlten ihm von einem Unfall her mehrere Krallen. Der Sohn benahm sich beim Oestrus der Mutter besonders frech und konnte sich das offensichtlich auch leisten. Schließlich versuchte der Vater einen Verzweiflungsangriff: Er sprang den Jungen an und verbiß sich in ihn. Die beiden stürzten wie ein Stein auf den Betonboden, ohne auszulassen. In solch einer Situation sind die Tiere wie von Sinnen, man könnte hingehen und sie anfassen, ohne daß sie in ihrer Kampfeswut die Störung auch nur bemerken würden.

Mitten in diesem Kampf schrie der Alte plötzlich auf, so schrill, wie niemand es zuvor oder danach von einem Tier unserer Kolonie vernommen hatte. Im nächsten Moment jagte er in Panik davon, der Junge hinterher – der Rebell hatte gesiegt. Der Alte mußte herausgefangen werden; er sah übel aus, Gesicht und Hodensack waren zerbissen und zerkratzt.

Damit war der Sohn zum Alpha-Tier der Familie avanciert. Der springende Punkt ist nun, daß ihm das bei seiner Mutter überhaupt nichts einbrachte. Er versuchte zwar seinerseits, ihr auf den Pelz zu rücken, aber sie ließ es einfach nicht zu – es kam nie eine Kopula zustande.

Zusammen mit den Befunden an Rhesusaffen und Schimpansen deutet das alles doch stark darauf hin, daß es unter den aktiven Mechanismen in der rechten Spalte der Tabelle außer der psychischen Kastration noch einen weiteren gibt, der nicht mit der *Rangordnung*, sondern mit der *Vertrautheit* zu tun hat.

Das aber hatte bereits der im 6. Kapitel erwähnte finnische Anthropologe WESTERMARCK gefordert. Vertrautheit, die erst einmal ohne sexuelle Untertöne aufgebaut wurde, ist zwar eine Quelle von Sicherheit, Geborgenheit und Wärme. Aber sie läßt sich nachträglich nicht mehr mit Sexualität legieren: Männchen macht sie impotent und Weibchen frigid. Oder aber die Sexualität erweist sich als die stärkere Kraft und setzt sich ihrerseits durch; dann jedoch verliert die Intimität mit dem langvertrauten Partner, wenn das Wort erlaubt ist, ihre biologische Unschuld, und die Bindung weicht dem Überdruß – die Adoleszenten verlassen ihre Familie.

22. Kapitel

Eine späte Ehrenrettung

Wie wir in den vorausgehenden Kapiteln gesehen haben, ist die soziale Motivation der Säugetiere so konstruiert, daß Paarungen innerhalb der Kernfamilie in der Regel vermieden werden. Jetzt stehen wir vor der Frage, ob dieselbe Motivstruktur, unabhängig von aller kulturellen Überformung, auch noch beim Menschen nachweisbar ist. Die Allgegenwart des gesellschaftlichen Inzesttabus zwingt hier zu besonders subtilen Forschungsansätzen.

Ismails Theorie

Um von Luxor aus die oberägyptische Nekropole im Tal der Könige zu erreichen, muß man mit einer Fähre den Nil überqueren. Die meisten Touristen absolvieren das um sechs Uhr früh, um spätvormittags wieder am Swimming-Pool im Hotel zurück zu sein; denn die Temperatur erreicht dort im Juni leicht 40 Grad im Schatten, und Schatten ist auf den Bergpfaden ins Tal der Könige eine rare Sache.

Aber wenn man mit dem eigenen Auto von Alexandria bis nach Luxor vorgedrungen ist, hat man gelernt, sich vor anderen Dingen zu fürchten als vor etwas Hitze. Gegen die Temperatur gibt es einfache Hilfsmittel – genügend trinken und sich nicht zu leicht anziehen.

Wir – meine Frau und ich – bestiegen gegen halb elf die fast menschenleere Fähre, wohl wissend, daß wir erst jetzt eine reelle Chance hatten, dem unerträglich aufdringlichen Gewimmel selbsternannter »Führer« zu entgehen, deren Penetranz auf die Dauer weder Nervenstärke noch Geldbeutel gewachsen sind. Eigentlich hatten wir vor, zu Fuß über die Berge zu wandern wie schon am vorhergehenden Tag. Aber auf der Fähre lernten wir

Ismail kennen, einen sympathischen jungen Mann, der leidlich Englisch sprach und uns auf so wenig aufdringliche Weise seine Esel zur Miete anbot, daß wir akzeptierten.

In einem europäischen Land hätte ein intelligenter Bursche wie Ismail wohl die höhere Schule besucht; daheim war er ohne Ausbildung geblieben. Sein Traum war, irgendwann einmal ein eigenes Taxi zu besitzen; darauf begann er jetzt zu sparen. Es war ihm ernst damit; vor ein paar Wochen hatte er geheiratet.

Das erzählte er uns auf dem Ritt zum Hadschepsut-Tempel, mittags unter praller Sonne. Ich hatte gehört, daß in seiner Volksgruppe Parallelkusinenheirat bevorzugt wurde, und suchte bei ihm Näheres darüber zu erfahren. Es stellte sich heraus, daß seine Familie ihm in der Tat zunächst die Ehe mit einer Kusine nahegelegt hatte; aber das war an seiner Weigerung gescheitert.

Warum, wollte ich wissen. Seine Antwort lautete, wörtlich ins Deutsche übertragen:

»Meine Kusine kannte ich schon so gut. Wir haben miteinander gespielt, als wir noch Kinder waren. Sie ist wie eine Schwester für mich. Wenn wir im Bett Sachen miteinander machen würden, würde ich mich verlegen fühlen!«

Diese Episode hat sich genauso wie geschildert im Juni 1981 zugetragen. Es wird mir unvergeßlich bleiben, wie dieser junge Fellache, der sein Leben lang nichts von Kulturanthropologie oder Psychologie gehört hatte, uns hier die alte Theorie WESTERMARCKS entwickelte.

Eine ganz ähnliche Begebenheit berichtet übrigens WESTERMARCK selbst. Er hatte einem Berber aus dem Atlasgebirge ebenfalls die Frage nach der Kusinenheirat gestellt und zur Antwort erhalten: »Wie kannst du ein Mädchen lieben, das du schon immer gesehen hast?«

Das sind freilich alles nur anekdotische Einzelfälle. Und es gibt Anekdoten, die einen ganz anderen Tenor haben. Die bekannteste davon stammt von Margaret MEAD; ich habe sie auf Seite 111 zitiert. Sie handelt von den Berg-Arapesh, die die Berichterstatterin für verrückt erklären, weil sie nicht einsieht, daß man keinen Schwager bekommt, wenn man seine Schwester heiratet.

Dieses Zitat ist so berühmt geworden, daß es in kaum einer einschlägigen Veröffentlichung fehlt. An sich ist es nicht viel wert; es riecht penetrant nach Rationalisierung – für irgendein unterdrücktes Unbehagen, das sich nur noch in der Heftigkeit verrät, mit der der Geisteszustand des Befragers angezweifelt wird.

Was solche Begründungen indessen so viel plausibler erscheinen läßt als etwa Ismails Deutung, ist ihr rein soziologischer Charakter. Viele sind doch der ehrlichen Meinung, daß das große Buch der Naturgeschichte, nachdem die Gestaltungskräfte der biologischen Evolution Abschnitt um Abschnitt hineingeschrieben haben bis hin zum Schlußkapitel über die anthropoiden Affen, daß also dieses Buch nunmehr abgeschlossen sei – zugeklappt, versiegelt, archiviert. Und daß sich ein anderer Genius darangemacht habe, ein ganz neues Werk zu verfassen: die Geschichte der Kultur – mit neuer Feder, in neuer Sprache, mit neuen Fragen und neuen Antworten, ein Genius, der nie gelesen hat, der nie zu lesen brauchte, was in jenem Alten Testament geschrieben steht!

Aus solchem Weltbild ist auch die Vorstellung von der tierischen Inzesttoleranz oder gar einem »biologischen Inzestwunsch« hervorgegangen. Diese Vorstellung haben wir in den vergangenen Kapiteln korrigiert. Aber zunächst hat das nur unser ethologisches Wissen erweitert; es mochte der Kurzweil dienen wie ein sonntäglicher Zoobesuch. Wir sind bisher der Frage ausgewichen, ob Tierbeobachtung, und sei sie noch so subtil, prinzipiell überhaupt etwas zu unserem Selbstverständnis als Menschen beitragen kann.

Darf man, muß man vielleicht sogar, um die *Kultur* zu verstehen, die *Natur* studieren? Das wird sich in den Schlußkapiteln als die zentrale Frage dieses Buches erweisen. Im Moment sind wir noch nicht so weit, sie zu diskutieren. Aber eine wichtige Vorklärung dazu können wir jetzt leisten: Gibt es die bei Tieren aufgewiesenen inzestverhindernden Motivstrukturen auch beim Menschen, unabhängig von allem, was er sich außerdem an kulturellen Normen auferlegt?

Gerade in letzterem liegt freilich das Problem. Es ist wie beim Märchen vom Hasen und dem Swinegel: Wohin man auch vorstößt im Gefilde menschlicher Verhaltensdeterminanten – nie erreicht man eine Stelle, an der man des noch unberührten Naturzustandes ansichtig werden kann; immer war die Gesellschaft schon früher da und hat längst begonnen, ihre prägenden Einflüsse geltend zu machen.

Selbst wenn es uns gelänge, Aussagen zu Hauf von der Art zu sammeln, daß Brüder und Schwestern sich schämten, miteinander zu verkehren – woher wollen wir wissen, daß sie nicht einfach nur allgegenwärtige Normvorstellungen wiedergeben, die sie längst verinnerlicht haben, ohne daß irgend etwas in ihrer Natur dem von sich aus entgegenkommt?

Und doch gibt es hier einen Ausweg. Einigen wenigen Forschern ist es gelungen, im Wettlauf mit dem Swinegel Sieger zu bleiben: Sie liefen nach einer Stelle, die er übersehen hatte.

Aus folgendem Grund war das möglich. Das kulturelle Inzesttabu verbietet die Heirat mit nahe *Verwandten.* Tierische Inzestbarrieren erschweren die Paarung mit frühkindlich *Vertrauten.* Beide Klassen von Partnern decken sich weitgehend, aber sie decken sich nicht vollständig. Das Schicksal kann Geschwister in frühester Kindheit getrennt haben, so daß sie sich als Erwachsene erstmals begegnen. Und umgekehrt können Personen miteinander vertraut sein, solange sie sich zu erinnern vermögen, ohne doch rechtlich oder soziologisch als verwandt zu gelten. Diese letzteren nun werden vom Inzest-*Tabu* logischerweise ausgespart, während biologische *Hemmungen,* falls sie auch beim Menschen noch existieren sollten, ihnen gegenüber voll zum Tragen kommen müßten.

Heirat im alten China

Im Jahre 1879 inspizierte eine Missionarsfrau aus der chinesischen Stadt Fu Tschau eine christliche Schule in einem der umliegenden Dörfer. Dabei fiel ihr ein etwa achtjähriger Bub auf, der einen besonders aufgeweckten Eindruck auf sie machte; dieses Urteil gründete sich insbesondere darauf, daß er sich schon seit einigen Monaten standhaft weigerte, den heidnischen Dorfheiligtümern Referenz zu erweisen, statt dessen jedoch zahlreiche christliche Hymnen auswendig und mit viel Gefühl aufsagen konnte.

Der kleine Bursche trug ein winziges weibliches Baby im Arm. Um ein paar freundliche Worte mit ihm zu wechseln, fragte sie, ob das wohl seine Schwester sei. Die Antwort bestand überraschenderweise in betretenem Schweigen. Erst der Bruder des Befragten gab bereitwillig die erwünschte Auskunft: »Sie ist seine Frau!« Die schockierte Missionarin berichtete dies nach ihrer Rückkehr ihrer Freundin C. F. Gordon-Cumming, welche es in ihrem Reisebericht »Wanderungen in China« fünf Jahre später der Nachwelt überlieferte.

Dies ist einer der frühesten Hinweise auf eine Praxis, die bis in die erste Hälfte unseres Jahrhunderts hinein in weiten Teilen Südchinas verbreitet war. Auf dem Festland wurde sie 1950 verboten; in Taiwan hat sie sich bis in die Gegenwart erhalten, wenngleich sie auch hier aus noch zu diskutierenden Gründen stark im Rückgang begriffen ist.

Diese Praxis sieht folgendermaßen aus. Wenn in einer Familie ein Mädchen geboren wird, so wächst sie nicht in jedem Fall auch daheim auf. Es kann vielmehr geschehen, daß man sie – oft schon ein paar Wochen oder Monate nach der Geburt, meist jedenfalls noch vor dem dritten Lebensjahr – mit einem Knaben aus anderer Familie verlobt, woraufhin sie von dieser Familie unverzüglich adoptiert wird. »Sim-pua« nennt die Hokkien-Sprache ein Mädchen, dem dies widerfährt, was wörtlich soviel wie »kleine Schwiegertochter« oder »kleine Braut« bedeutet.

Die Kindsbraut trägt das traditionelle rote Hochzeitskleid, wenn sie in die neue Familie eingeführt wird. Aber das ist zunächst auch das einzige, worin sich ihr besonderer Status kundtut. Im übrigen wächst sie im Haushalt ihrer »Schwiegereltern« wie eine Tochter auf. Die künftigen Ehegatten spielen, schlafen, essen miteinander wie Geschwister, sie werden in derselben Wanne gebadet, und sie helfen gemeinsam auf dem Felde bei der Arbeit.

Das geht so bis etwa zum zehnten Lebensjahr. Dann werden sie sich allmählich der Delikatesse ihrer Beziehung bewußt, und jetzt kommt es vor, daß sie voreinander verlegen werden und sich aus dem Wege gehen. Verlangt wird dies aber nicht von ihnen, man hat nur einfach Verständnis dafür. Im übrigen erwartet man, daß sie wie Geschwister leben.

Kommt die Braut dann ins heiratsfähige Alter, etwa ab dem 15. Lebensjahr, so wird sie den Familienahnen vorgestellt und offiziell mit ihrem Mann verheiratet. Traditionellerweise geschieht dies jeweils am letzten Abend einer Periode von zwölf Mondumläufen. Die Familie schließt sorgfältig alle Fenster und Türen, um die bösen Kräfte des sterbenden Mondjahres abzuhalten. Dann setzt man sich zu einem Hochzeitsmahl nieder, und das Familienoberhaupt verkündet den beiden Brautleuten, daß sie nunmehr Mann und Frau seien.

Hsiao-hun, »kleine Hochzeit«, nennen die Chinesen diesen Brauch, im Unterschied zu Ta-hun, der »großen Hochzeit«, bei der es anders zugeht. Statt eine Sim-pua zu adoptieren, wartet die Familie hier, bis ihr Sohn erwachsen ist, und beauftragt dann einen Heiratsvermittler, der unter den Mädchen im ehefähigen Alter eine passende Partie aussucht und mit deren Familie den Brautpreis aushandelt. Dieser Preis ist fällig zum Entgelt dafür, daß die Eltern die Braut großgezogen haben. Auch ein kräftiges Brautgeschenk wird erwartet, bestehend aus mindestens drei goldenen Schmuckstücken. Ist all dies arrangiert, wird an Verwandte und Freunde ein spezielles Gebäck, der sogenannte »Rote Kuchen«, verteilt, um das freudige Ereignis anzukündigen. Am Hochzeitstag mietet man eine Sänfte, mit der die Braut in ihr neues Heim getragen wird, zur Vorstellung vor dem Ahnenschrein und zum Hochzeitsmahl, bei dem die Brautleute einander zum erstenmal zu sehen bekommen.

Inzwischen haben sich die Sitten etwas gelockert, doch die Älteren wissen heute noch zu berichten, wie sie als junge Männer an Festtagen zum Tempel im nächsten

Marktflecken schlenderten, um dort einen Blick auf die jungen Frauen zu erhaschen, die ihre Andacht verrichteten. Ein beliebtes Spiel war, zu raten, wer wohl die künftige Braut sein könnte. »In jenen Tagen«, berichtete ein 67jähriger Mann im Jahre 1960 dem Anthropologen Arthur P. Wolf, »haben einem die Eltern noch nicht einmal den Namen des Mädchens verraten. Du hast bis zum Tag der Hochzeit nicht gewußt, ob deine Frau ein Löwe oder ein Tiger ist!«

Eine anspruchsvolle Feldstudie

Wolf war 1957 nach Taiwan gekommen, um die geschilderten zwei Formen der Eheschließung zum Gegenstand einer vergleichenden Feldstudie zu machen. Er hatte erkannt, daß sie eine ideale Gelegenheit boten, die damals aus theoretischen Gründen diskreditierte, aber bislang nie empirisch falsifizierte Auffassung Westermarcks über den erotischen Hemmeffekt primärer Vertrautheit zu testen, und zwar nach den Regeln moderner Experimentaltechnik, mit Prüf- und Kontrollgruppe.

Wolf nahm sich hierfür ausreichend Zeit. Er blieb bei seinem ersten Aufenthalt volle zweieinhalb Jahre in dem Ort seiner Wahl, einem kleinen Dorf am Südwestrand des Taipei-Beckens in Nord-Taiwan. Diese Ausdauer war kein Luxus. In allen Dingen, die den Intimbereich betreffen, ist man in China diskret bis zur Prüderie; ein Interviewer, der nur einmal kurz vorbeikäme, um in der Privatsphäre der Dorfbewohner zu schnüffeln, hätte wenig Chancen, zu erfahren, was ihn interessiert. Ohne nach sehr privaten Dingen zu fragen, wäre Wolf aber nicht weit gekommen.

Gewisse Hinweise ergaben sich jedoch bereits aus der Sichtung von Dokumenten. Die Japaner, die die Insel im Jahre 1895 annektiert hatten, waren schon bald darangegangen, die Region verwaltungstechnisch zu organisieren; dazu gehörte auch die Beurkundung von Heiraten und Adoptionen. Aus diesen Unterlagen ließ sich entnehmen, daß bis in die zwanziger Jahre unseres Jahrhunderts »Kleine Ehen« nahezu gleich häufig geschlossen worden waren wie »Große«. Dann aber war ihre Zahl drastisch zurückgegangen; bei Ende der japanischen Besatzungszeit 1945 wurde nur noch etwa jeder zehnte Mann mit einer Sim-pua vermählt.

Parallel zu den Kleinen Hochzeiten verringerten sich auch die Mädchenadoptionen. Das verwundert nicht, denn die beiden Bräuche bilden ja eine funktionelle Einheit. Die Frage nach dem Ei und der Henne ließ sich in diesem Falle eindeutig beantworten: Zunächst hörten die Kleinen Hochzeiten auf, und erst eine Dekade später auch die Adoptionen. Die Nachfrage nach »kleinen Bräuten« versiegte vor dem Angebot.

Der Grund lag in einem Zusammenspiel psychologischer und soziologischer Faktoren. Niemand machte einen Hehl daraus, daß die Kleine Hochzeit bei den Brautleuten ausgesprochen unbeliebt war. Ältere Gewährsleute versicherten Wolf, solange man zurückdenken könne, habe niemand gern seine Sim-pua geheiratet. Es seien immer die *Eltern* gewesen, die die Ehe mit der Adoptivtochter letztlich durchzusetzen wußten. Sie hatten in diese schließlich ein reichliches Jahrzehnt an Fürsorge investiert.

An dieser Situation hatte sich in den zwanziger Jahren nichts geändert. Was jedoch zu dieser Zeit einen grundlegenden Wandel durchmachte, war die sozioökonomische Struktur der Region, und in deren Gefolge das Autoritätsgefüge der Familie. Früher nämlich konnte man hier nur von der Landwirtschaft leben. Diese aber basiert auf Grundbesitz, und der war in den Händen des männlichen Familienoberhauptes. Um also überhaupt existieren zu können, war der Sohn darauf angewiesen, daß sein Vater ihm bei der eigenen Familiengründung Land überließ. Widerstand gegen den elterlichen Willen hätte den sicheren Ruin bedeutet.

Im Jahre 1923 errichteten die Japaner eine moderne Bahnlinie, die die Region in engen Verkehrskontakt mit der Landeshauptstadt Taipei brachte. Alsbald entstand eine lokale Industrie. Damit erschloß sich den jungen Leuten eine Möglichkeit, dem elterlichen Druck zu entkommen und gegebenenfalls sogar effizienten Gegendruck auszuüben: Die Eltern waren ja ihrerseits im Alter auf Unterstützung angewiesen. Es genügte meist, wenn der Sohn mit der Abwanderung in die Industrie auch nur drohte, um die Eltern bereits zu veranlassen, ihre vergebens aufgezogene Sim-pua anderweitig zu vermählen.

Dorfklatsch

Worauf gründete sich nun aber der Widerstand der Brautleute gegen die Kleine Hochzeit? Nicht jedenfalls in erster Linie darauf, daß in diesem Fall überhaupt keine Möglichkeit bestand, bei der Wahl des Partners mitzureden. Denn das war bis in moderne Zeiten hinein auch bei der Großen Hochzeit nicht anders. Wolf konnte feststellen, daß die meisten jungen Leute, die die Kleine Hochzeit verweigert hatten, durchaus damit einverstanden waren, daß ihnen die *Eltern* eine andere Frau suchten; nur in 2 von 15 Fällen hatte sich der Sohn darauf versteift, ein ganz bestimmtes Mädchen zu heiraten.

Es mußte noch andere Gründe geben. Wolf begann, sich behutsam zu erkundigen. Was er dabei zu hören bekam, vermittelte ihm die Überzeugung, daß der Widerwille der Brautleute sich tatsächlich gegen den *Vollzug* der Kleinen Ehe richtete. Fast jeder, den er fragte, wußte von wenigstens einem Fall zu berichten, in dem die Neuvermählten im Anschluß an das Hochzeitsmahl buchstäblich ins Brautgemach geprügelt werden mußten, und oft genug hielt der Vater dann mit einem Stock in der Hand an der Tür Wache, um zu verhindern, daß einer oder beide sich durch Flucht der ehelichen Pflicht entzog. Fragte Wolf seine Informanten, ob sie je von einer ähnlichen Begebenheit im Zusammenhang mit einer Großen Hochzeit gehört hatten, so erntete er stets nur Gelächter.

Übrigens war auch der chinesische Ausdruck für das Trauungszeremoniell bei der Kleinen Ehe recht bezeichnend: sàng-cùe-tûi – das »Zusammenschubsen« der Partner. Die grobe Bedeutung dieser Phrase wurde meist durch entsprechende Handbewegungen untermalt.

Wie ging es nun weiter, nachdem die Ehe einmal vollzogen war? Wolf mußte hierzu wohl oder übel auf Dorfklatsch zurückgreifen. Was dabei zusammenkommt, muß nicht alles stimmen; immerhin pflegt man in ländlichen Regionen das Tun und Lassen aller Mitglieder der Gemeinde recht genau zu registrieren. Wolf tat jedenfalls alles, um das gesammelte Material durch Rückfragen bei weiteren Informanten zu überprüfen.

Dabei ergab sich folgendes. Es war in dem Dorf nicht unüblich, daß verheiratete Männer gelegentlich in den umliegenden Marktflecken oder in Taipei die Dienste von Prostituierten in Anspruch nahmen. Unter 70 Männern, die in einer Großen Ehe vermählt worden waren, standen 10 in dem Ruf, besonders eifrige Besucher der »dunklen Räume« zu sein, wie man das diskret nannte. Etwa genauso viele, nämlich 11, entsprechend beleumundete Männer entfielen dagegen auf die nur 23 Gatten von »kleinen Bräuten«, das sind vergleichsweise etwa dreieinhalb mal soviel.

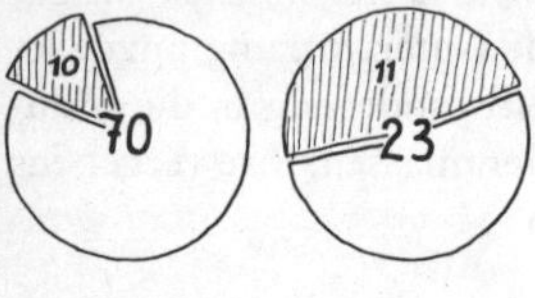

Solche Hinweise erwecken den Verdacht, daß die Kleinen Ehen in sexueller Hinsicht nicht sonderlich befriedigend sind. Theoretisch könnte man freilich auch gerade umgekehrt argumentieren, daß nämlich die Beziehung zu seiner ehemaligen Sim-pua für einen Mann ganz besonders stimulierend sei und daher Appetit auf mehr mache.

Aber diese Deutung wird durch einen weiteren Befund widerlegt. Es ist in dieser Gesellschaft zulässig, daß Männer, die Kinder gezeugt und insofern ihre familiären Pflichten erfüllt haben, sich in einem anderen Dorf eine Konkubine halten. Tagsüber arbeiten sie mit ihren Brüdern auf dem Feld, und sie sorgen, wie es sich gehört, für ihre Kinder und Eltern. Aber nachts kehren sie zu ihrer Nebenfrau zurück, und es besteht keinerlei

Zweifel, daß sie ihre eigentliche Frau sexuell vernachlässigen. Von dieser Möglichkeit machten die Männer einer Sim-pua umgerechnet achtmal so viel Gebrauch wie die Gatten aus einer Großen Ehe.

Soweit zu den Männern. Wie es demgegenüber mit den Frauen stand, war weit schwieriger herauszufinden. Während männlicher Ehebruch kaum sonderlich mißbilligt wird, gilt eine entsprechende Aktivität der Ehefrau als überaus verwerflich. Es werden daher wesentlich weniger Fälle dieser Art bekannt, und dem Autor kamen bei seinem ersten Aufenthalt überhaupt nur fünf zu Ohren. Vier dieser Frauen waren als Sim-pua in die Ehe getreten; die fünfte war eine ehemalige Prostituierte.

Ein ethnographisches Naturtalent

Wolf kehrte in den folgenden Jahren noch zweimal in das Taipei-Becken zurück, an einen Standort, der nur 50 km vom Schauplatz seiner ersten Feldstudie entfernt lag, aber größer war und daher eine bessere Statistik erlaubte. Er konnte dort seine Datenbasis wesentlich erweitern.

So fand er heraus, daß von 132 Kleinen Heiraten fast ein Viertel, nämlich 32, mit Scheidung oder dauernder Trennung geendet hatten. Von 171 im gleichen Zeitraum geschlossenen Großen Ehen waren nur ganze 2 auf diese Weise gescheitert. Die Stichprobe umfaßte hier übrigens die Heiratsjahrgänge 1900–1925, also einen Zeitraum, in dem gewissermaßen die Alte Welt noch in Ordnung war. Auch die Fruchtbarkeit war bei den Kleinen Ehen deutlich niedriger; sie erbrachten um 30 Prozent weniger Kinder als die Großen Ehen.

Abgesehen von solchen Daten aus amtlicher Dokumentation konnte Wolf auch sein Interview-Material ergänzen. Vor allem erfuhr er nun Genaueres über die weibliche Treue in den beiden Eheformen. Wie er dies anstellte, schildert er so plastisch, daß ich ihm, mit einigen unwesentlichen Kürzungen, selbst das Wort geben möchte.

»Eines Tages fragte mich ein junger Mann, der in der Gegend als kleiner Bauernfänger bekannt war, um Arbeit. Wegen seiner Verbindungen zu Leuten, von denen meine freundliche Aufnahme in der Gemeinde abhing, konnte ich sein Angebot nicht abschlagen, aber ich hatte zunächst keine Idee, wie ich seine Talente nutzen sollte. Bis er mir dann selbst die Lösung eingab, als er mir eine lange, humorvolle Geschichte über die vielen Eskapaden seines Vaters mit leichten Mädchen erzählte. Hier hatte ich einen Charmeur, der sich auszudrücken wußte und keinerlei Hemmungen kannte. Er vermochte sich Respekt zu verschaffen, denn man wußte, daß er gute Beziehungen zu wichtigen Leuten unterhielt; aber seine eigene Reputation würde andererseits auch wieder freie und offene Konversation erleichtern. Vielleicht könnte ja er einige Leute dazu bringen, über die unzüchtigen Affären ihrer Freunde und Nachbarn zu berichten!

Als ich meinem neuen Assistenten die Natur des Projektes umriß, betonte ich besonders die Notwendigkeit, den ›wissenschaftlichen‹ Charakter unseres Interesses zu erläutern. Es sprach für die guten Manieren meines Assistenten, daß er höflich meinen

Worten lauschte; es sprach für seinen gesunden Menschenverstand, daß er alles ignorierte, was ich gesagt hatte. Er war ein viel besserer Feldforscher als ich je sein werde.

Sein erster Schritt bestand darin, unsere potentiellen Informanten einzeln zum Abendessen in mein Haus zu laden. Nachdem wir gespeist und einander wiederholt zugeprostet hatten, brachte er ein spaßhaftes Gespräch über Prostitution und Ehebruch in Gang. Er begann immer damit, daß er auf die weite Verbreitung dieser Unsitten in den Vereinigten Staaten und Westeuropa hinwies, wobei er sich zur Illustration jeder Tabelle oder Graphik bediente, die zufällig gerade auf meinem Schreibtisch herumlag. ›Sehen Sie‹, sagte er dann etwa und wies auf irgendeine Zahl in einer Tabelle, die in Wirklichkeit eine Statistik von Todesfällen darstellte, ›das hier sind die Vereinigten Staaten. Über ein Drittel aller Frauen in den Vereinigten Staaten schlafen mit anderen Männern. Und schauen Sie sich das an. Das ist Frankreich. In Frankreich haben fast alle Frauen einen Liebhaber.‹ Am Ende dieses Geflunkers kam dann die Frage: ›Wie ist es hier? Kommt so etwas hier jemals auch vor?‹ Zu diesem Zeitpunkt brannte unser Informant gewöhnlich schon darauf, seine Lieblingsgeschichten loszuwerden; und wenn er noch zu diskret war, Namen zu nennen, begann mein Assistent, genüßlich seinen eigenen Stammbaum zu erläutern. ›Sie müssen wissen, daß mein Vater gar nicht wirklich mein Vater ist; er lebte mit einer anderen Frau, und meine Mutter lebte bei einem Mann von Yingke. Und meine Großmutter war genauso.‹ Das Ergebnis war, daß unser Informant spätestens bei der nächsten Zusammenkunft freizügig über das Liebesleben seiner Freunde und Verwandten berichtete.«

Den so vorbehandelten Informanten stellte Wolf dann zu einer Stichprobe von etwa 300 Frauen jeweils drei Fragen: Ob er diese Frau kenne, ob er je gehört habe, daß sie mit anderen Männern schlafe, und ob er meine, daß alle ihre Kinder von ihrem Ehemann stammten. In fast allen Fällen konnten die Informanten Auskunft geben. Das Ergebnis: 42 von 127 ehemaligen Simpuas hatten einen Fleck auf dem Leumund, gegenüber nur 18 von immerhin 159 Frauen aus Großer Ehe. Das ist ein Verhältnis von drei zu eins.

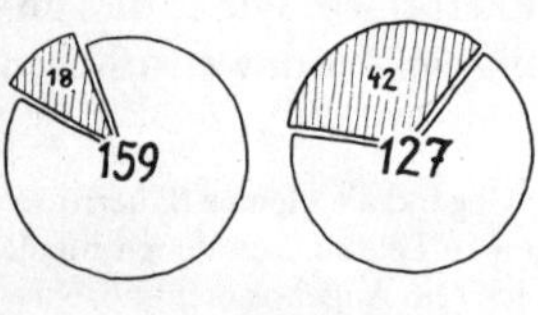

Alle Erhebungen Wolfs weisen also in dieselbe Richtung: Es scheint mit der Intimbeziehung bei der Kleinen Ehe nicht zum Besten bestellt zu sein. Worin das Problem nun allerdings konkret liegt, ließ sich nicht mit letzter Klarheit in Erfahrung bringen. Man kann in einer so ausgeprägten Schamkultur über Bordellbesuche klatschen, aber man kann den Sexualbereich nicht direkt diskutieren. Wenn immer Wolf in Gesprächen auf diesen Punkt näher einzugehen versuchte, stieß er auf verlegenes Schweigen oder ausweichende Antworten. Das äußerste an Information bestand darin, daß man ihm bedeutete, man schätze die Kleinen Ehen nicht, weil sie »peinlich«, »anstößig«, »unanständig«, »schamerregend« seien. Oder aber man bezeichnete sie als »uninteressant« und »fade«. Junge Frauen konnte er in dieser Angelegenheit schon überhaupt nicht befragen; statt einer Antwort kicherten sie und bekamen rote Köpfe. Das Problem muß sexueller Natur sein, denn bei keinem anderen Thema hätten die befragten Personen ähnlich reagiert. Über die Details aber bleibt der Schleier der Diskretion gebreitet.

Arme Sim-pua

Man wird WOLF zustimmen müssen, wenn er in den Ergebnissen seiner Forschung eine Ehrenrettung seines ehedem so gern verspotteten Kollegen WESTERMARCK sieht. Bequem hat er es sich mit dieser Deutung nicht gemacht. Soweit er einigermaßen diskutablen Einwänden begegnete, hat er sie ernst genommen und geprüft. Eine der wichtigsten Fragen, denen nachgegangen werden mußte, betraf dabei das Kindheitsschicksal der »kleinen Braut«.

Man weiß heutzutage, was es für ein Menschenkind bedeutet, im Alter von vielleicht einem Jahr, wenn es seine zarten emotionalen Wurzeln eben in den Mutterboden der eigenen Familie eingewoben hat, in eine völlig fremde Bezugsgruppe verpflanzt zu werden. Auch die wohlmeinendste Fürsorge der Adoptivfamilie könnte die damit verbundene Angstkrise nicht verhindern, sondern allenfalls mildern.

Aber so wohlmeinend pflegen die Stiefeltern einer Sim-pua nur selten zu sein. »Sim-pua lei« – arme kleine Braut – hieß bezeichnenderweise ein Artikel, der 1943 in einer Zeitschrift auf Taiwan erschien. Was der Autor darin aus dem Volksmund zu berichten wußte, klingt nicht rosig. Fällt zum Beispiel ein Kind hin und schlägt sich, dann geht die Mutter herbei und nimmt es auf; dabei singt sie »Oh, oh – wer wird denn weinen wie eine Sim-pua!« Und blickt ein Kind grämlich oder störrisch drein, so sagt die Mutter: »Da schau an – ein Sim-pua-Gesicht!« WOLF selbst berichtet, daß man ihm bei seinen Befragungen unaufgefordert versicherte, in diesem Dorfe sei es keineswegs so wie anderswo, wo man seine Sim-puas mißhandle. Die Wahrheit dürfte aber auch dort viel eher so ausgesehen haben, daß die »kleine Braut« wie ein Aschenbrödel aufwuchs.

Entwurzelung in früher Kindheit, grobe und demütigende Behandlung die ganze Jugend hindurch – hier liegt ein Potential an seelischer Verkrüppelung, das allein ausreichen könnte, die Disharmonie der Kleinen Ehen zu erklären.

Aber diese Hypothese läßt sich prüfen. Es ist nämlich keineswegs so, daß jedes adoptierte Mädchen später auch wirklich ihren Ziehbruder heiratet. Unter den 171 Frauen aus Wolfs Stichprobe, die Große Ehen geschlossen hatten, waren immerhin 42 gewesen, die gleichwohl als Sim-pua aufgewachsen waren, ihren vorgesehenen Bräutigam aber durch frühen Tod verloren hatten.

Wolf stellte nun fest, daß es für die Häufigkeit von Scheidung oder Ehebruch zwar einen erheblichen Unterschied machte, ob die Ehe zwischen primär vertrauten oder fremden Partnern geschlossen wurde, nicht aber, ob die Gattin in der eigenen Familie oder als Adoptivtochter in einer fremden aufgewachsen war.

Derselbe Effekt zeigte sich beim Kriterium der Fruchtbarkeit: Der höhere Kinderreichtum der Großen Ehe trat ebenso, ja sogar noch in verstärktem Maße, dann in Erscheinung, wenn diese mit einer ehemaligen – aber eben nicht der eigenen – Sim-pua geschlossen wurde. Was auch immer eine Jugend als Adoptivtochter für psychologische Folgen haben mag, den Unterschied zwischen Großen und Kleinen Ehen in puncto sexueller Harmonie kann sie nicht erklären.

Sozioökonomische Faktoren

Ein zweiter möglicher Einwand geht von dem unterschiedlichen sozialen Prestige der beiden Eheformen aus. Es kann kein Zweifel bestehen, daß die Bezeichnungen »Große« und »Kleine« Hochzeit nicht etwa das Lebensalter zum Zeitpunkt der Verlobung, sondern vielmehr das gesellschaftliche Gewicht der Heirat reflektieren. Es »gehört sich« einfach in besseren Kreisen, seinem Sohn eine Große Hochzeit auszurichten. Eine Sim-pua zu adoptieren ist von vornherein vulgär.

Das hat nicht zuletzt einen finanziellen Hintergrund. Eine Große Hochzeit einigermaßen comme-il-faut zu feiern kostet die Angehörigen des Bräutigams ein kleines Vermögen – für eine Bauernfamilie verschlingt sie den Erlös von einem halben bis zu zwei vollen Arbeitsjahren. Gewiß lassen sich die Ausgaben auch drücken, indem man härter um den Brautpreis feilscht und die Zahl der Hochzeitsgäste einschränkt; aber das spricht sich herum und gefährdet das Prestige. Es ist dann schon besser, dem Sohn eine Sim-pua zu adoptieren: Man spart wenigstens den Brautpreis, die Hochzeit selbst kostet auch weniger, und das Geld, das man ausgibt, um die Sim-pua ihre ganze Kindheit hindurch zu füttern und zu bekleiden, kann man hereinholen, indem man dafür eine eigene Tochter zur Adoption weggibt.

Hinzu kommen bei der Kleinen Hochzeit spürbare soziale Nachteile, die übrigens recht genau auf der Argumentationslinie von Margaret MEADs Dorfältestem liegen. Mit einer Großen Hochzeit werden nämlich recht dauerhafte Beziehungen zwischen den verschwägerten Familien gestiftet: Man lädt sich wechselseitig an Festtagen zu Besuch und fühlt sich zur Hilfe verpflichtet, wenn die andere Familie in Schwierigkeiten gerät. Das alles entfällt, wenn die Braut schon als Kind adoptiert wurde – psychologisch wohl deshalb, weil die Bindung zwischen der Sim-pua und ihren natürlichen Eltern verkümmert und somit keine emotionale Klammer zwischen den beiden Familien entsteht. Man redet sich zwar mit den Bezeichnungen an, die für Verschwägerte üblich sind, wenn man sich zufällig auf dem Marktplatz begegnet; aber dabei bleibt es dann auch.

Könnte es sein, daß der Widerstand der jungen Leute gegen die Kleine Ehe in Wirklichkeit gar nicht irgendwelche sexuellen Probleme, sondern einfach das soziale Handicap dieser Eheform reflektiert? Dagegen spricht jedoch die Art, wie auf diesbezügliche Fragen reagiert wird: Wirtschaftliche Nachteile oder gesellschaftlichen Gesichtsverlust zu scheuen ist nichts, dessen man sich schämen müßte; hätte das Problem hier gelegen, so wäre das wahrscheinlich ausgesprochen worden. Tatsächlich wurde dieses Argument aber noch nicht einmal als Ausrede oder als Rationalisierung genutzt.

Im übrigen sind auch bei der Kleinen Hochzeit dem Aufwand keine Grenzen gezogen: »Feine« Familien schicken ihre Sim-pua ein paar Tage vor der Hochzeit ins Elternhaus zurück und lassen sie dann, wie bei einer Großen Hochzeit, mit einer roten Sänfte zu einem pompösen Hochzeitsmahl abholen.

Und ferner gibt es neben den beiden bislang erwähnten Heiratsbräuchen noch einen dritten. Hierbei findet die Verlobung wie bei der Großen Hochzeit erst in der Adoleszenz statt; jedoch zieht dann die Braut nicht zum Bräutigam, sondern umgekehrt er zu ihr. Diese Sitte steht in besonders niedrigem Ansehen, da der Sohn hier faktisch seine eigenen Eltern im Stich läßt. Gleichwohl unterscheidet sie sich in bezug auf WOLFs Zerrüttungskriterien nicht von einer Großen Ehe.

Ernster muß man einen zweiten Einwand nehmen. Da sich die Große und die Kleine Hochzeit in Aufwand und Ansehen so sehr unterscheiden, ist davon auszugehen, daß sie sich auf unterschiedliche soziale Schichten verteilen. WOLF, so könnte man argwöhnen, hat vielleicht lediglich herausgefunden, daß die Ehen von Tagelöhnern und Kulis nicht so stabil sind wie die von wohlhabenden Großbauern.

Aber auch dieses Argument greift nicht. Eine schichtspezifische Verteilung der beiden Eheformen ist nur an den extremen Enden der Einkommensskala erkennbar; dazwischen liegt ein breiter Überlappungsbereich, und WOLF hat darauf geachtet, seine Stichproben aus diesem Mittelfeld zu ziehen. In dem Bezirk, den er untersuchte, herrschte weitgehende soziale Homogenität. Reiche und Arme unterschieden sich hier nach einer lokalen Redewendung dadurch, daß jene unter ihren Reis Süßkartoffeln, diese unter ihre Süßkartoffeln Reis mischten – also praktisch überhaupt nicht.

Der stille Kampf um den Ring

Zieht man die Bilanz aus den verfügbaren Befunden, so gewinnt man den Eindruck, als brächte die Sim-pua-Adoption allen Beteiligten mehr Nachteile als Nutzen. Warum hat sich dieser Brauch dann überhaupt solange halten können?

Der Schlüssel zur Antwort auf diese Frage liegt nach Meinung WOLFs in einer Szene, die sich abzuspielen pflegt, wenn bei einer *Großen* Hochzeit die Braut zeremoniell in die Familie ihres Gatten aufgenommen wird. Die Braut sitzt dabei, noch in ihrem eigenen Elternhaus, vor dem Ahnenaltar auf einem Schemel, das Gesicht der geöffneten Tür nach draußen zugewandt: Sie erwartet die bevorstehende Trennung von ihrer Familie. Nun tritt ihre künftige Schwiegermutter auf sie zu und steckt ihr einen goldenen Ring an den Finger.

Dem unbefangenen Betrachter fällt an dieser Zeremonie nichts weiter auf. Vielleicht kommt es ihm so vor, als dauere sie ein ganz klein wenig länger, als man erwarten würde; aber wer nicht weiß, was vorgeht, beachtet das kleine Ritardando im Ablauf des Rituals nicht weiter.

Tatsächlich hat sich in diesem Moment aber, ohne daß sich in den Porzellangesichtern der beiden Akteusen auch nur die kleinste Miene veränderte, ein kurzer, verbissener Kampf abgespielt: Die Schwiegermutter war bemüht, den Ring über den Knöchel hinab aufs unterste Fingerglied zu schieben, während die Braut mit wohlberechneter Unbeholfenheit versucht hatte, dies zu verhindern. Beide Kontrahentinnen glauben nämlich, daß sich ein altes Sprichwort auch bei ihnen bewahrheiten wird: Siegt die Schwiegermutter, so wird sie in der Folge die Macht über die Gattin ihres Sohnes erringen; anderenfalls wird diese ihrerseits in der Lage sein, in der Ehe eine gewisse Unabhängigkeit von der alten Frau zu wahren.

Diese Szene wirft ein bezeichnendes Licht auf das problematische Grundverhältnis der chinesischen Ehe: die Beziehung zwischen der Mutter und der Frau des Ehemannes. Immer wieder kreisen die Begleitriten der Großen Hochzeit um dieses Thema. Die Schwestern rufen etwa der weinend von daheim fortziehenden Braut nach: »Mögest du bald einen Sohn gebären und selbst Schwiegermutter werden!« Der Heiratsvermittler ermahnt sie beim Einzug in ihr neues Heim, nicht die Türschwelle mit dem Fuß zu betreten, denn das sei so, als träte sie »auf den Kopf ihrer Schwiegermutter«.

Am ungeschminktesten ist die Symbolik, die die Neuvermählte in ihrem Brautgemach vorfindet: Auf dem Bett liegen die Fußbandagen ihrer Schwiegermutter. Es war bei chinesischen Frauen Brauch, sich die Füße so fest einzubinden, daß die Knochen deformiert oder sogar gebrochen wurden. Die Bandagen auf dem Bett der Braut sollen diese daran erinnern, daß sie sich dem Willen ihrer Schwiegermutter ebenso zu unterwerfen hat, wie der Fuß dem Zwang der Binde folgt.

Streitigkeiten zwischen Ehefrau und Schwiegermutter sind ein unerschöpfliches Thema des dörflichen Geredes. In den Augen der Schwiegermutter sind die Frauen der Söhne untüchtige und verwöhnte Schlampen, sie selbst erscheint in umgekehrter Perspektive als herrschsüchtig, geizig und für vernünftige Argumente nicht zugänglich.

All das, meint Wolf, ist aber nur äußere Manifestation, nicht innere Ursache des Konflikts. Worum es eigentlich gehe, sei der Konkurrenzkampf zwischen der primären und der sekundären Bindungspartnerin um die dauerhafte Zuneigung des Mannes.

Wir haben auf Seite 63 von dem Spannungsbezug gesprochen, den das Inzesttabu zwischen Besitz- und Beistandsgemeinschaft, zwischen der »vertikalen« und der »horizontalen« Achse des familiären Bezugssystems stiftet. In patrilinearen Systemen wie dem chinesischen ist es der Mann, an dem diese Spannung zerrt. Die Gattin will ihn für sich haben, die Mutter hat Angst, ihn zu verlieren. Die Gattin hatte zu allen Zeiten die Natur auf ihrer Seite; das System gesellschaftlicher Normvorstellungen indessen unterstützte im alten China ziemlich kompromißlos die Ansprüche der Mutter.

Die Eheleute, so lautete die Idealvorstellung, sollen miteinander nicht zu intim werden. Zumindest in der Öffentlichkeit, und selbst innerhalb der Familiengemeinschaft, haben sie eine distanzierte, möglichst emotionsfreie Haltung an den Tag zu legen. In Gegenwart Dritter soll der Mann mit seiner Frau am besten überhaupt nicht reden, außer allenfalls in der Befehlsform. Hingegen gilt es als artig, wenn der Sohn affektive Verbundenheit mit seiner Mutter bekundet. Damit wird es dieser leicht gemacht, ihn emotional zu erpressen: »Meine Schwiegertochter will mir den Sohn stehlen! Ich werde weggehen und mich umbringen, dann seid ihr beide endlich für euch allein und nicht mehr mit einer Mutter belastet!«

Wo so massive Geschütze aufgefahren werden, wäre die Ehefrau ziemlich wehrlos, verfügte sie nicht wenigstens im Schlafzimmer über die stärkeren Waffen. Und die Mutter erkennt sehr wohl, daß sie an dieser entscheidenden Stelle den Kampf um die intime Gemeinschaft mit dem Sohn eben doch verlieren muß. Dafür kann sie versuchen, sich durch Tyrannei und Schikanen an der Nebenbuhlerin zu rächen. Aber dadurch setzt sie nur einen Teufelskreis in Gang: Die Frau wird den Mann schließlich dazu bringen, die Wohngemeinschaft mit seinen Eltern aufzukündigen, womit die Schwiegermutter letztlich genau den Effekt herbeigeführt hätte, den sie nun wirklich panisch fürchtet und eben gerade verhindern wollte.

Gemessen an diesem Dilemma erscheint der Brauch, eine Sim-pua zu adoptieren, als eine Strategie von geradezu abgefeimter Raffinesse. In der Familie ihres künftigen Mannes aufgewachsen, hat die Braut ihre eigene Orientierungsfamilie als Rückendeckung verloren; sie ist ihrer Schwiegermutter auf Gedeih und Verderb ausgeliefert und kann allein schon deshalb nicht gegen sie aufmucken. Aber sie wäre zu einem solchen Widerstand emotional auch gar nicht fähig, denn sie erlebt die alte Frau ja faktisch als die eigene Mutter, und an dieser Kindesbindung ändert auch die stiefmütterliche Behandlung nichts, die ihr in aller Regel zuteil geworden ist, ganz im Gegenteil: Gleich dem geprügelten Hund, von dem auf Seite 353 die Rede war, wird sie dadurch nur um so höriger.

Vor allem aber ist sie als Sim-pua ihrer stärksten Waffe beraubt: Sie vermag die Mittel ehelicher Erotik nicht mehr effizient einzusetzen. In Wolfs eigenen Worten:

»Die sexuelle Aversion, die durch die frühkindliche Intimität des Paares hervorgerufen wird, entzweit sie als Mann und Frau und verhindert, daß sich ein exklusives eheliches Band bildet. Das Mädchen wird wahrscheinlich eher in ihrer Schwiegermutter eine Verbündete gegen ihren Mann suchen, als daß sie ihren Mann gegen seine Mutter aufbringen würde. Es ist der Effekt der Kleinen Ehe, einen Keil zwischen Mann und Frau zu treiben und dadurch die Bindung zwischen den Generationen von Spannung zu entlasten.«

Man versteht, daß die neuen Machthaber auf dem Festland die Sitte der Sim-pua-Adoption eine »barbarische und rückständige feudale Praxis« nannten und unverzüglich abschafften. In Taiwan kam Wolf zwanzig Jahre später gerade noch zurecht, den ohne staatliche Eingriffe an sich selbst zugrundegehenden Brauch zu analysieren.

Kindheit im Kibbuz

Die Kulturanthropologie kennt nicht viele weitere Beispiele für Sozietäten, in denen es vorgesehen ist, daß nichtverwandte Kinder wie Geschwister aufwachsen. Ein Fall immerhin hat die Aufmerksamkeit der Wissenschaft seit etwa 25 Jahren auf sich gezogen. Er betrifft eine besondere Form von Koedukation in israelischen Kibbuzim.

In diesen Siedlungen leben die Kinder meist nicht in Wohngemeinschaft mit ihren Eltern. Um von klein auf zu einem kollektiven Bewußtsein erzogen zu werden, sind sie vielmehr in altersgemäß eingerichteten kommunalen Horten untergebracht. Diese Lebensform beginnt knapp nach der Geburt und setzt sich in der Regel bis zum 18. Lebensjahr fort. Praktische Umstände wie etwa die lokalen Schulverhältnisse und die Mobilität der Eltern bedingen allerdings, daß die Zusammensetzung der Gruppen während der Kindheits- und Jugendjahre nicht immer genau dieselbe bleibt.

Der erste Kibbuz wurde im Jahre 1910 gegründet; heute ist die Zahl dieser Siedlungen auf etwa 250 angestiegen. Die Menge der Bewohner liegt bei über 100 000, und viele unter ihnen sind selbst im Kibbuz geboren und haben inzwischen geheiratet. An diesem Personenkreis läßt sich die Frage untersuchen, ob eine gemeinsame Jugend in derselben Kindergruppe später irgendwelche Einflüsse auf die Wahl des Ehepartners hat. Die gründlichste Studie hierzu stammt von dem Soziologen Joseph SHEPHER von der Universität Haifa.

Was allgemein die Einstellung zur Sexualität anbelangt, so wachsen Kibbuzkinder zumeist in einer unverkrampften Atmosphäre auf. Die meisten Erzieher bemühen sich darum, in körperlicher Hinsicht keine unnötige Gehemmtheit zu induzieren. Jungen und Mädchen sind von vornherein daran gewöhnt, nicht nur gemeinsam zu essen und zu spielen, sondern auch im selben Raum zu schlafen, dieselbe Toilette, dieselbe Gemeinschaftsdusche zu benützen und sich voreinander nackt zu zeigen. Den Kindern verbietet niemand, »Mann und Frau« oder »Onkel Doktor« zu spielen, und es kommt immer wieder vor, daß die Kindergärtnerin früh beim Wekken ein kleines Pärchen im selben Bett antrifft.

Trotz dieser ungezwungenen Vorgeschichte bleibt der Sexualbereich nicht so paradiesisch problemlos, wenn die Pubertät ihre Vorboten zu entsenden beginnt. Schon bald nach dem neunten Lebensjahr bahnen sich Veränderungen an, die so frappierend an das im vorigen Kapitel geschilderte Verhalten von TEMERLINS Schimpansen-»Tochter« Lucy erinnern, daß es schwerfällt, an eine zufällige Parallele zu glauben.

Die Jugendlichen verlieren in diesem Alter ihre kindliche Unbefangenheit voreinander. Sie fangen an, beim Ankleiden oder unter der Dusche die Genitalien mit der Hand zu verbergen. Geheimnistuerei, Verlegenheit, Albernheit und Interesse an Klatsch brechen aus. Scham und Befangenheit nehmen, zuweilen buchstäblich über Nacht und bevorzugt bei den Mädchen, so überhand, daß man Schlaf- und Duschräume nach Geschlechtern trennen muß; die Mädchen verstopfen dann außerdem noch die Schlüssellöcher.

In der Öffentlichkeit sondern sich weibliche und männliche Jugendliche nun ebenfalls spontan voneinander ab – in der Klasse, im Speisesaal, bei Arbeit und Spiel. Das ist nicht nur ein Zeichen von Befangenheit; es liegt auch eine gehörige Portion aggressiver Spannung in der Luft, die erst wieder mit dem 14. Lebensjahr nachläßt, wenn sich, zunächst bei den Mädchen, die ersten ernsthafteren erotischen Beziehungen anbahnen.

Fragt sich nur, mit wem. Um das zu prüfen, verschaffte sich SHEPHER Zugang zu amtlichen Unterlagen über den Familienstand vormaliger Kibbuzkinder. Das Material war praktisch vollständig; 97.5 Prozent aller Kibbuzgeborenen konnten erfaßt werden. Nur für eine kleine Zahl orthodox-religiöser Siedlungsgemeinschaften waren keine Angaben verfügbar.

Trotz der breiten Datenbasis konnte man von vornherein nicht mit einer sehr reichen Ausbeute rechnen. Der Altersunterschied zwischen den Mitgliedern einer Hortgruppe beträgt höchstens zwei Jahre; im allgemeinen ist in Israel ein Ehemann aber mehrere Jahre älter als seine Frau. Auch Kibbuz-Geborene machen hier keine Ausnahme: Als SHEPHER seinen Computer nach Ehen von ehemaligen Kibbuzkindern befragte, erhielt er daher von insgesamt 2769 Paaren überhaupt nur ganze 60 ausgedruckt, die aus Altersgründen allenfalls aus derselben Hortgruppe hätten stammen können; das sind wenig mehr als 2 Prozent.

Bei Licht betrachtet, ist das allerdings auch schon ein Ergebnis. Weder die Natur noch die Gesellschaft *verbietet* ja die Heirat Gleichaltriger. Falls die gemeinsame Sozialisation einer späteren erotischen Bindung also *förderlich* wäre – wir haben auf Seite 97 gesehen, daß LÉVI-STRAUSS und andere dieser Meinung zuneigen –, dann hätte man hier wohl eine größere Ausbeute als nur 60 Paare erwarten dürfen.

Als nächstes war zu prüfen, ob in dieser Restgruppe die Partner überhaupt aus demselben Hort stammten. Tatsächlich war das aber nur bei 14 Paaren der Fall: Gerade ein halbes Prozent aller erfaßten Ehepartner hatten einander schon als Kinder gekannt!

Diesen 14 Paaren spürte SHEPHER nun individuell nach. Alle antworteten auf entsprechende schriftliche Anfragen. Und dabei ergab sich ein sehr interessanter Befund: Von den 14 Paaren hatten sich 9 überhaupt erst frühestens nach dem sechsten Lebensjahr kennengelernt, und bei den restlichen 5 hatte es vor dem Schuleintritt ausnahmslos jahrelange Unterbrechungen der Erziehungsgemeinschaft gegeben. Unter nahezu dreitausend Ehen von Kibbuzkindern war buchstäblich nicht eine einzige, bei der die Partner auf eine kontinuierliche gemeinsame Kindheit zurückblicken konnten!

Es gibt hier, wie bei WOLFS Untersuchung, wiederum viele Ansatzpunkte für ein Wenn und Aber. Keine empirische Studie ist gegen methodische

Einwände immun. Nimmt man aber die verfügbare Evidenz möglichst unvoreingenommen beim Nennwert, so spricht alles dafür, daß von den früher herausgearbeiteten biologischen Inzestschranken nicht nur vergleichsweise multifunktionale Effekte wie etwa der Generationenkonflikt, sondern auch so hochspezifische Mechanismen wie die Überdrußreaktion durchaus noch beim Menschen wirksam sind.

Westermarck hat also doch Recht behalten. Daß seine Theorie empirisch so schwer zu bestätigen war, liegt nicht etwa an einer Schwäche oder Degeneration jener stammesgeschichtlich uralten Hemmkräfte, sondern an der Allgegenwart kultureller Überformungen. Auf *deren* Herkunft, das wollen wir an dieser Stelle festhalten, können wir freilich weder aus Shephers noch aus Wolfs Untersuchungen Hinweise erwarten. Insofern stehen wir vorerst immer noch diesseits des Rubikon.

FÜNFTER TEIL

WIRKUNGSGEFÜGE

23. Kapitel

Das Paradox der Sexualität

Wenn es bei Tier und Mensch Inzuchtbarrieren gibt, die dem kulturellen Tabu noch vorgeordnet sind, so müssen diese auch eine biologische Funktion haben. Das Argument der Erbkrankheiten steht aber, wie wir im 6. Kapitel sahen, auf schwachen Füßen. Tatsächlich liegt der wichtigste Selektionsvorteil der Inzestvermeidung ganz woanders. Er hängt unmittelbar mit dem der Zweigeschlechtlichkeit selbst zusammen.

Erfahrungen in Stall und Zoo

In seinen »Metamorphosen« läßt OVID die Myrrha, gestützt auf tierethologische Erfahrungen, die Erkenntnis verkünden, daß das Inzestverbot eigentlich der menschlichen Triebkonstitution widerspreche. Es heißt da:

»Schafen gesellt sich der Bock, die er selber zeugte, der Vogel
läßt sich befruchten von dem, durch den er selber entstanden.
Glücklich, wem solches erlaubt. Und nur die Sorgfalt der Menschen
gab so üble Gesetze, und neidische Rechte verweigern,
was der Natur genehm. Doch sagt man, es gebe ja Völker,
wo sich die Mutter dem Sohn, und die Tochter dem eigenen Vater
hingibt, und doppelte Lust noch die Innigkeit steigert.«

Der Dichter steht mit dieser Meinung in der Antike keineswegs allein da. Auch DIOGENES, so liest man, habe von den Persern bemerkt, sie kümmerten sich um Inzestverbote ebensowenig wie »die Hähne, Hunde oder Esel«. Vermutlich ist hier der Stoiker DIOGENES LAERTIUS gemeint und nicht der berühmte Kyniker, der mit der Tonne.

Aber als Symbolfigur wäre einer, der abgeschieden in seiner Klause sitzt und über die

Welt nachdenkt, statt sich in ihr umzusehen, gar nicht so ungeeignet, um verständlich zu machen, warum sich die Fabel von der tierischen Inzesttoleranz bis in die Gegenwart so hartnäckig erhalten konnte. Wenigstens was den Vergleich des Menschen mit »dem« Tier anbetrifft, haben philosophische Deutungen seit je einen erstaunlichen Mangel an Vertrautheit mit der biologischen Realität erkennen lassen. Gemeinhin hat man Hunde, Katzen und Kanarienvögel nebst sonstigem Hausvieh im Sinn, hinzugenommen allenfalls, in vager Reminiszenz, das Affenhaus im Zoo, wenn man es wieder einmal unternimmt, Endgültiges über die Wesensgrenzen von Natur und Mensch auszusagen. Dieses Ausgangsmaterial aber führt nicht selten in die Irre; denn gerade hier konzentrieren sich die *Ausnahmen* von den Regeln, die der Feldforscher entdeckt.

Zu diesen Ausnahmen gehört insbesondere die häufig zu beobachtende Inzesttoleranz bei *Haustieren.* Man kann sich leicht vorstellen, wie sie zustande gekommen ist: Statt der natürlichen Selektion waltet hier der menschliche Züchter; *er* hat seit Generationen bestimmen wollen, wer sich mit wem paart. Zuchttiere mit instinktiver Abneigung gegen diesen oder jenen Partner schneiden dabei schlecht ab. Wenn ein Rüde von seiner Schwester partout nicht akzeptiert wird oder umgekehrt, dann verscherzen sich die beiden damit die Chance auf einen Platz in der Stammelternreihe künftiger Haushunde, während Geschwister, die nicht so pingelig veranlagt sind, das Rennen machen und ihr Erbgut weitergeben können.

Es ist unter diesen Umständen nicht verwunderlich, daß Domestikation das Sexualverhalten insgesamt hypertrophiert und entdifferenziert. Bemerkenswert ist vielmehr umgekehrt, daß selbst bei Haustieren gelegentlich noch hartnäckige Inzestverweigerung beobachtet wird. Wie wir im 6. Kapitel hörten, haben schon DARWIN und WESTERMARCK dafür Beispiele angeführt; jedem Tierzüchter sind ähnliche Fälle bekannt.

Eine zweite Gruppe, in der Inzestpaarungen häufiger als sonst beobachtet werden, findet sich unter *Zootieren.* Auch hier sind die Gründe nicht schwer einzusehen. Zootiere leben, bei allem guten Willen der Halter, in einer künstlichen Umwelt. Sie sind zwar weniger artifiziellen Zuchteinflüssen ausgesetzt, man kann ihre Lebensbedingungen jedoch nicht mit der freien Wildbahn vergleichen: Sie müssen nicht mühsam nach Nahrung suchen, der Feinddruck fällt weg, und vor allem ist die Bewegungsfreiheit meist empfindlich eingeengt.

Wir haben bei Elizabeth MISSAKIANS Rhesusaffen schon gesehen, wie sensibel Paarungsbarrieren auf Eingriffe in die ökologische Balance reagieren. Und wenn etwa der Inzest bei einer Tierart lediglich dadurch verhindert wird, daß die Jungmännchen normalerweise in eine Kohorte abwandern, so macht im Zoo schon das Gitter diesen Mechanismus stillschweigend zunichte. Irgendwann läuft es dann so wie bei den auf Seite 289 beschriebenen Zwergwachteln, und die Geschwister paaren sich eben, da die Zeit der Ablösung überschritten ist. Die Natur hat mit Zäunen, die der Mensch zieht, nicht gerechnet.

Bizarre Grenzfälle

Eigentlich ist die Regel, daß Paarung Nahverwandter im Tierreich vermieden wird, durch die Inzesttoleranz bei Zoo- und Haustieren nicht wirklich außer Kraft gesetzt; denn dafür herrschen hier zu unnatürliche Randbedingungen. Läßt man diese Tiergruppen außer acht, so bleiben nur noch verschwindend wenige echte Regelwidrigkeiten übrig.

Diese freilich sind bizarr genug. Eine von ihnen ist die räuberische Wespe *Perisierola emigrata* aus der Familie der Bethyliden, ein schwarzschillerndes Insekt von Ameisengröße. Das legebereite Weibchen dieser Art macht Jagd auf bestimmte Schmetterlingsraupen, die in den Samenkapseln der Baumwollpflanze leben. Sie betäubt diese durch drei Giftstiche und legt anschließend vier bis sechs Eier an dem Opfer ab. Die Larven fressen die Raupe auf und spinnen sich dann in Kokons ein. Und danach geschieht etwas wahrhaft Erstaunliches. Regelmäßig sind es die Männchen, die zuerst ausschlüpfen. Statt nun aber von ihren Flügeln Gebrauch zu machen und sich dem Wind anzuvertrauen, stürzen sie sich sogleich auf die Kokons ihrer Schwestern, dringen in diese ein und paaren sich mit den noch gar nicht ganz zur Imago Erwachten. Hier endlich also begegnen wir im Tierreich dem mystischen Inzesttrieb, den FREUD und andere in uns allen vermutet haben.

Auffällig an dem geschilderten Beispiel ist nicht nur, daß der Inzest hier wirklich obligatorisch auftritt, sondern auch der gewissermaßen »mutwillige« Charakter des Ganzen. Man hat den Eindruck, daß es die Natur nicht furchtbar viel Mühe gekostet hätte, die Geschwisterpaarung auch und gerade in diesem Fall zu vermeiden – ein bißchen mehr Bewegungsunruhe bei den frisch geschlüpften Männchen hätte wohl schon genügt.

Tatsächlich ist das an sich ja nicht selbstverständliche Phänomen, daß die Männchen regelmäßig vor den Weibchen schlüpfen, wohl bereits das Relikt einer Inzestbarriere, die stammesgeschichtlich früher bestanden hat und erst nachträglich aufgegeben wurde. Bei anderen Wespenarten wird Inzucht eben gerade dadurch verhindert, daß die Brüder sich schon längst auf die Suche nach Weibchen in alle Winde zerstreut haben, wenn ihre Schwestern aus dem Kokon kriechen.

Das Beispiel *Perisierola emigrata* steht nicht allein. Unter Wirbeltieren ist mir nichts Vergleichbares bekannt, aber es gibt andere Wespenarten und etliche Milben und Würmer, die sich ähnlich verhalten. Auffällig ist an den meisten dieser Fälle, daß sie eine ganz besondere ökologische Spezialisierung aufweisen: Fast stets handelt es sich um *Parasiten,* also Tiere, die einen erheblichen Teil ihrer Entwicklung in oder an einem (noch) lebenden Wirtstier zubringen. Wir wissen bislang nicht, warum die Natur gerade hier eine Ausnahme von der sonst so prompt befolgten Regel macht, obligatorische Inzucht zu vermeiden.

Woraus bezieht diese Regel jenseits solcher Ausnahmefälle ihre Durchschlagskraft? Liegt es tatsächlich nur an der Gefahr der Inzuchtdepression oder den Vorzügen der Heterose, von denen im 5. Kapitel die Rede war? Gewiß, diese Effekte sind nicht zu leugnen. Wie wir uns aber bereits auf Seite 91 anläßlich der Züchtungsergebnisse von E. M. East überzeugen konnten, reichen sie als Erklärungsgrundlage für den Selektionsdruck gegen Inzestpaarung nicht aus. Und in der Tat: Wenn sie so schwerwiegend wären, warum könnten es sich dann *Perisierola* und ihre Genossen ungestraft leisten, in Sünde zu leben?

Vermehrung ohne Vereinigung

Wir haben bereits im 5. Kapitel bemerkt, wie eng das Inzuchtproblem mit dem der sexuellen Fortpflanzung überhaupt zusammenhängt. Wenn wir die Frage nach dem Sinn der Inzestbarrieren wieder aufgreifen wollen, so könnte es nützlich sein, sie um eine Stufe allgemeiner zu stellen: Warum sind überhaupt in aller Regel zwei Eltern nötig, um neues Leben hervorzubringen?

Dieser Sachverhalt wirkt nur auf den ersten Blick trivial. Zunächst meint man freilich, Sexualität und Fortpflanzung, Paarung und Vermehrung gehörten untrennbar zusammen, eines sei der Sinn des anderen. Biologisch gesehen ist das aber falsch. Paarung und Vermehrung sind nicht dasselbe, sondern eher schon das genaue Gegenteil voneinander: Bei der Fortpflanzung erwächst aus dem Einen die Vielfalt, bei der Paarung verschmilzt Getrenntes zur Einheit.

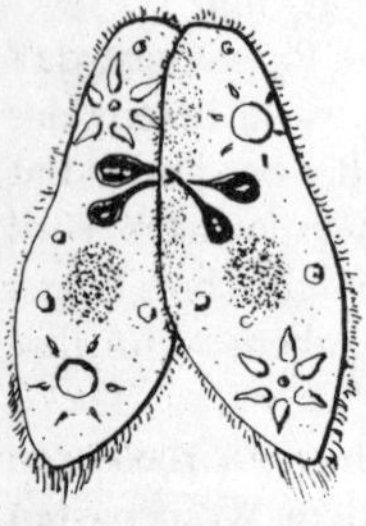

An einzelligen Organismen kann man diese beiden Phasen noch deutlich unterscheiden. Pantoffeltierchen etwa schnüren sich von Zeit zu Zeit in der Mitte durch und zerfallen dabei in zwei vollständige Zellkörper, die anschließend wieder zu voller Größe heranwachsen. Das ist ihre Weise, sich zu vermehren; mit Sexualität hat das offenkundig nichts zu tun. Andererseits beobachtet man gelegentlich aber auch regelrechte Paarungsvorgänge, die hier »Konjugation« genannt werden: Zwei Tiere schwimmen aufeinander zu, legen sich in der Mundregion aneinander, wo sich alsbald eine Plasmabrücke ausbildet. In einem verwickelten Prozeß vermischen beide Partner über diese Brücke ihre Erbsubstanz und trennen sich dann wieder voneinander. Das ist Sexualität ohne Vermehrung – denn an der Zweizahl der Individuen hat sich bei diesem Prozeß nichts geändert.

Man bezeichnet die Zellteilung der Pantoffeltierchen als *ungeschlechtliche Fortpflanzung*. Sie kommt auch im Frühstadium vielzelliger Organismen vor. Sogar ein befruchtetes menschliches Ei teilt sich gelegentlich in zwei selbständige Tochterzellen, die dann je zu einem vollständigen Embryo heranwachsen; auf diese Weise entstehen bekanntlich die »eineiigen« Zwillinge. Bei manchen Tieren, so wiederum bei parasitären Wespen, gehen auf diese Weise aus einem einzigen Ei buchstäblich Tausende von Embryonen hervor.

Eine andere Form von ungeschlechtlicher Fortpflanzung beobachten wir unter anderem bei Polypen. Das Prinzip wird dabei gewissermaßen vom einzelligen auf den vielzelligen Zustand übertragen. Ein ganzer Organismus, aus vielen Körperzellen aufgebaut, schnürt sich an hierzu geeigneten Stellen durch, und die Teile leben als selbständige Einzelorganismen weiter. Sie nehmen dabei eine wesentlich andere Gestalt und Lebensweise an und werden zu freischwimmenden Quallen. Diese pflanzen sich ihrerseits geschlechtlich fort, und ihre Eier wachsen schließlich wieder zu festsitzenden Polypen heran, womit sich der Kreis schließt. Ein solcher Zyklus wird als »Generationenwechsel« bezeichnet; auch er demonstriert, daß Sexualität und Fortpflanzung sich grundsätzlich trennen lassen.

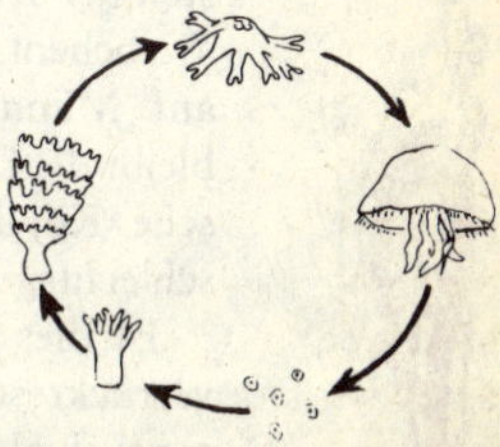

Mit steigender Evolutionshöhe wächst die Differenziertheit der Organismen, und es wird dementsprechend immer schwieriger, sich durch Teilung zu vermehren. Immerhin kommt dergleichen noch bei Tunicaten vor, die schon als primitive Randformen der Wirbeltiere anzusprechen sind. Diese Tiere treiben regelrecht Knospen, die zu vollständigen Organismen heranwachsen.

Mit der ungeschlechtlichen Fortpflanzung sind die Möglichkeiten, Nachkommenschaft aus nur einem Elterntier zu gewinnen, indessen keineswegs erschöpft. Es gibt noch die sogenannte *eingeschlechtliche Fortpflanzung*, auf griechisch »Parthenogenese«. In diesem Fall bildet der erzeugende Organismus regelrechte Eizellen aus, er ist also biologisch als weiblich anzusprechen. Diese Eizellen können sich nun jedoch ohne Beigabe des männlichen Spermas von selbst zu vollen Individuen entwickeln.

Hiervon leitet sich die griechische Bezeichnung dieses Vorganges ab, der soviel wie »Jungfernzeugung« bedeutet.

Eingeschlechtliche Vermehrung beobachtet man im Tierreich auch auf höheren Organisationsstufen. Manche Insekten, wie etwa die Stabheuschrecken, existieren überhaupt nur in weiblicher Ausführung. Andere bilden zwar beide Geschlechter aus, praktizieren aber Parthenogenese neben normaler Paarung. Das bekannteste Beispiel hierfür sind die Hautflügler, also Bienen, Wespen und Ameisen. Bei diesen Tieren nimmt die Königin beim Hochzeitsflug den Samen des Männchens in eine besondere Tasche auf und befruchtet damit selbst ihre Eier, und zwar erst dann, wenn sie sie legt. Die Pointe ist nun, daß sie die Eier bei der Ablage auch unbefruchtet lassen kann; in diesem Falle entwickeln sie sich zu männlichen Tieren. Aus befruchteten Eiern werden Weibchen, also Arbeiterinnen oder Königinnen.

Jungfernzeugung kommt sogar bei Wirbeltieren vor. Gelegentlich, wenn auch äußerst selten, entwickeln sich zum Beispiel aus unbefruchteten Hühnereiern noch ausgewachsene Adulttiere, am ehesten bei Truthühnern. Und es gibt Eidechsenarten, die reine Weibchenkolonien ausbilden und sich fortpflanzen, ohne auf Männchen angewiesen zu sein. Eigentümlicherweise bleibt die Embryonalentwicklung auch hier an eine symbolische Kopulation angeschlossen, wobei einfach eine Geschlechtsgenossin den männlichen Part übernimmt.

Ist dies alles schon recht seltsam, so erscheint doch am verrücktesten eine dritte Form von Fortpflanzung, die eigentlich als zweigeschlechtlich anzusprechen ist, aber nur eines einzigen Elterntieres bedarf. Ich meine das Phänomen der *Selbstbefruchtung* bei Zwittern, die sowohl Ei- als auch Samenzellen im selben Organismus produzieren und dann auf die Idee der sexuellen Autarkie verfallen. So etwas kommt noch bei Fischen vor; wir haben auf Seite 79 in Gestalt des Schriftbarsches bereits ein Beispiel dafür kennengelernt. In diesem Fall tritt Selbstbefruchtung freilich nur ausnahmsweise auf; es gibt aber einige niedere Organismen, bei denen sie obligatorisch ist.

Vielen dieser Varianten kann man ansehen, daß ihr Bauplan ursprünglich auf biparentale Fortpflanzung angelegt war und erst nachträglich abgewandelt wurde. Bei den parthenogenetischen Eidechsen, die sich noch immer »paaren« müssen, um die Fortpflanzung einleiten zu können, ist das am offenkundigsten. Die Natur hätte also jedenfalls nicht vor einer unüberwindbaren Hürde gestanden, wäre ihr daran gelegen gewesen, Fortpflanzung grundsätzlich zur Angelegenheit des Einzelnen zu machen. Und wenn man etwas länger darüber nachdenkt, wundert man sich sehr, warum sie diesen Weg nicht beschritten hat.

Neulich besuchte ich meinen Freund Benno. Benno ist ein Genie; schon an seinem elften Geburtstag war es ihm auf Anhieb gelungen, beim Ausprobieren seines neuen Elektro-Baukastens einen ganzen Häuserblock in Finsternis zu versetzen. Bis zum heutigen Tag ist er Bastler aus Leidenschaft und ebenso begeisterter Naturforscher, und beide Hobbies sind für ihn im Grunde ein und dasselbe.

»Erst was ich nachgebaut habe«, erläuterte er mir in einem Ton, der keinen Widerspruch duldete, »habe ich verstanden.«

»Und was willst du diesmal verstehen?« fragte ich, auf alles gefaßt.

Statt einer Antwort lud er mich ein, sein Labor zu besuchen.

Ich traf ihn in übler Laune an. Finsteren Blickes verfolgte er die Bewegungen eines kleinen Apparates, der wie ein Spielzeugauto auf dem Boden des geräumigen Zimmers umherkurvte. Er fuhr einen, wie mir schien, etwas nervösen Zickzackkurs, so als suche er unschlüssig nach irgend etwas, von dem er vergessen hat, wie es aussieht. Immer wenn er in der Nähe eines Gegenstandes seiner Größe geriet, steuerte er diesen an und machte sich an ihm zu schaffen. Als ich unvorsichtigerweise nähertrat, um ihn genauer zu betrachten, nahm er Kurs auf meinen Fuß und klammerte sich zu meinem Entsetzen daran fest.

»Was will er von mir?« fragte ich Benno.

Dieser zuckte unmutig mit den Achseln.

»Er versucht, sich mit deinem Schuh zu paaren. Anstatt mit der Artgenossin dort drüben, die ihm schon zweimal fast vor der Nase vorbeigefahren ist.« Er deutete auf ein zweites, etwas zierlicher geformtes Gerätchen an der anderen Seite des Zimmers.

»Und warum kann er mit ihr nichts anfangen?« fragte ich, nachdem es mir gelungen war, den lästigen Kerl abzuschütteln.

»Er könnte schon. Die Paarungsorgane sind voll kompatibel. Das Problem ist: Er kann sein Weibchen nicht deutlich genug von anderen Objekten unterscheiden. Er erkennt sie nicht!«

Benno setzte sich auf den Labortisch, neben den übervollen Aschenbecher.

»Weißt du eigentlich, wie schwer es ist, einen Detektor zu bauen, der verläßlich anspricht, wenn er auf eine ganz bestimmte Form von Objekten stößt, und der bei allen übrigen Reizkonfigurationen, die in seiner Umwelt vorkommen, ebenso verläßlich schweigt? Du brauchst dir nur einmal klarzumachen, wie verschieden seine Partnerin für ihn aussehen muß, je nachdem, ob er sie von vorn oder von hinten oder im Profil betrachtet! Gewiß – ich habe ihn mit einer sehr präzisen kleinen Video-Kamera ausgestattet und ein holographisches Musterfilter entwickelt; aber das ganze System ist noch längst nicht leistungsfähig genug.«

»Könntest du das Problem nicht einfacher lösen – zum Beispiel über einen besonderen Geruch?« fragte ich, in Erinnerung an die erstaunlichen Leistungen, die bestimmte Nachtfalter auf diesem Gebiete vollbringen.

»Soviel einfacher ist das gar nicht. Duftmoleküle haben, wenn sie spezifisch sein sollen, auch eine sehr komplizierte Struktur, und wir wissen überhaupt noch gar nicht, wie der tierische Organismus es fertigbringt, sie zu analysieren.«

»Aber immerhin würde das Problem der unterschiedlichen Raumaspekte wegfallen.«

»Dafür entstehen andere Schwierigkeiten. Angenommen, ein Männchen hat eine Partnerin gewittert. Woher weiß er dann, in welche Richtung er laufen muß, um sie zu finden? Er braucht Information über die Windrichtung, außerdem muß sein Geruchsorgan unvorstellbar fein auf Unterschiede in der Duftkonzentration ansprechen. Und in unmittelbarer Nähe des gesuchten Objektes bleibt ihm dann doch nichts anderes übrig, als wieder auf optische Signale zurückzugreifen.«

Irgendwie empfand ich Mitleid mit Benno. »Wie wäre es mit einem kleinen UKW-Peilsender?«

»Dann hätte ich gemogelt«, sagte er bitter. »Es gehört zu den Spielregeln, daß ich keine Methoden verwende, die der Natur nicht zur Verfügung stehen. Natürlich gibt es noch die Möglichkeit der akustischen Signalgebung. Grillen und Frösche machen von dieser Möglichkeit Gebrauch, und viele Vögel. Das Verfahren ist nicht ganz ungefährlich, denn auffällige Lautäußerungen informieren nicht nur den Geschlechtspartner, sondern auch etwaige Raubfeinde darüber, wo man sich aufhält. Aus diesem Grund vokalisieren auch fast stets nur die Männchen, während die Weibchen ›peilen‹. Bei auffälligen optischen Signalen ist es übrigens genauso.«

Aus Seite 226 erhellen die Hintergründe für diesen Geschlechtsdimorphismus: Wegen ihrer hohen parentalen Investition brauchen die Weibchen kein Risiko bei der Partnersuche einzugehen.

»Übrigens müssen auch, wenn der Partner akustisch geortet wird, in der Schlußphase der Paarbildung noch optische Orientierungsvorgänge ablaufen«, fuhr Benno fort. »Aber du hast recht: Wahrscheinlich läßt sich das Problem fürs erste lösen, indem ich meine Männchen mit einer Art ›Reviergesang‹ ausstatte.«

Es vergingen drei Wochen, bis ich wieder bei Benno vorbeischaute. Er hatte tiefe Augenringe und war erkennbar unrasiert. Ich erkundigte mich mitfühlend nach dem Stand der Dinge. Wortlos nahm er mich mit ins Labor und deutete auf das Treiben am Boden.

Die Szene hatte sich bereichert. Ich zählte nicht weniger als acht von Bennos Geschöpfen, vier von jedem Geschlecht. Die Männchen waren daran zu erkennen, daß sie von Zeit zu Zeit leise piepten, was einen eher rührenden Eindruck machte. Noch immer neigten sie erkennbar dazu, sich jedem Objekt zu nähern, das nur irgendwie einem kleinen Schuhkarton ähnlich sah, und zuweilen kam es auch vor, daß sie sich irrigerweise ein anderes Männchen vornahmen. Insgesamt war es Benno aber ohne Zweifel gelungen, die Leistungen der Mustererkennung bei seinen Käfern erheblich zu verbessern.

Auch sonst war ihr Verhalten differenzierter geworden. Als ich vor dem Fenster so an einem der Geräte vorbeiging, daß mein Schatten darauf fiel, sauste es wie der Blitz in eine Zimmerecke und verharrte dort regungslos für mehrere Minuten. Auch fiel mir auf, daß die Käfer von Zeit zu Zeit Kurs auf eine an der Bodenleiste angebrachte Steckdose nahmen, um dort, wie ich scharfsinnig erriet, ihre Speicherbatterien aufzuladen. Fanden sie an der Stromquelle schon einen anderen Artgenossen vor, gleich welchen Geschlechts, so entbrannte alsbald etwas, was wie ein Kampf aussah: Sie fuhren mit voller Kraft aufeinander zu und teilten Rammstöße aus, die zu Verbeulungen führten und gelegentlich auch irgendwelche Glasteile splittern ließen.

»Ich habe die Käfer noch mit ein paar weiteren ›Motiven‹ ausgestattet, sonst wäre die Modellsituation zu unnatürlich geworden«, erläuterte Benno. »Furcht und Hunger sind das Mindeste, wodurch ein freibewegliches Lebewesen, außer von der Sexualität, noch angetrieben werden sollte. Damit entstehen aber sofort neue technische Probleme. Schau mal da drüben!«

Er deutete auf ein Männchen, das unablässig piepend einer Partnerin hinterherfuhr, ohne daß diese Notiz von ihm nahm. Sie schien ihm sogar auszuweichen.

»Der da hat nun endlich eine gefunden. Aber sie ist im Moment nicht auf Paarung eingestellt. Wahrscheinlich ist ihre Batterie schon zu weit entladen. Paarung kostet Zeit und Energie, und für das Weibchen setzt sogleich noch eine lange Serie von Folgekosten ein. Wenn sie dabei mit erschöpfter Batterie auf der Strecke bleibt, unfähig, den Weg zur Steckdose zu schaffen und sich einen Platz an dieser zu erkämpfen, dann wäre es glatter Selbstmord, wenn sie sich jetzt mit dem Männchen einlassen würde. Im Moment wird bei ihr die Sexualität durch Hunger unterdrückt.«

Benno war beim Bau seiner Käfer offensichtlich mit HUXLEYS Problem der streitenden Kapitäne konfrontiert worden. Im vorliegenden Fall kam noch erschwerend hinzu, daß hier ja *zwei* Individuen im Spiel waren. Für eine erfolgreiche Paarung ist nicht nur Voraussetzung, daß sich zwei Artgenossen verschiedenen Geschlechts begegnend erkennen, sondern außerdem noch, daß bei *jedem* von beiden auch gerade die Sexualität den ersten Rangplatz in der Motiv-Hierarchie einnimmt.

»Könnten sich die beiden nicht irgendwie synchronisieren?« warf ich ein.

»Das müssen sie sogar, sonst wäre das Ganze ohnehin aussichtslos. Sie verfügen zu diesem Zweck über ein reichhaltiges Inventar an Verhaltensweisen, das man unter der Bezeichnung ›Balz‹ zusammenfaßt. Und außerdem benützen viele Tierarten auch noch so etwas wie eine externe Synchronisation: Sie haben eine bestimmte Zeit im Jahr, in welcher der Sexualität bei beiden Geschlechtern Priorität vor anderen Motiven eingeräumt wird. Treffen die Tiere in dieser Zeit auf einen Partner, können sie einigermaßen sicher sein, daß er sich in Fortpflanzungsstimmung befindet. Die Balz hat dann viel höhere Aussicht auf Erfolg.«

»Dient die Balz nicht auch dem Abbau der Aggression? Ich glaube, so etwas Ähnliches bei LORENZ gelesen zu haben.«

»Erinnere mich bitte nicht an die Aggression. Die macht das Ganze noch um eine Größenordnung komplizierter. Dabei rede ich gar nicht von den Rivalenkämpfen paarungswilliger Männchen untereinander; das ist eine verhältnismäßig einfache Sache, die auch meist in einigermaßen ›gesitteter‹ Form abläuft. Sondern es geht primär darum, daß *alle* Artgenossen natürliche Rivalen sind, denn sie sind alle auf dieselben Ressourcen angewiesen. Du siehst das an dem Treiben rund um die Steckdose. Der Geschlechtspartner ist aber in erster Linie eben auch Artgenosse, und ein fremder noch dazu. Wenn ich also will, daß meine Käfer sich paaren, muß ich mir etwas einfallen lassen, damit die intraspezifische Aggression den Prozeß nicht an irgendeiner Stelle blockiert. Die Balzmechanismen, die ich erfinden muß, um all diese einander durchkreuzenden Motivkräfte zu organisieren, sind schon fast so kompliziert wie ein Rendezvous-Manöver in der Weltraumtechnik. Ich möchte wirklich

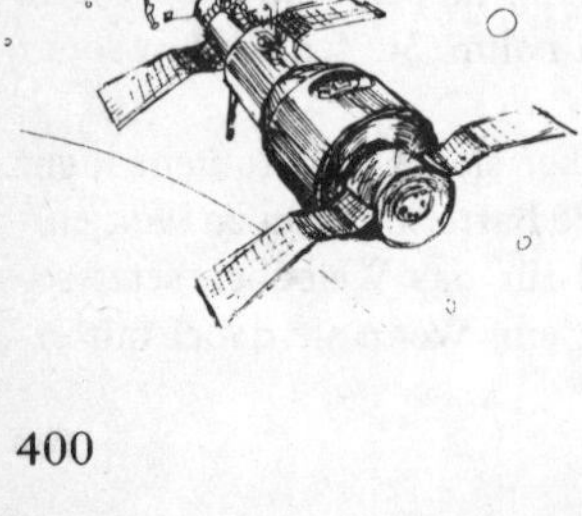

wissen, wozu das Ganze gut ist, nachdem die Natur so einen Aufwand damit treibt.«

Die Jungfrau auf der Insel

Bennos Unbehagen war noch viel berechtigter, als er ermessen konnte. Denn immerhin sah er das Problem nur von der »gerätetechnischen« Seite. Es gibt da aber auch einen evolutionstheoretischen Aspekt, der mindestens ebenso verwirrend ist. Er hat Biomathematiker dazu veranlaßt, von einem »Paradox der Sexualität« zu sprechen. John MAYNARD SMITH hat dieses Paradox anhand eines Beispiels erläutert.

Angenommen, auf einer Insel leben 100 Tiere einer bestimmten Species. Für diese Individuenzahl möge gerade genug Nahrung und Raum vorhanden sein. Das Geschlechterverhältnis sei ausgeglichen, es gebe im Zeitmittel immer etwa 50 Männchen und 50 Weibchen. Von den Männchen wollen wir annehmen, daß sie, wie oft im Tierreich, nur zur Befruchtung der Weibchen da sind; sie beteiligen sich nicht an der Brutpflege. Jedes Weibchen wirft in seinem Leben mehrere Junge, von denen aber nur durchschnittlich 2 ihrerseits bis zur Geschlechtsreife heranwachsen; die übrigen werden das Opfer von Nahrungsknappheit, Parasitenbefall, und was es sonst so an Selektionsfaktoren auf dieser Insel gibt. Die Populationsgröße bleibt also stabil.

Eines Tages trete nun bei einem neugezeugten Weibchen eine Mutation auf, die deren späteres Fortpflanzungsverhalten drastisch verändert: Sie benötigt und akzeptiert keine Männchen mehr, sondern pflanzt sich erfolgreich durch Jungfernzeugung fort. Wohlgemerkt: keine Selbstbefruchtung, keine Homozygotie, keine Manifestation rezessiver Allele, keine Inzuchtdepression. Bei ihren Eiern unterbleibt einfach nur die auf Seite 79 beschriebene Meiose; wenn die Zeit gekommen ist, entwickeln sie sich durch normale Zellteilung zum Embryo und weiter. Heterozygote Gensätze bleiben bei dieser Prozedur heterozygot.

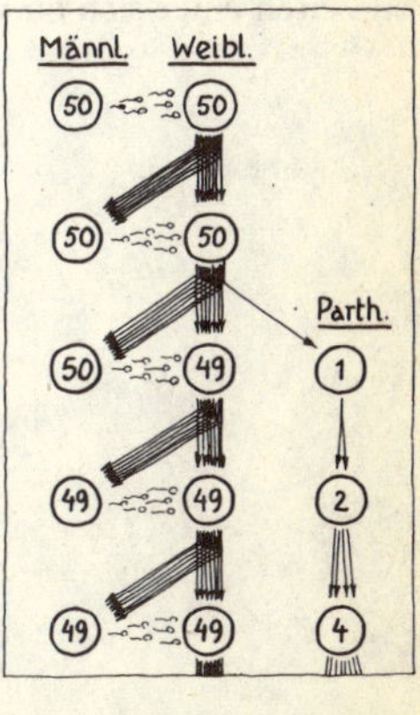

Das mutierte Weibchen hat demgemäß auch ganz normale Kinder, die alle seine Anlagen geerbt haben. Zwei der Kinder überleben, parthenogenetisch wie die Mutter. Die anderen 49 Weibchen haben brav weiter nach der klassischen Methode von den 50 Männchen Kinder empfangen und geboren, und auch diese Weibchen bringen durchschnittlich 2 Kinder durch, Söhne und Töchter in ausgewogenem Verhältnis.

In der folgenden Generation wachsen bei den

beiden Mutantentöchtern zusammen allerdings bereits 4 junge Weibchen des neuen Typs heran, während die normalen Weibchen unverändert bei ihren 49 Töchtern und 49 Söhnen bleiben. Man sieht, daß die Mutation Unruhe in das bislang stabile Gleichgewicht bringt: Der parthenogenetische Anteil der Population verdoppelt sich in jeder Generation; nach nur 7 Fortpflanzungsperioden würde er bereits die Hälfte der Insel für sich beanspruchen. Und der Prozeß ginge unaufhaltsam so weiter: Die Mutation sollte dazu führen, daß in kurzer Zeit die Männchen aussterben und die weibliche Sexualität abgezüchtet wird.

So müßte es eigentlich allüberall längst geschehen sein auf unserer Erde; denn der Übergang zur Parthenogenese ist, wie man an den vorerwähnten Eidechsen sieht, kein indiskutabel riesiger Evolutionsschritt. So ist es aber nicht geschehen, und es fragt sich, warum nicht.

Das ist unser Problem. Sexuelle Fortpflanzung ist nicht nur kompliziert und störanfällig, sie hat auch schon von vornherein einen Fitness-Nachteil von 1 : 2, nach evolutionstheoretischen Maßstäben ein riesiger Betrag. Ungeschlechtliche Fortpflanzung ist aber biologisch durchaus realisierbar. Warum also hat die Natur trotz allem für das kostspieligere Verfahren optiert? Warum leistet sie sich Männchen, vor allem, wenn diese noch nicht einmal bei der Brutpflege helfen? Welcher Selektionsdruck war stark genug, daß er so gut wie allen Organismen einen Ballast wie die Sexualität anzüchten konnte?

Ich möchte zu dieser Frage die Geschichte von Genoveva erzählen. Genoveva habe ich sie genannt; ihr wirklicher Name sei verschwiegen, da der Bericht ihre Intimsphäre tangiert. Außerdem wäre er mit menschlichen Stimmwerkzeugen auch gar nicht aussprechbar. Es ist eine utopische Geschichte, zugegebenermaßen; aber Utopien sind zuweilen nützlich, um das Wesentliche zu verdeutlichen, ungehindert durch die störenden Belanglosigkeiten einer sich zu wichtig nehmenden Realität.

24. Kapitel

Eine utopische Geschichte

Die Frage nach der Funktion der Sexualität gehört zu den noch nicht restlos aufgeklärten Problemen der theoretischen Biologie. Nach vorherrschender Ansicht ist biparentale Fortpflanzung unerläßlich, um dem Genom die evolutionäre Adaptivität zu erhalten. Wenn das zutrifft, würde hier auch der Schlüssel zur Erklärung biologischer Inzestbarrieren liegen.

Genovevas Baby

Genoveva war, wenn man den Typ mochte, ein wohlgestaltetes Geschöpf mit angenehm kühlfeuchter, grünschillernder Haut. Ihr Gesicht war über und über mit kleinen violetten Warzen bedeckt, die ihm einen stets heiteren, ja spitzbübischen Ausdruck verliehen.

Sie führte ein zufriedenes Leben. Allerdings war sie auch nicht eben anspruchsvoll: Ihre Nahrung bestand in der Hauptsache aus kleinen weißen Fröschen, die sie recht geschickt einzufangen wußte; denn sie vermochte trefflich die feinen Vibrationen wahrzunehmen, durch die die Tiere sich verrieten, wenn sie von einer Stelle zur anderen hüpften.

Sehen und hören konnte Genoveva nicht, denn sie hatte weder Augen noch Ohren – ein Mangel, der sie indessen nicht weiter quälte, da sie ihn mit allen ihren Artgenossinnen teilte. Und daß sie ohne diese Werkzeuge auch in der Tat ganz gut zurechtkam, zeigte sich schon an ihrer Fruchtbarkeit. Jeden Frühling trieben zwischen ihren Zehen viele kleine Knospen, die sich dann nach wenigen Tagen abschnürten und alsbald zu voller Lebensgröße heranwuchsen – getreuliche Abbilder ihrer Mutter und natürlich allesamt weiblich so wie diese; denn für Männer bestand bei dieser Fortpflanzungsweise ersichtlichermaßen kein Bedarf.

Astronauten, die den Planeten zuweilen besuchten, waren immer wieder erneut beeindruckt von der verblüffenden Ähnlichkeit der Kinder mit ihren Müttern. Sogar die Muttermale machten ihrem Namen Ehre und blieben genau an den Stellen, an denen sie die ganze Ahnenreihe hindurch gesessen hatten.

Zuweilen kam es allerdings vor, daß eines der Kinder auffällige Veränderungen aufwies, woran wohl die recht intensive kosmische Strahlung auf diesem Planeten mitverantwortlich war. Auch Genoveva hatte so ein Kind, Gwendolyn mit Namen.

Gwendolyn war eine Mißgeburt. Schon bald nach ihrer Knospung waren an ihrem Kopf zwei häßliche hornartige Auswüchse ertastbar gewesen, und diese waren bei der inzwischen fast Einjährigen zu stattlichen, beweglichen

Stielen herangewachsen, die jeder Berührung empfindlich auswichen. Die erbliche Belastung durch solche Mißbildung war insofern doppelt schlimm, als sie nicht nur Gwendolyn betraf, sondern sich notwendigerweise auch auf deren sämtliche Ableger ausdehnen würde. Gwendolyn war eine Schande für den ganzen Klon.

Auch sonst benahm sie sich oft recht absonderlich. Mittags zum Beispiel, wenn der Sirius seine ganze Strahlkraft entfaltete, verkroch sie sich zutiefst im Farngestrüpp. Ihr Tastsinn verlor, wenn man ihn mit dem ihrer Schwestern verglich, von Monat zu Monat an Leistungsfähigkeit. Oft konnte es geschehen, daß sie erschreckt zusammenzuckte, wenn man sie von hinten berührte, so als hätte sie nicht längst die Schritte der Annäherung gespürt.

Nur eins war bei alldem merkwürdig: Ihrer Begabung zum Fröschefangen tat dieser Mangel keinen Abbruch. Im Gegenteil – sie war auf diesem Gebiete entschieden ein Naturtalent, ja nachgerade ein Genie.

Als das große Froschsterben im Jahre 20156 eine Hungersnot heraufbeschwor, der gut 80 von 100 ihrer Verwandten zum Opfer fielen, überstand sie die kritischen Monate in offensichtlich wohlgenährter Verfassung.

Lange Zeit blieb rätselhaft, worauf ihr Erfolg sich gründete. Wenn man sie fragte, war sie trotz des Nuancenreichtums ihrer Tastsprache nicht in der Lage, eine für andere verständliche Erklärung abzugeben. Nur soviel wurde deutlich: Ihre erstaunliche Fähigkeit und auch die übrigen Ungereimtheiten ihres Betragens mußten etwas mit den zwei eigentümlichen Hörnern auf ihrem Kopf zu tun haben. Offenbar befähigten diese sie zu einer Art übersinnlicher Wahrnehmung: Sie konnte Frösche sogar dann erkennen, wenn diese sich überhaupt nicht regten.

Es dauerte eine Weile, bis man die Wahrheit herausfand: Gwendolyn hatte, durch den Glücksfall einer unerhört seltenen Mutation, einen wenn auch primitiven Sehapparat entwickelt – die beiden Hörner waren Augen! Kritische Leser mögen an dieser Stelle einwenden, daß derart komplexe Organsysteme nicht in einem einzigen Mutationsschritt entstehen könnten. Ihnen muß entgegengehalten werden, daß diese Geschichte von Astronauten durchaus glaubwürdig protokolliert wurde; im übrigen darf das, was hier der Anschaulichkeit wegen in großem Maßstab gezeichnet ist, ohne weiteres in den unscheinbaren Bereich der Mikromutationen zurückübersetzt werden.

Die Konkurrenz

Das geschilderte säkulare Ereignis hatte alsbald Konsequenzen. Gwendolyn und ihre zahlreichen Nachkommen nutzten ihre natürliche Überlegenheit über ihre Artgenossinnen weidlich aus. Denn wiewohl von Natur eher gutartig, waren sie doch mit gesundem Appetit ausgestattet, und Beutefrösche gab es nur in begrenzter Zahl. Die »neuerfundenen« Augen waren ein so unleugbarer Fortschritt, daß allmählich kaum jemand, der noch keine hatte, über das Existenzminimum hinauskam. Und während Gwendolyns Nachkommenschaft eine dem Ernährungszustand angemessene Fruchtbarkeit entfaltete, darbten alle übrigen dahin. Wenn sie nicht verhungerten, so langte es doch kaum noch jemals zu einer erfolgreichen Knospung. So kam es, wie es kommen mußte: Nach ein paar tausend Jahren waren beinahe alle Froschfänger, die den Planeten bevölkerten, Gwendolyns Nachkommen. Augen zu haben war eine Selbstverständlichkeit geworden.

Eine bedeutsame Ausnahme verdient immerhin Erwähnung. Gar nicht weit weg von der Waldlichtung, in der Genoveva ihren seltsamen Ableger produziert hatte, war einer Artgenossin seinerzeit Ähnliches widerfahren, nur mit dem Unterschied, daß diesmal nicht zwei Augenstiele, sondern zwei unförmige Lappen rechts und links am Kopf ihrer Tochter aufgetreten waren. Auch diese erwiesen sich als ausgezeichnete Orientierungshilfen; es waren nämlich Ohren.

Es zeigte sich alsbald, daß Ohren zum Fröschefangen genau so hilfreich waren wie Augen. Konnte man diese besonders leistungsfähig im Nahbereich einsetzen, so hatten jene ihre Stärke in der Fernortung: Die durchdringenden Rufe, mit denen sich die Beutetierchen verständigten, waren weithin zu vernehmen, und wer hören konnte, war nicht länger darauf angewiesen, zu warten, bis ihm zufällig ein Frosch über den Weg sprang.

So kam es, daß Gwendolyns Nachkommen allein von Seiten der Ohrenwesen ernsthafte Konkurrenz erwuchs. Zu dem Zeitpunkt, da alle taubblinden Froschfänger endgültig als ausgestorben gelten konnten, bevölkerten also nebeneinander Augen- und Ohrenträger den Planeten.

Friedlich, wie sie waren, kamen sie einigermaßen miteinander aus, solange die Beutefrösche nicht allzu knapp wurden. Zwischen den beiden Völkern stellte sich ein populationsdynamisches Gleichgewicht ein, mit dem es sich leben ließ und das noch lange Zeit stabil zu bleiben versprach.

Freilich, darüber war man sich im klaren, in ferner Zukunft einmal würde es kippen; eines der beiden Völker würde dann endgültig das Rennen machen. Denn wie selten auch immer die Mutationen waren, denen beide Populationen ihre Errungenschaften verdankten – eine Wiederholung war gleichwohl nie ausgeschlossen. Eines Tages mochte es also immerhin einmal geschehen, daß ein Nachkömmling der augenbegabten Linie mit einer *zusätzlichen* Ohrenmutation gesegnet würde, oder natürlich auch umgekehrt. Dann allerdings wäre die Sache endgültig entschieden; denn gegen ein so phantastisches Doppelinstrumentarium hätten die anderen wegen ihrer Einseitigkeit auf die Dauer keine Chancen. Aber wie gesagt – solche Perspektiven betrafen eine nebelhafte Zukunft und bekümmerten niemanden.

Die Untat im Farnwald

Tatsächlich kam es dann auch ganz anders, und das ist der Grund, warum ich diese Geschichte erzähle. Es war an einem schönen Frühlingsmorgen, als sich das Abscheuliche, das Unverständliche ereignete. Bei den Ohrenwesen war vor einiger Zeit wieder einmal eine Mißgeburt mit Namen Niki zur Welt gekommen. Grob morphologisch erschien das neue Geschöpf zwar so ziemlich normal; auch seine Ohren lagen noch im Normbereich. Was an ihm indessen auffiel, war sein Verhalten. Schon bald nach der Knospung hatte es begonnen, ein Interesse an seinen Artgenossinnen zu bekunden, das von diesen mit Recht als befremdlich, ja belästigend empfunden wurde.

Niki war, gewissermaßen, Fußfetischist. Wo immer sie das Knacken von Zehen vernahm (ein beim Einherschreiten fast unvermeidliches Geräusch), war sie augenblicklich zur Stelle und heftete sich buchstäblich an die Fersen ihres Opfers, wobei sie übrigens zwischen Augen- und Ohrenwesen keinen Unterschied machte.

Die Unart war Niki nicht abzugewöhnen. Nach einiger Zeit begann man, sich damit abzufinden, zumal sie sich nicht weiter verschlimmerte, ja einige Monate lang sogar deutlich nachzulassen schien.

Diese Sorglosigkeit rächte sich indessen bitter; denn die vermeintliche Besänftigung war tatsächlich nur die auch auf diesem Planeten sprichwörtliche Ruhe vor dem Sturm gewesen. Ich möchte dem Leser unappetitliche Details ersparen. Nur soviel sei mitgeteilt: Eines Morgens schlenderte in aller Unschuld ein Augenmädchen, eine gewisse Zenzi, durch den Farnwald. Sie wurde von Niki, die im Unterholz verborgen gelauert hatte, meuchlings angefallen. Niki stürzte sich ohne Umschweife auf Zenzis linken Fuß und biß hinein, was besonders verwerflich war, weil sie es ausgerechnet auf die höchst empfindliche Zehenregion abgesehen hatte. Es half nichts, daß Zenzi wie wild auf den Waldboden trommelte (ein noch aus der taubblinden Phase der Stammesgeschichte erhalten gebliebener Atavismus); denn obschon daraufhin alsbald ihre Schwestern zu Hilfe eilten und Niki trotz heftiger Gegenwehr überwältigten, war der Fuß doch übel zugerichtet. Eine tiefe Wunde klaffte, in der sich Zenzis grünes Blut mit dem amöboiden Speichel Nikis grauenerregend vermischt hatte.

Drei Wochen ging Zenzi auf Krücken, bis die Wunde vernarbt war, und noch einmal solange dauerte es, ehe der blessierte Fuß wieder Knospen zu treiben begann. Dann allerdings kam der nächste Schock.

Man muß dazu wissen, daß in diesem Volke auf Familienähnlichkeit höchster Wert gelegt wurde. Stolz und nicht ohne Pietät achtete man bei sich selbst und seinen Nachkommen auf die kopiergenaue Lage auch schon jedes Leberflecks, und es gab für ein Froschfängermädchen kein schmeichelhafteres Kompliment, als wenn ihm eine alte Dame über den glatten Kopf strich und gerührt seufzte: »Ganz die Urgroßmutter!«

Mutationen galten als Schande, vergleichbar etwa einer unehelichen Geburt auf unserem Planeten in viktorianischer Zeit. Die unglückliche Mutter tat alles, um ihren Balg, so gut es ging, im Verborgenen großzuziehen und sich nur mit den wohlgeratenen Sprößlingen, die zum Glück stets in großer Überzahl waren, in der Öffentlichkeit zu zeigen.

Was nun aber Zenzi in dieser Hinsicht widerfuhr, sprengte jeden Rahmen. Unter den 16 Kindern, die da zwischen den Zehen ihres linken Fußes geknospt waren, gab es keine zwei, die einander oder ihrer Mutter auch nur entfernt ähnelten. Von ordnungsgemäß sitzenden Muttermalen und Warzen konnte bei dieser Brut ebensowenig die Rede sein wie von irgendwelchen Übereinstimmungen in Statur und Physiognomie. Auch hatten nur wenige der Kinder das phlegmatisch-verträumte Temperament geerbt, für das Zenzis Klon bislang sprichwörtlich gewesen und das ihr dann wohl auch in der Niki-Affäre zum Verhängnis geworden war.

Man scheute sich, es laut auszusprechen, aber manche der Kinder erinnerten tatsächlich weniger an ihre eigene Mutter als – ausgerechnet! – an die schlimme Niki, die seitdem heulend und an den Gitterstäben rüttelnd im Gefängnis saß. Und von Zufall konnte dabei kaum die Rede sein: Hatten doch nicht weniger als acht der Kinder Ohren wie Niki, wenn auch zum Glück nicht so weit abstehende. Dafür war aus unerklärlichen Gründen die Ausbildung von Augen um die Hälfte zurückgegangen: Acht Kinder waren blind zur Welt gekommen.

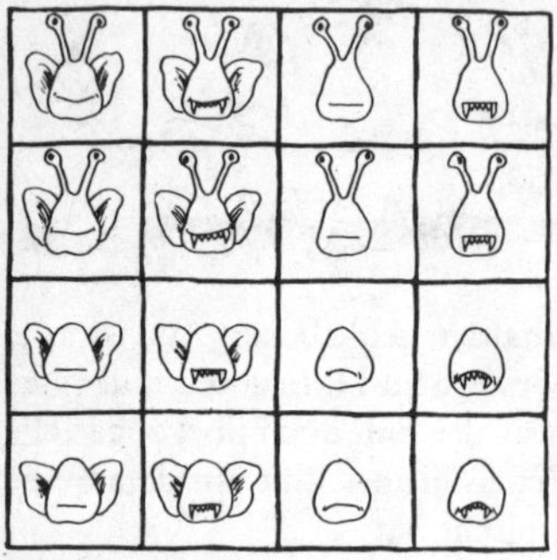

Augen und Ohren verteilten sich offenbar ohne erkennbares System über den Nachwuchs. Vier Kinder konnten sehen, aber nicht hören, bei weiteren vier war es gerade umgekehrt, und vier bejammernswerte Geschöpfe waren taubblind. Nie zuvor hatte es so viele Mißgeburten auf einen Schlag gegeben.

Allerdings waren da nun auch vier Kinder, die auf einmal mit dem aufwarteten, was die Populationsgenetiker erst für ein paar zigtausend Jahre später vorausgesagt hatten: Sie besaßen Augen und Ohren zugleich.

Die Funktion des Kleinen Unterschiedes

Was war geschehen? Offenbar war bei dem ruchlosen Überfall Nikis deren im Speichel reichlich emulgierte Gensubstanz irgendwie in Zenzis Zehenregion unter die dortigen Chromosomen geraten und hatte die ganze Erbinformation in Unordnung gebracht. Diese Unordnung freilich, das ließ sich nicht leugnen, entfachte nun einen Evolutionssturm.

Denn jetzt gab es ja jene vier seltenen Exemplare mit doppelter Sinnestüchtigkeit. Es läßt sich denken, daß niemand es ihnen im Fröschefangen gleichtun konnte. Die Vier waren also immer bestens genährt und konnten daher reichlichst Knospen tragen.

Aber wenn sich die neue Merkmalskombination wie ein Steppenbrand ausbreitete, so lag das tatsächlich noch an etwas ganz anderem. Niki hatte nämlich leider auch jene verwünschte Fußbissigkeit, die Quelle allen Übels, wie eine böse Erbkrankheit auf die Hälfte von Zenzis Nachkommen übertragen. Unter den vier doppelt sinnestüchtigen Wesen, die da herangeknospt waren, begannen nun also immerhin zwei, auch ihrerseits ein Leben als Wegelagerer zu führen.

Ihr Erfolg war, eben wegen ihres grandiosen Sensoriums, ganz ungeheuerlich. Während von der immerhin stockblinden Niki nur ein einziger erfolgreicher Fußbiß überliefert ist, vergewaltigten jene besser ausgestatteten Sprößlinge ihre armen Artgenossinnen gleich zu Hunderten. Bei solchem Wirkungsgrad machte es wenig aus, daß sie, von übermächtigem Drange blind getrieben, ihre Errungenschaft wieder aufs Spiel setzten, indem sie ihr Genom auch mit jenen minderbemittelten Wesen vermischten, die nur über einen einzigen Sinneskanal verfügten. Denn mit der Zeit wurden die einsinnigen Wesen ohnehin immer seltener, von den taubblinden ganz zu schweigen, und alsbald waren alle Froschfänger auf diesem Planeten mit beiden Arten von Sinnesorganen ausgestattet.

Und die Hälfte von ihnen waren Fußbeißer – oder Männchen, wie wir sie nun getrost nennen können. Mehr konnten es übrigens nie werden. Denn wo immer ein Individuum, das Nikis bissiges Naturell geerbt hatte, sich an einem Wesen von Zenzis sanftem Temperament vergriff, war es eine Frage des Zufalls, ob die daraus resultierenden Nachkommen in die eine oder die andere Art schlugen, woraus sich, über die ganze Population gezählt, eine gleichmäßige Verteilung beider Anlagen ergeben mußte. FISHERS Regel, von der wir auf Seite 227 gehört haben, sorgte dafür, daß sich an diesem Zahlenverhältnis der Geschlechter nichts änderte.

Dabei wirkte allerdings noch ein Umstand mit, der sich nicht ohne weiteres von selbst versteht: Die Erben Nikis gaben es mit der Zeit auf, auch *selbst* noch Knospen zu treiben. Die Annalen verraten nicht, was aus Niki in späteren Jahren nach seiner Begnadigung geworden ist; aber es ist durchaus denkbar, ja wahrscheinlich, daß zwischen seinen eigenen Zehen noch viele kleine Nikis ans Tageslicht traten, die dann natürlich das ihrige zur Verbreitung der schändlichen neuen Sitte beitrugen. Wäre das nun so weitergegangen, so hätte es die Trennung der Geschlechter über den Haufen geworfen; letzten Endes wären die Zenzis ausgestorben und die Nikis allein übriggeblieben. Diese hätten sich gegenseitig in die Füße gebissen und außerdem munter weiterhin Knospen getrieben: Der Planet wäre von einer Population von *Hermaphroditen* erfüllt worden.

Die Evolution verlief dann aber doch anders, und das lag an Folgendem. Ursprünglich waren die Nikis tatsächlich als Zwitter entstanden, und reziproke Paarungen waren zunächst genauso an der Tagesordnung wie Überfälle auf Zenzis. Indessen hatte sich alsbald herausgestellt, daß beide Formen der Fortpflanzung – anderen sein Erbgut einzupflanzen oder selbst Knospen zu treiben – einander in die Quere kamen.

Um im rechten Moment den entscheidenden Fußbiß landen zu können, rascher als die anderen auf der Lauer liegenden Rivalen, bedurfte es kräftiger, sprungtüchtiger Gehwerkzeuge. Empfindliche Knospungsprozesse an den eigenen Füßen hinderten hier erheblich, wie auch umgekehrt die Dauerbelastung dazu führte, daß die meisten Knospen an den sehnigen Füßen vorzeitig abstarben. Wer sich auf eine Kombination beider Praktiken einließ, saß gewissermaßen zwischen den Stühlen. In solchen Fällen pflegt die Selektion rasch für klare Verhältnisse zu sorgen: Übrig blieben einerseits Fußbeißer, die konsequent auf Knospung verzichteten und alle Ressourcen in die Entwicklung größtmöglicher Sprungkraft investierten, und andererseits Knospenträger, die ihre Füße zu einem optimalen Nährboden für möglichst viele Nachkommen entwickelten und auf eigene Attacken ganz verzichteten, bei denen sie nach Lage der Dinge doch ewige Zweite geblieben wären.

So also ist der große Kleine Unterschied entstanden. Es hätte auch anders kommen können. Den meisten Pflanzen zum Beispiel schadet es gar nichts, als Zwitter zu existieren. Sie können sich nicht selbst bewegen und dem männlichen Anteil ihrer Fortpflanzungsaktivität daher auch nicht durch Rivalenkämpfe Nachdruck verleihen; sie hätten also durch entsprechende Spezialisierung nichts zu gewinnen. Aber wie auch immer, ob getrennt oder zwittrig, jedenfalls war Sexualität auf jenem Planeten unter dem Selektionsdruck der raschen Verbreitung günstiger Erbänderungen heimisch geworden.

Schlechte Chancen für Emma

Vorübergehend war hier übrigens noch eine weitere Komplikation aufgetaucht. Eines Tages, schon bald nachdem es sich auf dem Planeten eingebürgert hatte, Augen *und* Ohren zu haben, war eine neue weibliche Mutante aufgetreten, die in der Lage war, sich der Attacken der Nikis mit entschlossener Militanz wirksam zu erwehren. Sie hieß Emma. Man kam nicht an sie heran, und die Nikis lernten alsbald, einen Bogen um sie zu machen.

Emma brachte nach Urmüttersitte ihre Knospen jungfräulich zur Welt. Das konnte sie sich leisten, denn die volle Sinnestüchtigkeit war inzwischen, wie gesagt, ohnehin gewährleistet; die Sexualität hatte ihre Schuldigkeit getan und konnte gehen.

Aber konnte sie wirklich? Bleibt die Evolution jemals stehen? Wir dürfen nicht von dem Bild einer fertig vorgegebenen Umwelt ausgehen, die der Organismus im Verlaufe seiner Stammesgeschichte allmählich immer treffender »abbildet«, in dem Sinne, wie man von einem Schlüssel sagen kann, er bilde das Schloß ab, in das er paßt. Denn die geduldige Feilarbeit des Schlossers ist irgendwann einmal beendet – mehr als passen kann der Schlüssel nicht, und wenn der Schlosser jemals wieder gebraucht wird, dann höchstens, weil einer das Schloß ausgewechselt hat.

Nun kommt selbst das in der Natur gar nicht so selten vor. Klimaschwankungen, fluktuierendes Nahrungsangebot, Wechsel im Parasitenbefall und viele ähnliche Faktoren sorgen ständig für so viel inneren Wandel der Umwelt, daß der Schlosser schon aus diesen Gründen nie Ruhe hat.

Aber ein anderes Argument ist viel wichtiger. Die Metapher von Schloß und Schlüssel führt von vornherein in die Irre, weil sie nicht erkennen läßt, daß in der Natur eigentlich erst der Schlüssel das Schloß definiert. Die ökologische Nische existiert überhaupt nicht, bevor sich ein Organismus an sie angepaßt hat.

Das ist nicht nur eine Redensart. »Umwelt« heißt nicht alles, was existiert, sondern vielmehr alles, was Selektion treibt, was die Individuen einer Species also *differentiell* begünstigt. Röntgenstrahlen gehören nicht zu unserer Umwelt, solange niemand von uns sie wahrzunehmen vermag und solange sie uns alle auf gleiche Weise schädigen. Wäre das auch nur bei einem einzigen neugeborenen Kinde anders, so hätte dieses damit unsere Umwelt erweitert, denn es hätte dem »Kampf ums Dasein« einen neuen Schauplatz erschlossen. Mit jeder Mutation kann ein Genom in das Kraftfeld neuer Selektionsdrucke geraten und sich damit eine neue Umwelt schaffen.

Das bedeutet aber letztlich: Anpassung ist überhaupt kein *Zustand,* den man erreicht oder verfehlt, sondern ein *Prozeß,* der nie ans Ziel kommen kann, weil es gar kein definierbares Ziel gibt: ein sisyphaler Wettlauf des Gestaltwandels, bei dem der Schnellere die bessere Chance hat. Der Schnellere aber ist der, der sich offenhält für den Austausch von Erbinformation.

Und noch ein dritter Umstand ist zu bedenken. Wenn etwas dadurch zur »Umwelt« wird, daß sich ein bestimmtes organismisches Merkmal daran anpaßt, so gehören dazu nicht etwa nur außerorganismische Faktoren. Die Umwelt steht dem Organismus nicht gegenüber, sondern geht mitten durch ihn hindurch: Jede adaptive Änderung, die er sich an einem Merkmal leistet, schafft auf der Stelle Probleme, an die sich nun wieder andere unter seinen Merkmalen ihrerseits zu adaptieren haben – eine unaufhörliche Kettenreaktion.

So war zum Beispiel auf jenem Planeten die neuerfundene Kombination von Augen und Ohren zwar an sich eine gute Sache; aber sie hatte, wie jeder Fortschritt, auch ihren Preis. Das Gehirn war nämlich auf diesen verdoppelten Ansturm von Sinnesdaten gar nicht eingerichtet. Wenn beide Kanäle gleichzeitig heftig beansprucht wurden, bei der Verfolgung laut kreischender Beutetiere etwa, aber auch schon bei einem heftigen Gewitter, brannte irgend etwas im Nervensystem einfach durch, und der Betroffene wälzte sich in minutenlangen epileptischen Anfällen auf dem Waldboden. Eine Vielzahl von weiteren genetischen Innovationen war vonnöten, um hier Abhilfe zu schaffen, und jede von ihnen riß neue Löcher auf, wenn sie alte stopfte.

Alle diese Innovationen breiteten sich mit Windeseile im geschlechtlichen Anteil der Bevölkerung aus, während die von Zeit zu Zeit immer wieder einmal auftretenden Emma-Mutanten bei diesem Wettlauf nicht mithalten konnten. Nach kurzer Scheinblüte ging daher jeder derartige Klon wieder zugrunde. Und da andererseits die Mechanismen der geschlechtlichen Fortpflanzung mit der Zeit an Komplexität zunahmen, wurde der Mutationssprung zu funktionstüchtiger Parthenogenese immer größer, bis er schließlich ganz unterblieb.

Seither gibt es auf jenem Planeten nur noch sexuelle Fortpflanzung – als notwendiges Vehikel ständiger Evolution, aus dem man nicht aussteigen kann, ohne auf der Strecke zu bleiben. Die Umständlichkeiten, Störungen und Gefahren, die dabei in Kauf genommen werden müssen, aber auch die auf Seite 401 erörterten Fitness-Vorteile der Emma-Mutante, vermitteln eine Vorstellung von der Gewalt des Selektionsdruckes, den der Zwang zur Erhaltung evolutiver Plastizität offensichtlich ausübt.

Der biologische Sinn der Inzestbarrieren

Das ist, in groben Umrissen, die unter Biologen vorherrschende Auffassung über die Funktion der Sexualität. Der Genetiker A. WEISMANN hat sie bereits gegen Ende des vorigen Jahrhunderts formuliert, und bis heute ist zu ihr keine haltbare Alternativtheorie vorgelegt worden. Tatsächlich ist das Denkmodell ja auch recht plausibel; allerdings sei nicht verhehlt, daß es einen Schönheitsfehler hat: Ihm fehlt bislang eine konsistente mathematische Grundlage.

WEISMANN hat nämlich noch gruppenselektionistisch argumentiert: Die durch Rekombination des Erbmaterials erzeugte Variabilität nütze der *Species.* Wie wir auf Seite 186 gesehen haben, genügt das jedoch nicht; man müßte die funktionelle Begründung auf die Ebene des Individuums transponieren und aufzeigen, welche Vorteile *dem einzelnen Weibchen* daraus erwachsen, sein Erbe mit einem – nicht brutpflegenden! – Männchen zu »teilen«, statt zu parthenogenetischer Autarkie überzugehen.

Dieser Nachweis aber ist nicht leicht. Auch wenn die »Emmas« im langfristigen Wettlauf der Evolution mit einem gravierenden Handicap belastet sind, genießen sie *kurzfristig,* von einer Generation zur nächsten, eben doch den unbestreitbaren Vorteil eines verdoppelten Fortpflanzungspotentials. Dies sollte sie eigentlich instandsetzen, jede sexuelle Population wie ein rasch wachsender Tumor zu infiltrieren, längst bevor die Nachteile ihrer evolutiven Schwerfälligkeit zum Tragen kommen. Irgendwann würde sie dann zwar eine Katastrophe ereilen; aber bald darauf sähe man sie schon wieder erneut wuchern: Der Anteil parthenogenetischer Exemplare sollte instabil schwanken, sein Zeitverlauf sollte an die Form von Sägezähnen erinnern.

Es läßt sich nun nicht ausschließen, daß genau dies auch der Fall ist; aber der Gedanke bereitet doch den meisten mit dieser Frage Beschäftigten Unbehagen. Man wünscht sich eine Theorie, aus der die Sexualität als evolutionär *stabile* Strategie hervorgeht. Und damit haben die Biomathematiker zur Zeit noch Mühe. Bislang fußen die angebotenen Modelle auf speziellen Zusatzannahmen, die nur jeweils in Sonderfällen auch empirisch plausibel erscheinen. Eine elegante Globallösung steht noch aus.

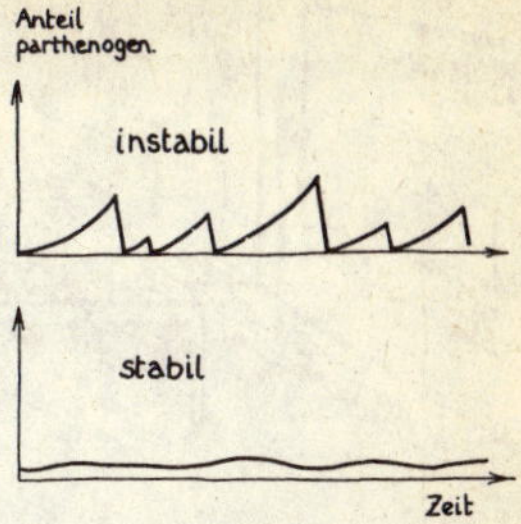

Ein bedeutender Mathematiker des vergangenen Jahrhunderts hat einmal gesagt: »Meine Ergebnisse habe ich schon; ich weiß nur noch nicht, wie ich zu ihnen komme!« Ähnlich ist es derzeit mit der Biomathematik der Sexualität bestellt: Warum der Selektionsvorteil der genetischen Rekombination so stark ist, daß er die Parthenogenese überrunden kann, wissen wir noch nicht so recht. Nur *daß* es so ist, daran kann kein Zweifel bestehen; die empirische Evidenz ist erdrückend. Weitaus die meisten Tierarten, insbesondere auf höherer Entwicklungsstufe, pflanzen sich ausschließlich biparental fort.

Das genügt aber, um die Frage zu beantworten, die uns seit dem imaginären Symposium des 6. Kapitels beschäftigt hat. Wenn es präkulturelle Inzuchtbarrieren gibt, so müssen diese auch eine präkulturelle, also biologische Funktion haben. Falls die Inzuchtdepression hier nicht genügt, welcher andere Selektionsdruck konnte dann gewirkt haben?

Im vorliegenden Kapitel ist dieses Problem nicht ausdrücklich zur Sprache gekommen. Und doch enthält die Geschichte von Genovevas Planet die Lösung dazu. Selektionskräfte, die stark genug gewesen sind, um Zweigeschlechtlichkeit ins Dasein zu rufen und Parthenogenese zu unterdrücken, müssen notwendigerweise auch der Inzuchtbereitschaft entgegenwirken! Würden sich die Kinder einer Mutter ausschließlich mit primären Vertrauten paaren, so wäre nämlich die rasche Diffusion neuer genetischer Problemlösungen ebenso unterbunden wie bei Emma und ihrem Klon. Obligatorischer Inzest ist so etwas Ähnliches wie »Parthenogenese zu zweit«. Selektionskräfte, die auf biparentale Fortpflanzung dringen und zugleich Verhältnisse zulassen, die zu obligatorischer Inzucht führen, sind schlechterdings nicht vorstellbar. So findet die Frage nach dem biologischen Sinn der Inzestbarrieren am Schluß eine ebenso einfache wie tiefliegende Antwort: Ihr Sinn ist derselbe wie der der Sexualität überhaupt.

25. Kapitel

Ein kybernetisches Modell

Wenn die Bindungsmotivation stammesgeschichtlich einem Selektionsdruck auf Inzestvermeidung ausgesetzt war, so muß in ihr der schon in der Bibel genannte Drang angelegt sein, in der Reifezeit »Vater und Mutter zu verlassen und seinem Weibe anzuhangen«. In vergangenen Kapiteln haben wir Teilaspekte dieses Übergangs von primärer zu sekundärer Vertrautheit diskutiert. Jetzt ist es an der Zeit, sie zu einem Systemganzen zusammenzufügen.

Lichtpunkte auf der Mattscheibe

Es war schon lange wieder einmal Zeit für einen Besuch bei meinem Freunde Benno. Beinahe wäre allerdings nichts daraus geworden: Gleich beim Betreten seines Labors fiel mir auf, wie unnatürlich aufgeräumt alles wirkte – keine Kippen auf dem Boden, im Aschenbecher sowieso keine, nirgendwo herumliegende Manuskriptblätter, leere Wandtafeln. Und keine Spur von künstlichen Käfern.

Ein vorbeihastender Kollege dämpfte meine aufkommende Besorgtheit. Benno verbringe seine Tage und Nächte schon seit Wochen im Computerkeller. Ach so, danke. Wo der sei. Ich bekam den Weg gewiesen.

So traf ich Benno, allein vor einem graphischen Terminal sitzend. Sein Gesicht reflektierte, gespensterhaft grünlich, die Lichteffekte auf dem Bildschirm. Nähertretend konnte ich eine Menge leuchtender Pünktchen erkennen, die sich da über die Mattscheibe bewegten, nach einem offenbar recht komplizierten Plan.

Was denn das sei, fragte ich schließlich, da Benno keine Anstalten machte, eine Konversation zu eröffnen.

»Gnus«, knurrte er als Antwort.

Wieso Gnus? Nach einigem Überlegen kam ich zu dem Schluß, daß die Punkte offenbar Tierherden darstellen sollten, aus der Vogelperspektive eines Hubschraubers betrachtet.

»Hast du mit den Käfern aufgehört?« fragte ich neugierig.

»Hardware«, schnaubte Benno verächtlich. »Hardware is out! Ich habe keine Lust mehr, Blech und Drähte zusammenzulöten. Wozu? Auf die Funktionsstruktur kommt es an, auf das Gefüge der Wirkungen und Ursachen. Und die kann ich am Computer simulieren, viel effizienter, viel flexibler, und ohne mir die Finger dreckig zu machen.«

Ich blickte auf den Bildschirm. Ursachen und Wirkungen? Die Punkte liefen offensichtlich nicht einfach beziehungslos durcheinander. Manche von ihnen waren zu einer Art Schwarm zusammengeklumpt, der immer wieder seine Form wandelte – bald tropfenartig, bald wie ein langgezogener Wurm. Das sollte wohl eine Mutter-Kind-Herde sein. Daneben sah man Gruppen, deren Mitglieder alle etwa gleichen Abstand voneinander hielten: vermutlich Männerkohorten. Einige Punkte waren solitär und stellten offenbar territoriale Bullen dar. Es war Benno ersichtlich gelungen, die charakteristische Sozialstruktur des Gnus zu simulieren.

»Wie hast du denn das gemacht?« fragte ich höflich, aber ohne großen Enthusiasmus; denn ich sah den Wert der Spielerei nicht recht ein. Seine Antwort verblüffte mich dann aber doch.

»Jeder der Punkte, den du hier siehst«, sagte er, »verhält sich motiviert. Er hat eine eigene, ziemlich komplizierte Motivstruktur.«

Er deutete an die Wand, an der mit Reißzwecken eine von der Zimmerdecke bis fast zum Fußboden reichende Bahn von Computerpapier befestigt war, dicht vollgedruckt mit Befehlen in irgendeiner Programmiersprache.

»Das hier ist die Struktur der sozialen Motivation, die ich den Tieren zugrundlege. Jeder einzelne Punkt hat so eine Motivstruktur, die sein Verhalten steuert, insbesondere seine Ortsbewegung, aber auch Auseinandersetzungen, Paarungen und so weiter. Jeder Punkt hat eine gewisse Lebensdauer, und mit fortschreitendem Alter verändert sich seine Motivstruktur. Sie verändert sich auch unter Umwelteinfluß, zum Beispiel beim Kind durch den Kontakt mit der Mutter, oder später dann im Zusammenhang mit Sieg oder Niederlage im Kampf. Auch sind die Motive bei Männchen und Weibchen quantitativ etwas verschieden.«

»Und du läßt jetzt alle diese Pünktchen gewissermaßen auf der Mattscheibe aufeinander los und guckst dann zu, welche stabilen Interaktionsmuster sich zwischen ihnen ausbilden?«

»Genau. Natürlich interessieren mich nicht irgendwelche empirisch sinnlosen Sozialstrukturen. Ich studiere die Bedingungen dafür, daß meine Lichtpunkte sich zu Formen des Zusammenlebens verbinden, die wir draußen im Feld auch wiederfinden. Die Punkte, die du hier siehst, wären belanglos, gäbe es nicht wirklich die Gnus, die sich, vom Flugzeug aus betrachtet, ziemlich ähnlich verhalten.«

Ein Standardmodell für Säugetiere?

Auf Seite 219 ist einmal die Rede davon gewesen, daß man die »soziale Motivation« des Individuums und die »soziale Struktur« einer Gruppe begrifflich trennen müsse. Hier nun hatte ich den Unterschied deutlich vor Augen: Die Punkte auf dem Terminal formten Sozialstrukturen; das Programm an der Wand war das Modell der zugehörigen sozialen Motivation.

Ich trat näher, um das Wunderwerk zu betrachten. Ich versuchte mir vorzustellen, wie jeder der schätzungsweise 50 Lichtpunkte auf der Mattscheibe mit einem kleinen Gehirn ausgestattet war, das andere Lichtpunkte und deren Verhalten wahrnehmen, interpretieren und passend zur eigenen Bedürfnislage motorisch beantworten konnte. Und der Schaltplan dieses Gehirns hing also hier vor mir. Nur daß ich kein Wort davon verstand.

Schon der Programm-Name, der auf jedem der Faltblätter neu angedruckt war, erschien mir befremdlich. Er lautete »MAMMAL«. Das heißt »Säugetier«. Wenn schon, dann hätte ich »GNU« erwartet – Säugetiere haben schließlich eine bunte Palette höchst verschiedener Sozialstrukturen.

»Du darfst nicht vergessen«, sagte Benno auf meine diesbezügliche Frage, »daß dieses Programm nicht primär dazu da ist, Sozialstrukturen zu simulieren. Es ist der Motiv-Schaltplan eines individuellen Gehirns. Sozialstrukturen ergeben sich dann nur als zwangsläufige Konsequenz, wenn mehrere so motivierte Individuen zu interagieren beginnen. Und dabei zeigt sich nun, daß relativ kleine Veränderungen in der Motivation unter Umständen genügen, um die Sozialstruktur so umkippen zu lassen, daß man sie nicht mehr wiedererkennt.«

»Heißt das, daß das Grundprogramm der sozialen Motivation überhaupt bei allen Säugetieren dasselbe ist und daß geringe Abwandlungen rein quantitativer Art genügen, um alle bekannten Sozialstrukturen von diesem einen Motivmodell herzuleiten? Du setzt nur ein paar Verstärkungsfaktoren etwas herauf oder herunter, veränderst einige Kennlinien – und deine Gnus verwandeln sich in Mantelpaviane, vielleicht sogar in Schimpansen?«

»Nun, Schimpansen werde ich vielleicht nicht so einfach schaffen, da gibt es zu viele strukturelle Erweiterungen im kognitiven System, und die wirken ja sofort auf die Motivation zurück. Aber alles, was man so unterhalb der Anthropoiden kennt, von den Nasenbären bis zu den Rhesusaffen, sollte sich eigentlich von meinem Modell her generieren lassen. Deshalb habe ich das Programm kühn ›MAMMAL‹ genannt.«

Das war wieder echt Benno; Bescheidenheit empfand er als Forschungshemmnis. Mich wunderte, daß er so kampflos auf die Schimpansen verzichtete.

»Was heißt verzichten?« war seine Antwort. »Natürlich glaube ich nicht, daß Menschenaffen oder auch der Mensch auf einmal ein völlig anderes Motivsystem haben. Ganz im Gegenteil: Ich mache mich anheischig, dir dieselben Wirkungszusammenhänge« – er deutete mit weitausholender Gebärde auf die Computer-Bögen an der Wand – »auch in deinem eigenen Erleben nachzuweisen. Das alte Programm steckt immer noch in deinem Stammhirn. Aber darüber haben sich bei dir, und in schwächerer Form eben auch schon bei den Anthropoiden, stammesgeschichtlich jüngere Gehirnstrukturen gestülpt, die bewirken, daß der alte Wein sozusagen in neue Schläuche gefüllt wird. Deine sozialen Motive entfalten sich im Rahmen ganz neuer Kategorien der Welt- und Selbsterkenntnis. Die müßte man dann natürlich alle mitsimulieren, und das könnte man nicht mehr eine bloß quantitative Variation des Modells nennen. Abgesehen davon, daß mir diese Aufgabe auch wirklich eine Nummer zu groß wäre. Also klammere ich die kognitiven Neuerwerbungen im Tier-Mensch-Übergangsfeld aus und halte mich an das ehrwürdige, stammesgeschichtlich uralte Motivsystem, mit dem Adam zurande kam, bevor er sich den Magen verdorben hat.«

Computer und Gefühle

»Also ein System von Trieben, Stimmungen, Affekten! Dabei verstehe ich bloß nicht, wie du sowas eigentlich auf dem Computer simulieren kannst. Kognitionen, gedankliche Inhalte – das kann ich mir noch leidlich in einer Programmiersprache vorstellen. Daß dein Computer ›denken‹ kann, will ich dir zugeben. Aber er kann doch nicht fühlen, in Leidenschaft geraten, depressiv werden – nicht einmal im übertragenen Sinn! Ich weiß wirklich nicht, was ich mir unter einer simulierten ›Motivation‹ vorstellen soll.«

Auf Bennos Gesicht breitete sich jenes unerträglich arrogante Grinsen aus, das er immer aufsetzt, wenn er merkt, daß sein Gesprächspartner auf der Leitung steht.

»Schau mal. Motive, Gefühle und ähnliche Erlebnisinhalte sind zweifellos nicht stofflicher Natur. Sie kommen in keinem Physiklehrbuch vor.

Aber du mußt zugeben, daß sie eine Klammer zwischen deiner Situationswahrnehmung und deinen Handlungsimpulsen bilden. Situationen und Handlungen jedoch sind letzten Endes handgreifliche, materielle Realitäten. Dann muß doch aber das, was zwischen ihnen vermittelt, irgendwie auch selbst von der physischen Seite her faßbar sein. Es muß sich als realer Vorgang im Gehirn nachweisen lassen.«

»Du meinst, ein Gefühl sei nichts anderes als eine Nervenentladung oder eine Hormonkonzentration?«

»Natürlich nicht. Das wäre ein vulgärer Materialismus, wie ihn heute niemand mehr vertritt. Wir leben nicht mehr im Zeitalter des Kulturkampfes, und unsere Thesen zum Leib-Seele-Zusammenhang sind keine ideologischen Bekenntnisse, sondern der Versuch, ein wissenschaftstheoretisches Bezugssystem zu schaffen, in dem sich vernünftig forschen läßt. Und das Prinzip, von dem wir heute ausgehen, lautet: Es gibt nichts Seelisches ohne ein materielles Korrelat *von gleicher Differenziertheit.* Irgendwo in unserem Gehirn läuft eine besondere Klasse von Vorgängen ab, die gewissermaßen in zwei verschiedenen Sprachen beschrieben werden können: Von ›außen‹ betrachtet, für den Neurologen etwa, sind es einfach physiologische Daten. Vom Standpunkt der Person aus, um deren Gehirn es sich handelt, sind es jedoch Erlebnisinhalte: Gefühle, Gedanken, Träume, Wahrnehmungsgebilde. Wir behaupten nicht, daß Aussagen in der einen Sprache ›nichts anderes‹ seien als Aussagen in der anderen; aber wir gehen davon aus, daß sie ohne Informationsverlust ineinander übersetzt werden können. Wie der Gestaltspsychologe Wolfgang KÖHLER es auszudrükken pflegte: Die seelische und die hirnphysiologische Mannigfaltigkeit sind aufeinander ›isomorph‹, das heißt strukturerhaltend, abbildbar.«

»Aber materielle Prozesse sind *kausal* miteinander verbunden; seelische Phänomene hingegen stehen in einem *Sinn*zusammenhang. Lassen sich diese beiden Beziehungsmuster überhaupt aufeinander abbilden?«

»Durchaus. Die Sinnzusammenhänge, von denen du hier sprichst, sind auf ihre Art nämlich ebenfalls kausal. Auch bei ihnen geht es darum, daß ein Erlebnis ein anderes fördert, hemmt, hervorruft, verändert, also jedenfalls *beeinflußt.* Nimm einmal an, du stellst dir lebhaft eine Situation vor. Diese Vorstellung ist ein immaterielles Erlebnis. Gleichwohl vermag sie in dir eine Stimmung wachzurufen, wieder etwas Immaterielles. Und die Stimmung wiederum läßt einen Entschluß in dir reifen, greift also in das Wahrscheinlichkeitsprofil deiner Verhaltensbereitschaften ein. Das alles sind Relationen des *Bewirkens*, und damit fallen sie in die Rubrik Kausalität. Sie werden freilich nicht als bloß äußerlich-mechanische Einflußnahme von gegeneinander blinden Faktoren, sondern vielmehr als Bekundung verstehbarer Wesensverwandtschaft erfahren. Aber Wenn-dann-Beziehungen bleiben sie gleichwohl, und nur darauf kommt es uns hier an.«

Dagegen war logisch nichts einzuwenden. Und doch wollte es mir einfach nicht gelingen, mir eine Wirklichkeit vorzustellen, die für mich, subjektiv, ein nicht weiter zurückführbares Erlebnis ist, ein Zahnschmerz meinetwegen, während der Hirnphysiologe *dieselbe* Wirklichkeit ebenso erschöpfend als elektrische Entladungsaktivität in irgendeinem zentralnervösen Projektionsfeld des Trigeminusnervs definieren darf.

Andererseits – Paradoxe dieser Art gibt es auch sonst in unserer Naturerkenntnis. Wenn immer unser Verstand in Bereiche vordringt, an die er stammesgeschichtlich nicht angepaßt ist, in die Grenzbezirke atomarer oder kosmischer Dimensionen etwa, begegnen wir dem befremdlichen Phänomen, daß wir zwar noch immer *logisch*, aber nicht mehr *anschaulich* denken können. Daß ein Elementarteilchen gleichzeitig ein Korpuskel und eine Welle sein soll, ein »Ding« und ein »Zustand« also, das vermögen wir uns nicht mehr vorzustellen; und doch können wir es mathematisch widerspruchsfrei beschreiben. »Komplementarität« nennen die Physiker diesen Sachverhalt. Auch die Beziehung zwischen Gehirn und Erleben ist wohl nur als Komplementarität faßbar.

Was heißt eigentlich »Kybernetik«?

»Zum Glück kann man Wirkungsstrukturen auch analysieren, ohne sich überhaupt um die Qualität der beteiligten Faktoren zu kümmern«, tröstete mich Benno. »Ob ich das Ereignis ›Zahnschmerz‹ nenne oder ›Entladungsaktivität‹, ist egal; ich könnte es einfach mit *X* bezeichnen. Wichtig ist, daß ich den Kausalnexus mit anderen Größen *Y* und *Z* quantitativ richtig beschreibe. Dieser Kausalnexus, das Wirkungsgefüge, ist gleichgültig dagegen, wie man die Komponenten *X*, *Y* und *Z* interpretiert und ob man dazu bloß eine oder gleich mehrere Sprachen verwendet. Und daher darf es auch eine Computersprache sein. Was ›Liebe‹ in ihrem inneren Wesen ist, kann ich so zwar nicht einfangen. Wohl aber, unter welchen Bedingungen sie in ›Haß‹ umschlägt, oder in ›Verachtung‹, oder in ›Gleichgültigkeit‹. Und mehr will ich nicht. Das ist eben das Praktische an der Kybernetik: Sie abstrahiert konsequent von der Qualität der Größen, deren Wirkungszusammenhänge sie analysiert. Abstrahieren heißt nicht leugnen! Sie stellt nur einfach keine Fragen, für deren Beantwortung es nötig wäre, die Qualität der beteiligten Größen zu kennen.«

Hieraus folgt insbesondere auch, daß kybernetische Analysen von der

Energiebilanz des untersuchten Systems unabhängig sind. Von dieser wichtigen Konsequenz war bereits auf Seite 171 die Rede. Allerdings haben wir dort auch festgestellt, daß das Konzept einer Wissenschaft, die Wirkungszusammenhänge nur strukturell analysiert, ohne qualitative Aussagen zu machen oder vorauszusetzen, für das landläufige Verständnis zu abstrakt ist. Dieses hält sich an ein anderes, einprägsameres Stichwort.

»Ich habe immer gemeint, Kybernetik sei die Lehre von den *Regelkreisen?«* warf ich in diesem Sinne ein.

Benno reagierte überraschend unmutig. »Kybernetik ist eine empirische Methode und nicht eine Einladung zu konstruktivistischer Spekulation. Wenn man ein System analysiert, kann man doch im voraus noch gar nicht wissen, ob es sich als Regelkreis entpuppt. Zugegeben: Die Kybernetiker haben sich zunächst besonders intensiv um negative Rückkoppelungen gekümmert. Aber von Anfang an war klar, daß es daneben noch beliebig viele andersartige Kausalstrukturen gibt. Wenn die kybernetische Analyse eines biologischen oder psychologischen Systems einfach gleichgesetzt wird mit der Deutung dieses Systems ›nach dem Regelkreismodell‹, und zwar unabhängig von der tatsächlich gegebenen Struktur, dann begeht man denselben Fehler wie damals die Reflexologen.«

Damit meinte er die auf Seite 146 kritisierte Forderung, die Aktivität des Nervensystems müsse sich aus einer einzigen Sorte einfachster Bausteine, den Reflexbögen, zusammensetzen lassen.

»Es hat Autoren gegeben, die die Fehler der Reflexlehre korrigieren wollten, indem sie einfach den Baustein auswechselten. Sie ersetzten das Modell des Reflexbogens durch das des Regelkreises; ›TOTE-Einheit‹ haben sie das genannt. Sie übernahmen von der Kybernetik ein Versatzstück, aber nicht den Geist, aus dem heraus es konzipiert worden war. Dieser Geist ist analytisch, nicht synthetisch. Die Kybernetik legt die Struktur eines Systems durch fortschreitende Zergliederung frei, sie setzt sie nicht aus genormten Modellklischees zusammen. Wenn ein System kein Feedback enthält, so wäre es ganz gewiß nicht kybernetisch, ›das Regelkreismodell darauf anzuwenden‹! Eine richtig durchgeführte kybernetische Analyse würde im Gegenteil gerade ergeben, daß hier keine kreisförmige sondern irgendeine andere Wirkungsstruktur realisiert ist.«

Bausteine zu einem Blockschaltbild

»Und wie ist es nun mit deiner universalen Motivstruktur für Säugetiere? Ist sie ein Regelkreis oder nicht?«

»Sie ist natürlich viel komplexer. Aber immerhin: Sie enthält tatsächlich als Kern zwei Regelkreise in Parallelschaltung.«

Benno trat an die Wandtafel, eine der modernen, weiß emaillierten, auf die man mit Filzstift schreiben kann. Er skizzierte mit flinker Hand etwas, das er ein »Blockschaltbild« nannte.

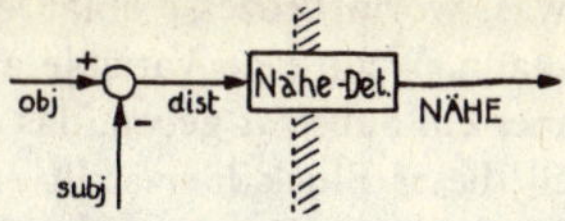

»Dieses Schema kannst sogar du kapieren«, sagte er, als er den Anflug von Panik auf meinem Gesicht bemerkte. »Es enthält im wesentlichen nur zwei Elemente: Pfeile und Blöcke, dazu noch Verknüpfungssymbole. Das wichtigste sind die Pfeile. Sie stellen Variablen dar, veränderliche Größen. So bezeichnet etwa der Pfeil *obj* den Ort, an dem sich ein soziales Objekt, ein anderer Artgenosse, zu einem gegebenen Zeitpunkt aufhält. Im nächsten Moment kann der Ort wechseln; *obj* ist also eine Variable. Dasselbe gilt für *subj*, den Standort des Subjekts, also des Individuums, dessen Motivstruktur dargestellt ist. Aus *obj* und *subj* geht durch Subtraktion die Distanz *dist* hervor; der kleine Kreis ist ein Subtraktionssymbol, wobei das Minuszeichen die Variable anzeigt, die subtrahiert werden soll.«

»Moment mal: Wieso kann man Orte voneinander subtrahieren? Darunter kann ich mir nichts vorstellen«, wandte ich ein.

Benno seufzte. »Stell dir einfach vor, das Subjekt und sein Objekt leben in einer engen Röhre, auf die zu deiner Bequemlichkeit ein Maßstab aufgetragen ist.«

Er malte eine Röhre an die Tafel.

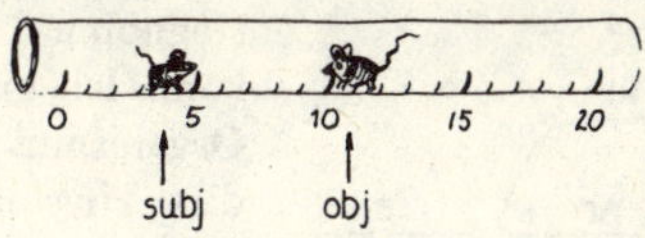

»Der Partner ist gerade bei der Marke 11, das Subjekt bei 4. Wenn du jetzt wissen willst, wie weit die beiden auseinander sind, mußt du 4 von 11 subtrahieren. Die Distanz ergibt sich dann zu 7. Und wenn sich die beiden freier bewegen können, auf einer Fläche etwa, oder sogar wie Fische und Vögel in einem dreidimensionalen Bezugssystem, dann ist es im Prinzip genauso. Nur wird die mathematische Form der drei Variablen in diesem Fall etwas anspruchsvoller, wir reden dann von ›Ortsvektoren‹. Aber das braucht uns hier nicht zu kümmern.«

Ich nickte zustimmend und ließ ihn weiterreden.

»Die Variable *dist* trifft nun in dem Schema auf ein Rechteck. Ein solches Rechteck nennt man einen ›Block‹, und es kann vielerlei bedeuten: ein

Organ, ein Organteil, vielleicht auch einmal einen ganzen Organismus, oder einen bestimmten Ausschnitt aus der Umwelt – einfach ein konkretes Stück Wirklichkeit, etwas, worin Prozesse ablaufen können, etwas, was Wirkungen vermitteln kann. Wenn eine Variable auf eine andere einwirken soll, so muß es immer ein Substrat geben, das diese Interaktion trägt und ermöglicht. Speziell dieser Block hier stellt einen Teil des visuellen Wahrnehmungsapparates dar, einen Detektor, der dem Gehirn meldet, wie weit weg das Objekt ist. Oder, realistischer, es meldet den Grad der *NÄHE* des Objekts. Das ist wieder eine Variable. Quantitativ sinkt ihr Wert auf null, wenn sich das Objekt entfernt und schließlich unsichtbar wird.«

»Warum schreibst du sie mit Großbuchstaben? Bei *obj, subj* und *dist* hast du das doch auch nicht gemacht?«

»Weil ich sie von diesen Größen unterscheiden möchte. Bei denen handelt es sich nämlich um *Observable,* um objektiv identifizierbare Größen. Was sich hinter *NÄHE* aber, neurophysiologisch gesehen, wirklich verbirgt, weiß ich nicht. Ich weiß nicht einmal, ob die Annahme einer so definierten Variablen sich im Laufe künftiger Forschung überhaupt bewähren wird. Es ist eine ›*Inferable*‹, eine hypothetische Größe. Solche mache ich mit Großbuchstaben kenntlich. Wenn ich hier die Grenze des Organismus andeute« – er strichelte eine senkrechte Linie hin und schraffierte sie leicht an der rechten Seite –, »so sind alle Variablen rechts davon Inferable, irgendwo im Zentralnervensystem.«

Als nächstes zeichnete er zwei weitere Blöcke oberhalb des eben besprochenen. »Nun muß ich berücksichtigen, daß ein Objekt nicht nur einen Ort hat, sondern auch noch sonstige Merkmale, die man, soweit sie von außen erkennbar sind, als seine ›Physiognomie‹ zusammenfassen kann. Ich muß fordern, daß der Organismus auch Detektoren für diese Physiognomie besitzt.«

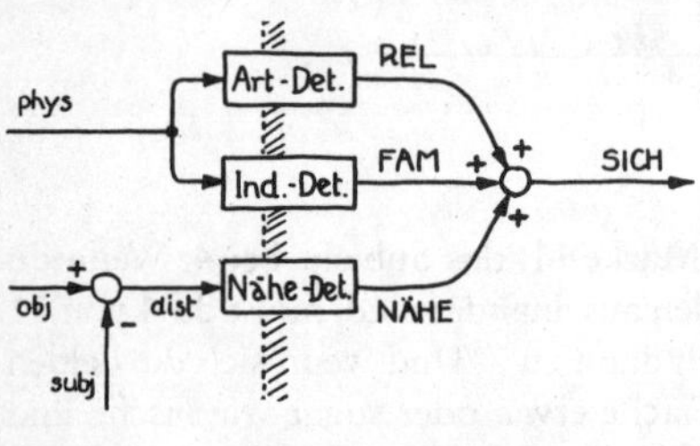

Er fügte einen Pfeil *phys* hinzu, der sich verzweigte und in zwei Blöcke mündete. Nach den Überlegungen auf Seite 231 ahnte ich schon, was diese bedeuten sollten.

»Der eine von beiden«, erläuterte Benno, »ist ein Typusdetektor und spricht auf *Artmerkmale* an. Die grobschematischen Umrisse der Gestalt, die Kopfform, die Lage der Augenflecken, das Klangbild der Vokalisation, bei vielen Tieren auch der Geruch – all das muß den Partner als einen Artgenossen ausweisen. Artfremde Objekte sind für die soziale Motivation irrelevant; daher bezeichne ich die Meldung dieses Detektors als ›Relevanz‹, abgekürzt *REL*. Der zweite Detektor spricht auf *Vertrautheit* an. Er vergleicht das Erscheinungsbild des Objekts mit dem im Gedächtnis gespeicherten Erfahrungsschatz und prüft, ob er das betreffende *Individuum* schon von früher kennt, insbesondere, ob für diese Reizkonfiguration einmal eine Prägung stattgefunden hat. Wenn das Objekt zwar ein Artgenosse, sonst aber völlig fremd ist, bleibt dieser Detektor stumm. Ich bezeichne die von ihm weitergeleitete Meinung daher als *FAM*, das soll ›Familiarität‹ heißen.«

Benno ließ die drei Größen *REL, FAM* und *NÄHE* auf ein Kreissymbol konvergieren und malte zu jedem ein Pluszeichen. »Ist das diesmal ein Additionssymbol?« fragte ich.

Mathematisch läuft es eher auf eine Multiplikation hinaus, aber dieser Unterschied ist im Moment belanglos. Das Symbol soll einfach nur ausdrücken, daß die Variable *SICH*, die aus ihm entspringt, mit allen drei Eingangsgrößen *gleichsinnig* anwächst oder abnimmt. *SICH* steht für *Sicherheit*. Das ist das Gefühl, das man in der Nähe des vertrauten Artgenossen empfindet. Entfernt er sich, oder handelt es sich um einen Fremden, oder ist er zwar vertraut, aber kein Artgenosse, sondern vielleicht nur ein Stoffhund, dann fühlt man sich bei ihm weniger sicher als auf dem Schoß der Mutter. Jede der drei Variablen *NÄHE, FAM* und *REL* für sich steigert also den Zustand *SICH* – daher die drei Pluszeichen.«

Zeit und Kausalität

Benno ging sich eine Zigarette suchen; währenddessen hatte ich Muße, mir das Blockschaltbild noch einmal genau anzusehen.

»Warum malst du die Variablen eigentlich als Pfeile?« fragte ich ihn, als er zurückkam. »Ich kann darin keine zeitliche Abfolge entdecken. Alle Variablen, die du bis jetzt erläutert hast, sind doch irgendwie *gleichzeitig* miteinander gegeben!«

Wie die meisten Psychologen, war auch ich durch die »TOTE-Einheit« vorbelastet, die Benno schon auf Seite 420 aufs Korn genommen hatte. Das war ein Schema wie nebenstehend abgebildet. Es soll Prozesse darstellen, wie sie ablaufen, wenn man etwa einen Nagel einschlagen will. Die Buchstaben bedeuten: »Test« *(T)* – ich prüfe, ob der Nagel schon im Holz sitzt; das ist nicht der Fall. Also schreite ich zu »Operate« *(O):* Ich schlage mit dem Hammer zu. Darauf erneuter »Test« *(T),* und wenn der Erfolg bereits ausreicht, Übergang zu »Exit« *(E)* – ich breche die Handlung ab. Anderenfalls wird noch einige Zeit das Wechselspiel von *T* und *O* wiederholt.

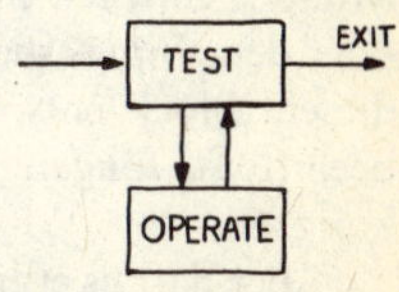

»Das ist Sonderschul-Kybernetik«, sagte Benno unerbittlich. »Die Zeitdimension wird dabei in kleine Häppchen zerlegt, in denen immer nur eine einzige Sache passieren kann. Man schlägt entweder zu, oder man prüft den Sitz des Nagels. Beim Hämmern mag das ja wirklich so sein, aber das ist auch gar keine echte Regelung, eben gerade *weil* die Schlagbewegung zu schnell ist, als daß man ihren Ablauf noch optisch kontrollieren könnte. Aber nimm einmal das Zusammenspiel von Hand und Auge beim Lenken eines Fahrzeugs. Da wird dir gleich klar, daß ›operieren‹ und ›testen‹ im Normalfall *gleichzeitig* erfolgen. Und dann, was heißt eigentlich ›Exit‹? Ein anständiger Regelkreis ist immer im Dienst. Dieser Raum hier ist vollklimatisiert, das Thermometer steht unbeweglich auf 19 Grad – aber nur deshalb, weil der Thermostat die ganze Zeit auf Hochtouren arbeitet, um diese Homöostase aufrechtzuerhalten. Wir brauchen, um kybernetische Zusammenhänge darzustellen, einen Formalismus, der die Zeitdimension transzendiert!«

»Aber bedeutet nicht beispielsweise der Pfeil *obj* in deinem Schema auch nur den Ort, den der Sozialpartner gerade jetzt, in diesem Moment, einnimmt?«

»Eben nicht! Dieser Pfeil repräsentiert sämtliche im Zeitverlauf nacheinander verwirklichten Orte, also Ort als *Prozeß*. Gewissermaßen eine unendliche Spur von Orten, deren jeder noch mit einer Zeitmarke versehen ist. Keiner dieser Orte ist vor den übrigen ausgezeichnet, es gibt keine *Gegenwart*. Und das gilt natürlich für sämtliche Variablen, also beispielsweise auch für den Ort *subj* des Kindes, das seiner Mutter nachfolgt. Alle Variablen sind Prozesse, und sie laufen alle zeitlich parallel. Von zwei Pfeilen ist nicht einer ›früher‹ oder ›später‹ als der andere, denn jeder ist ewig. Weniger dramatisch gesagt: Wenn du die Prozesse filmen würdest, dann wäre jeder Pfeil eine ganze Filmrolle.«

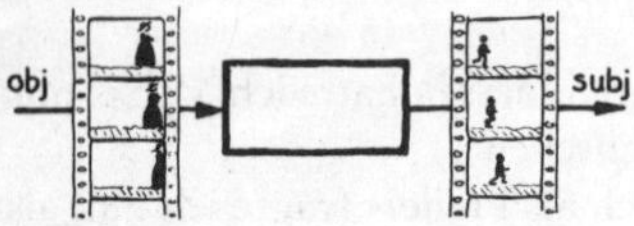

»Und warum zeichnest du die Variablen dann überhaupt als Pfeile?«

»Die Orientierung der Pfeilköpfe kennzeichnet die *Wirkungsrichtung*. Mündet ein Pfeil in einen Block, so nennt man ihn die *›Eingangsgröße‹* oder den *›Input‹* dieses Blockes und meint damit, daß er alle Pfeile, die in diesem Block entspringen, die *›Ausgangsgrößen‹* oder *›Outputs‹*, kausal beeinflußt. Eingang und Ausgang verhalten sich wie Ursache und Wirkung.«

»Aber daraus ergibt sich doch zwangsläufig eine zeitliche Folge, weil die Ursache der Wirkung vorangeht!«

»Das ist eben nicht wahr. In der Physik sind Ursache und Wirkung immer gleichzeitig; das wissen bloß die meisten Psychologen nicht, obwohl sie es bei Kurt LEWIN nachlesen könnten. Oder hast du schon einmal von einem physikalischen Gesetz gehört, in dem zwei verschiedene Zeiten vorkommen?«

Das mußte ich allerdings verneinen. »Mir ist jetzt nur nicht mehr klar, wie man Kausalität dann überhaupt definieren kann.«

Benno ging hinüber zum Lichtschalter und versetzte den Raum kurzfristig in Dunkelheit.

»Um eine kausale Beziehung feststellen zu können, muß ich selbst, als systemfremder Experimentator, in das Geschehen eingreifen können. Die Stellung des Schalters hier zum Beispiel ist eine Variable, denn sie kann die Werte ›Ein‹ und ›Aus‹ annehmen. Die Helligkeit in diesem Raum ist auch eine Variable. Jedesmal nun, wenn ich den Schalter verstelle, verändert sich die Raumhelligkeit mit. Umgekehrt geht das aber nicht: Wenn es dunkel wird, weil ich die Birne herausgeschraubt habe, so springt nicht auch der Schalter pflichtschuldigst in die ›Aus‹-Stellung. Das ist gemeint, wenn wir den Schalterzustand als Input und die Raumhelligkeit als Output in einem Blockschaltbild darstellen und sagen, zwischen den beiden Variablen bestehe eine ›rückwirkungsfreie Kausalbeziehung‹.«

»Rückwirkung ist demnach etwas anderes als Rückkoppelung?«

»Etwas wesentlich Anderes! Die Größe *dist* etwa wirkt in meinem Modell auf die Größe *SICH:* Die Distanz zur Mutter wird wahrgenommen und beeinflußt so die Emotionslage. Natürlich ist diese Kausalkette rückwirkungsfrei, schon deshalb, weil die Synapsen im Nervensystem nur in einer Richtung übertragen. Unbeschadet dessen können Veränderungen im Gefühl der Sicherheit aber auf einem *anderen* Wege auf die Distanz Einfluß nehmen, indem sie nämlich zu einem Wechsel des Standortes *subj* motivieren. Das ist in der Tat der Fall, und das eben nennt man ›Rückkoppelung‹ oder neuhochdeutsch ›Feedback‹. Rückkoppelung ist wechselseitige Einflußnahme zweier Größen über lauter rückwirkungsfreie Zwischenglieder. Und eine solche Rückkoppelung ist auch in meinem Modell vorgesehen.«

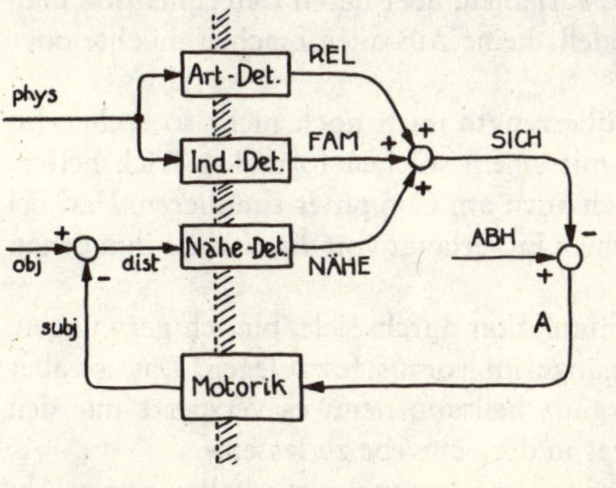

Er vervollständigte den Kreis von *SICH* über *A* und den Block »Motorik« bis zu *subj* und schließlich *dist* zurück.

»Was bedeutet *A?*« fragte ich. Aber darauf ging Benno zunächst noch nicht ein.

»Laß mich erst etwas zu der Größe *ABH* sagen. Das Kürzel steht für ›Abhängigkeit‹. Ich interpretiere diesen Begriff als synonym mit ›Wunsch nach Sicherheit‹, regelungstheoretisch als *Sollwert* oder *Führungsgröße.*«

Das deckte sich einigermaßen mit dem Sprachgebrauch der Schule von SEARS; wir haben »Abhängigkeit« auf Seite 169 in diesem Sinn als das »Bedürfnis nach jemandem, der Geborgenheit spendet«, definiert. »Und wovon hängt die ›Abhängigkeit‹ in deinem Modell nun ihrerseits ab?«

»Zum Beispiel von Reifungsvorgängen. Ein zwölfjähriger Junge, der davon träumt, als Expeditionsleiter im Urwald phantastische Abenteuer zu bestehen, und der sich geniert, wenn seine Mutter ihm vor den Augen seiner Kumpane über das Haar streicht, hat einen niedrigeren Sollwert für Nestwärme als ein achtmonatiges Kind, das in Tränen ausbricht, wenn die Mutter es für einen Augenblick der Kinderschwester überläßt. Außerdem gibt es noch vielerlei kurzfristige Einflüsse auf den Sicherheitswunsch *ABH,* Gesundheitszustand und Müdigkeit zum Beispiel. Die Weise, wie die Mutter mit dem Kind umgeht, spielt natürlich auch eine wichtige Rolle. Ich bin gar nicht in der Lage, diese Faktoren alle erschöpfend zu spezifizieren; und zum Zeichen dafür lasse ich den Pfeil *ABH* im Leeren entspringen, so wie übrigens auch *obj* und *phys.* ›Freie Eingänge‹ heißen in der Kybernetik solche Variablen, über deren Determination man im Rahmen des gegebenen Modells keine Aussagen machen möchte oder kann.«

Das klang elegant; aber es überzeugte mich noch nicht so recht. »Im Blockschaltbild kannst du dir mit einem solchen formalen Trick helfen. Aber du willst dein Modell doch auch am Computer simulieren. Und bei dem ist ›Freiheit‹ nicht vorgesehen! Er verlangt von dir, daß du ihm genau vorgibst, was er machen soll.«

»Das schon. Wenn ich eine Simulation durchspiele, bin ich gezwungen, den Zeitablauf der freien Eingänge im voraus festzulegen. Das ist aber kein Nachteil, sondern sogar ganz heilsam; denn es versperrt mir den wohlfeilen Ausweg, irgend etwas in der Schwebe zu lassen.«

»Aber das ist es ja gerade! Dein Computer verlangt in allen seinen Abläufen strenge Determination. Jedes Lebewesen hat jedoch eine gewisse Spontaneität. Bei uns selbst nennen wir das den freien Willen, und irgendwelche Vorformen davon haben doch wahrscheinlich auch schon die Tiere. Sprengt so etwas nicht prinzipiell den Rahmen des Programmierbaren?«

»Zum Glück nicht. Spontaneität läßt sich, so seltsam es klingen mag, programmiertechnisch berücksichtigen. Was auch immer ihr metaphysischer Sinn ist – objektiv faßbar wird sie in Veränderungen, die nicht nach irgendeinem bekannten Gesetz aus dem vorgegebenen Systemzustand ableitbar sind. Unsere Sprache hält für alles, was sich dem Zugriff unseres Vorherwissens entzieht, eine prosaische Vokabel parat: Zufall. Zufall heißt nicht, daß etwas keinen Sinn hat, sondern nur, daß wir das Sinnprinzip nicht kennen und daher nicht in der Lage sind, Voraussagen zu machen. Mein Computerprogramm sieht an den betreffenden Stellen sogenannte ›Zufallsgeneratoren‹ vor. Du wirst vorhin vielleicht bemerkt haben, daß die Lichtpunkte auf der Mattscheibe den Eindruck einer feinschlägigen Unruhe erweckten, der thermodynamischen Molekularbewegung vergleichbar. Das war das Werk der Zufallsgeneratoren. Diese Fluktuation ist übrigens für die Entfaltung der Sozialstrukturen von tiefer systemtheoretischer Bedeutung; aber das ist ein Thema, das jetzt zu weit führen würde.«

Appetenz und Aversion

Benno wandte sich wieder dem Blockschaltschild zu. »Ich habe vorhin gesagt, die Größe *ABH* gebe den jeweiligen ›Sollwert‹ für die Größe *SICH* vor. Das bedeutet, daß sie mit deren ›Istwert‹ ständig *verglichen* werden muß. Diesen Vergleich drückt das Subtraktionssymbol rechts in der Zeichnung aus.«

Tatsächlich ist ein Vergleich formal einer Subtraktion äquivalent: Man stellt sich auf die Waage und zieht das, was sie anzeigt, vom Idealwert aus der Gewichtstabelle ab. Je nach dem Vorzeichen des Ergebnisses muß man dann seine Eßgewohnheiten korrigieren – ist es negativ, muß man fasten, ist es positiv, kann man zulegen.

Im Blockschaltbild hatte Benno das Resultat des Vergleichs mit *A* bezeichnet. Ich wunderte mich, warum er diesmal ein so kurzes Symbol gewählt hatte.

»Für diese Variable«, erläuterte er, »oder besser für bestimmte Aspekte an ihr, hält die Fachterminologie drei verschiedene Bezeichnungen bereit, die zum Glück wenigstens alle mit demselben Buchstaben anfangen. Beginnen wir mit der ersten: Wenn die Abhängigkeit eines Individuums sehr hoch ist und es sind keine vertrauten Partner in der Nähe, so daß also *SICH* nur einen niedrigen Wert erreicht, dann ist die Differenz *A* positiv. Das Individuum ist dann motiviert, seine Sicherheit zu vergrößern, es zeigt ›*Appetenz*‹ nach Sicherheit.«

Vom Begriff der »Appentenz« hatten wir erstmals auf Seite 150 gehört. Er war dort noch im Unterschied zur Handlungsphase der »Konsummation« verstanden worden; aber im vorliegenden Fall gab es offensichtlich keine Endhandlung als Ziel der Appentenz. Sicherheit war vielmehr als ein »Ruhezustand« im Sinne der auf Seite 175 zitierten Ethologin Monika MEYER-HOLZAPFEL zu verstehen.

»John BOWLBY hat diese Appetenz als ›Bindungsmotivation‹ bezeichnet. Ihr Kernbestand ist der Wunsch, den Standort *subj* so zu verändern, daß die Entfernung *dist* zu sicherheitspendenden Objekten kleiner wird.«

Mein Freund hatte wieder an seinem Terminal Platz genommen und begann, seine Finger über das Keyboard spielen zu lassen. Die Tasten klickten leise im freien Rhythmus der eingegebenen Befehle, die sich zugleich zeilenweise auf der Mattscheibe aufreihten. Eine halbe Minute knisternder Konzentration. Dann, nach einem prüfenden Blick auf die flimmernden Zauberformeln, lehnte er sich zurück und drückte gleichzeitig auf eine offensichtlich entscheidende Taste, woraufhin der ganze Bildschirm zunächst einmal verlöschte.

Aber dann bauten sich, ohne weiteres Zutun, die mir schon bekannten Lichtpünktchen auf der Mattscheibe auf, diesmal ein dickerer und fünf kleine. Der dickere Punkt wanderte langsam über das Feld, die kleinen schienen ihn zu umtanzen, in unregelmäßigen Zufallsbahnen. Manchmal blieben sie auch eine Zeitlang an einem Ort zurück, um alsbald wieder dem davonstrebenden dicken Punkt hinterherzuhasten.

»Das ist eine Mutter mit ihren Kindern«, erklärte Benno. »Oder besser eine Mutter-Attrappe, denn ich habe ihr überhaupt keine Motivation einprogrammiert. Sie zieht einfach ihres Weges. Aber jedes der Kinder verhält sich bindungsmotiviert, und zwar genau entsprechend dem Blockschaltbild an der Wandtafel. Alle haben einen ziemlich hohen Sicherheitswunsch *ABH*, daher sieht jeder zu, daß er in der Nähe der Mutter bleibt. Das wird sich jedoch bald ändern.«

Für eine Weile blieb indessen noch alles beim alten. Aber dann, ziemlich unvermittelt, entstand Unruhe in dem Bild. Als wäre ein Band gerissen, verloren die kleinen Punkte auf einmal den Kontakt mit der Mutter und verteilten sich frei über das Feld. Fast schien mir, als würden sie einander dabei sogar tunlichst aus dem Wege gehen, und ihrer Mutter auch.

»Jetzt sind sie in der Pubertät«, erklärte Benno. »Das bedeutet, daß ihre Abhängigkeit nun gesunken ist. Daher vermag die Mutter sie nicht mehr zu attrahieren. Im Gegenteil: Jetzt kann leicht geschehen, daß sie ihr *zu nahe* kommen – die empfundene Nestwärme *SICH* wird in diesem Falle so intensiv, daß sie die Toleranzgrenze des Sollwertes *ABH* überschreitet. Dementsprechend kehrt sich das Vorzeichen der Differenz *A* um, und es resultiert eine ›negative Appetenz‹ nach Sicherheit.«

In der Terminologie von Wallace CRAIG, die wir auf Seite 173 behandelt haben, wäre hierfür der Ausdruck *Aversion* einzusetzen.

»Tatsächlich beobachten wir jetzt eine Vermeidungsreaktion gegenüber der Mutter in ihrer Eigenschaft als Sicherheitsquelle. Übrigens auch gegenüber den Geschwistern, die ja ebenfalls primäre Vertraute sind. Dieses aversive Verhalten bezeichne ich als die *Überdrußreaktion.* Bindung und Überdruß sind die beiden Pole, zwischen denen sich die Regulation der Distanz zu vertrauten Partnern abspielt.«

»Der Buchstabe *A* steht also entweder für ›Appetenz‹ oder für ›Aversion‹, je nach Vorzeichen. Aber du hast gesagt, er könne noch etwas Drittes bedeuten. Was soll es denn neben Plus und Minus noch geben?«

»Gedulde dich einen Moment«, sagte Benno.

Das Erregungssystem

Er brachte die Punkte mit einem fachmännischen Knopfdruck zum Erlöschen und wandte sich wieder der Tafel zu.

»Bis jetzt war vom vertrauten Artgenossen die Rede. Nun gibt es aber, sogar in großer Überzahl, auch noch die Fremden: Individuen, die zwar vom Artdetektor als hoch relevant eingestuft werden, ohne daß indessen der Individualdetektor an ihnen altbekannte Merkmale entdecken kann. Wie verhält man sich gegenüber einem fremden Artgenossen? Du wirst sehen, daß man dies nach demselben Schaltbild verstehen kann, das schon an der Tafel steht. Man muß nur einige der Variablen umdefinieren.«

Was nun folgte, übertrug weitgehend Gedankengänge aus dem 14. Kapitel in die Sprache der Kybernetik. Zunächst wischte Benno den Ausdruck *SICH* mit einem Lappen weg und ersetzte ihn durch *ERR*.

»*ERR*« bedeutet ›Erregung‹. Das ist wiederum eine hypothetische Variable, eine Stimmungslage ähnlich wie ›Sicherheit‹. Und ebenso wie diese hängt *ERR* von den Größen *NÄHE* und *REL* ab. Und von *FAM* ebenfalls; aber mit dieser ist sie nun nicht positiv, sondern *negativ* korreliert. Die Erregung erreicht ihr Maximum demnach in der Nähe des *fremden* Artgenossen.«

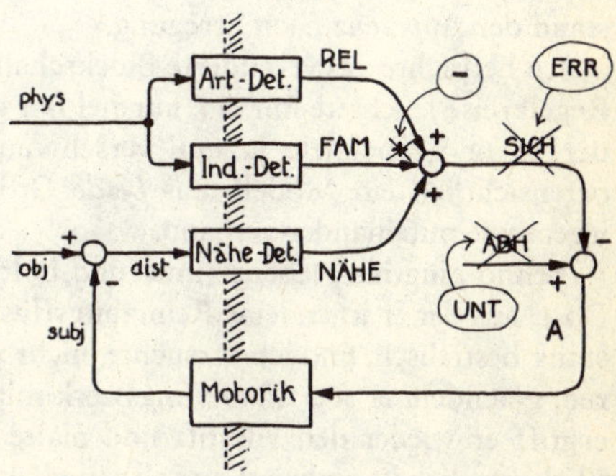

Er malte an das kleine Kreissymbol ein Minuszeichen dort, wo die Größe *FAM* einmündete.

»Das Modell sieht nun vor, daß es auch für Erregung ein Optimum gibt, und eine Führungsgröße, die bestimmt, wo dieses Optimum liegt. Wenn wir auch hierfür nach einer intuitiv verständlichen Bezeichnung suchen, bietet sich am ehesten das Wort *›Unternehmungslust‹* an.«

Benno korrigierte in dem Blockschaltbild die Bezeichnung *ABH* durch *UNT*.

Ich konnte mir ein Schmunzeln nicht verkneifen. »Sag mal – machst du dir da nicht eine ziemlich handgestrickte Psychologie zurecht? Von so einer Variablen habe ich in der Fachdiskussion noch nie gehört!«

Benno wurde ärgerlich. »Ich weiß schon, daß ihr Psychologen ein gebrochenes Verhältnis zur Umgangssprache habt. Ihr gebt euch zwar nicht viel Mühe, eure Begriffe sauber zu definieren; aber respektable Namen müssen sie haben. Wenn es dir lieber ist, kann ich die Größe auch ›x‹ oder ›Lambda‹ nennen, oder noch besser, ich erfinde eine küchenlateinische Phantasiebezeichnung. Ich will mich aber nicht interessant machen, sondern dir das Verständnis dieser nicht ganz einfachen Systemzusammenhänge erleichtern. Und da halte ich mich, mit Verlaub, an Ausdrücke, unter denen man sich etwas vorstellen kann. Exakt definiert sind sie auf jeden Fall durch den kybernetischen Formalismus.«

Ich schwieg schuldbewußt und ließ ihn weitererklären.

»*UNT* bezeichnet also den Wunsch nach Erregung. Der Säugling, so dürfen wir annehmen, ist noch nicht sehr unternehmungslustig. In dieser Entwicklungsphase wird also häufig die Situation eintreten, daß die tatsächliche Erregung höher ist als ihr Sollwert. Das Modell sagt für diesen Fall eine *Aversion* gegen Erregung voraus; das Kind sucht demgemäß vor fremden Artgenossen zu *fliehen,* soweit seine Motorik dies schon zuläßt.«

»Und beim Jugendlichen ist es dann umgekehrt?«

»Genau. Bei diesem steigt die Größe *UNT* mächtig an, und als Folge davon weicht die Angst vor dem Neuen der Neu-Gier, dem Wunsch, das Fremde zu *explorieren.* Der Adoleszent befindet sich häufig in einem Zustand der *Appetenz* nach Erregung.«

Ich betrachte das veränderte Blockschaltbild. Die Symmetrie der beiden Regelkreise leuchtete mir ein; nur fiel mir gerade noch rechtzeitig ein, daß der zuvor gezeichnete ja nun verschwunden war. Man benötigte aber offensichtlich ein Modell, das *beide* Größen, Sicherheit und Erregung, irgendwie miteinander verband.

Benno ging ins Nebenzimmer und holte aus einem Wandschrank eine Dose, aus der er irgendeine Reinigungsflüssigkeit auf die Tafel sprühte. Es stank bestialisch, und ich versuchte, nicht zuviel von dem Zeug zu inhalieren. Nachdem er sein Säuberungswerk mit einem Lappen vollendet hatte, ergriff er wieder den Filzstift und malte etwas hin, was auf den ersten Blick ziemlich kompliziert aussah. Zum Glück merkte ich aber bald, daß es nur die beiden schon besprochenen Regelkreise in einem einzigen Blockschaltbild zusammenfaßte.

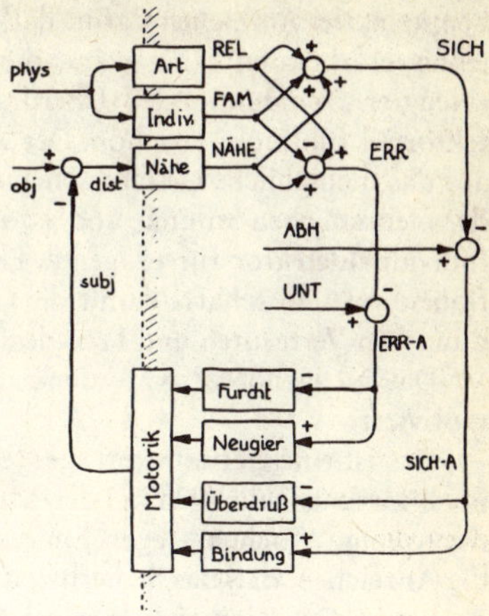

»Hier hast du nun also das Grundmodell der sozialen Motivation. Es berücksichtigt vier basale Emotionen – Furcht und Neugier im Erregungssystem, Bindung und Überdruß im Sicherheitssystem. Die Größe *A* zerfällt jetzt natürlich in zwei unabhängige Komponenten, *SICH-A* und *ERR-A*. Die Bezeichnungen erklären sich selbst. *ERR-A* etwa heißt Erregungsappetenz, solange sie ein positives Vorzeichen hat und zu Neugierverhalten motiviert. Wenn sie negative Werte annimmt, also zu einer Aversion wird, so löst sie Fluchtverhalten aus.«

Benno deutete diese Aufspaltung dadurch an, daß er ein Minuszeichen an den Eingang des Blockes »Furcht« und ein Pluszeichen an den von »Neugier« setzte. Entsprechend verfuhr er bei den Blöcken »Überdruß« und »Bindung« in bezug auf die Variable *SICH-A*.

Reifungsprozesse

»Von den Führungsgrößen, *ABH* und *UNT*, habe ich schon gesagt, daß sie sich im Laufe des Lebens gegensinnig zueinander verändern. Die Startposition der ontogenetischen Entwicklung ist durch ein Maximum an Abhängigkeit und ein Minimum an Unternehmungslust gekennzeichnet.«

Das ging mir ein bißchen zu schnell.

»Erkläre mir bitte, wie das funktionieren soll. Das Neugeborene müßte demnach einen gewaltigen Bedarf an Vertrautheit haben und keinerlei soziale Fremdreize ertragen. Zu diesem Zeitpunkt gibt es aber überhaupt noch keine vertrauten Artgenossen! Das Kind kann doch angeborenermaßen gar nicht wissen, wie seine Mutter aussieht. Es würde sich – in den Armen einer beängstigenden Fremdperson – die Augen ausweinen nach Geborgenheit. Tut mir leid, aber die Kreatur, die du da erfunden hast, kannst du gleich wieder wegwerfen. Sie wäre überhaupt nicht lebensfähig.«

Benno reagierte überraschend friedlich.

»Du hast völlig recht. In den ersten Lebenswochen würden beide Motivsysteme nur stören, vor allem das Erregungssystem. Aber das gilt auch für andere Antriebe, wie zum Beispiel die Sexualität. Es ist durchaus üblich, daß Motive erst im Laufe der Ontogenese *reifen.* Man kann das also füglich auch für das Sicherheits- und das Erregungssystem fordern. Wir haben keinerlei Anzeichen dafür, daß das Neugeborene bereits zu einer Erlebnisverarbeitung fähig wäre, die sich durch Stichworte wie ›Furcht‹, ›Neugier‹, ›Bindung‹ oder ›Überdruß‹ charakterisieren ließe. Nur der Detektorteil funktioniert schon. Der Artdetektor lenkt die Aufmerksamkeit auf das menschliche Gesichtsschema und vielleicht auch auf Artmerkmale der menschlichen Stimme; und jedesmal wenn er anspricht, öffnet sich der Individualdetektor für prägende Eindrücke, saugt unermüdlich Informationen auf und schafft damit die Grundlage für eine spätere Unterscheidung von Vertrauten und Fremden.«

»Das Neugeborene wäre demnach zunächst noch gar nicht bindungsmotiviert?«

»Das ist eine Definitionsfrage. Jedenfalls liegt die soziale Initiative jetzt noch fast ausschließlich bei der Mutter. Allerdings dauert dieser Zustand nur wenige Wochen. Gegen Ende des zweiten Lebensmonats häufen sich die Anzeichen, daß das Sicherheitssystem zur Funktionstüchtigkeit herangereift ist. Das Kind lächelt seiner Mutter nun spontan zu. Damit beginnt es Einfluß auf die Variable *dist* zu nehmen: Es belohnt die Bezugsperson dafür, daß sie sich mit ihm abgibt.«

»Es lächelt aber nicht allein die Mutter an, sondern auch jeden Fremden. Sogar mit einer abscheulichen Teufelsmaske kann man in diesem Alter die Lächelreaktion auslösen.«

»Das weist darauf hin, daß zwar das Sicherheits-, nicht aber auch schon das Erregungssystem reif ist. Der Säugling reagiert noch nicht affektiv auf Un-Heimlichkeit als solche. Die Maske ist nicht fremd, sondern nur weniger vertraut. Im Zweifelsfall sieht sie der Mutter aber immer noch ähnlicher als ein Spielzeug, die Flasche oder die sonstigen Inhalte der kindlichen Umwelt. Daher fühlt man sich in der Nähe von etwas Menschenähnlichem letztlich doch ein wenig sicherer, als wenn man ganz allein ist.«

»Dann müßte ein Kind Unmut äußern, vielleicht sogar weinen, wenn das Gesicht von *irgendwem,* nicht nur das der Mutter, wieder aus dem Blickfeld verschwindet!«

»Genau das ist auch ab etwa der 8. Lebenswoche der Fall, wie die Kinderpsychologin M. Ainsworth herausgefunden hat. Man nennt dieses Phänomen *Trennungsangst.*«

»Biologisch ist damit aber doch wohl immer die Mutter gemeint?«

»Nicht unbedingt. Wenn das Kind in den ersten Lebensmonaten auch noch Fremdpersonen zulächelt, so ist das nicht nur eine funktionsneutrale Unzulänglichkeit. Wer ihm derart früh in seinem Leben nahekommt, ohne daß die Mutter die Begegnung verhindert, der ist ihm ja vermutlich objektiv wohlgesonnen, wahrscheinlich ein weiteres Mitglied der Familiengruppe – so ähnlich mag hier wohl die Logik des Konstrukteurs lauten. Der Vorgang der Einprägung, der Vertrautmachung, wird also ohne sonderliches Zögern auf diesen ›Fremden‹ ausgedehnt.«

»Dieses Prinzip kann aber höchstens so lange beibehalten werden, wie das Kind noch nicht zu eigener Lokomotion fähig ist. Denn dann kann die Mutter seine Kontakte nicht mehr kontrollieren.«

Ich überschlug kurz, wann das sein müßte. Das Kind beginnt mit etwa dreiviertel Jahren zu krabbeln. Wenn die Reifung des Erregungssystems hinausgezögert würde, solange es eben geht, um möglichst viel Zeit für den Aufbau primärer Vertrautheit zu gewinnen ...: Mit einemmal fielen mir die Beobachtungen von René Spitz ein, von denen auf Seite 243 die Rede war. »Die Achtmonatsangst!« rief ich verblüfft.

»Natürlich«, nickte Benno. »Die schubhaft auftretende Scheu vor dem Fremden zeigt an, daß jetzt das Erregungssystem ausgereift ist und seinen Dienst antritt.«

Es war nicht schwer zu erkennen, daß Fremdenfurcht zum Erregungssystem gehörte wie Trennungsangst zum Sicherheitssystem. Daß diese beiden Erscheinungsformen der sozialen Angst zeitverschoben einsetzen, ist seit längerem bekannt; nur gab es dafür bisher keine sehr konsistente Deutung.

»Daß im Fremdelalter der Neuigkeitswert sozialer Objekte zum Anreiz für motiviertes Verhalten wird, zeigt sich auch daran, daß nunmehr erstmals Manipulationen beobachtet werden, die als soziales Neugierverhalten gelten dürfen.«

»Kinder manipulieren Objekte aber auch schon Monate vorher. Das noch nicht Halbjährige steckt schon ein Spielzeug in den Mund, versucht, mit einer Klapper Geräusche zu erzeugen oder eine über dem Bettchen aufgehängte Puppe zum Schaukeln zu bringen.«

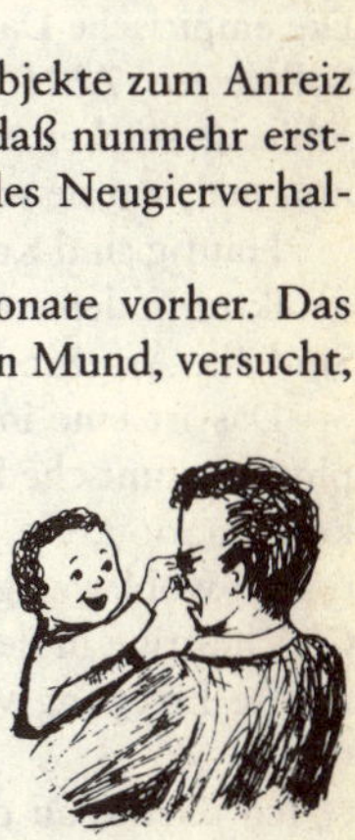

»Diese Objekte sind aber keine Artgenossen; was mit ihnen unternommen wird, gehört in andere Funktionskreise als den der sozialen Motivation. Erst ab etwa dem 7. Monat richtet sich das explorative Interesse auch gezielt gegen *Menschen*: Man greift ihnen ins Gesicht, holt die Brille herunter, untersucht eine Brosche, zieht sie an der Nase.«

Ich kam schon wieder nicht mit. Neugierverhalten entsprang doch nach der Logik des Modells einer *Appetenz* nach Erregung. Wenn in diesem

Alter die Unternehmungslust aber noch ganz niedrig war, woher sollte dann ein Erregungsdefizit kommen?

»Dieses Verhalten beobachtet man in der Tat zunächst nur gegenüber denjenigen Artgenossen, an denen nur ganz schwache Spuren von Fremdheit zu entdecken sind, und das sind natürlich die *Eltern!* Daß soziale Exploration als erstes an diesen geübt wird, werte ich als Bestätigung meines Modells.«

Veränderungen in den Sollwerten

»Und wie geht es dann nach dem 8. Monat weiter?«

»Der Ausgangszustand, der durch ziemlich totale Abhängigkeit gekennzeichnet ist und durch ebenso hohe Erregungsscheu, bleibt nicht lange erhalten. Mit dem Fortschreiten vom infantilen zum juvenilen Alter wird das Sicherheitsbedürfnis abgebaut, und komplementär dazu steigt der Wunsch nach Erregung an. Man beobachtet nun immer häufiger eine positive Appetenz nach allen möglichen erregungssteigernden Situationen. Das Abenteuer beginnt zu locken, Kampfspiele und Erkundungszüge erfreuen sich steigender Beliebtheit, und nicht mehr die behütende Mutter, sondern der irgendwo aufgegabelte Kumpan, von dem man sozusagen noch nicht einmal den Nachnamen weiß, wird der bevorzugte Umgang. Bis in die Adoleszenz hinein werden die Jugendlichen zunehmend neugierig und vorwitzig, und zwar immer ausgeprägter auch im sozialen Bereich. Die empirische Datenbasis zwingt uns übrigens, diese Veränderung in den Sollwerten *ABH* und *UNT* bei vielen Säugetieren im männlichen Geschlecht stärker zu akzentuieren als im weiblichen. Kohortenbildung ist nun mal, wo sie vorkommt, eine männliche Spezialität.«

»Häufig sind Kohortenkumpane ihrerseits Jugendliche. Spricht der Artdetektor in deinem Modell eigentlich auf alle Altersstufen gleich stark an? Sind alle Artgenossen gleich ›relevant‹?«

»Das ist eine interessante Frage. Ich neige dazu, sie zu verneinen. Die physiognomische Erscheinung der Unreife, ganz besonders die Merkmalskombination, die LORENZ das ›Kindchenschema‹ nennt, regt den Artdetektor wohl weniger stark an als ein erwachsener Artgenosse. Daher sind Gleichaltrige in der Kindheit bevorzugte Spielpartner – die von ihnen erzeugte Erregung wird die Grenzen des Tolerierbaren seltener überschreiten.«

Ich dachte an die Taxonomie der Antriebe von Seite 331 zurück. Der von Benno postulierte Wandel der Sollwerte beim Übergang von der Kindheit zur Adoleszenz ließ sich in der dortigen Terminologie auch als eine thematische Akzentverlagerung kennzeichnen, und zwar in doppelter Hinsicht. Die Abnahme der Größe *ABH* verlagert den Schwerpunkt von der

Rückversicherung hin zur *Selbstbehauptung.* Und innerhalb der letzten wiederum entspricht die Zunahme von *UNT* einem Übergang von *Selbstbewahrung* zu *Selbsterweiterung.*

»Und was kommt dann? Ist die Entwicklung mit dieser zweiten Phase am Endpunkt angelangt?«

»Die Entwicklung ist nie zuende. Die ›Unternehmungslust‹ zum Beispiel erreicht wohl immer in der frühen Adoleszenz ihr Maximum und läßt dann allmählich wieder nach. Und für die Führungsgröße ›Abhängigkeit‹ gibt es, jedenfalls bei Tierarten, die in eheähnlicher Dauerbindung leben, noch einmal eine qualitativ eigenständige dritte Phase, in der das Sicherheitsbedürfnis wieder merklich ansteigt. Das macht die adulten Tiere angewiesen auf die sekundäre Vertrautheit mit dem neugewonnenen Partner.«

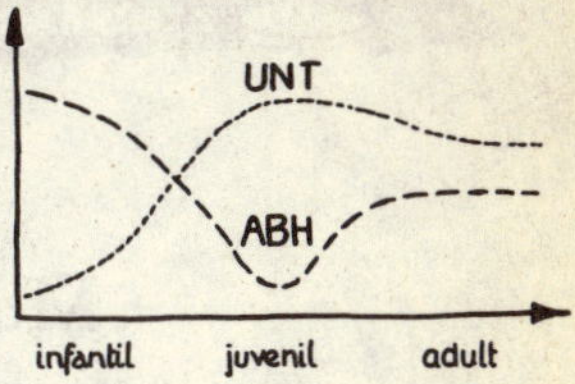

Benno blickte auf seine Uhr. »Entschuldige mich jetzt bitte. Aber du kannst morgen wiederkommen, dann reden wir weiter. Falls dir das jetzt zu schnell gegangen sein sollte.«

Das war es in der Tat; ich konnte eine Denkpause recht gut gebrauchen.

26. Kapitel

Mehr Kybernetik

Im System der Motivation sind die Wirkungszusammenhänge reich vernetzt. Eine nur sprachliche und daher eindimensionale Darstellung wird dieser Komplexität selten gerecht. Verbal formulierte Theorien versäumen es insbesondere zumeist, Phänomene begrifflich zu trennen, die sich äußerlich gleichen, aber in heterogene kausale Kontexte eingebettet sind. Erst die systemtheoretische Betrachtungsweise macht die Logik solcher Differenzierungen transparent.

Isabel

Auf dem Heimweg von Bennos Computerkeller dachte ich über das zuletzt angeschnittene Problem nach: Was hält die Partner einer Ehe eigentlich zusammen? Bei Tieren jedenfalls gibt es noch nicht die Klammer der moralischen Verantwortung, oder der Angst vor dem Gerede der Leute. Und die Sexualität allein reicht auch nicht weit. Der Akt der Paarung kann zwar, wie wir auf Seite 203 erörtert haben, in einigen Fällen wirklich als sensible Situation fungieren, die sekundäre Vertrautheit stiftet; aber das ist keineswegs automatisch so. Bei Elefanten und Gnus zieht der Geschlechtstrieb den Bullen zum oestrischen Weibchen, er vermag jedoch nicht, ihn an dieses zu binden.

Wieso sind die Partner überhaupt daran interessiert, eine sekundäre Bindung einzugehen? Welche Motive hemmen insbesondere das durch Trächtigkeit nicht belastete Männchen, die Sexualpartnerin wieder zugunsten einer anderen zu verlassen? Die nächste hätte auf jeden Fall den Reiz der Neuheit, und für diesen Reiz muß er empfänglich sein, denn das Weibchen, mit dem er gerade Umgang pflegt, war ihm fremd gewesen, als er es kennenlernte.

Aber vielleicht ist sie es ja immer noch, und bleibt es ein Leben lang? Eine in fortgeschrittenem Alter erworbene Fremdsprache beherrscht keiner mehr so akzentfrei wie seinen Heimatdialekt; es könnte also auch sein, daß der Partner, dem man als Erwachsener begegnet ist, das Stigma des zutiefst Fremden nie mehr wirklich verliert. Die Kräfte, die seine dauerhafte Attraktivität gewährleisten, wären dann dieselben wie die, auf denen die erste Begegnung beruhte: der Reiz des Unbekannten, die Faszination des Abenteuers, die Magie des Gefährlichen, die immer wieder überraschende Konfrontation mit einer so ganz anderen Weise, die Welt zu erleben.

Ich war inzwischen in meiner Wohnung angelangt. Vor dem Bücherregal stehend, fiel mein Blick auf ein verstaubtes schmales Bändchen, das ich seit meiner Studentenzeit nicht mehr in der Hand gehalten hatte. Manfred HAUSMANN hieß der Autor. Er hatte sich bei der akademischen Jugend einer gewissen Beliebtheit erfreut, als von Hasch und Beat, Apo und Disco, der Pille und Women's Lib noch nicht die Rede war.

Seinerzeit, Anfang der fünfziger Jahre, ließ er seine »Isabel« die folgenden Zeilen eines Briefes an ihre Tochter niederschreiben:

»Damals waren wir schon viele Jahre verheiratet. Zuweilen zweifelten wir daran, wir selbst. Jeden Tag war alles ganz neu. Er entdeckte jeden Tag etwas Neues an mir.

›Hast du das gestern auch schon gehabt?‹ konnte er fragen.

›Was?‹

›Dies Zittern unten an deinem Kinn?‹

›Ja, vielleicht. Aber nur, wenn du mich ansiehst.‹

Wenn andere Leute kamen, wußten wir nicht, wie wir es aushalten sollten. Wir wagten nicht, unsere Augen sich begegnen zu lassen. Wir dachten, alles sei verboten.«

Ich ließ das Buch sinken. Eine tolle Ehe muß es gewesen sein, wenn das nach »vielen Jahren« noch so lief. Wahrscheinlich hat er übertrieben, den flüchtigen Hauch einer Anmutung zum starken, tragenden Gefühlsereignis hochstilisiert. Aber wenn auch – zumindest ist doch die *Richtung* interessant, in die die Überzeichnung weist.

»Familiarity breeds contempt«, drückt man die dunkle Kehrseite derselben Grundidee etwas nüchterner im Englischen aus, wie wir schon auf Seite 96 gehört haben. Ein Hauch Faszination, ein Restbestand an immer wieder unvorhersagbarem Anderssein tut wirklich Not, um eheliche Bindung dauerhaft zu machen. In der Terminologie von Bennos Modell würde das den Ehegefährten als nicht versiegende Quelle von Erregung definieren und Partnerschaft als immer wieder erneut aufgenommene wechselseitige Exploration.

Aber das kann nur die halbe Wahrheit sein. Erregungssuche reicht nicht aus, um der Phänomenologie der Partnerbindung gerecht zu werden. Ein paar Zeilen später findet sich bei HAUSMANN, in demselben Text, noch ein anderer Gedanke:

»Alles, was die Menschen in ihrem Liebesüberschwang und in ihrer Menschenarmseligkeit ersinnen, ist vergeblich. Sie bleiben Gesonderte. Und immer ist die rätselhafte Fremdheit vorhanden. Und nie wird der Traum zu Ende geträumt. Mann und Weib, Weib und Mann. Immer zwei. Immer anders und unheimlich in ihren Gedanken und Gefühlen und tief in ihrem Geschlecht. Und sie möchten doch so aneinander sein, daß es keine Grenze mehr gäbe und keine Zweiheit, sie möchten doch grenzenlos eins sein ...

Darum dämmert ja auch um alle Liebenden, die aufrichtig in der Liebe stehen, diese merkwürdige Traurigkeit. Ich sehe und weiß es, und andere sehen und wissen es auch. Die Maler zum Beispiel. Achte einmal darauf, wieviel Verhangenheit und Schwermut im Blick der Liebespaare ist, die große Maler dargestellt haben! In ihrem Blick, in ihren zögernden Gebärden und überhaupt in ihrer Haltung. Und immer befinden sie sich in einem Raum des Schweigens. Bangigkeit, Stille, Hoffnungslosigkeit, das ist ihr Element.«

Auch hier, sicherlich, die sentimentalisch überfeinerte Diktion des Gefühlsästheten. Und dennoch wiederum eine Grundeinsicht, über die sich nachzudenken lohnt.

HAUSMANN kennzeichnet die Fremdheit der Partner in den beiden Passagen als janushaft: in der zuvor zitierten als Garant immerwährender Faszination, in dieser hier aber als etwas Un-Heimliches, etwas, das Einsamkeit und Trauer hervorruft.

Einsamkeit und Trauer sind Stimmungen, die uns befallen, wenn ein Quell emotionaler Sicherheit für uns unerreichbar wird. Prototypische Situation ist die Trennung des Kindes von seiner *Mutter*. Aber schon bei Tieren, am ausgeprägtesten bei solchen, die monogam leben, finden sich ernstzunehmende Anzeichen dafür, daß dieselben Affekte auch auf Verlust des *Partners* ansprechen. Die Tiere verhalten sich ängstlich, aufgeregt oder apathisch, verlieren den Mut, können eine zuvor etwa innegehabte hohe Rangstellung nicht mehr aufrechterhalten und lassen sich von den übrigen Gruppenmitgliedern, die für den Stimmungseinbruch offenbar ein feines Gespür haben, widerstandslos kleinkriegen.

Gelegentlich kommt es vor, daß sie sich, wiewohl natürlich längst der eigenen Familie entwachsen, wieder ihren Eltern anschließen; in Seewiesen haben wir das bei »verwitweten« Gänsen zuweilen beobachtet.

Solche Reaktionen kann man beim besten Willen nicht als Abstinenzerscheinung im Gefolge frustierter Unternehmungslust erklären. Wäre der Partner wirklich nur ein Objekt der Erregungssuche, so sollte sein Verlust allenfalls zu Langeweile führen, zu erhöhter explorativer Aktivität wohl auch. Ersatz wäre leicht zu finden, da er einzig der Bedingung genügen müßte, *neu* zu sein.

Man sieht bereits, worauf das alles hinausliefe: auf den notorischen Don Juan, für den jede erotische Beziehung tatsächlich nur ein Abenteuer ist. Wir empfinden einen solchen Stil von Partnerschaft aber als pathologisch und würden dem, der ihn zeigt, mangelnde *Bindungsfähigkeit* bescheinigen.

Damit ist uns das Stichwort geliefert: Partner sind, wenngleich »die rätselhafte Fremdheit« nie ganz verschwindet, dennoch aneinander *gebunden*. Sie verheißen einander Sicherheit, und dies deshalb, weil da trotz allem eben *auch* Vertrautheit entstanden ist – vielleicht nicht genug, um den Wunsch nach Sicherheit ganz zu stillen, aber doch genug, um die Illusion seiner Erfüllbarkeit wachzuhalten. Daher sucht schon das Tier, das seinen Partner verloren hat, nicht nach einem neuen, sondern exklusiv nach dem einen, den es schon kennt.

Und das also ist, in den Augen des Dichters, das Geheimnis der Liebe und das Paradox, in dem die Nichteinlösbarkeit ihrer Verheißung wurzelt – sie verlangt vom Partner die Quadratur des Kreises: daß er neu und erregend bleibe wie am ersten Tag und daß er doch Geborgenheit spende, wie einst nur die Mutter es vermocht hat.

Eine Dimension genügt nicht

Das soeben angesprochene Paradox führt zurück auf eine Argumentationskette, die wir auf Seite 257 auf halbem Wege abbrechen mußten. Es war dort von Bill MASONS Theorie die Rede gewesen. Verglichen mit dem hier vorgestellten Modell erscheint diese wesentlich einfacher aufgebaut, denn sie kommt mit einer *einzigen* Dimension sozialer Affektivität aus. Bindungstrieb und Neugier sind ihr zufolge einfach zwei Pole auf einer einzigen Skala; beide gemeinsam dienen dazu, ein Optimum an »Erregung« zu gewährleisten. Genauso wie bei uns auch, fungiert Fremdheit – oder allgemeiner, »Kollativität« – als »Quelle«, Vertrautheit hingegen als »Senke« für Erregung.

Das Problem dieses Ansatzes liegt, wie wir nun sehen, im Faktum der sekundären Bindung. Wenn unsere Überlegungen nämlich zutreffen, dann ist der Ehepartner zugleich eine »Quelle« *und* eine »Senke« von Erregung. Damit ist das Bild aber überfordert: MASONS Modellvorstellung enthält nicht genügend Freiheitsgrade.

Rufen wir uns noch einmal sein Experiment von Seite 233 in Erinnerung. Da wird ein junger Schimpanse mit zwei Partnern konfrontiert, von denen man annimmt, daß die Erregung steigt, wenn er sich dem einen, und sinkt, wenn er sich dem anderen nähert. Durch Manipulation des Reizklimas kann die Präferenz vom einen auf den anderen Partner verschoben werden. Es läßt sich also leicht einrichten, daß keiner der beiden den anderen an Attraktivität überbietet. Nach MASONS Theorie müßte man in so einem Fall aber erwarten, daß der Schimpanse beide Partner *meidet.* Seine

Erregungsbilanz wäre dann nämlich gerade ausgeglichen; Annäherung an den Raufbold würde ihm demgemäß Angst machen, Annäherung an den mütterlichen Pfleger hingegen wäre langweilig. Das emotional ausgeglichene Tier wäre also grundsätzlich solitär! Empirisch gilt gerade das Gegenteil: *Beide* Partner bleiben *attraktiv,* nur eben etwa zu gleichen Teilen.

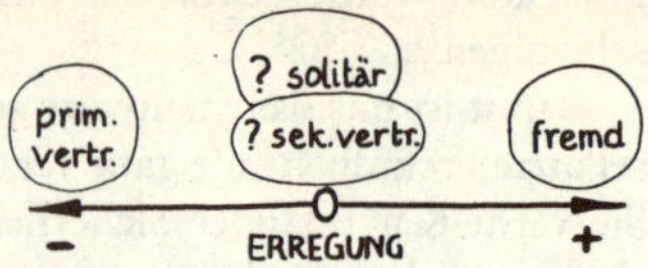

Hinzu kommt ein Weiteres. Wenn der Vertraute eine »Quelle« und der Fremde eine »Senke« von Erregung ist, dann muß es einen mittleren Grad von Vertrautheit geben, in dem der Partner Erregung weder erzeugt noch abzieht. Ein solcher Artgenosse aber müßte als soziales Neutrum behandelt werden, affiliativ belanglos wie ein Möbelstück. Und, noch schlimmer: Dieser Effekt sollte fast zwangsläufig im Laufe des Prozesses eintreten, in dem man mit einem zuvor fremden Partner sekundär vertraut wird. Er müßte ja auf MASONS eindimensionaler »Erregungs«-Skala irgendwann einmal den Nullpunkt durchwandern.

Das alles paßt so gar nicht zum Erscheinungsbild tierischen Sozialverhaltens. Artgenossen verblassen einfach niemals zur Belanglosigkeit. Gleichgültig, wie eng oder flüchtig man mit ihnen bekannt ist, immer bleiben sie Knotenpunkte des sozialen Kraftfeldes, nie wird es bedeutungslos, ob man Abstand von ihnen hält oder mit ihnen Kontakt aufnimmt.

Theoretische Schwierigkeiten dieser Art lassen sich vermeiden, wenn man Erregung und Sicherheit nicht als zwei Extremwerte einer einzigen Gefühlsskala, sondern als unabhängige Achsen gelten läßt. Beide Stimmungslagen verändern sich *gegenläufig* zueinander, wenn der Partner seine Vertrautheit ändert; das ist der wahre Kern an MASONS Ansatz. Aber beide, das kann MASON nicht erklären, reagieren *gleichsinnig* auf Annäherung an den Partner: Der erregende Eindruck des Fremden steigt an, beim Vertrauten fühlt man sich noch geborgener, je enger der Kontakt wird.

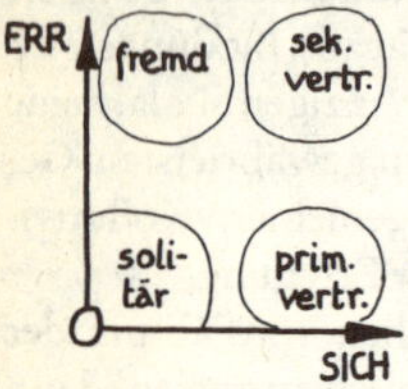

Der *solitäre* Zustand setzt demgemäß, wenn er dem Individuum gegen dessen Wunsch aufgenötigt wird, nicht einen, sondern zwei verschiedene Affekte frei – *Einsamkeit* und *Langeweile.* Die erstere reflektiert ein Defizit an Sicherheit, die letztere einen Mangel an Erregung. Niemals ist der solitäre Zustand daher, wie beim eindimensionalen Modell, affektiv zu verwechseln mit der Anwesenheit des *sekundären Bindungspartners,* der gerade die Balance zwischen Vertrautheit und Fremdheit hält: Bei diesem fühlt man sich dann eben weder einsam noch gelangweilt. Er spendet Sicherheit und Erregung zugleich.

Als ich Benno am nächsten Tag wieder in seinem Keller besuchte, sprach ich ihn noch einmal auf die Skizze von Seite 435 an. »Wenn du in der adulten Phase sowohl für Sicherheit als auch für Erregung einen mäßig erhöhten Sollwert ansetzt, so willst du damit offenbar den Wechsel vom primären zum sekundären Bindungsobjekt erklären.«

Er bestätigte das. »Damit ist in der Tat der Bereich der potentiellen Geschlechtspartner festgelegt: Engste Familienmitglieder scheiden aus, weil sie viel zu vertraut sind. Sie erwecken Überdruß und sind außerdem langweilig. Aber auch ein allzu exotischer Partner ist nicht gut: Er denkt und fühlt so anders als man selbst, daß sich kein rechtes Geborgenheitsgefühl einstellt. Also bleibt der Ausweg in der Regel die goldene Mitte: nicht zu fern und nicht zu nah.«

Ich mußte an MURDOCKS Gradientenmodell aus dem 3. Kapitel denken. Als ich es Benno erklärt hatte, rief er aus:

»Das paßt genau! Der ›Ethnozentrismus-Gradient‹ gibt nichts anderes als die *Sicherheit* an, die ein Partner spendet, und der ›Exogamie-Gradient‹ bezeichnet entsprechend das Maß an *Erregung*.«

»Langsam, langsam«, dämpfte ich seine Begeisterung. »Bei MURDOCK handelt es sich um kulturelle Heiratsregeln, bei deinem Modell aber um individuelle Stimmungen und Affekte! Und betrachte einmal die horizontale Achse in seinen Diagrammen. Die ›Distanzskalen‹, von denen da die Rede ist, lassen sich mit der Größe *dist* in deinem Modell überhaupt nicht vergleichen.«

Ich deutete auf das Blockschaltbild von Seite 431, das noch immer an der Wandtafel stand.

»So simpel darfst du auch nicht zuordnen. MURDOCKS Distanzskalen haben mit der aktuellen Entfernung zweier Individuen in einem gegebenen Moment allerdings nichts zu tun. Sie bezeichnen Merkmale, die den Partnern fest zukommen. Und zwar Merkmale, von denen abhängt, wieviel Aufwand es kosten wird, sich miteinander *vertraut* zu machen. Die ›geographische‹ Distanz ist beispielsweise ein Maß für die mutmaßliche Häufigkeit früherer Kontakte. Von der ›kulturellen‹ Nähe hängt der Umfang gemeinsamer Überzeugungen, Sitten und Werte ab, an die man sich nicht erst mühsam gewöhnen muß. Sinngemäß dasselbe gilt für die ›physiognomische‹ Distanz.«

»Dann entsprechen MURDOCKS Distanzskalen am ehesten der Größe *phys* in deinem Modell? Diese soll ja gerade die Merkmale zusammenfassen, an denen der Individualdetektor feststellt, wie vertraut der Partner ist.«

»Das ist richtig, auch noch in einer anderen Hinsicht. Die Größe *phys* wird ja von zwei verschiedenen Detektoren registriert; sie bestimmt nicht nur *FAM*, sondern auch *REL*, die soziale Relevanz, die erlebte ›Menschenähnlichkeit‹ des Partners. Wenn einem Subjekt nun eine Serie potentieller Heiratskandidaten vorgestellt wird, wobei jeder folgende im MURDOCKschen Sinn etwas ›distanter‹ ist als der vorhergehende, so wird zweierlei geschehen. Zunächst einmal muß die Familiarität, die der Individualdetektor meldet, immer weiter absinken. Der Erregungswert der Partner steigt demgemäß ständig an, bis an die Grenze der Unheimlichkeit. Aber wenn die Verfremdung noch weitergeht, wird irgendwann auch der Artdetektor nicht mehr mitspielen; das angebotene soziale Objekt erscheint dann schließlich nicht mehr als Mensch und wird damit sozial irrelevant. Das aber dämpft wiederum den Erregungswert des Objekts; und so erklärt sich der ›Haken‹ am rechten Ende des ›Exogamiegradienten‹, von dem auf Seite 41 die Rede war.«

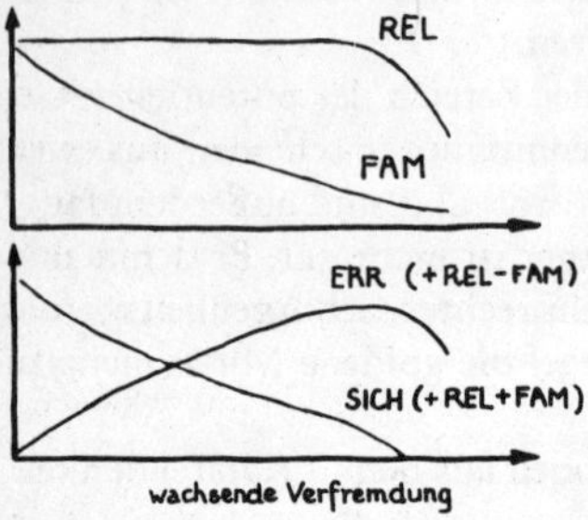

Ich gab mich noch immer nicht geschlagen. »Und wie ist es mit der Skala der ›verwandtschaftlichen‹ Distanz? Wird eine Kreuzkusine allein schon dadurch ›vertrauter‹, daß ich sie, statt mit einer irokesischen, mit einer Hawaii-Bezeichnung anrede?«

»Warum nicht? Die Grenzen der sozialen Identifikation würden in beiden Fällen ja anders verlaufen, und auch diese sind zumindest symbolische Äquivalente von Vertrautheit. Aber ich habe natürlich nicht den Anspruch, die menschlichen Heiratsregeln auf der Basis eines Modells, das zur Erklärung tierischen Sozialverhaltens konzipiert wurde, in allen Details aufzuklären. Nur meine ich eben, daß sie auch nicht völlig willkürlich entstanden sind. Immerhin stellen sie ein kulturübergreifendes Universalphänomen dar, und man wird vermuten dürfen, daß das *Trans*kulturelle einen *vor*kulturellen Kristallisationskern hat.«

Darüber hätte sich diskutieren lassen, aber das wollte ich für eine spätere Gelegenheit aufheben. Wir werden im sechsten Teil des Buches auf diese konsequenzenreiche These zurückkommen.

Aktivation und Coping-Strategien

Für jetzt ging es mir zunächst darum, Bennos Modell zuende erklärt zu bekommen. Denn das Schaltbild war ja wohl noch nicht fertig.

»Viel fehlt aber nicht mehr«, beruhigte mich Benno. »Nur noch zwei Bausteine. Laß mich mit dem einfacheren beginnen. So wie es bis jetzt dasteht, leistet das Modell eine einfache Form von Distanzregulation. Es sorgt dafür, daß das Subjekt sich an Artgenossen anschließt oder ihnen ausweicht, je nach ihrem Vertrautheitsgrad und dem Stand seiner inneren Sollwerte. Vorausgesetzt ist dabei, daß es immer weiß, wo es hinlaufen soll, und daß kein Hindernis den Weg versperrt. So günstig sind die Verhältnisse jedoch nicht immer. Nimm einmal an, ein Tierjunges hat seine Mutter aus den Augen verloren. Seine Sicherheitsappetenz ist hoch, aber in welche Richtung soll es laufen? Schließlich entdeckt es sie hinter einem Wassergraben, den es nicht durchschwimmen kann. Wiederum ist seine Motorik blockiert.«

»Muß man nicht auch noch *innere* Barrieren berücksichtigen? Ich fürchte mich vor dem Fremden, dem ich an der Wasserstelle begegne, aber Durst habe ich auch, und der hindert mich wegzulaufen.«

»Es kann sogar geschehen, daß sich das Sicherheits- und das Erregungssystem gegenseitig in die Quere kommen. Zum Beispiel mag ein Jugendlicher seiner Familie schon recht überdrüssig sein; wenn er sich dann aber die feindselig-anonyme Atmosphäre in der Fremde vorstellt, verläßt ihn die Courage, und er bleibt eben doch daheim.«

»Und nervt die Familie mit Genörgel und grantiger Laune, bis es ihr zu bunt wird!«

Benno mußte lachen. »Aggressivität, in welcher Form auch immer, gehört tatsächlich zu den Reaktionsmöglichkeiten in solchen Situationen. Schauen wir uns das einmal im Modell an.«

Er wandte sich wieder der Tafel zu.

»Achte bitte einmal auf die beiden Größen *SICH-A* und *ERR-A*. Du wirst dich erinnern, daß der Buchstabe *A* dabei, je nach Vorzeichen, ›Appetenz‹ oder ›Aversion‹ bedeutet. Außerdem hatte ich aber angekündigt, daß es noch eine dritte Lesart gibt: Wenn es weder auf das Vorzeichen noch auf die Qualität, sondern allein auf die Intensität von *A* ankommt, dann bezeichnet man diese Größe als *›Aktivation‹*.«

Hiervon war schon auf Seite 237 die Rede gewesen. Um sicher zu gehen, fragte ich noch einmal nach.

»Du sprichst also von ›Aktivation‹, wenn es dir nicht darauf ankommt, ob die Sicherheit oder die Erregung aus dem Gleichgewicht geraten ist und ob ein Mangel oder ein Überfluß an diesen Affekten vorliegt.«

Benno bestätigte das. »Die mit *A* bezeichneten Größen spielen in meinem Modell die Rolle der sogenannten ›Regelabweichung‹. Diese sollte sich eigentlich ständig in der Nähe von null bewegen. Sonst entsteht ein

Zustand unangenehmer *Spannung*, und der Organismus muß etwas unternehmen, um diese Spannung möglichst schnell wieder abzubauen. Zunächst versucht er es durch eine *spezifische* Reaktion, das heißt über eine Korrektur der Distanz im Sinne eines der vier basalen Reaktionsmodi. Er weicht also ängstlich zurück, kommt neugierig näher, wendet sich überdrüssig ab oder wirft sich liebend in die Arme. Wenn das aber durch Hindernisse vereitelt wird, so reagiert er *unspezifisch*, und das ist dann der Moment, wo nur noch der Betrag der Aktivation zählt. Der Organismus sieht sich in einer motivationalen Problemsituation, die danach verlangt, bewältigt zu werden. Bewältigung heißt auf Englisch ›*Coping*‹, und es ist in der Psychologie üblich, in solchen Zusammenhängen von ›Coping-Strategien‹ zu sprechen.«

Benno ergänzte die Zeichnung an der Wandtafel. Der hinzugefügte Anteil stach fett von den schon etwas abgewetzten Strichen des Vortages ab.

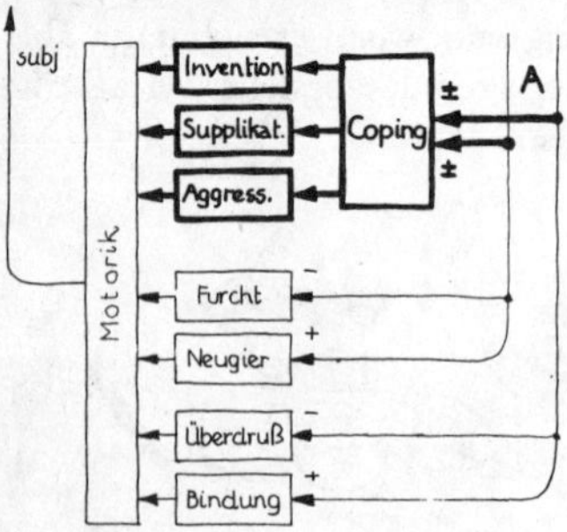

»Es sind im wesentlichen drei verschiedene Coping-Programme, die durch Aktivation ausgelöst werden können: *Aggression, Supplikation* und *Invention.* Welches von ihnen im Einzelfall zum Einsatz kommt, hängt von der individuellen Lerngeschichte und von situativen Faktoren ab. Ich nenne sie unspezifisch, weil grundsätzlich jedes von ihnen in allen vier basalen Problemsituationen ausgelöst werden kann.«

Benno hatte einen großen Block mit dem Namen »Coping« eingezeichnet, in dem *ERR-A* und *SICH-A* gleichberechtigt und ohne Rücksicht auf ihr Vorzeichen zusammenflossen. Die resultierende Gesamtaktivation löste dann eine von drei prinzipiell gleichberechtigten Bewältigungsstrategien aus. Wobei, wie er erläuterte, das Coping-System durch Trägheit und eine hohe Eingangsschwelle davor bewahrt wurde, auf jede geringfügige oder kurzfristige Aktivation auch gleich anzusprechen. So war gewährleistet, daß immer zuerst die vier spezifischen Reaktionen zum Zuge kamen, und erst wenn diese versagten, »Invention«, »Supplikation« oder »Aggression« eingesetzt wurden.

Aggression

»Von diesen drei Verhaltensmustern kann ich mir allerdings auf Anhieb nur unter Aggression etwas vorstellen. Wenn man sich um motivgemäße Distanzregulation bemüht und eine Barriere hindert einen daran, so versucht man sie zu zertrümmern . . .«

». . . oder das, was man dafür hält!« warf Benno dazwischen. »Wutreaktionen pflegen leider nicht nur den zu treffen, der sich in den Weg stellt, sondern oft auch den, der zufällig gerade in die Nähe kommt. Das ist selbst bei uns Menschen so, und von Tieren kann man dann fairerweise auch nicht mehr verlangen. Aber die Funktion dieser Form von Aggressivität – es gibt noch andere Formen! – ist sicherlich die Beseitigung von Hindernissen.«

»Und zwar, wenn ich richtig verstehe, von Hindernissen bei der Verwirklichung *irgendeines* Wunsches, also auch jedes der vier spezifischen Verhaltensprogramme in deinem Modell. So müßte es zum Beispiel eine Form von Aggression geben, die eigentlich eine verhinderte *Flucht*reaktion ist.«

»Die gibt es in der Tat. Der Zürcher Zoologe Heini HEDIGER hat sie wiederholt beschrieben und analysiert. Da hat etwa ein Leopard einen Pavian aufgestöbert und verfolgt ihn. Die beiden jagen über die Steppe. Die Raubkatze kommt immer näher. Der Affe wartet nun nicht, bis der Angreifer ihn von hinten packt. Im letzten Moment wirft er sich herum und wagt einen Verzweiflungsangriff. Die Chancen sind gering, aber er hat keine andere Wahl mehr. HEDIGER nennt das die ›kritische Reaktion‹. LORENZ erwähnt sie kurz in seinem Aggressionsbuch, baut sie jedoch in sein System nicht ein, obwohl sie wahrscheinlich die wichtigste und gefährlichste Ursache zwischenmenschlicher Zerwürfnisse ist. Denn sie entsteht aus der Furcht, die ja mit der Nähe zunimmt, und antwortet gleichwohl mit einem ›ad-gredi‹, einem ›Draufzugehen‹; damit aber schließt sie einen positiven Rückkoppelungskreis. Wenn der andere genauso reagiert, führt das unweigerlich zur Eskalation.«

Bennos Modell sah neben der kritischen Reaktion noch drei weitere Formen von Aggression vor. Ich ging sie der Reihe nach durch.

»Wie steht es mit Aggression aus verhinderter *Neugier*? Das klingt konstruiert!«

»Dann setze einmal ein paar andere Ausdrücke dafür ein. Wie wäre es mit ›Aggression aus Langeweile‹? Kannst du dich noch an Helmut QUALTINGERS pechschwarze Halbstarken-Analyse erinnern? In einem seiner Chansons kehrt ständig der Refrain wieder: ›Wos kann denn i davor, daß i aso viel Zeit hab?‹ Und dann wird unterkühlt geschildert, wie es weitergehen kann, vom Konsum gewaltverherrlichender Action-Filme und Groschenromane über Motorradraserei, Wirtshausprügeleien bis hin zum Taxifahrermord – und das alles bloß, ›Weil ma so fad is‹! Also – in der Sprache des Modells – aus behinderter Appetenz nach Erregung!«

Das ergab Sinn. Auch fiel mir ein, daß Kinder zuweilen mit ihrem Spielzeug so grob und mutwillig hantieren, als seien sie darauf aus, daß es kaputt geht. Das wird als »aggressives Spiel« registriert und tritt gehäuft dann auf, wenn das Reizangebot die Kinder nicht zu fesseln vermag. Eigentlich wollen sie mit ihrem »ungezogenen« Verhalten ein Erregungsdefizit ausgleichen. B. HASSENSTEIN spricht direkt von einer »explorativen Aggression«.

Nach der dritten Möglichkeit, Aggression aus *Überdruß*, also gegenüber einem sich zur Unzeit aufdrängenden Bindungspartner, brauchte ich gar nicht zu fragen. Ich erinnerte mich noch gut genug an die heftigen Flügelbugschläge, die mein Mitarbeiter, wie auf Seite 24 dargestellt, damals in Seewiesen von seinem handaufgezogenen Streifenganter einstecken mußte. Und Zeitungsberichte über erwachsene Männer, die statt einer Partnerin eine Ersatzmutter geheiratet haben und eines Tages mit der Axt auf sie losgehen, liest man auch hin und wieder einmal.

Die letzte Variante schließlich: *Liebe*, die in Haß umschlägt, weil sich ihr das Objekt entzieht, wurde seit SHAKESPEARE von den Dichtern so variantenreich abgehandelt, daß sich auch hierüber jedes Wort erübrigte.

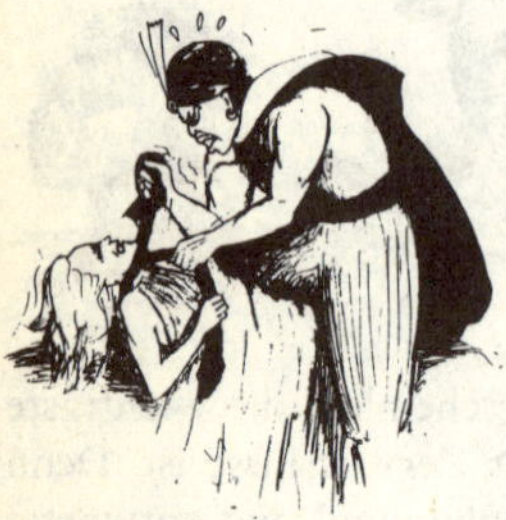

Durch den Kunstgriff, der Aggression jeweils eine der vier Grundstimmungen des Modells zu unterlegen, wurde ihrer faktischen Vielschichtigkeit Rechnung getragen. Und dennoch blieb da eine unverkennbare Gemeinsamkeit. Die Rolle, die Benno der Aggression zugedacht hatte, erinnerte deutlich an die sogenannte *Frustrationstheorie*.

In den sechziger Jahren hatten sich in der Aggressionsforschung zwei unvereinbare Schulmeinungen gegenübergestanden. Auf der einen Seite lehrte Konrad LORENZ unter zumindest stillschweigender Billigung vieler Anhänger Sigmund FREUDS, Aggression beruhe auf einem endogen produzierten Trieb, der immer stärker anschwillt, wenn ihm die Abfuhr versagt bleibt, und der daher *spontan* nach irgendeinem mehr oder minder ahnungslosen Opfer sucht. Die Lerntheoretiker auf der Gegenseite vertraten kompromißlos eine *reaktive* Aggressionstheorie: Voraussetzung für feindseliges Verhalten war danach immer die Vereitelung, die ›Frustration‹ eines Wunsches, und der Ärger richtete sich dann primär gegen den vermuteten Urheber der Vereitelung.

»Deine Theorie«, sagte ich zu Benno, »ist einfach die alte Frustrationslehre in neuem Gewand. Denn du leitest Aktivation ja von Behinderung her, was nur ein anderes Wort für Frustration ist. Jede Art von Coping, also auch Aggression, ist demnach prinzipiell reaktiv. Von der LORENZschen Idee ist nichts mehr übrig geblieben.«

»Das stimmt nicht so ganz. Aktivation kann auch endogene Ursachen haben – es brauchen sich ja nur die inneren *Sollwerte* zu ändern! Nimm als Beispiel den schubhaften Anstieg des Erregungsbedürfnisses in der Adoleszenz: ›Halbstarken‹-Krawalle sind meist nur schwer aus ihrem aktuellen Anlaß zu erklären. Die ›gesellschaftliche Repression‹, gegen die sie sich richten, mag durchaus eine Realität sein. Diese aber besteht meist schon seit langem in gleicher Form, und daß sie plötzlich nicht mehr ertragen wird, ist dann eben doch ein spontaner Effekt. Oft liegt der Anlaß sogar in einer *Lockerung* des Autoritätsgefüges. Und eine konsequente ›Laissez faire‹-Haltung garantiert keineswegs, daß Generationenkonflikte ausbleiben. Dasselbe gilt für die Spannungen, die durch jugendliches Überdrußverhalten in die Familie gebracht werden können. Daß alle Menschen immer friedlich bleiben, wenn man ihnen nur den Willen läßt, ist ein schöner Traum, der nicht wahrer wird, wenn man ihn für eine wissenschaftliche Theorie ausgibt.«

Ich begann mich für die kybernetische Vorgehensweise zu erwärmen. Solange man auf rein verbaler Ebene bleibt, neigt man zu einem Denken in Gegensätzen. Aggression ist danach *entweder* spontan *oder* reaktiv. Daß sie beides sein könnte, erscheint erst dann plausibel, wenn man durch ein Blockschaltbild daran erinnert wird, wie vernetzt kausale Zusammenhänge in Wirklichkeit zu sein pflegen.

»Außerdem zwingt diese Denkweise zu sprachlicher Disziplin«, fügte Benno hinzu. »Wenn LORENZ und seine Kritiker etwa über ›Spontaneität‹ der Aggression stritten, so stand nicht nur zur Debatte, ob dieser Antrieb *endogen* sei und also keiner Anstachelung durch Außenreize bedürfe. Es ging vielmehr immer auch zugleich um die Vorstellung, daß der Trieb, wenn er nicht zum Einsatz kommt, sich aufstaut und ständig heftiger wird, wie der Wasserstand im Reservoir des ›psychohydraulischen Modells‹. Das Konzept der *Endogenie* vermengte sich so mit dem der *Kumulation,* obwohl die beiden logisch voneinander unabhängig sind. Es kann doch sein, daß man an manchen Tagen mild und friedlich, an anderen hingegen ohne äußeren Anlaß in besonders reizbarer Stimmung ist. Deshalb muß man aber noch längst nicht herumrennen und immer heftiger nach einem Blitzableiter suchen. Es genügt, wenn man eine Zeitlang in Ruhe gelassen wird, und man kommt von selbst wie-

der ins Lot. Ob Aggressionsbereitschaft kumuliert, ist eine empirische Frage. In gewissen Zusammenhängen mag sie es wirklich tun, in anderen aber wieder von selbst abklingen, ohne ›Abfuhr‹. Sie kann übrigens auch abrupt durch eine andere Coping-Strategie ersetzt werden, zum Beispiel durch Supplikation, ohne daß diese deshalb ›sublimierte Aggression‹ sein müßte.«

Supplikation

Damit hatte Benno ein neues Stichwort gegeben; wir kennen es bereits von Seite 300 her, und auf Seite 344 waren wir in anderem Zusammenhang darauf zurückgekommen.

»Wie ist das eigentlich mit dieser Strategie?« vergewisserte ich mich. »Wenn man Aggression funktionell als den Versuch deutet, die Barriere vor einem Triebziel zu zertrümmern, dann geht es, um im Bild zu bleiben, bei der Supplikation doch darum, jemanden *anderen* zu finden, der die Barriere beseitigt oder der einen darüberhebt – kurz gesagt, der einem hilft. Supplikation ist der Appell an Unterstützung durch andere. Prototyp dieser Reaktionsform ist das *Weinen* des Kindes, das sich von seiner vertrauten Bezugsperson getrennt fühlt ...«

»... nicht nur des Kindes! Auch im späteren Leben sind Tränen Signale der Hilflosigkeit und der verlorenen Sicherheit. Beim Kind hat Weinen dabei noch meist eine lebensdienliche Funktion: Es alarmiert die Mutter und sorgt dafür, daß *diese* den Kontakt wiederherstellt. Bei Partnerverlust im Erwachsenenalter ist diese supplikative Strategie leider weniger effizient. Zugegeben: Entfremdende Zerwürfnisse können manchmal unter Tränen wieder ein versöhnliches Ende finden. Ist der Partner allerdings verstorben, so kann mein Weinen ihn nicht mehr zur Rückkehr bewegen. Und geht es darum, daß er von mir endgültig nichts mehr wissen will, so werde ich ihn durch larmoyante Bekundung meiner Hilflosigkeit kaum auf seinem Wege aufhalten. Aber von alldem wissen die basalen Schichten meines Zentralnervensystems nichts, in denen die Verhaltenskoordinationen der Supplikation bereitliegen. Und mein Menschengeist, in jüngeren Hirnregionen beheimatet, kann dann auch nicht viel mehr machen als diese primitiven Programme rituell hochzustilisieren bis zum Schreien bestellter Klageweiber, oder sie umgekehrt so weit zu dämpfen, daß von ihnen nichts mehr übrig bleibt als die lautlose Träne auf verhülltem Gesicht. Das Grundmuster jedoch bleibt dasselbe wie beim Jammerlaut eines verirrten Tierkindes: Die Mutter soll kommen und helfen.«

Ich betrachtete die Zeichnung noch einmal aus der Nähe.

»Das supplikative Verhalten läuft in dem Modell völlig der Aggression parallel. Es müßte also, gerade wie diese, unspezifisch auf jede Form erhöhter Aktivation ansprechen, gleichgültig ob diese das Sicherheits- oder das Erregungssystem betrifft und ob ihr eine Appetenz oder eine Aversion zugrundeliegt. Nun hast du aber vorhin gesagt, Prototyp der Supplikation sei das Weinen des Kindes. Das spricht doch dafür, daß dieses Coping-Programm bevorzugt bei Sicherheitsappetenz auftritt und demgemäß an einen Zustand hoher *Abhängigkeit* gekoppelt ist.«

»Diese Erwartung ist intuitiv einleuchtend, und das hat gewisse terminologische Verwirrungen angerichtet. Man hat supplikatives Verhalten zuweilen schlicht als ›abhängiges‹ Verhalten bezeichnet.«

Wie auf Seite 161 dargestellt, verwendete schon MURRAY bei seinen Inhaltsanalysen des »Thematischen Apperzeptionstests« den Begriff »Abhängigkeit«. Er protokollierte dieses Merkmal einerseits, wenn in den Phantasiegeschichten seiner Versuchspersonen jemand engen Kontakt mit einem Partner suchte, sich also *bindungs*motiviert verhielt, andererseits aber auch, wenn der Held der Geschichte andere um Hilfe bat oder ihnen Fragen stellte. Bald wurde deutlich, daß diese beiden Kriteriengruppen nicht dieselbe psychische Situation trafen. Manche Autoren ließen daher »Hilfe erbitten« nur dann als Erweis für »Abhängigkeit« gelten, wenn es dem Erzähler nicht in erster Linie um die erbetene Leistung, sondern um die mit dem Akt des Bittens verbundene *Kontaktnahme* zu gehen schien. In diesem Fall sprach man zuweilen auch von *»emotionaler«* im Gegensatz zu rein *»instrumenteller«* Abhängigkeit.

Benno griff die Stichworte auf. »In dieser Terminologie beschränkt sich das, was in meinem Modell *ABH* heißt, auf ›emotionale‹ Abhängigkeit. ›Instrumentelle‹ Abhängigkeit hingegen wäre gleichbedeutend mit der Neigung, sich vornehmlich *supplikativer* Coping-Strategien zu bedienen, gleichgültig, wie hoch der Sollwert für Sicherheit gerade sein mag. Supplikativ reagieren kann man auch, wenn *ABH* sehr niedrig und *UNT* entsprechend hoch ist.«

»Das strapaziert mein Vorstellungsvermögen. Daß man nach der Mutter weint, verstehe ich. Auch bei ›Furcht‹, bei Erregungsüberschuß, ist noch gut nachfühlbar, daß man den unheimlichen Fremdling um Schonung anfleht. Aber die beiden mittleren Blöcke, ›Neugier‹ und ›Überdruß‹, bereiten mir doch Schwierigkeiten. Es paßt einfach nicht zum jugendlichen Draufgänger, der sein Ränzchen schnüren und der Familie ade sagen will, wenn er dabei gleichzeitig um Hilfe bettelt. Abgesehen davon, daß ich mir auch gar nicht vorstellen könnte, an wen er sich da eigentlich wenden soll!«

»Du vergißt, daß nicht von jemandem die Rede ist, der seine Wünsche, hier also den nach Ablösung, auch problemlos verwirklichen kann. Coping-Mechanismen setzen ja erst ein, wenn die Aktivation über eine bestimmte Zeit- und Intensitätsschwelle hinaus andauert – also nicht beim echten, sondern beim verhinderten Abwanderer. Der Hinderungsgrund kann dabei zum Beispiel in der Angst vor der eigenen Courage liegen. Ein amerikanischer Freund hat mir vor ein paar Jahren eine einschlägige Episode berichtet. Es handelte sich um seinen fünfzehnjährigen Sohn, den die Pubertät arg beutelte. Als es wieder einmal schlimm war, verblüffte er seine Mutter durch die ernstgemeinte Aufforderung: ›Mom, call me a taxi, I wanna run away from home!‹«

Da hatte sich Sicherheitsaversion, vielleicht auch Erregungsappetenz, tatsächlich supplikativer Mittel bedient.

»In der Realität kommen offenbar alle theoretisch möglichen Kombinationen von Aktivationsarten und Coping-Strategien vor«, sagte Benno. »Ich wünschte, wir wüßten schon genauer, wovon es abhängt, welche Mittel im konkreten Fall bevorzugt werden. Mein Modell hat an dieser Stelle eine erkennbare Lücke. Aber ich möchte diese nicht mit voreiligen Spekulationen füllen.«

Invention

Ich erinnerte Benno daran, daß er bisher noch nichts über »Invention«, seine dritte Coping-Strategie, gesagt hatte.

»Nun – Not lehrt nicht nur beten, oder fluchen. Es gibt auch das Sprichwort, daß sie erfinderisch mache. Wenn wir noch einmal auf das Bild der zielversperrenden Mauer zurückkommen, so besteht die nächstliegende Lösung doch eigentlich darin, daß man die Barriere zu *umgehen* versucht – man macht einen Umweg! Den muß man natürlich erst suchen und finden, daher der Name ›Invention‹.«

»Meinst du damit den Einsatz von Intelligenz? Eigentlich läuft doch alles produktive Denken auf Umwegsuche hinaus!«

»Produktives Denken ist zweifellos die höchstentwickelte Form von Invention. Aber es geht auch viel einfacher. Zuweilen hilft es schon, wenn man einfach ungerichtet umherläuft oder die Umgebung wahllos mit Schnabel, Schnauze oder Pfoten bearbeitet. Besser ist freilich, wenn man sich auch noch *merken* kann, welche Folge von Zufallsbewegungen zu einem Erfolg geführt hat. Am effizientesten ist der Einsatz von Intelligenz; aber die setzt voraus, daß die äußere Manipulation auf einer inneren Probebühne phantasierend vorentworfen wird, und dieses Hilfsmittel ist auf tierischer Stufe wohl nur den Anthropoiden verfügbar. Beim Menschen spielt es natürlich eine überragende Rolle.«

Auf Seite 238, als erstmals von »Aktivation« die Rede war, wurde bereits auf diese Steigerungsreihe hingewiesen. Dort, und dann noch einmal auf Seite 246, war auch ein Stichwort gefallen, das ich jetzt ins Gespräch brachte.

»Warum hast du diesen Block eigentlich ›Invention‹ genannt und nicht einfach ›Exploration‹? Darum handelt es sich doch letzten Endes!«

»Dann hätte ich diesen Begriff zerlegen müssen. Du weißt sicher noch, daß Berlyne sich ebenfalls dazu gezwungen sah. Was er ›spezifische‹ Exploration nannte, ist tatsächlich gleichbedeutend mit *inventiver* Aktivität. ›Diversive‹ Exploration hingegen ist einfach ein anderes Wort für *Neugier*verhalten. Ich wollte hier keiner Verwechslung Vorschub leisten, daher habe ich eindeutigere Wortmarken vorgezogen. Aber du weißt ja – was sind schon Worte?«

Wir haben die theoretische Verwirrung, die auf diesem Gebiet herrscht, bereits auf Seite 241 diskutiert. Die Begriffe kranken hier häufig an Überfrachtung. Daß man Neugierverhalten und inventives Verhalten in den Sammeltopf »Exploration« wirft, ist nur eine der gebräuchlichen Unsauberkeiten. Eine andere besteht darin, daß man die Variablen »Erregung«, »Erregungsappetenz« und »Aktivation« als deckungsgleich betrachtet.

Benno fand an der Tafel noch Platz für eine kleine Skizze.

»Die horizontale Grundlinie stellt die Größe *ERR-A* aus dem Modell dar. Nach links hin steigert sie sich zu immer höheren Graden von Erregungsaversion, nach rechts hin entsprechend zu Erregungsappetenz. Am Nullpunkt in der Mitte stimmt die Erregung mit ihrem Sollwert *UNT* überein. Die Bereitschaft zu *neugier*motiviertem Verhalten – die durchgezogene Linie – wird dann stetig von links gegen rechts hin anwachsen. Aber es gibt auch noch andere Zustandsgrößen.«

Er zeichnete mit Pünktchen eine U-förmige Kurve.

»Das hier ist die *Aktivation,* die sich aufbaut, wenn längere Zeit *entweder* ein Erregungsdefizit *oder* ein Erregungsüberschuß besteht. Sie wächst gleichmäßig nach beiden Enden der Skala hin an. Entsprechend steigt auch die Bereitschaft zum Einsatz von Coping-Strategien – unter anderem zu *inventiver* Aktivität.«

Benno malte noch eine dritte Kurve, die aussah wie zwei Kamelhöcker.

»Hier muß man eine Komplikation be-

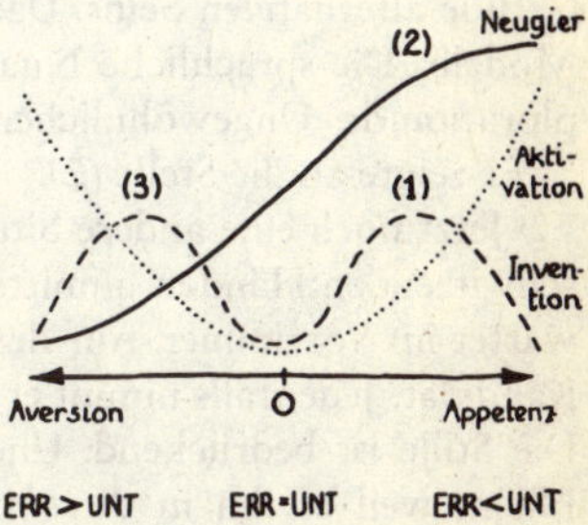

rücksichtigen. Sie hängt damit zusammen, daß inventives Coping beim Menschen auf sehr unterschiedlicher Organisationshöhe möglich ist. Es sieht nun so aus, als würden *anspruchsvollere* kognitive Leistungen bei extremer Aktivation nicht sehr gut gedeihen. Gegen beide Enden der Skala hin herrschen eher primitive Reaktionen vor – Wutausbrüche, Weinkrämpfe, und wenn schon ›Invention‹, dann allenfalls panischer Bewegungssturm. In der Gegend des Nullpunktes andererseits ist es auch wieder nichts mit den grauen Zellen: Man ist zu wenig aktiviert und daher denkfaul. Phylogenetisch rezentere Formen von Invention funktionieren daher am besten in den beiden mittleren Aktivationsbereichen; das ergibt diese gestrichelte Kurve. Sie ist übrigens empirisch schon seit Anfang unseres Jahrhunderts bekannt; man bezeichnet das, was sie aussagt, als die YERKES-DODSON-Regel.«

Ich muß die drei Kurven wohl mit einem etwas gequälten Gesichtsausdruck betrachtet haben, denn Benno ließ sich unaufgefordert herbei, sie noch durch ein Beispiel zu veranschaulichen.

»Stell dir vor, ein Student wohnt bei seinen Eltern. Die Decke der Bude fällt ihm auf den Kopf. Er zermartert sich das Hirn, wie er es anstellen soll, um endlich einmal neue Gesichter zu sehen, etwas zu erleben. Er fragt herum, nach Wohngemeinschaften, Treffs, Freizeitunternehmungen, bei denen man mitmachen könnte. Solange er solche Erkundigungen einzieht, fällt das bei mir unter die Rubrik ›Invention‹, etwa hier in dem Kurvendiagramm.«

Er deutete auf die mit *(1)* bezeichnete Stelle.

»Angenommen, jemand hat ihm einen brauchbaren Tip gegeben. Irgendeine Clique. Er geht hin. Man trinkt und diskutiert. Da ist ein Typ, der ihm ungeheuer imponiert. Cool und mit absolutem Durchblick. So wie er selbst gern wäre. Ganz anders als sein Vater. Er setzt sich zu ihm hin, beginnt ein Gespräch und findet das echt stark. Er begibt sich auf Entdeckungsfahrt in unbekannte, faszinierende Gefilde alternativen Seins. Das ist jetzt ›Neugier‹-Verhalten im Sinne des Modells. Die sprachliche Nuance stimmt nicht ganz, also sagen wir: Exploration des Ungewöhnlichen um der Erregung willen.«

Er zeigte an die Stelle *(2)*.

»Jetzt noch eine andere Situation. Derselbe Student, mit Krawatte und schwitzenden Händen unmittelbar vor der mündlichen Staatsprüfung. Er wartet im Vorzimmer. Auf der Bank daneben sitzt noch wer, ein weiterer Kandidat. Jedenfalls nimmt er das an, gesehen hat er ihn bisher noch nicht. Die Stille ist bedrückend. Und jetzt spricht er den anderen an. Warum? Nicht, weil es ihn in diesem Augenblick gelüstet, noch einen weiteren

Menschen kennenzulernen. Sondern einfach, um die beklommene Atmosphäre, die dick im Raum hängt, durch Herstellung von ein wenig Vertrautheit zu lichten. Vielleicht auch, um rasch noch etwas Wissenswertes über die bevorstehende Prüfung zu erfahren und so deren dräuende Kollativität abzuschwächen. Das wäre jetzt der Fall *(3)*, wiederum ein Beispiel für inventive Aktivität, aber diesmal im Dienste der Erregungs*reduktion.*«

Ich betrachtete das Diagramm mit den drei Kurven. Allen drei Verläufen war ich schon, jeweils separat, als einander angeblich widersprechenden Theorien für »exploratives« Verhalten in Lehrbüchern begegnet. Es ist offenbar wirklich schwierig, komplexe Systemzusammenhänge begrifflich zu bewältigen, wenn man nicht über geeignete Darstellungsmittel verfügt.

»Hast du noch Reserven?« fragte Benno. »Das Modell ist nämlich nicht ganz fertig geworden. Es gäbe noch Stoff für eine dritte Gesprächsrunde.«

27. Kapitel

Noch mehr Kybernetik

Dem vorausgehend entwickelten System fehlen noch zwei Dimensionen, ohne die es für unsere Fragestellung zu wenig Erklärungswert hätte – Autonomie und Sexualität. Diese Antriebsbereiche werden jetzt einbezogen. Auf der Basis relativ weniger, psychologisch plausibler Postulate gewinnt das Modell dabei beträchtlich an Kapazität, scheinbar heterogene Phänomene der sozialen Motivdynamik zu integrieren.

Die Furcht vor dem Herrn

Als ich Benno am Nachmittag erneut aufsuchte, hatte sein Beispiel vom Prüfungskandidaten auf der Vorzimmerbank schon wieder aufgehört, mir einzuleuchten. Warum hat der Student eigentlich so große Angst? Nachfühlen konnte ich sie ihm natürlich; ich sah nur nicht, wie sie aus Bennos Blockschaltbild folgen sollte. Nach der Logik dieses Modells beruhte Angst darauf, daß die Erregung weit über ihre Toleranzgrenze *UNT* hinauswächst.

»Hierfür wäre ein erheblicher Ansturm von Fremdheitseindrücken Voraussetzung; wo aber soll denn so viel Fremdheit überhaupt herkommen? Der Professor, zu dem der Prüfling jetzt gleich hineingehen muß, ist doch überhaupt kein Fremder; die beiden kennen sich seit 10 Semestern! Ich kann wirklich nicht verstehen, woher du in deinem Modell die Übererregung holen willst.«

»Ich habe es ja auch noch gar nicht zuende erklärt. Ihm fehlt bislang ein integrierender Bestandteil. Den brauche ich, um ein Phänomen einzubeziehen, das im Sozialverhalten höherer Säugetiere eine so bedeutende Rolle spielt: das Phänomen der *Rangordnung.*«

Wir gingen hinüber zur Wandtafel, an der noch immer das unfertige Blockschaltbild vom Vormittag zu sehen war.

»Der Professor«, erläuterte Benno, »ist tatsächlich nicht der Große Unbekannte; in gewissem Sinn könnte man ihn fast schon einen Vertrauten nennen. Gleichwohl wäre es nicht angebracht, sich ihm gegenüber ›Vertraulichkeiten‹ herauszunehmen. Ihn umgibt, bei aller Jovialität, ein Hauch von *Unnahbarkeit.* Und in diesem Wort steckt eigentlich schon das Problem. Es verweist darauf, daß der Rangstatus in die Distanzregulation eingreift. Der Student hat Hemmungen, sich dem hohen Herrn zu nähern. Hemmung aber bedeutet Aversion, und welcher Art soll diese sein? Überdruß scheidet wohl aus. Also bleibt, wenn man mit den Dimensionen des Modells auskommen will, nur Erregungsaversion. Aber woher rührt diese, wenn der Individualdetektor das Bild des Professors doch schon längst gespeichert hat? Ich erkläre mir das so: Der Professor wird als ein allmächtiger Über-Vater erlebt, der den Studenten zu einer Art Jüngstem Gericht zitiert. Und das hat zur Folge, daß dessen Erregungstoleranz *UNT* zusammenbricht.«

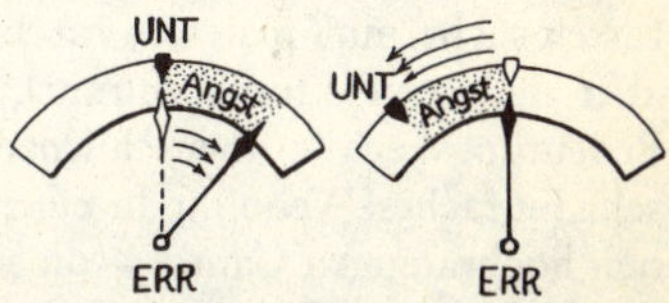

Daran hatte ich noch nicht gedacht. Erregungsaversion muß ja gar nicht von einem zu hohen *Istwert* der Erregung herrühren; sie kann auch entstehen, wenn der *Sollwert* zu weit absinkt. Man brauchte in das Modell nur eine Schaltung aufzunehmen, die dafür sorgte, daß dem Subjekt schlagartig die Unternehmungslust abhanden kam, wenn es mit einem Ranghohen konfrontiert wurde; dieser Einbruch mußte dann affektiv dieselben Konsequenzen haben wie ein Erregungsansturm.

Bausteine zur Systemtheorie der Rangordnung

»Ich gehe davon aus«, erläuterte Benno, »daß Rangverhältnisse sich auch im Erleben der Beteiligten widerspiegeln. Je ranghöher einer ist, desto einfacher kann er seine Ziele verwirklichen, ohne sich dabei nach anderen richten zu müssen. Er fühlt sich *autonom.* Die Stärke dieses Gefühls führe ich als neue Variable in das System ein.«

Er malte an die Tafel eine einfache Wirkungsbeziehung zwischen zwei Größen, die er »Erfolg« und »Autonomiegefühl« nannte und mit *erf* und *AUT* abkürzte.

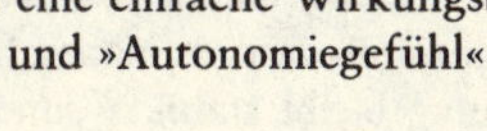

»›Erfolg‹ steht hier als Sammelbegriff für alle Situationen, in denen man bekommt, was man möchte. Je ranghöher einer ist, desto weniger Triebverzicht muß er leisten, desto häufiger erfährt er sich also auch als erfolgreich.«

Die unterschiedliche Schreibweise der beiden Variablen *erf* und *AUT* bedeutete, wie auf Seite 422 vereinbart, daß mit »Erfolg« ein objektiv feststellbarer Sachverhalt, mit »Autonomiegefühl« hingegen eine inferable Größe gemeint war.

»Das Autonomiegefühl ist der innere Widerschein des äußeren Erfolges. Es schließt die Gewißheit ein, von anderen respektiert zu werden, Herr der eigenen Verhaltensimpulse zu sein und das Verhalten anderer mitbestimmen zu können.«

»Das klingt alles ziemlich anthropomorph. Man denkt an ein Subjekt, das auf sich selbst reflektiert und sich bewußt mit anderen vergleicht. Außerdem kann ›Autonomie‹ auch einen moralischen oder heroischen Beiklang haben.«

»Von alldem muß man abstrahieren. Es ist immer das alte Problem: Wenn man tierische Motivation in rein verhaltensdeskriptive Begriffe zu fassen sucht, muß man sich furchtbar umständlich ausdrücken; wenn man aber ›innere‹ Faktoren einführt, ist man auf Begriffe angewiesen, deren Bedeutungskern im menschlichen Erleben liegt. Ich meine wirklich etwas sehr Einfaches. Wenn du dir einen Mantelpavian-Pascha vorstellst oder einen hochrangigen Ganter – du siehst ihnen ihre Alpha-Position schon an der Haltung an: Eine unnachahmliche Synthese von kraftvollem Muskeltonus und entspannter Gelassenheit. Versuche dir einmal das dazu passende Körpergefühl vorzustellen und bette es ein in einen Erlebnishorizont, in dem viele Augenpaare dich ständig mit verstohlenem Respekt verfolgen, dann kommst du dem am nächsten, was die Modellvariable ›Autonomiegefühl‹ ausdrücken soll.«

»Dieses Gefühl ist offenbar abstufbar gedacht: Je ranghöher man ist, desto stärker verspürt man es. Was geschieht nun aber, wenn jemand mit seiner Rangposition nicht einverstanden ist? Gibt es auch so etwas wie einen inneren Sollwert für die Höhe des Autonomiegefühls?«

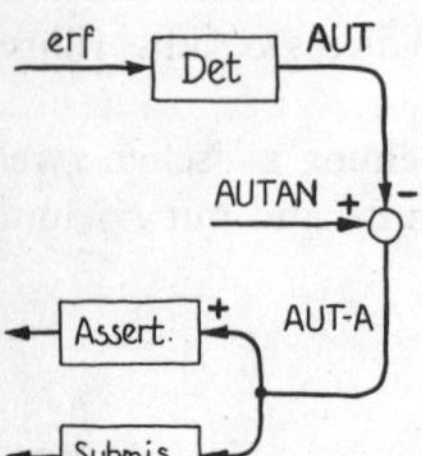

»Den muß man in der Tat fordern. Ich bezeichne ihn als ›Autonomieanspruch‹, abgekürzt *AUTAN*. Wenn er sich mit dem Autonomiegefühl deckt, das einem die übrigen Gruppenmitglieder einräumen, so ist man zufrieden, und die Rangordnung bleibt stabil. Wenn *AUTAN* aber über *AUT* weit hinausschießt, liegen Konflikte in der Luft. Das Subjekt gerät dann in einen Zustand der Autonomieappetenz, *AUT-A*, aus der heraus es versucht, seine Kontrahenten zu beeindrucken und sie zur Anerkennung der eigenen Dominanz zu nötigen. Im Englischen gibt es dafür einen treffenden Ausdruck – ›assertive‹. Man bezeichnet damit jemanden, der, unter Einsatz von Imponiergebärden, darauf besteht, seine Rechte geltend zu machen, seine Wünsche durchzusetzen. Ich fasse die Strategien der Autonomieappetenz daher als *assertives* Verhalten zusammen.«

»Kann die Aktivationsgröße *AUT-A* eigentlich auch negativ werden? Gibt es so etwas wie ›Aversion gegen Autonomie‹?«

»Die setze ich in der Tat überall dort voraus, wo ein Individuum sich *submissiv* verhält, ›Demutsgebärden‹ macht, wie die Ethologen sagen. Autonomieaversion ist meist gemeint, wenn man von jemandem sagt, er habe ›Angst vor der eigenen Courage‹, ›Furcht vor Erfolg‹, oder ihm sei ›der Anzug zu groß‹. Manchem ist es eben gar nicht lieb, wenn der Kontrahent ihn für einen respektablen Gegner hält, ihm also, mit der bereits geballten Faust in der Tasche, für den Moment mehr Autonomie einräumt, als er beansprucht. Der Filmkomiker Danny KAYE hat sich auf solche Rollen spezialisiert.«

Benno vervollständigte seine Zeichnung. Die Programme »Assertion« und »Submission« zweigten von der Aktivationsgröße *AUT-A* ab. Sie zeigten also nicht etwa die tatsächliche Höhe des Autonomiegefühls, sondern vielmehr eine unausgeglichene Autonomiebilanz an.

»Wer sich assertiv verhält, hat es nötig. Am schlimmsten ist in dieser Hinsicht der Zweitoberste in einer Rangordnung, zum Beispiel der ›Lucifer‹ in einer Callithrix-Familie. Das Alpha-Tier bedroht im allgemeinen niemanden, der ihm mit Respekt begegnet. Eher noch beschwichtigt es ihn.«

»Moment. Wie kommt es denn dazu?«

»Wenn sich der andere allzu ängstlich-devot gebärdet, erzeugt er beim Ranghohen einen Anflug von Autonomieaversion. Daher enthalten Beschwichtigungsgebärden Hochrangiger oft einen Anflug von Submissivität, was den Ethologen einiges Kopfzerbrechen bereitet hat.«

»Und wie ist es beim Rangniederen? Ist er nicht permanent submissiv?«

»Durchaus nicht. Er macht nicht den ganzen Tag lang Demutsgebärden, sondern nur dann, wenn er in eine Konstellation gerät, die ihm mehr Autonomie zuweist, als er haben möchte. Das kann schon der Fall sein, wenn er aus irgendwelchen Gründen gezwungen ist, dem Ranghohen räumlich ›zu nahe zu treten‹. Der könnte nämlich auf den Gedanken kommen, man nehme sich Freiheiten heraus.«

Dafür gab es auch auf menschlicher Stufe Beispiele. Ich mußte an die Gesten der Befangenheit denken, mit denen mancherorts ein Besucher der Aufforderung nachkommt, in das Wohnzimmer des Gastgebers einzutreten. In der Schweiz klopft man dabei eigens an die längst offenstehende Tür des erkennbar leeren Zimmers und sagt ›Excusez‹ zu dem Gastgeber, der einem den Vortritt läßt, damit dieser ja nicht denkt, man wolle eine Invasion veranstalten.

Diese Szene brachte mich noch auf eine weitere Frage: »Wenn *AUT-A* eine Form von Aktivation ist, kann sie dann auch Coping-Reaktionen auslösen – Aggression, Supplikation oder Invention?«

»Das liegt auf der Hand. Wenn einer sich im Spannungszustand der Autonomieappetenz befindet, weil ein anderer ihm die Rangposition streitig macht, dann versucht er es zwar zunächst mit Imponierdrohen; aber wenn das nichts fruchtet, wird er rasch zu einem handfesten Rivalenkampf übergehen. Ebenso besteht eine natürliche Affinität zwischen Submission und Supplikation. Und in *beiden* Fällen wird sich das Subjekt, wenn es klug genug ist, auch inventiver Strategien bedienen, denke nur an Jane GOODALLS Geschichte von dem Schimpansenmännchen, das die Methode erfunden hatte, seinen Rivalen mit Blechkanistern Respekt einzuflößen.«

»Gibt es eigentlich auch paradoxe Zuordnungen, supplikative Assertion und aggressive Submission?«

Benno zuckte die Schultern. »Wer weiß? Obwohl ich es mir nicht mehr gut vorstellen kann. Solange man seine Autonomie erweitern möchte, muß man eigentlich zum Kämpfen bereit sein. Andererseits kennt man, wie du weißt, auch eine Form von ›Dominanz‹ des Hilfebedürftigen. Ich will nicht ausschließen, daß es da im konkreten Fall, etwa bei tyrannischen Kranken, zu wunderlichen Mischformen kommen kann. Ich habe ja schon gestern gesagt, daß mein Modell über die Wahl der jeweiligen Coping-Strategien noch keine präzisen Annahmen enthält.«

Affektive Akklimatisation

Ich rief mir noch einmal in Erinnerung, was auf Seite 354 über die Dynamik von Rangauseinandersetzungen gesagt worden ist. Irgend etwas an Bennos Blockschaltbild stimmte noch nicht.

»Spielen wir so einen Prozeß doch einmal durch. Angenommen, ein Subjekt meldet einen hohen Autonomieanspruch an. Der Kontrahent ist damit aber nicht einverstanden, er verhält sich assertiv und reduziert damit das Autonomiegefühl unseres Subjekts. *AUT* ist also niedriger als *AUTAN;* aus der Differenz ergibt sich eine positive Appetenz *AUT-A*. Nach der Logik des Modells muß diese das Subjekt dazu herausfordern, seinerseits assertiv zu reagieren. Das wiederum sollte aber beim Kontrahenten, der ja nach demselben Prinzip gebaut ist, zu genau demselben Effekt führen, mit dem Ergebnis, daß er sein assertives Verhalten noch *steigert*. Der ganze

Kreislauf mündet also in eine Eskalation. Ich sehe nicht, wie einer der Beteiligten dazu kommen soll, dem Spiel ein Ende zu machen und aufzugeben.«

»Der Einwand ist berechtigt. Im Unterschied zur Sicherheits- und Erregungsregulation haben wir es beim Autonomiesystem, wenn der Kontrahent die Herausforderung annimmt, mit einer positiven Rückkoppelung zu tun. Gleichwohl gibt es für dein Problem eine Lösung; aber um die zu entwickeln, muß ich etwas ausholen.« Benno nahm wieder auf dem Hokker Platz.

»Ein technisches Regelsystem, wie zum Beispiel die Klimaanlage, die hier in diesem Keller verhindert, daß es dem Computer zu warm wird, kann offensichtlich nur funktionieren, wenn der Sollwert stets unabhängig vom Istwert der Raumtemperatur bleibt. Wenn also der Regler auf 19 Grad eingestellt ist und im Raume eine Temperatur von 22 Grad herrscht, dann wird die Differenz auf das Kühlaggregat geschaltet, das sich ein wenig mehr anstrengt, bis die überschüssigen 3 Grad wieder heruntergekühlt sind. Die Regelabweichung – so nennt man diese 3 Grad – wirkt also auf die Isttemperatur des Raumes; aber auf den Sollwert kann sie natürlich keinen Einfluß ausüben. Dieser bleibt unerbittlich bei 19 Grad, so wie er eben vom Wartungsdienst eingestellt wurde.«

Das war so banal, daß es schon wieder reizte, sich doch noch ein Gegenbeispiel auszudenken. Mir kam dazu folgendes in den Sinn:

»Angenommen, die Klimaanlage erweist sich in einem sehr heißen Sommer als zu schwach. Sie bringt es einfach nicht fertig, die Temperatur unter 22 Grad zu drücken. Die Leute vom Wartungsdienst betrachten sorgenvoll die Kurve auf dem Temperaturschreiber, horchen auf die schon bösartigen Pfeiftöne aus dem Kühlaggregat, erinnern sich daran, daß die kritische Grenze für die Computer-Elektronik ohnehin erst bei 40 Grad liegt, und beschließen am Ende, die Toleranzspanne etwas zu verringern: Sie stellen den Regler auf 23 Grad ein, denn soviel kann die Klimaanlage ohne Überlastung schaffen. Wenn es so läuft, dann hat doch die Raumtemperatur – auf dem Umweg über die Leute vom Service – auf den Sollwert ›zurückgewirkt‹.«

Ich blickte ihn triumphierend an, aber er nickte nur milde.

»Bravo! Auf diesen Mechanismus wollte ich jetzt gerade hinaus. Es ist die alte Geschichte vom Berg und dem Propheten. Du kannst dein Beispiel direkt auf das Modell übertragen; dabei brauchst du lediglich die Raumtemperatur durch das Autonomiegefühl zu ersetzen. Die Rolle der Solltemperatur spielt dann der Autonomieanspruch, der Regelabweichung entspricht die Aktivation *AUT-A*. Wird diese zu groß, weil der Kontrahent nicht nachgibt, sondern eskaliert, so bleibt als Ausweg tatsächlich nur das, was der Mann vom Wartungsdienst in deinem Beispiel gemacht hat: Statt daß der Istwert dem Sollwert folgt, paßt dieser sich dem Istwert an. Es ist sogar zweckmäßig, wenn er dabei über das Ziel hinausschießt, so daß der Autonomieanspruch schließlich die bestehende Rest-Autonomie noch deutlich unterbietet. Dann tritt nämlich eine für den Kontrahenten erkennbare Autonomie-*Aversion* ein, und die bremst am schnellsten dessen Angriffslust.«

Bislang hatte der Sollwert *AUTAN* in Bennos Modell die Rolle eines »freien Eingangs« gespielt, einer Größe also, über deren Quelle keine Aussagen gemacht wurden. Jetzt ergänzte er das Schema durch eine neue Variable, die aus dem Coping-System kommt und, in Analogie zu den Monteuren der Klimaanlage, *AUTAN* den realen Möglichkeiten anpaßt.

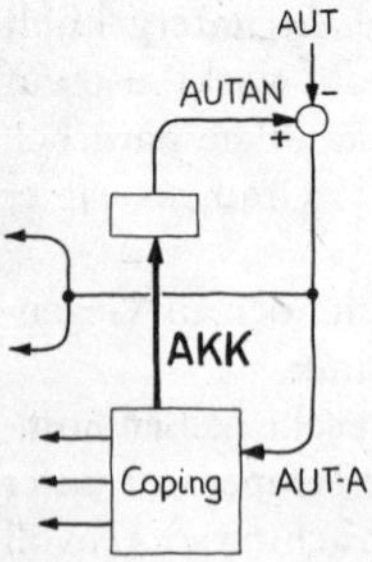

»Diesen Pfeil läßt du im Coping-System entspringen, weil auch er die Funktion aller Coping-Reaktionen erfüllt, nämlich Aktivation abzubauen, der der normale Weg zur Konsummation verstellt ist.«

»Man könnte hier, im Unterschied zu den nach außen wirksamen Strategien Invention, Supplikation und Aggression, von einer ›inneren‹ Coping-Reaktion sprechen. Ich ziehe aber einen Begriff vor, den der Biomathematiker David McFarland in diesem Zusammenhang eingeführt hat. Er spricht von ›Akklimatisation‹. Der Begriff ist natürlich im übertragenen Sinn gemeint, so wie man von der ›Atmosphäre‹ einer Gesellschaft spricht. Er paßt aber zufällig auch wörtlich zu dem Beispiel mit der Klimaanlage.«

Er beschriftete den Pfeil mit dem Namen *AKK*.

Der Zusammenhang der Sollwerte

»Könnten wir jetzt auf unsere Ausgangsfrage zurückkommen? Du wolltest mir erklären, wieso der Student wegen des Professors in Erregung gerät, obwohl er ihn recht gut kennt. Bis jetzt hast du zwei verschiedene Systemkomplexe entwickelt: ein Regulationssystem für Sicherheit und Erregung und ein zweites für das Autonomiegefühl. Beide müssen, nehme ich an, irgendwie zusammenhängen, wenn du die Angst des Studenten erklären willst.«

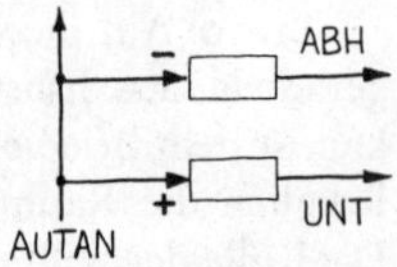

»Das zentrale Postulat meines Modells betrifft genau diesen Zusammenhang. Es lautet: Der Sollwert des Autonomiesystems kontrolliert die beiden Sollwerte des anderen Systems, und zwar in dem

Sinn, daß er die Unternehmungslust verstärkt und die Abhängigkeit reduziert. Hoher Autonomieanspruch qualifiziert demnach nicht nur für eine hohe Rangposition, sondern er kräftigt auch den Wunsch nach Erregung und macht unabhängig von Sicherheitsspendern. Für niedrigen Autonomieanspruch gilt sinngemäß das Gegenteil. Aus diesem Grunde ist der Student in unserem Beispiel so ängstlich: Sein ›Herz‹, also sein Autonomieanspruch, ist ihm ›in die Hosen gesunken‹, und mit ihm auch die Erregungstoleranz.«

»Aber nur, wenn er erstens die bevorstehende Prüfung als Rangkampf auffaßt und wenn er sich diesem Kampf zweitens nicht gewachsen fühlt. Denn dann wird er, um den Professor nicht zu reizen, seinen Autonomieanspruch von vornherein akklimatisieren: Er wartet gar nicht erst, bis ihn der andere ›auf null bringt‹, sondern er besorgt das gleich selbst.«

»Mancher Prüfling reagiert so. Aber man sollte ihn warnen, denn das kann fatale Folgen haben. Weil er damit ja auch seine Unternehmungslust drosselt, kommt ihm jetzt alle Explorativität abhanden. Und die fehlt ihm, sobald in der Prüfung selbständiges Denken gefragt ist. Ihm fällt nichts mehr ein.«

»Wenn man umgekehrt an einen Studenten gerät, der sich mitten in der Prüfung zu einer Verständnisfrage etwas Neues einfallen läßt, so wirkt das tatsächlich sehr souverän und autonom.«

»Das läßt sich verallgemeinern: Weil hoher Autonomieanspruch den Erregungs-Sollwert *UNT* anhebt, kann Furchtlosigkeit generell zum Signal für Ranghöhe werden.«

Das führte zu der Geschichte von der Elritze zurück, die ich auf Seite 306 dargestellt habe. Und auch die daran anschließenden Überlegungen am Ende des 18. Kapitels ließen sich jetzt systemtheoretisch einordnen.

»Vielleicht ist der furchtlose Kumpan nicht unternehmungslustiger, sondern nur viel älter und erfahrener als ich; dann hat dasselbe Reizangebot bei seinem Detektorsystem nicht denselben Fremdheitswert wie bei mir. Er ist objektiv einer geringeren Erregung ausgesetzt. Sein Autonomieanspruch kann vielleicht sogar etwas niedriger sein als meiner; gleichwohl ist seine Erregungsaversion schwächer.«

»Das ist das Geheimnis der ranghohen alten Männer. Ihr Autonomieanspruch braucht gar nicht mehr so stark zu sein wie in der Adoleszenz, ihr Erfahrungsschatz immunisiert sie genügend gegen Ängstlichkeit.«

Autonomie und Unabhängigkeit

Bis jetzt hatten wir nur vom Erregungssystem gesprochen. Wie stand es aber mit der Sicherheitsbilanz? Hoher Autonomieanspruch, so hatte Benno postuliert, sollte ja nicht nur unternehmungslustig, sondern auch unabhängig machen. Und da sah ich eine theoretische Schwierigkeit:

»Wenn der Autonomieanspruch den Sicherheitswunsch *ABH* senkt, dann müßte das Alpha-Tier bald seiner Gruppe überdrüssig werden. Das sind doch alles Vertraute! Wie hält es ein Mantelpavian-Pascha bei seinem Harem aus oder auch ein Callithrix-Elternpaar bei seiner Familie?«

»Um das zu erklären, muß ich ein zweites Postulat einführen. Es betrifft die Größe ›Relevanz‹.«

Wir haben diesen Begriff auf Seite 422 kennengelernt, zunächst als ein Maß für die ›Artgenossenhaftigkeit‹ des Partners. Auf Seite 434 war dann bereits die Möglichkeit ventiliert worden, daß die Relevanz durch weitere Merkmale modifiziert werden kann, zum Beispiel durch kindliches Aussehen.

»Jetzt gehe ich in dieser Richtung noch einen Schritt weiter: Nicht nur physiognomische, also relativ zeitüberdauernde Merkmale, sondern auch wechselhafte Verhaltensäußerungen, und hier insbesondere die des *Autonomiesystems,* können die Relevanz des Subjekts in den Augen seiner Gruppenmitglieder verändern. Wer Imponiergebärden zeigt, rückt sich in den Fokus der Aufmerksamkeit der Gruppe und erhöht damit seine Relevanz. Umgekehrt: Wer sich submissiv gebärdet, macht sich irrelevant. Aus der Perspektive der anderen gesehen, reduziert sich damit sowohl die Erregung als auch die Sicherheit, die er zu *spenden* vermag; denn in beide Größen geht ja die Relevanz des Objekts ein. Vor Fremden, die Demutsgebärden ausführen, fürchtet man sich nicht; umgekehrt können submissive Vertraute aber auch keine exzessive Nestwärme verbreiten. Das ist der Grund dafür, daß der Pascha seiner Untertanen nicht überdrüssig wird.«

»Dann sind diese also mehr oder weniger Luft für ihn?«

»Das vielleicht nicht gerade. Aber es ist schon eindrucksvoll, wie ein ranghohes Affenmännchen durch ein sich demütig näherndes Gruppenmitglied ›hindurchsehen‹ kann, während ihn der andere, obzwar verstohlen, keinen Moment aus den Augen läßt. Bei uns Menschen ist es auch nicht viel anders. In der Zeit des Absolutismus etwa fand ein Fürst nichts dabei, sich vor seinen Hofschranzen unbekleidet zu zeigen. Sie waren nicht viel relevanter als seine Jagdhunde; es lohnte nicht, sich vor ihnen zu genieren. Was in der umgekehrten Richtung eine unvorstellbare Respektlosigkeit bedeutet hätte, war hier allenfalls eine Geste des Wohlwollens, die dem Rangtiefen Vertraulichkeit signalisierte und so seine Angst milderte.«

»Wieso suchen die Untergebenen eigentlich trotz dieser Angst die Nähe ihres Herrn? Ich weiß schon, er beißt sie sonst, falls sie Haremsdamen eines Mantelpavians sind, unliebsam in den Nacken. Aber wieso hat er Erfolg damit?«

Die Antwort auf diese Frage haben wir bereits auf Seite 353 ventiliert. Jetzt aber ging es darum, das Modell auf seine Aussagekraft zu testen.

»Beim Verlierer eines Rangkampfes treffen zwei Effekte zusammen. Zum einen akklimatisiert er seinen Autonomieanspruch; damit wird er angstanfällig, und seine Abhängigkeit steigt sprunghaft an. Er sucht also Anschluß bei Vertrauten. Aber bei wem? Hier kommt der zweite Effekt zum Tragen. Ich gehe davon aus, daß jede Form affektgeladener Kontaktnahme, also auch Aggression, prägungsähnliche Wirkungen auf den Individualdetektor ausübt. Der Kennwert *FAM* des Kontrahenten ist nach dem Kampf also höher als vorher: Streiten macht vertraut. Wir Menschen erleben das so, als hätten wir zugleich mit der Förmlichkeit gesellschaftlichen Wohlverhaltens auch eine Trennwand zum Du des Gegners durchbrochen. Man hat ihm Einblick in den verborgenen Kern der eigenen Affekte gestattet. Auf diese Weise können aus einer Rauferei dauerhafte Freundschaften entstehen, aber eben auch das, was Anna FREUD ›Identifikation mit dem Aggressor‹ genannt hat. In einer perfiden Beziehungsfalle qualifiziert sich derjenige, der meinen Autonomieanspruch bricht und damit mein Sicherheitsbedürfnis hochtreibt, zugleich als nächstliegender Attraktor für dieses Bedürfnis.«

Ich sah da noch ein weiteres Problem. »Du hast vorhin gesagt, daß dem Alpha seine Gefolgschaft ziemlich gleichgültig ist. Warum läßt er sie dann nicht einfach weglaufen? Da sie doch irrelevant genug sind, ihm bei Tuchfühlung keine Überdrußreaktion abzunötigen, dürfte es ihm auch nichts ausmachen, wenn sie zu ihm auf Distanz gehen.«

»Das sind Fragen, die sich eigentlich nur noch durch eine Computersimulation beantworten lassen; denn wir haben es hier mit dem Resultat eines vielfach vernetzten Wirkungsprozesses zu tun. Mit verbalen Mitteln kann ich die Zusammenhänge nur andeuten. Wenn der Niederrangige eigene Wege geht, zeigt er, daß er sich autonom fühlt. Damit wird er erstens sogleich wieder relevant, und zweitens beeinträchtigt er nun die Autonomie des Paschas. Bei diesem steigt demgemäß die Appetenz *AUT-A,* und die löst dann assertive Reaktionen aus.«

»Es könnte aber auch sein, daß der Alpha sich akklimatisiert und seinen Autonomieanspruch zurücknimmt, aus Erschütterung darüber, daß man ihm den Laufpaß gibt!«

»Wenn das eintritt, steigt auch seine Abhängigkeit an, und dann kann er erst recht nicht ertragen, verlassen zu werden. Er gerät in Sicherheitsappetenz, und die aktiviert ihrerseits Coping-Reaktionen, vornehmlich wieder Aggression. Das Ergebnis ist dasselbe: Er hindert die Gruppe, ihn zu verlassen.«

Benno nahm wieder den Filzstift zur Hand. »Es ist an der Zeit, auch die Sexualität in das Blockschaltbild einzubeziehen. Diese hängt nämlich mit dem Autonomieanspruch zusammen, und zwar im Sinne einer wechselseitigen Förderung. Mein drittes Postulat lautet, daß die beiden Motivgrößen positiv rückgekoppelt sind.«

Selbsterweiterung und Fortpflanzung, so hatten wir im 20. Kapitel festgestellt, sind thematisch affin. Dafür gibt es nicht nur soziobiologische Argumente, sondern auch handfeste empirische Belege, und zwar nicht nur aus dem Tierleben.

»Bei Tennisspielern«, wußte Benno zu berichten, »genügt bereits der Sieg in einem Match, um die Konzentration des männlichen Sexualhormons im Blutplasma meßbar ansteigen zu lassen. Interessanterweise muß man sich den Erfolg aber wirklich selbst erkämpft haben: Statuserhöhungen, die allein der Gunst des Schicksals zuzuschreiben sind, Lotteriegewinne etwa, bleiben endokrinologisch wirkungslos.«

Der biologische Sinn, der solchen Koppelungen zugrundeliegt, wurde bereits auf Seite 344 besprochen. Wenn dort das Wozu im Vordergrund stand, ging es jetzt um das Wie.

»Funktioniert denn das überhaupt?« fragte ich. »Positive Rückkoppelungen führen doch zu einem Lawineneffekt: Die beiden Wirkungen schaukeln sich gegenseitig hoch, so wie bei dem schrillen Pfeifen, das entsteht, wenn ein Mikrophon seinem eigenen Lautsprecher zu nahe kommt.«

»Aber eben nur, wenn man es ganz in die Nähe hält. Positive Rückkopplung kann, muß aber nicht instabil sein, das hängt vom Verstärkungsfaktor ab. Erspar mir die Details, es gibt hier jedenfalls systemtheoretisch keine Probleme.«

Benno vervollständigte seine Zeichnung. Ihren Kern bildete nunmehr ein positiver Wirkungskreis zwischen dem Autonomieanspruch und einer Motivationsgröße, die für die Auslösung sexueller Verhaltensprogramme zuständig sein sollte. Er nannte sie »Libido«, abgekürzt *LIB*. Diese machte er, außer von *AUTAN*, noch von zwei weiteren Einflußgrößen abhängig – einer exogenen

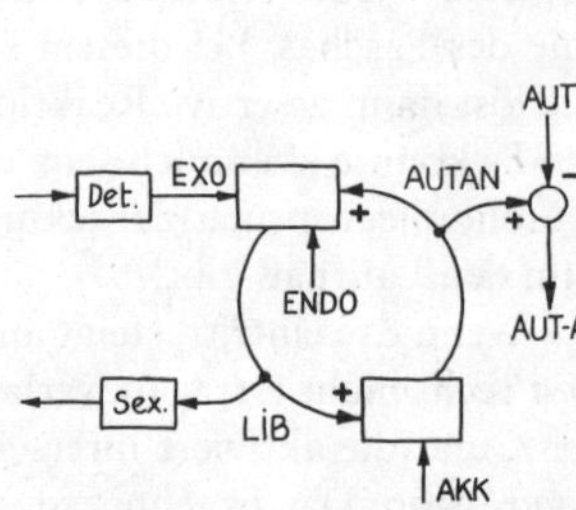

und einer endogenen. Die erstere, die er mit *EXO* bezeichnete, stammte aus einem Detektor für sexuelle Schlüsselreize. Die andere deutete er nur durch einen freien Eingang *ENDO* an. Sie entsprach der hormonalen Eigenproduktion jenes berühmten »Trankes im Leibe«, der Faust »Helenen in jedem Weibe« sehen, also auch mäßigen Schlüsselreizen gegenüber aktiv werden ließ.

Diese Schaltung, kündigte Benno an, bildete die Erklärung für eine ganze Reihe von Phänomenen.

»Zunächst einmal versteht man jetzt, wie es zur *psychischen Kastration* kommt. Voraussetzung dafür ist offenbar, daß der Autonomieanspruch – aus welchen Gründen auch immer – so weit abfällt, daß er eine kritische Grenze unterschreitet. Die positiv an ihn gekoppelte Größe *LIB* wird dann mitunterdrückt.«

»Könnte man diese Kreisverbindung auch im umgekehrten Sinn lesen? Wenn die Libido, zum Beispiel durch endogenen Triebdruck, stark genug angefacht wird, müßte sie ihrerseits den Autonomieanspruch in die Höhe treiben!«

»Das ist sicher einer der Gründe dafür, daß in der Reifezeit mit ihrem schubhaften Anstieg von *ENDO* der Autonomieanspruch so sehr erstarkt. – Und dann«, fügte er nach einer Pause hinzu, »kann auch allerlei geschehen, wenn Außenreize die Sexualität anregen.«

Er deutete auf den Eingang *EXO*.

»Zum Beispiel hast du hier die Erklärung dafür, daß Männerkohorten leicht zerbrechen, wenn sie auf weibliche Tiere stoßen. Diese stimulieren nämlich die sexuelle Motivation *LIB*, und damit steigt bei allen zugleich der Autonomieanspruch. Die Mitglieder des egalitären ›Clubs der Individualisten‹ entdecken, daß sie Rivalen sind, und der Friede ist dahin.«

Dieser Effekt war besonders drastisch bei Christian Vogels Languren zu beobachten gewesen, von denen wir auf Seite 269 gehört haben. Und auf dieselbe Weise klärte sich auch gleich noch ein weiteres, nicht minder interessantes Phänomen auf: der auf Seite 268 beschriebene Transfer weiblicher Gruppenmitglieder, zum Beispiel bei Gorillas und Schimpansen.

»Bei Säugetieren brauchen die Weibchen wegen ihrer höheren parentalen Investition im allgemeinen nicht aktiv nach Geschlechtspartnern zu suchen; die stellen sich von selbst ein. Demgemäß bedarf es hier bei den weiblichen Adoleszenten keines dramatischen Libidoanstiegs aus inneren Quellen: Die Eingangsgröße *ENDO* spielt bei ihnen eine untergeordnete Rolle. Die Töchter bleiben zunächst an ihre Familie gebunden und sehen keinen Grund, sich mit fremden Geschlechtsgenossinnen zu einer Kohorte zusammenzutun. Wenn ihnen aber ein attraktives Männchen über den Weg läuft, sieht die Sache gleich anders aus. Jetzt spricht nämlich der Detektor für sexuelle Außenreize an und stimuliert über *EXO* die Libido; diese erhöht prompt den Autonomieanspruch, und der wiederum senkt die Abhängigkeit bis zum Überdruß an der eigenen Familie, während die Unternehmungslust erwacht und die Furcht vor dem fremden Männchen schwinden läßt.«

»Derselbe Effekt tritt dann ja wohl auch ein, wenn sich die Brüder eines oestrisch gewordenen Schimpansenmädchens diesem gegenüber als Geschlechtspartner aufführen wollen?«

»Ja – aber sie graben sich dabei selbst das Wasser ab: Soweit es ihnen gelingt, die Schwester wirklich auf Paarungsgedanken zu bringen, wecken sie zugleich militanten Überdruß. Es muß schon ein fremdes Männchen sein, damit die Geschichte weitergehen kann.«

»Und wenn sie mit dem Fremden mitgelaufen ist und sich schließlich mit ihm gepaart hat? Die Libido erschöpft sich doch nach jedem Paarungsakt wenigstens vorübergehend, und dementsprechend müßte auch der Autonomieanspruch abfallen. Beide Partner sollten also ziemlich schlagartig einen Abhängigkeitsanfall erleiden und Sicherheitsappetenz zeigen! Hoffentlich kennen sie sich dann schon gut genug, um sich auch trösten zu können.«

Benno lächelte friedlich und schlug die Augen nieder. »›Post coitum omne animal triste‹, haben das die alten Lateiner ausgedrückt. Das erleichtert sicher das Entstehen der sekundären Bindung.«

Obwohl mich seine Selbstgefälligkeit ärgerte, war ich beeindruckt. »Gibt es eigentlich irgend etwas, was du mit deinem Modell *nicht* erklären kannst?«

»Du rührst da an einen wunden Punkt«, gab er freimütig zu. »Sobald ein Modell einen gewissen Komplexitätsgrad überschritten hat, läßt es sich kaum noch falsifizieren. Es enthält dann zuviele Parameter, an denen man drehen kann. Andererseits – ich bin mir nicht bewußt, unplausible Ad-Hoc-Annahmen gemacht zu haben. Interessant würde es freilich wenn jemand käme, der ein *anderes* Modell anbieten kann, ähnlich explizit ausgeformt, ähnlich komplex, und ebenfalls psychologisch vernünftig. In so einem Fall nämlich lassen sich immer auch Experimente angeben, die es erlauben, zwischen den beiden Alternativmodellen zu entscheiden. Ich freue mich schon auf diese Herausforderung.«

Urvertrauen

Bis jetzt hatte Benno sein Modell immer nur stückweise entwickelt. Jetzt wischte er die Tafel ab und fügte die Teile zu einem Ganzen zusammen. Es dauerte eine Weile, bis man sich darin zurechtfand. Alle Details waren zwar bereits besprochen worden; doch traten gewisse Zusammenhänge jetzt erst deutlich hervor.

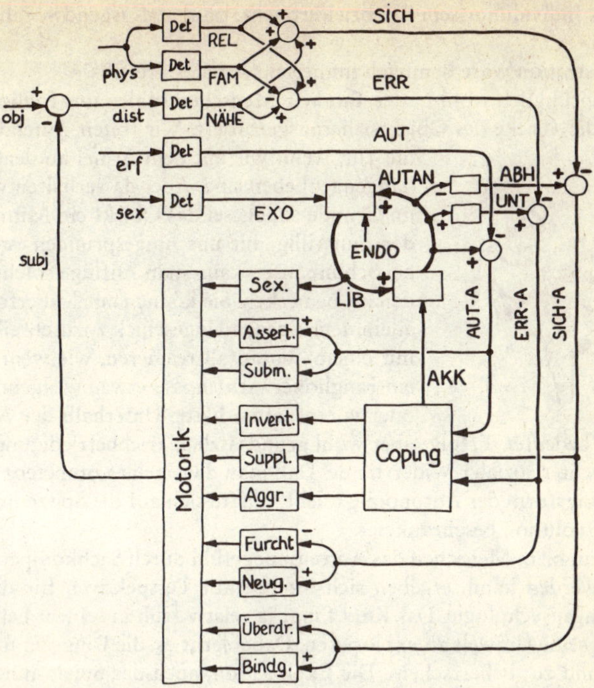

Mein Blick fiel zunächst auf das Autonomiesystem, von dem nun deutlich wurde, daß es den Kern des gesamten Modells bildete. Das »Autonomiegefühl« sollte die Weise sein, in der man auf »Erfolg« reagiert. Was aber war eigentlich die genaue Definition von *erf?*

»Wann immer man ein Triebziel erreicht«, erläuterte Benno hierzu, »stellt sich außer dem spezifischen Befriedigungserlebnis auch unspezifische Genugtuung über die eigene Kompetenz ein. Man erfährt, daß man in der Lage ist, sich im Bedarfsfall Wünsche zu erfüllen. Bei uns Menschen hat sich diese Erfahrungsdimension sogar zu einer eigenen Antriebsthematik verselbständigt; sie bildet den Kernbestand dessen, was man ›Leistungsmotivation‹ nennt. Aber schon jedes Tier, das mit seinesgleichen in einer Gruppe lebt, muß sich bei allem, was es tut, mit anderen arrangieren; daher hat hier fast jede Triebbefriedigung auch die Dimension des sozialen Erfolgs.«

Benno bezog sich auf die Prozesse der Synchronisation und Dominanz, von denen im 18. Kapitel die Rede gewesen ist.

» Die Größe *erf* steht nun in dem Blockschaltbild für die Häufigkeit, mit der das Individuum sein Triebziel erreicht, ohne daß irgendwer dies verhindert.«

»Frustration wäre demnach immer ein soziales Ereignis?«

»Ursprünglich wohl in der Tat. Wir Menschen fühlen uns freilich auch durch die ›Tücke des Objekts‹ herausgefordert. Wir treten wütend gegen

die Tür, wenn wir mit dem Ärmel an der Klinke hängengeblieben sind. Aber da verhalten wir uns im Grunde so, als sei das Objekt ein Mitmensch, der mutwillig mit uns umgesprungen ist. Auch bei Schimpansen kann man Anflüge solcher Tendenzen bemerken. Sie können auf Mißerfolg, der allein dem eigenen Ungeschick zuzuschreiben ist, mit einem Wutanfall reagieren, wie wenn ihnen ein ranghoher Artgenosse etwas weggenommen oder vorenthalten hätte. Unterhalb der Anthropoiden bedeutet ›Erfolg‹ aber wohl grundsätzlich Triebbefriedigung angesichts echter sozialer Widerstände. Daß man die eigene Kompetenz als Erscheinungsform der Autonomie erlebt, dürfte sich auf die Spitzenprodukte der Evolution beschränken.«

»Wenn beim Menschen das Autonomiegefühl durch Sachkompetenz gespeist werden kann, ergeben sich interessante Perspektiven für die Entwicklungspsychologie. Das Kind fängt ja relativ früh in seinem Leben damit an, seine Umwelt zu explorieren. Dabei lernt es, die Dinge zu manipulieren und zu ›beherrschen‹. Die Exploration, auch das Spiel, müßte also eigentlich im Laufe der Zeit einen positiven, wachstumsfördernden Einfluß auf die Größe *AUT* ausüben.«

»Das ist sogar ein sehr wichtiger Gesichtspunkt. Es war schon wiederholt davon die Rede, daß der Autonomieanspruch von der Kindheit zur Adoleszenz hin ständig zunimmt. Das haben wir bisher immer nur aus hormonellen Reifungsvorgängen erklärt, aus einer kumulativen Zunahme der Größe *ENDO* also. Aber das genügt nicht! Die Umwelt leistet bei der Kräftigung des Autonomieanspruchs erhebliche Geburtshilfe. Und eine besonders wichtige Funktion kommt dabei den primären Vertrauten zu, normalerweise also vor allem der Mutter.«

»Was hat die denn mit der Exploration der Umwelt zu tun?«

»Das ist doch leicht zu sehen. *SICH* und *ERR* sind Summenfunktionen, in die jeweils die *Gesamtheit* des Reizklimas eingeht. Sind vertraute Erwachsene in der Nähe, wenn sich das Kind einem unbekannten Objekt nähert, so steigt sein Erregungsniveau längst nicht so dramatisch an, wie wenn es allein mit diesem konfrontiert wäre. Folglich kann es viel ungehemmter neugierig sein. Hinzu kommt, daß die Mutter seine Manipulationen überwacht und notfalls schützend eingreift. Alleingelassen, würde es sich viel öfter ›die Finger verbrennen‹, und ein gebranntes Kind scheut dann bekanntlich das Feuer. Die Präsenz der Mutter vermittelt dem Kind also auch die Erfahrung, daß sich Explorieren *lohnt.*«

Ich versuchte, diesen Wirkungszusammenhang in das Blockschaltbild von Seite 467 einzuordnen. Dabei fiel mir etwas Eigentümliches auf.

»Die Verfügbarkeit der Mutter bewirkt also, daß das Kind seine Kompetenz laufend erweitern kann und sich dementsprechend immer autonomer fühlt. Nun ist aber doch sein Autonomie-*Anspruch* noch altersgemäß niedrig. Müßte dann nicht irgendwann einmal der Fall eintreten, daß der Istwert des Autonomiegefühls seinen Sollwert übersteigt? Nach der Logik deines Modells müßte das Autonomie-*Aversion* hervorrufen. Ich habe aber noch nie gehört, daß Kinder, deren Kompetenz man fördert, plötzlich submissiv würden.«

»Soweit kommt es auch gar nicht. Der Autonomieanspruch wartet nämlich in der ersten Lebenshälfte gewissermaßen nur darauf, wachsen zu können. Er nimmt jeden Anlaß wahr, sich nach oben hin zu akklimatisieren. Auf diese Weise ist die erreichte Autonomie so etwas wie der Schrittmacher ihres eigenen Anspruchs: Mit dem Essen kommt der Appetit. Submissiv sind solche Kinder nicht, wohl aber auf eine angenehm nicht-assertive Weise selbständig. Sie sind weitgehend dagegen immunisiert, in Autonomie-*Appetenz* zu geraten.«

»Trotzdem kommt mir das paradox vor. Wenn der Autonomieanspruch steigt, muß dem Modell zufolge die Abhängigkeit sinken: Die Mutter würde durch ihre Präsenz selbst die Voraussetzung dafür schaffen, daß sich ihr Kind auf diese Präsenz immer weniger angewiesen fühlt!«

»Das ist nicht paradox, sondern nur eine negative Rückkoppelung. Die Mutter macht sich selbst im Laufe der Zeit überflüssig. Man kann das übrigens auch noch anders ausdrücken. Vorhin, als von dem ängstlichen Prüfling die Rede war, haben wir festgestellt, daß es auf das Gleiche herauskommt, ob man den Istwert der Erregung erhöht oder ihren Sollwert senkt. Das gilt natürlich auch für das Sicherheitssystem.«

»Du meinst, wenn die Mutter die Kompetenz des Kindes fördert und damit den inneren Sollwert *ABH* senkt, so ist es, als würde sie dadurch noch zusätzlich den Sicherheitszustrom erhöhen.«

»Genau! Phänomenologisch wird sinkende Abhängigkeit ähnlich wie steigende Sicherheit erlebt. Aber diese zusätzliche ›Sicherheit‹ kommt nun von innen, sie bleibt erhalten, auch wenn die Mutter nicht mehr verfügbar ist. Sie wird als *Selbst*-Sicherheit erfahren! Die Rolle des vertrauten Spenders von Geborgenheit ist gewissermaßen von der Mutter auf das eigene Ich oder, in komplementärer Perspektive, auf die ganze Welt übergegangen: ›Urvertrauen‹ hat Erik ERIKSON diese Lebensgrundstimmung genannt.«

Das war schön hergeleitet. Aber ich war noch nicht zufrieden.

»Gibt es nicht auch noch den genau gegenteiligen Effekt, daß die Mutter ihre Präsenz dazu benutzt, dem Kind den Kompetenzerwerb *vorzuenthalten*? Nimm einmal an, ein Junge wachse bei einer überbesorgten Mutter auf. Dauernd ist sie um ihn. Er hat noch nicht einmal Zeit, hinzufallen, da hebt sie ihn schon auf, pustet auf den Finger, den er sich angestoßen hat. Jede noch so harmlose Gefahr hält sie von ihm fern. Wenn die anderen über die Wiese toben oder im Hof Fußball spielen, sitzt er zu Hause und übt Blockflöte. Beim kleinsten Schnupfen wird er von der Schule daheimbehalten. Er darf – oder muß? – in ihrem Bett schlafen, wenn er krank ist . . .«

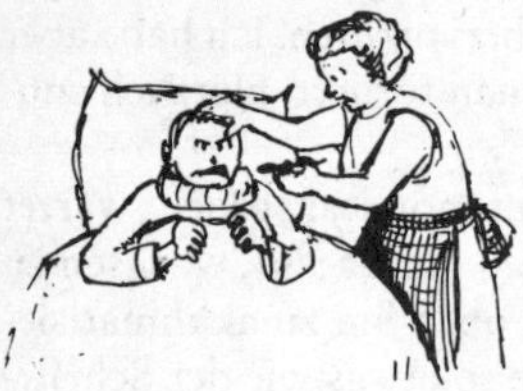

»Hör auf!« stöhnte Benno. »Es genügt doch zu sagen: der Junge bekommt ein Übermaß an Sicherheit zugeteilt, bei einem gleichzeitigen Defizit an Erregung.«

». . . ein Schlaraffenland, ein Paradies«, fuhr ich unerbittlich fort. »Aber das Schlimmste ist: Dem armen Kerl sprießt inzwischen schon Flaum auf der Oberlippe, und aus dem Sopran im Schulchor hat man ihm neulich auch hinauskomplimentiert. Die Mutter will jedoch nicht wahrhaben, daß sich bei ihm allmählich das Gleichgewicht der Säfte verschiebt. Sie ignoriert hartnäckig alle Zeichen herannahender Pubertät. Er hat schon so ziemlich alles versucht, um ihr seinen Überdruß zu signalisieren. Tagelang hat er kein Wort mit ihr gewechselt. Wutanfälle hat er produziert. Das einzige Resultat: Sie verdoppelt ihre Fürsorge, mit vorwurfsvollen Tränen in den Augen.«

»Bist du endlich fertig? Das ist wirklich grauenhaft! In einem so unentrinnbaren Brutkasten bliebe dem armen Kerl nichts übrig, als in totale Abhängigkeit zurückzufallen. Hierzu müßte er seinen Autonomieanspruch nach *unten* akklimatisieren. Er würde also mit den Jahren immer unselbständiger, serviler und linkischer. In der Schule wäre er brav zu allen Lehrern, sogar zum Pedell; in seiner Klasse hätte er alle Aussicht auf die Rolle des Prügelknaben. Seine Unternehmungslust läge auch entsprechend niedrig, er wäre ein Feigling und Angsthase – alles in allem eben ein ›Muttersöhnchen‹. Und wenn die Akklimatisation an die unzeitgemäße Nestwärme erst einmal chronifiziert ist, muß man mit bedenklichen Persönlichkeitsverformungen rechnen. Mangelnde Erregungstoleranz kann paranoide Züge annehmen: Die gemäßigten Fremdheitseindrücke einer neutralen Umwelt machen dann schon beklommen; geringfügige Abweichungen vom Gewohnten werden als ominös und potentiell bedrohlich erlebt.«

Dazu fiel mir das Stichwort *Hexenwahn* ein, und ich dachte an die Untersuchungen von W. S. Stephens zur »ausgedünnten Ehe«, von denen auf Seite 132 die Rede war. In solchen Kulturen herrscht in der Kindheit ein mit Vertrautheitsreizen übersättigtes Klima, und korrespondierend dazu treten tatsächlich gehäuft paranoide Züge auf. Auch die besondere Härte der dortigen Mannbarkeitsriten ergab Sinn, wenn man diese nämlich als eine soziohygienische Institution deutete, in der die Anwärter auf den Erwachsenenstatus zu beweisen hatten, daß ihr Autonomieanspruch nicht irreversibel an die infantile Nestwärme akklimatisiert war. Schließlich paßte auch die allgemeine Atmosphäre sexueller Gehemmtheit ins Bild, die von solchen Kulturen berichtet wird.

»Mußt du nicht überhaupt fordern, daß zu den Folgen dieser Art von Akklimatisation auch Potenzschwäche gehört? Wenn man seinen Autonomieanspruch verdrängt, sollte doch die Libido mit auf der Strecke bleiben.«

»Das erwarte ich in der Tat. Allerdings könnte ich mir vorstellen, daß uns Menschen, labil wie unsere Triebstruktur nun einmal ist, auch noch allerlei Hintertürchen offenstehen, an die man nicht auf Anhieb denkt. Vielleicht spaltet sich zum Beispiel das sexuelle Subsystem vom Autonomieanspruch ab, um der Unterdrückung zu entgehen. Vielleicht fängt der Junge an, exzessiv zu masturbieren oder Tiere zu quälen; äußerstenfalls könnte es sogar zu manifesten Inzesthandlungen kommen. Aber eine erfüllte Erotik, eine Integration der Sexualität in die Gesamtpersönlichkeit, wird ihm unter den von dir angenommenen Extrembedingungen wohl versagt bleiben – schon deshalb, weil er mit seiner reduzierten Unternehmungslust überhaupt nicht werben kann und daher kaum eine Partnerin finden wird.«

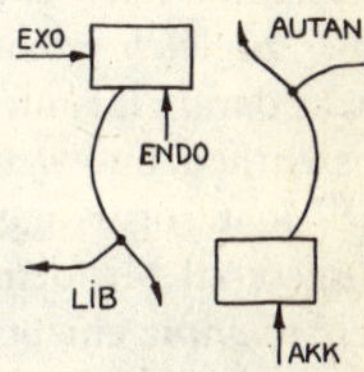

Benno irrte allerdings, wenn er die Trennbarkeit von Sexualität und Erotik für eine Errungenschaft des Menschen hielt. Ich erzählte ihm von unseren Zwergwachteln aus dem 17. Kapitel – von der psychischen Kastration der Männchen, wenn sie über die Jugendzeit hinaus mit der vertrauten Schwester zusammenleben mußten, von dem »Not-Inzest«, der schließlich doch den Bann brach, und von der Spaltung der Funktionskreise, die anschließend zu beobachten war: Der Sexualtrieb verlangte und erhielt sein Recht; nebenher aber lief beharrlich die ungestillte Intention zu Balzhandlungen, die die Geschwister einander verweigerten, jedem Fremden hingegen erneut antrugen.

»Man darf den Prozeß der Akklimatisation übrigens nicht zu einseitig unter der Perspektive charakterbildender Langzeitwirkungen sehen«, fügte Benno noch hinzu. »Natürlich hat das gesamte Coping-System eine gewisse Trägheit, aber es führt normalerweise nicht gleich irreversible Effekte herbei. Selbst ein beherzter Junge wird, wenn er bei Fieber von der Mutter ins Bett gepackt wird, vorübergehend infantilisiert, ohne damit zum ›Muttersöhnchen‹ zu werden.«

»Gilt das auch im umgekehrten Fall, also bei Erregungsüberschuß und Sicherheitsdefizit? Man könnte sich doch vorstellen, daß der Autonomieanspruch in solchen Fällen kurzfristig angehoben wird, um der Reizfülle gewachsen zu sein, bis sich die Atmosphäre wieder entspannt.«

Ich dachte an die auf Seite 253 geschilderte Reaktion unserer Weißbüscheläffchen, wenn ihnen ein neuer Ast ins Gehege gehängt wird.

»Das ist in der Tat häufig zu beobachten. Da liefert zum Beispiel eine Mutter ihren zweijährigen Jungen in einer Kindertagesstätte ab. Wenn sie weggeht, weint er untröstlich. Allmählich beruhigt er sich aber und beschäftigt sich schließlich sogar mit dem angebotenen Spielzeug. In diesem akklimatisierten Zustand findet ihn die Mutter bei ihrer Rückkehr vor. Aber zugleich erlebt sie eine unliebsame Überraschung: Der Junge denkt nicht daran, ihr mit offenen Armen entgegenzulaufen. Er übersieht sie geflissentlich, und wenn sie ihn hochnehmen will, entwindet er sich und wird vielleicht sogar aggressiv. Sie sieht sich einer kleinen Überdrußreaktion ausgesetzt! Mit dem Sicherheits*bedarf* hat sich offenbar auch die Sicherheits*toleranz* entsprechend gesenkt. Es dauert eine Weile, bis die forcierte Unabhängigkeit wieder abgebaut wird. Vielleicht kommt nun ein verspäteter Weinkrampf, vielleicht attackiert er auch erst jetzt, scheinbar unmotiviert, seine Mutter. Im einfachsten Fall ist am nächsten Morgen ganz undramatisch wieder alles beim alten.«

»Du willst sagen, daß solche Reaktionsweisen an sich nicht von Dauer sind. Erst wenn die Mutter das Kind allzuoft sich selbst überläßt, wird die Überdrußreaktion konstitutionell.«

»Man beobachtet hier in der Tat erhebliche Persönlichkeitsunterschiede. Praktisch jedes Kleinkind verhält sich so, wie eben geschildert, wenn es einige Monate von der Mutter getrennt wird, zum Beispiel anläßlich eines Krankenhausaufenthaltes. Es gibt aber auch Kinder, bei denen schon eine Trennung von wenigen Minuten ausreicht! Die amerikanische Kinderpsychologin Mary AINSWORTH hat das ausführlich untersucht. Sie spricht direkt von einem Typus des ›Vermeiders‹. Die Mütter solcher Kinder werden als verschlossene Frauen geschildert, die vor Körperkontakt mit dem Kind zurückscheuen, und zwar besonders gerade in seinen ersten Lebenswochen. Ihr Gesichtsausdruck wirkt wie ›eingefroren‹, ihr Verhaltensstil zwanghaft und rigid. Sie können ihr Betreuungsmuster nicht den Bedürfnissen des Kindes anpassen. Kinder solcher Mütter erleben zweifellos einen chronischen Mangel an emotionaler Kontaktnahme, und der bedeutet in der Terminologie unseres Modells ein Defizit an Sicherheit. An dieses ungesunde psychologische Klima müssen sich die Kinder anpassen, was dann in ihrem Charakter tatsächlich bleibende Spuren hinterlassen kann. Man hat festgestellt, daß solche ›Vermeider‹-Kinder später ausgeprägte Bindungsscheu entwickeln: Sie fallen durch unprovozierte Attacken gegen Betreuungspersonen auf, und zwar bevorzugt dann, wenn diese sich dem Kind freundlich nähern.«

Spielarten der Unbehaustheit

»Könnte man hier eigentlich schon von einer Vorform emotionaler Verwahrlosung sprechen?«

»Dieser Begriff ist vieldeutig«, sagte Benno. »Seine Palette reicht von der Situation eines Waisenkindes, das materiell versorgt und auch anständig behandelt wird, aber ohne feste Bezugsperson und somit ohne individuelle Gefühlsbindung aufwachsen muß, bis hin zu den Opfern brutaler Mißhandlung, wie sie uns zuweilen unter Kindern von Alkoholikern begegnen, oder auch, in abgeschwächter Form, bei Stiefkindern, wie Arthur Wolfs ›Kleinen Bräuten‹ auf Taiwan. Der Unterschied zwischen diesen Varianten liegt hauptsächlich in der Art der prägungsähnlichen Prozesse, die sich am Individualdetektor abspielen.«

Auf Seite 213 haben wir den Unterschied zwischen Typuswahrnehmung und individuellem Kennen herausgearbeitet, der dann in dem Modell in den Größen *REL* und *FAM* wiederkehrte. Bennos Erläuterung bezog sich hierauf.

»Wenn das Kind bei Pflegern aufwächst, die immer wieder wechseln und sich dementsprechend wenig engagieren, so entsteht am Individualdetektor eine Konfusion wie bei einer Photoplatte, die mehrfach mit verschiedenen Porträts unterbelichtet wird. Es kann dabei kein klares Profil von Vertraut und Fremd entstehen, und der Individualdetektor spricht schließlich mehr oder weniger wahllos auf alle Mitmenschen an: Der Reizumfang der beiden Detektoren wird praktisch deckungsgleich.«

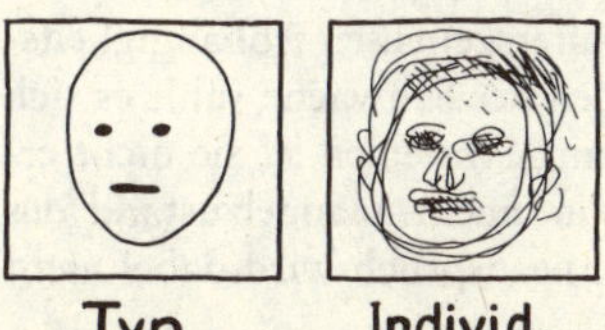

Typ Individ.

Diesen Effekt beobachtet man zuweilen in Pflegeheimen. Die Kinder kommen einem wildfremden Besucher mit offenen Armen entgegengelaufen, als wäre er ein alter Bekannter. Ehepaare auf der Suche nach einem Adoptivkind haben sich durch solche spontane Vertraulichkeit schon täuschen lassen; sie mißdeuteten sie als persönlich gemeinte Sympathiekundgabe. Dabei handelte es sich um einen ganz unspezifischen Effekt, und ob die Kinder später in der Lage sind, eine persönliche Bindung an die Adoptiveltern auszubilden, steht auf einem anderen Blatt.

»Hiervon zu unterscheiden«, fuhr Benno fort, »sind Familienkonstellationen, in denen das Kind Vertraute von Fremden zwar klar unterscheiden kann, vor den Vertrauten aber Angst haben muß, da sie es heimlich hassen oder gar offen mißhandeln. In diesem Fall hat eine klare Prägung am Individualdetektor stattgefunden, wobei die aggressive Behandlung eher noch konturverschärfend wirkte. Das Kind ist an die lieblosen ›Vertrauten‹ dementsprechend eng gebunden, es ist ihnen hörig.«

»Ich habe gelesen, daß es in schweren Fällen unmöglich ist, solche bedauernswerten Opfer von ihren Peinigern zu erlösen: Die Kinder wollen einfach nicht in ein Heim, sondern verlangen, untröstlich weinend, nach dem Vater, der inzwischen wegen ihrer Mißhandlung in Untersuchungshaft sitzt. Sie sind unfähig, ohne ihn zu existieren.«

»Aus solchen Beobachtungen entstand das Schlagwort von der ›Identifikation mit dem Aggressor‹, von der wir vorhin sprachen. Wenn fortgesetzt drohende Gewalt alle aufkeimenden Autonomiewünsche erstickt, kann das Zustandsbild hier dem deines ›Muttersöhnchens‹ vom letzten Beispiel auf tragische Weise gleichen.«

Das Not-Ich

»Welchem dieser beiden Varianten von Unbehaustheit sind denn nun die ›Vermeider‹-Kinder zuzurechnen, von denen wir vorhin sprachen?«

»Keinem – sie gehören zu einem dritten Typus. Dem Kind fehlen in diesem Fall weder die klaren Bindungsobjekte, noch kann man eigentlich davon reden, daß es einem Aggressor ausgeliefert wäre. Die Mutter ist ja nicht direkt übelwollend, sie bietet nur einfach keine emotionale Resonanz. Sie sorgt für die physischen Belange des Kindes, fördert vielleicht auch seine Kompetenz, geht aber auf seine altersgemäßen Abhängigkeitsäußerungen nicht genügend ein. In Zuständen der Schwäche fühlt es sich von ihr alleingelassen; für supplikative Coping-Strategien ist sie nicht erreichbar. Das Kind wächst also auch hier in einem Mangelzustand des Sicherheitssystems heran; aber sein Autonomieanspruch wird dabei nicht brutal unterdrückt.«

»Im Gegenteil, würde ich sagen: Es ist den Eltern oft ganz lieb, wenn das Kind so früh wie möglich selbständig wird.«

»In diesem Fall kommt ein Akklimatisierungsprozeß in Gang, der dem des ›Muttersöhnchens‹ gerade entgegengesetzt ist. Der Autonomieanspruch reift vorzeitig heran und erreicht ein besonders hohes Niveau, das er dann starr beibehält. Wilhelm REICH hat einmal von einem ›Charakterpanzer‹ gesprochen. Dieser Ausdruck umschreibt treffend, was ich meine: eine Armierung des Selbstbehauptungswillens, ein Zähne-Zusammenbeißen, das vorzeitig zur zweiten Natur wird.«

Mir kam eine praktische Erfahrung aus unserer Wachtelzucht in den Sinn. Wenn man Mehlwürmer zu Futterzwecken vorrätig hält und vergißt, diese ihrerseits mit ein paar Stücken Brot zum Fressen zu versorgen, so kann es passieren, daß sie sich vor der Zeit verpuppen. »Notreifung« nennen das die Tierhalter.

»Ich spreche ganz analog von einem *Not-Ich«,* sagte Benno. »Man begegnet ihm häufig in Abenteuersendungen und Krimis des amerikanischen Fernsehens. Nicht ganz untypisch übrigens für eine Kultur, in der man eine Mutter kaum ärger in Verlegenheit bringen kann, als wenn man bemerkt, ihr Kind sei für sein Alter zu ›abhängig‹. Der Held solcher Geschichten ist immer nach demselben Klischee gezeichnet. Er ist ein Einzelkämpfer. Jeder versucht ihn herumzuschubsen. Er erwartet gar nicht erst, daß irgendwer ihn versteht. Aber er gibt nicht auf. Nie gibt er auf. Er ist von unübertrefflicher Härte im Nehmen. Wenn ihm doch einmal Hilfe angeboten wird, lehnt er sie ab. Das macht einen manchmal als Zuschauer ganz kribbelig: Wo jeder vernünftige Polizist ein paar Kollegen zur Rückendekkung mitnehmen würde, kriecht er allein und ungeschützt in die Höhle des Löwen. Er ist cool bis zum Zynismus. Ein Macho ist er auch, und wenn man sich nicht nach dem Moralkodex der Fernsehanstalten richten müßte, käme realistischerweise noch ein ganz erheblicher Frauenverschleiß hinzu.«

»Weil die Armierung des Autonomieanspruchs auch die Libido hochtreibt?«

»Und außerdem, weil so jemand im Grunde nicht bindungsfähig sein kann. Denn durch den krampfhaft hochgehaltenen Autonomieanspruch wird ja die Größe *ABH* gedrosselt. Die Sicherheitstoleranz sinkt also auf einen so niedrigen Wert, daß Überdrußreaktionen auftreten müssen, sobald man seiner jeweiligen Partnerin seelisch ein wenig näherkommt.«

Das war ein interessanter Gegentypus zum »Urvertrauen«. Auch dieses beruht ja, wie wir auf Seite 469 herausgearbeitet haben, auf einer Akklimatisation des Autonomieanspruchs »nach oben«. Die auslösende Reizsituation ist jedoch in beiden Fällen grundverschieden: Dort wird der Autonomieanspruch angehoben, um mit der wachsenden Kompetenz schrittzuhalten, hier hingegen, um die Angst vor drohendem Sicherheitsdefizit und Erregungsübermaß zu bewältigen.

»In beiden Fällen sagt das Modell eine Steigerung von *AUTAN* voraus. Der Unterschied liegt aber darin, daß bei einem Entwicklungsverlauf, der in Urvertrauen mündet, der Autonomieanspruch elastisch und adaptiv bleibt; er ist demgemäß auch in der Lage, wieder nachzugeben, wenn es darum geht, sich einem Partner anzuvertrauen. Das Not-Ich ist hingegen starr. Wer auf solcher Basis autonom ist, kann sich auf keine Bindung einlassen, denn dazu müßte er den Charakterpanzer ablegen oder wenigstens das Visier hochklappen. Und dann würde die ganze Angst wieder hereinbrechen, gegen die dieser Panzer einmal den einzigen Schutz bildete.«

Distanzäquivalente

Wir schwiegen eine Weile. Ich betrachtete noch einmal das ganze Blockschaltbild. Gar so furchteinflößend wie am Anfang kam es mir nicht mehr vor. Im Gegenteil: Je besser ich es verstand, desto mehr geriet ich in eine Art Teufelskreis: mit jeder beantworteten Frage drängten sich zwei neue auf. Computerprogramme lösen ein Problem eben nur dann, wenn es wirklich klar formuliert ist; und hat man sich erst einmal darauf eingelassen, *präzise* zu fragen, kommt man aus dem Fragen nicht mehr heraus.

Mir kam nun wieder zu Bewußtsein, daß Bennos System ursprünglich dazu konstruiert war, zu erklären, wie soziale Tiere ihren *räumlichen Abstand* regulieren. Bei den Problemen, über die wir uns zuletzt unterhalten hatten, kam man aber mit einem Distanzbegriff nicht mehr weit, der sich, wie in der Abbildung auf Seite 421, anhand von Mäusen in einer engen Tonröhre veranschaulichen ließ.

Damit konnte ich Benno jedoch nicht aus der Ruhe bringen. »Wenn wir von der sozialen Dynamik zwischenmenschlicher Beziehungen reden«, räumte er bereitwillig ein, »müssen wir natürlich berücksichtigen, daß Menschen, übrigens auch schon höhere Tiere, in der Lage sind, Distanz auch *symbolisch* herzustellen. Was in dem Modell als *NÄHE* bezeichnet wird, ist ja ein innersubjektiver Parameter, und dieser richtet sich zwar nach der physischen Entfernung, wird aber zusätzlich noch durch andere Größen modifiziert. Diese nenne ich ›Distanzäquivalente‹. Hierzu gehören zum Beispiel *Blickkontakt* und *Körperhaltung.*«

Es war klar, was er damit meinte. Wenn man in einem Lift oder in einem überfüllten öffentlichen Verkehrsmittel gezwungen ist, anderen körperlich näher zu kommen, als man eigentlich möchte, dann starrt man ihnen nicht auch noch in die Augen, sondern man blickt geflissentlich weg. Und man steht oder sitzt darüber hinaus in einer Weise da, die signalisiert, daß man den unvermeidlichen Kontakt auf ein Mindestmaß zu beschränken wünscht. So kann man ein gewisses Gegengewicht gegen die aufdringliche Nähe schaffen.

»Viele weitere Möglichkeiten, körperliche Distanz zu kompensieren, liegen sodann auf dem Gebiet der *Vokalisation«*, fuhr Benno fort. »Es macht schon einmal einen erheblichen Unterschied, ob man überhaupt Stimmfühlung hält oder sich anschweigt. Wobei Schweigen, je nach Kontext, sowohl Kontaktabbruch als auch intimes Einverständnis bedeuten kann. Vor allem spielt aber natürlich eine Rolle, *worüber* man redet. Ob man das Wetter diskutiert oder den eigenen Gesundheitszustand. Ob man ›Du‹ oder ›Sie‹ sagt. Ob man sich einer förmlichen Hochsprache oder des vertraulichen Dialekts bedient. All das verändert die psychische Distanz auf eine Weise, die man geradezu in Dezimetern messen zu können meint.«

Mir kam noch ein anderes Wort in den Sinn. *»Grenze* – könnte man nicht oft statt von ›Distanzierung‹ zutreffender von Gesten der ›Abgrenzung‹ reden? Wenn ein Teenager sein Tagebuch in einer Schublade verschließt oder wenn er innerhalb der elterlichen Wohnung sich in sein Zimmer sperrt und darauf besteht, daß auch und gerade engste Familienmitglieder anklopfen, bevor sie eintreten – zieht er nicht durch alle diese Gesten eine Art symbolischer Grenze um sich? Ebenso wie umgekehrt die demonstrativ einen Spalt weit geöffnete Tür in amerikanischen Büros die stets kontaktbereite Kooperativität des Insassen symbolisieren und seine beinharte Kompetitivität überspielen soll!«

Benno bestätigte das. »Die meisten Distanzäquivalente lassen sich phänomenologisch recht gut durch das Bild der Grenze veranschaulichen. Systemtheoretisch ist das insofern interessant, als – im Unterschied zur Distanz – Abgrenzung eine *asymmetrische* Funktion ist. Grenzen können in beiderlei Richtung unterschiedlich gut passierbar sein. Sie können A von B fernhalten, B aber unbehindert Zugang zu A erlauben. Aber es hat keinen Zweck, darüber jetzt weiter zu diskutieren: Beim gegenwärtigen Stand des Modells ist diese Möglichkeit einfach noch nicht eingebaut.«

Probleme der Prosozialität

Das war bei weitem nicht die einzige Stelle, an der das Blockschaltbild ergänzungsbedürftig erschien. Immerhin ging es hier nur um die differenziertere Fassung einer grundsätzlich bereits berücksichtigten Variablen. Es gab aber große motivthematische Bereiche, die in dem Modell überhaupt nicht vorkamen. Wenn dieses die »soziale Motivation« beschreiben sollte, so vermißte man daran vor allem die Dimension der Prosozialität, also das, was die Soziobiologen in einem etwas zu hochgegriffenen Ausdruck als »Altruismus« bezeichnen.

»Das kommt daher«, entschuldigte sich Benno, »weil das Modell ursprünglich von der Situation des Kindes her konzipiert ist. Bei prosozialen Interaktionen fungiert das Kind vornehmlich als Empfänger, nicht als Spender. Deshalb liegt in meinem Modell das Gewicht nicht auf dem Altruismus, sondern auf dem Sicherheitsbedürfnis. Erst in späteren Phasen der Ontogenese tritt mehr und mehr auch die aktive Hilfeleistung in den Vordergrund, am klarsten im Funktionskreis der Brutpflege.«

»Aber inzwischen geht deine Ambition ja weiter. Du willst den Entwicklungsprozeß über die gesamte Lebensspanne hinweg simulieren, und jetzt kannst du auf dieses Motiv nicht mehr verzichten.«

Eher widerstrebend fand sich Benno bereit, wenigstens in Umrissen anzudeuten, wie er sich den Einbau des Altruismus in sein Modell vorstellte.

»Die Motivation zur Hilfeleistung steigt sicher mit der *Vertrautheit* des Empfängers. Denn der Vertraute ist nach der einfachen Gleichung der Natur häufig ein naher Verwandter und als solcher aus Gründen der Sippenselektion zum Objekt prosozialer Bemühungen qualifiziert.«

»Und wie erklärst du dann die Asymmetrie, auf die du eben hingewiesen hast? Die Eltern helfen, das Kind läßt sich helfen – vertraut sind sie miteinander aber wechselseitig!«

»Das hängt mit einer zweiten Bedingung zusammen. Ich postuliere, daß die Bereitschaft zum Altruismus steigt, je *autonomer* man sich fühlt. Hilfeleistung fällt demnach am leichtesten, wenn zwischen Spender und Empfänger ein Rangunterschied besteht. Der Ranghohe vergibt sich nichts, wenn er großzügig ist. Umgekehrt hingegen ist es ganz schlimm: Die Forderung von einseitiger Prosozialität ›bergauf‹ im Ranggefälle ist prototypisch für das, was man Ausbeutung nennt. Jemanden zu Hilfeleistung zu zwingen und gleichzeitig seinen Autonomieanspruch zu unterdrücken, ist das Äußerste an psychischer Brutalität. Wahrscheinlich bedroht es aus psychsosomatischen Gründen sogar die leibliche Existenz des Opfers.«

»Wie soll Hilfeleistung dann aber möglich sein, falls man den Empfänger nicht persönlich kennt und falls dieser noch dazu die einem gleichgeordneten Erwachsenen zustehende Autonomie beansprucht?«

»Letzteres kann er sich in diesem Fall eben kaum leisten. Das Problem stellt sich regelmäßig in den sogenannten helfenden Berufen. Dort ist man ständig versucht, ein Ranggefälle zum Empfänger herzustellen. Deshalb wird ja auch in der Psychoanalyse der Klient auf die Couch gelegt. ›Clientes‹ hießen übrigens im alten Rom die halbfreien Hörigen eines Patriarchen, der ihnen als Gegenleistung für ihre Ehrerbietung Geschenke und Schutz zukommen ließ. Der griechische Wortstamm weist auf jemanden hin, der sich ›anlehnen‹ muß, weil er nicht auf eigenen Beinen stehen kann. Derselbe Stamm steckt auch in dem Worte ›Klinik‹. Und dort paßt er erst recht hin: Denke nur an die therapeutisch oft gar nicht begründeten Maßnahmen, Krankenhauspatienten zu infantilisieren. Man kann es den Ärzten und Schwestern nicht einmal übelnehmen; sie müssen schließlich auch sehen, wie sie mit ihrer psychischen Bilanz zurechtkommen.«

Mir kam noch eine andere Idee. »Könnte man den Zusammenhang zwischen Autonomie und Altruismus nicht auch im umgekehrten Sinn beanspruchen, indem man sich durch Großzügigkeit in eine ranghohe Position manövriert?«

»Das kommt tatsächlich vor, bei gewissen Problemkindern etwa, die den Eltern Geld entwenden, nicht etwa, um es für sich zu verbrauchen, sondern um auf Kumpane durch spendable Gesten Eindruck zu machen. Dazu gibt es auch kulturanthropologische Parallelen. Von gewissen nordamerikanischen Indianerstämmen kennt man die sogenannte ›Potlatch‹-Zeremonie. Sie wird von einem angesehenen Dorfbewohner veranstaltet, der Gäste einlädt und bei diesem Anlaß sein ganzes Vermögen an diese verteilt. Das ist ziemlich ruinös, aber wenn er es nicht täte, verlöre er sein Prestige. Immerhin müssen sich die anderen, wenn sie etwas auf sich halten, zu angemessener Zeit revanchieren.«

»Daran denke ich ohnehin schon dauernd. Schließlich gilt doch das Sprichwort, daß eine Hand die andere wäscht! Das wäre wenigstens auf menschlicher Stufe noch ein weiteres Motiv für Hilfeleistung: *Reziprokation.* Man zeigt sich für eine frühere Gefälligkeit erkenntlich.«

»So etwas gibt es sogar bei Tieren. ›Reziproken Altruismus‹ nennen das die Soziobiologen, und Robert TRIVERS hat gezeigt, daß auch das eine evolutionär stabile Strategie sein kann.«

»Setzt Reziprokation nicht einen menschlichen Erkenntnisapparat voraus? Tiere können doch gar nicht begreifen, daß sie dem anderen noch eine gut Tat ›schulden‹.«

»Das brauchen sie auch nicht zu begreifen; der Mechanismus funktioniert mit einfacheren Mitteln. Richtig ist aber, daß gerade beim prosozialen Verhalten der Tier-Mensch-Übergang besonders drastische Innovationen mit sich gebracht hat, vor allem im Zusammenhang mit dem Phänomen der *Empathie.* Das alles sprengt vorerst mein Modell. Es hat schon seinen Grund, wenn der Altruismus in dem Blockschaltbild noch fehlt. Was hast du erwartet, die Lösung aller psychologischen Rätsel? Die Konstruktion des Modells, so wie es hier an der Tafel steht, ist ein erster Schritt. Auf einem langen Weg.«

Er drückte seine Zigarette in den Aschenbecher und setzte sich wieder vor seine Gnu-Herden am Bildschirm.

28. Kapitel

Die Göttin mit dem Schlangenrock

Das in den letzten Kapiteln entwickelte Motivationsmodell zielt auf ähnliche Phänomenbereiche wie die psychoanalytische Theorie. Oberflächlich verglichen, lassen die beiden Erklärungsansätze keinerlei Ähnlichkeit erkennen. Bei tieferem Eindringen zeigt sich indessen, daß in Freuds dualistischer Triebtheorie Grunddimensionen unseres Modells im Keim bereits enthalten waren und erst durch eine fatale Fehldeutung verlorengingen.

Hände und Herzen

In der Halle 7 des Nationalmuseums für Anthropologie im Chapultepec-Park von Mexico City steht eine der eindrucksvollsten Hinterlassenschaften der aztekischen Kultur – eine mächtige, über zweieinhalb Meter hohe Götterstatue aus schwarzem Basalt. Ihr Name ist Coatlicue, zu deutsch »Die mit dem Schlangenrock«. Er leitet sich von dem Kleidungsstück der Figur her, einem plumpen Flechtwerk aus Schlangenleibern, das ihren Unterkörper bis zu den Knien bedeckt, während sie auf der Brust die Haut eines geschundenen Menschen trägt. An ihrem Hals hängt an einer ausladenden Kette ein Totenschädel.

Die Kette selbst ist bemerkenswert: Sie setzt sich, in abwechselnder Folge, aus geöffneten Händen und klumpenförmigen Gebilden zusammen. Die letzteren stellen menschliche Herzen dar.

Eigenartig ist der Gesichtsausdruck der Göttin: starr, hoheitsvoll, und doch von sengender Intensität. Bei genauerem Zusehen bemerkt man, wodurch dieser Eindruck zustandekommt. Die Statue hat gar keinen Kopf: er ist abgeschnitten. An der Stelle der beiden Halsschlagadern steigen aus dem Stumpf zwei mächtige Blutströme empor, deren jeder zu einem Schlangenkopf geronnen ist. Die Schlangenköpfe sind einander zugewandt, sie weisen dem frontalen Betrachter also das Profil. Die beiden Profile aber, eng gegeneinandergepreßt, verschmelzen zum Eindruck eines einzigen Antlitzes, von dem man sich angeblickt wähnt.

Was für eine Bewandtnis hat es mit dieser eigentümlichen Figur? Wir verstehen sie am ehesten von der Halskette her. In den geöffneten Händen erkennt man unschwer das uralte Symbol eines schenkenden, hegenden, helfenden Prinzips. Die Herzen haben einen hierzu komplementären Bedeutungsgehalt. Sie stehen im Zusammenhang mit dem grausam-zwanghaften Ritual der Azteken, zunächst freiwilligen, später kriegsgefangenen Opfern bei lebendigem Leibe auf der Tempelplattform das Herz aus der Brust zu reißen und es, noch zuckend, der Sonnengottheit darzubringen – aus Angst, sie könnte sich sonst am nächsten Morgen schon den Menschen verweigern und ewige Nacht hereinbrechen lassen.

Die Symbolik der Kette ist also ambivalent: Was sie ausdrückt, ist verströmende Mutterliebe und zugleich verschlingender, zehrender Vampirismus. Coatlicue ist nährende Amme und kinderfressende Hexe in einem.

Sie ist überhaupt durch und durch zwiespältig gestaltet, eine wahre Coincidentia oppositorum. Hiervon zeugt schon der abgeschlagene Kopf, ihr eigener Tod, der doch zugleich überwunden wird durch die nicht versiegenden Blutströme des Lebens, aus dem Stumpf emporschießend und das verlorene Haupt auf ihre Weise regenerierend. Paradox die Zweieinigkeit der beiden Schlangenhäupter selbst, die, meist als Symbol einer kosmischen Urszene gedeutet, einander zugewandt sind in einer Beziehung, an der kein Dritter Anteil haben kann und die doch zugleich diesen Dritten frontal fixiert und in ihren Bann schlägt. Auch mythologisch ist die Göttin eine Vereinigung von Gegensätzen – sie ist zugleich Mutter, Schwester und Gemahlin des Sonnengottes: eine gigantische Eruption des inzestuösen Urchaos, aus dessen inneren Widersprüchen vielleicht all die anderen Ambivalenzen nach verborgener Logik folgen.

Coatlicue, so bizarr sie erscheinen mag, ist durchaus nicht die idiosynkratische Ausgeburt einer speziellen Kulturneurose. Sie ist ein universaler Archetyp. Am bekanntesten ist ihre indische Inkarnation geworden, Kali, die Schwarze Göttin. Diese hat vier Arme: Der obere auf der linken Seite schwingt drohend einen blutbefleckten Säbel, der darunter hält einen abgetrennten Menschenkopf an den Haaren; der obere rechte Arm ist erhoben zur Gebärde »Fürchte dich nicht«, der vierte Arm ist dem Betrachter entgegengestreckt zur Spende von Wohltaten. Um den Hals trägt sie eine Kette aus Menschenköpfen, aus menschlichen Armen ist ihr Rock. Ihre Zunge hängt heraus, begierig, Blut zu lecken.

Auch hier also wieder die rätselhaft anmutende Verklammerung von Segen und Vernichtung, Schenken und Entreißen, Liebe und Tod. Es ist dies eine der verwirrendsten Ambivalenzen, auf die wir bei unserer Suche nach Selbstverständnis stoßen – Selbstverständnis im existentiellen, aber auch im wissenschaftlichen Sinn.

Jenseits des Lustprinzips

Im Jahre 1920 erschien aus der Feder Sigmund FREUDS eine siebzig Seiten lange Abhandlung, in der der Autor diese Ambivalenz theoretisch zu bewältigen versuchte. Die Schrift trägt den Titel »Jenseits des Lustprinzips« und markiert die Wende zur letzten Phase in der Entwicklung der psychoanalytischen Trieblehre.

Ursprünglich war FREUD einmal von einer dualistischen Theorie ausgegangen. Angeregt durch SCHILLERS Wort, daß »Hunger und Liebe« die Welt regieren, hatte er die Mannigfaltigkeit der Motive in zwei thematische Sektoren aufgeteilt. Er nannte sie »Ichtriebe« und »Objekttriebe«; erstere sollten der *Selbsterhaltung* des Organismus, letztere der *Fortpflanzung* der Art dienen. Läßt man einmal die Namengebung außer acht, die allerdings, wie wir noch sehen werden, bereits die Weichen zu einem gewichtigen Mißverständnis stellt, so war das eine gängige und plausible Gliederung, wie sie etwa auch dem taxonomischen Schema auf Seite 331 zugrunde liegt.

Ausschließlich den »Objekttrieben« ordnete FREUD zunächst die »Libido« als psychische Repräsentanz zu, den erlebten Drang nach Liebesvereinigung. Nun ist der Mensch aber ein sonderbares Geschöpf; er kann sich selbst im Spiegel erkennen und dabei womöglich, wie der Jüngling Narkissos in der griechischen Mythologie, auch in Liebe zu diesem Spiegelbild entbrennen. FREUD entdeckte ähnliche Tendenzen in bestimmten Neuroseformen und sah sich dadurch zu der Annahme genötigt, daß zu den »Objekten« der Libido grundsätzlich auch das eigene Ich zu rechnen sei. Was zuvor noch als »Ichtriebe« abgesondert worden war, erschien nun als »narzißtische« Libido. Der Dichotomie war damit der Boden entzogen, und es sah so aus, als basiere alle Triebdynamik auf einer einzigen, im weitesten Sinne als »libidinös« zu deutenden Grundenergie – eine wegen ihrer Nähe zum Gedankengut des abtrünnigen C. G. JUNG höchst unerwünschte Konsequenz.

In der Arbeit von 1920 glaubte FREUD dann den Ausweg aus dieser Kalamität gefunden zu haben. Er faßte Fortpflanzung und Selbsterhaltung unter dem Oberbegriff der *»Lebenstriebe«* zusammen. Oft steht dieses Wort auch im Singular, und zuweilen liest man dafür jetzt den Namen »Eros«, als Anleihe bei der griechischen Mythologie, die darauf verweist, daß es bei diesem Triebkomplex darum gehen soll, unvollständige Bruchstücke zu größeren Ganzen zusammenzufügen, Getrenntes zu vereinigen – eine Thematik, die ersichtlichermaßen sowohl für die Sehnsucht der Liebenden wie für die organismische Selbsterhaltung gilt, wenn man die letztere als Abwehr gegen Zerstörung, Abbau und Zerfall deutet.

Naturwissenschaftlich betrachtet, ist der Zerfall ein Schicksal, das infolge des Entropieprinzips allen komplex organisierten Gebilden droht. Er versteht sich also gewissermaßen von selbst; erklärungsbedürftig ist allein, wodurch er *verhindert* wird. An dieser Stelle schlägt FREUD nun aber einen anderen Weg ein, der von seinen Anhängern übrigens noch heute als »biologisch« ausgegeben wird, obwohl er aus dem eben angeführten Grund keinerlei naturwissenschaftliche Stütze beanspruchen kann. Wir sind bereits auf Seite 142 dieser Theorie begegnet: Der auf Vereinigung zielenden Libido wird darin ein eigener *»Todestrieb«* gegenübergestellt, der in jedem Organismus am Werke ist und still, aber beharrlich das Ziel verfolgt, alles Leben wieder auszulöschen.

FREUD war 63 Jahre alt, als er »Jenseits des Lustprinzips« schrieb; vier Jahre später wurde sein Krebsleiden manifest. Die schleichenden Prozesse, in denen sein Immunsystem vor den Todeskeimen zu kapitulieren begann, müssen also etwa in die Zeit gefallen sein, da er die Idee vom Drang nach Selbstzerstörung niederschrieb. Der Todestrieb, sagt er einmal, sei im wesentlichen stumm, für den Lärm des Lebens sei meist der Eros verantwortlich. Die besessen anmutende Beharrlichkeit, in der er immer wieder das Bild des im *Verborgenen* wirkenden, manifest kaum faßbaren Verlangens nach Selbstauflösung beschwört, wirkt wie eine ahnungsvolle Paraphrase seines eigenen organischen Zustandes, und vielleicht ist das ein Schlüssel zu seinen anderweitig wirklich kaum nachvollziehbaren Gedankengängen. »Wenn man schon sterben und vorher seine Liebsten durch den Tod verlieren soll, so will man lieber einem unerbittlichen Naturgesetz, der hehren Ananke, erlegen sein, als einem Zufall«, heißt es in der zitierten Schrift auf Seite 47. Jacques MONOD, in ähnlichem Zustand wie FREUD, hat sich in seinem letzten Werk »Zufall und Notwendigkeit« sogar noch diesen Trost versagt.

»Ein jeder wird von innerlich tief begründeten Vorlieben beherrscht, denen er mit seiner Spekulation unwissentlich in die Hände arbeitet«, vermerkte FREUD hellsichtig einige Seiten später. Er fühlte sich dadurch selbstredend nicht von der Aufgabe dispensiert, das Faszinanz, um das seine Intuition kreiste, auch rational auf den Begriff zu bringen, und es erweist sich als unverhofft gewinnbringend, der Begründung seiner Lehre vom Todestrieb ein Stück weit nachzugehen.

Wir haben auf Seite 151 davon gesprochen, daß jede Antriebshandlung, unbeschadet ihrer spezifischen Qualität, von charakteristischen Erlebnisverläufen begleitet wird, an denen sich die allgemeinen Attribute *Lust* und *Spannung* unterscheiden lassen. Beide Dimensionen spielen in FREUDS Triebtheorie eine bedeutende Rolle.

Zunächst hat er sie kurzerhand gleichzusetzen versucht. Er übernahm aus der zeitgenössischen Psychologie das Konzept eines allen Triebhandlungen zugrundeliegenden »Lustprinzips«, demzufolge grundsätzlich der Anstieg von Spannung als unangenehm, ihr Abbau hingegen als lustvoll und also erstrebenswert empfunden werden sollte.

Statt von Spannung spricht FREUD übrigens von »Erregung«, und genau wie in den Aktivationstheorien, von denen auf Seite 241 die Rede war, schillert dieser Begriff auch bei ihm zwischen den Bedeutungsgehalten »Erregung« und »Aktivation«. Er kann sich daher nicht recht entscheiden, ob das Lustprinzip denn nun verlange, die Spannung auf einem konstanten Niveau zu *stabilisieren* oder aber gänzlich zu *löschen.* FREUD spricht im ersten Fall auch von einem »Konstanzprinzip«; im anderen, dem seine Sympathie wohl stärker zuneigt, verwendet er den bekannter gewordenen Begriff »Nirwanaprinzip«.

Heute bezeichnet man solche Überlegungen als »homöostatisch«. FREUD nennt sie »konservativ« und dehnt sie zugleich, sichtlich um philosophische Verankerung seiner Lehre bemüht, weit über den Rahmen des empirisch Abdeckbaren hin aus. Allen Triebhandlungen soll demnach einheitlich der Sinn zugrundeliegen, einen *früheren,* aufgrund störender Einflüsse verlassenen Zustand *wiederherzustellen.* Spannung und Unwohlsein wären dann Gradmesser für das Ausmaß der Störung, Lösung und Lust Signale der Rückkehr zum Urzustand.

Aus diesem konservativen Prinzip leitet FREUD schließlich her, daß »das Ziel alles Lebens der Tod« sein müsse – eben den Todestrieb. Da nämlich die Organwelt irgendwann einmal aus toter Materie hervorgegangen sei, sollte aller lebenden Substanz letzten Endes auch die Tendenz innewohnen, zur präbiotischen Zustandsform zurückzukehren, »wieder in dem Mutterboden des sogenannten Anorganischen zu verschwinden«, wie Karl MEN-

NINGER es in einer bemerkenswerten Formulierung ausgedrückt hat, auf die wir später noch einmal zurückkommen werden.

Pathos und Ataraxia

Es mutet befremdlich an, daß auf diese Weise ausgerechnet der Todestrieb, der Gegenspieler der Libido, zum Herrscher und Vollstrecker des Lustprinzips geworden war. FREUD suchte, obwohl von diesem Paradox erkennbar fasziniert, nach einem Ausweg.

Zunächst bemühte er sich darum, wenigstens auch den Lebenstrieb aus einem konservativen Rahmenprinzip herzuleiten. Er spielte mit der Idee, bei Entstehung des Lebens auf der Erde seien durch unbekannte kosmische Ereignisse größere Ganze in Stücke zerrissen worden, was in diesen die Sehnsucht geweckt habe, sich wieder zur ursprünglichen Einheit zusammenzuschließen. Solche bei EMPEDOKLES und PLATO entlehnten Eros-Spekulationen erschienen ihm aber dann doch zu abenteuerlich.

Eine Alternative lag an sich nahe: Dem *konservativen* Sinnprinzip des Todestriebes konnte ein *expansives* für den Lebenstrieb gegenübergestellt werden. Diesen Ausweg erkannte auch FREUD, aber es ist eindrucksvoll, wie halbherzig und zögernd er ihn beschritt. Die Faszination des Thanatos war bereits zu stark gewachsen, als daß die Theorie von einem ihm ebenbürtigen oder gar überlegenen Eros noch auf eine »innerlich tief begründete Vorliebe« hätte stoßen können.

Es sei zwar einzuräumen, daß der Lebenstrieb immer wieder neue »Vitaldifferenzen« einführe, die dann »abgelebt« werden müßten. Aber dabei handle es sich doch eigentlich nur um *Umwege,* die nötig seien, da »der Organismus nur auf seine Weise sterben« wolle. Selbstbehauptung, Liebesleidenschaft und alles, was dem Leben zu dienen scheint, wäre demnach eigentlich nur Ausdruck des Wunsches, sich auf seinem individuellen Weg ins Nirwana nicht durch programmwidrige Barrieren, die dem Organismus andere Formen der Auslöschung aufzuzwingen versuchten, aufhalten zu lassen. So seien die »Lebenswächter« eigentlich auch nur »Trabanten des Todes«, wie es in der zitierten Arbeit auf Seite 41 heißt.

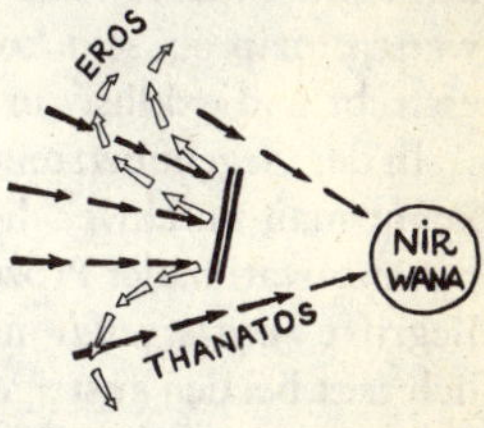

Man spürt, wie FREUD gegen den lähmenden Pessimismus dieser Theorie angekämpft hat. Zwei Seiten später schon bemüht er ein anderes Bild: Er spricht von einem »Zauderrhythmus« im Leben der Organismen: Die eine Triebgruppe – das sind wohlgemerkt die Todestriebe! – stürme »vorwärts«, um das Endziel des Lebens, den Ausgleich aller Spannungen, möglichst bald zu erreichen; die andere, die Lebenstriebe also, schnelle hingegen immer wieder zurück, um diesen Weg von einem bestimmten Punkt an nochmals zu durchlaufen.

Wozu sie das tun, wird nicht recht klar, und man ist versucht, an ein raffiniertes Verfahren zur Verzögerung und damit Verlängerung des lustvollen Hinübergleitens in die Selbstauflösung zu denken. Aber immerhin spricht FREUD jetzt deutlich aus, daß die Libido dem Todestrieb »entgegenwirke« und daß sie sogar befähigt sei, so etwas wie »Fortschritt« voranzutreiben, das letztere Wort freilich in Anführungszeichen gesetzt.

Im Zusammenhang damit gelangte er nun zu der Einsicht, daß man Lust und Spannung trennen müsse. Denn es gebe eben unzweifelhaft auch »lustvolle Spannungen« und »unlustige Entspannungen«; gerade die Sexualität sei »das aufdringlichste Beispiel einer solchen lustvollen Reizvergrößerung«, wie er sich 1924 in der Schrift »Das ökonomische Problem des Masochismus« ausdrückt.

Für die Differenzierung, die sich hier anbahnt, gibt es in der abendländischen Geistesgeschichte Vorbilder. Bereits die hedonistische Philosophie des griechischen Altertums hat den Lustbegriff aufgespalten in das *Pathos,* die heftig-leidenschaftliche »Lust der Bewegung« beim Kyrenaiker ARISTIPP, und die *Ataraxia,* die »Lust der Ruhe«, der friedvollen Stille, der Freiheit von seelischen Erschütterungen bei EPIKUR. Eine ähnliche Scheidung bahnt sich jetzt auch bei FREUD an, und damit zerbricht die Klammer von »Lustprinzip« und »Nirwanaprinzip«: Jenes rückt in die Nähe des kyrenaischen Pathos, dieses in die der Ataraxia. Das Lustprinzip wird von nun an dem Lebenstrieb zugeordnet und erscheint dementsprechend zunehmend expansiv, auf *Steigerung* von Lust gerichtet, während das Nirwanaprinzip als sein konservatives Gegenstück *Erlöschen* von Spannung erstrebt und exklusiv in den Dienst des Todestriebes tritt.

In der Gegenüberstellung von expansiven und konservativen Trieben erkennt man unschwer die von Wallace CRAIG herausgearbeiteten zwei Typen motivationaler Prozeßdynamik wieder, die wir auf Seite 174 durch die Begriffe *»ansteigend«* und *»ausklingend«* charakterisiert haben. Tatsächlich tritt bei den ansteigenden Antriebsverläufen, die in die Dramatik einer konsummatorischen Endhandlung münden, erlebnismäßig meist der Lustanstieg in den Vordergrund, während bei allem Streben nach »Ruhezuständen« naturgemäß eher die Entspannung die Stimmungslage prägt, unbeschadet der Tatsache, daß natürlich bei beiden Triebarten immer beide Erlebnisdimensionen angesprochen sind.

Es sei aber nochmals betont, daß ein formales Gleichgewicht der Prinzipien »Expansion« und »Konservation« in FREUDS System nicht zustande gekommen ist. Er hat diese Konsequenz seiner Überlegungen gesehen, aber immer wieder vor sich hergeschoben. Der letzte Hinweis darauf, den ich in seinen Schriften finden konnte, stammt aus dem Jahre 1930; er ist in einer Fußnote zur Abhandlung »Das Unbehagen in der Kultur« versteckt und lautet: »Der Gegensatz, in den die rastlose Ausbreitungstendenz des Eros zur allgemeinen konservativen Natur der Triebe tritt, ist auffällig und kann der Ausgangspunkt weiterer Problemstellungen werden.« Dabei ist es geblieben.

Eine fatale Umdeutung

Der bisher entwickelte Ansatz enthält, so dunkel und zuweilen bizarr auch die angegebenen Begründungszusammenhänge sein mögen, doch wenigstens im Keim psychologische Einsichten, die in Ruhe auszuloten sich gelohnt hätte. Aber bevor es dazu kam, hatte sich, vielleicht wiederum unter dem Einfluß der empedokleischen Philosophie, auch schon eine zweite Idee vor die erste geschoben und mit dieser verhängnisvoll vermischt. Hören wir zunächst im Wortlaut, wie dieser Gedankengang in »Jenseits des Lustprinzips« auf den Seiten 57–59 entwickelt wird:

»Bei dem gegenwärtigen Dunkel der Trieblehre tun wir wohl nicht gut, irgend einen Einfall, der uns Aufklärung verspricht, zurückzuweisen. Wir sind von der großen Gegensätzlichkeit von Lebens- und Todestrieben ausgegangen. Die Objektliebe selbst zeigt uns eine zweite solche Polarität, die von Liebe (Zärtlichkeit) und Haß (Aggression). Wenn es uns gelänge, diese beiden Polaritäten in Beziehung zueinander zu bringen, die eine auf die andere zurückzuführen! Wir haben von jeher eine sadistische Komponente des Sexualtriebes anerkannt. ... Wie soll man aber den sadistischen Trieb, der auf die Schädigung des Objekts zielt, vom lebenserhaltenden Eros ableiten können? Liegt da nicht die Annahme nahe, daß dieser Sadismus eigentlich ein Todestrieb ist, der durch den Einfluß der narzißtischen Libido vom Ich abgedrängt wurde, sodaß er erst am Objekt zum Vorschein kommt? ... Der dem Sadismus komplementäre Partialtrieb des Masochismus (ist) als eine Rückwendung des Sadismus gegen das eigene Ich zu verstehen ... (Diese) Wendung des Triebes gegen das eigene Ich wäre dann in Wirklichkeit eine Rückkehr zu einer früheren Phase desselben, eine Regression.«

Es ist vielleicht die gefährlichste Schwachstelle an FREUDS Denkstil, daß er seine Objekte immer in Gegensatzpaare zerlegte und diese dann sogleich zu parallelisieren versuchte. Nach »Vereinigung« und »Zerfall«, »Lust« und »Spannung«, »Expansion« und »Konservation« mußte nun also auch noch »Liebe« und »Haß« in der Einheitspolarität seines Triebdualismus untergebracht werden. Der Todestrieb wurde dabei aus dem Verlangen nach stiller Selbstauflösung im Nirwana zur kruden *Aggression* umgebogen und hat diese seinerseits, biologisch vollends absurd, auf den Prototyp der *Auto*aggression verpflichtet.

Immerhin hatte diese Umdeutung den Vorzug der Einfachheit, und man spürt förmlich, wie FREUDS Jünger sozusagen aufatmend davon Gebrauch machten. Zu orthodox, um einen von ihm so hochgeschätzten Bestandteil der Lehre schlicht zu ignorieren, aber auch zu wenig kongenial, um den

Ikarusflug seiner Phantasie erneut zu wagen, waren sie nur allzu froh, das theoretische Vermächtnis des Meisters auf handliche Maße zurückstutzen zu können. Und so ist aus der mythopoetischen Vision einer kosmischen Gigantomachie von Schöpfung und Auflösung letzten Endes die Lehre von den »sexuellen« und »destruktiven Energien« geworden, die angeblich allem motivierten Verhalten zugrunde liegen.

An dieser windschiefen Skala stimmt so gut wie nichts. Die Vertreter der Lehre werden zwar nicht müde zu beteuern, wie sehr sich gerade diese Triebeinteilung in der klinischen Praxis bewährt habe. Zweifel sind gleichwohl erlaubt.

Man weiß, daß es bei der praktischen Anwendung einer Theorie nicht unbedingt darauf ankommt, ob sie »stimmt«. Man konnte im Rahmen des geozentrischen Weltsystems die Planetenbahnen auch recht passabel berechnen. Es war nur umständlich. Genauso verhält es sich mit der Theorie von den »sexuellen« und den »destruktiven« Grundtrieben: Zur Not läßt sich auch in ihr psychologische Realität unterbringen. Man braucht dazu nur einen komplizierten und im Bedeutungsgehalt hinreichend elastischen Apparat von epizyklischen Zusatzannahmen und Spezialbegriffen, wie sie eben in der psychoanalytischen Literatur überreich gedeihen, mit der wohlbekannten Folge, daß Abhandlungen in dieser Fachsprache für den normalen Leser kaum mehr entwirrbar sind. Der Zunft mag dieser esoterische Effekt nicht ungelegen kommen; aber er dient gewiß nicht gerade der Validierung der Theorie.

Es geht hier nicht etwa darum, die Bedeutung von Libido und Aggression zu leugnen. An der Sexualität zweifelt ohnehin niemand, und daß im Menschen eine leicht zu weckende Kampfbereitschaft schlummert, können auch nur Ideologen bestreiten. Das Problem liegt vielmehr in der Willkür der *Akzentsetzung*, mit der man aus der bunten Fülle der Antriebsarten gerade diese beiden hervorhebt. Damit werden nicht nur alle anderen zu deren Komponenten, Derivaten oder wenigstens Mitläufern degradiert, man zwingt sie vielmehr selbst in eine künstliche Symmetrie, aus der heraus sie sich nun *gegenseitig* definieren.

Das läßt beide in einer verzerrenden Perspektive erscheinen. Die Aggression wird dabei aus einer biologisch zweckmäßigen und unter natürlichen Umständen auch maßvollen Coping-Strategie zu einem Prinzip bedingungsloser Verneinung, zu bösartiger Destruktivität, deren hemmungsloser Vernichtungswille auch vor dem eigenen Ich nicht haltmacht, ja im Wahnsinn der Selbstzerstörung seine konsequenteste Vollendung findet.

Noch schlimmer aber ergeht es dem Gegenpol, der Libido. Diese wird nun endgültig in der Rolle festgeschrieben, die ihr freilich schon zugedacht war, als sie noch »Objekttrieb« heißen sollte: Sie erscheint als homogene Triebgrundlage für *sämtliche* Regungen positiver Zuwendung zu Artgenossen.

Da wir es hier mit der wohl am hartnäckigsten durchgehaltenen Kampfthese der Psychoanalyse zu tun haben, sei FREUDS Standpunkt wiederum im Wortlaut vorgestellt. Das Zitat stammt aus dem Jahr 1921, es findet sich in dem Aufsatz »Massenpsychologie und Ich-Analyse« auf Seite 98.

> »Libido ist ein Ausdruck aus der Affektivitätslehre. Wir heißen so die ... Energie solcher Triebe, welche mit all dem zu tun haben, was man als Liebe zusammenfassen kann. Den Kern des von uns Liebe Geheißenen bildet natürlich, was man gemeinhin Liebe nennt und was die Dichter besingen, die Geschlechtsliebe mit dem Ziel der geschlechtlichen Vereinigung. Aber wir trennen davon nicht ab, was auch sonst an dem Name Liebe Anteil hat, einerseits die Selbstliebe, andererseits die Eltern- und Kindesliebe, die Freundschaft und die allgemeine Menschenliebe, auch nicht die Hingebung an konkrete Gegenstände und an abstrakte Ideen. .. Wir meinen also, daß die Sprache mit dem Wort ›Liebe‹ in seinen vielfältigen Anwendungen eine durchaus berechtigte Zusammenfassung geschaffen hat, und daß wir nichts Besseres tun können, als dieselbe auch unseren wissenschaftlichen Erörterungen und Darstellungen zugrunde zu legen.«

FREUD hat selten eine so deutliche Sprache gesprochen. Mit diesem Dogma war es ihm kompromißlos ernst: Alle *Gefühlsbindung* ist im tiefsten Wesen *Sexualität*. Wenn wir daran heute Anstoß nehmen, dann sicher nicht mehr, wie vielleicht seine Zeitgenossen, aus bourgeoiser Prüderie, sondern deshalb, weil die Fülle des empirischen Materials, auf die in diesem Buche verwiesen ist, uns nötigt, die Bindung an das *primär vertraute* Elternobjekt von der an den *sekundär vertrauten* Geschlechtspartner grundsätzlich zu trennen.

Von den Anfängen der sozialen Motivation im Tierreich bis hinauf zum Menschen steht jedes Individuum vor der großen Lebensaufgabe, rechtzeitig vor dem Eintritt in die reproduktive Phase die Abhängigkeit von den ersten Objekten mit Heimvalenz zu lösen. Wenn diese Aufgabe nicht als tief im biologischen Bauplan verankert erkannt wird, wenn man die kindliche Sehnsucht nach Geborgenheit »libidinös« nennt, ohne zu verstehen, daß just diese Sehnsucht *selbst* eine psychisch kastrierende Wirkung ausübt, dann nur kann man darauf verfallen, sie als »Inzestwunsch« zu deuten und in der »Eifersucht« des Vaters nach *externen* Ursachen der psychischen Kastration zu suchen.

Es steht dabei außer Frage, daß der Übergang von der primären zur sekundären Bindung zumindest auf menschlicher Stufe ein hochkomplexer

Prozeß ist, in dessen umwegreichem Ablauf sich Bindung und Überdruß, Furcht und Faszination, trotziges Aufbegehren gegen die innerfamiliäre Hierarchie und der bange Wunsch, die primäre Geborgenheit festzuhalten, Angst vor der Selbständigkeit und Angst vor der psychischen Kastration, und dazu noch die tatsächlich bereits lange vor der Pubertät allmählich zu einem Funktionsganzen zusammenwachsenden Partialtriebe der Sexualität, zu einem chaotischen Stimmungsgewirr mischen, aus dem man dann, wenn es partout sein muß, auch ein so exotisches Muster wie den Ödipus-Komplex herausdeuten kann. Nur eine sorgfältige *vergleichende* Grundlagenforschung vermag hier dem Theoretiker Orientierungshilfen zu vermitteln. Und dafür, das muß eingeräumt werden, war die Zeit noch nicht reif, als FREUD seine Ideen entwickelt hat.

Verwischte Spuren

Hat heute also von diesen Ideen nichts mehr Bestand? Soll man achselzuckend zur Tagesordnung übergehen? Trotz seines ausschweifend spekulativen Charakters ist »Jenseits des Lustprinzips« eine eigentümlich faszinierende Lektüre. Gerade die allerersten, noch keimhaften Gedanken darin atmen eine Intuition, die vollends zu verwerfen man zögert. Man hat das Gefühl, daß FREUD einer psychologischen Realität auf der Spur war, die er zwar selbst schon, und erst recht alle, die hinter ihm herhinkten, wieder verwischt haben, die aber gleichwohl freizulegen und klarer zu fassen sich lohnen könnte. Kehren wir also nochmals zu den Ursprüngen zurück.

Dem »Lebenstrieb«, so lesen wir in der zitierten Arbeit, geht es um ständige »Zufuhr neuer Reizgrößen«, um lustvolle »Reizvergrößerung«. Ein solches Verlangen kennen wir nun aber auch von unserem Modell her; wir hatten es dort als »Unternehmungslust« apostrophiert, als Bedürfnis nach *Erregung.* Denn »Erregung« ist ja in der Sprache dieses Modells eben die emotionale Antwort auf Reizfülle.

Der Lebenstrieb soll ferner vor allem eine enge Affinität zur sexuellen Motivation aufweisen: »Libido« und »Eros« sind ja seine Synonyme. Und wiederum begegnen wir in unserem Blockschaltbild ebendieser Affinität: *UNT* und *LIB,* Erregungssuche und Sexualität, sind tatsächlich positiv miteinander rückgekoppelt: Denn das ist es, was den Jüngling dazu treibt, in der Liebe das Abenteuer zu suchen und dort, wo ihm das Abenteuer vorenthalten wird, in der Liebe ebenfalls zu erlahmen.

Diese Rückkoppelung erfolgt über das Bindeglied des Autonomieanspruchs. Auch hier zeichnet sich eine Spur ab: Wir verstehen, warum FREUD die »Ichtriebe« – wir würden sagen, die Selbstbehauptungs- und Selbsterweiterungsmotive – in den Lebenstrieb einbezogen hat.

Was schließlich die Einbettung von alldem in das »Lustprinzip« anbetrifft, in das ekstatisch aufklingende kyrenaische Pathos, so folgt diese nicht etwa nur aus der trivialen Gleichsetzung von Lust und Sexualität. Auch der Triumph des Siegers in einem Rangkampf ist auf seine Art ein Orgasmus. Und wie die Abbildung auf Seite 246 zeigt, strebt die prototypische Äußerung des Erregungsverlangens, die »diversive Exploration«, ebenfalls einer Klimax zu, bevor sie in Sättigung ausläuft. Aufklingender Erregungsgenuß ist es, was man »Vergnügen« nennt, was man auf der Achterbahn, beim Skilauf oder bei der Treibjagd sucht; »a Hetz« sagt der Wiener, wenn er die Lust am Leben meint.

Man hat, alles zusammengenommen, nicht den Eindruck, Freuds »Lebenstrieb« Gewalt anzutun, wenn man in ihm eine Inkarnation dessen sieht, was wir, in präzisere kybernetische Definitionen eingebettet, als »Erregungsverlangen« identifiziert haben. Jedoch geraten wir gleich anschließend in eine erhebliche Schwierigkeit: Was sollte dann seinem Antagonisten, dem »Todestrieb«, entsprechen? Unser Modell stellt zwar der Erregungssuche ein komplementäres Motiv zur Seite: das Verlangen nach *Sicherheit.* Wir würden aber, so scheint es, Freud an spekulativer Unbekümmertheit noch um ein Vielfaches übertreffen, wenn wir ernsthaft versuchen wollten, eine Affinität von Geborgenheit und Tod zu konstruieren.

Und doch – ist man mit dieser Denkmöglichkeit erst einmal konfrontiert, finden sich in rasch wachsender Zahl Assoziationen ein. Und Freud hat uns, wie erinnerlich, selbst ermahnt, bei dem gegenwärtigen Dunkel der Trieblehre keinen Einfall, der Aufklärung verspricht, ungeprüft zurückzuweisen.

Was zunächst auffällt, ist die unverkennbar enge Beziehung des Sicherheitsverlangens zum »Nirwanaprinzip«. Wenn dieses die »Aufhebung der Reizspannung« verlangt, so kann man daraus durchaus auch eine Aversion gegen erregende Kollativität, also eben die Zuflucht zum *Vertrauten* herleiten. Und man wird sich zwanglos daran erinnern, daß die Suche nach dem »Individuum mit Heimvalenz« ja der Prototyp der Appetenz nach einem »Ruhezustand« ist.

Der eigentliche Stein des Anstoßes ist damit allerdings nicht beiseite geräumt. Epikur hat in seiner Ataraxia immerhin eine positive, lebensbejahende Maxime gesehen. Und der Ruhezustand der Geborgenheit, den Tierjunges wie Menschenkind bei der Mutter suchen, ist – ebenso wie seine Verinnerlichung im Urvertrauen – die Basis aller Lebensqualität. Wie hätte Freud, wenn er solches auch nur entfernt im Sinn gehabt hätte, dazu gelangen können, gerade hier von einem »Todestrieb« zu reden?

Aber ist diese Analogie wirklich schlechthin unverständlich? Sie ist nur auf eine ganz bestimmte Weise einseitig! Sie trifft einen *Teilaspekt* des Sicherheitsverlangens, auf den wir in unseren Überlegungen immer wieder gestoßen sind. Es ist der Aspekt, der uns in der Ambivalenz der geöffneten Hände und der herausgerissenen Herzen in der Basaltstatue der Göttin mit dem Schlangenrock gegenübertritt.

Die Botschaft der Coatlicue

Wie wir auf Seite 477 festgestellt haben, kann es zuweilen zweckmäßig sein, die Kategorie der Distanz, die im Wirkungsgefüge der sozialen Motivation eine tragende Rolle spielt, durch ihr symbolisches Äquivalent, das Konzept der psychischen *Grenze,* zu ersetzen. Besonders die Überdrußreaktion in der Reifezeit wird subjektiv häufig als Wunsch nach Abgrenzung gegenüber einem allgegenwärtig und auf erdrückende Weise raumfüllend erlebten Elternprinzip wahrgenommen. Dieses verlangt schließlich für die Geborgenheit, die es spendet, als Gegenleistung nicht nur das Privileg der Vormundschaft, sondern auch das Recht auf Einmischung in die Privatsphäre. Insofern steckt im Anspruch auf Autonomie phänomenologisch immer zugleich der Wille zum affektiven »Randkontrast«: Jedes Ich ist wie eine Insel, die sich dagegen wehrt, vom umgebenden Ozean wieder verschlungen zu werden.

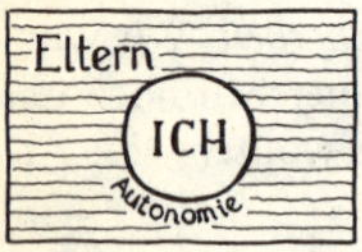

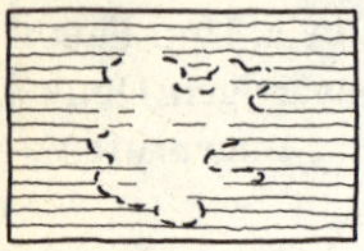

Diese Feststellung läßt sich nun aber auch in der umgekehrten Richtung lesen: Jede akklimatisierende *Zurücknahme* des Autonomieanspruchs, jede Heimkehr in kindliche Abhängigkeit, jedes Erlahmen des nach Abwechslung und Abenteuer begehrenden Fernwehs, jedes Wiedereintauchen in das Führungsfeld elterlicher Kräfte, bedeutet dann zugleich, daß Grenzen sich öffnen und die Kontur des Ich zerfließt. In all diesen Prozessen atmet daher ein Hauch von Auflösung, Auslöschung, Vernichtung.

»Regression« nennen die Psychoanalytiker diesen Prozeß. Er muß nicht notwendigerweise neurotischen Ursprungs sein. Mehrfach schon, zuletzt auf Seite 461, haben wir bemerkt, daß sich der Anspruch auf Autonomie im Zuge der Adaptation an den natürlichen Vorgang des *Alterns* allmählich abschwächt. Früher zumindest, als die Zeiten noch nicht so schnelllebig waren, wuchs mit den Jahren unaufhaltsam der Schatz verwertbarer Lebenserfahrung; Widerfahrnisse, die für Jüngere den Charakter des Ungewöhnlichen und, je nachdem, Spannenden oder Unheimlichen hatten, brachten zunehmend Erinnerungen an vormals schon ähnlich Erlebtes zum Klingen. Im Naturzustand ist der Mensch wohl darauf eingerichtet, daß der Zustrom an wirklich Neuem und Fremdem, an Nahrung für das Erregungsbedürfnis und Belastung für das Sicherheitsverlangen, im Laufe des Lebens immer mehr versiegt. In der abgeklärten Gelassenheit des Weisen verschwimmt daher, wie in einer weichzeichnenden Photographie, zunehmend der Kontrast zwischen dem Ich, das nicht länger auf seiner Autonomie zu bestehen braucht, und der Welt, in deren vertraut gewordenen Mutterboden es sich immer mehr eingebettet fühlt.

Ein erfülltes und mit Urvertrauen gesegnetes Leben kann so auf die Weise ausklingen, daß das Ich »lebenssatt«, wie es in der Bibel heißt, in das wirkliche Nirwana hinübergleitet. »Wohin gehen wir denn? – immer nach Hause!« schrieb am Ende seines Lebens Max DELBRÜCK in sein Tagebuch.

Aber es kann auch anders kommen. Die Erkenntnis, daß die Zeit der Eroberung, des sieghaften Voranstürmens, des Aufbaus und Wachstums, des Urbarmachens, des Säens, ja sogar der Ernte abgelaufen ist, die Erfahrung, daß der Schatz der angesammelten Lebensweisheit von den Jüngeren, auf deren Achtung man nun mehr denn je angewiesen ist, geringschätzig zurückgewiesen wird – das alles kann Lähmung, Resignation und Hoffnungslosigkeit bewirken. Und dann steht der letzte Lebensabschnitt tatsächlich nicht mehr unter dem Zeichen der Heimkehr in die Geborgenheit, sondern des dumpfen Verlangens nach Selbstzerstörung.

Sandor Ferenczis Überlegungen

Unter bestimmten Perspektiven mag es also immerhin tolerierbar erscheinen, wenn man die Sehnsucht nach Geborgenheit als »Todestrieb« deutet. Das gilt jedoch, wenn überhaupt, höchstens für die zweite Lebenshälfte. Was aber könnte man mit einer solchen Metapher anfangen, wenn es um die *Kindheit* geht? In dieser Phase äußert sich das Sicherheitsverlangen in der Bindung an die primären Vertrauten. Bindung jedoch ist nur ein anderes Wort für Liebe, und wo diese bei FREUD hingehört, wissen wir. Wer könnte auf die Idee verfallen, die Kindesliebe aus dem »Lebenstrieb« herauszulösen und in Beziehung zu dessen sinistrem Gegenspieler zu setzen?

FREUD selbst hat, soweit mir bekannt ist, nicht zu der Frage Stellung genommen, wie sich die beiden von ihm postulierten Grundtriebe im Verlauf des Lebens quantitativ entfalten, ob also ihr Kräfteverhältnis immer konstant bleibt oder sich in verschiedenen Entwicklungsphasen zugunsten des einen oder anderen verlagert. Das stillschweigende Verständnis scheint aber in die Richtung zu gehen, die die nebenstehende Abbildung andeutet. Die Energiereserven eines »Lebenstriebes« sollten

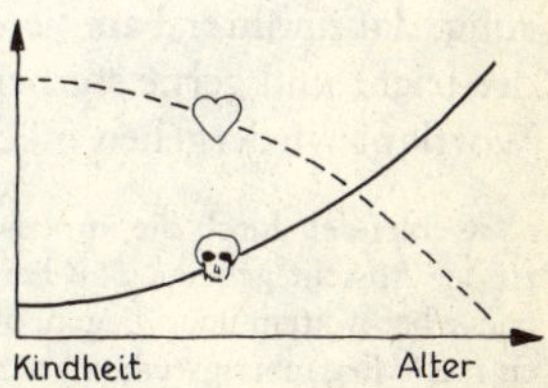

demnach beim Kind noch am unverbrauchtesten sein, um erst mit den Jahren zu versiegen, während man von einem »Todestrieb« gerade umgekehrt erwartet, daß er sich mit zunehmendem Alter immer stärker in den Vordergrund drängt.

Blicken wir nun für einen Moment auf das Schema von Seite 435 zurück, das den Entwicklungsgang der Bedürfnisse nach Sicherheit und Erregung gemäß unserem Motivationsmodell wiedergibt. Würde man hierin Unternehmungslust mit »Lebenstrieb«, Abhängigkeit mit »Todestrieb« übersetzen, so ergäbe sich bei Extrapolation auf die gesamte Lebensspanne ein grobschematischer Verlauf nach Art der folgenden Abbildung. Diese zeigt eine dreiphasige Entwicklung, bei welcher der Eros in der frühen Lebensmitte dominiert, während er zuvor noch, und danach wieder, zu schwach ist, um seinem Antagonisten das Feld streitig zu machen.

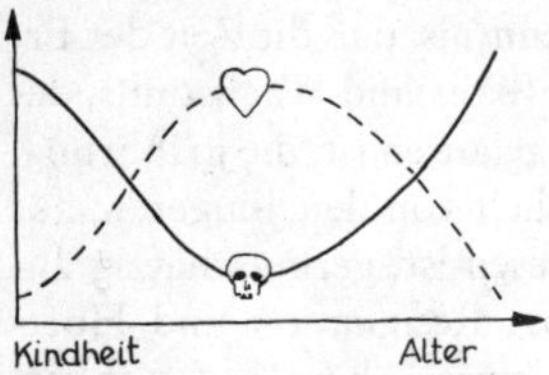

Wenn man diese Abbildung mit der auf der vorigen Seite vergleicht, bemerkt man, daß sich beide in der *zweiten* Lebenshälfte einigermaßen zur Deckung bringen lassen, während sie in der *ersten* gerade gegenläufig sind. Man müßte sich, um die FREUDsche Trieblehre in den Grundgrößen unseres Modells wiederzuerkennen, zu der abenteuerlichen Annahme durchringen, daß die Kindheit unter der Herrschaft des Todestriebes steht!

Das Interessante ist nun, daß zwar nicht bei FREUD selbst, wohl aber im Kreise seiner Schüler diese Idee tatsächlich aufgetaucht ist. Sie klingt bereits überall dort an, wo das Wort »Mutter« als Metapher für »Tod« oder »Ichauflösung« erscheint. Auf Seite 484 habe ich schon eine dahingehende Formulierung von MENNINGER zitiert. Und wenn Melanie KLEIN das Verlangen des Kindes nach der Nähe der Mutter als Wunsch interpretiert, in den Uterus zurückzukehren, so denkt sie in eine ähnliche Richtung.

Am klarsten ist diese Tendenz aber bei ihrem Lehrer Sandor FERENCZI erkennbar, der sich unter allen Jüngern FREUDS vielleicht am stärksten für dessen Spekulationen zum Todestrieb erwärmt hat. Er verfaßte im Jahre 1929 eine Abhandlung zu dem Thema »Das unwillkommene Kind und sein Todestrieb«, in der er auf Seite 450 aus der unzweifelhaft richtigen Erfahrung, daß in ihrer Familie »barsch und unliebenswürdig empfangene Kinder leicht und gerne sterben«, verallgemeinernde Schlüsse zieht, die ich im Wortlaut wiedergeben möchte.

»Geblendet durch die imposante Wachstumsentfaltung am Lebensbeginn, war man zu der Ansicht geneigt, daß bei den eben zur Welt gebrachten Individuen die Lebenstriebe bei weitem überwiegen; überhaupt war man geneigt, Todes- und Lebenstriebe als einfache Ergänzungsreihen vorzustellen, in denen das Lebensmaximum am Beginn des

Lebens, der Nullpunkt des Lebenstriebes aber im späteren Alter gedacht war. Dem scheint nun nicht ganz so zu sein. Allerdings entfalten sich die Organe und ihre Funktionen. . .am Lebensanfang in überraschender Fülle und Schnelligkeit – doch nur unter den ganz besonders günstigen Bedingungen des Keim- und Kinderschutzes. Das Kind muß durch ungeheuren Aufwand von Liebe, Zärtlichkeit und Fürsorge dazu gebracht werden, es den Eltern zu verzeihen, daß sie es ohne seine Absicht zur Welt brachten, sonst regen sich alsbald die Zerstörungstriebe. Und das ist eigentlich nicht zu verwundern; ist doch der Säugling dem individuellen Nichtsein noch viel näher und ihm nicht durch Lebenserfahrung entrückt wie der Erwachsene. Das Zurückgleiten in jenes Nichtsein mag also bei den Kindern viel leichter vor sich gehen. Die den Schwierigkeiten des Lebens standhaltende ›Lebenskraft‹ ist also nicht eigentlich angeborenerweise von großer Stärke . . . Entsprechend dem Abstieg der Morbiditäts- und Mortalitätskurve im mittleren Lebensalter dürfte also der Lebenstrieb den Vernichtungstendenzen erst im Alter der Reife die Waage halten.«

Solche Passagen enthüllen dem wissenschaftspsychologisch Interessierten auf faszinierende Weise, wie auf der Wetterkarte der Ideengeschichte Gedankennebel sich zuweilen *beinahe* zum Kern einer Einsicht verdichten und dann doch unter dem Sog ablenkender Kräfte wieder vorzeitig zerfließen. Wie nahe war FERENCZI an die späteren Erkenntnisse BOWLBYS gerückt; aber die unselige Fixierung auf den »Todes«-Trieb gewährte ihm nur die Sicht auf den *Schatten* des Bindungswunsches: auf die psychische Situation, die sich einstellt, wenn ihm die Erfüllung im Kindesalter *versagt* bleibt. Nicht beim behüteten und umsorgten, sondern allein beim unerwünschten Kind, so mußte es FERENCZI erscheinen, enthüllt das Streben nach Geborgenheit sein wahres Antlitz – das Antlitz der Angst vor der Mühsal der Individuation.

Dieses Mißverständnis scheint nahezuliegen. Ähnlich ist es mit dem Begriff der »Abhängigkeit« gegangen, von dem wir auf Seite 169 gehört haben, daß ihn Robert SEARS – bezeichnenderweise auch seinerseits dem psychoanalytischen Lager nahestehend – gerade wegen seines abwertenden Untertons gewählt und die damit beschriebene psychische Verfassung allenfalls der frühkindlichen Schwäche zugebilligt hat. Wenn wir uns der Terminologie des 20. Kapitels bedienen, können wir sagen, daß in allen diesen Fällen die Motivthematik der »Rückversicherung« in ihrer positiv lebensdienlichen Funktion verkannt und so gedeutet wird, als handle es sich um »erlernte Hilflosigkeit« im Sinne Martin SELIGMANS.

An dieser Stelle rächt sich der Eigensinn, mit dem FREUD alle Regungen der Liebe für den Sexualtrieb vereinnahmt hat: Die ihrem Wesen nach nichtsexuelle primäre Bindung blieb dadurch unbeachtet und wurde vom Todestrieb zugedeckt. John BOWLBY mußte das »attachment« aus der Ethologie in die Psychoanalyse reimportieren, denn niemandem aus der Zunft wäre noch jemals eingefallen, im Garten des eigenen Meisters unter einem nach Verwesung und Blut riechenden Haufen welken Herbstlaubes danach zu graben.

Die vorangegangen Erörterungen lassen erkennen, daß FREUD es sich denn doch zu einfach gemacht hat, als er, den Volksmund und die Dichter als Zeugen anrufend, die liebende Selbsthingabe pauschal der Triebthematik einverleibte, die er Libido nannte. Wir haben an der Liebe Züge freigelegt, die man in der symmetrischen Architektur der Trieblehre FREUDS und FERENCZIS konsequenterweise eher dem Antagonisten des »Lebenstriebes« zuordnen müßte. Nicht, daß sie nun umgekehrt zur Gänze in dessen Regime unterzubringen wäre, schon gar nicht, solange ihn das Kainszeichen »Thanatos« markiert. Die Liebe läßt sich überhaupt nicht eindeutig einem der beiden Pole zuweisen. Sie steht vielmehr in der Mitte. Mitte aber kann zweierlei bedeuten: *Ambivalenz* oder *Synthese.*

Was die paradoxe Verflechtung von hilfreichen Händen und entrissenen Herzen in der Kette der Coatlicue ausdrückt, ist die *Ambivalenz der primären Bindung.* Von dieser hat, wie wir auf Seite 112 hörten, schon Talcott PARSONS gesprochen. Auch er gebrauchte ein doppelsinniges Gleichnis – das Bild von dem »Band« zwischen Mutter und Sohn, das unter zweierlei Perspektive zu deuten sei: als Bergseil zum Gipfel der Autonomie und als Nabelschnur, die an die uterine Unmündigkeit fesselt.

Diese Ambivalenz ist auch in unserem Motivationsmodell verankert. Einerseits haben wir auf Seite 469 vom »Urvertrauen« gesprochen, das in der Regel eine gesunde, tragfähige Mutterbindung in der Kindheit voraussetzt. Aus ihm speist sich jene Selbstsicherheit, die den Autonomieanspruch auf angemessener Höhe hält, wenn das Fieber der Adoleszenz abgeklungen ist. Unter diesem Aspekt steht die Nähe der primär Vertrauten also in einer *positiven* Beziehung zum Autonomieanspruch. Das ist es, was die Hände in der Kette der Coatlicue ausdrücken.

Unmittelbar anschließend lernten wir dann aber einen Prozeß kennen, der dem ebengenannten gerade entgegengesetzte Wirkungen hervorbringt. Die Mutterbindung, so hörten wir dort, ist auch imstande, den Autonomieanspruch zur infantilen Akklimatisation zu nötigen. Diese Gefahr wäre weniger verbreitet, wenn sie auf seiten der Eltern immer grobe Unvernunft oder emotionale Habgier voraussetzen würde. Leider kann aber auch schon eine zu weitgehende Verehrung eines oder beider Elternteile, die objektiv einfach in deren Persönlichkeitsformat gründet, erdrückend auf die eigene Entfaltung wirken; die Söhne berühmter Väter wissen davon ein Lied zu singen. In allen diesen Fällen übt die primäre Bindung einen *negativen* Einfluß auf die Autonomieentfaltung aus. Und das ist die andere Seite der Ambivalenz, die herausgerissenen Herzen.

Auch die *sekundäre Bindung,* so haben wir zu Beginn des 26. Kapitels gehört, verlangt auf ihre Weise eine Coincidentia oppositorum. Aber diese ist von anderer Art: Wie das uralte Symbol des Tao, die Vereinigung von Yin und Yang, zum Ausdruck bringt, geht es bei dieser großen Lebensaufgabe der psychischen Alchimie um eine *Synthese* – die Synthese von Fremdheit und Vertrautheit, von Erregung und Sicherheit, von Intimität und Autonomie.

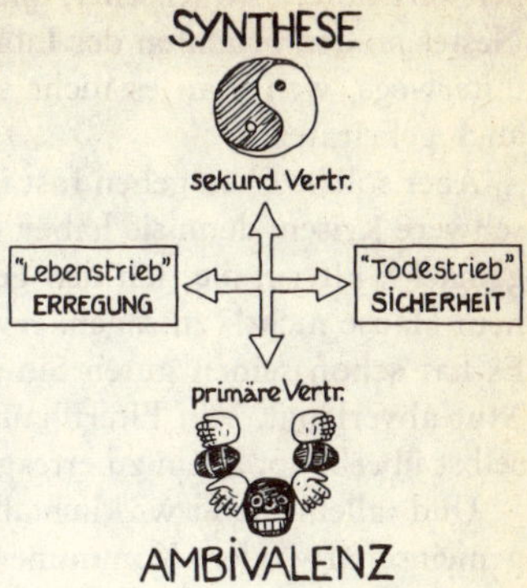

Diese Konstruktion ist außerordentlich fragil, sie befindet sich ständig im Zustande des labilen Gleichgewichts. Jeder Partnerschaft droht auf der einen Seite die Gefahr, daß die Beteiligten sich entfremden, auf der anderen, daß sie sich gemein machen. Im einen Falle zerfällt die Beziehung, womit freilich immerhin Raum für Neuanfänge frei wird; im anderen aber wirkt sie wie eine Falle: Sie gibt die Beteiligten nicht mehr preis.

Bedroht ist hiervon vor allem die Art von Bindung, bei der das »Spiel mit dem Feuer« nicht einmal zu Anfang gewagt wurde, weil die Partner das affektive Modell der *primären* Bindung übergangslos in die Ehe hinein fortgesetzt und insofern also, von der Gesellschaft unbemerkt und unbeanstandet, *psychischen Inzest* begangen haben. Das kann tatsächlich gelingen, wenn auch freilich nur um den Preis eines erheblichen Verleugnungsaufwandes: Der Individualdetektor muß die faktisch bestehende Fremdheit des Partners wegretouchieren, die Erfahrung, daß er im Wesenskern ein *Anderer* ist, darf nicht gemacht werden. Man darf ihn, in der tiefen Bedeutung des biblischen Sprachgebrauchs, nicht wirklich »erkennen«.

Wenn eine solche Beziehung überhaupt gesucht wird, so setzt das bereits voraus, daß die Partner der Aufgabe, autonom zu werden, ausgewichen sind. Unsere Gesellschaft schiebt der Versuchung hierzu ja nicht mehr den Riegel der Initiation vor.

Im Gegenteil: Heutzutage kommt es nicht selten vor, daß vom Tempo des Sittenwandels überforderte Eltern, um nicht in den Geruch der Rückständigkeit zu gelangen, und oft auch ihrerseits aus Angst vor der sonst fälligen Ablösung, mit der Geste erzwungener Munterkeit den Freund oder die Freundin des eigenen Nachwuchses in die familiäre Wohngemeinschaft aufnehmen. Für eine Weile sieht es dann so aus, als hätten die Teenager doch den

Weg ins Paradies zurückgefunden: Sie leben wie Kinder in der Geborgenheit vertrauter Erwachsener, und sie können doch inmitten dieses warmen Nestes an den Früchten der Libido naschen. Womöglich ist bald ein Kind unterwegs, weil man es nicht so genau genommen hat, und dann wird auch geheiratet.

Aber solche Ehen gehen fast immer in die Brüche, oder jedenfalls durch schwere Krisen; denn sie haben die Rechnung ohne die Überdrußreaktion gemacht. Eltern, die sich den gesunden Instinkt bewahrt haben, »In meinem Hause nicht!« zu sagen, erweisen ihren Kindern den besseren Dienst. Es hat schon seinen guten Sinn, daß man dem Jugendlichen *zuerst* den Mut abverlangt, sein Elternhaus zu verlassen und zu zeigen, daß er sich selbst überhaupt allein zu ertragen imstande ist.

Und »allein« heißt wirklich allein. Im Fruchtwasser so mancher »Wohngemeinschaft« oder »Kommune« kann man ebenso ertrinken wie daheim, rettungsloser sogar, weil der Selbstbetrug noch größer ist. Die Entwicklungsaufgabe, einmal ohne Netz zu leben, ohne Rückendeckung Autonomieanspruch zu wagen, wird keinem erlassen.

Man kommt ihr auch nicht nach, indem man, notdürftig geborgen in einer lärmenden Masse verängstigter Kinder, Schaufenster einwirft, um für ein »autonomes« Jugendhaus zu demonstrieren. Allerdings sollten solche Alarmzeichen die Erwachsenen hellhörig machen; sie zeigen allemal, daß die Jugend auf ihrem Entwicklungsgang mit Hemmnissen konfrontiert ist, die sie auf normalem Weg nicht mehr zu bewältigen vermag.

Glücklicherweise ist es selbst heute noch möglich, auf natürliche Weise erwachsen zu werden. Noch immer gibt es den Jugendlichen, der, wenn die Zeit gekommen ist, seinen eigenen Weg geht, getragen von gesundem Erregungsbedürfnis, das ihn nicht länger Genüge finden läßt in der Nestwärme der primären Vertrautheit. Er sucht sich Intimität daher ganz von selbst dort, wo die Verheißung von Geborgenheit mit der Herausforderung des Abenteuers legiert ist.

Den primären Vertrauten gegenüber bleibt dann das Gefühl einer leidenschaftslosen Verbundenheit, die keine Tuchfühlung mehr nötig hat, die sie aber auch nicht zu fürchten braucht. Es bedarf hier gar nicht so drastischer Vermeidungsvorschriften, wie sie etwa auf Seite 132 von den Cheyenne-Geschwistern berichtet wurden; ganz von selbst spielt sich zwischen den Mitgliedern der Kernfamilie ein gelöstes Verhältnis vertraulicher Distanz ein. Aus dem Uterus-Symbol von einst sind längst menschliche Gestalten mit individuellen Biographien geworden, Mitmenschen, mit denen man in Einverständnis, Respekt und wechselseitiger Hilfsbereitschaft zusammenlebt.

Damit strahlt die gelungene Synthese der sekundären Bindung letzten Endes versöhnlich auf die primäre zurück. Das Inzesttabu ist dann nur noch der unbewegliche Wächter, der symbolisch bewaffnet ein Heiligtum schützt, das niemand zu schänden begehrt. Geschähe dies allerdings, so würde sich mit der Unerbittlichkeit des Naturgesetzes die Geborgenheit in den Tod verwandeln. Wäre es nämlich den Urgewalten der Sexualität erlaubt, die sorgsam in wohlwollende Distanz umgegossene Überdrußreaktion zu überspielen, der stummen Warnung des Gefühls zu höhnen und in den verbotenen Bezirk einzubrechen, dann würden sie das sensible Beziehungsgefüge zwischen primärer und sekundärer Bindung zum Einsturz bringen, und hinter der zerbröckelnden Menschenmaske derer, die die intimen Vertrauten der ersten Stunde gewesen sind, käme am Ende wieder das entsetzliche Antlitz der Coatlicue zum Vorschein.

SECHSTER TEIL

NATUR UND KULTUR

29. Kapitel

Das nicht festgestellte Tier

Die bisherigen Kapitel gehen davon aus, daß der Mensch basale Antriebe seines Sozialverhaltens mit anderen Lebewesen aufgrund gleicher Abstammung teilt. Eine solche Betrachtungsweise begegnet dem Verdacht, den Menschen biologistisch zu entwerten. Nach weit verbreiteter Lehrmeinung haben wir uns als Kulturschöpfer radikal von biologischer Einbettung emanzipiert. Tierforschung wäre dann für unsere Selbsterkenntnis von vornherein irrelevant.

Gnothi seautón

Am Eingang des Tempels, der zu Delphi dem Lichtgott Apollon geweiht war, grüßte den Besucher die Mahnung »Erkenne dich selbst«. Was sie genau bedeuten sollte, ist umstritten. Erkenne, daß du kein Tier bist, haben die einen daraus gelesen; erkenne, daß du kein Gott bist, die anderen. Jedenfalls war der Sinnspruch wohl eher allgemein anthropologisch gemeint, nicht in dem privaten Sinn, den wir ihm heute, im Zeitalter der Psychoanalyse, zu unterlegen geneigt sind.

Es gehört zu den Eigentümlichkeiten des Menschen, daß er bereits auf frühen Stufen seiner kulturellen Entfaltung das unstillbare Bedürfnis verspürt, sich selbst zu interpretieren. Die Erkenntnisfunktion, die ursprünglich sicher auf die Bewältigung der *Umwelt* und das Zurechtkommen mit der *Mitwelt* zielte und erst sehr spät, bei den höheren Primaten, auch zögernd auf das Subjekt zurückzutasten begann, kehrt sich beim Menschen gegen die eigene Existenz, und zwar so radikal, daß darüber die Außenwelterkenntnis trotz ihrer biologischen Vorrangigkeit einen krisenhaften Bedeutungsverlust erleiden kann.

Ursprünglich war das »Gnothi seautón« eine Maxime der Sinnsuche im Kontext des *religiösen* Weltgefühls. Dann wurde es zum Thema der *Philosophie*. Was wir in der Gegenwart erleben, ist seine Absorption durch die *empirische Wissenschaft*.

Heute hat das öffentliche Interesse an wissenschaftlich vertretbaren Aussagen über die Grundlagen des menschlichen Verhaltens ein zuvor nie erreichtes Ausmaß angenommen. Von der äußeren Natur wissen wir mittlerweile zwar noch längst nicht alles, aber genug, um Raketen auf den Mond zu schießen. Die Einschränkungen technischer Machbarkeit sind weitgehend gefallen. Wider ursprüngliches Erwarten hat uns das nicht glücklicher gemacht; vielmehr sind neue Probleme entstanden, die sich im Kerngehalt als Auswirkungen eines existentiellen *Orientierungsverlustes* verstehen lassen.

Diese Probleme lassen sich offensichtlich nicht dadurch angehen, daß man noch gründlicher die äußere Natur erforscht. Sie folgen vielmehr aus unserem skandalösen Erkenntnisdefizit in bezug auf uns selbst. Wir wissen, wie eine Atombombe funktioniert; die Kausalkette vom auslösenden Knopfdruck bis zum nuklearen Winter ist lückenlos beschreibbar. Aber was *vorher* kommt, liegt in einem Vakuum der Ignoranz. Wir durchschauen nicht, wie man auch nur wenigstens die Wahrscheinlichkeit dafür verringern könnte, daß in irgendeinem Zentralnervensystem der Impuls auftritt, auf den verhängnisvollen Knopf zu drücken.

Dieser mißliche Umstand ist nicht notwendigerweise der Unfähigkeit der Humanwissenschaftler anzulasten. Menschenforschung ist schwerer als Naturforschung. Das liegt nicht allein, aber auch, an der schillernden *Komplexität* des Systems Mensch. C.F. von Weizsäcker hat einmal gesagt, in der Physik erlaube uns die Exaktheit des Gegenstandes eine schlampige Ausdrucksweise. So etwas scheint es in der Tat zu geben: »Gutmütige« Gegenstände, die es nicht übelnehmen, wenn man sie zunächst einmal in ungeschickte Begriffe faßt, Sachzusammenhänge, die ganz von allein unsicheres Denken wie in Geleisen zu führen vermögen. Ein Gegenstandsfeld, das an der Basis so strukturiert ist, daß schon Grundschulmathematik es bewältigen kann: Hebelgesetze, Ohmsches Gesetz, selbst noch die Newtonsche Gravitationsgleichung – wohl einem Forscher, dem sein Objekt eine so sichere Startbahn für dann allerdings beispiellose mathematische Höhenflüge bietet!

Eine solche Plattform fehlt dem Gegenstand, den zu erkennen die Inschrift am Tempel zu Delphi uns aufgibt. Die Humanwissenschaften werden dadurch in doppelter Weise belastet: Auf der einen Seite bietet sich dieses Handicap als Alibi für geistige Disziplinlosigkeit an; auf der anderen stellt es ein ganz reales Hindernis dar, an dem auch ernsthaftes Bemühen allzu leicht scheitert. Fachvertreter mit mittelmäßiger Intelligenz können der Physik nicht viel anhaben; in der Psychologie sorgen sie mühelos für Epidemien geistigen Kümmerwuchses. Menschliche Selbsterkenntnis ist das anspruchsvollste Projekt, an das sich die Wissenschaft je gewagt hat.

Auf der Suche nach dem Archimedischen Punkt

Dabei ist der Mangel an elementarer arithmetischer Transparenz bei weitem nicht das einzige und auch nicht das wichtigste Hindernis der Humanwissenschaften. Er ist eher ärgerlich, vergleichbar etwa den Schwierigkeiten, mit denen die Meteorologen zu kämpfen haben. Die wichtigste Problemquelle der Menschenforschung liegt vielmehr in dem Umstand, daß bei ihr Objekt und Subjekt zusammenfallen. Wir sind dem zu erkundenden »System Mensch« gegenüber unkurierbar voreingenommen: An diesem Objekt haben wir ein *existentielles Interesse.*

Mit diesem offensichtlichen Forschungshemmnis verbindet sich ein weiteres, dessen Tragweite seltener bedacht wird: Wir sind mit uns selbst zu gut vertraut. Wissenschaft gedeiht am besten auf dem Boden des Staunens. Der Sternenhimmel, ein Magnet, die Wunderwerke, die die physikalische Technik hervorgebracht hat – über all das zu staunen fällt uns nicht schwer. Was uns aber selbst betrifft, das alltägliche Gewebe unserer Gedanken und Gefühle, die Spannungen, sogar die Katastrophen in Ehe und Familie, in Beruf und Gesellschaft: Sie erschüttern uns, aber sie verblüffen uns nicht. Irgendwie glauben wir von vornherein, sie zu verstehen, weshalb die psychologische Wissenschaft chronisch mit dem Selbstzweifel zu kämpfen hat, sie wate eigentlich immerzu nur im knietiefen Brackwasser lauwarmer Trivialitäten.

Wir sind *an uns selbst adaptiert.* So wie, wenn der Vergleich erlaubt ist, ein bedauernswerter Mitmensch mit besonders starker Schweißproduktion im allgemeinen eines wohlmeinenden Freundes bedarf, der ihn darauf aufmerksam macht, daß es an der Zeit ist, ein Deodorant zu benützen, so mangelt unserer Selbstwahrnehmung die intellektuell herausfordernde Note: Unsere Aufmerksamkeit gleitet am Rätsel unserer eigenen Existenz vorbei und heftet sich statt dessen fasziniert an die ungleich bescheideneren Künste etwa eines Heimcomputers.

Es war demgemäß seit je ein forschungsstrategisches Anliegen der Humanwissenschaften, einen »Archimedischen Punkt« zu finden, ein unabhängiges Bezugssystem, eine Warte aus der Distanz. »Gebt mir einen festen Punkt, und ich werde die Welt aus den Angeln heben«, soll ARCHIMEDES gesagt haben, als er das Hebelgesetz entdeckt hatte. Aber eben: dieser

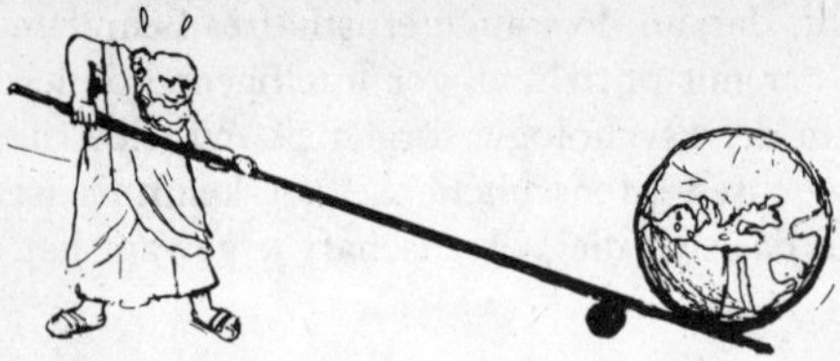

Punkt müßte dann *außerhalb* der Welt liegen, außerhalb dessen, woran der Hebel der Erkenntnis ansetzen soll.

Auf der Suche nach einem solchen unabhängigen Bezugspunkt wurde der *Behaviorismus* geboren: Die Person des Forschers selbst, das nur seiner privaten Introspektion zugängliche eigene Erleben, die Plausibilitäten seiner verstehenden Intuition – all das sollte aus der Wissenschaft ausgeklammert werden, Menschenforschung sollte grundsätzlich als »Psychology of the Other One« definiert sein, als Psychologie von außen.

Einen zweiten Weg haben *Anthropologen* mit der Methode des Kulturenvergleichs beschritten, die uns aus der naiven Gleichsetzung von »abendländisch« und »selbstverständlich« befreien soll. Und drittens ist da das Vorgehen der *Psychoanalyse,* die versucht, das Normal-Menschliche von der exzentrischen Plattform seiner Pathologie her zu vermessen.

Alle drei genannten Versuche haben eine prinzipielle Schwäche gemeinsam: Sie informieren uns zwar unter ihrem jeweiligen Aspekt über das *Allgemein*-Menschliche, bieten aber keine Handhabe, das *Spezifisch*-Menschliche zu bestimmen. Kulturanthropologie und Psychoanalyse sind hier überfordert, weil sie ausschließlich am Menschen forschen können; der Behaviorismus wiederum sucht aufgrund seines von der Physik geborgten Wissenschaftsverständnisses von vornherein nur nach artübergreifenden, unspezifischen Gesetzen »des« Verhaltens und hält es daher für nebensächlich, ob man an Menschen, Ratten oder Tauben experimentiert.

Nun richtet sich unser anthropologisches Interesse aber gerade darauf, was denn eigentlich unsere Einmaligkeit unter allen Lebewesen ausmache. Unser existentielles Bedürfnis, uns selbst zu definieren, mündet notwendig in die Frage nach der *spezifischen Differenz* des Menschen.

Nach den Regeln der mittelalterlichen Logik erfolgt eine Definition durch Angabe des »Genus proximum« und der »Differentia specifica«. In diesem Sinn bestimmte die Scholastik den Menschen als »Animal rationale«. Rationalität, was immer das Wort bedeuten mag, wäre demgemäß die spezifische Differenz, die den Menschen innerhalb der nächsthöheren Gattung der »Animalia«, der Lebewesen, hervorhebt und identifizierbar macht.

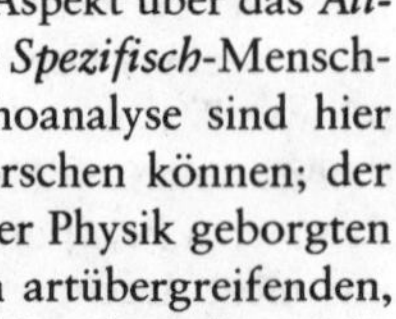

Folgt man diesem Denkansatz, so ergibt sich von selbst die Forderung, den Menschen mit anderen Lebewesen zu vergleichen, um sein Wesen bestimmen zu können. Damit wird die *tierische Existenzform* zum archimedischen Ansatzpunkt für die Anthropologie.

Der nackte Affe

So verstanden, muß eine Betrachtung des Menschen unter dem Blickwinkel der Biologie durchaus nicht der Forderung verpflichtet sein, die Unterschiede zwischen Mensch und Tier herunterzuspielen oder gar zu leugnen. Allerdings ist einzuräumen, daß das vorgekommen ist.

In den Gründerjahren haben namhafte Biologen planmäßig einer *Anthropomorphisierung der Tiere* das Wort geredet, um zu bekämpfen, was man als ultramontane Bevormundung der Naturwissenschaften empfand. In diesem Sinne lesen wir etwa in BREHMS »Thierleben«:

»Das Säugethier besitzt Gedächtnis, Verstand und Gemüth, und hat daher oft einen sehr entschiedenen, bestimmten Charakter. Es zeigt Unterscheidungsvermögen, ... Erkenntnis, Wahrnehmungsgabe, Urtheil, Schlußfähigkeit; ... es erkennt Gefahren und denkt über die Mittel nach, um sie zu vermeiden; es beweist Neigung und Abneigung, Liebe gegen Gatten und Kind, Freunde und Wohlthäter, Haß gegen Feinde und Widersacher, Dankbarkeit, Treue, Achtung und Misachtung, Freude und Schmerz, Zorn und Sanftmuth, List und Klugheit, Ehrlichkeit und Verschlagenheit. Das kluge Thier rechnet, bedenkt, erwägt, ehe es handelt, das gefühlvolle setzt mit Bewußtsein Freiheit und Leben ein, um seinem inneren Drange zu genügen. Das Thier hat von Geselligkeit sehr hohe Begriffe und opfert sich zum Wohle der Gesamtheit; es pflegt Kranke, unterstützt Schwächere und theilt mit Hungrigen seine Nahrung. Es überwindet Begierden und Leidenschaften und lernt sich beherrschen, zeigt also auch selbständigen Willen und Willenskraft. Es erinnert sich der Vergangenheit jahrelang und gedenkt sogar der Zukunft, sammelt und spart für sie.«

Solche Oberflächlichkeit ist keineswegs mit der HAECKEL-Ära ausgestorben. Überlebt hat sich allein das kulturkämpferische Pathos; an der naiven Bereitschaft, anthropomorphe Klischees zu verwenden, hat sich bis heute jedoch wenig geändert.

Das kann auch sein Gutes haben. Das Ehepaar GARDNER etwa, dem es erstmals gelungen ist, Schimpansen die Zeichensprache der Taubstummen beizubringen, hätte sich auf ein derart aufwendiges Trainingsprogramm vermutlich gar nicht eingelassen, wenn es sich der anthropologischen Verwegenheit seiner Arbeitshypothesen bewußt gewesen wäre. Das Ergebnis war ein revolutionärer Wandel im Bild von unseren nächsten tierischen Verwandten. Und doch nimmt man die Befunde der GARDNERS und ihrer Schüler noch heute mit einer gewissen Beklommenheit zur Kenntnis; denn man spürt, daß sie ihre Versuchstiere einfach auch für eine Art Menschen halten und demgemäß ganz unbefangen auf humanpsychologischem Niveau interpretieren.

Vielleicht hängt das damit zusammen, daß die meisten Mitglieder dieser

Forschergruppe Psychologen sind. Ethologen begehen Fehler dieser Art jedenfalls sehr viel seltener. Sie sind zwar in der *Sprache,* die sie wählen, oft reichlich sorglos, aber sie unterstellen dem beobachteten Tier kaum Fähigkeiten, die es nicht hat. Ich kenne nur wenige Beispiele dafür, daß etwa Konrad LORENZ oder Jane GOODALL in ihrer *psychologischen* Interpretation tierischen Verhaltens, auch und gerade im privaten Gespräch, jemals auch nur in die Nähe einer anthropomorphen Verfälschung geraten sind.

Im großen und ganzen gilt dies sogar für Ethologen der zweiten Garnitur. Hier lauert statt dessen eher die gegenteilige Gefahr: die *»Zoomorphisierung« des Menschen.* Auch dieser Kurzschluß war im Vulgärmaterialismus beliebt und ist bis heute nicht ausgestorben. Desmond MORRIS hat mit seinem Buchtitel vom »nackten Affen« diesem Denkstil das Schlagwort geliefert.

Bei den Ethologen liegt eine zoomorphe Betrachtung des Menschen insofern besonders nahe, als ihre differenzierte Artenkenntnis ihnen dazu verhilft, Tierverwandtes im menschlichen Verhalten überhaupt erst einmal zu *entdecken.* Und da ihr *methodisches* Rüstzeug meist gerade auf Erscheinungen zugeschnitten ist, die man bei Tieren beobachten kann, beschäftigen sie sich auch, wenn sie am Menschen forschen, bevorzugt oder ausschließlich mit ihnen. So suggeriert dann oft schon die Einseitigkeit der Fragestellung, daß menschliches Verhalten und Erleben im Grunde dieselben Dimensionen aufweise wie tierisches. Vor allem die langjährige Fixierung der Humanethologie auf die Erbkoordinationen des Ausdrucksverhaltens hat diesen Eindruck genährt.

Spekulationen auf der Gegenseite

Der Vorwurf, biologisches Denken verleite dazu, die Einzigartigkeit des Menschen zu verfehlen, ist also, wie man zugeben muß, keineswegs aus der Luft gegriffen. Das wird allerdings dadurch aufgewogen, daß man auf der Gegenseite einem komplementären Fehler von gleichgroßer Tragweite zu erliegen pflegt. Man übersieht hier, im geistes- und gesellschaftswissenschaftlichen Lager, zwar keineswegs die Einzigartigkeit des Menschen, aber man vermutet sie häufig an falschem Ort.

In der Regel reklamiert man einfach Merkmale, die wir an uns besonders hoch *bewerten,* umgekehrt zuweilen auch solche, die wir für besonders verwerflich halten, unbesehen als Alleinbesitz des Menschen und projiziert das Kontrastbild dazu auf »das« Tier. Wenn wir uns beispielsweise über die Naivität BREHMscher Anthromorphismen amüsieren, so müssen wir dabei immerhin in Rechnung stellen, daß er mit diesen Worten gegen die Auslassungen eines von ihm zitierten zeitgenössischen Theologen polemisiert, die folgendermaßen klingen:

»Das Thier denkt nicht, reflektirt nicht, setzt nicht selbst Zwecke, und wenn es dennoch zweckmäßig handelt, so muß ein anderer für dasselbe gedacht haben. Ein höheres Gesetz diktiert allen die Art und Weise, sich zu schützen; wir Menschen allein handeln nach eigener Vernunft. ... Hervorzuheben ist, daß die Thiere selbst nichts intendieren, nicht in bewußter Weise um etwas kämpfen, sich den ungestörten Besitz der Weibchen nicht wünschen, nicht mit Absicht unter Kampf und Mühen denselben zu erwerben suchen. Sie handeln als reine Naturwesen nur nach durchaus nothwendigen und strengen Lebensgesetzen. ... Hier ist keine Freiheit, keine Willkür, kein Kampf sich widerstrebender Stimmungen, kein Gemüths-, kein Verstandesleben, durch welches des Thieres Handlungsweise bestimmt würde. Ohne zu wissen, was es thut und warum es dasselbe thut, steuert es geraden Weges sicher auf sein Ziel zu.«

Man merkt solchen Formulierungen an, daß sie überhaupt nicht dem Wunsch entspringen, andere Kreaturen wirklich zu verstehen; der Autor blickt, wenn er vom Tier redet, allein auf den Menschen.

Dabei befindet er sich in bester Gesellschaft. Man ist nachgerade erstaunt darüber, was Philosophen anderen Lebewesen alles schon abgesprochen haben, um es als Spezifikum des Menschen reklamieren zu können. Nur der Mensch, liest man bei NIETZSCHE, sei in der Lage, zu *lachen,* er allein, sagt SCHOPENHAUER, könne *weinen.* Womit natürlich gemeint ist, nur er verfüge über die entsprechenden Motivationslagen. Daß diese bei Tieren vielleicht auch vorhanden sein und sich nur in anderen, für uns nicht auf Anhieb verstehbaren Signalen ausdrücken könnten, bleibt außer Betracht.

Die Liste ist beliebig verlängerbar. Nur der Mensch, hieß es einmal, könne *Werkzeuge* gebrauchen oder gar herstellen, nur er *sprechen,* nur ihm sei die Fähigkeit vorbehalten, auf Dinge *deutend hinzuweisen* und sich selbst im *Spiegel* zu erkennen. Oder, wie wir wiederholt in diesem Buch gehört haben, erst bei ihm sei die Scheu vor dem *Inzest* aufgebrochen.

Vor allem in der ersten Hälfte unseres Jahrhunderts häuften sich im deutschen Sprachraum anthropologische Bestimmungsversuche dieser Art. Buchtitel wie Max SCHELERS »Die Stellung des Menschen im Kosmos« oder Helmut PLESSNERS »Die Stufen des Organischen und der Mensch« waren für diese Epoche typisch. Inzwischen ist den reinen Philosophen der Mut zum großen systematischen Wurf geschwunden. Das ist auf eine Art schade, denn immerhin hat man bei ihnen noch einen gewissen Sinn für Subtilität gepflegt. Bei denjenigen, die jetzt in das geräumte Feld drängeln, sucht man diesen Vorzug in der Regel vergebens.

Da sich heute nur noch behaupten kann, wer den Eindruck zu erwecken versteht, daß er nicht einfach nachdenkt, sondern Fachmann für irgend etwas Empirisches ist, erwartet man fachkundige Auskunft über den Menschen derzeit von Autoren, die auf eine Vergangenheit als Kommunikationswissenschaftler, Kybernetiker, übrigens auch Biologen, am besten aber Physiker verweisen können, ohne daß im einzelnen immer nachprüfbar wäre, wieweit sie auf diesen Feldern wirklich reüssiert haben. Daß sie noch allzu exzessiv nachdenken würden, kann man ihnen in der Tat kaum mehr vorwerfen. Auf die Gefahr hin, für unmodern zu gelten, verzichte ich darauf, mich hier mit dieser Literaturgattung auseinanderzusetzen; die Bretter sind zu dünn.

Da fordert eine der letzten bedeutenden Veröffentlichungen der philosophischen Anthropologie doch noch mit ganz anderem Gewinn zur Auseinandersetzung heraus. Sie erschien Anfang der vierziger Jahre, wurde wiederholt neu aufgelegt und ist noch immer im Handel. Ich meine das Buch »Der Mensch. Seine Natur und seine Stellung in der Welt« von Arnold GEHLEN. Die Grundthesen, die der Autor in diesem Werk vertritt, bilden, wie mir scheint, bis heute den Kern des sozialwissenschaftlichen Menschenbildes, wobei es von untergeordneter Bedeutung ist, ob man sich dabei auf GEHLEN beruft oder ob dieser seinerseits nur einen vorgefundenen Konsens der Fachwelt zusammengefaßt und artikuliert hat.

Evolution und Metamorphose

Auch GEHLEN leitet seine Anthropologie aus dem Tier-Mensch-Vergleich her. Er beeilt sich aber zu beteuern, daß er dies nicht etwa aus *evolutionstheoretischen* Erwägungen heraus tue. Vor dem Begriff »Entwicklung« könne man nämlich in diesem Kontext nur warnen: Allzu bereitwillig biete er sich jenen an, die nur im Sinne hätten, den Menschen aus dem Tier »abzuleiten«. Er sagt auch, »unmittelbar« oder »geradlinig« abzuleiten, was immer das heißen möge.

Dieses verlegene Bekenntnis gibt uns Anlaß zu einer ersten Klarstellung. Obwohl, wie jeder im Grunde weiß, heute zur Evolutionstheorie keine Alternative mehr existiert, sind doch die Kräfte keineswegs erstorben, aus denen sich in früheren Zeiten das Widerstandspotential gegen DARWIN speiste. Die moderne Lebenswissenschaft hat diese Kräfte nicht entmächtigt, sondern nur in die Irrationalität getrieben.

Für solche Zählebigkeit gibt es gute Gründe. Unser Denken gewinnt seine Evidenz aus halbanschaulichen Begleitvorstellungen. Der Begriff »Entwicklung« nun scheint untrennbar mit der Vorstellung des bloß quantitativen Wachstums verbunden zu sein. Was sich dabei verändern kann, sind für unser unreflektiertes Empfinden allein äußerliche Maße und Proportionen; der Wesenskern aber und die Gestalt, in der er sich zu erkennen gibt, sind immer schon vorhanden, »präformiert«. Für unseren Denkapparat gilt so etwas wie ein »Gesetz der Erhaltung des Wesens«.

Das wird besonders bei der Ontogenese deutlich. Ich habe mich verändert, seit ich ein Kind war, aber ich habe dabei nie meine Identität ausgetauscht. Aus dem Spiegel blickt mich noch immer derselbe Mensch an wie aus dem Kinderphoto von damals. Als LEEUWENHOEK im 17. Jahrhundert das Mikroskop erfunden hatte, mit dem man erstmals menschliche Spermatozoen sichtbar machen konnte, meinten die Biologen, in den Samenzellen verkleinerte menschliche Gestalten zu erkennen. Wesentliches kann eben nicht aus Nichts entstehen, also muß es in der Frühform schon dagewesen sein, wenn auch in noch unentfaltetem, »eingewickeltem« Zustand.

Wenn das aber so ist, dann zieht der Gedanke der Deszendenz notwendig auch eine ununterbrochene Verbindungslinie der Wesensidentität vom Menschen zurück zu seinen tierischen Ahnen. Und genau dagegen bäumt sich etwas in uns auf: Wir wollen uns als *Antithese* zum Tier (im Singular), nicht als eine Variante unter Tieren (im Plural) begreifen können. Wie können wir einzigartig sein, wenn sich in uns nur entfaltet, was auf tierischer Stufe alles bereits vorgeformt war?

Eine Kategorie, die uns anschaulich faßbar machen würde, wie eine *qualitativ* neue Wesensgestalt im Zuge eines gleichwohl graduellen Prozesses entstehen kann, fehlt im Inventar unserer naiven Intuition. Und doch ist genau dies das Geheimnis alles organischen Wachstums: Aufgrund unmerklicher Kumulation infinitesimaler Schritte bricht ohne anschauliche Vorbereitung aus der Knospe die Blüte, aus der Puppe der Schmetterling, und auf demselben geheimnisvollen Wege entstehen neue Typen im evolutiven Wandel der Arten.

Der Begriff der »Dialektik«, von HERAKLIT schon ertastet, die ganze abendländische Geistesgeschichte hindurch weiter ausgeformt und dann schließlich bei HEGEL und seinen Antipoden zuende gedacht, soll das Mysterium, daß Quantität in Qualität umschlagen kann, faßbar machen. Auch andere Wortmarken werden gehandelt. LORENZ hat stellenweise mit der scholastischen Neubildung »Fulguration« gespielt, eher lustlos; sie klang ihm zu bombastisch. Nur seine Epigonen haben sie begierig aufgegriffen. Dabei kennt die Biologie längst einen Begriff, der das, was hier gemeint ist, präzise einfängt: *Metamorphose* – der Wandel von Gestalt und Wesen im Zuge eines Entwicklungsprozesses.

Wie immer man es nennen mag; wer in der Biologie von Entwicklung redet, muß – und darf – Metamorphose als Möglichkeit mitdenken. GEHLEN hätte unbesorgt sein können: DARWIN verpflichtet niemanden dazu, den Menschen als einen nackten Affen mit graduell erhöhtem Intelligenzquotienten zu verstehen.

Wenn man der Natur aber nicht die schöpferische Potenz zutrauen will, den Bauplan eines Tierprimaten in den eines Menschen zu *transformieren*, so bleibt, um die Anthropogenesis vor dem Verdacht einer bloß quantitativen Anreicherung tierischer Wesensart in Sicherheit zu bringen, nur der Weg in die umgekehrte Richtung: Man gewinnt dann Distanz zum Biologischen nur noch dadurch, daß man behauptet, dieses sei bei der Evolution zum Menschen *verlorengegangen*.

In diesem Sinne bestimmt GEHLEN den Menschen als »Mängelwesen«. Wir müssen uns, so sagt er, als ein singuläres Risiko der Natur verstehen, ausgestattet mit einer Physis, die aller beim Tier wohlbewährten organischen Gesetzlichkeit geradewegs widerspreche. Ohne Haarkleid den Unbilden der Witterung preisgegeben, ohne natürliche Angriffswaffen, aber auch unfähig zu rascher Flucht, mit Sinnesorganen, deren Leistungsfähigkeit von primitiven Tieren spielend überrundet werde, von einer erbarmungswürdigen Schutzbedürftigkeit als Säugling – kurzum ein Wesen, dessen Natur überhaupt nur negativ zu bestimmen sei: unangepaßt, verkümmert, unter natürlichen Bedingungen gar nicht lebensfähig.

Nun stimmt es ja tatsächlich: Wo Katzen Krallen und Pferde Hufe haben, zappeln bei uns lächerlich embryonale Wurstfinger herum; wir haben keine Geweihe und Hörner aufzuweisen, noch nicht einmal anständige Eckzähne, und wenn wir uns wie eine Kuh auch nur zwei Stunden lang in den strömenden Regen stellen würden, hätten wir eine Lungenentzündung. Man kann so richtig Mitleid mit sich bekommen, wenn man darüber in Ruhe nachdenkt.

Das Bild hat nur einen Schönheitsfehler: es stimmt nicht. GEHLEN verwechselt Unspezialisiertheit mit Unangepaßtheit. Spezialisation ist für ihn erklärtermaßen die Leitidee biologischer Daseinsbewältigung. Daß es auch im Tierreich kosmopolitische »Generalisten« gibt, wie etwa Ratten und Sperlinge, paßt nicht in sein Konzept, und ihm fallen dazu auch keine überzeugenden Argumente ein.

Tatsächlich ist der Mensch, trotz seiner unbestrittenen Unspezialisiertheit, physisch gar nicht so untüchtig, wie GEHLEN meint. In Nepal gibt es ein Ritual, bei dem alljährlich ein paar beherzte Männer einen erwachsenen Büffel mit Händen und Zähnen umzubringen haben, und dazu reicht ihre »Organminderwertigkeit« durchaus hin. Weitere Beispiele ließen sich anfügen.

Gleichwohl erfreut sich die Rede vom Mängelwesen Mensch bei vielen Sozialwissenschaftlern einer ungebrochenen Beliebtheit. Es regt sich der

Argwohn, daß diese scheinheilige Klage eigentlich anthropozentrische Wichtigtuerei ist; man versucht, die Befreiung von der biologischen Erblast zu erschleichen, indem man ihren angeblichen Verlust betrauert.

Das wird am deutlichsten an der Stelle, wo uns diese Last am empfindlichsten drückt – bei der Frage angeborener *Verhaltens*regulative. Der Mensch, so heißt es bei GEHLEN, weist einen geradezu lebensgefährlichen Mangel an echten *Instinkten* auf. Diese Behauptung konfrontiert uns mit der Kernthese der zeitgenössischen Anthropologie: Der Mensch unterscheidet sich demnach vom Tier dadurch, daß ihm die instinktive Umweltanpassung abhanden gekommen ist und daß er diesen Mangel durch andere, eben spezifisch menschliche Anpassungsleistungen ersetzen muß.

Umwelt, Antrieb, Erbkoordination

Wie wir im 9. Kapitel herausgearbeitet haben, versteht die Ethologie heute unter einem »Instinkt« ein verhaltensregulierendes System, an dem sich im wesentlichen drei Komponenten unterscheiden lassen. Eine von diesen ist eine freie Eingangsgröße, deren Stärke von innerorganismischen Faktoren abhängt, zum Beispiel von stoffwechselbedingten Mangelzuständen oder auch hormonellen Schwankungen. Sie wird als aktionsspezifischer *Antrieb* bezeichnet. Man ist berechtigt, sie »spontan« oder »endogen« zu nennen, doch dürfen diese Ausdrücke, wie auf Seite 447 diskutiert wurde, nicht mit »kumulativ« verwechselt werden.

Die zweite Komponente betrifft das Sensorium. Zu jedem Instinkt gehört ein System von *Detektoren* oder, in der Sprache der älteren Ethologie, von »Auslösemechanismen«: Reizfilter, die aus der Fülle der einströmenden Information denjenigen Anteil entschlüsseln und weiterleiten, der für die Thematik des betreffenden Instinkts relevant ist.

Jakob von UEXKÜLL hat, um diese Organisation der tierischen Sensorik zu kennzeichnen, den Begriff der *Umwelt* in die Biologie eingeführt. Dieses Wort erfährt gegenwärtig eine Bedeutungsverschiebung. Wenn man heute von »Umwelt« spricht, dann meint man im Sinne unserer Überlegungen auf Seite 411 die auslesewirksamen Lebensbedingungen eines Organismus, also jene, an die er von Natur aus angepaßt ist und in denen er daher am besten gedeihen kann. Häufig steht hierfür auch das Wort »Ökosystem« oder einfach »Ökologie«.

Was UEXKÜLL unter »Umwelt« verstand, war gewissermaßen die subjektive Widerspiegelung dieses Ökosystems. Es war die Gesamtheit dessen, was der Organismus kraft seines Detektorsystems *wahrzunehmen* in der Lage ist. Die Umwelt ist viel dimensionsärmer als der physikalische Lebensraum. Denn dieser hat viele Komponenten, die der Organismus über-

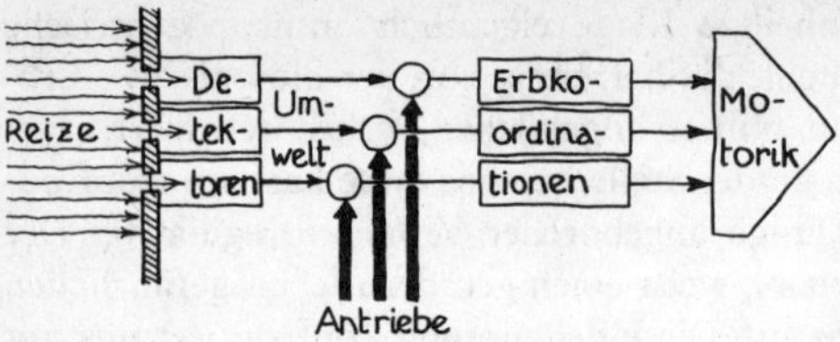

haupt nicht prüft, sondern schlicht *voraussetzt.* Dazu gehört zum Beispiel der Sauerstoff, für den wir eigentümlicherweise keine Detektoren besitzen. Wir sind so konstruiert, als wäre es eine Selbstverständlichkeit, daß unsere Atmosphäre dieses lebensnotwendige Gas in hinreichender Konzentration enthält. Das Atemzentrum in unserem Gehirn schlägt nur Alarm, wenn die Konzentration von *Kohlendioxyd* zu hoch wird; dann schnappen wir nach Luft und sind erst zufrieden, wenn diese Konzentration wieder abgesunken ist. Ob die eingeatmete »frische Luft« wirklich Sauerstoff enthielt, bleibt unserer Wahrnehmung verborgen; daher kann es geschehen, daß wir in der dünnen Atmosphäre des Hochgebirges euphorisch ersticken.

Bei niederen Tieren sind die Leistungsgrenzen des Detektorsystems aus »gerätetechnischen« Gründen noch enger gezogen. Für einen Frosch, der an einer ruhig dasitzenden Fliege vorbeikriecht, ist diese nicht existent; seine Detektoren können nur Objekte wahrnehmen, die sich gegen den Hintergrund bewegen.

Sobald sich die Fliege rührt, taucht sie in der Umwelt des Frosches auf; und wenn außerdem sein Hunger, also der Antrieb, groß genug ist, dann läuft das ziemlich stereotype Bewegungsmuster des Beuteschnappens ab. Damit sind wir bei der dritten Instinktkomponente, der motorischen *Erbkoordination.* Diese ist, wie wir auf Seite 147 gehört haben, ein »fest verdrahtetes« Innervationsprogramm der Motorik, passend jeweils zur Thematik des zugeordneten Antriebs.

Detektorgefilterte Umwelt, Antrieb und Erbkoordination – diese Trias also ist gemeint, wenn Ethologen von einem »Instinkt« reden. Wobei noch hinzugefügt werden muß, daß der Instinktbegriff immer potentiell im *Plural* steht: Es gibt, wie wir im 20. Kapitel gesehen haben, eine Vielzahl verhaltensthematischer Schwerpunktbereiche, und diese zerfallen ihrerseits wieder in selbständige Teilfunktionen. Jede davon muß zwar nicht immer, kann aber grundsätzlich und wird auch faktisch zumeist ihre besondere Detektorkombination, ihren spezifischen Antrieb und ihre eigenen Erbkoordinationen haben.

Und das alles, sagt nun also GEHLEN, ist beim Menschen bis auf bedeutungslose Rudimente verlorengegangen. Was meint er damit konkret?

Zunächst einmal soll es heißen, daß das menschliche Verhalten nicht mehr auf *Erbkoordinationen* zurückgreifen kann. Ebenso wie die menschliche Hand für keine bestimmte Leistung vorgeformt ist, liegen in unserem Zentralnervensystem auch keine ererbten Bewegungsprogramme bereit, die nur darauf warten, mit dieser Hand exekutiert zu werden. Die menschliche Vorderextremität ist unspezialisiert; sie taugt für das eine nicht besser als für das andere; am ehesten ist sie noch geeignet für ungerichtete, spielerische, manipulierende Exploration. Die Natur schreibt dem Menschen nicht vor, was er zu tun hat – er muß es *ausprobieren*. Verglichen mit dem Tier ist der Mensch also noch »unfertig«. Er ist nichts, solange er sich nicht zu etwas macht.

NIETZSCHE hat den Menschen einmal das »noch nicht festgestellte Tier« genannt. GEHLEN beruft sich auf dieses Wort; es sei »richtig und exakt doppelsinnig«: Einerseits sei es noch niemandem gelungen, das Wesen des Menschen zu konstatieren, und gerade dies läge andererseits eben daran, daß die Natur dem Menschen überhaupt keinen festen Ort in der Welt zugewiesen, ihn nicht von vornherein irgendwo hingestellt habe. Er müsse zu sich selbst Stellung nehmen, sich selbst definieren.

Ein ganz ähnliches Bild zeichnet GEHLEN auf der *sensorischen* Seite. Beim Menschen, so sagt er, entfällt die auswählende, reizabschirmende Schicht der antriebsspezifischen Detektoren. Eine unermeßliche Flut von Sinneseindrücken bricht über ihn herein und überschwemmt ihn. Er ist ständig einem »Überraschungsfeld« ausgesetzt. Er entbehrt der tierischen Einpassung in ein Ausschnitt-Milieu: Bei ihm allein unter allen Lebewesen weitet sich die »Umwelt« zur *Welt*.

Im Chaos dieser Reizüberflutung ist zunächst gar nichts zu erkennen. Es ist dem Menschen aufgegeben, in der Welt der Erscheinungen erst einmal selbst Ordnung zu stiften. Er muß das Gegebene kognitiv durcharbeiten und dabei die Kontaktstellen mit der Reizfülle auf strategische Minima reduzieren, »aber auf Minima von höchster potentieller Entwickelbarkeit«, wie es anschaulich auf Seite 64 des zitierten Werkes heißt. Auf diese Weise schafft der Mensch seine Welt kognitiv in ein symbolisches Orientierungsnetz um und macht sie so überschaubar und verfügbar. Auch er lebt dann schließlich inmitten hochbedeutsamer Konfigurationen; aber diese sind nicht vital vorgegeben, er selbst hat sie sich konstruieren müssen.

So gilt in dieser Anthropologie für die Sensorik dasselbe wie für die Motorik: Sie ist *bildlos* geworden. Gerade die »Bilder«, die Auslöseschemata der Detektoren und die Erbkoordinationen der Muskulatur, sind es aber, die im Felde der dritten Instinktkomponente, der Antriebe, für Kanalisation und damit für Differenzierung sorgen. Ohne sie treten die Antriebsenergien über die Ufer und strömen, so spezifisch sie auch beim Tier gewesen sein mögen, beim Menschen zu einer chaotischen Flut zusammen. Damit sind wir beim »General Drive« der Aktivationstheoretiker, von dem auf Seite 143 die Rede war. Gehlen selbst verweist analog dazu auf den »Libido«-Begriff bei Carl Gustav Jung.

Auf diese Weise entsteht beim Menschen ein gewaltiger Energie-Pool, der in der je aktuellen Situation nie mehr voll ausgeschöpft werden kann. Das Individuum sieht sich damit vor der Aufgabe, einen chronischen *Antriebsüberschuß* sinnvoll zu organisieren.

Als erste Voraussetzung hierfür muß die »automatische« Überleitung von Antrieb in motorische Aktivität unterbrochen werden. Die Kräfte, die es hier zu gestalten gilt, dürfen sich nicht auf eigene Faust in Verhalten umsetzen, das bei Lage der Dinge ja nur ein chaotischer Bewegungssturm sein könnte.

Zwischen Antrieb und Tätigkeit schiebt sich, sagt Gehlen, beim Menschen ein *»Hiatus«*. Das Wort kommt aus dem Lateinischen, *hiare* heißt »klaffen«. Man verwendet es in der Linguistik, wo es das Aneinanderstoßen zweier Vokale bedeutet, etwa in »wie|ich (gesagt habe)«. Süddeutsche Mundarten stören sich an diesem Klangbild; sie glätten es durch Einschub eines sogenannten Hiatustilgers: »wia-(r)-i« im Bayerischen, »wie-(n)-i« im Schweizerdeutschen.

Das Gleichnis vom Hiatus ist ohne Zweifel gut gewählt. Es soll besagen, daß beim Menschen, im Unterschied zum Tier, zwischen Bedürfnis und Befriedigung der Ereignisfluß *stockt:* dem menschlichen Verhalten fehlt die Antriebsunmittelbarkeit. Gehlen sieht das Wesen menschlicher Antriebe darin, daß sie grundsätzlich *hemmbar* sind. Dadurch gewinne der Mensch eine Art Moratorium, und dieses fülle er dann mit Überlegung, Reflexion, Planung aus. Entlastet vom unmittelbaren Triebdruck kann er so in zweckfreiem Spiel seiner Phantasie die Möglichkeiten vernünftiger Selbstgestaltung abstecken.

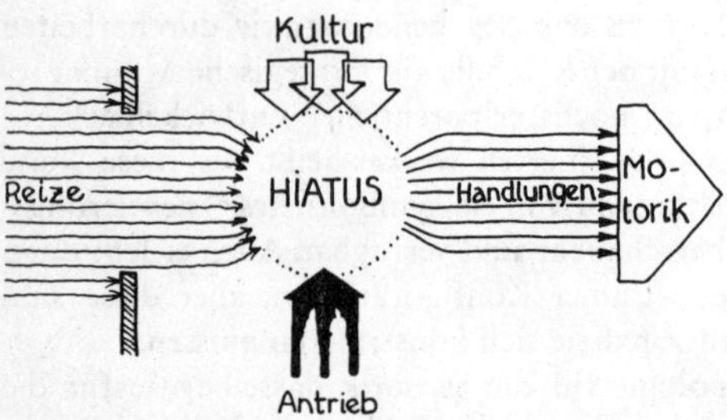

Auf sich allein gestellt, wäre er durch diese Aufgabe allerdings überfordert. Aber hier wächst ihm eine mächtige Hilfe seitens der *Gesellschaft* zu. Ihre Institutionen sind dazu da, den Gestaltungsfreiraum zu füllen, den die ausgestorbenen Bildekräfte der Instinkte hinterlassen haben. Insofern ist das Angewiesensein auf gesellschaftliche Formung von vornherein in den Lebensentwurf des Wesens Mensch mit hineinkomponiert: Der Mensch ist »von Natur aus ein Kulturwesen«.

Stimmt das alles?

GEHLENS Menschenbild ist reich an sensibel beobachteten Details, denen die grobe Zusammenfassung der letzten Seiten nicht gerecht werden kann. Teilweise liegt das allerdings auch daran, daß er in der Feinarbeit seines Gemäldes noch allerlei untergebracht hat, was zwar objektiv richtig ist, der generellen Anlage nach aber nicht so recht hineinpaßt. Lassen wir es dabei bewenden; ich habe an seiner Theorie das hervorgehoben, was in den Konsens der Sozialwissenschaften eingeflossen ist.

Dabei geht GEHLEN manchen noch nicht weit genug; sie apostrophieren seinen – ausgerechnet seinen! – Ansatz als »biologistisch«. Dieser eigentümliche Vorwurf gründet darin, daß GEHLEN alle höheren Leistungen des Menschen gewissermaßen als Kompensation einer biologischen Organminderwertigkeit erklärt und so eigentlich aus einem »Selbsterhaltungstrieb« ableitet. Aber das sind Extrempositionen.

Wenn wir uns nun fragen, wie sich unsere eigenen Überlegungen in diese Anthropologie einordnen lassen, so ist das Resultat ziemlich deprimierend. Hätte GEHLEN recht, so wäre der größere Teil dessen, von dem dieses Buch berichtet, belanglos und bestenfalls unverbindlich unterhaltsam; dem »Gnothi seautón« aber könnte es nicht dienen. Der Unterschied von »primärer« und »sekundärer Vertrautheit« etwa wäre zu einer lediglich tierethologischen Kategorisierung zurückzustufen, denn er ist die Angelegenheit eines vorgegebenen Detektorsystems und hätte angesichts einer »unspezifischen Reizüberflutung« des Menschen keine Bedeutung mehr. Von unserem Modell bliebe allenfalls der Impuls schrankenloser Explorativität angesichts einer Welt, die so überwältigend fremd ist, daß man sich wundern mag, warum der Mensch in ihr nicht gerade umgekehrt konstitutionell vor Angst gelähmt ist.

Aber richtig – davor bewahren ihn ja eben die Gesellschaft und ihre kulturellen Orientierungshilfen. Diese sind, wenn wir GEHLEN folgen, dafür verantwortlich, daß sich der Mensch – in zufälliger Koinzidenz, und jedenfalls aus ganz anderen Gründen – zuweilen scheinbar ähnlich verhält wie Tiere. Also auch, daß er beispielsweise ein universales Inzesttabu kennt.

Wenn GEHLEN recht hätte, hätten wir uns dieses Buch sparen können. Aber hat er recht? Ist der Mensch wirklich jenes »nicht festgestellte Tier«? Lassen sich zu seiner Natur nicht doch noch weiterreichende, positive Feststellungen treffen?

Ich meine, daß wir in der Tat genötigt sind, die in diesem Kapitel skizzierte Anthropologie erheblich zu modifizieren. Um das im einzelnen auszuführen und auch noch gegen alle ernstzunehmenden Einwände abzusichern, wäre freilich eine Monographie vom Umfang der vorliegenden erforderlich. Allerdings hat Konrad LORENZ das Fundament dazu bereits in seinem Buch »Die Rückseite des Spiegels« gelegt. Ich kann mich hier also darauf beschränken, einige Aspekte herauszuarbeiten, die bei LORENZ nicht oder zu kursorisch zur Sprache kommen, die aber gerade im Rahmen unseres Themas eine genauere Klärung erfordern.

30. Kapitel

Imaginäre Dimensionen

Im Kontrast zur Theorie Gehlens wird nachfolgend die Ansicht entwickelt, daß die Flexibilität des menschlichen Verhaltens nicht auf einen degenerativen Abbau, sondern umgekehrt auf einen differenzierenden Ausbau instinktiver Verhaltensregulative verweist. Im vorliegenden Kapitel werden die wichtigsten kognitiven Kategorien dargestellt, auf deren Einsatz diese Differenzierung beruht.

Jenseits der Erbkoordination

Vieles von dem, was GEHLEN ausführt, ist unbestreitbar richtig. Insbesondere trifft zu, daß *Erbkoordinationen* im menschlichen Verhalten erkennbar in den Hintergrund treten. Nicht daß das Prinzip, vorfixierte Bewegungsprogramme zu verwenden, gänzlich aufgegeben wäre; das könnten wir uns nicht leisten. Aber diese Programme werden unscheinbar. Sie ziehen sich auf die Ebene der vegetativen Prozesse zurück; in der Motorik der quergestreiften Muskulatur sind sie nurmehr für subalterne Dienstleistungen verantwortlich, nicht mehr jedoch für den großen Wurf. Hochorganisierte Bewegungskoordinationen, wie sie etwa einer Spinne für die Herstellung ihres Netzes zur Verfügung stehen, findet der Mensch nicht mehr in einem Instinktrepertoire vor.

Es mutet nun aber recht eigentümlich an, wie GEHLEN diesen Tatbestand interpretiert. Er beschreibt ihn, als wäre er ein Unglück, das uns die Willkür der Natur aus blauem Himmel zugefügt hat. Er spricht von der »Mängelhaftigkeit« wie von einer Verlustmutation, die die Vorfahren des Menschen einst nach Art einer Epidemie befallen haben muß. Die Unspezialisiertheit spielt in seiner Theorie die Rolle eines negativen Selektionsfaktors, an den sich der menschliche Organismus schleunigst durch geeignete Bewältigungsstrategien anzupassen hatte wie an eine plötzlich hereinbrechende Eiszeit.

Dabei übersieht GEHLEN, daß es letztenendes immer das *Ökosystem* ist, an das der Organismus sich anzupassen hat. Die »Instinktverarmung« des Menschen aber ist nicht ein äußerer, sondern ein organismischer Faktor; bevor sie ihrerseits Selektionsdruck ausüben kann, unterliegt sie zunächst selbst der Selektion. Verlustmutanten treten nicht epidemisch, sondern singulär auf; und wenn sie ihrem Träger Nachteile bringen, werden sie ganz einfach wieder abgezüchtet.

Es muß somit zunächst einmal erklärt werden, wieso die »Mängelhaftigkeit« des Menschen überhaupt eine Chance hatte, sich in der gesamten Population auszubreiten und genetisch zu stabilisieren. Nach den Gesetzen der Evolution geht dies nur, wenn der betreffende Mangel als unvermeidliche Begleiterscheinung eines ihn überwiegenden *Vorteiles* auftritt.

Dieser Vorteil liegt auf der Hand. Man darf davon ausgehen, daß erbkoordinierte Instinkthandlungen zwar meist eine ganz passable, aber keineswegs immer die bestmögliche Methode sind, die jeweils gegebene Umwelt im Sinne der Fitnessmaximierung zu beeinflussen. Wer allein auf starr festgelegte Bewegungsmuster angewiesen ist, gleicht einem Touristen, der ein fremdes Land bereist und sich, weil er die dortige Sprache nicht versteht, auf ein Büchlein mit vorgedruckten Standardsätzen verlassen muß: »Wieviel kostet ein Zimmer mit Frühstück?« »Ich fühle mich nicht wohl!« »Es tut mir sehr leid!« Man kann sich auf diese Weise schlecht und recht durchschlagen; aber ohne Mißverständnisse wird es kaum abgehen, dafür sind die aufgelisteten Redensarten zu spärlich und zu stereotyp.

Wer die Sprache des Landes beherrscht und seine kommunikativen Akte also frei komponieren kann, hat da natürlich ganz andere Möglichkeiten. Und dasselbe gilt für einen Organismus, der imstande ist, in jeder aktuellen Ausgangslage diejenige Bewegungsfigur neu zu entwerfen, die gerade dann am besten geeignet ist, eine nützliche Situation herbeizuführen. Wobei übrigens, ebenso wie jener Reisende seinen Sprachführer nicht einfach wegwerfen, sondern für Notfälle aufbewahren wird, auch die alte erbkoordinierte Problemlösungsstrategie nicht gänzlich verlorengehen, sondern als Notfallreaktion verfügbar bleiben sollte.

Überlegen wir, wie ein solcher Organismus gebaut sein müßte. Zunächst einmal gilt, daß Erbkoordinationen sich nur dann durch flexible Verhaltensmuster ersetzen lassen, wenn sie nicht länger Träger starker *Konsummationserlebnisse* sind. Solange etwa die mit dem Fortpflanzungsakt verbundene Befriedigung im wesentlichen an der Kontraktion der glatten Muskulatur von Samenblase und Uterus verankert ist, bleibt künstliche Befruchtung als Methode der Wahl eher unattraktiv.

Dies wäre anders, wenn der Orgasmus erst durch die tatsächliche Verschmelzung von Samen- und Eizelle ausgelöst würde. Im vorliegenden Fall ist das aus naheliegenden Gründen nicht möglich, zumindest nicht für den männlichen Partner. Aber das Prinzip ist klar: Wenn es darum gehen soll, die Verhaltensanpassung zu verbessern, so muß sich das triebbefriedigende Konsummationserlebnis von der *Ausführung* der Instinkthandlung auf deren *Effekt*, oder anders ausgedrückt, von der End*handlung* auf eine End*situation* verschieben.

Anhand des nachfolgenden Schemas, das die wichtigsten Elemente der Zeichnung von Seite 328 systematisch zusammenstellt, lassen sich diese Überlegungen noch präzisieren. Die Ultima ratio aller biologischen Verhaltensorganisation, so hatten wir an der genannten Stelle ausgeführt, ist die Fitness, die Verbreitung des Genoms. Auf dem Wege dahin liegen, durch die ökologischen Bedingungen vorgegeben, Zwischenetappen, die durchlaufen werden müssen. Sie alle lassen sich, in einer auf Seite 181 erläuterten Terminologie, dem Verhalten als »Zweck« zuordnen. Sie können auch zugleich sein »Ziel« sein, aber nur dann, wenn eine Rückkoppelungsschleife existiert, die dem Organismus in Form eines Konsummationserlebnisses meldet, daß er die betreffende Etappe erreicht hat. Jedes solche Feedback setzt freilich einen passenden Detektor voraus.

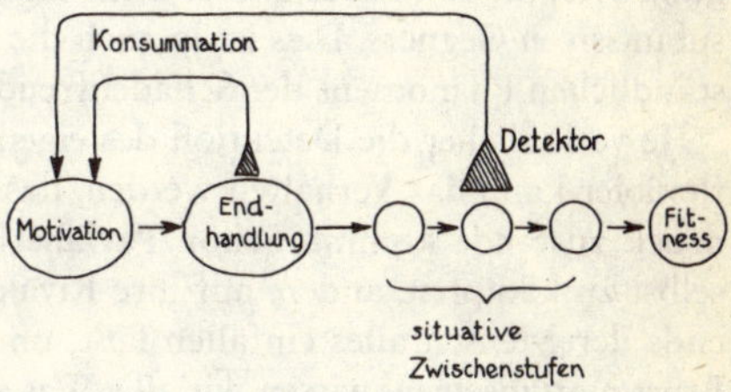

Einer einleuchtenden Regel zufolge ist nun ein Zielmechanismus um so wirksamer, je näher er beim Endzweck liegt. Um so unwahrscheinlicher wird nämlich, daß sich auf der noch verbleibenden Strecke bis zum Fitnesspol, die der Organismus ja mangels Rückkoppelung nicht mehr beeinflussen kann, noch Unvorhergesehenes ereignet. Insofern ist es also zweifellos vorzuziehen, wenn nicht Endhandlungen, sondern Endsituationen das Ziel einer Motivation bilden.

Wo das ohne Aufwand möglich ist, macht die Natur denn auch so früh wie möglich davon Gebrauch. Wir haben auf Seite 175 gesehen, daß bereits bei gar nicht sonderlich hochentwickelten Tieren gewisse Antriebshandlungen auf »Ruhezustände« und nicht grundsätzlich auf eine erbkoordinierte Endhandlung zielen. Zur Fluchtmotivation etwa gehört das Weglaufen als Instinkthandlung; befriedigend ist aber nicht in erster Linie die lokomotorische Aktivität, sondern die wahrnehmbar größer werdende Distanz zur Gefahr. Wild gefangene Mäuse, bei denen ein Laufrad im Käfig steht, suchen allerdings noch immer in diesem Zuflucht, wenn sie vor irgend etwas Angst bekommen. Wenn man das sinnlos auf der Stelle rotierende Tier sieht, wird so recht deutlich, wie gut die Maus im normalen Leben daran tut, in erster Linie *vor der Katze* zu fliehen, statt ihre Angst grundsätzlich nur in einem ungerichteten Bewegungssturm abzureagieren.

In den meisten Fällen ist die Detektion von Endsituationen aber an erhöhten kognitiven Aufwand gebunden und somit phylogenetisch späteren Formen vorbehalten, in erster Linie eben dem Menschen.

Wenn wir den Funktionskreis des Rivalenkampfes als Beispiel heranziehen, so gilt von niederen Tieren, daß sich die Aggression hier einfach im Zubeißen oder Zuschlagen, also in charakteristischen *Erbkoordinationen*, entlädt. Mit steigender Entwicklungshöhe verschiebt sich das Befriedigungserlebnis dann aber immer mehr hin zum *Anblick* des fliehenden oder submissiven Gegners. Dies ist ja auch die Grundlage des anders nicht verständlichen Phänomens der Schadenfreude.

Je verläßlicher die Detektion des eigenen Kampferfolges gelingt, desto flexibler kann das Verhalten werden, das unter aggressivem Motivationsdruck zustande kommt. Schon Paviane bedienen sich der Technik, statt selbst zu kämpfen, andere auf ihre Rivalen zu hetzen. Und was sich vollends der Mensch alles einfallen läßt, um einen Gegner im Spiel oder im Ernst mattzusetzen, wissen wir alle. Was am Stammtisch beim Skat ausgetragen wird, sind oft regelrechte Rangordnungskämpfe, eingebunden in ein rätselhaftes Ritual von Hantierungen mit buntbedruckten Karten, denen unser schon mehrfach bemühter extraterrestrischer Besucher gewiß nicht ansähe, daß man mit ihnen streiten und siegen kann.

Das eigentliche Triumpherlebnis stellt sich bei solchen neukomponierten Handlungsritualen nicht mehr ein, wenn man sie motorisch vollzieht, wenn man also die entscheidende Karte ausspielt; der Gegner muß vielmehr, wenn man den entscheidenden Stich macht, auch *hinschauen*, er muß begreifen, daß er damit das Spiel verloren hat, und man muß ihm das *anmerken* können. Wir werden alsbald sehen, wie komplex der kognitive Apparat ist, der für eine solche Detektionsleistung benötigt wird.

Daß sich das Konsummationserlebnis von der Endhandlung zur Endsituation verschieben muß, ist nun freilich nur eine notwendige, keineswegs aber auch schon eine zureichende Voraussetzung der Verhaltensflexibilität. Was man vor allem braucht, sind Verfahren, neue und effizientere Handlungsprogramme zu *generieren*.

Dieser Problemkomplex ist schon mehrfach angeklungen, vor allem auf den Seiten 237 und 450. Auch einen Namen haben wir ihm schon zugewiesen; wir sprachen von »Invention«. Invention wird durch »Aktivation« auf den Plan gerufen; diese wiederum tritt ein, wenn Instinktbewegungen durch Hindernisse blockiert werden, die die Natur bei der Vorprogrammierung nicht berücksichtigt hat: ein von Menschen errichteter Zaun etwa, oder ein untypisches Verhalten des Interaktionspartners.

In ihrer elementarsten Form besteht Invention darin, daß ohne festen Plan verschiedenartige Bewegungsmuster in freier Kombination und Orientierung durchprobiert werden. Dabei sorgt schon auf niedriger Entwicklungshöhe ein *Lern*mechanismus dafür, daß solche Neukombinationen fest eingeprägt und dem Appetenzverhalten des betreffenden Antriebs für künftige Nutzung eingegliedert werden, wenn es ihnen gelang, den Weg zur Konsummation freizumachen. Die Bettelgesten der Zootiere oder das »Pfötchengeben« der Haushunde zeigen, daß dabei recht spezifische Bewegungen entstehen und sogar an die Stelle erbkoordinierter Verhaltensweisen treten können.

Im allgemeinen kann man aber nicht mehr hoffen, echte Alternativen zu Instinkthandlungen durch bloßes Probieren zu finden, wenn der Ernstfall schon eingetreten ist – nicht nur aus Zeitgründen, sondern vor allem auch deshalb, weil es dann zu riskant wäre, das *Falsche* zu probieren. Die Natur mußte sich hier auf die Dauer etwas Anderes einfallen lassen; und sie hat sich im Laufe der Evolution nacheinander an zwei ingeniöse Erfindungen herangetastet.

Die erste von diesen ist der Mechanismus des explorativen und manipulatorischen *Spiels*. Wir haben uns bereits im 15. Kapitel mit diesem Thema befaßt; allerdings lag dort das Schwergewicht auf dem sozialen Spiel, während im vorliegenden Kontext das Objektspiel gleichermaßen wichtig wird. Vor allem haben wir bisher unser Augenmerk nicht in erster Linie auf »apparative« Probleme gerichtet. Deren gibt es aber mehr, als man beim ersten Blick bemerkt.

Das Hauptproblem liegt darin, daß auch im Spiel nicht einfach *irgendwelche* Bewegungsmuster entworfen werden dürfen, sondern vielmehr bevorzugt solche, die in *bestimmten Bedürfnislagen* sinnvoll eingesetzt werden können. Der neue Handlungsentwurf muß also in die Thematik eines je spezifischen Antriebssystems hineinkomponiert werden. Andererseits soll das aber gerade dann geschehen, wenn dieses Antriebssystem überhaupt nicht aktiviert ist. Gespielt wird ja nur, wenn der Organismus Zeit dazu hat – im »entspannten Feld«, wie wir gesagt haben. Wenn, wie in der nebenstehenden Figur durch dicke Pfeile angedeutet, einzelne Wahrnehmungsobjekte mit hoher Affektspannung besetzt sind, hat der »Ernst des Lebens« Priorität.

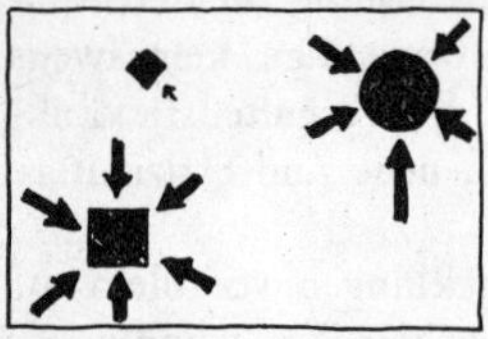

Ist die Spannung aber abgeklungen, dann muß sie, damit Spiel in Gang kommen kann, ohne äußere Not erneut aufgebaut werden. Das bedeutet aber nichts weniger als die Forderung, eine neue, gewissermaßen »irreale« Erlebnismodalität von Affekten einzuführen, wie es die nächste Abbildung in Gestalt der durchbrochenen Pfeile symbolisiert. Die im Spiel thematisierten Antriebe müssen *im Modus des Als-Ob* erlebbar sein, ohne dabei jedoch ihrer qualitativen Eigenart verlustig zu gehen. Als solche müssen sie sich den ernstzunehmenden, realitätsbezogenen, aber momentan eben nur schwach aktivierten eigentlichen Antriebserlebnissen unterscheidbar überlagern können.

Wir begegnen hier erstmals der erstaunlichen Tatsache, daß die Natur in der Lage war, bei der kognitiven Ertüchtigung der Lebewesen von der Konstruktionsidee der *Simulation* Gebrauch zu machen. Dieser Begriff meint in der Informatik die Nachbildung eines realen Prozeßgefüges zu dem Zweck, an diesem ohne die im Ernstfall damit verbundenen Risiken experimentieren zu können.

Beim Spiel müssen sowohl der innere Antrieb als auch entsprechende Detektormeldungen simuliert werden. Wenn ferner im Zuge der Spielaktivität die für den Antrieb charakteristischen Endsituationen eintreten, so muß das zu einer Art von konsummatorischem Erlebnis führen; denn dieses wird benötigt, um die spielerisch gefundenen Möglichkeiten durch Belohnung zu fixieren. Gleichwohl dürfen die Detektoren, die dieses Erleben vermitteln, wiederum nicht so unerbittlich wie im Ernstfall urteilen; sie müssen sich zufriedengeben, wenn das Ziel rudimentär oder symbolisch erreicht wird.

Das alles ist »gerätetechnisch« alles andere als trivial. Man muß sich wundern, daß die Fähigkeit zu spielen nicht wirklich ein Privileg des »Homo ludens« ist.

So erstaunlich das Probierspiel als kognitive Strategie auch anmutet; es verblaßt angesichts der zweiten großen Errungenschaft, durch die es der Natur gelingt, neue Bewegungskoordinationen zu generieren. Gemeint ist das *produktive Denken.* Schon FREUD hat es sehr richtig als eine Art »Probehandeln« bezeichnet. Tatsächlich entspringen auch die abstraktesten Auswüchse theoretischer Intelligenz letztlich einem Apparat, der bei den Anthropoiden für den Zweck entwickelt wurde, konkrete Handlungen phantasierend im voraus zu entwerfen.

Das wahrhaft Erstaunliche ist, daß es überhaupt so etwas wie Phantasie gibt, daß wir also in der Lage sind, neben der Welt, die wir »für wahr nehmen«, auch noch ein Modell dieser selben Welt »vor uns zu stellen«, ein Modell, in dem wir unsere Handlungsentwürfe testen können, bevor wir sie der Bewährung an der harten Realität aussetzen. Es gibt keinerlei Anlaß, eine solche Ausstattung unterhalb der Entwicklungsstufe der Menschenaffen anzunehmen.

Allerdings darf man »Vorstellen« nicht mit »Erinnern« verwechseln, jedenfalls nicht, solange letzteres nur die Leistung des Wiedererkennens betrifft. Wir sprechen von vorstellender Vergegenwärtigung erst dann, wenn auf einer inneren »Probierbühne« wirklich dingliche Objekte, gleich ob sie dem Gedächtnis entstammen oder frei erfunden wurden, in einem Simulationsprogramm *variiert* werden können.

Diese Leistung reicht über die beim Spielen geforderte weit hinaus. Solange es nämlich nur darum geht, Antriebe zu aktivieren, die durch die Situation momentan nicht gefordert wären, braucht sich die *physische* Erscheinungsweise der Spielobjekte und Spielpartner nicht von der Wahrnehmungswirklichkeit zu unterscheiden. Freizügig gestaltbar muß nur der *affektive Appell* sein, der von ihnen ausgeht.

Wenn für ein spielendes Kind notfalls ein Holzklötzchen ein Baby darstellen kann, das krank ist und zu Bett gebracht werden muß, so ist damit keineswegs eine illusionäre Verkennung des Spielzeugs in seiner Körperlichkeit verbunden. Man müßte sonst Fehlgriffe bei seiner Manipulation erwarten, wie sie praktisch nie beobachtet werden. Das Spielobjekt wird sehr wohl in seiner realen Form wahrgenommen; diese ist lediglich im Moment unwichtig geworden. Abgelöst von der Realität ist allein die emotionale Tönung, in der das Stück Holz erlebt wird: der Charakter des »Schutzbedürftigen«, der nötig ist, um die Spielhandlung motivthematisch zu organisieren.

Verglichen hiermit stellt der Denkprozeß wesentlich radikalere Anforderungen an den kognitiven Apparat: Auch er verlangt die Einrichtung einer »Irrealitätsebene«, aber auf dieser muß buchstäblich *die physische Er-*

scheinung der Dinge noch einmal unabhängig von der wahrgenommenen Realität repräsentiert sein, und man muß sie frei umorganisieren können.

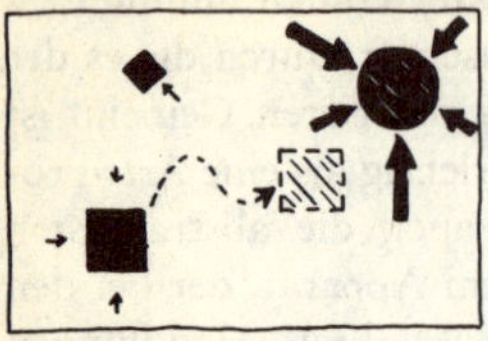

In der nebenstehenden Abbildung ist dies durch die vorgestellte räumliche Verlagerung des quadratischen Objektes angedeutet; aber natürlich kann man sich auch noch ganz andere Veränderungen ausdenken.

Damit ist bereits das wichtigste Problem eines solchen Mechanismus angesprochen: Das »Simulationsprogramm«, das den vorgestellten Operationen als Grundlage dienen soll, muß die physische Eigengesetzlichkeit der Objekte, mit denen man umgehen will, adäquat berücksichtigen. Wie ein Flugsimulator dem angehenden Piloten die Konsequenzen seiner Manipulationen realitätsgetreu vor Augen zu führen hat, so muß auch in meiner Phantasie alles, was im Anschluß an meine vorgestellten Handlungen geschieht, in der Weise ablaufen, wie es die Naturgesetze fordern.

Dabei versteht es sich von selbst, daß meine Vorstellungsbilder, oder auch die Nervenerregungen, die ihnen zugrunde liegen, nicht ihrerseits von den Naturgesetzen zu ebendiesem Verhalten veranlaßt werden. Meine *Vorstellung* von einem Stein ist als solche weder »schwer« noch »träge« noch »starr«; gleichwohl muß sie sich im Spiel meiner Phantasie verhalten, als wäre sie all das. Es könnte sonst geschehen, daß ich den Stein, weil es mir gerade so ins Konzept paßt, wie Wachs zerfließen oder wie eine Seifenblase emporschweben sähe. Eine Phantasie, die solche Konfabulationen widerstandslos zuließe, würde nichts nützen, sondern nur Unheil anrichten.

Tatsächlich sind unserer Vorstellungstätigkeit erhebliche Einschränkungen auferlegt, worauf meines Wissens erstmals der Wahrnehmungspsychologe Herbert Boris KLEINT ausdrücklich hingewiesen hat. Er stellte Versuchspersonen vor Aufgaben nach Art der folgenden. Man denke sich eine Glasscheibe, die auf den Lehnen zweier Stühle aufruht. Man versuche, sie sich so dünn wie möglich vorzustellen. Und dann steige man in der Phantasie auf diese frei gelagerte Scheibe hinauf und *vermeide* dabei, sich einbrechen zu sehen! Man wird erstaunt sein, welche Hilfskonstruktionen sich fast zwangsläufig einstellen, um diese Vorstellung möglich zu machen.

Der kognitive »Simulator« muß also von der Voraussetzung ausgehen, daß es gewisse Transformationen an Objekten gibt, die erlaubt, und andere, die verboten sind. Um welche Merkmalsdimensionen es sich dabei konkret handelt, müssen wir alle wahrscheinlich in früher Kindheit lernen; aber von den *Kategorien,* in die man die Erfahrung einträgt, darf man getrost annehmen, daß sie überindividuell und genetisch fixiert sind. Jedenfalls kehren sie, allen Behauptungen linguistischer Relativisten zum Trotz, in allen bekannten Sprachen wieder.

Kategorien

Der Ausdruck »Kategorie« entstammt dem philosophischen Sprachgebrauch. Er reflektiert den Tatbestand, daß wir die Wirklichkeit als strukturiert und geordnet erleben; Kategorien sind allgemeinste Prinzipien dieser Erfahrungsorganisation. In der Philosophiegeschichte wurde darüber gestritten, ob sie dem Denken, der Anschauung oder dem subjektunabhängigen Sein selbst zuzuordnen sind: Von ARISTOTELES, der das Wort »Kategorie« in die Fachsprache einführte, über KANT bis zu Nicolai HARTMANN hat es jeder, passend zu seiner erkenntnistheoretischen Position, etwas unterschiedlich verwandt.

Im vorliegenden Zusammenhang verstehen wir unter Kategorien gewisse Universalinstrumente, mit deren Hilfe wir die Fülle der Sinneseindrücke zu Bedeutsamkeitsganzen organisieren. Da allerdings unser kognitiver Apparat seinerseits in Auseinandersetzung mit und in Anpassung an vorgegebene ökologische Bedingungen entstanden ist, wird man davon ausgehen dürfen, daß seine Kategorien auch, mehr oder minder gut, objektive Attribute eben dieser Ökologie widerspiegeln. Ich weiß, daß heute andere epistemologische Standpunkte modisch sind; es ist hier nicht der Ort, sich mit ihnen auseinanderzusetzen. Ich stehe in dieser Hinsicht uneingeschränkt hinter den Ausführungen, die Konrad LORENZ in seiner Arbeit »KANTS Lehre vom Apriorischen« gemacht hat.

Beim Menschen haben wir wenigstens drei Ebenen der kognitiven Verarbeitung zu unterscheiden; jede von ihnen hat ihre eigenen Kategorien. Die unterste Ebene ist die der *Wahrnehmung*.

Man darf nämlich nicht übersehen, daß bereits der Wahrnehmungsapparat selbst nicht etwa ein passives Abbildungssystem nach Art eines Spiegels, eines Fernrohres oder selbst einer Videoanlage ist. Das Gehirn ist kein »Monitor«, der dem Bewußtsein ein Punkt für Punkt übertragenes »Kamerabild« vorspielt. Wahrnehmen heißt von Anfang, das heißt vom Sinnesorgan an, Reizinformation in Hinblick auf adaptives *Verhalten* zu verarbeiten. Wichtige kognitive Kategorien, die unsere Erscheinungswelt mitgestalten, entstammen bereits dieser basalen Verarbeitungsebene: die Unterscheidung von »Figur« und »Hintergrund« etwa, oder von »Wirklichkeit« und »Schein«, von »Hauptsache« und »Nebensache«, um nur einige der wichtigsten zu nennen.

Mit der Einführung des *Vorstellungs*vermögens entstand eine zweite kognitive Ebene; und mit dieser mußte wiederum eine ganze Klasse neuer Kategorien als Organisationsprinzipien entwickelt werden.

Hierher gehört vor allem die uralte Dichotomie, die schon bei ARISTOTELES in dem Kategorienpaar »Substanz« und »Akzidenz« anklingt und dann vor allem bei SPINOZA unter den Bezeichnungen »Attribut« und »Modus« schärfer herausgearbeitet wird. Diese Unterscheidung reflektiert den vorhin diskutierten Umstand, daß es an den Dingen Merkmale gibt, die man in der Phantasie abwandeln darf, und andere, bei denen das »Wesentliche« des vorgestellten Dinges verlorenginge, wenn man sie umdenken würde.

Diese Kategorien müssen schon auf der Stufe der Schimpansenintelligenz verfügbar sein. Daß eine Holzkiste schwer und formfest ist, gehört zu deren »substantiellen« Attributen, daß sie sich an einem bestimmten Ort befindet, ist hingegen nur ein »akzidenteller« Modus. Man darf sich also vorstellen, daß man sie aus der Käfigecke in die Käfigmitte schiebt, an die Stelle, wo oben an der Decke eine Banane hängt. Erscheint sie dort aber als zu niedrig, so darf man sich nicht einbilden, man könne sie auf halbe Höhe anheben und dann, in der Luft schwebend, als Trittbrett verwenden.

Eine weitere Kategorie, ohne die die Phantasie als Mechanismus des Probehandelns nicht funktionieren könnte, ist die *Kausalität,* also die Relation von »Ursache« und »Effekt«. Sie verkettet Ereignisfolgen, indem sie den Kraftfluß des eigenen Wollens anschaulich durch diese strömen läßt.

Um in der Vorstellung erfolgreiche Handlungsentwürfe simulieren zu können, muß ich nicht nur wissen, welche Objektmerkmale transformierbar sind, sondern auch, welche Konsequenzen diese Transformation für andere Objekte und letztlich für mich selbst haben wird. Diese Konsequenzen müssen sich im Simulationsspiel meiner Phantasie dann, wenn ich eine Eigenbewegung imaginiere, ganz von selbst realisieren; mein Handlungswollen muß sie in physikalisch richtiger Form mitbewirken. Zugleich muß verhindert werden, daß sich andere Ereignisse, deren Eintreten ich vielleicht affektiv heftig herbeiwünsche, in illegitimer Weise, das heißt ohne zureichende kausale Vorbereitung, ebenfalls einstellen; denn das würde die handlungsvorbereitende Phantasie zum unrealistischen Tagtraum entwerten.

»Identisch« heißt nicht »gleich«

Eine Kategorie, die wir wegen ihrer herausragenden Wichtigkeit genauer betrachten müssen, ist die *Identität.* Sie bezeichnet eine höchst eigentümliche Relation, die nicht mit »Gleichheit« verwechselt werden darf. Wenn man sagt, A sei mit B »identisch« oder beide seien »dasselbe«, so meint man, daß hier nur ein einziger Sachverhalt vorliegt, der zweimal unter jeweils verschiedener Perspektive beschrieben wird. Er kann unter diesen beiden Perspektiven sehr wohl verschieden aussehen, und insofern bedeutet »identisch« also etwas anderes als »erscheinungsgleich«.

Da dieser Unterschied nicht ganz trivial ist, sei er kurz veranschaulicht. Ein Ei mag dem anderen sprichwörtlich *gleichen,* dennoch sind die beiden nicht *dasselbe:* Wenn ich das eine esse, so kann das dem anderen egal sein. Umgekehrt bleibt der Märchenprinz, den die böse Hexe in einen Frosch verwandelt, bei diesem Prozeß doch einer und derselbe, obwohl seine beiden Verkörperungen einander gewiß nicht gleichen. Der eine Erscheinungstyp setzt die Schicksalslinie des anderen fort; was jener getan hat, hat dieser zu büßen, und der erlösende Kuß der Königstochter verwandelt wiederum nur die äußere Erscheinung, aber nicht die Identität.

Während »Gleichheit« die Übereinstimmung von Eigenschaftsprofilen aussagt, hat »Identität« also eine ganz andere Funktion: Sie verklammert Gegenwärtiges mit Vergangenem. Sie erzeugt das, was der Physiker »Weltlinien« oder »Trajektorien« nennt. Sie erweitert das je aktuell sich Ereignende in die Dimension seiner Vorgeschichte. Wir können sie daher genauer als »zeitüberbrückende« oder *diachrone Identität* bezeichnen.

Wenn unser anschauliches Denken, wie auf Seite 511 ausgeführt, erhebliche Probleme mit dem Begriff der »Metamorphose« hat, so liegen diese darin begründet, daß Merkmale, die wir im vorigen Abschnitt als »substantiell«, zum Wesen gehörig, von »akzidentellen« oder veränderbaren Begleiterscheinungen unterschieden haben, für unsere naive Intuition untrennbar mit dem diachronen Identitätskern des betreffenden Objekts verbunden bleiben. »Verwandlung«, also Veränderung substantiell anmutender Eigenschaften bei gleichwohl beibehaltener Identität, erscheint uns daher nur als Zauber begreiflich, weshalb wir denn, vermeintlich aus akademischer Gewissenhaftigkeit, tatsächlich aber aus dem Unvermögen heraus, uns von der primitiven Anschauungsgrundlage unseres Denkens zu lösen, dem Gedanken der »évolution créatrice« nur mit Skepsis begegnen können.

Unter dem Aspekt der evolutionären Erkenntnistheorie erscheint diachrone Identität als eine der ältesten Kategorien überhaupt. Sie gehört noch zu den Organisationsprinzipien der untersten kognitiven Ebene, also der Wahrnehmung selbst. Raubtiere etwa wären ohne sie in der Tat übel dran: Wenn ein flüchtendes Beutetier hinter einem Busch Deckung sucht, so darf es nicht »aus den Augen, aus dem Sinn« verschwinden; es muß in der Wahrnehmung des Räubers als momentan unsichtbar, aber gleichwohl am verschwundenen Ort noch auffindbar registriert bleiben. Wenn umgekehrt gleich darauf an der gegenüberliegenden Seite des Busches ein »anderes« Tier hervorkommt, so wäre es wiederum unzweckmäßig, an der Stelle suchen zu gehen, wo das »erste« verschwunden ist. Man muß verstehen können, daß es so etwas wie ein zeitüberdauernd existentes einziges Beutetier gibt, das sich während des gesamten Prozesses nur sukzessiv an verschiedenen Orten aufhält. Für das Beutetier selbst gilt übrigens mutatis mutandis dasselbe.

Dem phylogenetischen Alter der diachronen Identität entsprechend reift diese Kategorie übrigens auch in der menschlichen Ontogenese schon sehr frühzeitig heran. Bereits im Alter von 2 bis 4 Monaten kann man, wie Tom Bower gezeigt hat, beim Säugling Leistungen nachweisen, die so etwas wie zeitüberbrückende Identifikation voraussetzen.

Von der diachronen zur synchronen Identität

Über die Diachronie hinaus hat die Identitätskategorie indessen noch eine andere, viel interessantere Verklammerungsfunktion, die entwicklungsgeschichtlich wesentlich jünger ist; sie läßt sich erst bei den anthropoiden Affen nachweisen und reift auch in der menschlichen Ontogenese nicht vor dem 18. Lebensmonat. Bei ihr geht es um die Identifikation von *gleichzeitig* an separaten Orten erlebten Phänomenen.

Diese Form von Identifikation gehört der zweiten kognitiven Ebene an; sie wird erst im Zusammenhang mit der Vorstellungsphantasie benötigt. Die Schemazeichnung auf Seite 526 oben veranschaulicht, worum es hier geht: Wenn ich das quadratische Objekt in der Phantasie an einen anderen Ort verlagere, so muß ich erfassen können, daß das an der neuen Stelle *vorgestellte* Objekt mit dem vorerst noch ruhend am alten Ort *wahrgenommenen* identisch bleibt. Ich muß in der Lage sein, gleichzeitig Gegebenes über räumliche Distanz hinweg miteinander zu identifizieren. Wir sprechen hier demgemäß von *synchroner Identität.*

Es ist vielleicht nicht weiter erstaunlich, daß synchrone Identität, wenn sie erst einmal verfügbar ist, Wahrnehmungsinhalte nicht nur mit Vorstellungsbildern, sondern auch mit anderen *Wahrnehmungen* verknüpfen kann. Am klarsten ist dieser Effekt beim Blick in den *Spiegel* zu studieren: Der da drüben bin gleichzeitig ich selbst. Er erscheint woanders als ich, und er sieht anders aus, als ich mich anfühle; dennoch sind wir derselbe. Ihn »erkennen« heißt wissen, daß es unmöglich ist, ihm einen Schlag zu versetzen, der nicht zugleich mich trifft. Wir haben gemeinsam nur ein Schicksal.

Und es muß nicht einmal unbedingt das Spiegelbild sein – schon meine

Photographie genügt, auch wenn ich darauf gar nicht besonders gut getroffen bin. Würde jemand auf dieses Stück Papier spucken, würde er *mich* beleidigen.

Die Generalisation kann sogar noch weiter reichen. Auch andere Menschen, andere Lebewesen, ja selbst unbelebte Objekte fordern mich, ohne ihr Anderssein aufzugeben, zu synchroner Identifikation heraus: Repräsentanten meiner Wertwelt, Symbole meiner Gruppenzugehörigkeit, das Totem etwa. Vor allem aber gestaltet die neue Kategorie unsere soziale Wahrnehmung um: Wir erleben uns auch mit dem vertrauten *Partner* durch Identifikation verknüpft.

Entsprechend dem Umstand, daß Phantasietätigkeit in der Primatenreihe nur bei Menschenaffen sicher nachweisbar ist, beobachten wir auch erst hier Manipulationen am eigenen Körper unter Zuhilfenahme von Spiegeln. Von Kathy HAYES stammt ein Photo ihrer Schimpansin Vicky, das zeigt, wie diese vor dem Spiegel mit einer Zange an einem Zahn hantiert.

Selbstverständlich müssen die Tiere solche Fertigkeiten lernen; zunächst halten sie, wie übrigens auch der mit Spiegeln unerfahrene Mensch, das Konterfei für einen Artgenossen. Aber aus der Art, *wie* sie es lernen, kann man sehen, daß sie *Verständnis* erwerben und nicht nur einen blinden Dressurakt über sich ergehen lassen.

Zugleich zeigen sich bei Anthropoiden erste Anzeichen *sozialer* Identifikation. Als Wolfgang KÖHLER während des Ersten Weltkrieges die Zeit seiner Internierung auf Teneriffa für Intelligenzversuche an Schimpansen nutzte, machte er reichlich Gebrauch von dem damals noch ungewöhnlichen Mittel der photographischen Dokumentation. Unter den Bildern, die aus diesen Versuchsserien erhalten geblieben sind, zeigt eines die folgende Szene. Auf einem Turm aufeinandergestapelter Holzkisten steht ein Schimpanse und reckt die Arme nach einer über ihm an der Käfigdecke baumelnden Banane. Ein weiteres Tier sitzt am Boden und schaut zu. In dem Moment nun, da der andere nach der Frucht greift, hebt auch der Zuschauer beide Arme empor, solcherart die Bewegung des Handelnden »im Leerlauf« mitvollziehend.

Eine unmittelbar einsichtige Funktion läßt sich seinem Verhalten nicht zuordnen. Eine Banane bekommt er auf diese Weise jedenfalls nicht, und er ist schlau genug, das zu wissen. Man hat den Eindruck, daß er den anderen unwillkürlich »nachahmt«. Aber wozu? Sicher nicht, um die Bewegungskoordination des Nach-Oben-Greifens einzuüben; die beherrscht er längst.

Was hier eine Funktion hat, ist nicht die nachvollzogene Armbewegung, sondern die Fähigkeit, die das Tier zu diesem Nachvollzug überhaupt in die Lage versetzt: eben die Fähigkeit zur synchronen Identifikation mit dem Partner. Wir werden im nächsten Kapitel sehen, welche weitreichenden Konsequenzen sich hieraus für die soziale Motivation ergeben.

Die »Sprache« der Schimpansen

Die bislang besprochenen kognitiven Neuerwerbungen galten lange Zeit sogar unter guten Tierkennern als spezifisch menschlich. Erst seit etwa zwei Jahrzehnten bricht sich langsam die Erkenntnis Bahn, daß wir genötigt sind, die Menschenaffen Orang, Gorilla und vor allem Schimpanse als eine Art kognitives »Missing Link« zu betrachten. Von den übrigen Primaten trennt sie eine Kluft, die breiter ist, als wir bislang ahnten, und in mehrerlei Hinsicht stehen sie bereits diesseits der Mensch-Tier-Schranke.

Bei dieser Lage der Dinge fragt man sich, ob es denn überhaupt noch kognitive Dimensionen gibt, die der Mensch für sich allein beanspruchen kann. In der Tat existieren solche Dimensionen; es bedarf allerdings subtiler Analysen, um das wirklich Humanspezifische an ihnen herauszuarbeiten. Der auffälligste kognitive Neuerwerb, den der Mensch für sich beanspruchen kann, ist die Erfindung der *sprachlichen Kommunikation.*

Hierzu ist indessen sogleich etwas klarzustellen. Wir wissen aus den Untersuchungen des Ehepaares Gardner, die inzwischen unter sorgfältigeren und verfeinerten Versuchsbedingungen, vor allem durch David und Ann Premack, in der Substanz bestätigt worden sind, daß es möglich ist, Menschaffen erfolgreich einem Sprachtraining zu unterziehen. Sie können zwar mangels geeigneter Stimmwerkzeuge keine Lautsprache, wohl aber eine Zeichensprache erlernen, die einzelnen Aspekten ihrer Erfahrungswelt jeweils eine bestimmte Geste oder ein abstrakt geformtes Plastiksymbol zuordnet.

Bei geeignetem Training lernen die Tiere Hunderte solcher Zeichen und setzen sie in der Kommunikation mit dem Pfleger richtig ein, wobei sie auch mehrere Zeichen zu »Sätzen« kombinieren. Die Weise, in der das geschieht, läßt deutlich erkennen, daß es sich hier nicht etwa nur um einen Fall von einsichtsfreiem Assoziationslernen handelt. So hatte etwa Washoe, die Schimpansin der Gardners, das Zeichen für »Hund« gelernt; es bestand in drei Schlägen mit der flachen Hand auf den Oberschenkel. Der »Unterricht« hatte übrigens anhand eines Bilderbuches stattgefunden; in Gegenwart eines echten Hundes wäre die Schimpansin zu aufgeregt gewesen, um sich irgend etwas einprägen zu können. Von einer anderen Trainingsstunde her kannte sie außerdem das Symbol für das Verbum »hören«, eine Berührung des Ohrs mit dem Finger. Eines Tages nun produzierte sie spontan eine Kombination beider Zeichen: Sie hatte von der Straße her das Bellen eines Hundes vernommen!

Nach solchen und ähnlichen Befunden kann kein Zweifel bestehen, daß wir den Menschenaffen tatsächlich einen kognitiven Apparat zubilligen müssen, der es ihnen ermöglicht, einfache *Begriffe* zu bilden und diese mit kommunizierbaren Zeichen zu assoziieren. Damit stellt sich die Frage, warum sie diese Fähigkeit gleichwohl nach allem, was wir wissen, unter natürlichen Bedingungen *nicht* zur Kommunikation benützen. Die Frage ist um so dringlicher, als Washoe unter der Obhut von Roger FOUTS, der sie inzwischen vom Ehepaar GARDNER übernommen hat, einem von ihr »adoptierten« Schimpansenkind anscheinend ihre Zeichensprache *beizubringen* begann.

Ich kenne FOUTS persönlich und habe seine Befunde wegen ihrer anthropologischen Relevanz eingehend mit ihm diskutiert. Dabei vertiefte sich der Eindruck, daß er, ebenso wie die GARDNERS, nicht klar zwischen der *expressiven* und der *benennenden* Funktion der Sprache unterschied. Ein Zeichen kann ausdrücken, daß man durstig ist, vielleicht auch noch spezifischer, daß man Appetit auf Orangensaft hat. Man kann es aber auch benützen, um den Partner über Sachverhalte zu informieren: »Das da ist eine Orange!« oder, wie im vorgenannten Beispiel: »Draußen bellt ein Hund!«

Schimpansenkenner wie etwa Kathy HAYES hatten früher schon klar zwischen diesen beiden Funktionen unterschieden; gerade an dieser Stelle verlief ihrer Meinung nach die Grenze von Tier und Mensch. Tatsächlich ist es aber komplizierter: Offenbar hat der Schimpanse eben doch *Verständnis* für die Nennfunktion der Sprache. Nur weiß er damit von sich aus nichts anzufangen.

Die Instruktion, die Washoe ihrem Baby angedeihen ließ, zielte offenkundig nicht darauf ab, dem Kind die Namen der Dinge beizubringen. Sie war eher so zu umschreiben: Wenn du das und das von den Menschen haben willst, mußt du diese Gebärde machen! Es gab keinen Hinweis dafür, daß die Nennfunktion der Sprache als Möglichkeit, Sachverhalte mitzuteilen, erfaßt und auf ihr eine echte Sprachtradition begründet worden wäre.

Zu dieser nüchternen Bewertung paßt auch, daß bisher weder bei Washoes Kind noch auch bei adulten Tieren eine Erscheinung auftrat, die für den menschlichen Spracherwerb so außerordentlich charakteristisch ist: das spontane *Fragen* nach dem Namen von Dingen. Es fehlt offenbar eine eigene *Motivation,* im sprachlichen Benennen Kompetenz zu erwerben.

Verdinglichung

Schimpansen können also zwar prinzipiell Sachverhalte mittels sprachlicher Symbole kommunizieren, machen von dieser Möglichkeit aber unter natürlichen Bedingungen *keinen Gebrauch.* Sie kann dann aber auch nicht den Selektionsdruck auf die Entwicklung des kognitiven Apparates ausgeübt haben, den Washoe oder PREMACKS Sarah kommunikativ einzusetzen gelernt haben. Die »Schimpansensprache«, so muß man folgern, ist ein Beiprodukt kognitiver Kategorien, die eigentlich für eine andere Leistung benötigt werden.

Wie man nun sogleich sieht, genügt bereits die Kategorie der *synchronen Identität,* um die Zuordnung eines Symbols zu einem Ding verstehen zu lassen. Insofern ist die Fähigkeit, Zeichen für Begriffe wie »Apfel«, »Eimer« oder sogar »Ich« und »Du« zu erlernen, einfach eine Art Gratisbeigabe zur Einrichtung einer Phantasiebühne für mentales Probehandeln.

Aber die Leistungen der Schimpansen gehen doch noch weiter. David PREMACK hat, in vollem Bewußtsein ihrer linguistischen Tragweite, in sein Trainingsprogramm mit Erfolg auch Bezeichnungen für »rot«, »geben«, »ist ein«, »gleich«, »verschieden«, »nicht« aufgenommen – also Symbole, die nicht *Dinge* meinen, sondern Eigenschaften, Tätigkeiten oder Relationen. Wobei zunächst zu fragen ist, was man eigentlich unter einem »Ding« zu verstehen habe. Nicht jede in sich geschlossene Konfiguration der Wahrnehmung, nicht jede »Gestalt« ist bereits ein Ding. »Gestalt« ist, worauf ein Detektor anspricht, eine bestimmte Kombination von Reizen, die im nächsten Moment wieder zerfließen kann und dann verschwunden ist, als hätte sie nie existiert. Von einem »Ding« hingegen verlangt man mehr: Es ist stets der Ansatzpunkt einer Identitätsrelation. Das trifft bereits für die *diachrone* Identität zu: Ein »Ding« ist, was im Zeitverlauf mit sich identisch bleiben kann. Erst recht gilt es für die *synchrone* Identität – diese macht zum Ding, was immer sie miteinander verklammert.

Wenn das aber so ist, dann zeigt der Erfolg von PREMACKS Sprachunterweisung, daß für Schimpansen auch unselbständige Attribute von Dingen ihrerseits zu Dingen werden können. Die Versuchstiere waren schließlich in der Lage, in der Zeichenfolge *»? Farbe-von Apfel«* anstelle des Zeichens *»?«* das Symbol für *»rot«* einzusetzen.

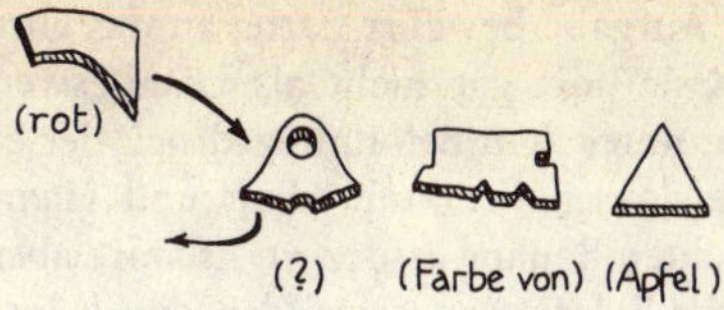

In der älteren Fachliteratur wurde diese Fähigkeit häufig als »Abstraktionsvermögen« bezeichnet. Aber dieser Ausdruck ist irreführend. Schon ein Huhn, das dressiert wurde, auf das größere von zwei Dreiecken zu pikken, wird, wenn man ein noch größeres Dreieck hinzulegt, sogleich dieses bevorzugen. Es reagiert also nicht starr auf ein bestimmtes Reizobjekt, sondern auf das isolierte Merkmal »größer als die anderen«; insofern kann es »abstrahieren«.

In Wirklichkeit handelt es sich hier aber nur darum, daß ein Ding, eben das Dreieck, an einem Einzelmerkmal, hier also an seiner relativen Größe, identifiziert wird. Es ist im Grunde wie bei dem Kind, das zu allem, was pelzig ist, »Wauwau« sagt. Im Falle der Schimpansensprache kommt es aber darauf an, daß ein solches isoliertes Merkmal von seinem dinglichen Träger getrennt und seinerseits zum Verankerungspunkt einer symbolischen Identifikation gemacht wird.

Auch dafür gibt es in der philosophischen Sprache ein Schlagwort; man spricht von »Verdinglichung«. Das Wort hat keinen guten Klang, übrigens zu Unrecht; aber dies zu diskutieren würde hier zu weit führen. Sprachlich wird es faßbar durch die Konstruktion von Nomina wie etwa »die Liebe« zum Verbum »lieben« oder »die Schönheit« zum Adjektiv »schön«. Konstruktionen dieser Art sind nicht, wie von dem in der Kognitionspsychologie dilettierenden Sprachforscher B. L. WHORF behauptet worden ist, ein Spezifikum des Indogermanischen, sondern ein linguistisches Universalphänomen.

Wozu kann einem Schimpansen die Fähigkeit nützen, Eigenschaften von Dingen so zu behandeln, wie wenn sie selbst Dinge wären und als solche ihrerseits Eigenschaften haben, Tätigkeiten ausüben oder in Relationen mit anderen Dingen treten könnten?

Vielleicht enthält eine Beobachtung KÖHLERS den Schlüssel zur Antwort auf diese Frage. In seinen Intelligenzprüfungen ging es immer wieder darum, eine anscheinend unzugänglich angebrachte Banane durch Einsatz geeigneter Werkzeuge zu erreichen. Hing die Banane zum Beispiel an der Decke, so mußte ein Gegenstand herbeigeschafft werden, der sich als Podest eignete, etwa eine Kiste. Lag die Banane hingegen außerhalb der Gitterstäbe, so mußte sie mit einem Bambusstab hereingeharkt werden.

KÖHLER berichtet nun, daß die dümmeren unter seinen Versuchstieren in der zuletzt genannten Situation darauf verfielen, wieder die Kiste, die sich bei der ersten Aufgabe bewährt hatte, an das Gitter zu schleppen – ohne Einsicht, daß sie dort gar nicht als Lösungswerkzeug in Betracht kam. Die Kiste war, unter dem Belohnungsdruck der erfolgreich gelösten ersten Aufgabe, gewissermaßen »mit Haut und Haaren«, als konkretes Ding, mit der erreichten Banane assoziiert. Es wäre aber darauf angekommen, eine ursächliche Relation zwischen den jeweils lösungsrelevanten *Attributen* der beteiligten Objekte, der »Höhe« der Banane und der »Besteigbarkeit« der Kiste, zu stiften, oder bei der zweiten Aufgabe zwischen der »Enge« der Gitterstäbe und der »Länglichkeit« jedes potentiellen Werkzeugs.

Wir werden also davon ausgehen müssen, daß die Verdinglichung mit zu den kategorialen Operationen gehört, die für das komplizierte Simulationsspiel des mentalen Probehandelns entwickelt worden ist. Die Schimpansensprache ist ein Laborartefakt, das uns freilich tiefe Einblicke in die Kategorien der zweiten kognitiven Ebene gewährt. Daß man diese Kategorien auch *kommunikativ* einsetzen kann, ist auf der Entwicklungsstufe der Schimpansen noch kein biologisches Thema.

Die dritte Ebene

Erst der Mensch hat dieser Möglichkeit eine Funktion gegeben. Erst bei ihm tritt offenbar in größerem Maßstab das Bedürfnis auf, Inhalte der Vorstellungsebene zwischen sich und anderen Individuen zu *transferieren.* Ansätze dazu gibt es freilich auch schon bei Schimpansen; aber sie begnügen sich dabei, wie Emil MENZEL gezeigt hat, unter natürlichen Bedingungen mit dem Repertoir ihres expressiven Verhaltens. Erst beim Menschen war aus Gründen, die wir zunächst offenlassen, das Bedürfnis, seine individuelle Vorstellungswelt mit Anderen zu teilen, stark genug, ein eigenes Kommunikationsmittel zu schaffen, das es dem Empfänger erlaubt, Vorstellungsinhalte des Senders zu rekonstruieren – eben die Sprache.

Das brachte wiederum neue Probleme mit sich. Die Sprache – gleich ob in Worten oder in Gesten – ist eine *eindimensionale* Zeitreihe. Die Phantasie entfaltet sich jedoch, ebenso wie die Wahrnehmung, in einem vierdimensionalen Raum-Zeit-System. Damit ergibt sich eine topologische Schwierigkeit, wie sie schon bei der Übertragung eines Flächenbildes durch ein Videosignal auftritt, das ja ebenfalls nur die eine Zeitdimension zur Verfügung hat. Das Bild muß nämlich, wie man in der Technik sagt, *abgetastet* werden. Bei der Videoübertragung geschieht das zeilenweise. Denkbar wäre natürlich auch ein anderes, irgendwie am Inhalt des Bildes orientiertes Abtastprinzip, nur wäre das in der Technik unnötig kompliziert. Die Sprache bedient sich aber in der Tat eines solchen Verfahrens.

Wenn eine Struktur durch ein Signal geringerer Dimensionenzahl übertragen werden soll, wird in jedem Falle Zusammengehöriges zerrissen. Information über Nachbarschaftsbeziehungen muß in der Regel durch besondere *Markierungen* des Signalflusses vor dem Verlust geschützt werden. Beim Videosignal werden zu diesem Zweck sogenannte Synchronisierimpulse gesetzt, die jeweils festlegen, wann der Videostrahl wieder zurückspringen und eine neue Zeile oder ein neues Bild beginnen soll. So wird das in dünne Streifen zerrissene Bild wieder zusammengesetzt. Die Sprache, die nicht so grobschematisch abtastet, verwendet ein komplizierteres Markierungssystem. Man nennt es die *Syntax.*

Die Zeichensprache der Schimpansen weist, was unter ihren Erforschern allerdings nur David PREMACK klar erkannt hat, *keine* Syntax auf. Erst beim Menschen lagert sich über die beiden bereits eingeführten Ebenen der Wahrnehmungsinhalte und der Vorstellungsrepräsentationen noch eine dritte, auf der das repräsentierte Material in einen kommunizierbaren Modus transformiert wird. Auch diese Ebene hat ihre eigenen Kategorien – syntaktische Ordnungsformen wie *Subjekt* und *Objekt, Aktiv* und *Passiv, Bestimmtheit* und *Unbestimmtheit* und viele andere.

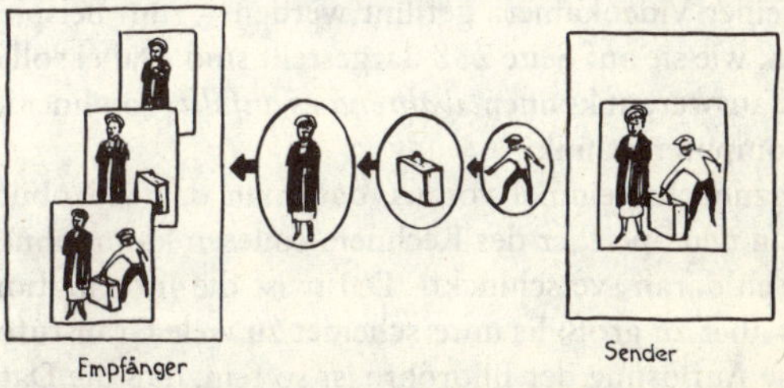

Ein Beispiel möge andeuten, wie diese Kategorien eingesetzt werden, um vieldimensionale Sachverhalte durch lineare Abtastung nachbarschaftserhaltend zu übertragen. Betrachten wir etwa die folgende einfache Mitteilung: »Es war einmal eine Dame. Die Dame hatte einen Koffer. Dieser wurde von einem Dieb gestohlen.« Der unbestimmte Artikel »ein« im ersten Satz teilt dem Empfänger mit, daß er auf seiner imaginären Bühne einen neuen, vorerst auf nichts anderes bezogenen Kristallisationskern »Dame« einzutragen habe. Im nächsten Satz ist wieder von einer »Dame« die Rede. Aber diesmal steht der bestimmte Artikel »die«. Der Empfänger erfährt daraus, daß zwischen den beiden Inhalten »Dame« im ersten und im zweiten Satz Identität besteht, daß er also nicht einen zweiten, unabhängigen Bezugspol zu definieren braucht. Die beiden Signale »Dame«, durch die sprachliche Folge zeitlich auseinandergerissen, sind deckungsgleich einzutragen. Was neu hinzukommt, ist »ein« Koffer; aber der ist durch die Relation »haben« an »der« bereits im vorigen Satz übermittelten Dame festgemacht. An »diesen« Koffer wiederum wird nach demselben Prinzip »ein Dieb« angelagert, wobei die Tätigkeit »stehlen« als Verknüpfung dient. Der dritte Satz steht im Passiv, damit der bereits auf der Bühne des Empfängers eingetragene und dort momentan noch im Fokus der Aufmerksamkeit stehende »Koffer« als Subjekt des Satzes fungieren kann, unbeschadet der Tatsache, daß der erst später übermittelte »Dieb« der eigentliche Akteur der Handlung ist.

Es versteht sich von selbst, daß diese Skizze unzureichend ist; zu zeigen war lediglich, daß die kommunikative Funktion noch einmal eine eigene kategoriale Verarbeitung des Vorstellungsmaterials erforderlich macht.

Schwarz-Weiß-Malerei

Eine zweite, nicht minder einschneidende Veränderung beim Übergang zum kommunikativen Denken hängt mit dem informationstheoretischen Begriff der *Kanalkapazität* zusammen. Ich möchte auch dieses Problem an einem Beispiel erläutern.

Wir entwickeln gegenwärtig an unserem Institut unter anderem neue Methoden der automatischen Computerauswertung von Versuchsabläufen, die mit einer Videokamera gefilmt werden – zum Beispiel von Bewegungsbahnen, wie sie auf Seite 288 dargestellt sind. Dabei soll der Rechner das Material auswerten können, *während es anfällt;* »on line« sagt man dafür in der Computertechnik.

Das setzt zunächst einmal voraus, daß man das Videobild überhaupt fortlaufend in den Speicher des Rechners einlesen kann, ohne daß er sich gewissermaßen daran »verschluckt«. Dafür ist die Informationsdichte des Videosignals aber zu groß: Es unterscheidet zu viele Graustufen, und auch die räumliche Auflösung der Bildröhre ist so fein, daß die Daten in zu hoher Frequenz anfallen. Das Signal muß daher, bevor es den Rechner erreicht, zunächst in einem sogenannten Digitalisierer *vereinfacht* werden.

Hierfür gibt es zwei komplementäre Möglichkeiten: Entweder kann die räumliche Rasterung vergröbert oder aber die Zahl der Graustufen reduziert werden. Im ersten Fall gehen Formdetails verloren; im zweiten wird das Bild, wie man in der Photosprache sagt, »härter«; äußerstenfalls unterscheidet es, holzschnitthaft, nur noch Schwarz und Weiß. Beide Möglichkeiten können natürlich auch kombiniert werden.

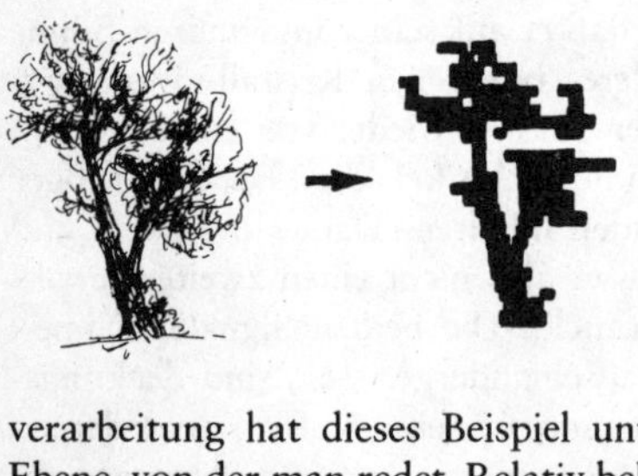

Für die kognitive Informationsverarbeitung hat dieses Beispiel unterschiedliche Relevanz, je nach der Ebene, von der man redet. Relativ belanglos ist die Frage der Kanalkapazität für das *Wahrnehmungs*geschehen. Die netzartige Struktur des Zentralnervensystems erlaubt hier nämlich »parallele« Informationsverarbeitung auf vielen Kanälen gleichzeitig, so daß also die Zeit als limitierender Faktor kaum eine Rolle spielt. Im Prinzip gilt dasselbe für die *Vorstellungs*ebene, wenngleich hier der Aufwand für das Simulationsprogramm bereits zu erheblichen Einschränkungen der verarbeitbaren Information führt.

Erst wenn die repräsentierten Inhalte für die *sprachliche Kommunikation* aufbereitet werden sollen, erzwingt dies ihre »serielle« Verarbeitung: Hier muß alle Information nun wirklich so transformiert werden, daß sie durch das Nadelöhr einer eindimensionalen Zeitreihe gefädelt werden kann.

Dabei kommt offenbar auch so etwas wie ein »Digitalisierer« zum Einsatz: Wo die Natur fließende Übergänge vorsieht, empfinden wir den Denkzwang, scharfe Grenzen zu ziehen und die dazwischenliegenden Felder rücksichtslos einzuebnen – eine Tendenz, die an der rationalen Weltsicht immer wieder als »Schwarz-Weiß-Malerei« beklagt zu werden pflegt.

Wir fühlen uns unbehaglich angesichts der Frage, wo genau der »Berg« aufhöre und das »Tal« beginne, wir geben keine Ruhe, bis wir die Polspannung in der biologischen Verhaltensorganisation der beiden Geschlechter in eine stereotype Schablone von »dem« Mann und »der« Frau gepreßt haben. Wir können allen Ernstes darüber nachdenken, wieviele Haare nötig seien, um eine »Bürste« zu definieren. Oder was ein »Buch« sei: Ist ein harter Einband erforderlich? Eine Mindestanzahl von Seiten? Muß es gedruckt sein? Es gab darüber tatsächlich einmal eine internationale Konferenz der Postministerien, wegen der Gebührenregelung bei Büchersendungen.

Ein anderes Beispiel: Die Liturgie der katholischen Messe kulminiert im Nachvollzug des Abendmahles, bei dem nach der Glaubensüberzeugung Brot und Wein in Leib und Blut Christi verwandelt werden. Im Mittelalter entbrannte ein theologischer Disput über die Frage, wann denn nun genau der Zeitpunkt der Wandlung anzusetzen sei. Man entschied sich für die Antwort: Präzise dann, wenn das letzte Wort der Formel »Hoc est enim corpus meum« vollständig ausgesprochen sei. Millisekunden zuvor ist die Hostie noch ein wertloses Stück Oblate; einen Moment später, in unstetigem Qualitätssprung, ein verehrungswürdiges und sorgfältig vor Verunreinigung zu bewahrendes Sakrament.

Es geht auch anders. In der griechischen Liturgie läßt man dasselbe Problem in der Schwebe: Während der gesamten Meßhandlung, so wird hier gelehrt, vollziehe sich die »Phase«, der »Vorübergang« des Herrn; seine Inkarnation konkretisiere sich im Verlauf der Gesamthandlung, ohne daß dafür ein Zeitpunkt angebbar sei. Diese Deutung steht dem religiösen Gefühl sicher sehr viel näher als die juristischen Definitionsversuche der scholastischen Ratio. Sie zeigen, daß wir uns der Neigung, die Wirklichkeit gewaltsam zu zerschneiden und dann die Zwischenräume zu nivellieren, in unterschiedlichem Maße ausliefern können. Aber das ist hier nicht wichtig. Es kommt nur auf die Einsicht an, daß diese Tendenz, gewissermaßen in rechten Winkeln zu denken, ein spezifischer Neuerwerb des Menschen ist; noch auf der Schimpansenstufe finden wir dafür keinerlei Anzeichen.

Die Vergegenwärtigung der Zeitachse

Wir haben bislang noch nicht die Frage beantwortet, warum der Mensch ein so großes Interesse daran hat, die Inhalte seiner Repräsentationsebene mit Anderen zu teilen und im Gegenzug deren Inhalte für sich zu übernehmen. Es gibt nun tatsächlich noch einen ganz anderen Neuerwerb des menschlichen Kognitionsapparates, der zwar auf den ersten Blick ganz unabhängig von dem genannten Problem zu sein scheint, bei näherem Zusehen aber vielleicht doch den Schlüssel zu dessen Lösung enthält. Auch auf diese Innovation, das sei um der historischen Gerechtigkeit willen eingeräumt, haben Philosophen wiederholt hingewiesen, als erster wohl HOBBES, später unter anderem KLAGES und dann wiederum GEHLEN.

Es gehört zu den eindrucksvollsten und von Tierkennern immer wieder bestätigten Schwächen vormenschlicher Daseinsbewältigung, wie wenig selbst die Vertreter intelligentester Tierarten zu *vorausschauender* Planung in der Lage sind. Kein Tier beschafft zum Beispiel in gesättigtem Zustande Nahrungsvorrat für künftigen Hunger, sofern nicht, wie bei manchen Nagern und einigen Vögeln, einsichtsfreie Instinktketten dies erzwingen.

Wir Menschen tun dergleichen ständig: Wir kümmern uns lange *vor* der Zeit etwa um ein Billett zum Besuch einer Theateraufführung oder eines Fußballspiels, um den Erwerb warmer Kleidung für den kommenden Winter an einem Hundstag im Spätsommer, um Zusammenstellung von Medikamenten für eine Reise in südliche Länder bei vorerst noch makellos funktionierender Verdauung, um Mitnahme eines Regenschirms bei noch unverdächtigem Himmel, um Geburtenverhütung, und so fort.

Zu solchem Handeln, das für die menschliche Daseinsbewältigung durchaus nicht erst im Zivilisationsstadium kennzeichnend ist, gibt es im tierischen Leben nur so spärliche und unvollkommene Ansätze, daß wir ein neues Konstruktionsprinzip vermuten dürfen. Wir wollen es das Prinzip der *Zeitrepräsentation* nennen. Dieser Ausdruck soll besagen, daß der neue kognitive Mechanismus die Vergegenwärtigung nicht-gegenwärtiger Ereignisfolgen bewirkt.

Allerdings ist er damit allein noch keineswegs ausreichend charakterisiert. Denn im Grunde beruht auch schon jede tierische Intelligenzleistung darauf, daß die Ergebnisse von imaginativen Manipulationen *vorweggenommen* und bewertet werden müssen.

Schimpansen sind in dieser Hinsicht immerhin zu recht beachtlichen Leistungen in der Lage, wie kürzlich ein Mitarbeiter von Hans KUMMER an der Elfenbeinküste entdeckt hat: Die Tiere brechen dort zeitweilig zu kilometerlangen Märschen in ein Weidegebiet auf, wo es eine bestimmte Art wohlschmeckender, aber mit sehr harter Schale versehener Nüsse gibt, hingegen keine Steine, mit deren Hilfe man sie öffnen könnte. Auf diesen Weg nehmen sich die Tiere tatsächlich »von daheim« geeignete Steine mit!

Aber gleichwohl – der Aufbruch steht mutmaßlich doch bereits unter dem Motivationsdruck: »Wir haben wieder einmal Appetit auf Nüsse!« Soweit künftige Ereignisse vorstellend vorweggenommen werden, erfolgt dies *im Bezugssystem der gerade aktuellen Antriebslage,* es dient der optimalen Organisation des zu dieser Antriebslage gehörigen Appetenzverhaltens. Was – mit einem erstaunlich großen Spannungsbogen – im voraus imaginiert wird, ist der Widerhall *gegenwärtiger* Bedürfnisse in einer künftigen Umwelt.

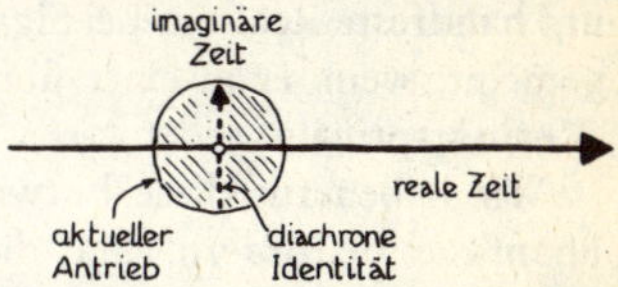

Das ist es aber nicht, was wir hier unter Zeitrepräsentation verstehen wollen. Wir meinen vielmehr die Vergegenwärtigung *künftiger Bedürfnislagen.* Und damit führen wir einen Unterschied von grundsätzlicher Bedeutung ein.

Eine kopernikanische Wende

So wie wir die Aktivitäten auf der zweiten kognitiven Ebene bislang betrachtet haben, ist ihr Organisator die *Motivation.* Bekomme ich auf einer Wanderung Durst, so sorgt *dieser* dafür, daß meine Phantasie sich damit zu beschäftigen beginnt, wie ich an etwas Trinkbares gelange, daß meine Aufmerksamkeit für entsprechende Hinweise in der Wahrnehmungswelt geweckt, mein Gedächtnis für verwertbare Erinnerungsdaten sensibilisiert wird, und so fort. Aber ich muß, wenn ich noch nicht Mensch bin, diesen Durst eben zunächst einmal *haben*!

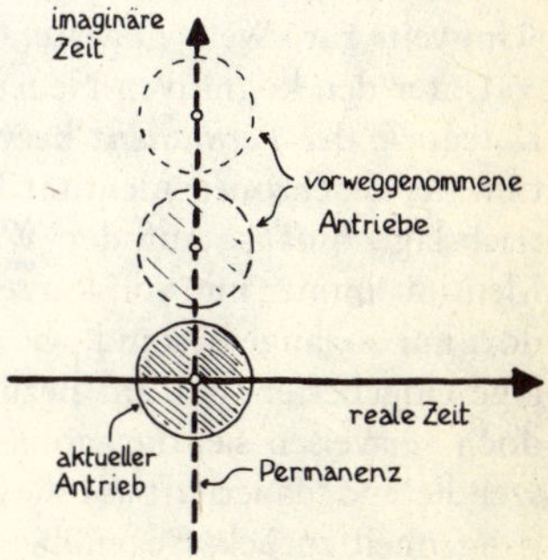

Als Mensch kann ich mehr. Ich kann mir vor Antritt der Wanderung, am kühlen Morgen nach ausgiebigem Trunk, mich selbst vorstellen – unter brüllender Mittagssonne in schattenlosem Gelände, mit inzwischen längst ausgedörrtem

Hals; und dieser *imaginative* Durst ist dann immerhin wirksam genug, die Organisation meiner Phantasie zu übernehmen und auf diese Weise sicherzustellen, daß ich unterwegs zureichend mit Trinkwasser versorgt sein werde.

»Simulierte« Antriebe kennen wir bereits aus der Situation des *Spiels;* auch dort entstehen Motivationen im Modus des »Als-Ob«. Aber da liegt ein wesentlicher Unterschied: Gegenüber dem Spiel entfällt jetzt das Moment des Mutwillens, der *Beliebigkeit.* Entscheidend ist nicht so sehr, daß die vorweggenommenen Bedürfnisse vorerst noch nicht real sind, sondern daß sie *richtig* vorausgesehen werden müssen!

Was man hierzu fordern muß, kommt einer kopernikanischen Wende gleich. Die Triebe müssen als führende Organisatoren der Phantasie entthront werden; sie haben sich nun vielmehr ihrerseits nach dem zu richten, was auf der Vorstellungsbühne abläuft, gerade so, als handle es sich dabei um handfeste Realität. Bei Sigmund FREUD ist wesentlich dieser Übergang gemeint, wenn er in einer übrigens eher verworrenen Terminologie vom »Realitätsprinzip« redet.

Wir haben für diese Entwicklungsstufe einen neuen Organisator der Phantasie zu fordern. Und dieser muß sich, wenn das ganze Verfahren funktionieren soll, an der Einsicht in antriebsunabhängige, »objektive« Ablaufprinzipien der realen Welt orientieren.

Auf dem Niveau der Anthropoiden-Intelligenz hatte es geheißen: Wie kann ich die hier und jetzt vorgefundene Umwelt abändern, damit sie mein momentan verspürtes Bedürfnis erfüllt? Demgegenüber fragt nun der Mensch: Wie wird es mit dieser Umwelt weitergehen, womit wird sie mich von sich aus als nächstes konfrontieren, und welche Bedürfnisse wird das in mir hervorrufen? Die egozentrische Betrachtungsweise, die mich selbst zum unreflektierten Maß aller Dinge gemacht hat, weicht so einer »ökozentrischen« Sicht, in der die Welt zum Bezugssystem für mich wird. Diese Umorientierung, und nicht die angebliche »Reizüberflutung«, kann allein der Rede Sinn verleihen, beim Menschen habe sich die tierische »Umwelt« zur »Welt« geweitet.

Unter den kognitiven Neuerwerbungen dieser Stufe ragt vor allem die Kategorie der *Permanenz* hervor. Wir verstehen darunter die Extrapolation der diachronen Identität über die Aktualität der gegenwärtigen Antriebslage hinaus. Auf der Wahrnehmungsebene nämlich ist diachrone Identität immer nur von kurzer Dauer. Die Objekte der Erfahrung haben dort nur so lange Bestand, wie sie in die Erlebniseinheit einer Motivationslage eingebettet sind. Im Bezugssystem der repräsentierten Zeitachse jedoch verweisen sie, die momentanen antriebsthematischen Bezüge transzendierend, dauerhaft auf die Zukunft und, symmetrisch dazu, in die Vergangenheit zurück. Gegenüber dem impressionistischen Arpeggio gleitender Widerfahrnisse, die das Antlitz tierischer Umwelten ausmachen, festigt sich die Welt des Menschen so zu einem Skelett vollzogener oder zu vollziehender *Tatsachen*, deren Lebensdauer nicht mehr davon abhängt, ob die Antriebslage weiterbesteht, in der sie ins Bewußtsein traten.

Es ist offenkundig, daß wir es bei der Zeitrepräsentation und ihren Konsequenzen nicht, wie GEHLEN ansetzt, mit einem biologischen Defekt zu tun haben. Sie erweisen sich vielmehr als potentiell ungeheuer effiziente Mechanismen des *Antriebsmanagements*. Sie ermöglichen es, die unvermeidlichen individuellen und sozialen Triebkonflikte im Sinne eines zeitlichen *Nacheinander* zu lösen. Würde die sofortige Befriedigung eines Bedürfnisses zu einem Konflikt führen, so kann sie nunmehr vertagt, für später aufgehoben werden. Umgekehrt: Sieht man voraus, daß sich in der Zukunft ein Bedürfnis regen und dann zu Schwierigkeiten führen wird, so kann man versuchen, die Voraussetzungen für seine Befriedigung schon in der Gegenwart zu schaffen.

Aber alles Gute hat seinen Preis. Neben ihren Vorteilen bringen die neuen Errungenschaften auch noch eine Reihe folgenschwerer Begleiterscheinungen mit sich, die die Natur offenbar in Kauf genommen hat, da sie nicht die Lebenstüchtigkeit der neuen Species in Mitleidenschaft ziehen, wohl aber das persönliche Wohlbefinden. Hier stoßen wir nun auf den wahren Kern der Rede vom Menschen als dem »riskierten Wesen«. Von diesem Problemaspekt wird im folgenden Kapitel die Rede sein.

31. Kapitel

Das Erbe der Instinkte

Die im vorigen Kapitel skizzierten kognitiven Veränderungen stehen in enger Wechselwirkung mit der Motivstruktur und zwingen auch dieser eine Metamorphose auf. Diese läßt sich durch die Stichworte Differenzierung, dimensionale Erweiterung und Destabilisation kennzeichnen. Vor allem für das Sozialverhalten ergeben sich daraus einschneidende Konsequenzen, die letztlich das Bedürfnis nach kulturellen Regulativen entstehen lassen.

Seltsame Anachronismen

Wir haben uns im vorhergehenden Kapitel das Beispiel des Kartenspielers vor Augen geführt, dessen Verhalten nicht von dem Trieb geleitet wird, bestimmte Bewegungskoordinationen ablaufen zu lassen, der vielmehr darauf aus ist, das verlegene Grinsen der besiegten Stammtischbrüder oder ihre ehrfürchtige Anerkennung seines Grand mit Vieren zu genießen. Die erbkoordinierten Instinktbewegungen, so haben wir festgestellt, sind beim Menschen als zielbildende Endhandlungen entmachtet.

Wenn wir allerdings genauer beobachten, so fallen uns am Benehmen des Spielers doch auch recht eigenartige Anachronismen auf. Wenn er zum entscheidenden Stich ansetzt, so tut er dies mit eigentümlich verzerrtem Mund; für einen Moment sieht man vielleicht sogar die Zähne blitzen. Und den Trumpfbuben legt er auch nicht einfach sittsam auf den Tisch, nein: er knallt ihn hin, daß die Bierseidel zittern. Auf den Spielerfolg hat das überhaupt keinen Einfluß, und weh tut er dem Gegner damit auch nicht, höchstens sich selbst. Und doch scheint es ihm auf diese Weise mehr Spaß zu machen.

Da kommen die alten, genetisch vorprogrammierten Innervationsmuster des Beißens und Schlagens auf einmal doch noch zum Vorschein. Sie sind also gar nicht wirklich verlorengegangen, sie sind nur *rudimentiert*. Sie haben sich aus der Rolle objektgerichteter Triebhandlungen zurückgezogen auf den unmittelbar funktionslosen, aber noch immer kommunikativ wirksamen Status von *Ausdrucksbewegungen*.

Tatsächlich begleiten expressive Erbkoordinationen beim Menschen noch immer wie ein Generalbaß dessen längst ganz anders komponierte Bewegungsmelodien. Sie färben die neuen Handlungsmuster auf charakteristische Weise ein und werfen so die Frage auf, ob die alten Instinkte nicht doch noch immer die Thematik unseres Verhaltens vorgeben.

Als Konrad LORENZ in den dreißiger Jahren den Instinktbegriff konsequent an der erbkoordinierten Endhandlung festmachte, leistete er einen wesentlichen Beitrag zur Entmystifizierung dieses für die Ethologie unentbehrlichen Konstrukts. Aber er hat damit auch, ohne es zu wollen, dem Mißverständnis den Boden geebnet, wenn erst einmal die Instinktbewegungen abgebaut seien, bedeute dies automatisch auch das Ende aller instinktiven Verhaltensregulation überhaupt.

Für Arnold GEHLEN, so haben wir auf Seite 515 gehört, sind dementsprechend die Antriebe des Menschen, ihrer vorprogrammierten motorischen Kanalisierung beraubt, nicht länger in qualitativer Autochthonie um je spezifische Themenbereiche kondensiert, sondern zu einer homogenen, entdifferenzierten Vitalenergie zusammengeflossen, als frei gestaltbare Verfügungsmasse zu Händen einer die Welt neuschaffenden Ratio.

Ich habe schon im 9. Kapitel deutlich zu machen versucht, daß nichts für die Richtigkeit solcher Spekulationen spricht. Die »allgemeine«, »unspezifische« Antriebsenergie ist ein der Physik nachempfundenes Phantasieprodukt, das im Lichte der Erlebniswirklichkeit ungefähr ebenso plausibel ist, wie es in der Wahrnehmungslehre die (dort niemals erwogene) Idee einer »allgemeinen Farbe« wäre. Dergleichen kann man denken, aber nicht konkret erfahren. Was wir erleben, sind immer Antriebsgefühle von qualitativem Eigencharakter. Wut fühlt sich anders an als Neugier, diese wiederum anders als Sehnsucht. Sie haben zwar alle gemeinsam, daß sie uns aktiv werden lassen und unserem Handeln dabei keine bestimmten Erbkoordinationen mehr verbindlich vorschreiben; aber deshalb sind sie noch längst nicht unspezifisch geworden: Sie haben ihre unverwechselbare Erlebnistönung behalten und streben nach wie vor gesonderte *Zielsituationen* an.

Niemand kann ernsthaft behaupten, daß die großen Problemfelder unserer kreatürlichen Existenz, wie wir sie im 20. Kapitel aufgelistet haben – Rückversicherung, Selbstbehauptung, Homöostase, Restauration, Sexualität und Fürsorge, samt ihren ausgefächerten Teilzielen –, beim Menschen auf einmal nicht mehr aktuell wären. Man kann höchstens argumentieren, daß wir uns zu ihrer Bewältigung anderer Werkzeuge bedienen.

Aber die Instinkte stellen im Tierreich eben durchaus nicht nur Werkzeuge bereit. Wie schon die Rede von der »instinktiven Treffsicherheit« nahelegt, sind sie in erster Linie *kognitive* Funktionen, freilich auf prärationaler Stufe. Sie sind komplexe, wenn auch ziemlich unflexible Systeme der Informationsverarbeitung, die ständig die Gesamtlage evaluieren und den Organismus veranlassen, sich zur rechten Zeit mit für ihn relevanten Themen zu beschäftigen. Sie sind Problemlösungsschablonen aus einer Zeit, da die Intelligenz noch nicht erfunden war. Als solche enthalten sie zunächst einmal Mechanismen der Problem*detektion,* und erst zusätzlich auch, gewissermaßen als Schlußteil, motorische Erbkoordinationen.

Wie die Ausdrucksbewegungen zeigen, hat sich beim Menschen noch nicht einmal dieser Schlußteil in Formlosigkeit aufgelöst. Für die vorgelagerten Abschnitte des Systems kann man das erst recht nicht voraussetzen.

Es sieht vielmehr umgekehrt so aus, als habe das tierische Instinktinventar beim Übergang zum Menschen noch einmal eine erhebliche Differenzierung erfahren. So hat sich etwa das instinktive Verlangen nach Selbstdurchsetzung, das in unserem kybernetischen System als einheitliche Appetenz *AUT-A* behandelt wird, beim Menschen wenigstens dreifach verzweigt: Neben dem phylogenetisch alten Streben nach Ranghöhe stehen bei uns, mit teilweise erheblich abgewandelter Thematik, noch das Geltungsbedürfnis und die Leistungsmotivation. Auch ein echter Nachahmungstrieb scheint, abgesehen vom Sonderfall der Gesangsimitation bei Vögeln, erst zusammen mit der synchronen Identitätskategorie entstanden zu sein. Das Bedürfnis nach Spracherwerb und das Fragen nach Sachverhalten dürften vollends spezifisch menschlich sein.

Die kulturübergreifende Universalität, mit der diese Motive auftreten, spricht dafür, daß es sich dabei wirklich um eine *genetische* Differenzierung des Antriebsinventars handelt. Allerdings ist der Mensch, und nicht nur er, ohne Zweifel auch mit der Fähigkeit ausgestattet, durch Lernprozesse sogenannte *sekundäre Motive* zu erwerben. Beim Appetenzverhalten können sich im Zuge der individuellen Erfahrung Zwischenetappen zu Teilzielen mit konsummatorischem Charakter verselbständigen. Gordon ALLPORT hat hierfür den Begriff der »funktionellen Autonomie« von Motiven geprägt; klassisches, wenn auch nicht mehr ganz zeitgemäßes Beispiel ist der Kaufmann, der früher zur See fahren mußte, um Geschäfte

zu machen, und dem heute, längst im Ruhestand, etwas fehlen würde ohne seine jährliche Kreuzfahrt. Wir brauchen hier nicht weiter zu erörtern, welcher Anteil der reichhaltigen menschlichen Antriebspalette auf diese Weise zu entstehen pflegt.

Der stolpernde Clown

Viel bedeutsamer als die Frage nach der Zahl selbständiger Motive ist der Umstand, daß das menschliche Antriebssystem durch den kognitiven Apparat, den es sich geschaffen hat, rückwirkend *qualitativ* umstrukturiert worden ist.

Vor allem zwei Faktoren waren dabei maßgeblich beteiligt. Ein erster Erscheinungskomplex gruppiert sich um neue soziale Erfahrungen, die durch die Kategorie der *synchronen Identität* ermöglicht werden. Er unterscheidet uns von allen Tieren mit Ausnahme der anthropoiden Affen und ist somit nicht streng als spezifisch menschlich anzusprechen, wenngleich man bei Schimpansen doch nur erste Spuren davon erkennt.

Wie wir auf Seite 531 sahen, bewirkt die Fähigkeit zu synchroner Identifikation, vermittelt durch den symbolischen Akt der Reflexion im Spiegel, daß ich mich als mein eigener Artgenosse, als Mensch unter Menschen, wahrnehmen kann. Das auf Seite 467 dargestellte Modell der sozialen Motivation sieht eine Eingangsgröße *obj* vor, den Ort eines sozialen Objektes, das dem Subjekt gegenübertritt. Beim Menschen, der zu sich selbst »Du« sagt, steht nun auch die eigene Person potentiell in der Position *obj*. Und das bedeutet, daß sich bei uns das gesamte soziale Motivinventar *auf das Subjekt zurückwenden* kann. Wir können uns selbst lieben oder verachten, uns selbst explorieren und kennenlernen, uns selbst beherrschen oder den eigenen Wünschen nachgeben. Wir können uns vor uns selbst zur Verantwortung rufen. Wir können unsere Aggression gegen uns selbst richten, uns äußerstenfalls sogar selbst morden. Wenn uns niemand Gutes tut, können wir gut zu uns selbst sein. Der Mensch ist in bezug auf sich selbst sozial.

Aber auch das Umgekehrte wird nun möglich: Alle der *Selbsterhaltung* und dem *Eigennutz* dienenden Motive können nun stellvertretend dem Artgenossen förderlich werden. Geizige Zeitgenossen versuchen gewöhnlich zu verhindern, daß *andere,* in deren Gesellschaft sie sich befinden, ihr Geld verschwenden oder von Dritten übers Ohr gehauen werden; sie freuen sich über ein Geschenk fast noch mehr, wenn man ihnen versichert, daß man es zu günstigem Preis erhalten hat. Egoismus plus Identifikation ergibt in dieser motivationalen Alchimie objektiv altruistisches Verhalten. Ähnlich ist es mit dem jungen Menschen, der sich der emotionalen Ausbeutung durch seine Familie erwehren muß und auf die Straße geht, um gegen die Ausbeutung der Arbeiterklasse oder der Dritten Welt zu demonstrieren.

Ein Sonderfall verdient in diesem Zusammenhang genauere Betrachtung. Wir haben vorhin darauf hingewiesen, daß das Philosophenwort, nur der Mensch könne *lachen,* in dieser simplen Form nicht zutrifft. Das Spielgesicht der sozialen Säuger, ja schon das Triumphgeschrei der Graugans, ist in mehrfacher Hinsicht unserem Lachen analog.

Gleichwohl bleibt es eine ziemlich rätselhafte Erscheinung, und man hat Mühe, die *Anlässe,* in denen diese Ausdrucksbewegung beim Menschen auftritt, unter einen Hut zu bringen, selbst wenn man dabei von kulturspezifischen Varianten absieht. Wenn wir unser Modell zugrunde legen, so können wir immerhin die Faustregel aufstellen, daß in allen Fällen wo gelacht oder, bei abgeschwächter Intensität, gelächelt wird, eine Situation vorliegt, in der das Subjekt seinen Autonomieanspruch schubhaft zurücknimmt.

Dies geschieht etwa in der Situation des *Triumphs,* wenn der Gegner besiegt ist und das Ich seinen für den Kampf benötigten Panzer wieder ablegen kann. Umgekehrt erklärt sich so aber auch das verlegene Lächeln der *Submission,* das dem überlegenen Gegner die bedingungslose Kapitulation signalisiert. Wir lächeln ferner im Kontext der *Bindung,* wenn nämlich das vertraute Gesicht erscheint, das uns erlaubt, das in seiner Abwesenheit aufgebaute Not-Ich wieder aufzulösen. Und wir lächeln oder lachen in der *Erleichterung* nach einem kurzen, nicht zu heftigen Schreck; wir blasen gewissermaßen den Alarm wieder ab, der soeben bereits zur Akklimatisation des Autonomieanspruchs gegeben wurde.

Bleiben wir einen Moment bei der zuletzt genannten Variante. Wir lächeln demnach unter anderem dann, wenn sich das Gefühl der Sicherheit nach einem unerwarteten, jähen Abfall rasch wieder erholt. Das gilt auch für die analogen Ausdrucksgesten bei Tieren: Schon eine Wildgans, die kurz und, wie sie gleich darauf bemerkt, »grundlos« erschrocken ist, mag dem Partner einen »Grußhals« machen, die abgeschwächte Form des Triumphgeschreis. Aber der Schreck, die kurzfristige Verunsicherung, die schnell vorübergehende Angst müssen eben auch wirklich am *eigenen* Leib verspürt worden sein.

Es gab bei unserer Gänsekolonie in Seewiesen regelmäßig im Frühwinter ein ergötzliches Schauspiel, wenn der Eßsee zum erstenmal in der Saison über Nacht zugefroren war. Die Gänse mußten jedes Jahr neu lernen, daß man auf einer Eisdecke nicht wie auf der normalen Wasserfläche niedergehen kann. Sie versuchten, wenn sie aus vollem Flug auf dem See einfallen wollten, dies in der ihnen gewohnten Weise zu tun: Sie stemmten bei Bodenkontakt die Füße gegen die Fahrtrichtung, um so die Anfluggeschwindigkeit auf das Schwimmtempo herunterzudrosseln. Auf dem Eis finden die Füße bei diesem Verfahren aber keinen Widerstand, und das Ganze endete regelmäßig damit, daß die Tiere – man ist versucht zu sagen, mit völlig verdutztem Gesicht – auf dem Hinterteil eine gewaltige und sichtlich nicht vorhergesehene Rutschpartie vollführten.

Für einen menschlichen Beobachter ist es ganz unmöglich, angesichts einer solchen Szene ernst zu bleiben. Ich habe aber nie gesehen, daß andere Gänse, die dem Schauspiel beiwohnten, deshalb einen auch nur milde angedeuteten Anfall von Triumphgeschrei bekommen hätten. Der Vorfall ging sie nichts an; sie reagierten allenfalls indigniert, wenn der Ärmste in seinem Ungeschick in sie hineinschlidderte. Sie verhielten sich, menschlich gesprochen, absolut humorlos.

Und das ist der wahre Kern der oben erwähnten Philosophie: Nicht, *daß* der Mensch lachen kann, zeichnet ihn aus, wohl aber, *worüber* er lacht. Der Clown, der tolpatschig durch die Manege watschelt und über seine viel zu großen Schuhe stolpert, ruft deshalb brüllende Lachsalven hervor, weil wir in ihm unsere eigene Kreatürlichkeit wiedererkennen, weil für einen kurzen Moment wir alle er selbst geworden sind, weil das Mißgeschick, das ihm beinahe

widerfuhr, uns selbst kurzfristig den Atem anzuhalten nötigte und weil die Erleichterung, daß er heulend zwar, aber im wesentlichen unversehrt wieder aufsteht, unsere eigene Erleichterung ist.

Die Reflexion hebt menschliche Sozialbeziehungen aus dem sonst in der Biologie üblichen Rahmen heraus. Es empfiehlt sich daher, hierfür das Wort von den *»persönlichen«* Beziehungen zu reservieren und es in der Tierethologie nicht weiterhin auch überall dort zu verwenden, wo man lediglich *individuelle* Beziehungen meint. Junge Gänse kennen ihre Prägungsobjekte individuell, aber nicht »persönlich«, wenn man damit eine durch wechselseitige Identifikation getragene Beziehung meint.

Lediglich im Zwischenbereich der anthropoiden Affen bahnen sich echte Personbeziehungen an; aber diese Lebewesen sind eben auch schon zu synchroner Identifikation fähig. Aus diesem Grunde mutet so erschütternd an, was Jane GOODALL einmal beobachtet hat: Die Tochter einer todkranken Schimpansenmutter durchbrach als einzige die bei den übrigen Gruppenmitgliedern vorherrschende feindselige Distanzierung, die als Infektionsschutz sicher einen hohen Selektionswert hat, und setzte sich neben der Sterbenden nieder, um ihr die Fliegen zu verjagen.

Ungewißheit und Wagnis

Waren die Auswirkungen der Reflexion auf das Antriebsgeschehen schon einschneidend genug, so verblassen sie doch nachgerade angesichts der Folgen, die die nunmehr wirklich dem Menschen vorbehaltene Errungenschaft der *Zeitrepräsentation* für das Prozeßgefüge der Motivation gehabt hat.

Als erste und unmittelbare Konsequenz der Fähigkeit, künftige Motivlagen zu vergegenwärtigen, konstatieren wir eine *Multiplikation* der Handlungsimpulse. Denn zu den momentan aktuellen Thematiken gesellen sich ja nun alle jene, über die als zukünftig unausweichliche Anforderungen jetzt schon mitentschieden werden muß. Damit aber wird die Aufgabe, den Antrieben auf einigermaßen »vernünftige« Weise Prioritäten zuzuweisen, um Größenordnungen schwerer. Die Triebsphäre verliert den Charakter eines normalerweise zuverlässigen Verhaltensregulativs, nicht weil sie verschwunden wäre, sondern weil man sie schwerer überschauen kann.

Hinzu kommt ein zweiter Effekt. Was GEHLEN als den »Hiatus« zwischen Bedürfnis und Handlung bezeichnet hat, ist in Wirklichkeit ebenfalls eine Konsequenz der Zeitrepräsentation. Ein Mechanismus, der künftigem Hunger gegenwärtiges Handeln zu determinieren erlaubt, muß nämlich umgekehrt auch gegenwärtigen Hunger zu *entmächtigen* in der Lage sein. Es geht nicht länger an, daß die je aktuelle Motivationslage automatisch über einen »direkten Draht« zu den Ausführungsorganen verfügt. Damit die zunächst nur imaginären künftigen Bedürfnisse überhaupt konkurrieren können, muß das energetische Gefälle zwischen ihnen und den realen Bedürfnissen abgebaut werden. Die aktuellen Bedürfnisse müssen zu diesem Zweck aus dem Modus unerbittlicher *Triebe* in die Rolle *emotionaler Appelle* zurückgedrängt werden.

Beide Effekte zusammengenommen wirken sich ähnlich aus, wie wenn in einem komplizierten Vektorfeld plötzlich und gewissermaßen ohne Vorwarnung die Zahl der Dimensionen erhöht und zugleich die Stärke der verfügbaren Kräfte drastisch reduziert würde. Das Ergebnis ist nach systemtheoretischen Erkenntnissen eine erhebliche Einbuße an Stabilität. Für die Selbstbeobachtung bekundet sich diese Einbuße darin, daß die meisten unserer Handlungen während ihres Ablaufs von dem Gefühlston begleitet werden, man hätte eigentlich auch etwas anderes tun können. Das meinen wir ja, wenn wir – nicht metaphysisch, sondern schlicht phänomenologisch – von der »Freiheit« unseres Wollens sprechen.

Eine dritte, von vielen Denkern bemerkte Problematik der Zeitrepräsentation liegt darin, daß sie den Organismus einem schubhaften Anstieg *angstauslösender Reize* aussetzt.

Sobald die Zeitachse, wie auf Seite 541 symbolisch dargestellt, aus der

Horizontalen in die Vertikale der psychischen Präsenzzeit hereingenommen wird, erweitert sich das Feld der Situationen, mit denen der Organismus konfrontiert ist, eben wirklich um eine ganze Dimension. Es verwandelt sich vom gegenwärtigen Raum in ein vergegenwärtigtes Raum-Zeit-Kontinuum. Das neu aufgespannte Volumen aber ist zum größten Teil mit *Ungewißheit* erfüllt; denn der Anteil davon, der intellektuell bewältigt werden kann, bleibt immer verschwindend klein gegenüber dem unvorhersehbaren Rest. Ungewißheit wiederum ruft nicht etwa nur affektneutrale Konfusion, sondern spezifisch ängstlich gefärbte Gefühle wach. In der Sprache unseres Modells: Sie erzeugt einen Überschuß an *Erregung*.

Dieser Effekt erfährt eine unheimliche Vertiefung dort, wo im Nebel der Zukunft das eigene Sterbenmüssen als unausweichliches Schicksal ahnbar wird. In der Geschichte der Menschheit stellte diese Erkenntnis wohl den letzten großen Reifungsschub dar; sie scheint den Übergang vom *Homo erectus* zum eigentlichen *Homo sapiens* vor einigen hunderttausend Jahren begleitet zu haben. Hinweise auf Totenbestattung finden sich jedenfalls erheblich später als Spuren von Feuergebrauch.

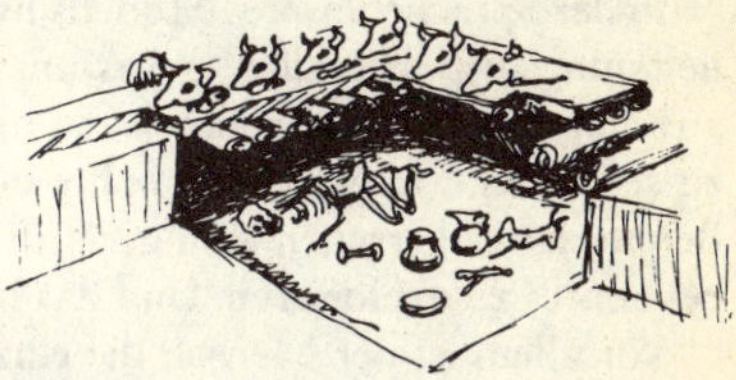

Da die Permanenz der Ichidentität eine anschauliche Fortsetzung des Lebens in die Zeit nach dem Tod erzwingt, zugleich aber erkannt wird, daß diese Existenzform mit einer radikalen Isolierung von den vertrauten Bindungspartnern einhergeht, gesellt sich hier zur Angst vor der Ungewißheit die Angst vor der Einsamkeit. Konkrete Gefahrenherde wie früher die Pest und heutzutage Atomkraft, Umweltzerstörung, Rüstungswettlauf und Krebs werden dann zu Kondensationsfeldern jener globalen Beunruhigung, jener existentiellen Angst, von der KIERKEGAARD, HEIDEGGER und RILKE reden.

All das hat einschneidende Konsequenzen, häufig beschworene und seltener bedachte. Zu den letzteren gehört ein Effekt, dem im Zusammenhang unseres Themas besondere Bedeutung zukommt; er betrifft die Dynamik der Persönlichkeitsreifung. Damit sich der adoleszente Mensch in Erfüllung seines natürlichen Entwicklungsauftrages von den primären Bindungspartnern lösen und Anspruch auf Autonomie anmelden kann, darf ihm in der Welt draußen eben gerade nicht ein Übermaß an Erregung entgegenschlagen. Nach den Regeln unseres Modells würde sonst nämlich die Verselbständigung *unterbleiben*. Die Angst müßte das Individuum bis ins Erwachsenenalter hinein unmündig im Bannkreis elterlicher Geborgenheit gefangenhalten.

Dies würde jedoch die Fortpflanzungschance der davon Betroffenen erheblich schmälern. Man darf also erwarten, daß die natürliche Selektion von Anfang an ausgleichende Effekte begünstigt hat. So wie die Natur Tiere, die in heißen Trockengebieten lange ohne Wasser auskommen müssen, mit der Fähigkeit ausgestattet hat, ihre Körpertemperatur ohne Schaden auf Fieberhöhe zu steigern, sich also im wörtlichen Sinn zu »akklimatisieren«, so ist damit zu rechnen, daß auch dem Menschen, parallel zur Ausweitung seines Welthorizontes, eine entsprechend steigerungsfähige *Erregungstoleranz* angezüchtet wurde.

In der Sprache unseres Modells haben wir diese Motivgröße als »Unternehmungslust« bezeichnet, was uns an den Umstand erinnert, daß einer anwachsenden Toleranz auch ein anwachsendes Bedürfnis verschwistert zu sein pflegt. Der Mensch sollte demnach alle anderen Tierarten in der Bereitschaft überragen, sich gefährlichen Situationen auszusetzen und Unbekanntes zu explorieren. Und das ist in der Tat der Fall.

Vor allem ist der Mensch die einzige Species, bei der die Explorationsneigung nicht auf eine juvenile Entwicklungsphase beschränkt bleibt, sondern sich ungebrochen bis ins hohe Erwachsenenalter fortsetzt. Auch der vor einer Jahrmillion mit dem *Homo erectus* einsetzende Drang zur räumlichen Expansion, zur Wanderschaft in unbekannte und unwirtliche Regionen, hat keine Parallelen in der Entwicklungsgeschichte irgendwelcher anderer Primaten.

Es ist ein bereits von LORENZ kritisierter Irrtum GEHLENS, wenn er behauptet, *nur* der Mensch sei neugierig und zu Exploration motiviert. Richtig ist aber, daß er es in höchstem Maße ist. Der katholische Existentialphilosoph Peter WUST hat dem bekanntesten seiner Werke den Titel »Ungewißheit und Wagnis« gegeben. Das sind gültige Stichworte: So wie den Menschen die Welterkenntnis mit dem Faktum seiner Unbehaustheit konfrontiert, ist für ihn auch die Bereitschaft zum Wagnis konstitutionell. GEHLENS Wort vom »riskierten Wesen«, an sich in falschem Argumentationszusammenhang entstanden, erscheint deshalb ohne weitere Reflexion so plausibel.

Der Mensch ist gewissermaßen zum Stuntman geboren. So wie frühkindliche Unbilden kompensatorisch ein Not-Ich entstehen lassen, hat die Ausgesetztheit des Menschen in einem unwirtlichen Raum-Zeit-Kontinuum als konstitutionelle Akklimatisation seinen prometheischen Drang gezeugt. Diese Deutung dürfte jedenfalls viel eher als eine nicht bestehende

»Organminderwertigkeit« den Schlüssel zum Verständnis unserer luxurierenden Explorativität liefern.

Der Wunsch nach Eigentum

Wenn es darum gehen soll, das Ungleichgewicht von Fremdheit und Vertrautheit abzubauen, so gibt es neben der Akklimatisation des Erregungs-Sollwertes auch noch den gewissermaßen komplementären Weg: Das Individuum kann versuchen, sein Reservoir an *sicherheitspendenden* Objekten zu erweitern. Diese Motivquelle ist in Rechnung zu stellen, wenn wir die auffallende Gier des Menschen nach Besitz und Eigentum verstehen wollen.

Dabei ist jedoch zu beachten, daß die Eigentumskategorie durch die Funktion, Sicherheit zu spenden, noch nicht erschöpfend erfaßt ist. Sie ist außerdem so sehr mit der Zeitperspektive assoziiert, daß sie ohne diese Bedeutungsdimension nur in einem höchst uneigentlichen Sinne gebraucht werden kann.

In der Tierethologie ist sie deshalb eigentlich fehl am Platz. Es ist gebräuchlich, aber irreführend, zu sagen, ein Tier »verteidige« sein *Territorium* wie einen Besitz. Tatsächlich ist es an seinen vertrauten Grund einfach *gebunden*. Dadurch wird es einerseits besser als der ohne Platzvorteil kämpfende Eindringling gegen Furcht immunisiert; andererseits reagiert es bei ernsthafter Gefahr, vom Territorium vertrieben zu werden, heftiger mit kritischer Aggressivität. Es verteidigt *sich*, aber nicht »sein« Revier; dieses verleiht ihm nur den dafür erforderlichen Mut.

Ganz ähnlich verhält es sich mit der *Eifersucht* bei dauergebundenen Tieren. Bei unseren Seewiesener Gänsen konnte es zuweilen vorkommen, daß ein handaufgezogenes Weibchen, dem ein Ganter den Hof machte, in dessen Gegenwart einem vorbeigehenden Menschen sein Interesse bekundete. Dabei beobachtete man regelmäßig eine spektakuläre Reaktion des enttäuschten Liebhabers. Er drängte sich, in hoher Erregung pausenlos »grüßend« und allerlei nervöse Übersprungbewegungen ausführend, *zwischen* seine »Braut« und den Menschen und versuchte buchstäblich, diese mit dem Hals von dem »Nebenbuhler« wegzuschieben. Wir sind durchaus berechtigt, hier von einer Eifersuchtsreaktion zu reden, müssen uns aber im klaren sein, daß der Ganter die Partnerin nicht als zeitüberdauernden Besitz betrachtet. Sie ist einfach hier und jetzt in Gefahr, als »Individuum mit Heimvalenz« abhanden zu kommen.

Wirkliche Beanspruchung von »Eigentum« kommt bei Tieren nur gegenüber den Ressourcen der gerade aktuellen Bedürfnisse vor. Prototypisch ist hier der Hund, der knurrend seinen Knochen verteidigt. In diesem Zusammenhang ist »Wegnehmen« und »Sich-nicht-wegnehmen-Lassen«

immerhin bereits fest im Instinktrepertoire verankert, was sich auch daran erweist, daß Hunde diese Aktivitäten gern zum Thema des sozialen Spiels machen, etwa mit einem Stück Holz oder mit einem Ball.

Hingegen ist gegenüber anekdotischen Berichten, wonach Tiere auch Mittel zur Befriedigung *künftiger* Bedürfnisse bewahren und verteidigen, grundsätzlich Skepsis geboten. Freilich muß man gerade wieder bei Schimpansen einkalkulieren, daß diese unter Umständen Appetenzspannen von beachtlicher Dauer bewältigen; in diesem Zusammenhang sei an die auf Seite 541 erwähnten langen Anmarschwege zur Nußmahlzeit erinnert.

Grundsätzlich gilt jedoch, daß der Eigentumsbegriff erst auf der Stufe menschlicher Zeitrepräsentation seinen eigentlichen Sinn erlangt. Die für künftige Bedürfnisbefriedigung beschafften Ressourcen und Werkzeuge müssen ja solange konserviert werden, bis das Bedürfnis eintritt und die Konsummation stattfinden kann. In der dazwischenliegenden Spannungsphase muß eine Motivation wirksam sein, die betreffenden Objekte unversehrt zu erhalten und vor fremder Nutznießung zu bewahren.

Die kognitive Struktur der Besitzkategorie ist somit ziemlich komplex. Es sieht so aus, als würde darin der erst dem Menschen begreifliche Bedeutungsgehalt des »für die Zukunft zu Bewahrenden« mit dem viel älteren der bindungstiftenden Vertrautheit verschmelzen; hinzu kommt schließlich noch die der Anthropoidenstufe entstammende synchrone Identifikation des Ich mit seinem verdinglichten Bindungsobjekt. Auf diese Weise entsteht so etwas wie eine affektive, ja identifikatorische Bindung an Besitzgüter, die ihrerseits die Rolle einer erweiterten Sicherheitsbasis übernehmen.

Als Kehrseite kommt es dabei allerdings auch zu der bedenklichen, wenngleich als soziales Faktum nicht zu leugnenden Neigung, menschliche Bindungspartner, und hier insbesondere den schwächeren Teil, die Frau, ihrerseits der Eigentumskategorie zu subsumieren. Wir werden davon im nächsten Kapitel noch einmal zu sprechen haben.

Opium für das Volk?

Wenn die Existenzangst durch verbesserten Zugang zu Sicherheitsquellen gedämpft werden soll, so nützt es im Grunde wenig, allein die Mittel zur materiellen Daseinssicherung zu erweitern. Wesentlich hilfreicher ist der Ausbau des Urvertrauens in Form *religiöser Vorstellungsinhalte.*

Bereits der *Kismet*-Glaube kann hier auf seine Weise tröstlich wirken; denn er befreit die Zukunft von dem bedrohenden Odium metaphysischer Kollativität. Er vermittelt die Überzeugung, daß alles längst festgelegt, also von der Warte einer Vor-Sehung her bereits wohlvertraut ist.

Vor allem ist aber das Mythologem vom *Ewigen Leben* anzuführen in allen seinen Varianten: als Lehre von der Wiedereinkörperung in der bestehenden Welt oder, besser noch, der leiblichen oder geistigen Auferstehung

in einem künftigen Jenseits, das sich vor der realen Welt dadurch auszeichnet, daß es frei von erregenden und also potentiell angstauslösenden Reizen vorgestellt wird – womit dann freilich auch immer der nagende Verdacht, es könnte auf die Dauer langweilig werden, verschwistert ist.

Verhindern weltanschauliche Barrieren, die Zeitachse in ein Jenseits zu extrapolieren, so erlaubt die synchrone Identifikation, sich vorzustellen, wie man in *anderen Menschen* fortlebt, besonders in den eigenen Kindern. Sogar der Fortbestand der Menschheit insgesamt vermag ein wenig die Angst vor dem individuellen Auslöschen zu lindern. Anders wäre es kaum erklärlich, daß die Atombombe so viel grauenvoller erscheint als die tödliche Gewehrkugel. Der individuelle Tod wird dadurch gewissermaßen noch potenziert, daß es außerdem – was einem dann schon egal sein könnte – auch Millionen andere und vielleicht die gesamte Menschheit trifft.

Wenn man GOETHE glauben darf, können auch die fortdauernden Produkte des eigenen schöpferischen Wirkens die Trajektorie der eigenen Identität über den individuellen Tod hinaus fortsetzen: »Es kann die Spur von meinen Erdentagen nicht in Äonen untergehn.« Noch weiter säkularisiert, erkennen wir dieselbe Funktion schließlich in der fortschrittsgläubigen Hoffnung auf ein mit vereinter Anstrengung zu schaffendes Paradies auf Erden. Allerdings läßt sich dieser Trost wohl nur mobilisieren, wenn man zuvor den stärkeren und näherliegenden der religiösen Heilserwartung verbaut beziehungsweise als »Opium des Volkes« denunziert hat.

Richtig ist immerhin, daß die Vorstellung, irgendwann einmal in ein jenseitiges Schlaraffenland einzugehen, nicht eben anspruchsvoll ist. Es ist die exoterische Lösung, der *Mahayana*, der »Große Wagen«, auf dem die Vielen Platz haben. Daneben wartet der »Kleine Wagen«, *Hinayana*, der den Wenigen vorbehalten bleibt. Damit sind alle jene im weiteren Sinn mystischen Praktiken gemeint, die das Erleben aus dem angsterfüllten Vakuum der imaginären Zukunft zurück in die reine *Gegenwart* zu zentrieren trachten. Hierher gehört im Grunde bereits die Aufforderung

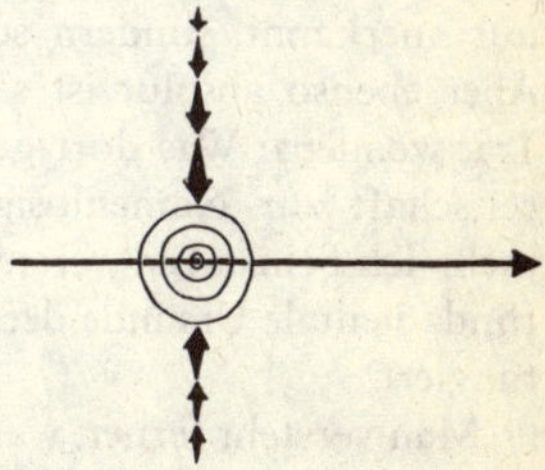

Christi, sich nur um das *tägliche* Brot zu bekümmern und es im übrigen, was das ängstlich-besorgte Anlegen von Vorräten anbetrifft, den »Vögeln des Himmels« und den »Blumen des Feldes« gleichzutun.

Schließlich gibt es noch eine letzte Möglichkeit, die Konsequenzen aus der Begegnung mit einer im Übermaß erregenden Weltperspektive zu ziehen. So wie ein Kind in vergleichbarer Situation die Hand der Eltern nie verlassen würde, kann auch der Gläubige die Einbuße an Mündigkeit tatsächlich *akzeptieren,* aber nicht auf der Realitätsebene der konkreten Familienbeziehung, sondern auf der imaginativen Ebene, auf der ja auch recht eigentlich die Weltangst lauert. Die Absetzung von der leiblichen Familie verliert ihren Schrecken, wenn ihr auf der transzendenten Ebene ein Gegengewicht erwächst: Dort erfahren wir dann die Allgegenwart eines Elternprinzips, das bereit ist, uns *Geborgenheit* zu schenken, wenn wir ihm weiterhin den schuldigen *Gehorsam* zollen, und das heißt auch, wenn wir unsere Autonomie auf seinem Altar zum Opfer bringen.

Es gibt ein Gedicht von Werner BERGENGRUEN, das in einsichtiger Metaphorik verdeutlicht, wie die Trennung vom *konkreten* Bezugsrahmen primärer Vertrautheit ohne Angstüberflutung möglich wird, indem man sich einer *transzendenten* Geborgenheit überantwortet. Es lautet:

> Löse dich von Haus und Haft, eh der Herd verglimmt.
> Denn zu Gottes Wanderschaft bist du vorbestimmt.
>
> Raste stumm am falben Rain. Laub ist braun gehäuft,
> Da der graue Bitterwein aus der Wolke träuft.
>
> Hufschlag hart am Straßenbord, Wagenspur und Tritt
> Löscht der blasse Regen fort und dich selber mit.
>
> Namenloses Zeitenkind, Baum im Wanderschuh!
> Was am Prellstein hockt und sinnt, das bist nicht mehr du.
>
> Gib dich der verborgnen Hand, die dich angerührt.
> Hebe dich vom Grabenrand. Geh. Du bist geführt.

»Löse dich von der häuslichen Verhaftung, solange die Nestwärme noch lockt« – hier wird der adoleszente Naturtrieb nach Selbständigkeit nicht nur anerkannt, sondern sogar zum moralischen Imperativ aufgewertet. Aber ebenso absolut ist seine gegenpolige Spiegelung in der Ebene der Transzendenz: Was dort gefordert wird, ist nichts Geringeres als die Bereitschaft zur Namenlosigkeit, zum Weggelöscht-Werden, zum Nicht-mehr-Ich-Sein. Man versteht, warum in der christlichen Morallehre als fundamentale Ursünde der luziferisch-prometheische *Autonomieanspruch* rangiert.

Man versteht ferner, warum die *Sexualität* die einzige Triebkraft ist, die an konstitutioneller Sündhaftigkeit dem vermessenen Verlangen gleichkommt, Gott ebenbürtig zu sein. Denn diese ist ja eben durch die Klammer der Inzestabwehr untrennbar an einen hohen Autonomieanspruch gebunden; wo immer sie sich vollzieht, stellt sie die Kindhaftigkeit – auch die transzendente – in Frage.

Damit sind Probleme der Sexualmoral verbunden, die in der Pastoraltheologie selten bedacht werden. Man tut vielleicht gut daran, die Sexualität eine irdische Angelegenheit bleiben zu lassen. Würde sie ebenfalls, wie die geopferte Mündigkeit, auf die transzendente Ebene erhoben, entginge sie schwerlich dem Schicksal der psychischen Kastration.

So betrachtet, kommt ihre stets leicht frivole Komponente, ihr Beigeschmack des Verbotenen, nicht von ungefähr. »Kann denn Liebe Sünde sein?« fragte ein Foxtrott aus den dreißiger Jahren scheinheilig und gab zwischen den Zeilen die psychologisch gleichwohl richtige Antwort: Ein Glück, daß sie's ist! Manche »fortschrittlichen« Theologen, die sich darum bemühen, den Sexualbereich in den sakralen Kreis einzubeziehen und gewissermaßen mit Heiligkeit durch und durch zu tränken, sind vielleicht näher, als sie glauben, den Zoroastrischen Priestern verwandt; sie fordern, ohne es zu wissen, den Inzest mit dem göttlichen Elternprinzip. Wenn die Schranke zwischen dem Sakralen und dem Profanen für die sexuelle Dimension fallen soll, dann gibt es, wie wir seit dem Altertum wissen, nur zwei Entscheidungsmöglichkeiten: die Orgie oder den Zölibat.

Die Unfähigkeit zu vergessen

Noch eine letzte Konsequenz der Zeitvergegenwärtigung ist im vorliegenden Zusammenhang zu besprechen. Die Zeitachse, die beim Menschen in die Erlebnisaktualität einbezogen ist, hat nicht nur einen Ast, der in die Zukunft weist, sondern sie erstreckt sich auch zurück in die *Vergangenheit.* Das Gerüst der antizipierten Welt durchstößt die Gegenwart und bildet, durch den Übergang zur Faktizität gehärtet, von der Hemisphäre des Historischen her das tragende Fundament für seine eigene Weiterkonstruktion.

Der Mensch ist dadurch nicht nur dem Zwang ausgesetzt, um die Zukunft besorgt sein zu müssen, sondern er erfährt auch die Kalamität, Vergangenes nicht vergessen zu können. »Wirklich« ist für uns eben nicht nur das Aktuelle, sondern auch alles, was einmal wirklich *war.* Das heißt aber, daß im Prinzip nichts, was erst einmal als Faktum in unser Bewußtsein getreten ist, ohne weiteres wieder daraus *entlassen* werden kann; nichts Wichtiges kann sich einfach »überleben«. Und das gilt besonders für die Fakten, die wir selbst und unsere Mitmenschen durch eigenmächtiges Handeln geschaffen haben. Der gewaltige Kuppelbau der Zeit steht für uns dauernd in ein Dämmerlicht getaucht, in dem die Konturen dessen, was zwischen uns geschehen ist, erkennbar bleiben; einmal durchmessene Räume versinken nicht länger in ewigen Schatten.

Dieser Tatbestand hat neben anderem eine folgenschwere Auswirkung auf das Gefüge des menschlichen Bindungsverhaltens. Die *Vertrautheit* nämlich, die zwei Partner aneinanderkettet, ist jetzt nicht mehr allein eine Sache der durch Detektoren zu ermittelnden Bekanntheit der Physiognomie; sie wird gewaltig erweitert durch den im Modus des Vergangenen präsenten Schatz des *gemeinsam Erlebten.*

Deshalb ist beim Menschen der Verlust des Bindungspartners so ausweglos und endgültig. Selbst der eineiige Zwilling des Verlorenen, von diesem für keinen Detektor unterscheidbar, bleibt stumm und verständnislos angesichts der für zwischenmenschliche Intimität so kennzeichnenden Frage »Weißt du noch . .?«

Aus demselben Grunde ist aber auch das Geschäft der »Ablösung« von den Eltern für den Menschen niemals mit derselben Radikalität vollziehbar, die im Tierreich die Regel ist. Joseph CAMPBELL hat gezeigt, daß der prototypische Mythos vom Helden, der auszieht, um eine Braut zu erobern, stets den Auftrag mit einschließt, das Lebenselixier für den daheimgebliebenen siechen Vater zu finden: Es gehört zur Entwicklungsaufgabe der menschlichen Adoleszenz, über den Ablösungsprozeß hinweg den Identitätsstrang fortzuknüpfen, den wir auf Seite 62 als »Lineage« kennengelernt haben. Wie schwierig dieser Auftrag zu erfüllen ist, haben wir am Ende des 28. Kapitels gesehen.

Nimmt man alle diese Effekte zusammen, so erscheint es auch von hier aus gerechtfertigt, die Eigenart menschlicher Partnerbindung terminologisch gegen äußerlich verwandt erscheinende Phänomene im Tierreich abzugrenzen. Es hat schon seinen tiefen Sinn, wenn man die Rede von den »persönlichen« Beziehungen auf den Menschen beschränkt.

Auge um Auge

Eine noch ganz andere Konsequenz unserer Eigenart, Vergangenes im Modus der Wirklichkeit zu konservieren, ist die spezifisch menschliche Sensibilität für *Gerechtigkeit.* Dabei spielt die Kategorie der Verdinglichung, von der wir auf Seite 534 gesprochen haben, eine erhebliche Rolle. Was sich in der Vergangenheit an sozialen Interaktionen ereignet hat, trägt für uns den Charakter eines »Dinges«, übrigens ganz im Sinne der ursprünglichen Wortbedeutung einer »vor Gericht zu verhandelnden Sache«. Was wir getan haben, erlöscht nicht von selbst, sondern bleibt als *Schuld* bestehen, und zwar wiederum im wörtlichen Sinn des »Einander noch etwas Schuldens«.

Man wird berechtigte Zweifel hegen dürfen, ob bei aggressiven Auseinandersetzungen im Tierreich jemals ein Motiv wirksam wird, das im vollen Wortsinn als »Rache« bezeichnet zu werden verdient. Wenn ein Hund den anderen anfällt, so beißt dieser wahrscheinlich zurück. Im Jargon der Soziobiologen wird dieses Verhalten als »Retaliation« bezeichnet. Äußerlich, und auch funktional gesehen, mag diese Ausdrucksweise berechtigt sein. Auf der Ebene der Nahursachen, das heißt der zugrundeliegenden motivationalen und kognitiven Prozesse, führt sie aber in die Irre. Der Gegenangriff erfolgt aus Wut oder aus Angst, nicht um der Vergeltung willen. Tiere, die zu individuellem Kennen fähig sind, erwarten nach einer solchen Auseinandersetzung vielleicht auch künftig vom Anderen nichts Gutes mehr und benehmen sich entsprechend; von Elefanten pflegt dergleichen berichtet zu werden. Es wäre aber sicher überinterpretiert, wollte man solcher Dauerfeindschaft unterstellen, der eine »trage« dem anderen eine früher angetane Beeinträchtigung »nach«.

Dieses Beispiel illustriert recht gut, wie nützlich es ist, den archimedischen Punkt des anthropologischen Selbstverständnisses in die Phylogenese zu legen. Wer käme schon, solange er allein den Menschen im Auge hat, auf die Idee, daß Eifersucht einem entwicklungsgeschichtlich uralten, Rachsucht hingegen einem sehr rezenten »Jahresring« unserer Motivstruktur angehört.

Auch Schimpansen stehen in dieser Beziehung noch vor dem Rubikon. Jane Goodall berichtet von einem soziopathischen Weibchen und ihrer Tochter, die beide die schaurige Sitte angenommen hatten, anderen weiblichen Gruppenmitgliedern in kooperativem Angriff die Babys zu entreißen und vor deren Augen aufzufressen. In einem der beobachteten Fälle näherte sich die Mutter des getöteten Kindes der Mörderin nach dieser Szene mit Unterwerfungsgesten und wurde von ihr umarmt und beschwichtigt. Damit hatte die Episode ihr Ende.

Vielleicht hat das so geschädigte Tier gleichwohl negative Gefühle gegenüber der offensichtlich gefürchteten Kannibalin behalten. Aber das Wesen der Rache besteht nicht darin, daß einer dem anderen negative Gefühle entgegenbringt. Entscheidend ist vielmehr, daß vergangene *Ereignisse* wie permanente Dinge erlebt werden, die nie mehr von selbst verschwinden können und dadurch ein existentielles Ungleichgewicht schaffen. Das einzige, was angesichts ihrer getan werden kann und zum affektiven Ausgleich auch getan werden muß, ist, sie durch weitere, gleichsam mit umgekehrtem Vorzeichen versehene Ereignisse gleichen Gewichts zu *kompensieren.* Wie das Phänomen der *stellvertretenden* Sühne deutlich macht, kann dabei die verdinglichte Tat wichtiger werden als der Täter selbst.

Diese Effekte erscheinen unlöslich an die Zeitrepräsentation und ihre Konsequenzen gebunden. Und so dürfte das Prinzip der *Retaliation,* quitt zu sein erst, wenn man »Auge um Auge, Zahn um Zahn« gefordert und erhalten hat, zu jenen basalen Phänomenen menschlichen Rechtsempfindens gehören, die im vormenschlichen Bereich keine Parallele haben.

Das gilt auch im positiven Sinn und unterstützt dann das, was wir soeben über die Unmöglichkeit einer radikalen *Ablösung* des Adoleszenten von seinen primären Vertrauten gesagt haben. Wie soll man die Bindung an die Eltern brechen können, wenn man nicht vergessen kann, was man ihnen »schuldet«? Offensichtlich liegt hier die anthropologische Legitimation für FREUDS Theorie vom Über-Ich.

Und schließlich gewinnen von hier aus auch die Vorstellungen von LÉVI-STRAUSS, die auf Seite 107 zur Sprache gekommen sind, erheblich an Gewicht. Die Grundidee, daß die sozialen Prozesse im wesentlichen solche des *Tausches* von Dingen, verdinglichten Leistungen und dinggewordenen Personen seien, erscheint angesichts unserer kognitiven Ausstattung wenn nicht zwingend, so doch zumindest plausibel.

Mit dieser Überlegung sind wir in die Dimension eingetreten, in der sich der Spannungsbogen dieses Buches schließt: die Dimension der Vergesellschaftung. Bei ihr geht es nicht etwa nur um die Frage, in welchem Verhältnis jeder einzelne von uns als Repräsentant der Species *Homo sapiens* zu seinen Artgenossen steht. Wir begegnen hier vielmehr einem radikal neuen formgebenden Prinzip, das auf einer überindividuellen Ebene in Konkurrenz zu unserer eigenen Natur tritt. Es ist jetzt an der Zeit, das bislang entwickelte Menschenbild im Lichte dieses Prinzips zu reflektieren.

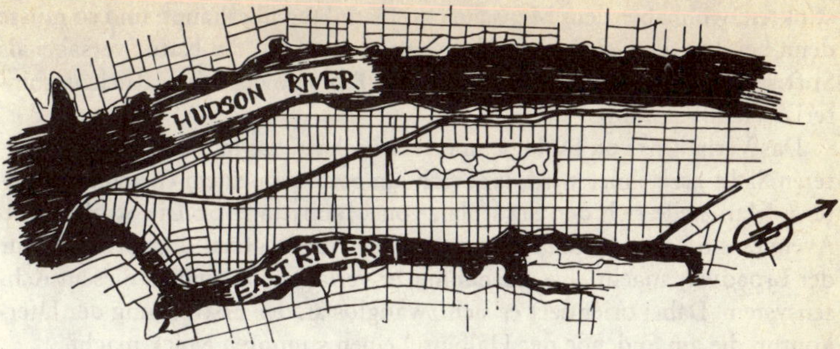

32. Kapitel

Konturen der Gesellschaft

Der Mensch unterliegt nicht nur natürlichen, sondern auch kulturellen Verhaltensregulativen. Abweichend von der verbreiteten Ansicht, die Natur sei nur eine Randbedingung, die dem gesellschaftlichen Gestaltungswillen Grenzen setzt, aber keine Inhalte vorgibt, verstehen wir sie als ein Kraftfeld, an das sich die Kultur, indem sie es überformt, zugleich selbst anpassen muß. Die Kultur erscheint in dieser Sicht als Selbstinterpretation der menschlichen Natur.

Die Straßen von Manhattan

Die Begriffe »soziologisch« und »biologisch« werden, wie wir schon mehrfach festzustellen hatten, häufig als Gegensätze empfunden. Teilweise liegen dieser Polarisierung ideologische Motive zugrunde, von denen wir im folgenden Kapitel noch reden werden. Oft verbirgt sich dahinter auch schlicht ein Fakultätenstreit zwischen Kultur- und Naturwissenschaften um die Kompetenz für Aussagen über das Wesen des Menschen.

Es gibt für die Antithese aber auch Sachargumente. Die gebräuchlichsten sind allerdings unzutreffend. Da ist einmal die eigentümliche Ansicht, erst der Mensch sei überhaupt sozialer Beziehungen fähig, die über einen anonymen »Herdentrieb« hinausgehen. Man konnte diese Behauptung noch vor zwanzig Jahren als nicht weiter diskussionsbedürftige Selbstverständlichkeit in damals weitverbreiteten Standardwerken der Allgemeinen Psychologie nachlesen; inzwischen hat die Aufklärungsarbeit der Ethologen hier anscheinend doch Früchte getragen.

Eine zweite, ebenfalls irrige Argumentationslinie haben wir dann bei GEHLEN kennengelernt: Nicht zwar mangle es den Tieren an sozialen Instinkten, wohl aber dem Menschen an Instinkten überhaupt; und so müsse denn bei ihm die Gesellschaft dort einspringen, wo die Natur versage: als Stifterin von Ordnung in einem von der Biologie bei ihrem Rückzug hinterlassenen Vakuum.

Das Verhältnis von Biologie und Gesellschaft, das in dieser weit verbreiteten Sicht gezeichnet wird, läßt sich am besten an einem Gleichnis erläutern. Man stelle sich den Stadtplan von Manhattan vor. Die Straßen und Avenues sind hier bekanntlich weitgehend orthogonal angeordnet. Nur der Broadway macht eine Ausnahme; er verläuft diagonal zu diesem Achsensystem. Dabei orientiert er sich zwanglos an der Erstreckung der Uferkontur, die am Südende der Halbinsel einen stumpfen Knick macht.

Das ist natürlich nur eine willkürliche Imitation der Geographie; nichts hätte die Städteplaner daran hindern können, dem Broadway eine völlig andere Richtung zu geben. Und dasselbe gilt erst recht für die übrigen Straßenzüge: Will man das Prinzip ihres Verlaufs verstehen, so nützt es überhaupt nichts, wenn man die Geographie der Halbinsel betrachtet. Das einzige, was man von ihr wissen muß, ist, wo sie *aufhört:* Wo die Wasser von Hudson und East River das Land begrenzen, darf man natürlich keine Straßen mehr erwarten. Hier limitiert die Natur die Möglichkeiten des Menschen. Diesseits dieser Grenzen aber ist er frei, sich zu entfalten. Daß es ihm gefallen hat, die Straßenzüge in Schachbrettform anzuordnen, hat keinerlei geographische Gründe. Es ist freilich auch nicht völlig grundlos: Die Orthogonalität beruht auf tiefwurzelnden Präferenzen unseres ästhetischen und ökonomischen Ordnungswillens. Aber das sind autonome Prinzipien des menschlichen Geistes, sie sind nicht der Geographie abgelauscht.

Der Sinn des Vergleichs dürfte einsichtig sein: Die Natur, die Biologie, wird von GEHLEN und denen, die in seiner geistigen Nachbarschaft beheimatet sind, rein negativ bestimmt, als eine *Randbedingung,* die die Wirkungsmöglichkeiten von Geist, Kultur und Gesellschaft *begrenzt.* Die Biologie spielt die Rolle des Wassers, von dem Manhattan umrahmt ist.

Dort aber, wo das Wasser Land freigibt, überläßt es dieses Land total und ohne Vorbehalte der Phantasie der Städtebauer. Innerhalb der von der Natur gezogenen Grenzen kann und muß sich die Kultur frei entfalten. Um die Gebilde zu verstehen, die sie hervorgebracht hat, nützt kein hilfesuchender Blick auf die Biologie. Die Kultur hat ihre eigenen Gesetze. Gelegentliche Übereinstimmungen, wie die Parallelität des Broadway mit der Uferlinie der unteren West Side, sind spielerische Imitationen; es wäre irrig, sie für *kausale* Effekte zu halten. Der Leser möge sich selbst ausrechnen, wie man auf solcher Argumentationsbasis beispielsweise die Ähnlichkeiten zwischen kulturellen Heiratsregeln und biologischen Partnerpräferenzen als äußerliche, nichts beweisende Analogie wegerklären kann.

Nicht mehr ganz so beziehungslos stehen Natur und Kultur einander in einem anderen Argument gegenüber. Die Natur erscheint hier nicht als *Grenze,* sondern als *Widerstand,* als Quelle von Störungen, mit denen sich die Gesellschaft auseinandersetzen muß.

In diesem Sinne ist die berühmte Stellungnahme von FRAZER zu verstehen, die wir am Schluß des 7. Kapitels kennengelernt haben: Das kulturelle Inzesttabu, so hieß es dort, sei ein deutlicher Hinweis darauf, daß offenbar ein machtvoller Naturtrieb existiere, der den Menschen dazu anstacheln möchte, Inzest zu begehen.

Die Philosophie, die diesem Argument zugrunde liegt, kleidet sich von alters her in das Gleichnis einer Mensch-Tier-Beziehung: in das Bild des Drachentöters Sankt Georg etwa, oder vulgarisiert in die Rede vom »inneren Schweinehund«. Immer erscheinen in solchen Symbolen die *Triebe* als »tierisch«, ihre *Hemmung* als »menschlich«. Seine tierische Natur, ein Bündel roher, gewalttätiger und maßloser Antriebskräfte, würde den Menschen dieser Auffassung nach ins Chaos stürzen, wenn er sich ihr auslieferte. Aber zum Glück besitzt er eben auch noch den Geist und dessen Objektivation in den Institutionen der Kultur; und dieser Schutzmacht ist es aufgegeben, der Natur Ordnung aufzuzwingen, die Triebe abzutöten oder ihnen wenigstens Zügel anzulegen.

Natur und Kultur erscheinen einander unter dieser Perspektive immerhin schon ein wenig angenähert; gegenüber der schieren Beziehungslosigkeit des »Manhattan«-Paradigmas stehen beide hier wenigstens im Verhältnis der Komplementarität: Allen natürlichen Trieben ist, wenn man den Gedanken zuende denkt, eine kulturelle Hemmung zugeordnet. Um in unserem geographischen Beispiel zu bleiben: Wenn wir nicht die Straßenzüge, wohl aber die *Brücken* als Gleichnis kultureller Leistungen auffassen, so gilt dann allerdings, daß deren Lage in direkter Beziehung, nämlich orthogonal, zur Geographie der Wasserläufe steht. Wäre nur soviel wahr, daß die Kultur die Natur im Zaume zu halten hat, dann würde sich das Studium der Natur für den Kulturwissenschaftler bereits lohnen.

Aber das Denkmodell FRAZERS enthält immer noch einen grundsätzlichen Fehler. Es betrachtet die Natur einseitig von der Antriebsseite her und leistet der Meinung Vorschub, *Hemmung* von Antrieben gebe es erst beim Menschen. In diesem Sinne hatte, wie auf Seite 516 ausgeführt, auch GEHLEN die »Hemmbarkeit« als eine der Besonderheiten des menschlichen

Antriebslebens bestimmt. Bezogen hatte er sich dabei freilich allein auf die Hemmbarkeit zugunsten *künftiger* Bedürfnisse; daß diese Spezifikation wesentlich ist, hat er jedoch bezeichnenderweise nicht herausgearbeitet.

Nun ist der Antagonismus von Antrieb und Hemmung aber gewiß nicht erst mit dem Menschen in die Welt gekommen. Er ist in der Biologie der Instinkte eines der altehrwürdigsten Prinzipien und folgt ganz einfach aus der mannigfachen und immer teilweise divergenten Beziehung zwischen den verschiedenen Triebzielen, letztlich sogar zwischen den verschiedenen Selektionsdrucken. Ein Beispiel dafür haben wir früher in Gestalt des Antagonismus von Furcht und Neugier kennengelernt, ein anderes im Spannungsbezug von Bindung und Überdruß. LORENZ hat der Aggression mit Recht aggressionshemmende Instinkte zur Seite gestellt; weitere Beispiele ließen sich in beliebiger Zahl anführen.

Es ist einfach natürlich, daß sich im Wirkungsgefüge der Motive zu jedem einzelnen Antrieb auch – in der Regel mehrere – andere aufweisen lassen, die sich ihm gegenüber antagonistisch verhalten, und das heißt, ihn behindern, schwächen oder im Grenzfall hemmen und unterdrücken. Das macht ja eben den »Kampf der Kapitäne« aus, von dem wir im 18. Kapitel gesprochen haben.

Was beim Menschen tatsächlich neu hinzukommt, ist der von GEHLEN so genannte »Hiatus«. Für diesen aber ist charakteristisch, daß er uns von *beiden* Kontrahenten, von instinktivem Antrieb *und* von instinktiver Hemmung, gleichermaßen distanziert und beide ihrer freien Energie beraubt. Mit den Antrieben verwandeln sich auch die Hemmungen in emotionale Appelle.

Die Stadt auf dem Hügel

Für das bewußte Management der Motivation wird, wie wir auf Seite 550 schon andeuteten, durch die Entmächtigung der antreibenden und hemmenden Affekte das Leben keineswegs einfacher; im Gegenteil. Während diese Kräfte auf vormenschlichem Niveau kleinen Kindern gleichen, die schreien, wenn sie nicht bekommen, was sie wollen, entsprechen sie bei uns eher höflichen Erwachsenen, die Versagungen wortlos erdulden, im Stillen aber übelnehmen und sich dann auf diskrete Weise rächen. Solche Zeitgenossen zu verwalten ist äußerlich leichter, weil man weniger aktiven Widerstand spürt, in Wirklichkeit aber viel schwieriger, jedenfalls dann, wenn man auf ein gutes Betriebsklima Wert legt.

Tatsächlich bleibt es weitgehend unserer eigenen Initiative überlassen, wie wir die Appelle unserer Antriebe und Hemmungen unter Bezugnahme auf die jeweilige Situation realisieren und welche Kompromisse wir dabei schließen. Insofern trifft die Rede von der Entscheidungsfreiheit zu. Aber diese Freiheit entfaltet sich nicht in einem kräftefreien Raum: Wie ein

System gespannter Federn drängt das affektive Feld von sich aus nach Gleichgewichtszuständen.

Was das bedeutet, läßt sich wiederum an unserem geographischen Paradigma erläutern, das wir für diesen Zweck allerdings in einer entscheidenden Hinsicht abzuwandeln haben. Die Stadt liege nunmehr nicht auf dem flachen Land, von Wasser umgeben, sondern im Trockenen auf stark hügeligem Gelände. Auch hier diene der Verlauf der Straßen als Gleichnis für die Ordnungsleistungen der Kultur; hingegen sei die Natur nunmehr durch die *Unebenheit* des Bodens symbolisiert.

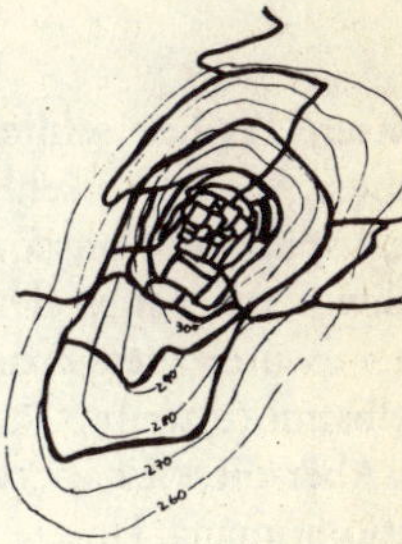

Man sieht sogleich, daß sich im Lichte dieses Denkmodells das Verhältnis von Kultur und Natur völlig anders darstellt. Zunächst einmal gilt allerdings auch hier: Die Straßenbauer sind prinzipiell frei in ihren Entscheidungen. Gäbe es an verschiedenen Stellen der Erde genau gleiche Hügellandschaften und hätten die Menschen an allen diesen Orten Städte errichtet, so wären die Straßenpläne vermutlich dennoch voneinander verschieden.

Und doch könnte man zwischen ihnen ohne Zweifel eine eigentümliche Verwandtschaft voraussagen: Sie würden wie Varianten eines und desselben *Typus* erscheinen. Wir dürfen dies deshalb erwarten, weil sich die Erbauer dieser verschiedenen Städte allesamt mit der gleichen Geographie auseinandergesetzt haben müßten.

Es ist eben bequem und daher vernünftig, Straßenzüge so anzulegen, daß sie sich den geologischen Höhenlinien organisch anschmiegen. Wo ohnehin die Trassenführung urwüchsigen Trampelpfaden und eingefahrenen Wagengeleisen folgt, wird dies praktisch ausnahmslos der Fall sein; aber selbst wenn Straßen auf dem Reißbrett neu geplant werden, richtet man sich in der Regel schon aus ökonomischen Rücksichten nach den lokalen Verhältnissen.

Nochmals: Niemand *zwingt* die Architekten zu dieser Rücksichtnahme. Es gibt Beispiele für Städteplanung, die der Geographie trotzt: San Francisco etwa, dessen linealgerade Straßen den geologischen Faltenwurf einfach nicht zur Kenntnis nehmen. Aber die Zeche zahlen die Autofahrer, denen es bei dem dauernden Auf und Ab den Magen hebt wie auf einer Achterbahn. Es hat eben seinen *Preis,* die landschaftlichen Verhältnisse zu ignorieren, und weil es statistischer Erwartung entspricht, daß man diesen Preis nicht gerne zahlt, wird man im Durchschnitt hinreichend vieler Einzelfälle dann eben doch auf die genannte Typenverwandtschaft stoßen.

Genauso ist es aber auch mit unserem bewußtseinskontrollierten Affektmanagement bestellt. Wir sind frei genug, unserer Natur zuwiderzuhandeln, wir sind jedoch nicht so frei, dies auch zum Nulltarif tun zu können. Und »Natur« bedeutet hier eben nicht nur »niedere Triebe«, sondern auch alle die Hemmimpulse, die darauf eingerichtet sind, jene zu zügeln. Auch sie sind Bestandteil des dynamischen Feldes, dessen Harmonisierung uns aufgegeben ist.

Des Gedankens Blässe

Unsere Freiheit schließt notwendig das Risiko ein, diese Aufgabe zu verfehlen. Solche Verfehlungen haben für das Individuum bei einiger Sensibilität spürbare Konsequenzen – ein vitales Gefühl, nicht »im Lot« zu sein, in schwereren Fällen den »Leidensdruck«, der den Neurotiker zum Psychotherapeuten, den Frommen in den Beichtstuhl, den Verzweifelten in den Selbstmord treibt.

Aber diese Charakterisierung trifft nur den negativen Aspekt der Conditio humana. Unsere Freiheit erlaubt uns andererseits auch, den Sinn unseres Lebens in einer die Natur transzendierenden Weise neu zu definieren. Wir können uns trotz des Drängens der – gewiß doch biologisch fundierten – Sexualität zu lebenslangem Zölibat entschließen, wir können im Dienste höherer Ziele vitale Ängste unterdrücken, wir können uns bis zur seelischen und physischen Zermürbung im Dienst für den Nächsten aufopfern.

Umgekehrt gilt allerdings auch: Wir können uns hart machen gegen die Impulse des Mitleids, wir können wehrlose Menschen töten, Kinder sogar, und wir können uns der Scheu verschließen, die wir gegenüber der psychohygienischen Illegitimität des Inzests empfinden.

Es liegt im Verfügungsbereich unserer Freiheit, unsere Natur zu überhöhen, umzustilisieren, zu vergewaltigen oder zu verraten. Aber all das hat seinen Preis, und den bestimmt die Natur selbst und niemand sonst. Es mag ehrenvoll oder beschämend sein, ihn zahlen zu müssen; erlassen wird er uns in keinem Fall.

Die zumindest randbewußt verspürte Gefahr, an sich selbst vorbeileben zu können, geht beim Menschen mit der im vorigen Kapitel angesprochenen Existenzangst eine fatale Legierung ein; sie vergrößert die Unsicherheit und stattet sie mit der zusätzlichen Tönung von Befangenheit aus, die das Handlungsvermögen zu lähmen droht. Der Hamlet-Monolog führt uns dieses Dilemma in klassischer Formulierung vor Augen:

> So macht Gewissen Feige aus uns allen;
> der angebornen Farbe der Entschließung
> wird des Gedankens Blässe angekränkelt;
> und Unternehmungen voll Mark und Nachdruck,
> durch diese Rücksicht aus der Bahn gelenkt,
> verlieren so der Handlung Namen.

Diese konstitutionelle Unsicherheit läßt den Menschen nach *Orientierungshilfen* verlangen, nach Weltdeutungen, aus denen sich Verhaltensrichtlinien herleiten lassen. Der neu aufgespannte Handlungsraum ist ein *moralisches* Vakuum, das durch seine Sogwirkung die mythenschöpferische Phantasie aktiviert und von dieser im Gegenzuge kanalisiert wird.

Die Bedeutung der Konformität

Nun müßten diese Prozesse freilich noch nicht notwendigerweise auch eine *soziale* Dimension haben. Der Mensch könnte so konstruiert sein, daß er sich seinen privaten Mythos und seine idiosynkratische Moral im Alleingang erkämpfen muß. Tatsächlich sind beide aber primär gesellschaftliche Phänomene.

Daß die Vergesellschaftung für den Menschen eine Bedeutung hat wie für kein anderes Lebewesen, folgt aus dem Zusammenwirken mehrerer Faktoren. Ein wichtiger Ansatzpunkt ist zunächst die im letzten Kapitel angesprochene Existenzangst. Der Überschuß an Ungewißheit verlangt nach einer erweiterten und vertieften Sicherheitsbasis.

Die natürliche Quelle von Geborgenheit ist der Kreis der vertrauten Artgenossen. Der Mensch ist in der Lage, diesen Kreis über den biologischen Radius der nächsten Familienmitglieder hinaus zu erweitern. Seine neuerworbene kognitive Ausstattung verhilft ihm hierzu gleich in mehrfacher Hinsicht.

Die Repräsentation der Vergangenheit erlaubt es ihm, *genealogische* Vorstellungen zu entwickeln und so die Familiengruppe durch diachrone und synchrone Identifikation zur *Sippe* auszudehnen. Wir haben im 4. Kapitel gesehen, daß dabei die biologische Blutsverwandtschaft nur einen unter mehreren Faktoren ausmacht; die Weitergabe von Besitz spielt eine nicht minder bedeutende Rolle.

Bei dieser Erweiterung tritt zunächst das Handicap auf, daß die Mitglieder der Sippe nicht mehr im biologisch ursprünglichen Sinn *vertraut* sind; es ist ja nicht möglich, sie alle individuell in der erforderlichen Intimität zu kennen. Offenbar läßt sich ein der Vertrautheit funktionell äquivalenter Eindruck aber auch durch *Identifikation* begründen, denn diese verklammert die Sippenmitglieder mit dem vertrautesten Erlebnispol in der Welt überhaupt: dem in der Reflexion erfahrenen eigenen Selbst.

Die so erzeugte Intimität liegt allerdings auf einer höheren kognitiven Ebene. Darunter bleibt immer noch die Schicht urtümlicher Vertrautheitsdetektoren, die auch auf Mitglieder der Großfamilie bei den seltenen Begegnungen unbestechlich mit »Kenne ich noch nicht!« reagieren.

Diese lassen sich jedoch partiell überlisten. Denn auf Vertrautheit prüfen heißt ja, informationstheoretisch gesprochen, auf Redundanz prüfen. Wenn ein Individualdetektor positiv anspricht, so ist das der Meldung »Enthält keine neu zu verarbeitende Information!« äquivalent. Wenn der Partner nun schon nicht individuell bekannt ist, läßt sich sein erregungsfördernder Neuigkeitswert immerhin wenigstens dadurch drosseln, daß sich die Mitglieder einer Gruppe weitgehender *Uniformität* befleißigen. Diese mag die gemeinsame Sprache betreffen oder gleiche Tracht, vor allem aber gleiche Sitten und gemeinsame Überzeugungen, kurz also gemeinsame Kultur.

Wir haben hier möglicherweise eine Erklärung für den artspezifisch so starken Nachahmungstrieb des Menschen. Der Selektionsvorteil, dem er seine Entstehung verdankt, läge demnach nicht in erster Linie darin, daß er den Erwerb neuer motorischer Fertigkeiten erleichtert, sondern primär in der *Konformität,* die er in der Gruppe erzeugt. Dem Konformitätsdruck, der auf dem einzelnen lastet, entspräche dann in der individuellen Motivation das Bedürfnis, sich den anderen so ähnlich zu machen, daß man von ihnen als vertraut akzeptiert und dementsprechend sicherheitspendender Signale und Handlungen für würdig erachtet wird.

Vox populi

Auf der anderen Seite geht der Konformitätsdruck allerdings auch durchaus von den anderen aus. Nicht nur insofern, als sie dem Abweichler die Unterstützung versagen – sie tun mehr: sie nehmen *Anstoß*!

Hierfür gibt es zwei verschiedene Motive, die sich zwar im konkreten Fall meist ununterscheidbar mischen, bei analytischer Betrachtung aber als völlig heterogen zu erkennen sind. Das eine Motiv ist trivial: Gewisse Regelwidrigkeiten, wie etwa ungehemmter Egoismus, schrankenlose Aggressivität oder Mangel an Respekt vor Eigentum und Ehepartner der übrigen Gruppenmitglieder, zwingen diese dazu, sich gegen Übergriffe zu schützen. Man fühlt sich in der Wahrung seiner Belange bedroht und wünscht daher, die Quelle der Bedrohung unschädlich zu machen.

Es gibt aber noch ein tieferliegendes Motiv. Die Gefahr des Sinnverlustes, die wir für die Chance der Freiheit eingehandelt haben, beunruhigt uns. Zugleich machen uns die synchrone Identifikation und das Bedürfnis nach Konformität in besonderem Maße beeinflußbar. Zusammengenommen nähren diese beiden Effekte eine erhebliche Intoleranz gegen jeden, der am moralischen Orientierungsrahmen unseres Handelns frevelt, und zwar auch dann, wenn er dabei überhaupt niemanden unmittelbar schädigt.

Angenommen, wir werden Zeuge eines Verhaltens, das als eine solche Sinnverletzung empfunden wird – zum Beispiel einer Inzestbeziehung. Dies bringt uns in emotionalen Konflikt; denn der, der da aus der Norm fällt, ist ja ein Identifikationspartner und als solcher von suggestiver Vorbildwirkung. Wir fühlen uns wie Seiltänzer, deren Vordermann die Balance verliert und zur Seite wegkippt. Eine kollektive Betroffenheit schließt uns blitzartig zusammen und fordert uns zu einer Reaktion gegen das verderbliche Vorbild heraus.

Beide Motive des Anstoßnehmens, die Schädigung von Gruppenmitgliedern und die Bedrohung des moralischen Orientierungsrahmens, haben von jeher eine entscheidende Rolle in der Rechtsphilosophie gespielt. Das letztgenannte ist allerdings von problematischer Legitimationskraft. Die Berufung auf das »sittliche Gefühl« oder, wie es in der faschistischen Terminologie hieß, auf das »gesunde Volksempfinden« kann einer aufgeklärten Rechtsordnung kaum mehr zugemutet werden, wenn es auch schwerfallen dürfte, sie völlig davon freizumachen. Immerhin argumentiert heute die Mehrzahl der Rechtswissenschaftler in dem Sinne, daß nur der Schutz der Gruppenmitglieder vor Übergriffen anderer eine demokratische Rechtsordnung legitimieren kann.

Für die gesetzliche Behandlung des *Inzests* ergibt sich aus dieser Maxime, daß, Freiwilligkeit der Beteiligten vorausgesetzt, allein *erbgesundheitliche* Gesichtspunkte dabei ausschlaggebend sein dürfen. Denn wenn die Inzuchtdepression auch, wie wir gesehen haben, die phylogenetische Entstehung affektiver Inzestbarrieren kaum verursacht hat und später nur sekundär zu deren Rationalisierung herangezogen wurde, so muß doch als gesichert gelten, daß Heirat enger Blutsverwandter bei Belastung durch rezessive Erbkrankheiten deren Manifestationsrisiko erheblich erhöht. Wenn also die Erlaubnis zur Verwandtenheirat an eine erbmedizinische Abklärung geknüpft und bei deren ungünstigem Ausgang die Eheschließung gesetzlich verweigert wird, so ist eine solche Rechtspraxis im Interesse der Gesundheit der noch ungeborenen Kinder durchaus vertretbar.

Anders verhält es sich hingegen mit einer strafgesetzlichen Verfolgung freiwilliger inzestuöser Handlungen, sofern sie sich aus der Rücksicht auf die moralische Empörung der Gesellschaft legitimieren wollte. Die in diesem Buche vertretene Ansicht, daß der Inzest, oder vielmehr die sexuelle Beziehung zwischen primär Vertrauten, in der Tat als pathologisches Phänomen betrachtet werden muß, kann keine strafrechtlichen Maßnahmen legitimieren. Wir haben es hier mit einem psychohygienischen, nicht mit einem juristischen Problem zu tun, und die Zeit, da man Menschen wegen einer seelischen Störung an den Pranger oder auf den Scheiterhaufen stellte, darf nicht wiederkehren.

Aber das ist der moderne, »aufgeklärte« Standpunkt. Wir können nicht daran zweifeln, daß das Inzest*tabu*, als kulturanthropologisches Phänomen, seine Existenz und Universalität genau jenem »natürlichen sittlichen Empfinden« verdankt, das wir heute erst aus humanitären Gründen und gegen den Widerstand unserer Natur als Privatsache des mündigen Bürgers zu betrachten lernen.

Ordnung im Schwimmbad

In seinem Buch »Erfolgsgeheimnisse der Natur« verwendet Hermann HAKEN das folgende instruktive Beispiel. An einem heißen Sommertag tummelt sich eine Anzahl Badegäste in einem öffentlichen Freibad. Früh am Morgen sind es noch nicht so viele, das Bassin ist groß, und sie können nach Belieben durcheinanderschwimmen, ohne sich gegenseitig zu behindern. Mit der Zeit werden es dann immer mehr, und allmählich entsteht ein unerträgliches Gedränge. Wachsender Unmut liegt in der Luft. Aber plötzlich, mit einem Schlag fast, entspannt sich die Situation. Man weiß nicht, wer damit angefangen hat, sicher wenige zunächst, und ohne Absprache: Auf einmal jedenfalls hat sich das Problem gewissermaßen von selbst gelöst – alle schwimmen in konzentrischen Kreisbahnen. Und so stört, trotz der großen Zahl, keiner mehr den anderen; zumindest kann man sagen, die Behinderung sei schlagartig auf ein Minimum zurückgegangen.

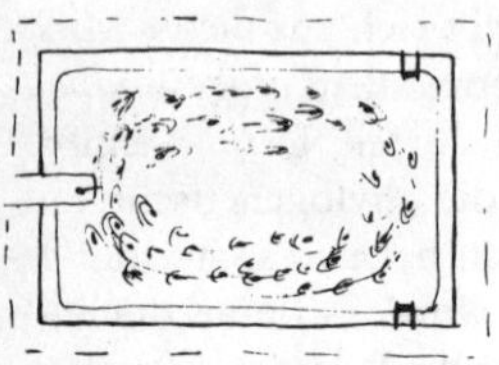

In großer Höhe über dem Freibad zieht ein Flugzeug seines Wegs. Der Pilot kann die einzelnen Schwimmer nicht erkennen, sie sind aus seiner Perspektive viel zu klein. Aber er sieht die Kreisstruktur und wundert sich, was das wohl für ein seltsames rotierendes Gebilde sein mag.

In der Natur kommen solche Formen von Selbstorganisation häufig genug vor. Ihre Erforschung hat gegenwärtig Hochkonjunktur. HAKEN nennt sie »kooperative« oder »synergetische« Phänomene. Bei der Bildung von Wolkenformationen und anderen Strömungsfiguren geschieht etwas ganz Analoges, und ebenso bei der Entstehung des kohärenten Laserlichtes. Wo in der Natur Ordnung auftritt, ohne daß eine Schablone wirksam war, laufen häufig Prozesse wie in jenem Schwimmbad ab.

Ordnung, die durch Schablonen erzwungen wird, gibt es natürlich auch. Wenn ein Atoll einen Ring bildet, so liegt das einfach an der Kegelgestalt der Insel, an der die Korallen sitzen. Die Insel gibt die Form des Riffs vor, so wie das Skelett die Gestalt des Körpers bestimmt.

Der Ring, den der Raucher kunstvoll erzeugt, ist ähnlich geformt wie das Atoll; ihn jedoch hat niemand nach einer Schablone gestaltet, und ihn trägt kein Skelett. Ebensowenig wie die Ringstruktur der Schwimmbahnen in HAKENS Beispiel.

Es ist hier nicht der Ort, tiefer in die mathematischen Geheimnisse dieser Strukturentstehung einzudringen, zumal eine »elegante« Theorie, entgegen dem initialen Optimismus des Begründers dieser Forschungsrichtung, Ilja PRIGOGINE, noch keineswegs in Sicht ist. Wir müssen uns damit begnügen, die wichtigsten qualitativen Voraussetzungen zusammenzustellen, die erfüllt sein müssen, damit Selbstorganisation in der angedeuteten Form auftreten kann.

Eine offensichtliche Voraussetzung ist die Existenz einer hinreichend großen Zahl gleichartiger *Elemente.* Dieser Ausdruck kann sich dabei fallweise auf Moleküle oder auf Menschen beziehen; wichtig ist nur, daß es sich um Einheiten handelt, die um Größenordnungen kleiner sind als die beobachteten Strukturen. Diese Elemente müssen einer *Fluktuation* unterliegen: Es ist erforderlich, daß sie in irgendeiner Merkmalsdimension, zum Beispiel in der räumlichen Lage, ständig auf unvorhersagbare Weise, aber in kleinem Maßstab, ihren Zustand ändern.

Von jedem Element muß ferner gelten, daß es sich in einer Art *Spannung* befindet, die von allerlei Randbedingungen, immer aber auch von der Beziehung zu Nachbarelementen abhängt. Der Ärger über die Behinderung durch die Mitschwimmer wäre etwa ein solcher »Spannungszustand«, die Form und Größe des Schwimmbeckens sowie die stechende Sonne wären »Randbedingungen«. In physikalischen Beispielen lassen sich analoge Parameter definieren.

Schließlich müssen die Elemente noch so geartet sein, daß die Unruhe ihrer Fluktuation vom Grad dieser Spannung abhängt; ihr Verhalten läßt sich dann auch so interpretieren, daß sie von sich aus die Spannung zu *verringern* suchen.

Sind alle diese und einige weitere Prämissen gegeben, so wird, vermittelt durch die Fluktuation der Elemente, im Gesamtsystem ein Zustand eintreten, bei dem sich eine Summenfunktion der individuellen Spannungen in einem lokalen Minimum fängt. Und korrespondierend hierzu bildet sich dann, wie eben im Schwimmbadbeispiel, eine *Makrostruktur* aus, also eine Struktur von einer Größenordnung, die über den Wirkungsradius jedes einzelnen Elementes erheblich hinausreicht.

Die Makrostruktur, die so entsteht, ist in keiner Weise in der Mikrostruktur der Elemente »präformiert«, ebensowenig wie im Beispiel von Seite 511 die vielzellige Menschengestalt in der Samenzelle vorgebildet ist. Die Makrostruktur entsteht »spontan«; und sie kann auch bei gleitendem Wechsel der Randbedingungen abrupte Metamorphosen durchlaufen.

Dennoch hängt sie auch wiederum aufs engste mit der Natur der Elemente zusammen: mit den Freiheitsgraden ihrer Beweglichkeit, mit ihrer Weise, in »Spannung« zu geraten, und mit vielen weiteren Mikroparametern. Die Korrespondenz ist allerdings unter Umständen nicht eindeutig: Es gäbe in dem Schwimmbadbeispiel ja zumindest zwei gleichberechtigte Rotationsrichtungen, und man könnte sich auch noch ganz andere Lösungsmethoden für das Problem denken, als im Kreise herumzuschwimmen. Die Makrostrukturen umweht ein eigentümlicher Hauch von Undeterminiertheit.

Konservative Strukturen

Im 13. Kapitel haben wir das Beispiel der Kerzenflamme betrachtet. Auch diese ist eine Makrostruktur der eben besprochenen Art. Das Fließgleichgewicht, in dem sie sich befindet, hängt mit der ständigen Umsetzung von chemischer Energie in Wärme zusammen. PRIGOGINE ist der Ansicht, daß das »Spannungs«-Minimum, dem solche Gestalten ihre makroskopische Ordnung verdanken, durch ein Minimum der Entropieerzeugung charakterisiert sei. Entropieerzeugung heißt in der Physik auch »Energiedissipation«, und dementsprechend bezeichnet man den ganzen Typus der hier behandelten Gebilde als »dissipative Strukturen«.

Der Gegenbegriff heißt »konservative Struktur«. Das ist die Form aller festen, starren Gebilde, die einfach durch Kohäsionskräfte am Zerfall gehindert werden. Auch die vorhin erwähnten Skelette sind konservative Strukturen.

Gleichwohl können konservative Strukturen aus dissipativen entstehen – zum Beispiel durch deren nachträgliche »Verknöcherung« oder »Verkrustung«. Ein Beispiel dafür sind die Herbstblätter, die der Wind im Hof zusammengewirbelt und dann als verklebte Dreckhaufen liegengelassen hat. Auch die echten Skelette der Organismen werden auf diesem Weg gebildet. Korallenstökke entstehen aus den Kalkablagerungen kolonielebender Polypen und bilden umgekehrt zugleich das tragende Gerüst dieser Kolonien. Im Schwimmbadbeispiel könnte man von einer analogen »Skelettbildung« sprechen, wenn die Kreisformation, einmal spontan entstanden und als bewährt erkannt, vom Bademeister künftig verbindlich vorgeschrieben oder sich in der Gewohnheit der Stammgäste allmählich als feste und jedem Neuling aufgezwungene Regel verankern würde.

Sozialstrukturen im Tierreich, so haben wir sinngemäß auf Seite 218 gesagt, haben keine konservativen Anteile, keine »Skelette«. Die Gnu-Herden auf Bennos Bildschirm aus dem 25. Kapitel sind als Analoga zu dissipativen Strukturen zu sehen. Jedes ihrer Elemente, das einzelne Individuum also, verhält sich sozial motiviert gemäß dem Modell auf Seite 467. Der »Spannungszustand«, den sie alle ständig zu minimieren trachten, ist das, was wir als »Aktivation« bezeichnet haben – eine Summenfunktion der drei Größen *SICH-A*, *ERR-A* und *AUT-A*.

Auch das menschliche Sozialverhalten basiert auf dissipativer Strukturbildung, etwa wenn sich ein Ehepaar »zusammenrauft« oder wenn sich in einer Jungenbande eine Rangordnung einstellt. Darüber hinaus beobachten wir aber beim Menschen noch ein spezifisches Bedürfnis, die spontan entstandene Organisation durch Skelette dauerhaft zu machen. Und der Inbegriff solcher konservativer Strukturen, die aus ursprünglich dissipativen erwachsen sind, sich ihnen wie eine Kruste angelagert haben, dann in steigendem Maße überhandnehmen und ihrerseits den weiteren Entwicklungsprozeß irreversibel determinieren, bis sie ihn schließlich als dürre Gerippe noch Generationen lang überdauern – das eben ist es, was wir als *Kultur* bezeichnen.

Kulturelle Evolution

Für das Verhältnis der Kultur zur Natur ergeben sich hieraus wichtige Konsequenzen. Natur nämlich ist, auch wenn man die qualifizierenden Überlegungen von Seite 189 berücksichtigt, eine Sache der *Individuen*. Insofern ist die Ausdrucksweise zulässig, die Kultur habe sich als Makrostruktur der Natur überlagert. Denn die Inhalte, die in ihrer Gesamtheit eine Kultur ausmachen, existieren im Modus der konformen Partizipation aller zur Gruppe gehörigen Einzelpersonen; sie liegen auf einem überindividuellen Niveau.

Die vorausgeschickten strukturtheoretischen Überlegungen lassen dann aber erwarten, daß zwischen Kultur und Natur eine Beziehung der Korrespondenz besteht. Da sich nämlich eine Makrostruktur in Zuständen stabilisiert, in denen der Spannungszustand der Elemente ein Minimum erreicht, kann man berechtigtermaßen davon reden, die Makrostruktur habe sich den Bedingungen »angepaßt«, die den Zusammenhang zwischen Spannung und Verhalten auf der Mikroebene regeln.

Die Beziehung zwischen Kultur und Natur ist, wenn diese Argumentation zutrifft, der eines Genotyps zu seiner ökologischen Nische vergleichbar. Und so wie die ständigen Fluktuationen der genetischen Elemente, die Mutationen, in Verbindung mit dem Wechsel ökologischer Randbedingungen immer wieder alte Formen in neue umschlagen lassen und auf diese Weise *Evolution* bewirken, kann man analog von einer »kulturellen Evolution« sprechen, vorangetrieben durch die nie ruhende geistige Produktivität der »Elemente«. Auch zum Prozeß der natürlichen Selektion lassen sich Parallelen aufzeigen; es gibt so etwas wie den Konkurrenzkampf kognitiver Inhalte von den Moden bis zu den Weltanschauungen.

Wie weit freilich solche Parallelen auch immer reichen mögen, sie bleiben Analogien. Sie dürfen nicht dazu verführen, die beiden Entwicklungsverläufe zu vermengen. »Kulturelle Selektion von Ideen« ist etwas ganz anderes als »Natürliche Selektion von Kulturen«, wenn man hierunter den Gedanken versteht, daß ganze Kulturen in der Geschichte deshalb verschwunden sind, weil sie ihren Trägern ein Verhalten zumuteten, das diese physisch ausgemerzt hat. WESTERMARCK und andere hatten, wie man sich aus dem 6. Kapitel erinnert, das Inzestverbot in diesem Sinne auf natürliche Selektion begründen wollen.

Gegen diese Theorie gibt es indessen schwerwiegende Einwände. Zunächst einmal fordert sie eine natürliche Selektion auf *Gruppenebene*, da sie ja voraussetzt, daß ganze Gesellschaften, die es versäumt haben, den Inzest mit einem Tabu zu belegen, allmählich an Erbschäden zugrundegegangen sind. Gruppenselektionistische Argumente sind allerdings beim Menschen, der sich durch Konformitätskontrolle gegen abweichende Mutanten grundsätzlich wehren könnte, nicht so einfach zu verwerfen wie in Tiergesellschaften.

Der Haupteinwand liegt daher eher darin, daß WESTERMARCKS Erklärungsansatz der Inzuchtdepression ein ihr nicht zukommendes Gewicht bei der Entstehung inzesthemmender Mechanismen zuweist. Wie wir im 24. Kapitel gesehen haben, ist obligatorische Verwandtenpaarung biologisch vor allem deshalb nachteilig, weil sie die genetische Variabilität und damit die Anpassungsfähigkeit an wechselnde Umweltbedingungen abbaut. Und das ist für gesellschaftliche Gegenmaßnahmen kein Thema.

Zwar gibt es auf kultureller Ebene hierzu eine formale Parallele. Die alte, gute, wenn auch immer wieder durchbrochene Sitte, die Leitung eines Universitäts- oder Forschungsinstituts bei Emeritierung des Direktors nicht auf dem Wege einer sogenannten »Hausberufung« auf dessen getreuen Oberassistenten übergehen zu lassen wie von Faust auf Wagner, sondern statt dessen »neues Blut« von auswärts hereinzuholen, dient neben anderem sicher auch dem Zweck, der Erstarrung des wissenschaftlichen Schulbetriebes entgegenzuwirken. Und entsprechend dazu mag es auch in gewissem Maße die geistige Beweglichkeit und Anpassungsfähigkeit einer Sozietät fördern, wenn Exogamieregeln immer wieder den Kontakt mit Nachbargruppen, den befruchtenden Austausch von Ideen, Kenntnissen und Techniken erzwingen. Aber eine *biologische Selektion* von Kulturen käme auf einer solchen Basis nicht zustande; denn die Kommunikation geistiger Güter ist nun einmal nicht an den Austausch von Geschlechtspartnern gebunden.

Redet man indessen wirklich von *genetischer* Anpassungsfähigkeit, so ist diese für die Gesellschaft aus einem anderen Grunde belanglos: Kulturelle Evolution vollzieht sich in einem *Tempo,* mit dem die biologische ohnehin nicht mithalten kann. Die genetische Variabilität hat für unsere Species nur noch geringen Überlebenswert. Denn wir Menschen haben, ob man das nun begrüßen oder bedauern mag, genügend Mittel, die Last der Anpassung von uns selbst auf unsere Umwelt abzuwälzen. Wir haben dem Druck der natürlichen Selektion die Gestaltungskraft genommen; und wenn dieser Tatbestand auch die makabre Vision einer immer lahmeren Menschheit in immer besseren Rollstühlen heraufbeschwört, so bleibt doch jedenfalls unbestritten, daß die Erhaltung des biologischen Entwicklungstempos für uns kein Problem mehr ist, an dem sich Selektionsargumente festmachen lassen.

Die Macht des Funktionslosen

Man kann also berechtigtermaßen sagen, daß die selektiven Kräfte, die unseren tierischen Vorfahren instinktive Inzestbarrieren angezüchtet haben, beim Menschen erlahmt sind. Das komplizierte Motivgebäude, das die Ablösung von der Orientierungsfamilie gewährleistet, ist bei uns biologisch *funktionslos* geworden. Nichts könnte indessen irriger sein, als aus diesem Tatbestand die Konsequenz abzuleiten, die archaische Motivausstattung hätte deshalb auch ihre *Wirksamkeit* eingebüßt!

In der sozialwissenschaftlichen Argumentation ist das eine beliebte Schlußfolgerung. Sie übersieht jedoch, daß die Beziehung von Natur und Kultur sich nicht in der Konkurrenz zwischen zwei ungleich schnellen und daher ungleich effizienten Mechanismen der Daseinsbewältigung erschöpft. Die beiden stehen, wie wir sahen, außerdem auch in einer asymmetrischen Relation: Die Natur des Menschen wird, gerade *wegen* ihrer relativen Änderungsresistenz, *selbst* zu einem Bestandteil jener Ökologie, an die sich die Kultur in ihrer Evolution ihrerseits anpassen muß.

Durch alle Phasen tierischer Existenz, bis an die Schwelle der Menschwerdung heran, war der Zwang zur genetischen Variabilität ein ständiger Begleiter des evolutiven Fortschritts, und dieser Zwang hat schon unseren frühesten und primitivsten tierischen Vorfahren Reaktionsmuster einprogrammiert, die diese Variabilität sicherstellten. Auf diese Weise entstanden schließlich auch, blindwirksam und unbelehrbar, die Scheu vor dem Einbruch der Sexualität in die Sphäre der primären Vertrautheit, und dazu alle die anderen inzestverhindernden Motivkräfte, die wir in den vergangenen Kapiteln kennengelernt haben. Diese Antriebs- und Hemmkräfte beziehen ihre Wirksamkeit durchaus nicht aus der Einsicht in ihren biologischen Sinn, zumal eine derartige Kognitionsleistung bei Tieren grundsätzlich und bei den meisten Menschen faktisch nicht vorauszusetzen ist.

Gerade weil solche Kräfte, um wirksam zu sein, nicht auf Verständnis angewiesen sein dürfen, werden sie aber umgekehrt auch nicht durch Einsicht in ihre Funktionslosigkeit entmachtet. Die Gehirnstrukturen, die ihnen zugrunde liegen, sind nun einmal herangewachsen und kanalisieren unsere Affekte, Emotionen, Leidenschaften und Stimmungen nach festgelegtem und in grauer Vorzeit bewährtem Muster. Sie haben es möglich gemacht, daß wir Menschen werden konnten; jetzt sind sie da und wirken weiter, blind und unbelehrbar: Uns bleibt nichts übrig, als mit ihnen zu leben.

Es ist hier wie überall: Die Einsicht, daß man sich auch durch Tropfinfusion ernähren könnte, raubt uns nicht den Appetit, das Wissen um die heilsamen Folgen des zahnärztlichen Eingriffs lindert nicht den Schmerz des Bohrers, die Technik der künstlichen Besamung hat die sexuelle Triebkraft vielleicht überflüssig gemacht, aber gewiß nicht entmachtet, und die begründete Vermutung, daß affektive Inzestbarrieren beim heutigen Menschen funktionslos geworden sein könnten, reicht noch längst nicht aus, um die Spuren zu tilgen, die sie während einer halben Milliarde von Jahren in unserem sich entwickelnden Stammhirn hinterlassen haben.

Die kulturelle Normenschöpfung muß, wenn sie Bestand haben will, auf diese Spuren Rücksicht nehmen. Keine physikalische Kausalität zwingt sie freilich dazu, wohl aber geistige Selektionskräfte ähnlich denen, die den Städteplaner in unserem Gleichnis bei aller prinzipiellen Freiheit daran hindern, *Beliebiges* zu schaffen: Schließlich wird unter allen seinen phantasievollen Entwürfen in der Regel derjenige verwirklicht, von dem man am ehesten überzeugt ist, daß er *in die Landschaft paßt.*

Die Gebilde der Kultur, insbesondere die Produkte der normenschaffenden Phantasie, haben auf die Dauer nur Aussicht auf Bestand, und das heißt auf Stützung durch Konformitätsdruck und angelagerte institutionelle Skelette, wenn sie sich in einem der lokalen Spannungsminima des affektiven Kräftefeldes einschwingen. Solche natürlichen Gleichgewichtslagen der Affektdynamik aber können nicht *dekretiert,* sondern müssen *gefunden* werden. Kulturelle Normenschöpfung ist somit immer auch eine *kognitive* Leistung, ein Akt der Selbstinterpretation der Gesellschaft, und sie wird nur dann befriedigen und stabil bleiben können, wenn der Mensch sein natürliches Antlitz in dieser Interpretation wiedererkennt.

Offensichtlich ist die Lösung dieses Problems den einzelnen Kulturen unterschiedlich gut gelungen; auch haben sie dazu recht verschiedene Wege eingeschlagen und sich demgemäß in vielerlei Gestalt auf die möglichen Gleichgewichtslagen des affektiven Systems zentriert.

Man fühlt sich an gewisse »projektive« Testverfahren in der Psychodiagnostik erinnert – gefaltete Tintenkleckse etwa, die Versuchspersonen mit der Aufforderung vorgelegt werden, zu sagen, »was das sein könnte«. Unter den Antwortprotokollen, die die Befragten liefern, gibt es niemals zwei, die einander völlig gleichen. Dennoch waltet aber auch keine blinde Beliebigkeit: Die Antworten erweisen sich allesamt, von seltenen und dann meist pathologischen Ausnahmen abgesehen, als thematisch determiniert durch etwas, was jenseits subjektiver Willkür liegt, was irgendwie in dem Klecksbild selbst drinsteckt. Die Theorie dieser Testverfahren spricht von der *»Eigenqualität«* der betreffenden Reizvorlage.

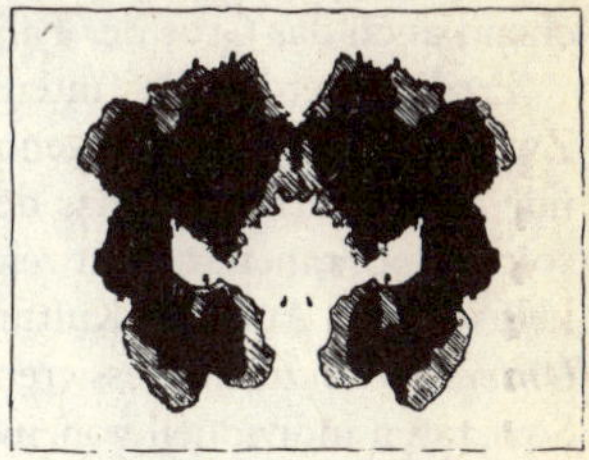

Ähnlich verhält es sich mit den Normsystemen der verschiedenen Kulturen. Es gibt kaum zwei, die einander völlig gleichen; und doch ist es allemal möglich, Ordnungsstrukturen in ihnen zu erkennen, die dem historischen Zufall und dem Mutwillen des Gesetzgebers enthoben erscheinen – in ihnen wird die »Eigenqualität« der menschlichen Natur transparent.

Ein Beispiel dafür wurde in diesem Buch gründlich analysiert: Die »Bewertungskurve« der Heiratsvorschriften, von der auf Seite 41 die Rede war und die dort aus den beiden MURDOCKschen »Gradienten« hergeleitet wurde, ist eine solche kulturübergreifende Ordnungsstruktur. Die zugehörige »Eigenqualität« der menschlichen Natur haben wir dann später auf Seite 442 herausgearbeitet, als von der reifen Balance zwischen den komplementären Potentialen der »Sicherheit« und der »Erregung« die Rede war.

Die mannigfachen *Variationen* in der Anordnung der verschiedenen Distanz-Skalen unter der Bewertungskurve, von denen das 3. Kapitel handelte, fügen sich zwanglos in diese Deutung. Auch gelegentliche Exzesse: Es ist ein Charakteristikum kultureller Normen, daß sie sich unter ungünstigen Bedingungen im Räderwerk ihrer eigenen Dynamik verfangen, immer extremere Konsequenzen produzieren und sich schließlich in einer kulturellen Zwangsneurose festfressen können. Ein Beispiel hierfür sind die unsinnig aufgeblähten Exogamievorschriften mancher australischer Stämme.

Daß eine solche Eskalation auch einmal in die umgekehrte Richtung führen kann, also zu einer überzogenen Endogamieverschreibung, sieht man an der Khvêtûdâd-Regel Alt-Irans, von der im 2. Kapitel die Rede war. Hier wie im australischen Fall läßt die Krampfhaftigkeit der Vorschrift erkennen, daß jeweils einer der beiden MURDOCKschen Gradienten bis an die Grenzen seiner Elastizität beansprucht ist. Das natürliche Gleichgewicht liegt in der Mitte, und dort weist der Kulturvergleich dementsprechend auch das Gros der Fälle auf.

Freilich werden die Tintenkleckse des Psychodiagnostikers nicht zu dem Zweck vorgelegt, ihre Eigenqualität zu ermitteln. In der Praxis interessiert nur die Variation, die das deutende Individuum einbringt; und wenn für solche Spontaneität nicht reichlich Raum bliebe, wäre der Test nie entwickelt worden. Auch die Kulturanthropologen pflegen sich viel mehr für die *Unterschiede* zu interessieren, die die Normensysteme der verschiedenen Sozietäten individuell voneinander abheben.

Tatsächlich ist nicht zu übersehen, daß die Kultur, wenn sie dem wildwüchsigen Fleckenmuster der menschlichen Natur ihre verdeutlichenden Konturlinien aufprägt, dabei ihre Vorlage teilweise ganz beträchtlich *umstilisiert*. Das gilt vor allem jenseits des natürlichen Randes der »Kleckse«; und dieser liegt, wie wir auf Seite 84 gesehen haben, bei den Vettern und Basen. Wo Exogamieregeln über diese magische Grenze hinaus erweitert werden, in Richtung auf die unterschiedlichen kulturellen oder verwandtschaftsterminologischen Identifikationsmöglichkeiten, begegnet uns ein buntes Pandämonium, bei dem es zumeist müßig wäre, nach »biologischen« Begründungen zu fahnden. Die Begründungszusammenhänge sind hier in der Regel ausschließlich historischer und möglicherweise wirklich ästhetischer Art im Sinne von LÉVI-STRAUSS.

Moral mit umgekehrtem Vorzeichen

Ein Effekt, der bei der Anwendung des erwähnten Kleckstests nicht eben selten zu beobachten ist, besteht darin, daß Teile der Reizvorlage, die den meisten Versuchspersonen wie eine Lücke erscheinen, durch die man den Hintergrund sehen kann, ihrerseits als Figuren gedeutet werden. Eine solche Vorzeichenumkehr beobachtet man, wie wir im 2. Kapitel gehört haben, auch im Bereich der kulturellen Inzestverbote: Diese können gelegentlich in ein Inzest*gebot* umkippen, sei es in der dynastischen oder in der rituellen Variante.

Dieses Phänomen läßt sich nicht wie die eben erwähnte persische Inzestpraxis einfach dadurch erklären, daß man die verwandtschaftliche Distanzskala unter der Bewertungskurve weit nach rechts verschiebt. Wir haben es vielmehr mit einer eigentümlichen *Spiegelung* der Bewertungskurve zu tun – sie klappt, verglichen mit der für das übrige Volk geltenden, gewissermaßen von oben nach unten.

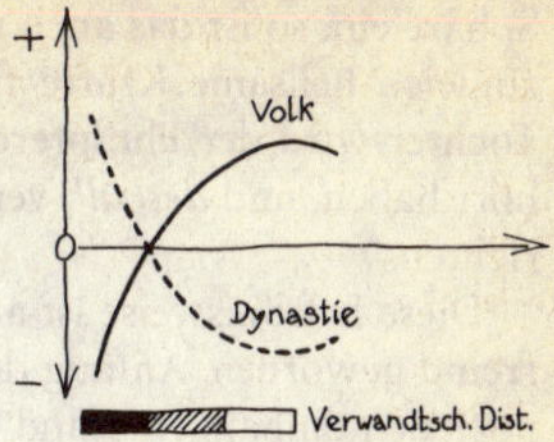

Nun ist es im psychischen Geschehen in der Tat einfacher, ein Vorzeichen umzukehren als eine Erscheinung ganz zu übersehen. Das gilt besonders im affektiven Bereich: Wenn man sich mit einem starken Antrieb auseinandersetzt, ist es paradoxerweise noch leichter, seine Richtung ins Gegenteil zu wenden, als ihn ganz zu unterdrücken.

Mein Zürcher Kollege Ulrich Moser, der sich der schwierigen Aufgabe unterzieht, Aspekte der psychoanalytischen Theorie durch Computersimulation objektiver Überprüfbarkeit zugänglich zu machen, hat ein Programm entwickelt, das nach bestimmten Regeln aus dem Affekt »Ich hasse meinen Vater«, den man sich nicht eingestehen kann, seine Umkehr hervorgehen läßt: »Ich liebe meinen Vater« oder »Mein Vater haßt mich«, ja sogar »Mein Vater liebt mich«. All das kommt offenbar in der klinischen Praxis noch öfter vor als die totale Verdrängung »Ich habe zu meinem Vater ein neutrales Verhältnis«.

So ist es wohl auch im Falle der affektiven Inzesthemmung: Ein ausdrückliches Inzest*gebot* steht ihr immer noch näher als indifferente Toleranz. Allerdings ist damit noch nicht erklärt, wie die Mißachtung des Hemmimpulses letztlich motiviert ist. Hier wird man differenzieren müssen.

Beim *dynastischen* Inzest spielt der Gedanke sicher eine Rolle, das göttliche Mana, dessen man sich teilhaftig glaubt, nicht durch partnerschaftliche Identifikation mit einem »Minderwertigen« zu verlieren. Schwieriger und interessanter sind die Fälle von *rituellem* Inzest, von dem wir ebenfalls im 2. Kapitel gehört haben. Hier handelt es sich fast immer darum, durch die inzestuöse Handlung – deren frevelhafter Charakter dabei nicht geleugnet, sondern sogar noch betont wird – übernatürliche Kräfte zu erwerben oder unheilbringende Mächte abzuwehren.

Wie dies zu verstehen ist, hat Nikolaus Sidler in seiner bereits früher zitierten Monographie erläutert. In theistischen Hochreligionen ist es üblich, dualistisch zwischen einem guten, göttlichen und einem bösen, teuflischen Prinzip zu unterscheiden. Es gibt aber auch Religionen – ob sie die primitiveren sind, mag dahingestellt bleiben –, bei denen sich gute und böse Kräfte nicht so einfach trennen lassen. Sie fließen hier, wie bei der Coatlicue, zu einem einzigen numinosen Prinzip zusammen. Das lateinische Wort »sacer« hat sich diesen Doppelsinn erhalten: es kann, je nach Kontext, »heilig« oder »verflucht« bedeuten. Bricht jemand in die sakrale

Sphäre ein, so ist das auch seinerseits ein ambivalenter Akt: ein Frevel, der zugleich heilsame Kräfte freisetzt. Durch den Beischlaf mit der eigenen Tochter wird der Flußpferdjäger zum »Mörder«, wie wir auf Seite 32 gehört haben, und *deshalb* vermag er dann auf der Jagd große Taten zu verrichten.

Diese Erlebnisweise ist auch dem aufgeklärten Abendländer noch nicht fremd geworden. Anfang der siebziger Jahre wurde ich einmal eingeladen, über den damaligen Stand der in diesem Buch dargestellten Befunde und Theorien an einem Institut vorzutragen, das seinerzeit als Hochburg der deutschen Psychoanalyse galt. Ich entledigte mich dieser Aufgabe, ohne in meiner Naivität die fundamentalistische Rechtgläubigkeit der versammelten Gralshüter auch nur zu ahnen. Sowohl den Vortrag als auch die anschließende Diskussion erlebte ich als nicht sonderlich aufregend.

Am Abend hatte ich dann Gelegenheit, mich mit einem Gast des Instituts zu unterhalten, und erfuhr zu meiner Überraschung, daß meine Darlegungen von dem orthodoxen Zuhörerkreis als außerordentlich provokant, ja schockierend empfunden worden waren. Auf meinen Einwand, daß ich in diesem Fall eigentlich viel heftigeren Widerspruch in der Diskussion erwartet hätte, erhielt ich die Antwort: »Wieso verstehen Sie das nicht? Sie sind in einen heiligen Hain eingedrungen und haben das Totemtier ermordet. Damit sind Sie selbst tabu geworden!«

Ich kam mir vor wie der Reiter über den Bodensee.

33. Kapitel

Wissenschaft und Ideologie

Unabhängig von allen empirischen Fragen hat die Alternative »Natur oder Gesellschaft« auch einen ideologischen Aspekt. Die damit verbundene Emotionalisierung bewirkt, daß Sachargumente in der Diskussion zwischen Biologen und Soziologen so schwer greifen können. Die Suche nach den Quellen dieser affektiven Aufladung führt zurück zur Anthropologie des Autonomieanspruchs; so schließt sich, auf der Metaebene der Reflexion, der thematische Zirkel dieses Buches.

Vom Sein zum Sollen?

Der Kongreß der »Biologen« und »Soziologen«, über den ich im 6. und 7. Kapitel berichtet habe, war zuende gegangen. Die Prominenz war diskret entschwunden, schon abgereist vielleicht oder auch zu irgendwelchen separaten Empfängen gebeten, zu denen normale Sterbliche keinen Zutritt haben.

Wir von der zweiten Garnitur standen noch unschlüssig im Foyer herum, der trostlosen Atmosphäre preisgegeben, die am letzten Nachmittag von Tagungen zu herrschen pflegt: zwischen halb abgeräumten Bücherständen, Geld abrechnenden Sekretärinnen, Papiersachen verpackenden Hilfskräften, geschäftig lärmendem Hauspersonal, Teilnehmern in Mänteln und mit Koffern, Hände schüttelnd und zum Taxi hastend.

Die Cafeteria im Seitentrakt wurde von dem Trubel weniger berührt; hier ging der normale Semesterferien-Betrieb weiter. An einem der Tische war noch ein Platz frei. Ich holte mir einen Espresso und ließ mich nieder, in der Absicht, in Ruhe nachzudenken. Aber daraus wurde nichts: Die anderen am Tisch waren auch Tagungsteilnehmer und erkannten mich wieder. Es waren Soziologen, Sozialpsychologen, Kulturwissenschaftler – lauter Vertreter der »anderen« Seite. Es lag in der Luft, daß ich nicht ungeschoren davonkommen würde.

Ich hätte doch vorhin so entschieden für eine biologische Erklärung kultureller Wertschöpfungen plädiert, bekam ich zu hören. Ob ich denn wirklich im Ernst glaube, daß die zoologische Verhaltensforschung etwas dazu beitragen könne, wenn es darum gehe, das Inzesttabu oder irgendwelche anderen moralischen Normen zu begründen?

»Natürlich nicht«, erwiderte ich. »Ebensowenig wie die Soziologie, die Psychologie, die Meteorologie oder irgendeine andere Erfahrungswissenschaft. Empirische Forschung kann bestenfalls darüber Auskunft geben, was der Fall *ist;* nie läßt sich aus ihr allein auch deduzieren, was der Fall sein *sollte*! Wenn ich behaupte, die Inzest*scheu* sei dem Menschen angeboren, so habe ich damit weder das gesellschaftliche Inzest*tabu* legitimiert noch gar gefordert, man solle jemanden bestrafen, wenn er es verletzt.«

»Aber so naiv können Sie doch überhaupt nicht sein! Sie müssen doch selbst wissen, wie beliebt die Rede von ›angeborenen‹ Gefühlen und Wertungen ist, um irgendwelche, meist ziemlich reaktionäre Normen zu legitimieren.«

»Mag sein, daß das beliebt ist. Ich habe nur konstatiert, daß solche Schlußfolgerungen der Logik entbehren. Aus Seins-Aussagen läßt sich einfach keine Sollens-Aussage herleiten.«

»Das ist natürlich sehr bequem. Sie verstecken sich hinter der ›Wertfreiheit‹ der empirischen Wissenschaft und erfüllen dann um so zuverlässiger ihre ideologische Funktion. Wenigstens hätten Sie die Konsequenz ziehen sollen, überhaupt nicht auf diesem Symposium zu erscheinen, wenn Sie ehrlich meinen, daß Sie hier nichts zu sagen haben!«

»Dies wiederum ist auch nicht wahr. Die Biologie hat bei dem, worum es hier ging, sehr wohl etwas zu sagen. Man muß nur genau differenzieren. Angenommen, es steht zur Debatte, ob der Inzest freigegeben oder weiterhin strafrechtlich verfolgt werden soll. Eine klare Sollens-Entscheidung. Wenn man sie analysiert, stößt man letztenendes auf basale Wertvorstellungen. Etwa: familiäre Harmonie. Oder Erbgesundheit. Oder Funktionsfähigkeit des Gemeinwesens. Oder freie Persönlichkeitsentfaltung. Solche Werte stehen in den Verfassungsdokumenten eines Staates, im Grundgesetz, nicht im Buch der Natur. Sie gelten, weil eine Sozietät in einem Akt politischen Wollens beschlossen hat, sie durchzusetzen. Hinter jeder Sollens-Forderung steht eine gesellschaftliche Wertschöpfung. Und die ist empirisch oder gar speziell biologisch nicht deduzierbar.«

»Wir sind froh, daß Sie das einsehen!«

»Aber das ist nur ein erster Schritt. Werte sind Abstrakta. Um sie zu verwirklichen, bedarf es konkreter Maßnahmen, zum Beispiel bestimmter Heiratsregeln. Und ob eine solche Maßnahme letztlich geeignet ist, dem intendierten Wert zu dienen, das ist eine Tatsachenfrage, bei der man besser nicht versäumt, die empirischen Wissenschaften zu konsultieren. Einschließlich der Biologie.«

Mir kam dazu MESSELKENS Argument von Seite 97 in den Sinn: Er geht von der Wünschbarkeit einer nicht nur sexuellen, sondern auch seelischen Intimität in der Partnerbeziehung aus. Und weil die seelische Intimität gerade in der frühen Kindheit besonders groß ist, sieht er in Geschwisterheiraten die Chance einer besonders hohen erotischen Erfüllung. Es ist offensichtlich, daß er hier, in Unkenntnis wichtiger empirischer Fakten, eine Maßnahme erwägt, die den Wert zerstören würde, dem sie dienen soll.

»Geschenkt! Obwohl man immer noch bezweifeln darf, daß die ›empirischen Fakten‹, von denen Sie da reden, wirklich der Tierverhaltensforschung entnommen werden können. Wenn schon, dann doch wohl eher der Sozialanthropologie.«

»Nun gut. Wenn Ihnen Arthur WOLF lieber ist als Jane GOODALL – ich habe Ihnen beide angeboten. Alles, was ich sagen wollte, war: Man muß die Natur des Menschen kennen, wenn man abschätzen will, ob eine Verhaltensvorschrift dazu beitragen kann, daß die für wünschbar erklärten Werte auch verwirklicht werden.«

Naturrecht

»Darauf kommen wir gleich zurück. Aber vorher noch etwas anderes: Sie sagen, daß der Biologe nichts über die Werte selbst auszusagen hat, sondern nur bezüglich der Maßnahmen zu deren Verwirklichung befragt zu werden wünscht. Das stimmt doch gar nicht! Biologen pflegen sich höchst entschieden auch über die ›biologische Verankerung‹ von Wertvorstellungen zu äußern. Ich erinnere nur an die von LORENZ behauptete ›angeborene Tötungshemmung‹, oder an Ihre eigene These, es gebe eine ›instinktive Inzestbarriere‹! Für mich sind das alles Versuche, aus der menschlichen Evolution, und das heißt letztlich: aus darwinistischen Prinzipien, ein ›Naturrecht‹ herzuleiten. Bei diesem Gedanken kann einem das Grausen kommen.«

»Ich habe nie behauptet, daß empirische Forschung, einschließlich der Biologie, nichts über Werte ›aussagen‹ könne. Ich habe nur festgestellt, daß sie nicht dazu taugt, Werte zu *legitimieren*. Das ist ein großer Unterschied. Auch die Produkte freier Entscheidungsprozesse sind empirische Fakten, und als solche sind sie Themen möglicher Forschung. Wenn man feststellt, daß gewisse Wertvorstellungen kulturübergreifend anzutreffen sind, wie etwa gerade das Inzesttabu, so ist diese Universalität ein Phänomen, das nach Erklärung ruft. Diese Erklärung muß keine ›biologische‹ sein; Sie selbst werden geneigt sein, das Inzestverbot eher in ›soziologische‹ Wirkungsgefüge einzubetten. Aber empirisch argumentiert man dabei allemal. Nur eben: eine Erklärung für die Universalität einer Norm ist keine Legitimation ihrer Geltung.«

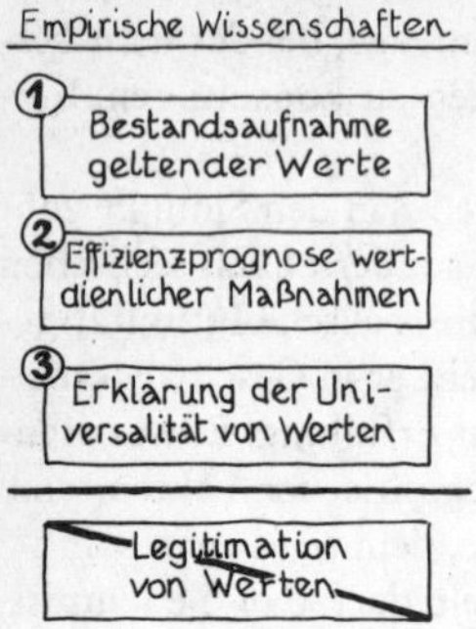

»Das ist doch Wortklauberei. Wenn ich feststelle, daß eine kulturelle Norm universal ist und dies mit ihrer biologischen Zweckmäßigkeit begründe, dann habe ich die Norm damit auch legitimiert.«

»Keineswegs. Alle Gesellschaften haben die Regel institutionalisiert, daß Männer und Frauen Lebensgemeinschaften eingehen und Kinder zeugen, und das ist ohne Zweifel biologisch zweckmäßig. Damit wird der Zölibatär, der sich außerhalb dieser Zweckmäßigkeit stellt, aber doch nicht für unmoralisch erklärt! Oder bleiben wir beim Inzestverbot. Angenommen, das Tabu hat wirklich eine biologische Basis. Dann mag es *unnatürlich* sein, wenn die zoroastrischen Priester die Geschwisterheirat als gute Tat preisen, aber *unmoralisch* wäre das in einer solchen Gesellschaft keineswegs. Gerade der Widerstand der Natur kann das moralische Verdienst einer Handlung unter Umständen sogar noch erhöhen!«

»Aber der Regelfall bleibt doch, daß man sich auf die ›Natur‹ zu berufen pflegt, um ein bestehendes Normensystem zu rechtfertigen.«

»Natürlich sucht jede Gesellschaft ihr Wertsystem auch in irgendwelchen Begründungszusammenhängen zu verankern. Solange man es auf übernatürliche Offenbarung zurückführen konnte, brauchte man kein ›Naturrecht‹. Aber schon die Scholastik hat den verhängnisvollen Weg beschritten, den abendländischen Wertekodex zusätzlich auch noch auf die weltliche Wissenschaft, damals die Philosophie, abstützen zu wollen. Als die religiöse Fundierung dann wegfiel, blieb das zweite Standbein übrig, völlig überfordert: Man erwartete von der Wissenschaft, daß sie die Rolle Gottes übernehme. Bei der notorischen Eitelkeit der Wissenschaftler kommt es allerdings oft genug vor, daß sie mitspielen. Aber damit hören sie auf, als Wissenschaftler zu reden.«

»Das klingt alles sehr vernünftig: Man muß nur wissen, daß man sich auf Ideologie einläßt, wenn man offenkundige Argumente für die Begründung von Werten liefert; und sobald man das eingesehen hat, ist alles gut. Aber so einfach geht es nicht! Wer meint, sich am Zopf privater Selbsterkenntnis aus dem Sumpf ziehen zu können, beweist nur, daß er die Abhängigkeiten überhaupt noch nicht durchschaut hat, denen er unterliegt. Diese Abhängigkeiten sind gesellschaftlicher Art, und solange Sie *diese* Zusammenhänge nicht reflektieren, bleibt Ihre Absage an Ideologie ein reines Verschleierungsmanöver, auch wenn Ihnen das vielleicht nicht bewußt wird.«

»Reduktionismus« und kein Ende

Sein Nachbar sekundierte ihm: »Man kann das schon an der Sprache erkennen, die Sie benutzen. Vorhin haben Sie zum Beispiel gesagt, man müsse die ›Natur‹ des Menschen kennen, um beurteilen zu können, wie sinnvoll eine gesellschaftliche Maßnahme sei. Sie gehen dabei von der bürgerlichen Voraussetzung aus, daß das, was für den Menschen wesentlich ist, überhaupt zutreffend mit dem Wort ›Natur‹ sich kennzeichnen läßt! Freilich heißt ›Natur‹ bei irgendwelchen alten Philosophen soviel wie ›Wesen‹. Aber andererseits weckt das Wort auch Assoziationen wie ›Naturwissenschaft‹, und damit haben Sie bereits, ohne Argumente bemühen zu müssen, die Weichen in Richtung Reduktionismus gestellt.«

Jetzt wurde ich meinerseits ärgerlich. »Glauben Sie eigentlich, der Mensch ist vom Himmel gefallen? Wollen Sie jeden Versuch, eine Wissenschaft an der nächst basaleren zu verankern, pauschal als ›Reduktionismus‹ verteufeln? Sie können doch die Augen nicht davor verschließen, daß die Biologie gegenüber der Psychologie eine fundierende Rolle spielt, so wie die Psychologie ihrerseits für die Soziologie! Die ›Natur‹ des Menschen – durchaus im biologischen Sinn! – sehe ich sehr wohl als das tragende Fundament jedes kulturellen Überbaus an.«

»Ho ho ho! Jetzt haben Sie aber wirklich die Katze aus dem Sack gelassen. Ihrer Meinung nach muß der Soziologe seine Erkenntnisse also vom Psychologen absegnen lassen, und der Psychologe hat, bevor er etwas behauptet, erst den Biologen um Erlaubnis zu fragen. Und wenn der Biologe dann sagt, daß das Phänomen auch schon bei der Graugans vorkommt, dann klatschen alle in die Hände. Wollen Sie uns verschaukeln?«

»Den albernen Hinweis auf die Graugans können Sie sich sparen. Sie haben vom biologischen Denken wenig verstanden, wenn Sie glauben, es bestünde darin, zu irgendwelchen Erscheinungen, die man am Menschen beobachtet, *Parallelen* im Tierreich aufzuweisen. Biologisches Denken kreist um den Kernbegriff der *Evolution.* Evolution aber bedeutet Metamorphose, bedeutet ständiges Entstehen von Neuem. Wer wirklich biologisch denkt, wird nie in Abrede stellen, daß beim Menschen, wie übrigens auch bei jeder anderen Species, Merkmale auftreten, die ihn unverwechselbar machen, die ihresgleichen bei anderen Primaten und im gesamten Tierreich nicht haben. Er wird sich für diese artspezifischen Merkmale vielleicht sogar besonders interessieren; ich zum Beispiel tue das. Aber er wird auch keinen Widerspruch darin sehen, daß sie sich aus tierischem Ausgangsmaterial nach allgemeinen Entwicklungsgesetzen herausgebildet haben. Und er wird davon überzeugt sein, daß man ihre Struktur ohne Kenntnis dieser Vorformen und dieser Gesetze ebensowenig verstehen kann, wie man die Jahresringe im Querschnitt eines Baumstammes versteht, wenn man sich weigert, seine Wachstumsgeschichte zur Kenntnis zu nehmen.«

Bewußtsein und Reflexion

»Das ist schon wieder so eine entlarvende Metapher. Jahresringe sind quantitative Variationen innerhalb derselben Seinskategorie. Beim Menschen treffen wir aber auf einen Kategoriensprung. Was ihn zum Menschen macht, ist nicht seine leibliche Ausstattung, sondern sein reflektierendes *Bewußtsein,* und der Anspruch, dieses zu erklären, läßt sich nun einmal durch keine biologische Kausalanalyse einlösen. Das Bewußtsein des Menschen wird nicht durch sein biologisches, sondern durch sein *gesellschaftliches* Sein bestimmt! Sprachliche Kommunikation, Symbolsysteme, Kultur: *das* sind die Fundamente und Gestalter des menschlichen Bewußtseins. Und daher ist es die Soziologie, die die Psychologie trägt, nicht die Biologie. Natürlich brauchte GOETHE, um dichten zu können, ein unversehrtes Sprachzentrum in seinem Gehirn, und wahrscheinlich gibt es dafür auch irgendwelche Vorformen bei vorsintflutlichen Primaten. Aber Sie werden sicher nicht behaupten, daß man den ›Faust‹ aus solchen Erkenntnissen ableiten kann.«

»Jetzt bringen Sie aber allerlei durcheinander. Das eine ist die Frage nach dem *Bewußtsein.* Nicht gleich nach dem reflektierenden Bewußtsein; das ist nur seine höchste Entwicklungsstufe. Sondern ›Bewußtsein‹ im Gegensatz zu ›Bewußtlosigkeit‹, also einfach im Sinne von ›Erleben‹. In einem Computer laufen Prozesse ab, die in mancherlei Hinsicht den Vorgängen in unserem Gehirn vergleichbar sind; aber es gibt keinen Grund zu der Annahme, daß diese Prozesse bei ihm auch eine psychische Dimension haben. Niemand glaubt, daß er dabei irgend etwas ›fühlt‹ oder ›empfindet‹. Wenn jedoch ein Hund in einem Laborversuch so behandelt wird, daß er winselt und an seinen Gurten zerrt, dann sind wir sehr wohl davon überzeugt, daß in diesem Tier nicht nur neurophysiologische Prozesse ablaufen, sondern daß es zugleich auch Schmerz und Angst *erlebt,* und zwar ohne alle Anführungszeichen! Diese Erlebnisdimension kommt in den Formeln der Physik nicht vor. Sie haben völlig recht mit der Feststellung, daß wir aus keiner Naturwissenschaft herleiten können, wieso das, was uns ›durch den Kopf geht‹, nicht nur als neuronale Aktivität unser Verhalten steuert, sondern uns zugleich als Erlebnisinhalt zu Bewußtsein kommt. Das ist das uralte und wahrscheinlich unlösbare Leib-Seele-Problem. Aber dieses Problem existiert nicht erst auf der Entwicklungsstufe des Menschen; sonst brauchte es keine Diskussion um Maßnahmen zum Tierschutz zu geben.«

»Ich habe ja auch vom *reflektierenden* Bewußtsein gesprochen!«

»Ja – aber das war eben die Unsauberkeit. Das erkenntnistheoretische Problem, der ›Kategoriensprung‹, den Sie anführten, liegt im Bewußtsein, nicht in der Reflexion! Reflexionsvermögen als solches ist nur die spezielle Eigenschaft eines komplizierten informationsverarbeitenden Systems, das über die Kategorie der synchronen Identität verfügt. Was sich überhaupt darüber aussagen läßt, könnte man in einem Computerprogramm abbilden, und man wird auch fordern dürfen, daß unser Gehirn-›Computer‹ ein solches Programm aufweist. Von diesem Programm, dieser Prozeßstruktur ›Reflexion‹ gilt keineswegs, daß sie sich naturwissenschaftlicher Begründbarkeit prinzipiell entzieht. Es ist doch zum Beispiel ohne weiteres legitim, nach den evolutionären Bedingungen dafür zu suchen, warum ein Schimpanse sich im Spiegel selbst erkennt und ein Rhesusaffe nicht. Oder warum wir Menschen in der Lage sind, unsere Gefühle und Gedanken wie äußere Objekte zu betrachten.«

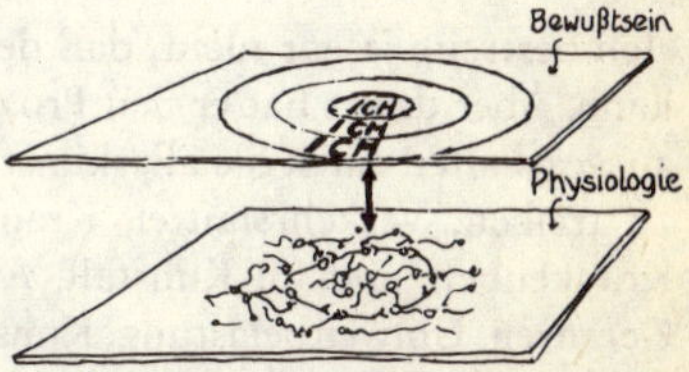

»Hier erschleichen Sie sich schon wieder ein Argument. Wer sagt denn, daß es für die Reflexion überhaupt ›evolutionäre‹ Bedingungen in Ihrem Sinne gibt? Sie setzen dies einfach als selbstverständlich voraus, damit Sie im Handstreich den menschlichen Geist für die Biologie vereinnahmen können. Sie begründen nicht, sondern betrachten einfach als selbstverständlich, daß das reflektierende Bewußtsein im Dienste biologischer Belange steht. Aber das ist durchaus nicht selbstverständlich. Der biologische Ursprung des Bewußtseins schließt seine Emanzipation von Biologie nicht aus! Für den Menschen charakteristisch und konstitutiv ist doch gerade, daß er die biologische Evolution durch die *kulturelle* ersetzt hat.«

»Und wie stellen Sie sich das vor? Sie können doch nicht ernsthaft meinen, daß wir uns von der natürlichen Selektion einfach abgekoppelt haben!«

»Doch, eben das! Natürlich hat sich der menschliche Geist, so wie der tierische Instinkt, zunächst im Dienste besserer biologischer Anpassung an seine Umwelt entwickelt. Wobei zu dieser ›Umwelt‹ übrigens auch die vorgegebenen Imponderabilien seiner eigenen Natur gehören, seine leiblichen Mängel, Schwächen und Grenzen. Aber als der Geist dann einmal da war, zeigte sich, daß er noch viel mehr vermochte, als seinem Träger zu besserer Anpassung zu verhelfen: er entpuppte sich als eine Kraft, die umgekehrt dazu eingesetzt werden konnte, die Umwelt aktiv zu *verändern,* nicht den Menschen an die Umwelt, sondern diese an den Menschen anzupassen! Und das gilt auch wieder für denjenigen Teil der ›Umwelt‹, der wir selbst sind: Es ist uns die Möglichkeit gegeben, auch uns selbst zu verändern und damit zu transzendieren. *Das* meinen wir mit ›Reflexion‹, und nicht Ihren Schimpansen, der noch nicht einmal ahnt, was Freiheit heißt, auch wenn er sich noch so oft im Spiegel ›erkennen‹ mag!«

Die Emanzipation von der Natur

»Ich bestreite ja gar nicht, daß der Mensch die Welt erheblich verändern kann. Aber damit hat er den Prozeß der natürlichen Selektion doch nicht ausgeschaltet! Auch die allerkünstlichste Umwelt hört nicht auf, Selektion zu treiben: Verkehrsmittel, Krankenversorgung, Stress, Antibiotika am Krankenbett und im Kuhstall, Ausschaltung alter und Schaffung neuer Gefahren, Umweltbelastung, Kunstdünger, Hygiene, nicht zu vergessen die Pille – all das greift ein, subtil oder offenkundig, in die differentiellen Fortpflanzungschancen individueller Genome. Höchstens kann geschehen, daß wir die selektiven Faktoren dauernd in einem solchen Tempo weiterverändern, daß ihre Auswirkungen instabil werden. Was das für Konsequenzen hat, läßt sich heute noch gar nicht überblicken; denn die genetische Evolution geht, wie Sie richtig sagen, träge voran. Unsere Natur ändert sich längst nicht so schnell wie unsere Umwelt. Wir sind wahrscheinlich immer noch an die Lebensumstände angepaßt, die in den 99 Prozent der Jahrmillionen geherrscht haben, in denen es die Gattung Homo gab: die Lebensumstände freischweifender Wildbeuter. Noch nicht einmal an die Seßhaftigkeit haben wir uns genetisch adaptiert, geschweige denn an eine Existenz in großen Ballungsgebieten. Sie haben schon recht, hier ist die kulturelle Entwicklung der biologischen hoffnungslos davongelaufen. Aber das heißt doch nicht, daß wir nun auf einmal keine Natur mehr hätten, sondern höchstens, daß diese in unserer selbstgeschaffenen Umwelt nicht mehr adaptiv ist! Die Folgen dieser Unangepaßtheit bekommen wir ja auch ständig zu spüren; sie bestehen nicht zuletzt darin, daß die kulturellen Strukturen ihrerseits instabil geworden sind.«

»Das ist alles bloße Theorie. Wir glauben nicht daran, daß der Mensch noch eine archaische Jäger- und Sammler-Mentalität als seine eigentliche ›Natur‹ mit sich herumschleppt und damit dann ständig an seiner selbstgezimmerten, ›unnatürlichen‹ Kultur aneckt. Hinter solchen romantischen Phrasen hat sich reaktionäre Ideologie schon immer mit Vorliebe versteckt. Sie verkennen einfach den dialektischen Charakter der Evolution: Die Kultur hat die Natur wirklich *aufgehoben*. Sie hat soziale Tradition an die Stelle der Gene gesetzt und die Funktionsfähigkeit der Gesellschaft an die Stelle des individuellen Fortpflanzungserfolges.«

»Wie Sie dieses Kaninchen aus dem Zylinderhut geholt haben, bleibt Ihr Geheimnis.«

»Was ist daran so geheimnisvoll? Sie haben ja selbst schon das Stichwort für die Erklärung gegeben: Wie verschieden auch die kulturellen Umwelten sein mögen, eines haben sie gemeinsam: die Neigung zu ständigem, erdgeschichtlich äußerst raschem *Wandel*. Wenn Sie meinen, daß die Kultur auch einen genetischen Selektionsdruck ausgeübt hat, nun gut: aber dann war es eine Selektion in Richtung auf *unspezifische Lernfähigkeit!* Nachdem die viel rascher und genauer arbeitende kulturelle Adaptationstechnik einmal erfunden war, hat sie auch darauf hingewirkt, daß möglichst alle aus der tierischen Vergangenheit übriggebliebenen genetischen Präadaptationen abgezüchtet wurden, denn diese hätten jetzt nur noch als Bremsen gewirkt. Wenn uneinsichtige Tiere darauf angewiesen sind, sich blind den starr vorprogrammierten Adaptationsmechanismen der Instinkte anzuvertrauen, so wären diese Mechanismen beim bewußt reflektierenden Menschen nur hinderlich, daher sind sie dysfunktionell. Wer sich von seinen Instinkten freimachen und das jeweils Nützliche von einem erfahrenen Gruppenmitglied *lernen* konnte, war seinen Artgenossen überlegen, auch in dem, was Sie wahrscheinlich den ›Kampf ums Dasein‹ nennen. Auf diese Weise hat beim Menschen die natürliche Selektion selbst den Instinkt ausgemerzt, also die Biologie sich selbst aufgehoben!«

Man merkte ihm an, wie wichtig diese Idee für sein Selbstverständnis war. Für einen Moment zögerte ich zu widersprechen. Aber das sollte schließlich eine Sachdiskussion sein.

»Ihrer Ansicht nach macht die Natur den Menschen fähig und begierig, sich kulturelle Inhalte durch Lernen anzueignen, aber sie gibt ihm solche Inhalte nicht vor. Wie kommt es dann jedoch zu den transkulturellen Universalien? Zu den kulturübergreifenden Elementen in Mythen, Riten, Normen? Konkret: Wie kommt es zur Universalität des Inzesttabus? Hier liegt doch wirklich die Vermutung nahe, daß sich die Natur selbst bemerkbar macht und den Kulturen diese erstaunliche Übereinstimmung aufnötigt.«

»Warum sollte das naheliegen? Universalien können doch auch dadurch zustandekommen, daß jede Kultur gewisse Probleme lösen muß, einfach um *als Kultur* Bestand haben zu können. Zum Beispiel ist es in keiner Gesellschaft erlaubt, nach Gutdünken Mitglieder der eigenen Gruppe zu töten. Keine Sozietät könnte ohne ein solches Verbot überleben; eine ›biologische Tötungshemmung‹ braucht man dafür überhaupt nicht zu bemühen. Und für das Inzesttabu hat Parsons ja ganz ähnlich argumentiert.«

»Parsons hat nur nicht gewußt, daß die gesellschaftliche Ächtung gerade ein Verhalten trifft, das auch schon bei Tieren einer Hemmung unterliegt. Bei einem so auffallenden Parallelismus der Phänomene scheint es mir doch ein Gebot der Sparsamkeit zu sein, die Ursache, die bei Tieren allein wirksam gewesen sein kann, beim Menschen nicht zunächst einmal wegzuargumentieren und dann durch eine andere zu ersetzen!«

»Occams Rasiermesser ist ein zweischneidiges Instrument! Was dem einen als ökonomisch gilt, erscheint dem anderen als aufwendig. ›Sparsamkeit‹ ist kein objektives Argument, sondern ein Trick, um dem Gegner die Beweislast zuzuschieben.«

»Aber es läßt sich doch sogar direkt nachweisen, daß die bei Tieren wirksamen Hemmungen gegen den sexuellen Umgang mit von Kindheit an Vertrauten auch noch beim Menschen auftreten!«

»Und wer sagt Ihnen, daß die Befangenheit von Teenagern im Kibbuz vor ihren ehemaligen Spielgefährten irgend etwas damit zu tun hat, daß es einem Australier bei schlimmster Strafe verboten ist, innerhalb seiner eigenen Totemgruppe eine Frau zu heiraten, die er nie zuvor in seinem Leben gesehen hat und vor der er daher diese Art von Befangenheit gar nicht empfinden kann?«

Die Mütter

Die Cafeteria hatte sich inzwischen geleert. Putzfrauen begannen, Stühle auf die Tische zu stellen. Ein aufheulender Staubsauger hinderte mich zu antworten. Und mir wurde bewußt, daß eine Antwort eigentlich auch gar keinen Sinn hatte.

Ich konnte noch dankbar vermerken, daß keiner der Gesprächspartner mich wegen meines wissenschaftlichen Standortes von vornherein als »Rassisten« oder »Sexisten« bezeichnet hatte. Dergleichen war mir anderenorts durchaus schon widerfahren. Jedenfalls war zu erkennen, daß dieses Gespräch zu nichts führen konnte. Hinter der mehr oder minder aggressiv getönten Abwehrhaltung gegenüber der Biologie spürte man eine Wand der Angst; und Plausibilitätsargumente, wie sie mir allein zur Verfügung standen, waren viel zu schwach, um diese Wand zu durchstoßen.

Wir diskutierten schließlich nicht über Mathematik, sondern über ein empirisches Problem, und ein hochkomplexes dazu. Hier gab es keine Beweise, deren Zwang man sich zu beugen hatte, sondern nur Hinweise, deren Gewicht es feinfühlig abzuschätzen galt. In diesem Erkenntnisfeld führten keine festen Straßen zur Wahrheit; man mußte Spuren lesen und sich im übrigen einer Kompaßnadel anvertrauen. Wenn es irgendwo in der Gegend störende Magnetfelder gab, war man verloren. Im Klartext: Wenn gewisse Denkmöglichkeiten im Kraftfeld heftigen affektiven Engagements standen, war ihr Wahrheitsgehalt nicht mehr bestimmbar. In der vorangegangenen Diskussion hatte der kognitive Kompaß meiner Gesprächspartner ganz offensichtlich in eine andere Richtung gewiesen als mein eigener. Wir konnten nicht ans gleiche Ziel gelangen.

Warum werden Diskussionen über eine »biologische« oder »soziologische« Deutung des Menschen oft so feindselig geführt und fast stets ergebnislos abgebrochen? Es liegt auf der Hand, daß »Natur« und »Gesellschaft« keine erlebnisneutralen Konzepte sind wie etwa »Ladung« oder »Spin« in der Physik. Aber was konkret ist es, was sie mit so mächtigen affektiven Potentialen besetzt?

Ich bekenne mich zu der Überzeugung, daß Ideologien nicht nur sozioökonomische, sondern auch psychologische Hintergründe haben. »Gesellschaft« und »Natur«, was immer sich sonst noch über sie aussagen läßt, sind beide *mütterliche* Prinzipien. Beide sind Inkarnationen der großen Coatlicue. Und wenn zutrifft, was wir auf Seite 558 entwickelt haben, daß nämlich menschliche Selbstverwirklichung uns die paradoxe Leistung abverlangt, uns sowohl zu mündiger Autonomie zu emanzipieren als auch unserer Identität durch Rückbindung an das familiäre Erbe Selbstgewißheit und Permanenz zu verleihen, so wird sich die Weise, wie wir uns dieser Aufgabe stellen, auch in unserem Verhältnis zu diesen beiden »Müttern« spiegeln.

Probleme sind vor allem dort zu erwarten, wo die Balance von Emanzipation und Rückbindung auf Kosten eines der beiden Pole nicht erreicht wird. In *beiden* Fällen, so wird man annehmen dürfen, ist die Ablösung durch eine Art Wehenschwäche der psychischen Geburt erschwert. Aber die Reaktion des Betroffenen kann eben verschieden sein.

Wenn, aus welchen Gründen immer, das Übergewicht auf die Seite der *Emanzipation* fällt, weil das mütterliche Prinzip verdächtigt wird, aus bösen Motiven sein Vormundschaftsprivileg zu mißbrauchen, um die Entfaltung der Autonomie zu verhindern, wo also in der Kette der Coatlicue nur noch die Drohung der herausgerissenen Herzen wahrgenommen wird, dort kann es leicht auch zu einer Kampfansage an die Gesellschaft *und* an die Natur kommen.

Beide aber bieten hierfür unterschiedliche Angriffsflächen. Die Gesellschaft begegnet mir primär von *außen*. Sie repräsentiert den Anteil des mütterlichen Prinzips, von dem ich mich notfalls auch lossagen kann. Sie bietet ein Ziel für aktive, notfalls kämpferische Auseinandersetzung.

Die Natur hingegen greift von *innen* nach mir. Sie ist jener mütterliche Aspekt, von dem ich mich nie wirklich freimachen könnte; wenn es so etwas wie »meine Natur« überhaupt gibt, dann kann ich nicht anders, als sie auch als Träger meiner Identität zu begreifen. Konsequenterweise kann ich ihren Bann also nur dadurch brechen, daß ich sie *leugne*.

Hinzu kommt ein weiteres. Natur und Gesellschaft, Angeborenes und Anerzogenes, stehen in unterschiedlichem Verhältnis zum Urerlebnis der *Schuld*. Wenn ich Beanstandbares an mir auf gesellschaftliche Einflüsse zurückführen kann, habe ich damit zugleich die Verantwortung dafür abgewälzt. Von einem führenden Vertreter der Homosexuellenbewegung stammt das folgende Zitat aus einem kürzlich erschienenen »Spiegel«-Artikel: »Männer allgemein sind dazu erzogen worden, Sex als aggressiven Akt zu sehen. Schwule Männer haben das übernommen und sich ein promiskes Verhalten angewöhnt.«

Es ist lehrreich, mit diesem Zitat eine soziobiologische Herleitung zu vergleichen, die vom Begriff der »parentalen Investititon« ausgeht und daraus, so wie auf Seite 227 skizziert, eine vergleichsweise größere Rivalität und geringere Partnerselektivität im männlichen Geschlecht ableitet. Diese Erklärung hat den Vorzug, nicht nur für den Menschen zu gelten, sondern auch für das Gros der Säugetiere, bei denen bekanntlich die gleichen geschlechtsspezifischen Effekte auftreten, ohne daß dort eine Gesellschaft existieren würde, die die Individuen zu einem solchen Verhalten erzieht.

Rein sachlich ist diese Erklärung also stringenter und weitreichender. Auf der affektiven Ebene aber erzeugt sie eine gefährliche Turbulenz: Sie verankert ein moralisch fragwürdiges Verhalten in der eigenen Natur und läßt so nur die beiden gleich fatalen Möglichkeiten offen, entweder eine persönliche Wertminderung zu akzeptieren oder aber in trotziger Selbstrechtfertigung die Fragwürdigkeit des betreffenden Verhaltens zu leugnen und es, als eben »natürlich«, auch zu entschuldigen.

Nur wenn es also die Gesellschaft war, die mich zu dem gemacht hat, was ich bin, kann ich *mit gutem Gewissen* meine Emanzipation vorantreiben. Hätte meine eigene Natur Anteil an meiner Misere, müßte ich das Böse als ein bloß »Sogenanntes« verharmlosen oder aber mich selbst bekämpfen. Die Fiktion einer uneingeschränkten Modifizierbarkeit des Menschen durch gesellschaftliche Einflüsse und die Utopie einer von der Natur befreiten Offenheit zur Selbstgestaltung sind also nötig, damit das verzweifelte Verlangen, endlich doch noch *geboren* zu werden, nicht unter einer Decke von Schuld begraben wird.

Gänzlich anders gestaltet sich die Situation dann, wenn der Schwerpunkt auf der Gegenseite liegt, wenn die Emanzipation also nicht begehrt, sondern *gefürchtet* und das Heil in der Scheinsicherheit einer identifikatorischen Anklammerung an das primär Vertraute gesucht wird. In diesem Fall werden die blutigen Herzen in der Kette der Coatlicue nicht verabsolutiert, sondern umgekehrt *verdrängt*. Das Resultat ist eine Utopie nicht der Zukunft, sondern der Vergangenheit, eine Ideologie der zur Rückbindung verklärten Regression, eine Apotheose des Todestriebes, wie sie am unverhülltesten im faschistischen »Viva la muerte!« zum Ausdruck kommt.

Wenn hier ein mütterliches Prinzip gesucht wird, dem man sich anvertrauen kann, so erscheint die *Gesellschaft* dafür wenig attraktiv. Sie ist zu wetterwendisch und unzuverlässig, zu sehr von Keimen der Unruhe und Unordnung durchsetzt, bei ihr ist zuviel möglich, als daß man ihr die schwächliche eigene Identität anvertrauen könnte. Man beruhigt sich, indem man in der Theorie ihren Einfluß herunterspielt und in der politischen Praxis das Seine zur Konservierung ihrer überdauernden Strukturen beiträgt.

Die Identifikation mit der *Natur* aber wird nun nicht mehr gefürchtet, sondern umgekehrt erstrebt und in der Mystifikation von »Blut und Boden« sogar quasi-religiös vollzogen. Ihr bewahrender Charakter läßt sie nun gerade als Garant der Sicherheit erscheinen und wird in diesem Sinn auch noch tunlichst überzeichnet.

Es ist ideologiekritisch durchaus relevant, daß die Rede vom »Angeborenen«, wie gut begründet sie im Einzelfall auch sein mag, in der Biologie so oft den sachlich keineswegs gerechtfertigten Beiklang von »unveränderlich« angenommen hat. Auch daß die einzige Form von Lernprozessen, die auf ethologischer Seite entdeckt und intensiv erforscht wurden, ausgerechnet die Prägung war, unter deren Merkmalen keines so sehr betont wurde wie ihre *Irreversibilität*, wird man nicht mehr ohne weiteres als wissenschaftsgeschichtlichen Zufall ansehen mögen.

Wer eine auf Biologie begründete Menschenforschung betreibt, braucht sich also nicht zu wundern, wenn er, bevor er noch den Mund aufgemacht hat, bereits einem Klischee einverleibt wird. Differenzierende Betrachtungsweise wird kaum wahrgenommen und allenfalls als raffinierter Verschleierungsversuch verdächtigt.

Wenn man ein Menschenbild vertritt, zu dem *sowohl* die emanzipatorische Autonomie *als auch* die identifikatorische Kontinuität gehört, hat man es deshalb nicht leicht, sich verständlich zu machen. Daß einem das eben dargestellte ideologische Entweder-Oder nicht zwingend erscheint, daß man die überdauernde Wesenskonstanz seiner Natur als stabilisierenden Orientierungsrahmen dankbar begrüßt, zugleich aber auch ihre ungeheure Pluripotenz wahrnimmt und diese als faszinierende Herausforderung eigener Kraft zu innovativer Selbstgestaltung erlebt, daß man einem Komponisten gleicht, der sich weigert, die Tonalität als beengende Fessel zu empfinden – all das wird leicht falsch gedeutet. In der Regel muß man es sich gefallen lassen, von den Unbehausten, die verzweifelt gegen die kinderfressende Muttergöttin ankämpfen, mit deren Gefolgschaft verwechselt zu werden.

Diesem Buch wird es vermutlich auch nicht anders ergehen. Ich habe versucht, seine teilweise recht komplexen Gedankengänge an Sachargumenten festzumachen. Aber es wäre naiv, zu übersehen, daß die akademische Forschung ihre luftigen Bauwerke hier auf vulkanischem Grund errichtet. Die Stabilität dieser Konstruktion ist nicht schon gewährleistet, wenn nur die Architekten brav ihre statischen Hausaufgaben gemacht haben. Ob diese Gebäude einstürzen, hängt von tektonischen Kräften ganz anderer Größenordnung ab.

Wer auf solchem Feld an der Erweiterung unseres »Gnothi seautón« arbeitet, braucht die Mentalität jener Kalifornier, die mit unbekümmerter Seelenruhe auf der Sankt-Andreas-Falte siedeln. Damit muß man sich wohl bescheiden.

ANHANG

Hinweise auf weiterführende Literatur

Um den Fluß der Darstellung nicht immer wieder aufzuhalten, wurde im Text auf pedantische Konsequenz beim Zitieren von Quellen verzichtet. Das vorn Vermiedene soll nun für den interessierten Leser nachgeholt werden. Auch hierbei erscheint es angebracht, sich auf das Wesentliche zu konzentrieren, damit der Wald vor Bäumen erkennbar bleibt. Im Folgenden werden zu jedem Kapitel die Knotenpunkte der weiterführenden Literatur nachgewiesen und, wenn erforderlich, kurz kommentiert; Leser, die an Spezialfragen interessiert sind, können sich von dort aus selbst ohne große Mühe weiterhelfen. Die Quellenangaben beziehen sich auf das alphabetische Literaturverzeichnis auf S. 606. Die eingeklammerten Jahreszahlen verweisen im allgemeinen auf das Erscheinungsjahr der Veröffentlichung; bei klassischen, vielfach aufgelegten Werken jedoch meist auf die neueste Auflage bzw., bei fremdsprachigen Werken, auf das Erscheinungsjahr der deutschen Übersetzung. Die Zitate von S. FREUD beziehen sich auf die Edition »Gesammelte Werke« im S. Fischer Verlag, Frankfurt. Die Jahreszahlen entsprechen in diesem Fall dem Erscheinungsdatum der Originalausgabe.

1. Fridolin und Adelheid

Über das Sozialverhalten der Wildgänse, insbesondere das Triumphgeschrei, informiert am Spezialfall der Graugans die Arbeit von FISCHER (1965). Die ersten Hinweise auf Inzestbarrieren bei Wildgänsen finden sich bei HEINROTH (1911, S. 652 ff.) und LORENZ (1943, S. 298).

2. Die universale Norm

Als Hintergrundlektüre zu diesem Kapitel empfiehlt sich SIDLER (1971). Ältere Belege für dynastischen und rituellen Inzest hat WESTERMARCK (1921) zusammengestellt. Speziell zu den Hima-Königreichen vgl. auch DE HEUSCH (1958). Das Zitat von LÉVI-STRAUSS ist der englischen Ausgabe seines Hauptwerks entnommen (LÉVI-STRAUSS, 1970, S. 8, 10, 24). Neuerdings (1984) ist auch eine deutsche Übersetzung erschienen.

3. Schranken der Partnerwahl

Die Ausführungen dieses Kapitels fußen auf MURDOCK (1949) und der Erweiterung der dort entwickelten Gradiententheorie durch BISCHOF (1972 a). Eine kritische Würdigung dieses sogenannten »Murdock-Bischof-Modells« findet man bei PARKER (1984); eine tierethologische Parallele dazu unter dem Stichwort »optimal outbreeding« liefert BATESON (1978). Über assortative Paarung und Partnerleitbilder beim Menschen finden sich Hinweise bei KNUSSMANN (1965). Die klassische Quelle über die Trobriander ist MALINOWSKI (1962). Die sonstigen ethnographischen Beispiele sind weitgehend WESTERMARCK (1921) entnommen.

4. Elementare Verwandtschaftsstrukturen

Basislektüre über Verwandtschaftsterminologie ist SCHUSKY (1965), ergänzend dazu kann R. FOX (1967) herangezogen werden. Für eine umfassende Darstellung des Gebiets in deutscher Sprache vgl. auch MÜLLER (1981). Die Probleme der Crow-Omaha-Terminologie werden bei EYDE & POSTAL (1961) diskutiert. Die Theorie dieser Autoren ist umstritten, doch vermittelt der Artikel einen guten Einblick in die Problemlage.

5. Maxwells Dämon

Über die biologischen Grundtatsachen der Vererbungslehre kann man sich aus HADORN & WEHNER (1978) informieren. Für eine erste Orientierung genügen die einschlägigen Stichworte in dem gut illustrierten DTV-Atlas zur Biologie von VOGEL & ANGERMANN (1984); die Quellenangaben beider genannter Werke verweisen auf vertiefende Literatur. Über den mathematischen Aspekt der Populationsgenetik orientieren WRICKE (1972) und NÖBAUER & TIMISCHL (1979). Die klassische Arbeit über den Inzuchtkoeffizienten ist WRIGHT (1921). Speziell in Teil II. dieser Serie wird die eigentümliche Unstetigkeit hergeleitet, von der auf S. 84 die Rede ist. Tierexperimentelle Befunde zur Inzuchtdepression referiert LINDZEY (1967). Die wichtigsten neueren Untersuchungen zur Inzuchtdepression beim Menschen stammen von SCHULL & NEEL (1965), ADAMS & NEEL (1967) und SEEMANOVA (1971).

6. Ein Gespräch über Theorien

Eine interessante historische Quelle zu diesem Kapitel ist ENGELS (1977); daselbst in einer Fußnote auf S. 45 findet man auch die zitierte Stellungnahme von MARX. Die übrigen Zitate stammen aus den folgenden Veröffentlichungen, teilweise original, teilweise referiert, bei Arbeiten aus der Zeitschrift »Current Anthropology« auch aus beigefügten Korreferaten eingeladener Diskutanten: ABERLE, BRONFENBRENNER, HESS, MILLER, SCHNEIDER & SPUHLER (1963); KORTMULDER (1968); FOX (1962); LÉVI-STRAUSS (1970), daselbst auf S. 14 der Verweis auf EAST; LINDZEY (1967); LIVINGSTONE (1969); MESSELKEN (1974); PARKER (1976); RAGLAN (1940); SCHNEIDER (1976); WESTERMARCK (1921, 1934); WYSS (1968). Besonders hingewiesen sei auf die Monographie von MAISCH (1968). Sie liefert nicht nur reichlich Quellenmaterial, sondern vermittelt auch einen charakteristischen Eindruck von dem oberflächlich-ironischen Argumentationsstil, der bei Sozialwissenschaftlern bis in die siebziger Jahre in der Auseinandersetzung mit WESTERMARCK und mit biologischen Argumenten überhaupt vorherrschte.

7. Ursachen, Funktionen, Strukturen

Die Idee, die Diskussion um das Inzesttabu an Hand der aristotelischen Ursachenbegriffe zu organisieren, geht auf HOMANS & SCHNEIDER (1955), SLATER (1959) und COULT (1963) zurück. Für die weiteren Zitate vgl. die Literaturhinweise des 6. Kapitels sowie PARSONS (1964), B. SELIGMAN (1929, 1950), MALINOWSKI (1931, 1962), MEAD (1970), LÖFFLER (1972), WHITE (1949). Das Zitat von S. 114 findet sich in FRAZER (1910, S. 97). Es wurde aufgegriffen von FREUD (1912, S. 149).

8. Kindliche Begierden

Die eingangs erzählte Fabel von der Urhorde und daran anknüpfende ethno-psychoanalytische Überlegungen findet man in FREUD (1912). Das Thema der Inzestträume behandelt FREUD (1900). Versuche zur empirischen Verifizierung des Ödipuskomplexes sind bei SEARS (1943) zusammengestellt. Die Untersuchungen zum »Diluted Marriage Syndrome« stammen von STEPHENS (1962). Über die Initiationsriten der Thonga berichten WHITING, KLUCKHOHN & ANTHONY (1958), über die Mutter-Kind-Beziehung bei den Navaho KLUCKHOHN (1947).

9. Ziele des Verhaltens

Einblick in den zeitgenössischen Stand und das Argumentationsniveau der psychologischen Motivationstheorien geben ATKINSON (1975), COFER & APPLEY (1964) und HECKHAUSEN (1980). Das Physik-Leitbild der psychologischen Theoriebildung wird von BISCHOF (1981) kritisch diskutiert. Zur Überwindung der Reflexlehre und Wiederentdeckung der Spontaneität in der Verhaltensphysiologie vgl. v. HOLST (1969). Die ethologische Motivationslehre existiert bislang nicht in Form eines geschlossenen Systems, sondern eher als lockeres Bündel von Theoriefragmenten, die sich um einige paradigmatische Grundbegriffe kondensieren. Was sie miteinander verbindet, ist weniger ihr logischer Zusammenhang, als vielmehr eine Art gemeinsamen »Nestgeruchs«, der nebst einer ungebrochenen Freude an konkreter Anschaulichkeit vor allem der Synthese von vergleichender, genetischer und funktionalistischer (»teleonomer«) Betrachtungsweise entstammt und sich bis auf DARWIN zurückverfolgen läßt. Man erarbeitet sie sich am besten an Hand einiger der folgenden Quellen: EIBL-EIBESFELDT (1978); HINDE (1973); IMMELMANN (1979); LORENZ (1965); MARLER & HAMILTON (1972); TINBERGEN (1969). Am »psychohydraulischen Modell« hat Lorenz (1978 a, S. 143) noch eine Revision vorzunehmen versucht.

10. Triebbedingte Ruhezustände

Zum Affiliationsmotiv in nichtethologischer Sicht gilt SCHACHTER (1967) als Basislektüre; für weitere Quellen vgl. HECKHAUSEN (1980, S. 279 ff.). LORENZ (1963) ist ein nach wie vor anregendes, aber wegen seiner unreflektierten Argumentationsweise zu Widerspruch herausforderndes Buch. Der Autor entwickelt darin seine Ansichten über den Zusammenhang von Liebe und Aggression. Über »Bindungs-« und »Abhängigkeitstheorien« und ihre Beziehung zueinander orientiert man sich an Hand von BOWLBY (1975), SEARS (1972) und AINSWORTH (1972); vgl. dazu auch MURRAY (1971) sowie das instruktive Sammelreferat von MACCOBY & MASTERS (1970). Wer sich über die Grundlagen der Regelungstheorie ohne pseudo-philosophischen Ballast informieren will, ist am besten mit dem einleitenden Teil eines Lehrbuchs für Ingenieure bedient, z. B. OPPELT (1960). Einen Eindruck von der Anwendung der Kybernetik auf die Verhaltenswissenschaften vermitteln v. HOLST & MITTELSTAEDT (1950), HASSENSTEIN (1965), BISCHOF & SCHEERER (1970) sowie MCFARLAND (1971). Die Unterscheidung von Appetenz, Aversion und Konsummation wurde von CRAIG (1918) herausgearbeitet und von MEYER-HOLZAPFEL (1940) durch den Begriff der »triebbedingten Ruhezustände« erweitert.

11. Die neun Vettern Haldanes

Die Theorie der Gruppenselektion entwickelte WYNNE-EDWARDS (1962). Den Begriff »Soziobiologie« hat WILSON (1975) eingeführt; man kann streiten, ob die Wortwahl sonderlich glücklich war. Wer sich über dieses Gebiet ein solides Urteil bilden will, sollte sich vor populären Darstellungen hüten. Am besten studiert er die Originalaufsätze, die in CLUTTON-BROCK & HARVEY (1978) zusammengestellt sind. Eine eher locker geschriebene, aber kompetente und sachlich korrekte Einführung bietet DAWKINS (1984). Eine Vorstellung vom Argumentationsstil des Vitalismus vermittelt DRIESCH (1928).

12. Sensible Situationen

Die einleitende Geschichte stammt aus KERR (1971, S. 52 ff.). Die Befunde zur Prägung von Ziegenmüttern sind in KLOPFER & GAMBLE (1966) und KLOPFER & KLOPFER (1968) mitgeteilt. Über Duettieren als »synchronisierendes« Ritual hat WICKLER (1976) gearbeitet. Die klassische Prägungsarbeit »Der Kumpan in der Umwelt des Vogels« ist abgedruckt in LORENZ (1965, S. 115 ff.). Das Zitat von LAMPRECHT (1977) steht auf S. 109. Über den gegenwärtigen Stand der ethologischen Prägungsforschung informiert HESS (1975); man vergleiche dazu auch das Sammelreferat von RAJECKI, LAMB & OBMASCHER (1978). Eine Verbindung zwischen sexueller Prägung und der »ödipalen Phase« versucht MEVES (1971) herzustellen. Von psychologischen Lerntheorien handeln zahllose Übersichtswerke, z. B. BOWER & HILGARD (1984). Der Begriff »Detektor« wurde von LETTVIN, MATURANA, MCCULLOCH & PITTS (1959) in die Verhaltenswissenschaft eingeführt.

13. Der Schritt in die Unabhängigkeit

Die bislang gründlichste Untersuchung über den Nasenbären stammt von KAUFMANN (1962). Feldstudien zur Sozialstruktur der in diesem und den folgenden Kapiteln erwähnten Säugetierarten sind zusammengestellt in EISENBERG (1966), EWER (1968) und, speziell unter dem Gesichtspunkt der Inzestvermeidung, BISCHOF (1972 b). Die eindrucksvolle Szenerie der Gnu-Wanderungen hält der Film »The Year of the Wildebeest« von Alan ROOT fest (Bezugsnachweis: Benchmark Films, Inc., New York, N. Y.). Die Überlegungen von HAMILTON zur »Geometrie der eigennützigen Herde« sind in CLUTTON-BROCK & HARVEY (1978, S. 142 ff.) abgedruckt, desgleichen die Theorie der parentalen Investition von TRIVERS (loc. cit. S. 52 ff.). Zu »Fisher's Regel« vgl. FISHER (1930).

14. Der Ruf der Kohorte

Die wichtigsten in diesem Kapitel zitierten Quellen sind CHANCE & JOLLY (1970) für den Begriff der »Kohorte«, ferner ESTES (1969) für Feldstudien an Gnus und HENDRICHS & HENDRICHS (1971) für Elefanten. Das Experiment mit den beiden vermummten Pflegern wird in MASON (1965) beschrieben. Für Stichworte wie »Erregung«, »Neugier« und »Exploration« gilt BERLYNE (1974) als Klassiker. Nützlich ist hierzu auch das Sammelreferat von KELLER & VOSS (1976); es vermittelt einen Überblick über den Stand der Diskussion, spiegelt allerdings auch die derzeit herrschende terminologische Verwirrung wider, besonders bezüglich der beiden Konstrukte, die wir mit den Namen »Erregung« und »Aktivation« unterschieden haben. Die Theorie der Achtmonatsangst geht auf SPITZ (1967) zurück.

15. Das Spiel mit dem Feuer

Zur Unterscheidung von »spezifischer« und »diversiver« Exploration unter humanethologischem Aspekt vgl. HUTT (1966). Befunde, Theorien und Literaturnachweise zur Ethologie des Spielverhaltens sind bei EIBL-EIBESFELDT (1984) zusammengestellt. Gesondert zu erwähnen sind SYMONS (1978) und, für Untersuchungen über spielerisches Raufen bei Kindern, BLURTON-JONES (1972) sowie MCGREW (1972). Das Zitat vom »entspannten Feld« stammt aus BALLY (1945). Ältere und neuere psychologische Spieltheorien, darunter die vom »Antriebsüberschuß«, sind zusammengestellt in FLITNER (1974).

16. Die Töchter des Paschas

Literatur über Feldstudien an Zebras: KLINGEL (1967, 1969); an Gorillas: HARCOURT (1978); an Hanuman-Languren: VOGEL (1976, 1979), SUGIYAMA (1967); an Mantelpavianen: KUMMER (1968), KUMMER & ABEGGLEN (1978). Von Gefangenschafts- und Feldbeobachtungen an Husarenaffen berichtet K.R.L. HALL (1967, 1968). Über Sozialstrukturen von Tierprimaten allgemein orientieren CHANCE & JOLLY (1970), KUMMER (1971) und VOGEL (1975).

17. Zweierbeziehungen

Literatur über Feldstudien an Wüstenasseln: LINSENMAIR & LINSENMAIR (1971); an der Harlekin-Garnele: WICKLER & SEIBT (1972). Zur Monogamie als vorherrschende Sozialstruktur bei Vögeln vgl. ORIANS (1969). Einen Überblick über Monogamie bei Säugetieren bietet KLEIMAN (1977). Vom Sozialverhalten des Bibers berichtet WILSSON (1966), ein Autor, der Inzest bei Tieren a priori als natürliche Konsequenz guter innerfamiliärer Bindung für normal hält; es ist lehrreich, die von ihm mitgeteilten tatsächlichen Befunde mit dieser Erwartung zu vergleichen. Weitere Studien an monogamen Säugern: An der Zwergantilope Dikdik: HENDRICHS & HENDRICHS (1971); am Springaffen Callicebus: MASON (1966); an Gibbon und Siamang: CARPENTER (1964), ELLEFSON (1968), G.J. FOX (1972), TENAZA (1975) und TILSON (1981). Über Experimente zur Inzuchtvermeidung und zu präferentieller »Kusinenpaarung« bei einer nahen Verwandten der Zwergwachtel berichtet BATESON (1978, 1982).

18. Synchronisation und Dominanz

Das Problem der Antriebsüberlagerung ist im VI. Kapitel (»Das große Parlament der Instinkte«) bei LORENZ (1963) diskutiert. Zur Ethologie des Ausdrucksverhaltens findet man Literatur bei EIBL-EIBESFELDT (1978, 1984) zusammengestellt. Der Begriff »Kindchenschema« stammt aus LORENZ (1943). Die »Hackordnung« bei Haushühnern wurde von SCHJELDERUP-EBBE (1922) entdeckt. Zur Ethologie der Rangordnung, insbesondere im Zusammenhang mit der Aufmerksamkeitsstruktur in der Gruppe, siehe CHANCE (1967). Die Geschichte vom Schimpansen Mike mit den Blechkanistern findet man in VAN LAWICK-GOODALL (1971). Zur phänomenologischen Unterscheidung von »Macht«, »Geltung« und verwandten Motivgrößen orientiert man sich noch immer mit Gewinn bei LERSCH (1962). Die Beobachtungen am »unerziehbaren« Dachs sind in EIBL-EIBESFELDT (1950) mitgeteilt.

19. Repressive Harmonie

Über die Sozialstruktur der Aristogamie (Fortpflanzungsprivileg des ranghöchsten Paares) vgl. für Wölfe: ZIMEN (1971); für Zwergmangusten: RASA (1984); für vergleichbare Befunde an Wanderratten: CALHOUN (1962). Die in unserer Station durchgeführten Konfrontationsexperimente mit Weißbüscheläffchen sind genauer dargestellt in ANZENBERGER (1983). Über Beobachtungen an naturwüchsigen und künstlich zusammengestellten Callithrix-Gruppen berichten ROTHE (1975, 1978), EPPLE (1967, 1970, 1975) und HAMPTON & TAYLOR (1971).

20. Psychosomatische Zusammenhänge

Die mitgeteilten Tupaja-Befunde wurden von D. VON HOLST (1972, 1977) erhoben. Die klassische Arbeit über Stress stammt von SELYE (1977). Zum Phänomen des »Vagus-Todes« vgl. Bilz (1966). Das Konzept der »Erlernten Hilflosigkeit« wurde von M. Seligman (1979) entwickelt. Literatur zur Psycho-Endokrinologie findet man bei J. W. Mason (1972). Der Begriff der »Psychischen Kastration« dürfte von Baldwin (1969) stammen.

21. Die Überdruß-Reaktion

Über die Praxis der Gruppenehe in Jugendkommunen berichten Smith & Rose (1970). Für Studien an der Rhesus-Kolonie in Cayo Santiago vgl. Sade (1967, 1968, 1972, 1976) und Chepko-Sade & Sade (1979), ferner Missakian (1973, 1974). Für Feldbeobachtungen an Schimpansen wird auf die Veröffentlichungen von (van Lawick-)Goodall verwiesen, insbesondere (1971) und (1975). Speziell von Inzuchtbarrieren bei freilebenden Schimpansen handelt Pusey (1980). Die Beobachtungen an Lucy sind in Temerlin (1975) beschrieben.

22. Eine späte Ehrenrettung

Die Analysen zur Sim-pua-Heirat in Taiwan sind zusammengestellt in Wolf (1966, 1968, 1970) sowie Wolf & Huang (1979). Zur sexuellen Entwicklung im Kibbutz liegen ältere Berichte von Spiro (1954) und Bettelheim (1971) vor; vgl. aber besonders die neuere Monographie von Shepher (1983). Nach Abschluß des Manuskriptes erhielt ich Kenntnis von einer Feldstudie von McCabe (1983), die die Parallelkusinenheirat im arabischen Raum untersucht und in Bezug auf Scheidungsrate und Fruchtbarkeit zu ähnlichen Resultaten wie Wolf gelangt. Sie bestätigt »Ismails Theorie« vollinhaltlich.

23. Das Paradox der Sexualität

Zur obligatorischen Inzucht bei der Raubwespe Perisierola und verwandten Arten vgl. Malyshev (1968, S. 208). Über Parthenogenese bei Eidechsen berichtet Werner (1980). Hintergrundmaterial zur Frage nach den biologischen Grundlagen der Geschlechtsrollendifferenzierung findet man bei Sullerot (1979) und Bischof & Preuschoft (1980).

24. Eine utopische Geschichte

Die beiden wichtigsten Standardwerke zur Problematik einer selektionstheoretischen Begründung der Sexualität sind gegenwärtig Williams (1977) und Maynard Smith (1978). Die letztgenannte Arbeit setzt einige mathematische Kenntnisse voraus. In beiden Werken findet man eine vollständige Übersicht über die einschlägige Spezialliteratur.

25. Ein kybernetisches Modell

Eine genauere Darstellung von Teilen des hier entwickelten sogenannten »Zürcher Modells der sozialen Motivation« findet man bei Bischof (1975). Im übrigen wird in diesem Kapitel, auf systemtheoretischer Ebene, Material verarbeitet, das in qualitativer Form bereits im 10. und 12. Kapitel eingeführt wurde. Über die erkenntnistheoretischen Aspekte des Leib-Seele-Zusammenhanges vgl. Feigl (1967) und Bischof (1974 a, b). Zur Definition von Kybernetik siehe die entsprechenden Literaturhinweise des 10. Kapitels sowie Bischof (1969). Die »TOTE-Einheit« als Nachfolger des »Reflexbogens« wurde von Miller, Galanter & Pribram erfunden. Das Vorwort des Herausgebers der deutschen Übersetzung (1973) vermittelt einen Eindruck von dem Enthusiasmus, mit dem diese Konstruktion in der Psychologie rezipiert wurde.

26. *Mehr Kybernetik*

Die beiden Zitate aus HAUSMANN (1954) stehen auf den Seiten 65 f. und 67. Der Begriff der »kritischen Reaktion« stammt von HEDIGER (1942); ein Beispiel dazu ist auf S. 445 nach einer Originalphotographie aus »GRZIMEKS Tierleben« (Säugetiere Bd. 1, S. 31/32) gezeichnet. Sie zeigt einen Bärenpavian, der in unausweichlicher Konfrontation mit einem Leoparden einen verzweifelten Gegenangriff versucht. Den Begriff »aggressive soziale Exploration« verwendet HASSENSTEIN (1973). Die »Frustrationstheorie« der Aggression haben DOLLARD, DOOB, MILLER, MOWRER & SEARS (1939) formuliert. Über die YERKES-DODSON-Regel findet man Genaueres in BROADHURST (1959). Vgl. ferner die Literatur zu den Kapiteln 14 und 15, auf die sich das vorliegende Kapitel weitgehend bezieht.

27. *Noch mehr Kybernetik*

Der Begriff des »Erfolgs« spielt eine zentrale Rolle in der Literatur zur sogenannten Leistungsmotivation; vgl. dazu MCCLELLAND (1966). Bei dieser handelt es sich um ein spezifisch menschliches Antriebssystem, das dem Funktionskreis der »Selbsterweiterung« zuzurechnen ist und im Rahmen unseres Modells noch ungeschieden in den »Autonomieanspruch« eingeht. Der Begriff »Akklimatisation« wurde in triebdynamischem Kontext erstmals von MCFARLAND & HOUSTON (1981) definiert. Befunde über Testosteron-Anstieg bei siegreichen Tennisspielern findet man bei MAZUR & LAMB (1980). Zu den »Vermeider-Kindern« siehe AINSWORTH, BLEHAR, WATERS & WALL (1978) sowie MAIN (1982). Der Begriff »Urvertrauen« stammt von ERIKSON (1965). Der Ausdruck »Not-Ich« wird, in anderer Bedeutung als hier, auch stellenweise in der Schule von C.G. JUNG verwendet. AINSWORTH spricht in der Gemeinschaftsarbeit (von 1978) im selben Zusammenhang von »defensive independence«. Zum Begriff »Charakterpanzer« vgl. REICH (1970). Über Distanz-Äquivalente, vor allem im Bereiche der Körperhaltung, findet man Literaturhinweise unter dem von E.T. HALL (1966) eingeführten Stichwort »Proxemik«. Zur Soziobiologie des reziproken Altruismus vgl. den Aufsatz von TRIVERS in CLUTTON-BROCK & HARVEY (1978, S. 189 ff.). Im übrigen bezieht sich das vorliegende Kapitel auf Literatur aus den Kapiteln 16 bis 22.

28. *Die Göttin mit dem Schlangenrock*

Die im Text zitierten Werke von FREUD und FERENCZI sind im Literaturverzeichnis unter ihrem jeweiligen Titel zu finden. Das Zitat auf S. 486 f. findet man in FREUD (1930, Fußnote auf S. 477). Im übrigen eignet sich als Hilfe bei der Literatursuche in Detailfragen das psychoanalytische Wörterbuch von LAPLANCHE & PONTALIS (1973). Das Zitat auf S. 484 stammt von MENNINGER (1968, S. 117).

29. *Das nicht festgestellte Tier*

Die Zitate aus »Brehms Thierleben« sind der Ausgabe BREHM (1876) entnommen und stehen auf S. 23 und S. 21. Zur philosophischen Anthropologie vgl. vor allem SCHELER (1949), PLESSNER (1975) und GEHLEN (1966). Erste bildliche Darstellungen von Spermatozoen nach Art der Zeichnung auf S. 511 sind in SINGER (1972, S. 287) abgebildet; dort findet man auch die Quellenhinweise. Der Begriff der

»Fulguration« wird in LORENZ (1973) auf S. 48 ff. eingeführt und diskutiert. Zum Begriff der »Umwelt« vgl. VON UEXKÜLL (1921).

30. Imaginäre Dimensionen

Das Hintergrundmaterial zu diesem Kapitel wird in BISCHOF-KÖHLER (1985) systematisch entwickelt; man findet dort auch Angaben zur weiterführenden Literatur. Beobachtungen zur Organisation der Phantasie teilt KLEINT (1940) mit. Der Aufsatz über »KANTS Lehre vom Apriorischen im Lichte gegenwärtiger Biologie«, in dem die Evolutionäre Erkenntnistheorie begründet wurde, ist in LORENZ (1978 b, S. 82–109) abgedruckt. Für eine Würdigung dieses Artikels vgl. die Diskussionsbeiträge von PIAGET und BISCHOF in PIATTELLI-PALMARINI (1980). Über die Entwicklung des kindlichen Identitätserlebens haben PIAGET und seine Schüler gearbeitet; siehe dazu GRUBER & VONECHE (1977) sowie besonders BOWER (1979). Der Begriff der »synchronen Identität« wird in der Genfer Schule mit den Ausdrücken »Symbolfunktion« und »semiotische Funktion« bezeichnet. Die Originale zu den Zeichnungen auf S. 531 entstammen HAYES (1951) und KÖHLER (1921). Die Literatur zur sogenannten Schimpansensprache ist bereits zu umfangreich, um hier aufgezählt werden zu können. Einen zusammenfassenden Überblick bietet DELUCE & WILDER (1983). Als erste Auswahl von Originalarbeiten sei hingewiesen auf GARDNER & GARDNER (1969), FOUTS (1975), PREMACK & PREMACK (1983) sowie auf den von GRIFFIN (1982) herausgegebenen Symposienband. Hauptvertreter des linguistischen Relativismus ist WHORF (1978). Über die teilweise erstaunlichen nonverbalen Kommunikationsleistungen bei Schimpansen hat MENZEL (1974) gearbeitet. Die auf S. 541 mitgeteilten Befunde über Werkzeugmitnahme bei Wanderungen zu Futterplätzen sind in BOESCH & BOESCH (1984) veröffentlicht.

31. Das Erbe der Instinkte

Literatur zur Ausdruckstheorie wurde bereits im 18. Kapitel nachgewiesen. Die Theorie der »funktionellen Autonomie der Motive« wird in ALLPORT (1949) dargestellt. Zur Anthropologie der Angst, insbesondere aus der Perspektive der Existentialphilosophie, vgl. KIERKEGAARD (1965) und HEIDEGGER (1976), ferner WUST (1962). Das auf S. 556 wiedergegebene Gedicht von BERGENGRUEN erschien unter dem Titel ›Wandlung‹ in dem Gedichtband »Figur und Schatten« 1958 im Arche-Verlag Zürich. Den Mythos vom Helden beschreibt CAMPBELL (1978).

32. Konturen der Gesellschaft

Zum Phänomen der Konformität gibt es ausgedehnte sozialpsychologische Untersuchungen, über die WISWEDE (1976) orientiert. Über den Begriff des Anstoßnehmens hat BILZ (1967) gearbeitet. Für juristische Fragen zum Inzestproblem vgl. MAISCH (1968). Zu den Stichworten »Selbstorganisation« und »dissipative Strukturen« gibt es nur entweder mathematisch sehr anspruchsvolle Veröffentlichungen wie PRIGOGINE (1985) und HAKEN (1983) oder populäre Darstellungen, meist aus zweiter Hand von zweifelhaftem Informationswert und einem Hang zu Geheimnistuerei und modischer Übertreibung. Zum Begriff der »Eigenqualität« von Rorschach-Tafeln vgl. BOHM (1967). Über die Systemtheorie des Umschlagens von Triebzielen in ihr Gegenteil haben MOSER, V. ZEPPELIN & SCHNEIDER (1969) gearbeitet. Zur Ambivalenz des Heiligen vgl. auch CAILLOIS (1959).

33. Wissenschaft und Ideologie

Der unzulässige Schluß vom Sein auf das Sollen wird als »naturalistic fallacy« bezeichnet; Diskussionsbeiträge dazu in STENT (1980). Biologiekritische Literatur von gesellschaftswissenschaftlicher Seite hatte in den frühen 70er Jahren Hochkonjunktur. Eine Veröffentlichung dieser Art, die sich immerhin um Fairness bemüht, aber alle gängigen Vorurteile enthält, ist SCHMIDBAUER (1973). Die Formulierung »Occams razor« ist gebräuchlich für das »Prinzip der Sparsamkeit«, welches besagt, daß Erklärungsgründe nicht unnötig zu vervielfachen seien; vgl. etwa DIEMER & FRENZEL (1967, S. 136). Das »Spiegel«-Zitat von S. 592 stammt von Rosa VON PRAUNHEIM; es steht in Heft 48, Jahrgang 38 (1984), S. 228. Über unterschiedliche Einstellungen zur Mutter bei rechts- und linksradikalen Adoleszenten berichtet GROSSARTH-MATICEK (1975, 1979) auf der Grundlage einer wegen methodischer Mängel kaum beweiskräftigen, aber psychologisch subtilen und bis jetzt nicht widerlegten Befragung.

Literaturverzeichnis

Aberle, D.F., Bronfenbrenner, U., Hess, E.H., Miller, D.R. & Spuhler, J.N. (1963): The incest taboo and the mating patterns of animals. American Anthropologist 65, 253–265

Adams, N.S. & Neel, J.V. (1967): Children of Incest. Pediatrics 40, 50–62

Ainsworth, M.D. (1972): Attachment and dependency: a comparison. In: Gewirtz, J.L. (Ed.): Attachment and Dependency. Washington: V.H.Winston & Sons, 97–137

Ainsworth, M.D., Blehar, M.C., Waters, E. & Wall, S. (1978): Patterns of Attachment. Hillsdale: Lawrence Erlbaum Associates

Allport, G.W. (1949): Persönlichkeit; Struktur, Entwicklung und Erfassung der menschlichen Eigenart. Stuttgart

Anzenberger, A. (1983): Bindungsmechanismen in Familiengruppen von Weißbüscheläffchen (Callithrix jacchus). Dissertation. Zürich: Juris Druck & Verlag

Atkinson, J.W. (1975): Einführung in die Motivationsforschung. Stuttgart: Klett

Baldwin, J.D. (1969): The ontogeny of social behavior of squirrel monkeys (Saimiri sciureus) in a semi-natural environment. Folia primat. 11, 35–79

Bally, G. (1945): Vom Ursprung und von den Grenzen der Freiheit, eine Deutung des Spieles bei Tier und Mensch. Basel: Birkhäuser

Bateson, P. (1978): Sexual imprinting and optimal outbreeding. Nature 273, 659–660

Bateson, P. (1982): Preferences for cousins in Japanese quail. Nature 295, 236–237

Berlyne, D.E. (1974): Konflikt, Erregung, Neugier; zur Psychologie der kognitiven Motivation. Stuttgart: Klett

Bettelheim, B. (1971): Die Kinder der Zukunft. Wien: Molden

Bilz, R. (1966): Der Vagus-Tod. Med. Welt 17, 117–122 & 163–170

Bilz, R. (1967): Ueber die menschliche Schamhaftigkeit. Homo 18, 23–36

Bischof, N. (1969): Hat Kybernetik etwas mit Psychologie zu tun? Psychol. Rundschau 20, 237–256

Bischof, N. (1972a): The biological foundations of the incest taboo. Social Science Information 11 (6), 7–36
Deutsche Fassung (1973): Die biologischen Grundlagen des Inzesttabus. In: Reinert, G. (Hrsg.): Bericht über den 27.Kongreß der Deutschen Gesellschaft für Psychologie in Kiel 1970. Göttingen: Hogrefe 115–142

Bischof, N. (1972b): Inzuchtbarrieren in Säugetiersozietäten. Homo 23, 330–351

Bischof, N. (1974a): Erkenntnistheoretische Grundlagenprobleme der Wahrnehmungspsychologie. In: Metzger, W. & Erke, H. (Hrsg.): Handbuch der Psychologie in 12 Bdn. Bd. 1/I: Wahrnehmung und Bewußtsein. Göttingen: Verlag für Psychologie, 21–78

Bischof, N. (1974b): Psychophysik der Raumwahrnehmung. In: Metzger, W. & Erke, H. (Hrsg.): Handbuch der Psychologie in 12 Bdn. Bd. 1/I: Wahrnehmung und Bewußtsein. Göttingen: Verlag für Psychologie, 307–408

Bischof, N. (1975): A systems approach towards the functional connections of attachment and fear. Child Development 46, 801–817

Bischof, N. (1981): Aristoteles, Galilei, Kurt Lewin – und die Folgen. In: Michaelis, W. (Hrsg.): Bericht über den 32.Kongreß der Deutschen Gesellschaft für Psychologie, Zürich, 1980. Göttingen: Verlag für Psychologie Hogrefe, 17–39

Bischof, N. & Scheerer, E. (1970): Systemanalyse der optisch-vestibulären Interak-

tion bei der Wahrnehmung der Vertikalen. Psychol. Forsch. 34, 99–181
Bischof, N. & Preuschoft, H. (Hrsg.) (1980): Geschlechtsunterschiede. Entstehung und Entwicklung. Mann und Frau in biologischer Sicht. München: C.H.Beck
Bischof-Köhler, D. (1985): Zur Phylogenese menschlicher Motivation. In: Eckensberger L.H. & Lantermann E.-D. (Hrsg.): Emotion und Reflexivität. Wien: Urban & Schwarzenberg, 3–47
Blurton-Jones, N.G. (1972): Ethological Studies of Child Behaviour. Cambridge: Cambridge University Press
Boesch, Ch. & Boesch, H. (1984): Mental map in wild chimpanzees: An analysis of hammer transports for nut cracking. Primates 25 (2), 160–170
Bohm, E. (1967): Lehrbuch der Rorschach-Psychodiagnostik für Psychologen, Ärzte und Pädagogen. Bern: Huber
Bower, G.H. & Hilgard, E.R. (1984): Theorien des Lernens. Stuttgart: Klett-Cotta
Bower, T.G.R. (1979): Human Development. San Francisco, Freemann
Bowlby, J. (1975): Bindung. München: Kindler
Brehm, A.E. (1876): Brehms Thierleben. Allgemeine Kunde des Thierreichs. Grosse Ausgabe, 2.Auflage. 1.Abtheilung: Säugethiere, 1.Band. Leipzig: Verlag des Bibliographischen Instituts
Broadhurst, P.L. (1959): The interaction of task difficulty and motivation: The Yerkes-Dodson law revived. Acta psychol. 16, 321–338
Caillois, R. (1959): L'homme et le sacre. Glencoe, Ill.: Free Press
Calhoun, J.B. (1962): The ecology and sociology of the Norway rat. Washington: Public Health Service Publications No.1008
Campbell, J. (1978): Der Heros in tausend Gestalten. Frankfurt: Fischer
Carpenter, C.R. (1964): Naturalistic behaviour of nonhuman primates. University Park, Pa.: Pennsylvania State University Press
Chance, M.R.A. (1967): Attention structures as the basis of primate rank orders. Man 2, 503–518
Chance, M.R.A. & Jolly, C.J. (1970): Social Groups of Monkeys, Apes and Men. London: Cape
Chepko-Sade, B.D. & Sade, D.S. (1979): Patterns of group splitting within matrilineal kinship groups. A study of social group structure in Macaca mulatta (Cercopithecidae: primates). Behav. Ecol. Sociobiol. 5, 67–86
Clutton-Brock, T.H. & Harvey P.H. (1978): Readings in Sociobiology. Reading & San Francisco: Freeman
Cofer, C.N. & Appley, M.H. (1964): Motivation: Theory and Research. New York: Wiley
Coult, A.D. (1963): Causality and Cross-Sex Prohibitions. American Anthropologist 65, 266–277
Craig, W. (1918): Appetites and Aversions as Constituents of Instincts. Biological Bulletin 34 (2), 91–107
Dawkins, R. (1984): Das egoistische Gen. Heidelberg: Springer
DeHeusch, L. (1958): Essais sur le symbolisme de l'inceste royal en Afrique. Brüssel: Université Libre de Bruxelles
DeLuce, J. & Wilder, H.T. (1983): Language in Primates. Berlin: Springer
Diemer, A. & Frenzel, J. (1967): Fischer Lexikon der Philosophie. Frankfurt: Fischer
Dollard, J., Doob, L., Miller, N.E., Mowrer, O.H. & Sears, R.R. (1939): Frustration and Aggression. New Haven: Yale Univ. Press
Driesch, H. (1928): Philosophie des Organischen. Leipzig: Quelle & Meyer, 4. Aufl.
Eibl-Eibesfeldt, I. (1950): Über die Jugendentwicklung des Verhaltens eines männ-

lichen Dachses unter besonderer Berücksichtigung des Spieles. Z. Tierpsychol. 7, 327–355
Eibl-Eibesfeldt, I. (1978): Grundriß der vergleichenden Verhaltensforschung. München Piper
Eibl-Eibesfeldt, I. (1984): Die Biologie des menschlichen Verhaltens. München: Piper
Eisenberg, J. F. (1966): The social organization of mammals. Handbuch der Zoologie 10, 1–92. Berlin: Walter de Gruyter
Ellefson, J.O. (1968): Territorial behavior in the common white-handed gibbon, Hylobates lar. In: Yay, Ph. (Ed.): Primates. New York: Holt, Rinehart & Winston, 186–199
Engels, F. (1977): Der Ursprung der Familie, des Privateigentums und des Staats im Anschluß an Lewis H. Morgans Forschungen. Berlin-DDR: Dietz-Verlag
Epple, G. (1967): Vergleichende Untersuchungen über Sexual- und Sozialverhalten der Krallenaffen (Hapalidae). Folia Primatol. 7, 37–65
Epple, G. (1970): Maintenance, breeding and development of marmoset monkeys (callithricidae) in captivity. Folia Primatologica 12, 56–76
Epple, G. (1975): The behavior of marmoset monkeys (Callitrichidae). Primate Behavior 4, 195–239
Erikson, E.H. (1965): Kindheit und Gesellschaft. Stuttgart
Estes, R.D. (1969): Territorial Behavior of the Wildebeest. Z. Tierpsychol. 26, 284–370
Ewer, R.F. (1968): Ethology of Mammals. London: Elek Science
Eyde, D. & Postal, P. (1961): Avunculocality and Incest: The Development of Unilateral Cross Cousin Marriage and Crow-Omaha Kinship Systems. American Anthropologist 63, 747–771
Feigl, H. (1967): The »mental« and the »physical«. The Essay and a Postscript. Minneapolis: Univ. of Minnesota Press
Ferenczi, S. (1939): Das unwillkommene Kind und sein Todestrieb (1929). In: Bausteine zur Psychoanalyse III. Bd. Bern: Huber
Fischer, H. (1965): Das Triumphgeschrei der Graugans (Anser anser). Z. Tierpsychol. 22, 247–304
Fisher, R.A. (1930): The genetical theory of natural selection. Oxford: Clarendon Press
Flitner, A. (Hrsg.) (1974): Das Kinderspiel. Texte. München, Piper
Fouts, R.S. (1975): Communication with chimpanzees. In: Kurth, G. & Eibl-Eibesfeldt, I. (Hrsg.): Hominisation und Verhalten. Stuttgart: Fischer, 137–158
Fox, G.J. (1972): Some comparisons between Siamang and Gibbon behaviour. Folia Primat. 18, 122–139
Fox, R. (1962): Sibling incest. British Journal of Sociology 13, 128–150
Fox, R. (1967): Kinship and marriage. Harmondsworth: Penguin Books
Frazer, Sir J.G. (1910): Totemism and exogamy, Bd. IV. London
Freud, S. (1900): Die Traumdeutung. Gesammelte Werke, Bd. 2/3. Frankfurt: Fischer
Freud, S. (1912): Totem und Tabu. Gesammelte Werke, Bd. 9
Freud, S. (1920): Jenseits des Lustprinzips. Gesammelte Werke, Bd. 13
Freud, S. (1921): Massenpsychologie und Ich-Analyse. Gesammelte Werke, Bd. 13
Freud, S. (1924): Das ökonomische Problem des Masochismus. Gesammelte Werke, Bd. 13
Freud, S. (1930): Das Unbehagen in der Kultur. Gesammelte Werke, Bd. 14

Gardner, R.A. & Gardner, B.T. (1969): Teaching sign language to a chimpanzee. Science 165, 664–672
Gehlen, A. (1966): Der Mensch, seine Natur und seine Stellung in der Welt. Frankfurt a.M.: Athenäum (8.Aufl.)
Griffin, D.R. (Ed.) (1982): Animal mind – human mind. Berlin: Springer
Grossarth-Maticek, R. (1975): Revolution der Gestörten? Heidelberg: Quelle & Meyer
Grossarth-Maticek, R. (1979): Radikalismus. Untersuchungen zur Persönlichkeitsentwicklung westdeutscher Studenten. Basel: S.Karger
Gruber, H.E. & Voneche, J.J. (Eds.) (1977): The essential Piaget. New York: Basic Books, Inc.
Hadorn, E. & Wehner, R. (1978): Allgemeine Zoologie. Stuttgart: Thieme
Haken, H. (1983): Synergetik. Berlin: Springer (2.Aufl.)
Hall, E.T. (1966): The hidden dimension. New York: Doubleday
Hall, K R.L. (1967): Social interaction of the adult male and adult females of a Patas monkey group. In: Altmann, S.A. (Ed.): Social communication among primates. Chicago & London: The Univ. of Chicago Press, 261–280
Hall, K.R.L. (1968): Behaviour and ecology of the wild Patas monkey in Uganda. In: Jay, Ph.C. (Ed.): Primates. New York, Holt, Rinehart u. Winston 32–120
Hampton, J.K. & Taylor, A.C. (1971): Gonadal development in marmosets. Proc. 3rd Int. Congr. Primat., Zürich, Vol.I. Basel: Karger, 246–259
Harcourt, A.H. (1978): Strategies of emigration and transfer by primates, with particular reference to gorillas. Z. f. Tierpsychologie 48, 401–420
Hassenstein, B. (1965): Biologische Kybernetik. Heidelberg: Quelle und Meyer.
Hassenstein, B. (1973): Verhaltensbiologie des Kindes. München: Piper
Hausmann, M. (1954): Isabel. Gütersloh: C.Bertelsmann
Hayes, C. (1951): The ape in our house. New York: Harper
Heckhausen, H. (1980): Motivation und Handeln. Berlin: Springer
Hediger, H. (1942): Wildtiere in Gefangenschaft. Basel
Heidegger, M. (1976): Sein und Zeit. Tübingen: Niemeyer (13.Aufl.)
Heinroth, O. (1911): Beiträge zur Biologie, namentlich Ethologie und Psychologie der Anatiden. In: Schalow, H. (Hrsg.): Verhandlungen des 5.Internationalen Ornithologenkongresses in Berlin 1910. Berlin: Dt. Ornithol. Gesellschaft, 589–702
Hendrichs, H. & Hendrichs, U. (1971): Dikdik und Elefanten. München: Piper
Hess, E.H. (1975): Prägung. München: Kindler
Hinde, R.A. (1973): Das Verhalten der Tiere. Frankfurt: Suhrkamp
Holst, D. von (1972): Renal failure as the cause of death in Tupaia belangeri exposed to persistent social stress. J. comp. Physiol. 78, 236–273
Holst, D. von (1977): Social stress in tree-shrews: Problems, results and goals. J. comp. Physiol. 120, 71–86
Holst, E. von (1969): Zur Verhaltensphysiologie bei Tieren und Menschen. Gesammelte Abhandlungen, Bd. 1 und 2. München: Piper
Holst, E. von & Mittelstaedt, H. (1950): Das Reafferenzprinzip. In: Holst, E. von (1969).
Homans, G.C. & Schneider, D.M. (1955): Marriage, Authority and Final Causes. A Study of Unilateral Cross-Cousin Marriage. Glencoe, Ill.: Free Press
Hutt, C. (1966): Exploration and Play in Children. Symp. Zool. Soc. Lond. 18, 61–81
Immelmann, K. (1979): Einführung in die Verhaltensforschung. Berlin: Parey

Kaufmann, J.H. (1962): Ecology and Social Behavior of the Coati (Nasua narica) on Barro Colorado Islands, Panama. Univ. of Calif. Publications in Zoology 60, 95–222
Keller, H. & Voss, H.-G. (1976): Neugier und Exploration. Stuttgart: Kohlhammer
Kerr, J. (1979): Als Hitler das rosa Kaninchen stahl. Ravensburg: Otto Maier
Kierkegaard, S. (1965): Der Begriff Angst. Düsseldorf: Eugen Diederichs
Kleiman, D.G. (1977): Monogamy in mammals. Quart. Review of Biology 52, 39–69
Kleint, H. (1940): Versuche über die Wahrnehmung. Z. f. Psychologie 149, 31–82
Klingel, H. (1967): Soziale Organisation und Verhalten freilebender Steppenzebras. Z. Tierpsychol. 24, 518–624
Klingel, H. (1969): Zur Soziologie des Grévy-Zebras. Zool. Anz. Suppl. 33, 311–316
Klopfer, P.H., Gamble, J. (1966): Maternal »imprinting« in goats: the role of chemical senses. Z. Tierpsychol. 23, 588–592
Klopfer, P.H. & Klopfer, M.S. (1968): Maternal »imprinting« in goats: fostering of alien young. Z. Tierpsychol. 25, 862–866
Kluckhohn, C. (1947): Some Aspects of Navaho Infancy and Early Childhood. Psychoanal. and Soc. Science 1, 37–86
Knussmann, R. (1965): Das Partnerleitbild des Menschen in vergleichend-biologischer Sicht. Studium Generale 18 (1), 38–49
Köhler, W. (1921) (Neudruck 1973): Intelligenzprüfungen an Menschenaffen. Berlin: Springer
Kortmulder, K. (1968): An Ethological Theory of the Incest Taboo and Exogamy. Current Anthropology 9, 437–449
Kummer, H. (1968): Social organization of Hamadryas Baboons. Basel: S. Karger
Kummer, H. (1971): Primate Societies. Chicago: Atherton
Kummer, H. & Abegglen, J.-J. (1978): Gesellschaftsordnung bei Mantelpavianen. In: Stamm, A. & Zeier, H. (Hrsg.): Die Psychologie des 20. Jahrhunderts. Zürich: Kindler Verlag, 163–176
Lamprecht, J. (1977): Verhalten. Freiburg: Herder
Laplanche, J. & Pontalis, J.B. (1973): Das Vokabular der Psychoanalyse. Frankfurt: Suhrkamp
Lawick-Goodall, J. van (1971): Wilde Schimpansen. Reinbek: Rowohlt
Lawick-Goodall, J. van (1975): The behaviour of the chimpanzee. In: Kurth, G. & Eibl-Eibesfeldt, I. (Hrsg.): Hominisation und Verhalten. Stuttgart: Fischer, 74–136
Lersch, Ph. (1962): Aufbau der Person. München: Barth
Lettvin, J., Maturana, H., McCulloch, W. & Pitts, W. (1959): What the frog's eye tell the frog's brain. Proceedings of the Institute of Radio Engineers, 47, 1940–1951
Lévi-Strauss, C. (1970): The elementary structures of kinship. London: Social Science Paperbacks.
Dtsch.: Die elementaren Strukturen der Verwandtschaft. Frankfurt: Suhrkamp, 1984
Lindzey, G. (1967): Some remarks concerning incest, the incest taboo, and psychoanalytic theory. American Psychologist 22, 1051–1059
Linsenmair, E.K. & Linsenmair, Ch. (1971): Paarbildung und Paarzusammenhalt bei der monogamen Wüstenassel. Z. Tierpsychol. 29, 134–155

Livingstone, F.B. (1969): Genetics, ecology and the origins of incest and exogamy. Current Anthropology 10 (1), 45–61
Löffler, L. (1972): Inzest und Exogamie. Homo 23, 351–365
Lorenz, K. (1943): Die angeborenen Formen möglicher Erfahrung. Z. Tierpsychol. 5 (2), 235–409
Lorenz, K. (1963): Das sogenannte Böse. Wien: Borotha-Schoeler
Lorenz, K. (1965): Über tierisches und menschliches Verhalten. Gesammelte Abhandlungen, Bd. I/II. München: Piper
Lorenz, K. (1973): Die Rückseite des Spiegels. Versuch einer Naturgeschichte menschlichen Erkennens. München: Piper
Lorenz, K. (1978a): Vergleichende Verhaltensforschung. Grundlagen der Ethologie. Wien: Springer
Lorenz, K. (1978b): Das Wirkungsgefüge der Natur und das Schicksal des Menschen, Gesammelte Arbeiten. Herausgegeben von I. Eibl-Eibesfeldt, München: Piper
Maccoby, E.E., Masters, J.C. (1970): Attachment and dependency. In: Mussen, P.H. (Ed.): Carmichael's Manual of Child Psychology, Vol. 2. New York: Wiley, 73–157
Main, M. (1982): Vermeiden im Dienst von Nähe. In: Immelmann, K., Barlow, G., Petrinowitch, L. & Main, M. (Hrsg.): Verhaltensentwicklung bei Menschen und Tier. Berlin: P. Parey
Maisch, H. (1968): Inzest. Reinbek: Rowohlt
Malinowski, B. (1931): Culture. In: Seligman, E.R.A. (Ed.): Encyclopaedia of the Social Sciences, Vol. 4. London: Macmillan, 621–646
Malinowski, B. (1962): Geschlecht und Verdrängung in primitiven Gesellschaften. Reinbek: Rowohlt
Malyshev, S.I. (1968): Genesis of the Hymenoptera and the phases of their evolution. London: Methuen & Co.
Marler, P.R. & Hamilton, W.J. (1972): Tierisches Verhalten. München: BLU
Mason, J.W. (1972): Organization of psychoendocrine mechanisms. A review and reconsideration of research. In Greenfield, N.S. & Sternbach, R.A. (eds.), Handbook of Psychophysiology. New York: Holt, Rinehart & Winston, 3–91
Mason, W.A. (1965): Determinants of social behavior in young chimpanzees. In: Schrier, A.M., Harlow, H.F. & Stollnitz, F. (Eds.): Behavior of nonhuman primates, Vol. II. New York: Academic Press, 335–364
Mason, W.A. (1966): Social organization of the South American monkey. Callicebus moloch: A preliminary report. Tulane Studies Zool. 13, 23–28
Maynard Smith, J. (1978): The Evolution of Sex. Cambridge: Cambridge Univ. Press
Mazur, A. & Lamb, T.A. (1980): Testosterone, status, and mood in human males. Hormones and Behavior 14, 236–246
McCabe, J. (1983): F B D Marriage: Further support for the Westermarck Hypothesis of the Incest Taboo?. American Anthropologist 85, 50–69
McClelland, D.C. (1966): Die Leistungsgesellschaft. Stuttgart: Kohlhammer
McFarland, D.J. (1971): Feedback Mechanisms in Animal Behaviour. London: Academic Press
McFarland, D. & Houston, A. (1981): Quantitative ethology: the state space approach. Boston: Pitman
McGrew, W.C. (1972): An ethological study of children's behavior. London: Academic Press

Mead, M. (1970): Jugend und Sexualität in primitiven Gesellschaften. München: DTV
Menninger, K. (1968): Das Leben als Balance. München: Piper
Menzel, E.W. Jr. (1974): A group of young chimpanzees in a once-acre field. In: Schrier, A.M. & Stollnitz, F. (Eds.): Behavior of nonhuman primates, Vol. 5. New York: Academic Press, 83–153
Messelken, K. (1974): Inzesttabu und Heiratschancen. Stuttgart: Enke
Meves, Ch. (1971): Verhaltensstörungen bei Kindern. München: Piper
Meyer-Holzapfel, M. (1940): Triebbedingte Ruhezustände als Ziel von Appetenzhandlungen. Die Naturwissenschaften 28 (18), 273–280
Miller, G.A., Galanter, E. & Pribram, K.H. (1973): Pläne und Strukturen des Verhaltens. Stuttgart: Klett
Missakian, E.A. (1973): Genealogical mating activity in free-ranging rhesus monkeys (Macaca mulatta) on Cayo Santiago. Behaviour 45, 224–241
Missakian, E.A. (1974): Mother-offspring relations in rhesus monkeys. Arch. Sex. Behav. 3, 135–141
Moser, U., von Zeppelin, I. & Schneider, W. (1969): Computer simulation of a model of neurotic defence processes. Int. Journal of Psycho-Analysis 50, 53–64
Müller, E.W. (1981): Der Begriff »Verwandtschaft« in der modernen Ethnosoziologie. Berlin: Reimer
Murdock, G.P. (1949): Social Structure. Toronto: Macmillan
Murray, H.A. (1971): Thematic Apperception Test. Cambridge, Mass.: Harvard Univ. Press
Nöbauer, W. & Timischl, W. (1979): Mathematische Modelle in der Biologie. Braunschweig: Vieweg
Oppelt, W. (1960): Kleines Handbuch technischer Regelvorgänge. Weinheim: Verlag Chemie
Orians, G.H. (1969): On the evolution of mating systems in birds and mammals. American Naturalist 103, 589–603
Parker, S. (1976): The precultural basis of the incest taboo: toward a biosocial theory. American Anthropologist 78, 285–305
Parker, S. (1984): Cultural rules, rituals and behavior regulation. Amer. Anthropologist 86, 584–600
Parsons, T. (1964): Soziologische Theorie. Neuwied: Luchterhand
Piattelli-Palmarini, M. (ed.) (1980): Language and Learning. The Debate between Jean Piaget and Noam Chomsky. Cambridge, Mass: Harvard Univ. Press
Plessner, H. (1975): Die Stufen des Organischen und der Mensch. Berlin: De Gruyter (3. Aufl.)
Premack, D. & Premack, A. (1983): The mind of an ape. New York: Norton
Prigogine, I. (1985): Vom Sein zum Werden. München: Piper
Pusey, A.E. (1980): Inbreeding avoidance in chimpanzees. Animal Behaviour 28, 543–552
Raglan, R.F. (1940): Jocasta's Crime. London
Rajecki, D.W., Lamb, M.E. & Obmascher, P. (1978): Toward a general theory of infantile attachment: A comparative review of aspects of the social bond. The Behavioral and Brain Sciences 3, 417–464
Rasa, A.E. (1984): Die perfekte Familie. Leben und Sozialverhalten der Zwergmungos. München: Deutsche Verlagsanstalt
Reich, W. (1970): Charakteranalyse. Köln: Kiepenheuer & Witsch

Rothe, H. (1975): Some aspects of sexuality and reproduction in groups of captive marmosets (Callithrix jacchus). Z. Tierpsychol. 37, 255–273
Rothe, H. (Ed.) (1978): Biology and behaviour of Marmosets. Göttingen: Eigenverlag Rothe
Sade, D.S. (1967): Determinants of dominance in a group of free-ranging Rhesus monkeys. In: Altmann, S.A. (Ed.): Social communication among primates. Chicago: Univ. Press, 9–114
Sade, D.S. (1968): Inhibition of son-mother mating among free-ranging Rhesus monkeys. In: Masserman, J.H. (Ed.): Science and Psychoanalysis, Vol. XII, Animal and Human. New York, London: Grune & Stratton, 18–38
Sade, D.S. (1972): A longitudinal study of social behavior of Rhesus monkeys. In: Tuttle, R. (Ed.): The functional and evolutionary biology of primates. Chicago: Aldine Atherton
Sade, D.S. (1976): Population dynamics in relation to social structure on Cayo Santiago. Yearbook of Physical. Anthrop. 20, 253–262
Schachter, S. (1967): The Psychology of Affiliation. Experimental Studies of Gregariousness. Stanford: Stanford Univ. Press
Scheler, M. (1949): Die Stellung des Menschen im Kosmos. München: Nymphenburger Verlag
Schjelderup-Ebbe, Th. (1922): Beiträge zur Sozialpsychologie des Haushuhns. Z. Psychol. 88, 225–252
Schmidbauer, W. (1973): Biologie und Ideologie. Kritik der Humanethologie. Hamburg: Hoffmann & Campe
Schneider, D.M. (1976): The meaning of incest. The Journ. of the Polynesian Society 85 (2), 149–169
Schull, E.J. & Neel, J.V. (1965): The Effects of Inbreeding on Japanese Children. New York: Harper & Row
Schusky, E.L. (1965): Manual for Kinship Analysis. New York: Holt, Rinehart & Winston
Sears, R.R. (1943): Survey of objective studies of psychoanalytic concepts. New York: Social Science Research Council Bulletin 51
Sears, R.R. (1972): Attachment, dependency, and frustration. In: Gewirtz, J.L. (Ed.): Attachment and Dependency. Washington: V.H. Winston & Sons, Inc., 1–27
Seemanova, E. (1971): A Study of Children of incestuous Matings. Human Heridity 21, 108–128
Seligman, B.Z. (1929): Incest and Descent: Their influence on Social Organization. Journal of the Royal Anthropological Institute 59, 231–272
Seligman, B.Z. (1950): The problem of incest and exogamy: A restatement. American Anthropologist 52, 309–316
Seligman, M.E.P. (1979): Erlernte Hilflosigkeit. München: Urban & Schwarzenberg
Selye, H. (1977): Stress. Reinbek: Rowohlt
Shepher, J. (1983): Incest – a biosocial view. London: Academic Press
Sidler, N. (1971): Zur Universalität des Inzesttabus. Stuttgart: F. Enke-Verlag
Singer, Ch. (1972): A short history of scientific ideas to 1900. London: Oxford Univ. Press
Slater, M.K. (1959): Ecological factors in the origin of incest. American Anthropologist 61, 1042–1059
Smith, D.E. & Rose, A.J. (1970): The group marriage commune: a case study. Journal of Psychedelic Drugs 3, 115–119

Spiro, M. E. (1954): Is the family universal? Amer. Anthropologist 56, 839–846
Spitz, R. (1967): Vom Säugling zum Kleinkind. Naturgeschichte der Mutter-Kind-Beziehungen im ersten Lebensjahr. Stuttgart: Klett
Stent, G. S. (Ed.) (1980): Morality as a biological phenomenon. Berkeley: Univ. of California Press
Stephens, W. N. (1962): The Oedipus complex: cross-cultural evidence. New York: Free Press of Glencoe
Sullerot, E. (1979): Die Wirklichkeit der Frau. München: Steinhausen
Sugiyama, Y. (1967): Social organization of Hanuman Langurs. In: Altmann, S. A. (Ed.): Social Communication among Primates. Chicago: Univ. of Chicago Press, 221
Symons, D. (1978): Play and aggression; a study of Rhesus monkeys. New York: Columbia Univ. Press
Temerlin, M. K. (1975): My daughter Lucy. Psychology today 9, 59
Tenaza, R. R. (1975): Territory and monogamy among Kloss's Gibbons (Hylobates klossii) in Siberut Island, Indonesia. Folia Primatol. 24, 60–80
Tilson, R. L. (1981): Family formation strategies of Kloss's Gibbons. Folia Primatol. 35, 259–287
Tinbergen, N. (1969): Instinktlehre. Berlin: Parey
Uexküll, J. von (1921): Umwelt und Innenwelt der Tiere. Berlin
Vogel, Ch. (1975): Soziale Organisationsformen bei Catarrhinen Primaten. In: Kurth, G. & Eibl-Eibesfeldt, I. (Hrsg.): Hominisation und Verhalten. Stuttgart: Fischer, 159–200
Vogel, Ch. (1976): Ökologie, Lebensweise und Sozialverhalten der grauen Languren in verschiedenen Biotopen Indiens. Fortschritte der Verhaltensforschung (Beihefte zur Z. Tierpsych.) 17
Vogel, Ch. (1979): Der Hanuman-Langur, ein Parade-Exempel für die theoretischen Konzepte der »Soziobiologie«?. Verh. Dtsch. Zool. Ges., 73–89
Vogel, G. & Angermann, H. (1984): Atlas zur Biologie. München: dtv
Werner, Y. L. (1980): Apparent homosexual behaviour in an all-female population of a lizard Lepidodactylus lugubris and its probable interpretation. Z. Tierpsychol. 54, 144–150
Westermarck, E. (1921): The history of human marriage. London: Macmillan
Westermarck, E. (1934): Recent theories of exogamy. Sociological Review 26, 22–44
White, L. (1949): The definition and prohibition of incest. American Anthropologist, 50, 416–435
Whiting, W. J., Kluckhohn, R. & Anthony, A. (1958): The function of male initiation ceremonies at puberty. In: Maccoby, E. E., Newcomb, T. M. & Hartley, E. L. (Eds.): Readings in Social Psychology. New York: Holt, Rinehart & Winston
Whorf, B. L. (1978): Sprache, Denken, Wirklichkeit. Reinbek: rde 174 (13. Aufl.)
Wickler, W. (1976): The ethological analysis of attachment. Z. Tierpsychol. 42, 18–28
Wickler, W. & Seibt, U. (1972): Über den Zusammenhang des Paarsitzens mit anderen Verhaltensweisen bei Hymenocera picta Dana. Z. Tierpsychol. 31, 163–170
Williams, G. C. (1977): Sex and Evolution. Princeton: Univ. Press
Wilson, E. O. (1975): Sociobiology. Cambridge, Mass.: The Belknap Press of Harvard Univ. Press
Wilsson, L. (1966): Biber. Wiesbaden: Brockhaus

Wiswede, G. (1976): Soziologie konformen Verhaltens. Stuttgart: Kohlhammer
Wolf, A.P. (1966): Childhood association, sexual attraction, and the incest taboo, a Chinese case. American Anthropologist 68, 883–898
Wolf, A.P. (1968): Adopt a daughter-in-law, marry a sister: a Chinese solution to the problem of the incest taboo. American Anthropologist 70, 864–874
Wolf, A.P. (1970): Childhood association and sexual attraction: a further test of the Westermarck hypothesis. American Anthropologist 72, 503–515
Wolf, A.P. & Huang, Ch. (1979): Marriage and adoption in China, 1845–1945. Stanford: Stanford Univ. Press
Wricke, G. (1972): Populationsgenetik. Sammlung Göschen Bd. 5005. Berlin: Walter de Gruyter
Wright, S. (1921): Systems of mating. I. The biometric relations between parent and offspring. II. The effects of inbreeding on the genetic composition of a population. III. Assortative mating based on somatic resemblance. IV. The effects of selection. V. General considerations. Genetics 6, 111–178
Wust, P. (1962): Ungewissheit und Wagnis. München: Kösel
Wynne-Edwards, V.C. (1962): Animal dispersion in relation to social behavior. London: Oliver & Boyd
Wyss, D. (1968): Strukturen der Moral. Göttingen: Vandenhoeck & Ruprecht
Zimen, E. (1971): Wölfe und Königspudel. München: Piper

Personenregister

Sachregister

(Worterklärungen sind mit Fettdruck gekennzeichnet)

Pädagogik und Psychologie bei Piper

T. Berry Brazelton
Mein Kind verstehen
Entwicklungsprobleme der ersten Lebensjahre.
Aus dem Amerik. von Hainer Kober. 245 Seiten. Kt.

Willi Butollo
Die Angst ist eine Kraft
Über die konstruktive Bewältigung von Alltagsängsten. 201 Seiten. Serie Piper 636

Felix von Cube / Dietger Alshuth
Fordern statt verwöhnen
Die Erkenntnisse der Verhaltensbiologie in Erziehung und Führung.
299 Seiten. Serie Piper 949

Entscheidung zum Sein
Viktor E. Frankls Logotherapie in der Praxis. Herausgegeben von Alfried Längle.
224 Seiten. Serie Piper 791

Andreas Flitner
Konrad, sprach die Frau Mama...
Über Erziehung und Nicht-Erziehung. 173 Seiten. Serie Piper 357

Andreas Flitner
Spielen – Lernen
Praxis und Deutung des Kinderspiels. 137 Seiten. Serie Piper 22

Viktor E. Frankl
Logotherapie und Existenzanalyse
Texte aus fünf Jahrzehnten. Mit einer Einführung von Giselher Guttmann.
310 Seiten. Kt.

Viktor E. Frankl
Der Mensch vor der Frage nach dem Sinn
Eine Auswahl aus dem Gesamtwerk. Mit einem Vorwort von Konrad Lorenz.
309 Seiten. Serie Piper 289

Pädagogik und Psychologie bei Piper

Viktor E. Frankl
Die Psychotherapie in der Praxis
307 Seiten. Serie Piper 475

Viktor E. Frankl
Die Sinnfrage in der Psychotherapie
200 Seiten. Serie Piper 214

Viktor E. Frankl/Franz Kreuzer
Im Anfang war der Sinn
Von der Psychoanalyse zur Logotherapie. Ein Gespräch. 168 Seiten. Serie Piper 520

Carol Gilligan
Die andere Stimme
Lebenskonflikte und Moral der Frau. Aus dem Amerik. von Brigitte Stein.
222 Seiten. Kt.

Albert Görres
Kennt die Psychologie den Menschen?
Fragen zwischen Psychotherapie, Anthropologie und Christentum.
270 Seiten. Kt.

Albert Görres
Kennt die Religion den Menschen?
Erfahrungen zwischen Psychologie und Glauben.
140 Seiten. Serie Piper 318

Silvia Görres
Leben mit einem behinderten Kind
115 Seiten. Serie Piper 644

Erving Goffman
Wir alle spielen Theater
Die Selbstdarstellung im Alltag. 251 Seiten. Serie Piper 312

Pädagogik und Psychologie bei Piper

Bernhard Hassenstein
Instinkt Lernen Spielen Einsicht
Einführung in die Verhaltensbiologie.
259 Seiten mit 33 Abbildungen. Serie Piper 193

Bernhard Hassenstein
Verhaltensbiologie des Kindes
In Zusammenarbeit mit Helma Hassenstein.
673 Seiten mit zahlreichen Abbildungen. Leinen.

Bernhard und Helma Hassenstein
Was Kindern zusteht
188 Seiten. Serie Piper 169

Elfriede Höhn
Der schlechte Schüler
Sozialpsychologische Untersuchungen über das Bild des Schulversagers.
268 Seiten. Serie Piper 206

Eva Jaeggi
Psychologie und Alltag
141 Seiten. Serie Piper 689

Eva Jaeggi / Walter Hollstein
Wenn Ehen älter werden
Liebe, Krise, Neubeginn. 311 Seiten. Kt.

Geneviève Jurgensen
Die Schule der Ungeliebten
Als Kindertherapeutin bei Bruno Bettelheim. Mit einem Vorwort von
Bruno Bettelheim und einem Geleitwort von Christa Meves. Aus dem Franz.
von Brigitte Weitbrecht. 227 Seiten. Serie Piper 569

Jerome Kagan
Die Natur des Kindes
Aus dem Amerik. von Friedrich Griese. 408 Seiten. Geb.

Pädagogik und Psychologie bei Piper

Louise J. Kaplan
Die zweite Geburt
Dein Kind wird zur Persönlichkeit. Mit einem Vorwort von Margaret S. Mahler. Herausgegeben von Reinhard Fatke. Aus dem Amerik. von Hainer Kober. 258 Seiten. Serie Piper 324

Das Kinderspiel
Texte. Herausgegeben von Andreas Flitner. 310 Seiten. Serie Piper 244

Lust und Liebe
Wandlungen der Sexualität. Herausgegeben von Christoph Wulf. 416 Seiten. Serie Piper 383

Alexander Mitscherlich
Auf dem Weg zur vaterlosen Gesellschaft
Ideen zur Sozialpsychologie. 400 Seiten. Serie Piper 45

Alexander Mitscherlich
Das Ich und die Vielen
Parteinahme eines Psychoanalytikers. Ein Lesebuch. Ausgewählt und eingeleitet von Gert Kalow. 336 Seiten. Serie Piper 647

Alexander Mitscherlich
Der Kampf um die Erinnerung
Psychoanalyse für fortgeschrittene Anfänger. 259 Seiten. Serie Piper 303

Alexander Mitscherlich / Margarete Mitscherlich
Die Unfähigkeit zu trauern
Grundlagen kollektiven Verhaltens. 383 Seiten. Serie Piper 168

Margarete Mitscherlich
Das Ende der Vorbilder
Vom Nutzen und Nachteil der Idealisierung. 218 Seiten. Serie Piper 183

PIPER

Pädagogik und Psychologie bei Piper

Fritz Redl
Erziehung schwieriger Kinder
Beiträge zu einer psychotherapeutisch orientierten Pädagogik.
Bearbeitet und herausgegeben von Reinhard Fatke.
263 Seiten. Serie Piper 664

Fritz Redl / David Wineman
Kinder, die hassen
Auflösung und Zusammenbruch der Selbstkontrolle.
Herausgegeben von Reinhard Fatke. Aus dem Amerik. von Gudrun Theusner-Stampa.
264 Seiten. Serie Piper 333

Fritz Redl / David Wineman
Steuerung des aggressiven Verhaltens beim Kind
Herausgegeben von Reinhard Fatke. Aus dem Amerik. von Norbert Wölfl und Reinhard Fatke. 127 Seiten. Serie Piper 129

Jörg K. Roth
Hilfe für Helfer: Balint-Gruppen
179 Seiten. Serie Piper 389

Hans Selye
Streß
Bewältigung und Lebensgewinn.
Aus dem Engl. von Hans Th. Asbeck.
213 Seiten. Serie Piper 631

Kurt Singer
Kränken und Kranksein
Psychosomatik als Weg zur Selbstwahrnehmung.
250 Seiten. Kt.

Brian und Shirley Sutton-Smith
Hoppe, hoppe, Reiter …
Die Bedeutung von Kinder-Eltern-Spielen. Bearbeitet, übersetzt und herausgegeben von Reinhard Fatke. 242 Seiten. Kt.

Piper 36/6f

PIPER

Pädagogik und Psychologie bei Piper

Paul Watzlawick
Wie wirklich ist die Wirklichkeit?

Wahn – Täuschung – Verstehen.
252 Seiten mit 17 Abbildungen. Serie Piper 174

Wege zum Sinn

Logotherapie als Orientierungshilfe.
Für Viktor E. Frankl. Herausgegeben von Alfred Längle.
215 Seiten. Serie Piper 387

Wolfgang Wickler
Die Biologie der Zehn Gebote

Warum die Natur für uns kein Vorbild ist. 181 Seiten. Serie Piper 296

Wolfgang Wickler / Uta Seibt
männlich weiblich

Der große Unterschied und seine Folgen. 182 Seiten. Serie Piper 285

Daniel Widlöcher
Die Depression

Logik eines Leidens – psychoanalytisch, biologisch, historisch, sozial.
Aus dem Franz. von Hainer Kober. 236 Seiten. Kt.

Die erfundene Wirklichkeit

Wie wissen wir, was wir zu wissen glauben? Beiträge zum Konstruktivismus.
Herausgegeben von Paul Watzlawick.
326 Seiten mit 31 Abbildungen. Serie Piper 373

Dieter E. Zimmer
Die Vernunft der Gefühle

Ursprung, Natur und Sinn der menschlichen Emotion.
272 Seiten. Serie Piper 227

Irenäus Eibl-Eibesfeldt

Die Biologie des menschlichen Verhaltens
Grundriß der Humanethologie
998 Seiten mit rund 1000 Abb.
Leinen in Schuber

Galápagos
Die Arche Noah im Pazifik
413 Seiten mit 240 farbigen und
schwarzweißen Abb. Geb.

Grundriß der vergleichenden Verhaltensforschung – Ethologie
929 Seiten, 443 Abb., Bildfolgen und Grafiken und 12 farbige Tafeln.
Leinen in Schuber

Krieg und Frieden aus der Sicht der Verhaltensforschung
329 Seiten mit Abb. Serie Piper 329

Liebe und Haß
Zur Naturgeschichte elementarer Verhaltensweisen
293 Seiten. Serie Piper 113

Die Malediven
Paradies im Indischen Ozean
324 Seiten mit 190 meist farbigen Abb. Geb.

Der Mensch – das riskierte Wesen
Zur Naturgeschichte menschlicher Vernunft
272 Seiten mit 29 Abb. Leinen

Konrad Lorenz

Der Abbau des Menschlichen
294 Seiten. Serie Piper 498

Die acht Todsünden der zivilisierten Menschheit
112 Seiten. Serie Piper 50

Er redete mit dem Vieh, den Vögeln und den Fischen
Tiergeschichten. 215 Seiten mit 104 Zeichnungen von Konrad Lorenz und Annie Eisenmenger. Geb.

Hier bin ich – wo bist du?
Ethnologie der Graugans. 320 Seiten mit 140 teils farbigen Abb. Leinen

Das Jahr der Graugans
200 Seiten mit 147 Farbfotos von Sybille und Klaus Kalas. Geb.

Die Rückseite des Spiegels
Versuch einer Naturgeschichte menschlichen Erkennens

Der Abbau des Menschlichen
Zusammen 537 Seiten. Geb.

So kam der Mensch auf den Hund
187 Seiten mit 110 Zeichnungen des Verfassers. Geb.

Das sogenannte Böse
Zur Naturgeschichte der Aggression. 317 Seiten. Geb.

Über tierisches und menschliches Verhalten
Aus dem Werdegang der Verhaltenslehre. Gesammelte Abhandlungen
Bd. I: 412 Seiten mit 5 Abb. Serie Piper 360
Bd. II: 398 Seiten mit 63 Abb. Serie Piper 361

Piper 26/5b

PIPER